佐藤宗諄先生退官記念論文集刊行会編

『親信卿記』の研究

思文閣出版

献呈の辞

佐藤宗諄先生は二十六年の長きにわたり奉職された奈良女子大学を二〇〇二年三月にご退官なさった。本書は先生のご退官を記念し、教えを受けた奈良女子大学卒業生が編んだものである。

先生は、一九三九年一月に岐阜県羽島郡上羽栗村（現岐南町）でお生まれになり、岐阜県立加納高等学校を経て、一九五七年に岐阜大学学芸学部に進学された。教師を志しておられた先生は教育実習という体験を通して「自国の歴史を知らなすぎるという強烈な実感」を抱かれ、「目に見えるようなイメージの湧く歴史像を目指して、まず教師になる前提として歴史の内容を具体的に詳しく知る必要を痛感し」、一九六一年に京都大学大学院文学研究科に進学された。一九六六年に博士課程を単位修得満期退学されたのち、同年に日本学術振興会奨励研究生となり、一九六九年に滋賀大学に赴任された。そして一九七六年に奈良女子大学助教授に就任され、文学部史学科日本史学・大学院文学研究科を担当されることとなった。一九八六年には教授に昇任、一貫して研究と教育に力を尽くされた。また先生は大学運営にも尽力され、一九九〇年には学生部長、一九九七年には評議員、一九九八年には文学部長を務められるなど要職を歴任され、奈良女子大学の発展に寄与なさった。

先生は、日本古代律令制を研究対象に、「大化改新」批判をはじめとする律令天皇制の研究から、律令官人の中でも「良吏」に注目した律令制の変容過程の解明にいたるまで、幅広い領域を網羅されている。またその視角も、「東アジア世界論」を踏まえ国際的見地から平安貴族の外交認識に向かわれたものや、平安期の文化的様相への深い沈潜を通して政治的様相を検討されるなど、政治史を権力論として展開されたものであるといえよう。その出発点となるのが、奈良女子大学ご着任の翌年に刊行された『平安前期政治史序説』であった。このような広域にわたるご研究に貫かれているのは、厳正な史料批判に基づいて確たる事実を明らかにするご姿勢である。先生は自らの研究によってその姿勢を示され、また折にふれては学生たちに「史料の声」を聞くことの大切さを説かれた。そして先生は学生たちに「事実の前に真摯であり、自らを律する自立の精神の習得」を望まれた。この精神とは、「良吏」のもつ儒教的精神に通底するものであり、幅広い研究対象の中でも、儒教的精神性を体現する「良吏」は先生ご自身のご真情と共鳴しているように思われる。このように先生は厳しくあったがまた、つねに学生たちの意欲を引き出そうと心を砕いてもくださった。卒業論文という初めての試練に苦しむ学生たちに、未開拓の分野であった平安時代の政治史研究に取り組まれたご苦労を語って励ましてくださるといったように。ご初志に掲げられたように、先生はすばらしい教育者でもいらしたのである。

ご退官に際して私たち卒業生は、そのご業績を讃え、学恩に感謝したいと本書をものしたが、期日を過ごしたうえに、はたして先生の期待に副いうるものとなったか心もとない。私たちの先生に対する敬愛の念に免じて、ご寛恕いただくことをお願いする次第である。

最後に先生の一層のご活躍をお祈りして献呈の辞とする。

二〇〇五年六月

佐藤宗諄先生退官記念論文集刊行会

目次

第一部　『親信卿記』の研究

凡　例

(1)『親信卿記』は平親信の日記である。現在、天禄三年三月～十二月、天延元年正月～六月、天延二年正月～十二月が残されている。「親信記」「平親信記」、また天延二年については「天延二年記」とも称される。

(2) 第一部は、『親信卿記』から蔵人の年中行事に関わる記事を中心に抽出し、部類したものである。配列は、恒例・臨時の順である。各項目では註と解説を主眼としており、底本の忠実な翻刻を意図してはいない。内容について統一性を念頭においてはいるが、及ばなかった箇所もある。なお項目として立てなかった記事を末尾にまとめた。

(3)『親信卿記』に関連する補論、人名の索引、年月日順記事索引を付した。

(4)『親信卿記』本文

① 各項目における『親信卿記』本文は、『陽明叢書記録文書篇　平記・大府記・永昌記・愚昧記』（思文閣出版、一九八八）収載の「親信記」を底本とし、陽明文庫所蔵平安時代古写本、『大日本史料』および新写本を参考にした。用いた写本を略称とともに掲げる。

陽明本…陽明文庫所蔵平安時代古写本
予楽院本…陽明文庫所蔵予楽院本
東本…国立国会図書館所蔵東京書籍館本
白河本…国立国会図書館所蔵白河文庫本
甘露寺本…内閣文庫所蔵甘露寺本
山中本…内閣文庫所蔵山中本
鈴謄本…内閣文庫所蔵鈴鹿長存蔵書謄写本
山田本…静嘉堂文庫所蔵山田以文本
田中本…静嘉堂文庫所蔵田中頼庸本
橋本本…宮内庁書陵部所蔵橋本実麗本
藤波本…宮内庁書陵部所蔵藤波本
徳謄本…宮内庁書陵部所蔵徳川義礼本転写本
宮甲本…宮内庁書陵部所蔵甲本
宮乙本…宮内庁書陵部所蔵乙本
『続群』…宮内庁書陵部所蔵『続群書類従』

『歴残』…宮内庁書陵部所蔵『歴代残闕日記』
徳大寺本…東京大学史料編纂所蔵徳大寺公純本
修史館本…東京大学史料編纂所蔵近衛篤麻呂予楽院本謄写本
狩野本…東北大学附属図書館所蔵狩野文庫本
徳川本…名古屋市立博物館蓬左文庫所蔵徳川義礼本

② 漢字は原則として常用の字体にした。また写本に使用されている通用文字を統一したものがある。

「廂」→「庇」、「剋」→「刻」、「腋」→「掖」など

③ 底本の闕字は採用していない。

④ 「 」は朱書、〈 〉《 》は小字、□・[ ]は損傷を示す。〔 〕は校訂に関する註記、( )は人名などに関する註記である。なお人名索引に係累等を掲げた。

⑤ 新たに読点(、)、並列点(・)を加えた。

⑥ 小字双行の左行末尾に付された畳字の符号(々)は、空白符として註に記し、本文には記していない。なお「空白符」の称については虎尾俊哉「延喜式校訂二題」(『神道古典研究所紀要』第三号、一九九七)を参照。

(5) 各項目の註および解説

① 儀式書等の巻名や項目名などの出典は( )内に記載した。

例 『江次第鈔』(第一・正月四方拝)

なお項目説明・同一史料番号(①・②など)の註・解説のそれぞれのなかでは、直前のものと同じである場合、書名のみあげて( )内は略した。

② 史料は次のものを用いた。但し引用に際して読点などを変えたところがある。これらのほか一々註記しなかったものは『大日本史料』によっている。

『阿娑縛抄』…大正新修大蔵経九四・九五
『一代要記』…改定史籍集覧一
『宇佐大神氏系譜』…神道大系神社編宇佐
『雲図抄』…群書類従公事部
『叡岳要記』…群書類従釈家部
『栄花物語』…日本古典文学大系
『延喜式』…新訂増補国史大系
『延喜天暦御記抄』…所功編・三代御記逸文集成(国書刊行会)
『園太暦』…史料纂集
『円融院扇合』…平安朝歌合大成増補新訂第一巻(同朋舎出版)
『応和宗論記并恩覚奏状』…大日本仏教全書興福寺叢書二
『大鏡』…日本古典文学大系
『多氏系図』…群書系図部集六
『小野宮年中行事』…群書類従公事部
『園城寺長吏次第』…続群書類従補任部
『河海抄』…天理図書館善本叢書七十・七十一
『覚禅鈔』…大日本仏教全書

『蜻蛉日記』…新日本古典文学大系
『華頂要略』…天台宗全書
『賀茂斎院記』…群書類従補任部
『賀茂氏系図』…群書系図部集六
『官職難儀』…群書類従官職部
『官職秘抄』…群書類従官職部
『儀式』…神道大系朝儀祭祀編
『義蔵奝然結縁手印状』…大仏開眼一二五〇年東大寺のすべて展図録（奈良国立博物館）
『九暦』…大日本古記録
『魚魯愚別録』…古代学協会編・史料拾遺五（臨川書店）
『禁秘抄』…群書類従雑部
『愚管抄』…日本古典文学大系
『公卿補任』…新訂増補国史大系
『公事根源』…新註皇学叢書五
『九条殿記』…大日本古記録九暦
『九条年中行事』…群書類従公事部
『蔵人備前掾大江通理記』…渡辺直彦著（日本歴史三八一号）
『蔵人補任』…市川久編（続群書類従完成会）
『系図纂要』…岩沢愿彦監修（名著出版）
『外記補任』…続群書類従補任部
『検非違使補任』…宮崎康充編（続群書類従完成会）
『源信僧都伝』…恵信僧都全集

『江記』…木本好信編・江記逸文集成（国書刊行会）
『江家次第』…神道大系朝儀祭祀編
『江次第鈔』…続々群書類従法制部
『江談抄』…新日本古典文学大系
『弘仁式』…新訂増補国史大系
『興福寺別当次第』…大日本仏教全書興福寺叢書二
『古今和歌集』…新日本古典文学大系
『古事談』…新訂増補国史大系
『後二条師通記』…大日本古記録
『権記』…史料纂集
『今昔物語集』…日本古典文学大系
『西宮記』…神道大系朝儀祭祀編
『済時記』…飯倉晴武著（書陵部紀要二十三号）
『榊葉集』…続群書類従神祇部
『朔旦冬至部類記』…群書類従公事部
『左経記』…増補史料大成
『三十六人歌仙伝』…群書類従伝部
『山門堂舎記』…群書類従釈家部
『山門堂社由緒記』…天台宗全書十
『慈慧大僧正拾遺伝』…天台宗典編纂所編・続天台宗全書史伝二
『職事補任』…群書類従補任部
『侍中群要』…目崎徳衛校訂・解説（吉川弘文館）
『寺門伝記補録』…大日本仏教全書

『拾芥抄』…改訂増補故実叢書
『種々薬帳』…平成五年正倉院展図録（奈良国立博物館）
『春記』…増補史料大成
『小記目録』…大日本古記録小右記
『性空上人伝記遺続集』…続天台宗全書史伝二
『小右記』…大日本古記録
『続日本紀』…新日本古典文学大系
『続日本後紀』…新訂増補国史大系
『諸道勘文』…群書類従雑部
『新儀式』…群書類従公事部
『新千載和歌集』…新編国歌大観第一巻（角川書店）
『新撰年中行事』…京都御所東山御文庫所蔵本
『新撰年中行事　葉子』…京都御所東山御文庫所蔵本
『新訂増補国書逸文』…新訂増補国書逸文研究会編（国書刊行会）
『相如集』…群書類従和歌部
『政事要略』…新訂増補国史大系
『撰集抄』…小島孝之他編（桜楓社）
『撰集秘記』…所功編・京都御所東山御文庫本撰集秘記（国書刊行会）
『僧綱補任』…大日本仏教全書興福寺叢書一
『続古事談』…群書類従雑部
『尊卑分脈』…新訂増補国史大系
『大御記』…田辺市史四
『大日本国法華験記』…日本思想大系
『内裏儀式』…改訂増補故実叢書
『内裏式』…神道大系朝儀祭祀編
『中古歌仙三十六人伝』…群書類従伝部
『中右記』…増補史料大成
『朝野群載』…新訂増補国史大系
『貫之集』…田中喜美春・田中恭子共著・私家集全釈叢書二十貫之集全釈（風間書房）
『貞信公記』…大日本古記録
『天祚礼祀職掌録』…群書類従帝王部
『天台座主記』…群書類従補任部
『天台座主良源起請』…平安遺文二
『東宮冠礼部類記』…続群書類従公事部
『東寺長者補任』…続々群書類従史伝部
『東南院文書』…大日本古文書
『時信記』…陽明叢書記録文書篇六
『土佐日記』…新日本古典文学大系
『中原系図』…群書系図部集六
『中原氏系図』…群書系図部集一
『二中歴』…改定史籍集覧二十三
『日本紀略』…新訂増補国史大系
『日本三代実録』…新訂増補国史大系
『日本文徳天皇実録』…新訂増補国史大系
『日本暦日便覧』…湯浅吉美編（汲古書院）

『年中行事絵巻』…日本絵巻大成八（中央公論社）
『年中行事御障子文』…甲田利雄著・年中行事御障子文注解（続群書類従完成会）
『年中行事秘抄』…群書類従公事部
『範国記』…宇佐神宮史巻二（宇佐神宮庁）
『百錬抄』…新訂増補国史大系
『兵範記』…増補史料大成
『藤原義孝集』…田坂憲二・田坂順子編著（和泉書院）
『扶桑略記』…新訂増補国史大系
『仏説大孔雀明王画像壇場儀軌』…大正新修大蔵経十九
『平家物語』…新日本古典文学大系
『平戸記』…増補史料大成
『別聚符宣抄』…新訂増補国史大系
『弁官補任』…飯倉晴武編（続群書類従完成会）
『蓬莱抄』…群書類従公事部
『北山抄』…神道大系朝儀祭祀編
『本朝月令』…群書類従公事部
『本朝皇胤紹運録』…群書系図部集一
『本朝書籍目録』…群書類従雑部
『本朝世紀』…新訂増補国史大系
『本朝文粋』…新日本古典文学大系
『枕草子』…新編日本古典文学全集
『万葉集』…日本古典文学大系
『御堂関白記』…大日本古記録
『宮寺縁事抄』…大日本古文書石清水文書
『三善氏系図』…続群書類従拾遺部
『村上天皇御記』…所功編・三代御記逸文集成（国書刊行会）
『紫式部日記』…新日本古典文学大系
『師光年中行事』…続群書類従公事部
『門葉記』…大正新修大蔵経図像部十一・十二
『薬師寺縁起』…藤田経世編・校刊美術史料〔寺院編〕中巻（中央公論美術出版）
『薬師寺志』…大日本仏教全書寺誌叢書四
『濫觴抄』…群書類従雑部
『令義解』…新訂増補国史大系
『類聚歌合巻』…平安朝歌合大成増補新訂第一巻（同朋舎出版）
『類聚国史』…新訂増補国史大系
『類聚雑要抄』…川本重雄・小泉和子・鈴木晋一・高田倭男著・類聚雑要抄指図巻（中央公論美術出版）
『類聚三代格』…新訂増補国史大系
『類聚符宣抄』…新訂増補国史大系
『歴代宇佐使』…宇佐神宮史巻二（宇佐神宮庁）

③　次の先行研究について、註および解説文中では著者名と刊行年のみを記した。

岡田荘司　一九九四『平安時代の国家と祭祀』（続群書類従完成会）

大日方克己　一九九三『古代国家と年中行事』（吉川弘文館）
玉井　力　二〇〇〇『平安時代の貴族と天皇』（岩波書店）
所　功　二〇〇一『宮廷儀式書成立史の再検討』（国書刊行会）
西本昌弘　一九九七『日本古代儀礼成立史の研究』（塙書房）
西本昌弘　一九九八「「蔵人式」と「蔵人所例」の再検討――『新撰年中行事』所引の「蔵人式」新出逸文をめぐって――」（『史林』第八十一巻第三号）
橋本義彦　一九七六『平安貴族社会の研究』（吉川弘文館）
速水　侑　一九七五『平安貴族社会と仏教』（吉川弘文館）
古瀬奈津子　一九九八『日本古代王権と儀式』（吉川弘文館）
三橋　正　二〇〇〇『平安時代の信仰と宗教儀礼』（続群書類従完成会）
目崎徳衛　一九八五『侍中群要』（吉川弘文館）
山中　裕　一九七二『平安朝の年中行事』（塙書房）
山本信吉　一九八八「平記」（『陽明叢書記録文書編第六輯　平記・大府記・永昌記・愚昧記』、思文閣出版）
山本信吉　二〇〇三『摂関政治史論考』（吉川弘文館）
吉川真司　一九九八『律令官僚制の研究』（塙書房）
渡辺直彦　一九七八『日本古代官位制度の基礎的研究　増訂版』（吉川弘文館）

(6) その他、適宜類推されたい。

(7) 陽明文庫をはじめ、宮内庁書陵部、国立公文書館、国立国会図書館、静嘉堂文庫、東京大学史料編纂所、東北大学附属図書館、名古屋市立博物館蓬左文庫の諸機関には、写本閲覧の許可をいただいた。記して謝意を表したい。

1　四方拝

四方拝は、正月元旦寅刻に天皇が清涼殿東庭に出御し、天皇個人の息災・延命を生年にあたる星に念ずる属星拝、天子として宝祚を祈る天地四方拝、父母への孝を尽くしその加護を願う二陵拝を行う儀式である。

①天延元年正月一日条

「四方拝」

一日、鶏鳴(1)、四方拝事、其儀依□(2)、立御屏風八帖、其内迫北立高机三脚、其□(3)花等、〈高机并金銅器等□(4)、仍相(5)求充之、亦以土□(6)〉、東第一、〈燃香盛土器、居折鋪(7)〉、第二、〈燈明并作花居折鋪高坏〉、第三、〈如第一〉、以南供御半畳三枚、拝属星御座在西、〈有褥(8)、件褥(9)書(10)司女嬬供之〉、拝天地四方御座在東、拝二陵御座当属星御座在南、御装束了、寅一刻、奏事由、即御出、蔵人奉御笏候□〔式カ〕(11)、〈作法在別〉、装束訖後、未出御前、鋪縁道、先是召仰掃部官人并書(12)司女官、女官従蔵人所請作花料色紙廿枚・名香・燈心・油・折敷三枚・高坏一本・高机三(13)脚等、先皇〔冷泉天皇カ〕(14)御時件具等不伝来、仍俄無其具、用土器・折敷等、

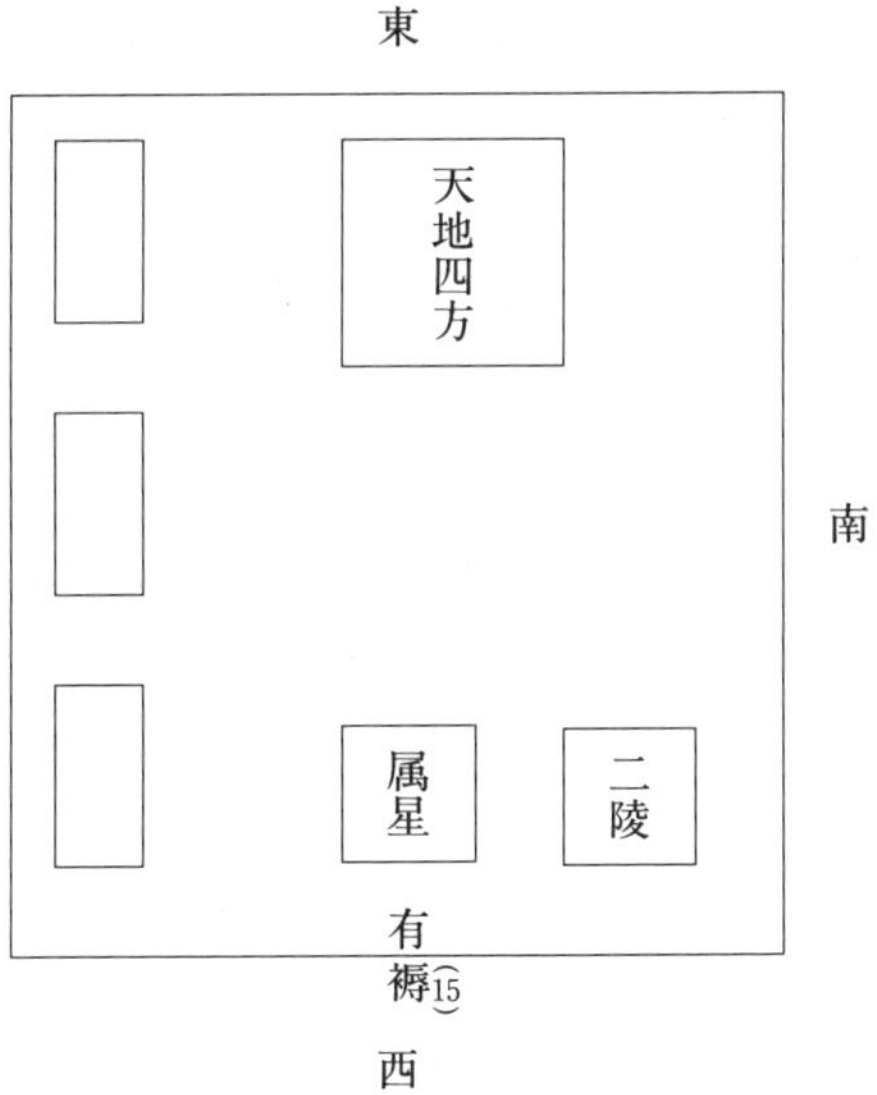

先御西御座、〈属星、有褥(16)〉、北向称曰、武曲星(17)、字賓太東子、即再拝呪曰、呪如例(18)、

次御東、〈天地四方、無□〔褥〕(19)〉、

北向拝天、西北向拝地、次四方、〈自東始〉、
　以上各再拝合十二度、
次御南御座、〈二陵、無褥[20]〉、
先向西方拝皇考（村上天皇）[21]、次向辰巳拝皇妣（藤原安子）[22]、

（1）『江次第鈔』（第一・正月・四方拝）には、「鶏鳴謂丑時也、四方拝者寅刻之行事、故丑時儲御装束」とある。

（2）陽明本は行末まで七文字分程度損傷している。『小野宮年中行事』（正月・元正朝拝天地四方属星及二陵事）には「所司依例供奉装束於清涼殿東庭、設御座三所」、『西宮記』（恒例第一・正月・四方拝）にも「掃部寮敷御座於清涼〔殿脱〕東庭、立御屛風四帖、設御座三所」と見えることから、清涼殿東庭に設営することが書かれていたと推察される。

（3）陽明本は行末まで三文字分程度損傷している。『大日本史料』は文字数を確定せず、「〔供御明作カ〕」と傍書する。『江家次第』（巻第一・正月・四方拝事）に「天禄四年記云、北御屛風前、立高脚〔机カ〕三脚、供御明・作花等、近例東机置香爐」とある文章に基づいていると思われる。

（4）陽明本は三文字分程度損傷している。『大日本史料』は文字数を確定していない。

（5）『大日本史料』は「相」の字を割書の文末に置くが、誤植であろう。

（6）陽明本は五文字分程度損傷している。『大日本史料』は文字数を確定していない。『西宮記』には「書女官供作花香、〈盛香花坏爐机等、在図書（寮）、紛失後、用土器類〉」とある。本条では「求」「允」「土」という文字が読みとれるので、紛失した「高机并金銅器等」に替わるものを探し出し、代用したという内容がこの割書に入ると推察される。

（7）陽明本は「折」と「鋪」の間に「敷」を書き左に抹消符を付す。

（8）陽明本は「耨」とする。『大日本史料』は「耨」とし「〔褥〕」と傍書する。文意より首肯される。

（9）陽明本は「耨」とする。『大日本史料』は「耨」とし「〔褥〕」と傍書する。文意より首肯される。

（10）陽明本・『大日本史料』は「畫」とする。橋本本は「畫」とし「書」と傍書する。予楽院本・修史館本は「畫」とし「書歟」と傍書する。徳大寺本は「畫」とし左に圏点を付し、行の上に「書」を頭書する。『内裏儀式』（正朔拝天地四方属星及二陵式）には「書司却香華」、『西宮記』には「書女官供作花香」、『江家次第』には「前一日書司就所、請紙・脂燭・香等」とあり、「書司」が儀式に携わっていることがわかるので、「書」と判断する。

(11) 陽明本は一文字分程度損傷している。『大日本史料』は文字数を確定していない。『西宮記』に「蔵人奉御笏、〈候式〉」、『江家次第』に「蔵人持御笏、〈五位〉、持式筥蓋、〈入内裏儀式、六位以上〉」とあることから、「式」と推察される。

(12) 陽明本・『大日本史料』は「畫」とする。橋本本・徳大寺本は「畫」とし「書」と傍書する。註(10)で示したように「書」と判断する。

(13) 陽明本は一文字分損傷している。『大日本史料』・修史館本は「三」とする。前文に「高杌三脚」とあること、および陽明本の墨痕から首肯される。

(14) 『大日本史料』は「先皇」に「(冷泉天皇)」と傍書する。『親信卿記』には村上天皇を「先帝」と記している箇所がある（**53**着裳・元服①、**64**所々別当補任②を参照）。

(15) 陽明本・『大日本史料』は「耨」とする。文意より「褥」と判断する。

(16) 陽明本は「耨」とする。『大日本史料』は「耨」とし「〔褥カ〕」と傍書する。文意より「褥」と判断する。

(17) 円融天皇は天徳三年（九五九）己未生まれであり、『江家次第』に「称御属星名字、〈七遍、是北斗七星也〉、（中略）巳・未武曲星、〈字賓大恵子〉」とあることからも、属星は武曲星であることが確認される。

(18) 『内裏儀式』及び『江家次第』に呪文が見られるが、語句に差異がある。

(19) 陽明本は「無」字の下が損傷している。『大日本史料』は「□」とし「〔褥カ〕」と傍書する。徳大寺本は「耨」と朱書する。文意より「褥」と判断する。

(20) 陽明本は「耨」とする。『大日本史料』は「耨」とし「〔褥カ〕」と傍書する。文意より「褥」と判断する。

(21) 円融天皇の父、村上天皇の死去は康保四年（九六七）五月二十五日で、陵は葛野郡田邑郷北中尾にある（『日本紀略』康保四年五月二十五日条・六月四日条）。

(22) 円融天皇の母、藤原安子の死去は康保元年（九六四）四月二十九日で、陵は宇治郡小栗栖郷木幡村にある（『日本紀略』康保元年四月二十九日条、『政事要略』巻二十九・年中行事・十二月・荷前事）。

陽明本の本条部分は損傷が激しく、このときの装束・鋪設の詳細は判然としないものとなっている。①の装束について渡辺直彦氏は屏風、褥、鋪設用具をとりあげ解説を加えている（渡辺直彦一九七八、五五一～三頁）。特に、『江次第鈔』（第一・正月・四方拝）は、属星座に褥を敷くとする平家説を、褥を敷く意味はその拝する所を尊ぶことであり、天地より尊いものはないと批判するが、この「平家説」が①にあたると指摘する渡辺説には注目される。なお、『内裏儀式』(正朔拝天地四方属星及二陵式)・『江家次第』(巻第一・正月・四方拝事)でも同様に「拝天地座別鋪褥」と明記していることから、本来、褥は天地の座に敷くべきものであったと考えられる。ただ、『雲図抄』(正月正朔寅剋四方拝事)にも「或属星座敷褥」と付記されているように、属星座に敷くこともあったのであろう。

また、机とその上に置く香・花・燈については、各儀式書でそれぞれ異なっているが、①で屏風内北側に三脚立て、両端の机に香、真ん中に燈・作花を置くとするのは『雲図抄』の図とほぼ一致する。『江次第鈔』は、各説の勝劣は未だはっきりしないが、近代は『雲図抄』のようにしている、と記している。

さて、『西宮記』(恒例第一・正月・四方拝)は、この四方拝を「蔵人行事」とし、その装束を略述したうえで、次第は「式」の如しとする。①は蔵人の差配を一般化して、記述している。山本信吉氏は、『親信卿記』に「見聞のままに儀式の次第を書き留めている場合」と、「式文、あるいは蔵人式等をそのままに記している」と思われるほどに「抽象的に書いている場合」が見られることを指摘している(山本信吉二〇〇三、三九五頁)。①も天禄四年(天延元年)の四方拝というよりは、『西宮記』にいう「式」すなわち蔵人式をもとに記された可能性があろう。

また、『江家次第』には「天禄四年記」および「天初記」という記事が見える。

(頭書)天初《〔禄カ〕》記作賓大東《〔子脱カ〕》、

渡辺氏はこの「天初記」について、「『親信卿記』の該条を指すと思われる」とし、さらに『江記』寛治五年(一〇九一)正月一日条に「武曲星字賓大東子也、而或本作賓大恵、但円融院御時平相公〈親信〉、亦作賓大東云々」と見えることから、「大江匡房は『親信卿記』の該条を典拠としていることが知られる」とする(渡辺直彦一九七八、五五三頁)。

一方、「天禄四年記」をめぐる記述には、次のようにある。

天禄四年（天延元）記云、北御屏風前、立高脚（机カ）三脚、供御明・作花等、近例東机置香爐、自中階下、至御屏風西頭敷筵道、上南第三間、為御出路、〈或上額間、或上昼御座間〉、

ここには、筵道について、①よりも詳しく記されているなど、『親信卿記』とは異なる視点がうかがわれる。

（萩原美穂子）

2　供立春水

立春の日の夜明け前に主水司が水を汲む。井戸は御生気に随い、宮中もしくは京内の用に堪えるものをえらび、前冬の土用に清め祭っておく（『延喜式』巻第四十・主水司）。汲んだ水は朝餉に供される（『江家次第』巻第一・正月・供立春水事）。

①天禄三年十二月二十四日条

「献立春若水、御物忌間事」

廿四日、立春日也、水取命婦参上、伝供立春水、〈主水司所献也〉、其命婦禄衾一条、須早給者也、而依不召儲、召内蔵寮官人、仰可給之由、

今明御物忌也、而供此水充御飲云々、

春の始まりの日に初めて汲んだ水は、その年の邪気を除くという（『公事根源』供若水）。

『新撰年中行事』（正月・立春日主水司献立春水事）には、「清涼記云、主水司官人以下、令持御水付女官、女官盛調、付女房伝供之」とあり、『小野宮年中行事』（正月・立春日主水司献立春水事）にも「清涼記」とほぼ同文が記されている。これが『江家次第』（巻第一・正月・供立春水事）になると、「主水司先昇立於弓場殿、入大瓶立於三几丁之上、次充供御」、また「自御厨子所、付台盤所女房供之於朝餉」とやや詳しくあり、御厨子所を経ることが明記される。御厨子所については、親信も天延二年その別当に任じられる（**64** 所々別当補任③を参照）。そして、「大土器盛立春水、居折敷供之、陪膳居之於高坏上、一度御飲、畢撤之」（『江家次第』）と飲用されるが、その際「万歳不変水、

急々如律令」という呪文を唱える（『年中行事秘抄』正月・立春日主水司献立春水事所引「江帥次第」）という。『年中行事秘抄』は、女房がこれを「若水」というと記す。

　さて①によると、立春水を献じてきた命婦へ、禄である衾一条をすみやかに給うべきところ、今回は用意されていなかったので、内蔵寮官人を召して支給すべきことを指示している。禄の支給は蔵人の担当であったのであろう。また、今回は御物忌にもかかわらず、水は御飲に充てられた。供立春水の記録が稀であるなか、①からは実際のあり様をうかがうことができる。

　なお、『栄花物語』（巻第二十八・わかみづ）には正月元日に汲んだ水を「若水」と記していることから、平安時代から元日のそれを若水と称したことが、山中裕氏によって指摘されている（山中裕一九七二、一六六頁）。

（柴田博子）

3　御斎会内論議

　御斎会とは毎年正月八日から十四日の間「金光明最勝王経」を天皇の御前で講説して国家安穏を祈る法会である。内論議は殿上論議ともいい、十四日の結願の日に行われる。

①天延二年正月十四日条

「御斎会内論義(1)」

十四日、御斎会内論議、依御物忌、於南殿行之、其儀如装束記文、但問答者前草墩前中央、立黒漆机一脚、其上置香水垸一口、其上加散杖一枝、依臨昏黒、供燈燭、〈当問答者前草墩東西各一本、在打敷〉、僧綱座前一本、王卿従八省院、着右近陣座、〈有酒饌〉、上卿召外記、宣可令参入僧徒宣旨、次王卿引度階下、於陣掖着靴、〈私見或不着、依臨昏歟〉、次出居着靴着座、〈正清《(源)》・致忠《(藤原)》〉、次王卿参上、次僧徒座定之後、僧都寛静進到机前、加加持於香水、了復本座、次律師蔵祚進立御前東燈台前、読奏僧名、復本座、次僧都召問者名、問者着座、〈問講師二人〉、退去了後召番々、一々論議、奝然法師奉仕随喜御導師、王卿進向殿艮角戸内、伝取禄物、被僧等、侍臣従斯(2)、出居取禄被威従、〈先出納一人・御蔵小舎人一人令持禄辛櫃、立恭(3)礼門中、弁進禄物〉、次威従一人、於日華門下、付論議法師等夾名文、令奏、次僧侶退下、次王卿、次出居、事了撤装束、

(1)　陽明本は「義」とする。『大日本史料』は「議」とする。

(2)　陽明本は一文字分の空白がある。『大日本史料』は「斯」の下に「〔事脱カ〕」と傍書する。山中本・鈴謄本・徳謄本・『続群』・『歴残』・徳川本は「○」印を記し「事歟」と傍書する。「事」を補わなくても文意は通じる。

(3)　陽明本は「恭」とする。『大日本史料』は「泰」とする。

②天延二年正月十五日条

「次将取禄沙汰」

十五日、左大弁〈保光(源)〉、被示云、左兵衛督〈済時(藤原)〉、昨日被示云、南殿役、若有御遊等時者、非近衛司者、不取禄如何云々、僕(平親信)申云、度々日記、依有王卿及侍臣取禄被聴衆以上、出居中少将取禄被威従□(1)又頭所行之也、

(1)　陽明本は一文字分損傷している。『大日本史料』は「□」とする。山中本・鈴謄本・徳謄本・『続群』・『歴残』・徳川本は損傷を指摘し、次の「又」とあわせて「蔵人歟」と傍書する。

御斎会内論議は、大極殿での御斎会の儀式の後、基本的に清涼殿において、御斎会に召された諸宗の学僧の中から問者と答者を選び、天皇や公卿が列座する前で五番の問答を交わす行事である。儀式次第については、『西宮記』（恒例第一・正月・御斎会）・『北山抄』（巻第一・年中要抄・正月・十四日御斎会畢并殿上論議事）・『江家次第』（巻第三・正月・御斎会始）等に詳しい。また、『西宮記』の裏書に「蔵人式云」として、後述するように内論議の装束・儀式等について記されており、内論議に関する蔵人式の存在がわかる。天延二年は、式日通り正月八日に御斎会が開始され、十四

日に終了したことが『日本紀略』に見える。

まず、①では天皇の御物忌のために、南殿で内論議が行われている。こうした例は各儀式書に見え、『新撰年中行事』（正月十四日・同日殿上論義事）には蔵人式の逸文として、「蔵人式云、若当御物忌、於南殿有此儀」とある（西本昌弘一九九八、一二四頁）。具体的には『西宮記』『江家次第』では南殿の南庇、『北山抄』『小野宮年中行事』（正月十四日・同日殿上論議事）では南殿の東庇とあり、その場所については一致しない。本条でもその場所を特定することはできないが、天元五年（九八五）に「依御物忌、於南殿東庇有内論義事云々」という例がある（『小右記』同年正月十四日条）。

一般に南殿の装束は官方の沙汰とされているが（古瀬奈津子一九九八、三七六頁）、今回担当しているのは、清涼殿での場合と同じく蔵人である。『江家次第』に「御物忌儀（中略）同御前御装束、〈蔵人〉」と見える。南殿で行う場合の装束については『西宮記』『江家次第』に詳しく、もし今回もこれに従って行われていたとすれば、問者・答者の座、香水机、王卿の座が南庇におかれ、東庇は出居次将の座、母屋内の東側に僧たち（僧綱、衆僧、威儀師・従儀師）の座が設けられたのであろう。

また、「装束記文」については、『江家次第』の「御物忌儀」に「装束司記文、御簾懸庇云云、先例不然、行成大納言懸庇、禅閤勘当云云」と、「御斎会内論義」に「御物忌儀（中略）記文懸庇云云、如相撲、是記文謬也、長徳年中行成卿為装束司弁用此儀、蒙入道殿勘発、無所陳申云云」と見える。しかし、この「装束司記文」が本条の「装束記文」と内容的に同一であるかどうかは不明である。装束について詳しい『西宮記』『江家次第』には南殿の庇に御簾を懸けることは見えず、母屋に御簾を懸けるとある。なお所功氏は本条を「装束記文」の引用文として紹介している（所功二〇〇一、四一九頁）。

禄を与える際の侍臣の役割については、『江家次第』の「御斎会竟日」に、「公卿起座一一取禄給僧綱、（中略）侍臣取講師以下禄」とある。禄については、『西宮記』所引の蔵人式には「僧都以上、白褂一領、律師支子染褂一領、講師同色褂襖子各一領、聴衆支子染衾一条、威儀師支子染襖子各一領、若有大威儀師者用律師禄」とある。『江家次第』でも、「僧都以上白褂一領、〈律師支子染褂一領〉、但近例皆給白褂、訛也」とあるほかは同じである。また、「威従」とは威儀師・従儀師のことである。

②は、前日の御斎会内論議の禄の取次ぎについての記事である。内論議の当日、左兵衛督藤原済時が、左大弁源保光に、内論議が南殿で行われたため、南殿での御遊の禄についての例を引き合いに出し、近衛府の者が禄を取り、与えることについて質問し、翌日、保光はそれについて親信に尋ねている。これに対し、親信は、「度々日記」によれば王卿及び侍臣が聴衆以上の禄を取り、出居の中少将が威儀師・従儀師の禄を取りそれぞれに与える、もしくは蔵人頭がかわりに行うこともあると答えている。

この「度々日記」とは、蔵人である親信が閲覧していることから、殿上日記であろう。なぜ保光が彼に尋ねたのかについては、必ずしも明らかではないが、親信が蔵人として内論議に関与していたことによるとも考えられるのではないだろうか。

（富樫美恵子）

4　除目直物

除目には県召除目・京官除目・臨時除目等がある。県召除目は外官を任命する儀式であり、『西宮記』（恒例第一・正月・除目）等に、正月に行うとある。そして除目の後、その錯誤を正すため、直物が行われた。なお、臨時除目等については**5**直物・復任除目・臨時除目を参照。

①天延元年二月十日条
(1)「直物、除目」
同日(2)、有直物事、左府(源兼明)参陣、令蔵人左少弁伊陟(源)奏可奉仕直物之由、奏□□(聞之カ)後(3)、大臣召外記(4)、召勘文等、入筥参弓場、令伊陟奏、返給之、次下給人々申文・公卿申文等、此次有小除目事、遅明重参、令奏直物并除目等、

返給退出、直物之後、上卿於御前、被定所々別当、於中重之中申慶、於陣外不奏、其後被御物分配、

（1）陽明本は、朱書が天横罫上線の下から始まっており、他の朱書より一文字分低い。
（2）本年正月の除目は正月二十二日に始まり、二十四日に終了した（『日本紀略』）。直物について『日本紀略』同年二月には「十四日己亥、直物、小除目」とある。しかし陽明本は二月十日条中に記載しており、『大日本史料』はこれを根拠に二月十日の項目に掲載している。ただし①は日次記に再構成された段階で、誤った日付に配列された可能性も残る。
（3）陽明本は二文字分損傷している。『大日本史料』は「□□」とし「〔了之カ〕」と傍書する。陽明本の墨痕から「聞之」と推察される。
（4）陽明本は一文字分損傷している。『大日本史料』・東本・田中本・橋本本・宮甲本・徳大寺本・修史館本は「外」とする。陽明本の墨痕および文意から首肯される。

②天延二年二月七日条

「除目、直物」

七日、除目、直物、此次修理大夫惟正（源）朝臣為参議、此夜随参給下名於兵部丞、式部不参、不給文官、

③天延二年二月八日条

「新宰相下名以前慶申」

八日、修理大夫（源惟正）被示案内云、下名未下、若参入令奏慶如何、可申案内於内大臣（藤原兼通）殿者、即申此旨、被仰云、准殿上人、身已経頭、於被奏有何事哉、但至于上卿、所未知也云々、即参付射場、令蔵人頭挙賢（藤原）奏慶賀、故実云、蔵人頭雖下名不下、令奏云々、

今日、人々令奏慶由、

①～③は、除目後の直物等についての記事である。外官除目は、儀式書には正月九日から十一日に行われることがみえる（『年中行事御障子文』正月、『新撰年中行事』正月・九日始議外官除目事、『小野宮年中行事』正月・九日始議外官除目事、等）。しかし実際には、必ずしもその間に行われておらず、正月二十日以降に除目が行われた例も多い（『日本紀略』天暦元年（九四七）正月二十六日条等）。そして、その際の直物は、二月に行われている（『日本紀略』同元年二月十六日条等）。天延元年は正月二十二日～二十四日に、天延二年は正月

二十六日から外官除目が行われており（『日本紀略』）、①②の直物はそれらに対するものである。

さて①では、左大臣源兼明が陣に参り、蔵人源伊陟に直物を奏上させた後、外記を召して勘文を提出させ、筥に入れて再び伊陟に奏上させた。さらに勘文が返給され、人々申文・公卿申文等が下された。『西宮記』（恒例第一・正月・直物）『江家次第』（巻第四・正月・直物）においても、同様のことが見える。ついで小除目があり、親信は夜更けに再び参内して直物と除目等を奏上する役を勤めている。なお『朝野群載』（巻第四・朝儀）には、治暦三年（一〇六七）三月二十五日の直物除目勘文が掲載されている。またこの日は、直物の後に所々の別当が定められているが、その具体的な内容は他に史料が見えず、明らかではない。

次に②においては、兵部省には下名が下されたが、式部丞は不参のため文官の下名は下されなかった。②の式部丞不参の理由は明らかではないが、天暦七年（九五三）正月十四日の召名直物の際にも式部丞不参の例が見える（『西宮記』恒例第一・正月・直物・裏書）。このため③では参議となった源惟正が、下名以前に慶賀を奏上するか否かを、内大臣藤原兼通へ伺わせている。『西宮記』（恒例第一・正月・除目）によると、下名は「召二省丞給下名」とされ②と一致し、また「参議已上不入」と注記している。そして『西宮記』に掲載されている「下名様」は、四位・五位・初位以上の姓名を記す形式であるため、『西宮記』は参議以上を除く四位以下の官人を下名の対象としていることがわかる。惟正は従四位上であり、下名が下されるのだろう。また兼通は、惟正が蔵人頭経験者であるために、殿上人と同様に慶賀を奏上するように指示を出している。『北山抄』（巻第九・羽林抄・除目奏慶事）には「殿上侍臣清書之後、不待下名令奏、〈近例、侍臣不待清書、自余不待下名奏之〉」とある。さらに親信は、蔵人頭は下名が下されずとも慶賀を奏上することを故実として記している。

最後に、①～③には除目についての記載は見えない。しかし、『魚魯愚別録』（巻第一・職事撰申文事）に、次のように親信の日記が引用されている。

平宰相記云、撰定申文納御硯筥蓋、御装束了後置御座前、出納・乳母子申文不入此中、或入御硯筥、或置御几帳足云々、一人闕入三人許、旧吏・別功申受領皆悉入之、新叙入第一者、有相論者之時乍二人入之、如此事是頭所知也、

此外給例已下如四所籍・外記方沙汰文書間子細、他巻皆悉載之、仍今所簡略也、

平安時代の除目において蔵人は、右のように選定した申文を、分類項目ごとに短冊や袖書を付して目録を作成し、必要に応じて執筆に下して運用に供したのである（玉井力二〇〇〇、二八六頁）。陽明本（天禄三年の巻は首を欠している）には見えないが、右の史料から親信が除目についても記録していたことがわかる。親信が蔵人として除目に関わっていた可能性も考えられよう。

（増井敦子）

5　直物・復任除目・臨時除目

春と秋に行われる定例の除目以外に、臨時に行われる人事があった。『親信卿記』には、直物（①②③④⑤⑦⑧⑭⑯）、復任除目（⑥⑫）、臨時除目（⑨⑩⑪⑬⑮）が見える。なお、直物のうち、天延元年二月十日条・天延二年二月七日条は**4**除目直物を参照。

①天延元年四月十七日条

「直物事」
十□〔七〕日（1）、庚子、左大臣（源兼明）参上、有官奏事（2）、退去之後、有直物事、左大臣参射場、令左少弁伊陟（源）、奏外記勘文并名替文（3）七八枚、経奏覧下給之、以被加下人々給名替文、〈大臣先令候可有直物之由気色〉、深更重参、令蔵人大蔵丞正雅（藤原）奏直物、奏覧之後、返給退去、有其数、就中右衛門少尉平維将之弟維叙（平）、先為彼府尉、仍以親信（平）改右、以維将改左、共以任日下臈也、雖非為喜、是故守（平真材）所被任也、
即於射場、令大蔵丞奏慶由、

（1）陽明本は一文字分損傷している。『大日本史料』は「□」とし「〔七〕」と傍書する。橋本本・徳大寺本は損傷を指摘し「七」とする。直物が「十七日、庚

子」に行われたことは『日本紀略』同日条からも確認される。よって『大日本史料』に首肯される。
（2）　36官奏⑦を参照。
（3）　陽明本は朱書「直物事」を「文七」の右に記す。

②天延元年四月十八日条
「参府督第」
十八日、参府督殿（源重光）、令申慶由、自余不申、須待帯剣、而依有先例、不待帯之、

③天延元年四月十九日条
「府物節進見参」
十九日、府物節以下来、進見参、

④天延元年四月二十日条
「府頓給料持来」
廿日、府頓給料持来、〈禄法左右在別〉、

⑤天延元年四月二十八日条
「初着陣」
廿八日、辛亥、午二刻、初着陣座、食口加名、次着到、次□（1）後庁座、請印食口、以開簡給日、今日府神祭、仍儲例饗、便預之、即参内、

（1）　陽明本は一文字分損傷している。『大日本史料』は「□」とする。

⑥天延元年五月十一日条
「復任」
同日、甲子、左衛門督源朝臣〈延光〉、参射庭令奏人々復任文三通、〈一通、《式部》、一通、《式部、清延》、一通、《兵部》〉、重参令奏上総介源清延下名、上卿於陣先召式部丞給下名、〈丞着靴〉、退出、次重召同丞、〈依他丞不参、一身所役歟〉、参入給復任宣旨退出、〈着浅沓〉、次又召兵部、給復任宣旨退出、件事於南殿所見也、

⑦天延二年二月八日条
「定蔵人頭・昇殿人」
申刻許、内大臣（藤原兼通）依召参□（上カ）（1）定蔵人頭并昇殿人々、其儀如常、頃之退出、召頭少将（藤原挙賢）、下給宣旨、
（2）右近衛中将藤原朝臣朝光、
　為蔵人頭、
讃岐権介源朝臣通理、
侍従藤原□□（朝臣）（3）正光、

以上聴昇殿、

「頭中将慶申」「罷申、〈通理〉」

頭中将以頭少将令奏慶、讃岐介以余(平親信)令奏、又入夜、令(4)奏赴任国之由、雖被聴昇殿、依入夜非可召御前、仍於掖陣給禄、

件介昨日直物付権字、直物未下、雖然仰官令作任符了、而又無政、不請印、仍任符未成前申此由、雖非常例、間有此例云々、

(1) 陽明本は一文字分損傷している。『大日本史料』は「□」とする。墨痕および文意より「上」と推察される。

(2) 陽明本は「右」とする。『大日本史料』は「右」とし「(左カ)」と傍書する。藤原朝光は本条のほか、『親信卿紀』天延二年四月十日条等に「右近衛中将」と見える。

(3) 陽明本は二文字分損傷している。『大日本史料』は「□□」とし「(朝臣カ)」と傍書する。山中本・徳謄本・『続群』・『歴残』・徳川本は損傷を指摘し、「朝臣」とする。鈴謄本・狩野本は「朝臣」とする。文意より「朝臣」と判断する。

(4) 陽明本は朱書「罷申、〈通理〉」を「令奏」の右に記す。

⑧天延二年二月十七日条

「被仰検非違使別当」

十七日、左衛門督源朝臣(1)〈延光〉、辞退之替、以右衛門督源朝臣〈重光〉、為検非違使別当(2)、民部卿(藤原文範)奉之、

「直物」

亦依左大臣(源兼明)譲、同卿(藤原文範)下直物、

(1) 陽明本は「臣」を小字にする。『大日本史料』は大字にする。文意より首肯される。

(2) **63**検非違使補任⑤を参照。

⑨天延二年四月十日条

「甍奏以前除目」

十日、有小除目事、其儀垂御簾、例所敷円座一枚、依召大臣参上、承仰召蔵人、蔵人参入、召紙筆等、其除目、

以蔵人頭右(1)近衛中将朝光(藤原)朝臣為参議、左(2)中将正清(源)朝臣為中宮亮、右少将義孝(藤原)朝臣為春宮亮、〈並有兼字〉、内蔵連忠為伊豆守、宇佐守節為壱岐守、左近将曹物部行忠為権将監、大蔵棟(3)材為兵庫少(4)允、

左大臣(源兼明)便奉仰、以右中弁伊陟(源)朝臣為蔵人頭、退下、還陣清書、参射場、令蔵人左衛門佐顕光(藤原)奏(5)聞、令返給、其後左大臣令申伊陟朝臣慶由云々、今日、除書薨奏(6)以前也、可尋先例、又或説云、貞律(ママ)(7)云、被候除書之時、故枇杷大臣(藤原仲平)不能書、仍故清慎公(藤原実頼)為大将候矣、召之令書之云々、

(1)　陽明本・『大日本史料』は「右」とする。⑦註(2)を参照。

(2)　陽明本・『大日本史料』は「右」とする。『親信卿記』天延二年四月七日条に「左近衛権中将正清朝臣」、八月十五日条に「左近衛中将正清朝臣」とあることから、「左」の誤記と判断する。

(3)　陽明本は「棟」とする。『大日本史料』は「棟」とし「〔種カ〕」と傍書する。なお『続群』は「大蔵将材」と記した付紙を下部に貼る。『朝野群載』(巻第二十・異国)所引寛仁三年(一〇一九)四月十六日付大宰府解に見える「少監大蔵朝臣種材」と同一人物の可能性がある。

(4)　陽明本は「小」とする。『大日本史料』は「小」とし「〔少〕」と傍書する。文意より首肯される。

(5)　陽明本は「奉」とする。『大日本史料』は「奉」とし「〔奏カ〕」と傍書する。鈴謄本は「奉」とし「奏カ」と傍書する。『歴残』は「奉」とし「奏歟」と傍書する。山中本・徳謄本・徳川本は「奉」に抹消符を付し「奏歟」と傍書する。『続群』は「奉」とし「奏歟」と傍書し「奉」と「歟」に抹消符を付す。狩野本は「奏」とする。文意より「奏」の誤記と判断する。

(6)　同年四月五日に中納言藤原朝成が死去した(『親信卿記』同日条・『日本紀略』同日条)。

(7)　陽明本は「律」とする。『大日本史料』は「律」とし「(マヽ)」と傍書する。後文参照。

⑩天延二年五月二十三日条

「小除目」

同日、左大臣(源兼明)依召参上、有小除目事、其儀下御簾敷円座一枚云々、依召奉所硯并続紙等、其次被定所々別当、以権中納言重信(源)為皇太后宮大夫(1)、前美作介永頼(藤原)為尾張守(2)、散位藤原文頼為主殿允、平成忠為中宮少進、采女有光為采女令史、

今日、依市政(3)、早罷出、不知今日案内、後日追記耳、

又被下申文・辞書等於陣令定云々、

(1)　『公卿補任』天延二年条は「九月廿三兼皇太后宮大夫」とする。

(2)　**59**受領等罷申⑥を参照。

（3）**74**着鈦政②を参照。

⑪天延二年五月二十四日条

「奏慶」

廿四日、預文頼(藤原)給官、仍仰膳部善景(1)令催行、

（1）陽明本は「善」とする。『大日本史料』は「喜」とする。東本・田中本・藤波本・宮甲本・修史館本は「善」とする。白河本・甘露寺本・山中本・鈴謄本・山田本・徳謄本・宮乙本・『続群』・『歴残』・狩野本・徳川本は「喜」とする。「善景」「喜景」ともに詳細は不明。

⑫天延二年八月十四日条

「復任」

□(十)(1)四日、中宮大夫藤原朝臣(為光)令奏復任除目宣旨等、

（1）陽明本は一文字分損傷している。『大日本史料』は「十」とする。前日が「十三日」、後日が「十五日」であることから、「十」と判断する。

⑬天延二年十月十一日条

十一日、除書、御書・獘状等付兵部大夫、

⑭天延二年十一月十三日条

「直物」

十三日、左大臣(源兼明)参入、有直物事、其次有仰、有小除目事、

「除目」

中宮権大進公房、常陸介衆与、

⑮天延二年十一月二十五日条

「除目」

又停左衛門尉致明(源)・致節(源)(1)等、以左衛門尉為職(菅原カ)(2)・右衛門尉祐之(平)(3)為(4)検非違使、又有除目事、(5)

（1）『大日本史料』は氏を傍書していない。『尊卑分脈』に「大夫尉」源致明の弟に「致節」が見える。よって「源」と判断する。

（2）『大日本史料』は氏を傍書していない。『尊卑分脈』に見える「菅原為職」と同一人物と推察される。

（3）『大日本史料』は氏を傍書していない。『政事要略』（巻第七十・糺弾雑事）天延三年（九七五）二月二十五日宣に「右衛門権少尉平祐之」と見える。

（4）陽明本は「検」の下に「為」を書き左に抹消符を付す。

（5）陽明本はこの下に縹紙の貼り跡が残る。

⑯天延二年十二月二十二日条

亦有直物事、左大臣(源兼明)参射場殿、令蔵人知章(藤原)奏直物、其後重参、令頭伊陟(源)朝臣奏宣命、

直物とは、除目で作られた任官名簿（召名）に誤記があった場合などに訂正をする儀である（『江家次第』巻第四・正月・直物）。例えば⑦では、「讃岐権介」に任じられたはずの源通理の召名が「讃岐介」となっていたため、それを訂正する直物が行われている。このとき、直物の下給が遅れたが、通理の任符は「権」字をつけて作成することになった。しかし、政務がない日であったため請印ができず、任符がないまま通理は奏慶した。翌日、通理は任国へ下向したが、任符は夕方に門出の儀式の場に届けられた（**59**受領等罷申④を参照）。このように、直物によってあわただしく正しい職名の任符が作成されている様子がわかる。

①②③④⑤は直物で平親信が左衛門少尉から右衛門少尉へと転任したときの記録である。しかし、これは誤記による直物ではない。①によると右衛門少尉平維将の弟維叙を先に右衛門尉としたので、維将を左衛門に改めることになった。兄弟で同じ職に就くことを避けたらしい。このため、左衛門少尉であった親信が右衛門少尉に遷ることになった。維叙の人事がいつ行われたものかは不明であるが、『公卿補任』天延元年条によると三月二十八日に除目が行われていることがわかる。おそらく、この除目に対応する直物であろう。維将・維叙兄弟はともに親信よりも下臈であることから、親信自身はこの玉突き人事に不満である。しかし、右衛門尉は亡父平真材がかつて勤めた職である、と自らを慰めている。なお、『尊卑分脈』には真材は「蔵」「使」などとあり、右衛門尉であったことを示す記録は管見の限り①のみである。右衛門少尉に転任した親信は右衛門督源重光への挨拶（②）・初着陣（⑤）など、新任の儀式をこなしていった。

復任除目とは解官された者が元の職に復することであるが、特に、父母などの死去により喪に服するため一時的に解官された者が復任することをいう（『西宮記』臨時八・復任事）。⑥の場合、同年二月十四日の参議藤原斉敏の死去（『日本紀略』同日条）に伴って解官した子息の復任である。斉敏には三人の息子がいたことが『尊卑分脈』からわかる。このうち、息子藤原懐遠（のちに懐平）が二月に父の喪により服解し、五月に侍従に復任したことが『公卿補任』寛和二年（九八六）条尻付よりわかる。また、高遠は右近少将兼近江介（『中古歌仙三十六人伝』高遠卿）、実資は右兵衛佐であった（『公卿補任』永祚元年（九八九）条尻付）。この二人の服解・復任の記事は見えないが、⑥の復任除目の対象者であったことは間違いない。『日本紀略』天延元年五月十一日条によると、斉敏の薨奏は未だ奏聞されていなかったが、子息たちは復任したことがわかる。

また、⑥には源清延の下名も見える。⑥は復任文の中に清延の文も入れているが、藤原斉敏との血縁関係は確認できない。清延は同年二月四日以前に上総介に任じられている（『親信卿記』同日条、**65**後院別当補任を参照）。同年正月二十八日に除目が行われていること（『公卿補任』同年条）から、上総介任命は同日であった可能性が高い。清延が斉敏とは別の人物の死去に伴い服解し、今回復任した可能性もあるが、⑥に「重参令奏上総介源清延下名」とあることから、これは復任除目ではなく、便宜上同時に行われた下名であると解釈できる。したがって、⑥で復任文三通のうち一通に「式部、清延」と割り書きしているのは間違いであろう。この三通は斉敏の息子たちの復任に伴う文書で、一通は懐遠の侍従復任に対応して式部へ、一通は高遠の近江介復任のため式部へ（受領復任に際する次第は『西宮記』参照）、さらに一通は高遠・実資の右近少将復任のため兵部へ送られたものであろう。

臨時除目は小除目とも呼ばれ、臨時に行われる小規模な除目で、恒例除目の次第を簡略化した方法で行われた（『北山抄』巻第六・備忘略記・臨時除目）。

⑨では、小除目と薨奏との関係が問題となっている。すなわち、同年四月五日に中納言藤原朝成が死去した（『日本紀略』同日条）。その薨奏がまだなされていないのである。親信は薨奏以前に神事を行うべきではないと考えていた（『親信卿記』天禄三年十一月五日条、**61—1**藤原伊尹死去⑥を参照）ことから、除目も停止するべきと考えていた可能性がある。

また、或説として、除目において藤原仲平が書くことができなかったので、大将藤原実頼が執筆した、との先例をあげている。実頼が右大将であったのは、天慶元年（九三八）六月二十三日（『公卿補任』同年条）から天慶八年（九四五）十一月二十五日（『公卿補任』同年条）までであった。仲平は天慶八年九月五日に死去している。この間、実頼は中納言（天慶元年）・大納言（天慶二年〜六年）・右大臣（天慶七年）を兼ね、仲平は左大臣兼左大将であった。『北山抄』（巻第三・拾遺雑抄・除目・裏書）に「大臣候御前、納言執筆例」として「天慶五年三月廿九日、左大臣（仲平）候御前、大納言（実頼）被書」があがっている。同内容の記録は『西宮記』（恒例第一・正月・除目）にも見える。これが親信があげている先例に対応するものであろう。

なお、このときの除目について「天慶五年三月廿四日、貞信公教、〈故殿御記〉」と『小野宮年中行事』（正月・九日始議外官除目事）にあることから、この間の事情は貞信公藤原忠平の記録が典拠として使われていることがわかる。したがって、⑨において「貞律云」とあるものも、貞信公由来の記録である可能性がある。

なお、大臣が御前にいたため除目清書の執筆ができず、代わりに納言が執筆をしたとの先例が、⑨とどう関わるのかは不明である。左大臣源兼明が天皇に召されていることから、今回も納言が執筆したのであろうか。

（京樂真帆子）

6　受領功過定

受領功過定は『西宮記』（恒例第一・正月・除目）に、除目の間に行うとある。『江家次第』（巻第四・正月・定受領功課事）の端書に、「課当作過字、叙位・除目時有此事、代初御前初度之時不定之、依憚有過事故也」とあるように、「功過」は「功課」とも記す。『親信卿記』に見える受領功過定は、女叙位と同時並行で臨時に行われたものである。

①天延二年十一月二十五日条

諸卿於陣座、定申受領功課等、戌刻、左大臣（源兼明）依召参上、太政大臣（藤原兼通）相共候御前、頃之召人仰云、硯筆等、云之、[1]

即取紙筆置左大臣右、〈先是遣近衛将、令召所々御給名簿〉、依仰向陣、仰功課勘文遅進之由、〈于時上卿着北座、雖然令直膝突於南、仰之〉、上卿被示云、可候陣辺云々、仍着官人座、相待上卿命、上卿成勘文召之、上自北座賜勘文奏之、又有仰、有令定申之事、同上自北座、仰一上卿、相定之間、随上卿命候其後矣、聞僉議旨一々奏聞、

寅(2)三刻、事了退出、随左大臣命、持下名、大臣着座之後奉之、(3)

（1） 陽明本・『大日本史料』は「之」とする。『歴残』は「之」に抹消符を付し「〻」と傍書する。山中本・鈴謄本・『続群』は「之」とし「〻歟」と傍書する。文意から「々」の可能性もあろう。

（2） 陽明本は「寅」以下を天横罫下線より一字下げて書き始めている。

（3） 陽明本は、ここに縹紙の貼り跡が残る。

女叙位（29女叙位②を参照）と受領功過定のそれぞれの場、すなわち、清涼殿と陣座の二つの場を蔵人親信が行き来して連絡している。

まず、女叙位が執り行われている御前から、陣座へ遅滞している受領功過の勘文についてその進捗状況を聞きにいく。すると上卿が北座に着していた。『西宮記』（臨時四・所々座体・左近陣座）に「一大臣着南座」、また「雖納言、為日上者着南座」とあり、本来は南座に着しているはずである。そこで、親信は南座の南の膝突のところから問い合わせたところ、官人の座で待つようにいわれた。そして勘文ができあがると、北座より上ってそれを受け取り、御前の場に持っていった。

受領功過定が終わると、親信はもう一つ別の定申す事を仰せつかった。そこで、また陣座の北座より上って上卿に伝えた。今度は、上卿の命に随ってその後ろに控えていて詮議の内容をそのつど御前にいき、奏聞している。蔵人の実際の動きが逐一わかる面白い記事である。

（黒田洋子）

7 受領加階定

『西宮記』（恒例第一・正月・除目）に除目の間に行

うとされる受領功過定にともなって、受領の加階をめぐる定も実施された。

①天延元年二月七日条

「受領加階定」

七日、諸卿於陣被定申受領加階事、定了書一紙、付蔵人左少弁伊陟（源）令奏聞、源輔成任□〔功カ〕[1]課於御前被留、致忠（藤原）被加仰、依有其功也、〈非受領者関時例[2]、正輔（藤原）・佐時（藤原）等也〉、

（1）　陽明本は一文字分損傷している。『大日本史料』は「□」とし「〔功カ〕」と傍書する。文意より首肯される。

（2）　陽明本は一文字分損傷している。『大日本史料』は「□」とし「〔時カ〕」と傍書する。墨痕より「時」と判断する。

②天延元年二月八日条

「位記入眼」

八日、左衛門督源朝臣（延光）参□〔入〕[1]、入眼位記、〈件下名、左大臣（源兼明）□□〔付封カ〕[2]給外記〉、督被示云、近衛司誰候哉、左源（忠清）中将朝臣・義孝（藤原）[3]朝臣候云々、被命云、義孝朝臣身重服也[4]、源中将朝臣可仰可奉仕輔代之由者、即示事由、申返事、入眼之後、参弓場奏覧、〈入筥無蓋〉、返給退出、請印之後、重参入、令奏覧返給、退出、私案、問[5]事由、如此臨時位記内記所令送[6]史生、令送其使得疋絹云々、

此夕一両人々、令[7]奏慶由、

（1）　陽明本は一文字分損傷している。『大日本史料』は「入」とする。直下の「々眼」は文意より「入眼」と考えられるため、「入」と判断する。

（2）　陽明本は二文字分損傷している。『大日本史料』は文字数を確定せず「〔付封カ〕」と傍書する。墨痕及び『西宮記』（恒例第一・正月・五日叙位議）に「封文賜外記」とあることから「付封」と推察される。

（3）　『大日本史料』は「義」に「〔脱アラン〕」と傍書する。忠清に官職名が付されているので、義孝にもあったとの判断によるのであろう。

（4）　藤原義孝の父伊尹は天禄三年十一月一日に死去した（**61―1**藤原伊尹死去を参照）。

（5）　陽明本は構えのみ残し損傷している。『大日本史料』は「内」とする。しかし陽明本は下文「内記」の「内」と字形が異なること、『親信卿記』には改行一字下げされた「私案」は他に六例あるが「私案内」とい

う用例は見えないことなどより、「問」と判断する。

(6) 陽明本は「送」とする。『大日本史料』は「送」とし「(衍カ)」と傍書する。「送」のままで文意は通じる。

(7) 『大日本史料』は「令」を脱している。

天延元年は正月六日に定例の叙位が行われ(『日本紀略』同日条)、正月二十六日に受領功過定があった(『局中宝』)。①はこの受領功過定を受けたものであろう。受領功過定は『西宮記』(恒例第一・正月・除目)に除目の間に行うとあり、本年はそれが遅れたために、加階のことも、この期に及んで定められたと考えられる。なお、功過定において治国と認められた場合の勧賞については、『北山抄』(巻第十・吏途指南・加階事)に「一箇国従上、三箇国正下」などと見える。

さて、①では、加階される受領のリストを天皇に奏聞した結果、源輔成が現階に留められ、藤原致忠がリストに加えられた。「受領に非ざる者、関する時の例」として藤原正輔・藤原佐時の例が引かれているが、具体的な先例を確かめることはできない。

②では、儀式に当たるべき中務輔の代官を近衛官人がつとめるべく、左衛門督源延光が伺候している近衛を親信に問うている。中務輔の代官に近衛官人が用いられることは、『西宮記』(臨時一・内印)や『江家次第』(巻第十八・陣覧内印次位記請印事)に見える。また『西宮記』(恒例第一・正月・七日節会・勘物)によると、天暦九年(九五五)二月十日には位記の使である史生らが正絹を得ており、②の「私案」と合致する。

ちなみに、二月七日に治国により叙位された人物に藤原仲文がいる(『三十六人歌仙伝』)。

(中岡泰子)

8 任大臣

『西宮記』(恒例第一・正月・大臣召)には、正月の儀式として大臣召が見える。『親信卿記』には大臣任命に関する記事が二件見られ、ひとつは内大臣任命に関する一連の記事、もう一方は太政大臣任命に関するものである。いずれも被任命者は藤原兼通であり、平安中期の宮廷における権力闘争を知る手掛かりとして、従来注目されてきている。

8―― 任内大臣

権中納言藤原兼通が内大臣に任命されるまでの三日間にわたる記事である。①では内大臣任命についての円融天皇と右大臣藤原頼忠とのやり取りが記されている。②では内大臣任命の召仰について、③では宮中で催された内大臣任命の儀式次第が記されている。

①天禄三年十一月二十五日条

「官奏沙汰」「任内大臣事」

廿五日、依仰参右府(藤原頼忠)、其仰云、明日官奏事如何、必可有歟、又権中納言藤原(兼通)朝臣所申之事、去月廿七日面前仰了、其後今月十五日、以佐理(藤原)朝臣、令仰具由、其返(1)奏云、具聞食了、抑相逢権中納言藤原朝臣之次、被申可行之由云々、仍重不給仰事、至今必可行也、件事今日無召仰、若当日可行歟、案内慥可奏者、即参里第、召御前矣、伝宣仰旨、返奏云、官奏事、定日前日令奏、日来雖煩咳病侍、相扶必可候矣、又権中納言藤原朝臣所申之事、候御前之日、只被問其例、即奏勘見可奏由、其後左中弁佐理朝臣伝仰仰事、其返奏云、従中納言成此職之例、近代不見、従大納言并内大臣喬(2)此職、但候御前、可承一定、而重被給此仰、先日申可候御前之由後、于今無仰(3)、仍無其用意、又不令勘任内大臣之時例、為末臣不固辞仰事、只随仰可行、明朝可候奏、其次若被仰哉云々、帰参、奏聞此旨、

(1) 陽明本は「基」とし抹消符を付し右に小字で「其」と傍書する。

(2) 陽明本は「喬」(喬)とする。『大日本史料』は「喬」とし「(為カ)」と傍書する。「喬」のままで文意は通じる

(3) 陽明本は朱書「任大臣事」を「無仰」の右に記す。

②天禄三年十一月二十六日条

「官奏」

廿六日、初聞食官奏、(中略)、其次被仰内大臣事、依外戚之重、前宮(藤原安子)(1)遺命也、奉仰退下、有召仰事云々、

「任内大臣召仰」「尋催内侍・闈司事」

右大臣(藤原頼忠)召陣、被仰云、内侍候哉、明日可有内大臣召事、可警仰者、即帰参、申警仰由、〈為申此事、欲参陣、

於掖陣被問、仍跪申此由了〉、闈司事加催(2)、

（1）陽明本は「宮」とする。『大日本史料』は「官」とし、「前官」に「(伊尹)」と傍書する。山本信吉氏は「宮」とし、「前宮」に「(藤安子)」と傍書する（山本信吉二〇〇三、五三頁）。「前宮遺命」については後文参照。

（2）陽明本は「闈」の右肩に朱の斜線を付す。朱書「尋催内侍・闈司事」の位置を示していると考えられる。なお陽明本は朱書を「事可警」の右に記す。

③天禄三年十一月二十七日条

「任内大臣」

同日、有内大臣召事、右大臣(藤原頼忠)於左仗、令佐理(藤原)朝臣昌〔進脱カ〕(1)泰三年内大臣(藤原高藤)召宣命案文、又参弓場、令奏草、更返給之後、便召御前、〈装束如官奏〉、被仰云、此次可加成参議一人、其申人々、左近中将忠清(源)朝臣・播磨守守義(藤原)朝臣・右大弁為輔(藤原)朝臣・蔵人頭惟正(源)朝臣等也、此間誰宜哉、可定申云々、被奏云、守義可宜、〈所歴七箇国、年歯七十余云々〉、仰云、如奏可加成者、承仰退下、頃之又参、令奏清書、酉刻、行内大臣召事、其儀、開門并殿上装束儀式等、如大臣召云々、依臨暗、立燈台一本於母屋第三間南間、当内弁兀子前立之、〈主殿女官供之、燈台并打敷等、用所矣〉、今日事理、須供御簾内御座、而依御出不供、〈失也、又倉卒歟〉、又密々出御、御覧儀式、〈召所円座一枚、密々覧之〉、

今日、蔵人所催内侍・闈司二人也、召御門守、令催闈司、無闈司者取代官云々、〈是左府(源兼明)仰也〉、事了、内大臣(藤原兼通)参弓場、令右近衛権少将兼任(理兼カ)(2)令奏慶由、〈不立列、不儲轅〉、被仰聞食由、次兼被仰聴昇殿之由、内大臣奉此仰、又令奏慶由、此間召主殿助通理(大江)(3)於御前、被仰聴内大臣昇殿之由、内大臣即以参上、参入御所、即退下、留宿所、今日事大略如此、

（1）陽明本は「朝臣昌泰」とする。『大日本史料』は「昌」の右に「〔進脱カ〕」と傍書する。文意より首肯される。

（2）陽明本・『大日本史料』は「兼任」とする。『尊卑分脈』に同時代に生きた「兼任」は見られない。この時期、右近衛権少将であった人物に藤原理兼がおり（『親信卿記』天禄三年五月十五日条など）、その誤記と推察される。

（3）『大日本史料』は氏を傍書していない。『親信卿記』天禄三年十二月二十五日条に「主殿助大江通理」とあることから大江と判断する。

④天禄三年十二月二十五日条

「内大臣着陣」
内大臣(藤原兼通)今日着陣(1)座云々、
又参議守義(藤原)朝臣、参弓場、令右近権少将理兼(藤原)奏慶賀之由、

（1）陽明本は「着座」とし、字間に挿入符を付し墨線を引いて傍書した「陣」を挿入する。

天禄三年十月、摂政太政大臣藤原伊尹は病いに倒れ、翌十一月一日に死去した（**61—1**藤原伊尹死去を参照）。円融天皇は十四歳、この年正月に元服したばかりであった（『日本紀略』天禄三年正月三日条）。

これを機に藤原兼通がなんらかの申請をしたことは、①の「権中納言藤原朝臣所申之事」という記述から見て取れる。その具体的な内容は『親信卿記』には記されていないが、『済時記』天禄三年十月二十二日条に次のように見える。

廿二日、戊申、蔵人為長来云、太相府(伊尹)辞表事、右大将(兼家)・藤納言(兼通)共候龍顔、皆奏可被停由、然後互争可承行此事執論之間、已及罵詈云々、

これによると兼通が摂政の職（もしくはこれに相当する職）を望んでいたことがわかる。さらに岩瀬文庫本『大鏡』（四六四頁）には、兼通が天皇の母であり兼通の妹である藤原安子の「関白はしたいのままにせさせ給へ」という「御ふみ」を保持していたとある。よって、①の兼通の「所申之事」は、②に見える「前宮遺命」に関わると考えられる。「したいのままに」とは兄弟の順にということであり、兼通はすでに大納言となっていた弟兼家に対抗して、安子の遺言を天皇に提示したのである。

①には天皇と右大臣頼忠との度重なるやりとりが見える。頼忠は「従大納言并内大臣喬此職」であり、中納言から「喬」る例は近代にないと奏上している。そして、②では兼通は内大臣に任じられることとなった。先の『済時記』には「検見天応以来公卿任例、未有不

経大納言及内臣昇進此職之者、誠雖人主暗前鑒、殊亦右府不諍之所致也」という批判が記されている（天禄三年十一月二十七日条）。

③では内大臣任命の儀式は「其儀、開門并殿上装束儀式等、如大臣召云々」とのみ記され、詳述されていないが、当日の儀式は左右大臣の任命と異なるところはなかったようである。

いま、『西宮記』（恒例第一・正月・大臣召）と照らし合わせると、上卿が宣命草案や清書を奏上するところなどは異ならない。ただ、『西宮記』には「有勅、仰擬任人令申可任日」「太政大臣設饗、内大臣不設、而近代、設之」と見える。①から③のあいだに兼通への兼宣旨のことは確認されず、また大臣大饗を行ったことは見えない。大饗がなかった理由を『園太暦』は「自中納言任之、卒爾不及饗禄」と記す（観応二年（一三五一）四月二十日条）。また、仁安元年（一一六六）十一月十一日に平清盛が内大臣になる際、「無兼宣旨・饗禄事、依忠義公例也」（『公卿補任』）と、兼通が先例とされている。なお、任内大臣の兼宣旨および大饗は、藤原兼通の次にこの官に任命された藤原道隆は行っている（『小右記』永祚元年（九八九）二月三日条・同月二十三日条）。

因みに大臣任命の儀式では、内弁が昇殿したのちに開門すべきところ、その前に開門した近衛官人に対して、後日処分が行われている（**62**勘究を参照）。

ところで内大臣任命の前例は昌泰三年（九〇〇）の藤原高藤であり、その前官は大納言であった（『公卿補任』昌泰三年条）。高藤の官位昇進は女胤子の産んだ敦仁親王（後の醍醐天皇）が立太子したことによる。③で用いられている昌泰三年の内大臣召宣命および今回の宣命の文面は明らかでない。

なお兼通以降、内大臣には藤原道隆・藤原道兼・藤原公季と立て続けに任命されていくことになる。橋本義彦氏は高藤のとき令制の大臣に次ぐ「内の大臣」としての性格をもった内大臣が、兼通以降その性格を定着させていくと考えられている（橋本義彦一九七六、二八六頁）。

8－2　任太政大臣

内大臣藤原兼通が太政大臣に任命されたときの一連の記事である。①では兼通への召仰、②は円融天皇が太政大臣任命の旨を左大臣源兼明に仰せ下したこと、③では太政大臣任命儀のことが見える。

①天延二年二月二十四日条

「任太政大臣召仰」

廿四日、可任太政大臣之由仰事、差加賀命婦(頼子)(1)遣仰直廬(2)、

（1）『大日本史料』は氏名を傍書していない。

（2）藤原兼通の直廬を指す。兼通が貞元元年（九七六）に桂芳坊へ遷ったこと（『日本紀略』貞元元年二月十五日条、同二年十月十一日条）から、これ以降は桂芳坊が直廬であったと考えられる。なお、藤原忠平の直廬も桂芳坊にあった（『貞信公記』天慶三年（九四〇）三月二十一日条）。

②天延二年二月二十七日条

「被仰任太政大臣事」

廿七日、左大臣(源兼明)依召候御前、即被仰、以内大臣(藤原兼通)可為太政大臣者、

③天延二年二月二十八日条

「任太政大臣」

廿八日、任太政大臣、其儀懸御簾并壁代御帳帷等如常、〈御簾懸庇〉、他儀如例、当額間、迫御簾、鋪諸司畳并円座等、仮為御座、御後立御屏風、大納言源(雅信)朝臣令奏宣命草、文云、以内大臣藤原(兼通)朝臣為太政大臣、亦授正二位云々、出御、次陣引、重参令奏清書、次陣引、次内侍召人、次内弁参上、〈不立兀子於宜陽殿庇〉、次開門、次闈司出居、次内弁召舎人、舎人称唯、少納言替参入、内弁召大夫達、称唯退出(1)、次王卿及大夫等参入、内弁召宣命使、〈右衛門督重光(源)朝臣〉、次内弁下殿立列(2)、宣命使立版位、宣制一段、群官再拝、亦宣制一段、群官再拝、宣命使反本位、次王卿一々退出、事了閇門、

「奏慶」

次太政大臣自直廬参射場、令左近衛中将正清(源)朝臣奏慶退出、奉仕御共殿上人多参彼第、〈堀川殿〉、事了余(平親信)退出、

「輦車宣旨」

今日、未被奏宣命草之前、下左大臣(源兼明)・内大臣聴乗輦車(3)

出入宮中宣旨、皇太后宮大夫《(藤原朝成)》奉之云々、

「饗禄事」

亦被奏慶之次、以式部丞通理《(大江)》被奏饗禄事、通理(4)奏聞之後、仰上卿云々、内記請色紙、〈緑三枚、黄二枚〉、

(1) 陽明本は「唯称」とする。『大日本史料』・『歴残』・狩野本は「称唯」とする。山中本・徳謄本・『続群』・徳川本は「唯称」とし転倒符を付す。文意より「称唯」の転倒と判断する。

(2) 陽明本は「引」とする。『大日本史料』は「引」とし「〔列〕」と傍書する。山中本・鈴謄本・徳謄本・『続群』・『歴残』・徳川本は「引」とし「列歟」と傍書する。狩野本は「列」とする。『江家次第』(巻第二十・任太政大臣事)には「内弁下殿、〈先帰向階揖、喚与使揖〉、加列」とある。よって『大日本史料』に首肯される。

(3) 陽明本は朱書「輦車宣旨」を「車出」の右に記す。

(4) 陽明本は朱書「饗禄事」を「通理」の右に記す。

④天延二年三月五日条

「太政大臣初奏神事」

五日、依太政大臣《(藤原兼通)》奏神事、第一三四五、合四箇巻出、但第二巻無此束、若相交他御日記歟、

⑤天延二年四月二日条

「太政大臣関白上表」

二日、太政大臣《(藤原兼通)》上辞関白之表、

⑥天延二年四月七日条

「勅答」

七日、勅答、使左近衛権中将正清《(源)》朝臣、

⑦天延二年五月二十七日条

「太政大臣木幡詣」

廿七日、不参内、太政大臣《(藤原兼通)》参給木幡(1)、供奉御共、先差家司、令修御誦経於法性寺(2)、還給之次、於同寺有酒饌事、

(1) 藤原基経により定められたと伝えられる藤原北家の墓域(『栄花物語』巻第十五・うたがひ)。現在の京都府宇治市木幡。太政大臣任命により木幡を訪れた事例としては、藤原兼通の祖父忠平(『九暦』承平六年(九三六)九月二十一日条)、同母兄伊尹(『日本紀略』天禄三年閏二月十日条)があり、忠平は「太政大臣御慶」により醍醐天皇と父基経の墓所に参っている。太政大臣任命と墓参との関係については、このようにいくつかの事例があるが、詳細は明らかではない。

(2) 藤原忠平が現在の京都市東山区に建立した寺。忠

平は任官や叙位に際したびたび木幡の基経墓に参っているが、同時に基経が建立を始めた極楽寺に詣でて諷誦を行っている。

①の召仰で、内大臣藤原兼通は二十八日を大臣召の日として勘申したのであろう。③二十八日に太政大臣任命のことが行われた。このときの上卿は宣命草案・清書の奏聞から、大納言源雅信であったと推測される。

任太政大臣儀の一連の流れは『西宮記』（恒例第一・正月・大臣召）と、大筋で異なるところはない。ただし、宣命の清書を奏上する次第に違いが見られる。『西宮記』では、宣命の清書が奏上された後、天皇は南殿に出御すると記している。しかし、③では天皇出御の後、上卿が陣に退き、また参上して宣命の清書を奏上している。

さて、『公卿補任』には兼通が天禄三年十月二十七日に円融天皇より太政大臣が病いの間公務に勤行するよう宣を受け、即日さらに「朕未堪其事、汝可輔佐者」との勅が発せられ、一カ月後の任内大臣と同日に「即為関白」と記される（天禄三年条）。そしてさらに天延二年の太政大臣任命後、三月二十六日に「詔関白万機」とする（天延二年条）。④⑤からも関白の詔が出ていたことが知られる。実は天禄三年に兼通が関白となったのか内覧となったのは諸史料によって異なる。先の『公卿補任』と同じく関白と記す史料としては『扶桑略記』『百錬抄』『一代要記』『大鏡』『濫觴抄』などがあげられる。一方、内覧と記すものには『局中宝』『河海抄』『愚管抄』『官職難儀』『平家物語』などがある。以上のように、後世に成された記録類や物語では混乱が見られる。しかし、**8―1**③では関白の詔について一切確認されない。また『済時記』天禄三年十一月二十七日条に見られるのも内大臣任命のことのみである。このように、同時代史料には関白及び内覧就任が明記されていないことは興味深い。

この問題について山本信吉氏は、『小右記』長徳元年（九九五）五月十一日条を根拠に、兼通は太政大臣伊尹が摂政を辞してから天延二年に関白になるまでは内覧であったとされた（山本信吉二〇〇三、五二頁）。

この見解は広く受け入れられてきたが、近年、春名宏昭氏は、兼通が内覧を務めたのは太政大臣伊尹が亡くなるまでで、内大臣任命後は関白や内覧ではなかったとした。そして兼通は、内大臣という官僚としてその能力を表示したことの結果、天延二年になって太政大臣に、次いで関白に任命されたとしている（「草創期の内覧について」、『律令国家官制の研究』、吉川弘文館、一九九七）。

藤原済時は兼通が内大臣に任命されたことについて、「誠雖人主暗前鑒、殊亦右府不諍之所致也」とその思うところを書いている（『済時記』天禄三年十一月二十七日条）。『親信卿記』が記しているのは、内大臣・太政大臣任命に際しての天皇と大臣との連絡や儀式次第に関する事項である。天皇と右大臣との間を往還していた親信は、果たしてどのように感じていたのであろうか。

（北村有貴江）

9 位禄定

位禄定とは、位禄を支給すべき官人を選定し、位禄を負担する国に割り充てる公事のことをいう。『西宮記』（恒例第二・二月・位禄事）には二月の行事とある。

①天禄三年四月十一日条

「□[1]位禄」

□〔十〕[2]一日、□〔史〕[3][4]忠節持参殿上料位禄文并宛遺文、於掖陣令奏、依御物忌、

(1) 陽明本は「位禄」の上に朱の痕跡が認められる。朱書の通例の書き出し位置からすると、損傷は一文字分と推察される。『大日本史料』は文字を想定していない。

(2) 陽明本は二文字分損傷している。『大日本史料』は「□一」とし一文字目に「〔十〕」と傍書する。予楽院本は朱の点線で損傷を示し中に墨の細字で「十一」と記す。修史館本は「十一」とする。陽明本の天横罫下線に墨痕が見えること、通例として日付を天横罫上線から書くこと、また前条が「九日」、次条が「十二

日」であることなどから、『大日本史料』に首肯される。

(3) 陽明本は二文字分損傷している。『大日本史料』は「□□」とし、下の文字に「(忠カ)」と傍書する。後掲④に「忠節」の名が見えること、わずかに残る墨痕が「忠」の字と矛盾しないことから、二文字目は「忠」と判断する。一文字目は持参した文書から「史」と推測され、また『親信卿記』天禄三年十二月九日条に大原野祭の不参の史の一人に「忠節」と見える（**62** 勘究①を参照）ことから、「史」と判断する。

(4) 『大日本史料』は氏を「(答本)」と傍書する。「答本忠節」なる人物として『続日本紀』天平勝宝三年(七五一)十月丁丑条に初出する薬方に詳しい官人がいるが、年代が合わない。

②天禄三年四月十二日条

「宛給位禄於男女房事」

十二日、奏聞、即於御前、宛給女房、〈件文、奏位禄目録之後、彼所弁・史宛了後、令奏此文云々〉、其遺欲宛男房之間、頭(1)中将(源惟正)被示云、如此文、可申殿下(藤原伊尹)歟、余(平親信)申云、一両年例不覧殿下、但有不足国者、令申案内云々、抑為之如何、頭重被示云、可申依惟正申驚令覧之由者、

(1) 陽明本は「頭」の右に「頭」と傍書する。

③天禄三年四月十六日条

「持参位禄於殿下」

十六日、持参位禄於殿下(藤原伊尹)、令申此由、即仰云、年来無見此文、雖可見、令奏聞了、有何事哉、早任年来例、可宛給者、奉此仰退出之後、宛男房、

④天禄三年五月十日条

「持参位禄宛文於大殿(藤原伊尹)」

十日、取了、参大殿進宛文、申有不給人之由、即仰云、年来必不召、況件人々、不恪勤人等也、直可不給者、承仰、令召忠節、依身病不参者、奉彼所弁右中弁佐理(藤原)朝臣了、

伊賀国一人、〈五位〉、

伊勢国二人、〈四位一人、五位一人〉、

信濃国二人、〈四位一人、五位一人〉、

丹後国二人、〈五位二人〉、

但馬国二人、〈四位一人、五位一人〉、

紀伊国三人、〈四位二人、五位一人〉、

淡路国三人、〈五位〉、

天禄三年四月九日
件法〔位カ〕[1]禄文如此、以給人姓名注国下、至于四位、書名朝臣、五位書名、合十四具、〈四位五人、五位九人〉、是例数也〈云々〉[2]、

(1) 陽明本は「法」とする。『大日本史料』は「法」とし「〔位カ〕」と傍書する。文意より首肯される。
(2) 陽明本は小字にする。『大日本史料』は大字にする。

　位禄定においては、上卿が諸大夫歴名・命婦歴名・主税寮別納租穀勘文・官充文・目録・去年書出（一世源氏・女御・更衣・外衛督佐・馬寮頭助・二寮頭助・外記史等）・去年書出（殿上分）を一々見た後、目録を殿上弁もしくは蔵人に奏上させる。そして大弁に書かせた「一世源氏等書出」と「殿上人書出」の二通を位禄所弁に下す。ここで陣座での儀が終了する。後日、位禄所弁は私家において定め充てる。以上が、『九条年中行事』（二月・位禄事）『西宮記』（恒例第二・二月・位禄事）『北山抄』（巻第一・年中要抄・二月・位禄事）『政事要略』（巻第二十七・十一月・十五日奏給位禄文事、なお位禄事は二月に行うとある）『江家次第』（巻第五・二月・位禄定）などに記された次第であるが、ここから給付にいたるまでの手続きについては、いずれの儀式書にも記載がない。したがってその後に焦点を当てる『親信卿記』は貴重な記録となっている。

　親信が記したのは、蔵人として携わった御前における定充の様子である。まず①では位禄所史である忠節が「殿上料位禄文」と「宛遺文」を持参してきた。前者の「殿上料位禄文」は④の末尾に添付された四月九日付文書であり、位禄定当日に大弁がしたためた「殿上人書出」をもとに作成されたものであろう。この四月九日付文書の書様は、「殿上」の例として『江家次第』の引く長保三年（一〇〇一）五月十三日付の文書と同じ形式となっている。

　御前における定充の次第は②に見え、はじめに女房に充て、その遺りを男房に充てたこと、④からは受給する人物の「姓名」を「殿上料位禄文」の「国下」に書き入れていったことが知られる。このとき男房を充

てる段になって、摂政藤原伊尹の意向を確かめたが、これは頭中将の進言による変則的な事態で、支給国の不足が生じれば案内を請うのが年来の作法であった。一方、後者の「宛遺文」は④に伊尹による承認を最終手順として位禄所に返却されたことが記述されている。

親信はさらに殿上分の具体数も記録している。「殿上料位禄文」には七カ国に四位五人・五位十人という定員枠があったが、実際の支給は五位枠を一つ残した総数十四具であった。この数は先にあげた長保三年の「殿上」に六カ国、四位五人・五位八人、総数十三具とあることからしても、「例数」であったといえよう。この数について山下信一郎氏は、「殿上人の半数程度が非兼国であった事実が『例数』として定着したのだろう」と推測する（「平安時代の給与制と位禄」、『日本歴史』五八七号、一九九七）。たしかに位禄の支給が殿上人の非兼国を対象とすることは『西宮記』に規定されている。しかしながら、殿上人の総数として氏が例示した「寛平御遺誡」（『禁秘抄』巻上・殿上人事所引）の二十五人、『西宮記』（臨時六・殿上人事）の三十人という数は、男性官人のみを示しており、親信が記したように「例数」には殿上の女房分が含まれていたのである。したがって『親信卿記』から、非兼国の男性官人を対象に位禄が支給されたという推論を導き出すのは難しいのではなかろうか。

また『新撰年中行事』に位禄定は二月、あるいは三月の儀式とあるが、今回は四月九日に催されている。時期は下るが、藤原実資が位禄目録の奏上に五月の例は聞かないとし四月中に行おうとする（『小右記』正暦四年（九九三）四月二十八日条）ことからも、四月の行事としてひとまず催されていたようである。

なお、④の文頭に「取了」と始めることや末尾に四月九日付の「殿上料位禄文」を載せることなどから、位禄定に関わる記事をまとめた後、再び日次のかたちに編集し直したことがうかがわれる。

（谷口美樹）

10　季御読経

季御読経は毎年春秋二季に各四日間百人の僧を宮中

に召して、「大般若経」を転読させ、天皇の安寧と国家の安泰を祈る仏事である。『延喜式』(巻第三十八・掃部寮)によれば、大極殿もしくは紫宸殿と御在所の両所で並行して行われた。行事の構成は、初日の発願に始まり、二日目には「引茶」、三日目には「論義」(原則として春季のみ)も行われ、四日目の結願で締めくくられる。

『親信卿記』には天禄三年秋季御読経(①②)、天延二年春季御読経(③~⑦)、天延二年の秋季御読経(⑧~⑮)の記事がある。

①天禄三年八月二十（ママ）日条

「春季御読経」

是月(1)、有春季御読経、〈或三月修之〉、召分僧廿口、於御在所修之、前一日、差定堂童子五位四人、〈五位不足、加用六位〉、当日早朝、蔵人令所雑色等、先撤昼御座、垂母屋御簾、即東庇南四間(2)、安置仁寿殿御仏、次図書寮立香花机仏前、其南北立大花瓶円机、香花机前立仏供机、〈仏聖供、内膳司毎日改供、結願之日不供之、但図書寮立机一脚、置仏布施〉、(3)仏前孫庇立行香机、其南北間立散花机、又毎間懸彩幡、掃部寮各鋪小莚、為仏台并机等下敷、北御障子(4)下鋪両面端畳、為僧綱座、南折至壁下、更西折、鋪緑端畳、為衆僧座、〈威儀師一人居南壁東端、其前立磬〉、(5)当仏前間鋪半畳、為導師座、孫庇南第一二間鋪緑端畳、為王卿座、南廊小板敷鋪黄端畳、為出居座、其前并孫庇北第四間、各鋪小莚、為堂童子座(6)、時刻、中少将着座、次王卿、〈殿上王卿多不参時、有勅召非殿上王卿〉、次衆僧、次堂童子、法用之後、堂童子退下、朝座了、王卿侍臣行香、殿上六位一人捧火蛇随後、事了僧侶退出、次王卿及中少将下殿、〈御結願日又同之〉、三箇日毎夕座、侍臣施煎茶於衆僧、〈相加甘葛煎、又厚朴・生薑等、随要施之、紫宸殿(7)所衆・雑色等参上、於件茶者、着於大極殿之時又同、但茶用器等見所例也〉、臨昏黒懸燈楼、又燈台二基立仏前、〈燈台用所有打敷等〉、

(8)年々安第三間、(9)年々立北花瓶北、

(10)年々毎間二流、但母屋御簾二流、庇簾外二流、

近年之例、僧綱為緑端、凡僧用黄端、

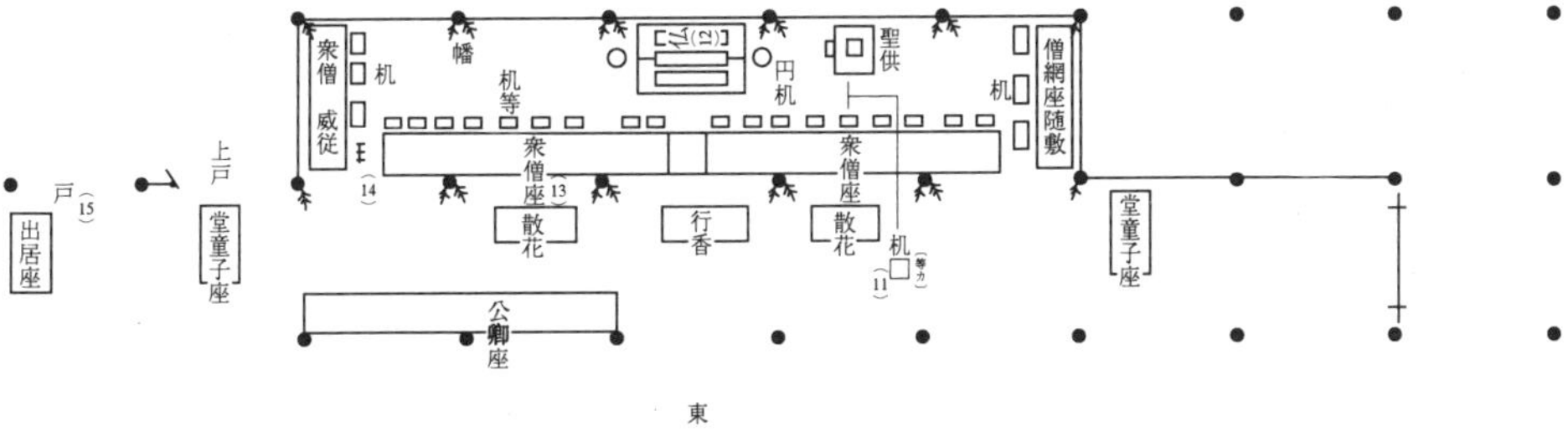

（挿図——上掲参照）

（1）本条は後述するように蔵人式を引用したものである。本条を八月二十日に配置するのは、季御読経の記事を部類し、その冒頭に蔵人式を配した名残りであろう。なお「是月」とは八月ではなく二月である。

（2）陽明本は「四」とする。『大日本史料』は「四」とし「〔三カ〕」と傍書する。御仏の位置については後述する。

（3）陽明本は四文字分の空白符を付す。『大日本史料』は「〻〻〻〻」とし「（マヽ）」と傍書する。

（4）北御障子とは、北の二間と孫庇の間の障子のことを指すと思われる。『侍中群要』（第七・御読経事）には「二間障子前、鋪両面端畳枚、為僧綱座」とある。

（5）陽明本は三文字分の空白符を付す。

（6）堂童子座については、『蓬萊抄』（二月・季御読経事）に詳しい。

（7）陽明本は「震」とする。『大日本史料』は「震」とし「〔宸〕」と傍書する。文意より首肯される。

（8）陽明本・『大日本史料』は「年」の右に小字で「御仏事歟、未分明」と記す。

（9）陽明本は「年」の右に小字で「聖供机事歟、已不分明」と記す。『大日本史料』は「聖供机事歟、不分明」と記す。

（10）陽明本・『大日本史料』は「年」の右に小字で

「幡事歟」と記す。

(11) 陽明本は「机」字の下が損傷している。『大日本史料』は「机」とし、その下に文字を想定していない。南側では同じしつらえに「机等」とあるので、北側にも「等」字があったと推察される。

(12) 『大日本史料』は「仏」を脱している。

(13) 陽明本は二文字分程度損傷している。本文に「衆僧座」とあるので「僧座」と判断する。『大日本史料』には記載がない。

(14) 『雲図抄』（二月・季御読経事）の敷設図にはこの位置に磬が置かれている。陽明本は損傷しているが、本文と墨痕により補った。『大日本史料』には描かれていない。

(15) 『大日本史料』は「戸」を脱している。

②天禄三年八月二十四日条

「季御読経事」

廿四日[1]、季御読経初日也、其儀如例、但始申刻、朝夕座一度行、是専無先例、依之無引茶、始廿五・六・七・八、合四箇日御物忌也、而行事蔵人、不仰御物忌由於威従、因之籠候僧数少云々、

（中略）

「御読経上卿不被候、又無火舎取、八人之内下臈取火舎事」

御読経終日、上卿不被候、侍臣上臈多不候、仍行香及無官、無人取火舎、因之八人之内下臈更又取火舎云々、又給度者、巻数上覧之後、付内侍令奏之[2]、

口伝云、臨時御読経巻数、付弁并蔵人、上卿直令奏之、

(1) 本条は「季御読経事」と「御読経上卿不被候、又無火舎取、八人之内下臈取火舎事」の二つの次第が同日にあげられているが、後者は「御読経終日」で始まり、その内容は結願日に行われる給度者・巻数上覧である。よって後者は二十七日条であると考えられる。『大日本史料』は「御読経終日」の上に「脱文アラン」と記している。日付がないことから「季御読経」に関する記事を類聚していた可能性が読みとれるのではなかろうか。

(2) 陽明本は「之」を重ね書きする。

③天延二年二月二十七日条

「仁王会・季御読経定」

亦定仁王会[1]・季御読経等事、令奏聞、

(1) 本年の仁王会は、三月二十八日に行われている（『日本紀略』同日条）。仁王会については**46**仁王会を

参照。

④天延二年五月七日条

「定春季御読経闕請」

左大臣《源兼明》参入、定春季御読経闕請等、〈件日時勘文・僧名等、先日奏聞、而依木工寮穢所延引也〉、

⑤天延二年五月八日条

「季御読経始」

八日、〈卯〉(1)、季御読経初也、其儀如常、行事典雅《藤原》参御前、上卿、〈左大臣《源兼明》・源大納言《雅信》・源中納言《重信カ》(2)・中宮大夫《藤原為光》・右衛門督《源重光》・左大弁《源保光》・修理大夫《源惟正》〉、但上卿不召、令打鐘、直以参上、夕座引茶如例、

（中略）

御読経朝座了、上卿退出、

（1）卯の日は右衛門府が日次贄使を勤める日である（『西宮記』臨時六・侍中事・裏書勘物所引・御厨子（所）例）。あえて記してあるのは、このとき親信が右衛門少尉であったことによるのであろう。なお⑨を参照。

（2）『大日本史料』は名を傍書していない。『公卿補任』（天延二年条）によれば、該当する人物として中納言源延光・権中納言源重信がいる。『親信卿記』における両者の呼称から、源重信と推察される。

⑥天延二年五月九日条

九日、御物忌也、朝夕座講演(1)如例、

（1）陽明本は「⿰言寅」とする。『大日本史料』は「⿰言寅」とし「〔演〕」と傍書する。なお山中本・鈴謄本・徳謄本・『続群』・『歴残』・徳川本は「演歟」と傍書する。文意より『大日本史料』に首肯される。

⑦天延二年五月十日条

「番論義」

十日、依可有御論義、巳刻僧侶参上、修朝座、蔵人頭伊陟《源》朝臣奉仰、召候清涼殿之威従、仰可注進南北二京学生等名簿之由、〈件御論義事、蔵人典雅《藤原》昨夕承仰以可聞食之状、仰僧都寛忠、是真言宗也、縦雖可仰僧綱、理須仰顕宗僧綱、況不仰威従、直仰寛忠哉、依此太政大臣《藤原兼通》有不快之気色云々、繆之又繆也、不問故実、仍今日依例改仰之云々〉、未一刻、僧徒参上、威従以学生名簿、授頭伊陟朝臣、伊陟朝臣奏聞、召候御前律師禅芸於弓場殿、仰可番五番之由、〈本自敷筵、仍於南間定奉〉、奏番文、律師書以一通、此間侍臣引茶、

引茶了之後、掃部寮参上敷座、〈庇第五間迫御簾、南北妻敷黄端畳一枚、為論者座、孫庇南第三間敷緑端畳二枚、為従南殿召度僧座、件座朝座了、承可有論義之由、理須夕座初敷之者也、又去年夕座初敷之、而今日引茶之後、官人参上施敷、未知故実、可尋先達〉、(1)南殿僧移参着座了、律師召可進候之僧名、〈謂其法師答、其法師問〉、不称唯、直着座、一々如此、

一番、〈答運源、《山》、問勧綜〉、

二番、〈答仁䡙、問光休、《山》〉、

三番、〈答奝然、問源信、《山》〉、

四番、〈答禅澄、《山》、問玄明〉、

五番、〈答賀秀、件賀秀、依阿闍梨、初以法忠為番、而依御定改之、問真喜(2)〉、

第四番之間、已及昏黒、仍侍臣供御明并燈楼等、論義了、真喜於即座奉仕随喜御導師、

今日事、以随喜御導師并源信論義、諸人称善、事了僧侶退出、

(1) 陽明本は三文字分の空白符を付す。

(2) 陽明本ではこの割書は「答賀秀、件賀秀、依阿闍梨、初以法忠」で改行し、次行は「為番、問真喜、(空白)而依御定改之」となっており、意味が通じない。『大日本史料』は「答賀秀、件賀秀、依阿闍梨、初以法忠為番、而依御定改之、問真喜」とする。山中本・鈴謄本・徳謄本・『続群』・『歴残』・徳川本は線を引いて『大日本史料』と同じ文のつながりを示している。宮甲本は「為番」を「問真喜」の下にやや空白をおいて記す。文意より『大日本史料』に首肯される。

⑧天延二年八月八日条

「季御読経定」

八日、大納言源朝臣(雅信)定季御読経日時勘文及僧□□□〔名等令〕(1)蔵人蔭子(2)藤原典雅奏聞、

(1) 陽明本は三文字分損傷している。『大日本史料』は「名等令」とする。『西宮記』(恒例第三・九月・季御読経事)に「着陣定僧名、(中略)定了、副日時勘文奏聞」とあること、及び陽明本の墨痕から「名等令」と判断する。なお鈴謄本・『歴残』・『続群』は三文字分を空白とし、「名歟、等歟、令歟」と傍書する。山中本は三文字分を空白とし「名歟、等歟、令」と傍書する。修史館本は三文字分を空白とし、三文字目に「令歟」と傍書する。

(2) 『侍中群要』(第一・被補蔵人事)に、蔵人に補せられる際の宣旨に「姓名、〈若蔭姓名、若文章生、得

業生〉」とある。また寛仁三年（一〇一九）八月二十八日の殿上記（『新訂増補国書逸文』五五四頁）に「記蔵人文章得業生平定親」と記者名が記されている。本条も藤原典雅に「蔵人蔭子」とあることから、親信が殿上記を見て記したのかも知れない。

⑨天延二年八月十五日条

「季御読経雑事」

季御読経事、(1)

可召仰諸司、

内匠、〈南殿障子〉、縫殿、〈御帳帷〉、内蔵、〈御、（ママ）差油・脂(2)燭布・土器・折櫃・瓶子・生薑・布施〉、

図書、(3)主殿、〈□〔御〕(4)浴女官、□(5)女官〉、掃部、〈同女官、御帳〉、

左右近駕輿丁、〈香舂〉、左右衛士、〈薬殿事〉、

蔵人所、〈香・甘葛煎・廻文、《着小舎人》・犬防〉、

薬殿申請云、茶七十□〔枚カ〕(6)・生薑九升・生絹二尺

中折櫃四合・水桶二口・杓二柄

讃岐瓮四口・炭四石五斗、

已上三箇日料云々、

一、御精進事、

四衛府、〈十九日左衛門督（源延光）、廿日右衛門督（源重光）当番也〉、

日次所、左右衛門、河御贄等可□〔停〕(7)、

内膳、〈可加仰仏供事〉、

大膳、

造酒、

(1) 陽明本では通常、本文を天横罫下線から書き始める。しかしこの一行は天横罫上線から書き始めている。

(2) 陽明本の文字は木偏とにくづきを重ね書きする。『大日本史料』は「栺」とし「〔脂〕」と傍書する。

(3) 図書寮について役割が明記されていないが、『侍中群要』（第七・御読経事）によれば、仏具を準備することとなっていたと思われる。

(4) 陽明本は一文字分損傷している。『大日本史料』は「□」とする。陽明本の墨痕より「御」と判断する。なお『侍中群要』（第七・御修法事）に「御発願日、供御湯殿、〈主殿寮〉」とある。

(5) 陽明本は一文字分損傷している。『大日本史料』は以下を損傷とし文字数を確定していない。下文に「同女官」と見えることから「同」の可能性がある。

(6) 陽明本は一文字分損傷している。『大日本史料』は「枚」とする。文意より「枚」と推察される。

(7) 陽明本は一文字分損傷している。『大日本史料』は「□」とし「〔仰カ〕」と傍書する。墨痕および文意

から「停」と判断する。

⑩天延二年八月十七日条

十七日、定堂童子事、

「定堂童子」

御読経堂童子（1）、

十八日、

文利《(紀)》、義孝《(藤原)》、

顕光《(藤原)》、時光《(藤原)》、

廿一日、

道隆《(藤原)》、致方《(源)》、

実資《(藤原)》、正光《(藤原)》、

依仰召上卿、〈仰奏時〉、

仰小舎人、召侍臣等、〈又遣内豎等〉、

御物忌之由、昨日申左中弁《(藤原佐理)》闍已了、依為行事也、

（1）　本行から七行目までは定められた発願・結願の堂童子名である。『西宮記』（臨時一・御読経）に「兼定堂童子押小柱、〈西方柱也〉」とあり、『侍中群要』（第七・臨時御読経事）に「御読経堂童子書了、通校書清涼殿軒廊北始柱〔押脱カ〕南面歟、其柱角也、可尋旧押処」とある。

⑪天延二年八月十八日条

「同御読経」

十八日、御読経、儀式如例、但上卿依仰籠候、〈参議源朝臣忠清・修理大夫惟正《(源)》朝臣・右（1）近衛中将朝光《(藤原)》朝臣〉、昨夜御前僧不籠、仍上卿奏事由、以外宿僧令候御前、又近衛司一人候、召南殿、不令候御前、但問先例云、令上御前僧之後、着南殿令昇云々、

（1）　陽明本は「右」とする。『大日本史料』は「右」とし「〔左カ〕」と傍書する。『親信卿記』天延二年四月十日条・十一月十一日条には「右」近衛中将と見える。

⑫天延二年八月十九日条

十九日、其儀如常、

⑬天延二年八月二十日条

廿日、其儀如例、但至于夕座、御前僧三人不参、欲仰此由、行事上卿・弁・史等共不候、仍威従観茂召度南殿三人、此中能覚免遅参責、信慶・観修只以召度、其後史参入、仍仰此由、

⑭天延二年八月二十一日条

「結願」
廿一日、御結願也、其儀如常、但給度者、亦能覚者、上卿除見参、依此事、上有被咎之事、而至于弊身者(平親信)、待頭閤(源伊陟)処分、専可無責、大相府(藤原兼通)亦被仰此由、令申如此、

⑮天延二年八月二十六日条
「有恐申事」
廿六日、退出之後、有召参内、有恐事罷出、依不申僧召度事於大相府(藤原兼通)之也、

『親信卿記』においては十五カ所の季御読経の記述が見られるが、それぞれの内容は①季御読経の敷設・次第、②発願・結願・上卿侍臣上臈不参例、③⑧季御読経定、④季御読経闕請、⑤⑪発願、⑥⑫二日目、⑦三日目(論義)、⑨季御読経雑事、⑩定堂童子、⑬三日目・御前僧不参例、⑭結願、⑮後日に責を被る、となり、そのうち②⑥⑪が天皇の物忌の例である。

まず特記すべきは、①が渡辺直彦氏の指摘があるように、『撰集秘記』(二月・季御読経事)などに見られる蔵人式の逸文であることである(渡辺直彦一九七八、五五六～七頁)。そして蔵人式の引用の後、「年々安第三間」以下の記述と敷設図には親信が実際に季御読経に携わった際の実録と近年の敷設の傾向が記されている。この実録部分には、「年々安第三間」「年々立北花瓶北」「年々毎間二流(略)」それぞれに小字の添書がある。これは書写の際または日次記への再構成時に加筆されたものと思われる。特に注意したいのは御仏の位置についてであり、蔵人式引用部分では東庇南四間となっているが(『撰集秘記』も同じ)、「年々安第三間」と記録し、続く敷設図も東庇南三間となっている(『雲図抄』二月・季御読経事の敷設図も同じ)。それに対し聖供机の位置については、『撰集秘記』には「南花瓶机南立聖供机」とあるのに(『雲図抄』の敷設図も同じ)、蔵人式引用部分にはこれが脱落している。親信が実際に携わった季御読経の次第に合わせてあえて引用しなかったのか、ただ書き漏らしただけなのかは定かでないが、蔵人式を引用しながらも実際の儀式の実録や近年の敷設の傾向までも併せて記録していった興

味深い部分である。蔵人として親信が蔵人式を重要視すると同時に、実際に行われた内容との相違も記録していこうとする意識がうかがえるであろう。

①で見られるような蔵人式や故実・先例と実際に行われた次第についての相違比較に注意を払う記述のあり方は②⑦⑪でも確認できる。②の発願日の内容は、季御読経が申刻から始められたため、朝座・夕座を一度に行ったが、このような場合は先例にはなく、そのために引茶が行われなかったとある。ところが、引茶は『西宮記』（恒例第三・九月・季御読経事）で春夏の初後日にはないこと、『年中行事秘抄』（二月・季御読経事）『雲図抄』では春の第二日に行うが秋にはないことが見える。よって②で秋の初日に引茶を行おうとしていた実例とはあわない。さらに⑤（春の発願日）においても引茶のことが見られるので、実際は初日でも行われていたことがわかる。

そして②では、翌日から御物忌が重なるので、御前僧に宿籠させなければならないところ（『西宮記』）、行事蔵人が威従への連絡を怠ったため宿籠僧が少ない、という事態になってしまった。結願日の内容は、上卿・侍臣・上﨟が多く欠席し、そのために行香する者が足らず、火舎を取る者もいないので八人のうち下﨟が火舎を取ったとある。清涼殿儀では①でも確認できるように火舎を取るのは「殿上六位一人」であって、②に、八人のうちの下﨟が火舎を取ったことをあえて記述しているのは、「官」とは図書官人のことで、清涼殿儀ではなく南殿儀を記述していると考えられる（『雲図抄』裏書・季御読経事「南殿左右方、図書官人取火舎、御殿蔵人取之」）。また、巻数を内侍に付すことについて、口伝として臨時御読経の場合は弁か蔵人に付すことが記されているが、このような季御読経と臨時御読経における巻数上覧についての相違は『九条年中行事』（二月・御読経事）や『西宮記』（恒例第三・九月・季御読経事、臨時一・御読経・裏書）『北山抄』（巻第六・備忘略記・臨時御読経事）などでも確認できる。

⑦にいたっては朝座ののちに引茶が行われ、そののちに夕座の論義が行われているが、引茶は朝・夕座ののちに行われることとなっていたので（『雲図抄』裏

書・季御読経事、『蓬莱抄』二月・季御読経事）、親信が「未知故実、可尋先達」と疑問を残している。また、昨夕に蔵人藤原典雅が論義に臨む僧の名簿を注進するように真言僧の寛忠に仰せたが、本来なら顕宗の僧綱に仰すべきであり、このことによって関白太政大臣藤原兼通の不快をかったため、改めて蔵人頭源伊陟から清涼殿の威従に仰せたことがわかる。『西宮記』でも確認できるようにあくまでも顕宗僧に仰すのが原則であったため、典雅の失態に対する親信の批評も「繆之又繆也、不問故実」と大変手厳しい。続いて論義に臨んだ僧名の記録もあり、番毎に割書して答者・問者の僧名をあげ、さらにその名の下に小さく「山」と付してその僧侶の所属を示している。このような記述形式は、『中右記』長承元年（一一三二）五月十四日条にも見られる。ちなみに「山」は延暦寺を指すと思われ、『中右記』ではさらに「興」「寺」「東」と付している。この時の論義は、最後の番を勤めた真喜が随喜の所作をするのにとどまったようで、この真喜と源信の論義が諸人から賞賛されたこともわかる。

⑪は御物忌であるので（⑩参照）、上卿は宿籠しているが、御前僧は宿籠していなかった。そこで他の僧を急遽御前に参上させ、ついで近衛司が南殿に召されたことがわかる。しかし、「先例」によれば御前僧が参上してから南殿に参着しなければならないと指摘している。この「先例」と同内容の記述が『江家次第』（巻第五・二月・季御読経事）にも見られる。

右に解説した以外にも、親信は延引や物忌、僧侶や上卿などの不参の場合の記録をしている。④は③において日時が定められていた春季御読経が春頃に内裏の穢により延引され（『日本紀略』天延二年五月八日条）、さらに木工寮の穢により延引されたことがわかる。闕請が定められたとあるが、闕請とは季御読経に参加予定の僧侶に欠員が出た場合に、代理の僧侶を上卿が決めることである（『侍中群要』第七・臨時御読経事「請僧有闕時、上卿令奏事由改請」）。

さらに行事の上卿が不在であったために問題が生じた場合が⑬⑭⑮に見られる。⑬は夕座において御前僧が三人不参であり、行事上卿源雅信のみならず弁藤原佐理・史等がいなかったので、威従の観茂が南殿僧三人を召した。親信はその後参入した史にこれらのことを伝えたが、関白兼通から僧侶の不参を申上しなかったことを問題とされた。先にあげたように、僧侶の交代は奏聞すべき事柄であったためと考えられる。

なお能覚は遅参してしまったがその責は免ぜられ、⑭において上卿源雅信は能覚を見参から省いてしまった失態を責められている。親信は蔵人頭による処分を待ち、二十六日に「恐事」有って罷出されることになった（「恐事」については、告井幸男「摂関期における勘事と進過状」を参照、『古代文化』第五三巻六号、二〇〇一）。

天延二年秋季御読経の実際の儀式についての記録は⑪～⑭であるが、それらの前に準備についての記録も残している。⑧では日時と参列する僧を定めたことが記録され、⑨には諸司の役割分担・準備する物と精進のことについて書かれている。断片的であり、備忘のための記述である。また、「季御読経事」は陽明本では通常の書き出しと違い一字分だけ高く書き出していることより、日次記への編集過程がうかがえる。⑩には堂童子を定めたことが記録されている。堂童子を前日に発願・結願四人ずつ定めることは、『西宮記』や『蓬莱抄』に確認できる。また、『雲図抄』の図中に発願・結願それぞれの堂童子の名を記した紙が貼り出されていたことがわかる。

以上のように、『親信卿記』における季御読経の記事を通覧したが、準備から実際の次第にいたるまで蔵人式を引用しながらも実際の傾向も記録し、メモ的に蔵人が差配すべき事項を列挙し、ことある毎に先例と比較をしていることなどから、親信が季御読経の運営にいかに気を配っていたか、またできるだけ蔵人としての役目を果たすために網羅的に記録を残していこうとした意識もうかがえる内容といえよう。親信にとって「日記」を書くということはまさに詳細な記録ノートであり、マニュアルを残すことであった。それだけに蔵人としての自らの実務能力をよりどころにする親信の姿が浮かび上がってくるともいえるであろう。

（山口舞子）

11 御燈

御燈は、毎年三月三日と九月三日に北辰（北極星）に燈火を捧げて国土安穏、天変地異の回避などを祈った行事である。行事としては、その月の一日から精進潔斎を始め、当日（三日）に天皇の御禊を行うのが通例で、この日は多くの場合、廃務とされた。また、奉燈をしないときでも、燈火を奉らない由を申す由祓が行われた。この恒例行事の当初は、三日に洛北の霊巌寺等に奉燈されていたが、次第に廃れ、もっぱら天皇の御禊（由祓）のみを清涼殿で行うのが恒例となっていった。

①天禄三年三月三日条

三日[1]、有御禊事、早旦供御浴、依御物忌、自本下東庇御簾、掃部官人参上、供奉御座、孫庇［　　］〔南第三カ〕[2]間敷小筵二枚、其上敷半一枚〔畳脱カ〕[3]、〈北面〉、又当仁寿殿西階前、敷円座一枚、為宮主座[4]、〈雨儀也、階蔵南間也〉、奏装束了由、仰云、何度乎、奏云、依去天慶三年三月・天徳三年九月三日［　　］[5]□〔奉〕[6]御簾外、即□□〔少カ〕[7]将理兼〔藤原〕［　　］[8]奉理髪、兼御装束、位御衣[9]、召御笏、即付女房、〈筥蓋上御□〔衣カ〕[10]袋之上置御笏[11]〉、又召御挿鞋、〈依不候不奉此事、例着、兼[12]可案内云々〉、于時、宸儀出御、次理兼・余〔平親信〕等取御贖物供奉、〈折敷二枚、加高坏二本也、調備掖陣下、随召官人持参、侍小板敷下、侍臣取之、従御倚子東戸［　　］[13]〉、次宮主神祇少祐兼延〔卜部〕[14]取□□□□□□〔大麻入自仙カ〕〔華門〕[15]候長橋下奉之、理兼伝取奉矣、返給、即給宮主、〈橋南□〔端カ〕[16]、可問故実〉、宮主賜大麻着座、御禊了退出、次宸儀御拝、〈可問其数〉、了入御、次撤御贖物、次撤御座、此日依例有節食[17]、

「□[18]節食[19]」

或説云、如此御禊、当御物忌之時、装昼御座南間云々、可尋記文、

「御祓」

［　　］[20]祓此日□[21]入四月節失及此［　　］[22]文[23]、木工幄調度、〈七丈〉、大蔵幄皮并幕、掃部鋪設、主殿松・屛幔・御浴、内蔵御祓物并饗、

検非違使可参会、可差小舎人事、
賜御衣事、〈入筥、二領、一返上、一人形料、此事可問先達、先達説云、専無人形料、保憲(賀茂)説云、自先年不給人形料、停止□(24)給□(25)之〉、
先例供御祓時例着御座官人、待候侍所、四位・五位及行事、伝取供之云々、而此度乖先例云々、

(1) 陽明本は日付の右に朱の痕跡がある。ここに御燈に関する朱書があったと考えられる。

(2) 陽明本は三文字分程度損傷している。『大日本史料』は文字数を確定していない。『江家次第』（巻第六・三月・三日御燈事）に「孫庇南第三間鋪小筵二枚」とあり、また、最初の文字は墨痕からも「南」と考えられるので、「南第三」と推察される。

(3) 陽明本は「半一枚」とする。『大日本史料』は「半一枚」とし「〔畳脱カ〕」と傍書する。橋本本は「半」と「一」の間に挿入符を付し「帖歟」と傍書する。徳大寺本は「帖各字歟」と傍書する。『江家次第』に「其上供半畳」とあることから、『大日本史料』に首肯される。

(4) 陽明本は「枚」字の左に墨点がある。註(3)の文字脱落を示すか。

(5) 天慶三年（九四〇）三月三日の記事、天徳三年（九五九）九月三日の記事は他史料に見えず、どのような事例か確認できない。

(6) 陽明本は三文字分程度損傷している。『大日本史料』は文字数を確定していない。最後の文字は墨痕から「奉」と判断する。

(7) 陽明本は二文字分損傷している。『大日本史料』は一文字分の損傷とし、「〔少カ〕」と傍書する。『親信卿記』天禄三年五月十五日条・同十二月二十五日条には「右近権少将理兼」と見えることと、わずかに残る墨痕から、二番目の文字は「少」と推察される。その上は「権」か、又は「右」であろう。

(8) 陽明本は三文字分程度損傷している。『大日本史料』は続く「奉」字を含めて損傷とし文字数を確定していない。

(9) 『大日本史料』は「位御」に「〔マヽ〕」と傍書する。『江家次第』に「御位袍」と表記されているためであろうか。

(10) 陽明本は一文字分程度損傷している。『大日本史料』は「□」とし「〔衣カ〕」と傍書する。文意より首肯される。

(11) 御笏について『江家次第』に「蔵人奉御笏、（中略）入筥蓋参入自孫庇」とあり、また『江家次第』（巻第六・三月・石清水臨時祭）には御禊の際に「御笏、筥蓋敷袋、〈其上置御笏〉」とある。

(12) 陽明本は「着」の下部と「兼」の上部を損傷している。『大日本史料』は「着□、兼」とする。しかし、「着」と「兼」の間に一文字分のスペースはない。よって「着、兼」と判断する。

(13) 陽明本は六文字分程度損傷している。『大日本史料』は文字数を確定していない。

(14) 陽明本では「兼」と「延」の間に「伝取奉矣返」の五文字があり、その「伝」「奉」「矣」「返」の左に各々抹消符を付す。この五文字分は、陽明本次行の「理兼伝取奉矣、返給」の部分が誤って書写されたものであろう。よって、「取」の左は損傷しているがここにも抹消符があったと推察される。なお、『大日本史料』は「伝」「矣」に抹消符を付す。

(15) 陽明本は七文字分損傷している。『大日本史料』は文字数を確定していない。田中本・橋本本・徳大寺本は末尾の二文字を「華門」とする。『江家次第』(巻第六・三月・三日御燈事)に「宮主自仙華門入、〈先於長橋内付蔵人頭奉大麻〉」とあることから、前の五文字は「大麻入自仙」と推察され、後ろの二文字は陽明本の墨痕より「華門」と判断する。

(16) 陽明本は一文字分損傷している。『大日本史料』は文字を想定していない。『雲図抄』(三月三日御燈事)に「於長橋東端可取大麻」とあること、及び陽明本の墨痕より「端」と推察される。

(17) 陽明本は「食」とする。『大日本史料』は「食」とし「〔会カ〕」と傍書する。『新撰年中行事』(三月・三日)には「同日御燈事」の次に、「同日内寮弁備節食事、〈一同正月〉」と見えることから、「食」でよいと判断する。

(18) 陽明本は一文字分損傷している。『大日本史料』は「□」とする。

(19) 陽明本は「食」とする。『大日本史料』は「食」とし「〔会カ〕」と傍書する。前掲註(17)を参照。

(20) 陽明本は天横罫上線から墨痕があるが、三文字分程度損傷している。『大日本史料』は文字数を確定していない。

(21) 陽明本は一文字分損傷している。『大日本史料』は「□」とする。

(22) 陽明本は三文字分程度損傷している。『大日本史料』は文字数を確定していない。

(23) 陽明本は「文」は文字の大きさが比較的小さく、割書の可能性がある。

(24) 陽明本は三文字分程度損傷している。『大日本史料』は文字数を確定していない。

(25) 陽明本は二文字分程度損傷している。『大日本史料』は文字数を確定していない。

御燈は、『日本三代実録』貞観四年（八六二）九月三日条に「天皇潔斎奉燈如常」と、『年中行事秘抄』（三月・三日御燈事）所引の延喜御記に「貞観以来於霊巌寺被奉」とあるように、貞観の頃には確実に霊巌寺などに献燈が行われていた。その次第は、『年中行事秘抄』（九月・三日・御燈拝事）の延喜九年（九〇九）九月三日の記事から浴湯―御禊―献燈―御拝という順序であったことがわかる。

さて、『新撰年中行事』に延喜蔵人式の逸文を見いだした西本昌弘氏によると、延喜蔵人式では、一日から三日まで天皇は潔斎精進につとめ、三日に内蔵寮が御燈を奉ったのち、蔵人から御前に魚味が供せられる。ところが天暦蔵人式では、一日から三日までの御浄食と御燈奉献後の魚味進供を定める一方で、朔日に宮主が御燈の奉否を卜し、不浄などの理由で御燈の奉献を停止する場合は、なお御禊は行うことが規定されている。つまり、延喜の段階においては、御燈は原則として奉献すべきものとされていたのに対して、天暦の段階においては、朔日の宮主による卜占の結果によっては奉献をとりやめることが明記されたのである。御燈における由祓の初見は「吏部王記」延長八年（九三〇）九月三日条（『政事要略』巻二十四・年中行事・九月・三日御燈事所引）といわれており、これらの史料から、御燈は延喜から天暦までの間に変容したことを西本氏は指摘している（西本昌弘一九九八、一一〇頁）。なおこの天暦蔵人式と同様の規定は『西宮記』（恒例第二・三月・三日御燈）にも見られる。

その後については『江家次第』（巻第六・三月・三日御燈事）に「近例絶不被奉御燈、是宮主必卜申有穢気由也、然而其由御禊後供魚味也」とあるように、宮主は必ず穢有る由を卜すようになり、もっぱら由祓（御禊）のみが行われ、御燈は奉献されなくなるのである。

本条は御禊と御拝のことのみを記している。これは親信が献燈には関わらなかったために記されなかっただけとも考えられる。『小記目録』（第四・御燈事）天元四年（九八一）三月に「三日、被奉御燈事」とあることから、天禄三年頃にはまだ献燈は完全に廃れてはいなかった。しかし、本条の文頭に「三日、有御禊事」とのみ記していることや、御物忌時であったことからすると、由祓だけが行われ、献燈はなかったのではなかろうか。

　さて、次に本条の記事について見ていきたい。まず、本文中には天皇と親信の問答が記されている。この「何度乎」という仰せは、「何（いずこ）に度（わた）るか」という問いではないかと推測する。『江家次第』には、「御物忌時、宮主并諸司宿侍、御禊猶出御簾外」、『小右記』天元五年（九八二）三月三日条には、「雖御物忌、依仰如恒供御座、〈御簾前〉」という記述が見えるように、御禊は御物忌時であっても常の如く御簾の外（前）に出御する独特な例であった。本条でも奏上に「奉御簾外」と見えることから、おそらくこれは、御物忌時の天皇の御座の場所について確認するやりとりであったと推測される。親信が御禊の次第ののちに「或説云」を書き記しているのも、御物忌時の天皇の御座が問題になったためではなかろうか。

　御禊ののちに行われた御拝も「可問其数」と記されるように、種々の異説があった。『江家次第』では「御拝三度」とあるが、「検延喜十年御記、両段再拝」と注記がある。さらにその頭書では、「御拝三度、新儀式・西宮等遥拝三度、延喜二年三月、御燈拝三度云々、然則両段再拝、雖有例僻事也」と判断している。①の最後にも、今回の行事が先例に合っていないという指摘をしている。親信が当日の儀式を先例と照らし合わせながら記録していることがわかる。

　なお、本条では藤原理兼が親信とともに御贖物を供奉し、大麻を奉するなど重要な役割をはたしている。『江家次第』によると、これらは主に蔵人頭、あるいは五位蔵人の役目とされている。これは諸祭における御禊でも同様であるが、他に「殿上四位、〈若五位〉、奉御麻」（『西宮記』臨時一・進発宇佐使事）や、「奉御麻、四位伝奉」（『西宮記』恒例第三・十一月・賀茂臨時祭）ともあり、あるいは殿上四位等が行うこともあったようである。理兼が五位蔵人であることが確認できるのは天延二年十月五日である（『職事補任』）。これ以前は「右近権少将」として出てくるが（『親信卿記』天禄三年五月十五日条など）、このときすでに蔵人を兼任していた可能性については後考をまちたい。

（萩原美穂子）

12 平野祭

今木神を始めとする四柱を祀る平野神社では、四月と十一月の上申の日に、祭が行われる。この平野祭には参議以上が集まり、皇太子から幣帛が奉じられることになっていた（『延喜式』巻第十一・太政官、『儀式』巻第一・平野祭儀など）。

①天禄三年四月七日条

「□□〔平野〕(1)祭」

同日(2)、平野祭也、□〔召左近カ〕(3)将監等、而散□(4)、仍召右近将監播磨広光、差遣之間、外記小野時遇夾見参於文夾、持掖陣、即申云、勅使返来、祭事早了、仍取見参持参云々、不奏、

（1） 陽明本は二文字分損傷している。『大日本史料』は文字数を確定していない。本文をふまえると、陽明本の二文字目は朱の痕跡から「野」、痕跡の見えない一文字目は「平」と判断できる。なお、橋本本は「平野」とする。

（2） 陽明本は二文字とも右側縦棒のみを残して損傷している。平野祭が七日に行われたことは『日本紀略』同年四月七日条で確認できる。陽明本では四月七日の擬階奏に関する記事の次に本条が配列されているので、この二文字は「同日」と判断する。なお『大日本史料』は「□(同カ)日、〈○中略〉平野祭也」とするが、「中略」は不要であろう。

（3） 陽明本は三文字分程度損傷している。『大日本史料』は文字数を確定していない。後述するように、見参を取る将監は、四月には左近衛府が勤めるはずである。陽明本の損傷の末尾には、しんにょうの墨痕が見えるので、この部分は「召左近」と推察される。

（4） 陽明本は二文字分程度損傷している。『大日本史料』は文字数を確定していない。後掲する『小野宮年中行事』所引延喜十八年（九一八）宣旨を参照すると、本条の「而」以下には、本日右近衛将監が遣わされる原因となった、左近衛将監の「散盡」のことが記されていたものと考えられる。下部が墨痕から「皿」とうかがえるので、この箇所は「盡」であった可能性がある。

平野祭に関する『親信卿記』の記述は、その見参についてである。『九条年中行事』（四月・上申日平野祭事）は「遣近衛将監一人令取見参、蔵人等所承行也」とし、また『小野宮年中行事』（四月・上申日平野祭事）も「遣近衛府将監、令取見参」としたうえで、次の宣旨を引用する。

> 延喜十八年宣旨云、四月祭、左常可参、十一月祭、右常可参、令取参祭公卿已下氏人已上見参、付蔵人奏之、但有将監散尽者、臨時蒙処分者、

同様の内容は『新撰年中行事』（四月・上申日平野祭事）にも見える。

このように平野祭の見参は、四月は左、十一月は右の近衛将監を遣わして取らせ、蔵人が奏上することとされていた。四月である本条で右近将監が遣わされているのは、左近将監が「散盡」していたためと思われる。

この見参は、『西宮記』（恒例第三・十一月・上申平野祭）に「外記進見参、〈各加禄文〉、上卿見了、召将監給之、〈勅使不来、給外記〉」と、あるいは『江家次第』（巻第六・四月・平野祭）に「外記進見参文、〈冬加禄文、上見之返給〉、上卿見畢、召近衛府将監給之、〈若不候者給外記、外記進蔵人所〉」とあるように、まず平野社において外記がとりまとめ、上卿が見たうえで、勅使である将監に給される。そしてもし勅使がいない場合には、外記に下し、外記が蔵人所へ進めることになっていた。今回、外記が見参を持参したのは、祭事が早く終わったことで、代わりに遣わした右近衛将監が間に合わなかったためかと推測される。

見参は奏聞をおえて、御厨子あるいは日記辛櫃に置かれることになっていた（『侍中群要』第六・諸祭見参事）。しかし今回は、見参が蔵人のもとまで届けられたものの、奏されなかった。十一月祭であれば見参にもとづき大蔵の綿が頒賜されることになっているが（『延喜式』巻第三十・大蔵省、『儀式』巻第一・平野祭儀、『江家次第』）、四月には「四月不給禄云々」（『新撰年中行事』十一月・上申日平野祭事）とあるように、禄の支給がないことと関わるのかもしれない。

（柴田博子）

13　擬階奏

擬階奏は、六位以下に叙される成選人の名簿と短冊を、紫宸殿に出御した天皇に奏上する儀式であり、『延喜式』（巻第十一・太政官）に四月七日と定められている。

①天禄三年四月七日条

「□(1)諸司不具無擬階奏」

□(七)(2)日、諸司不具、公卿退出云々、仍□(無カ)(3)此奏(4)、

（1）　陽明本には朱の痕跡がある。『大日本史料』は文字を想定せず「諸司」から始めている。本文の内容から「依」の可能性がある。

（2）　陽明本は一文字分損傷している。『大日本史料』は「□」とし「(七カ)」と傍書する。墨痕および②に「去七日、依式可有擬階奏、而依延引」とあることから「七」と判断する。

（3）　陽明本は一文字分損傷している。『大日本史料』は「□□」とする。朱書から「無」と推察される。

（4）　陽明本は「奏」字より下の部分は行末まで損傷しており、文字の存否を含めて判断できない。『大日本史料』は文字数を確定していない。

②天禄三年四月十四日条

「擬階奏」

十四日、右大将(藤原兼家)召陣座、令奏云、去七日、依式(1)可有擬階奏、而依延引、今日可奏矣、御出否之案内可奏気色、先即奏聞、仰云、不出給、仍参陣座、仰□(将カ)(2)、頃之自御弓場殿令奏件文之後、仰御覧之由返給、但初差文夾、返給之時、取副文夾返給、

（1）　『延喜式』（巻第十一・太政官）には「四月七日」とある箇所が、「弘仁官式」では「其日」とあり、また「貞観官式」には小字双行で「今案、四月七日奏之」とあるので（以上、式逸文は『本朝月令』所引）、『貞観式』以前の太政官式の本文には四月七日とは明記されていなかったとみなされる。なお『弘仁式』（式部）には「四月十一日」とあり、日が異なる。よってこの「式」は『延喜式』を指すと考えられる。

（2）　陽明本は二文字分損傷している。『大日本史料』は文字数を確定していない。右大将に天皇の返答を伝えたのであるから、「大将」もしくは「右将」などが書かれていたと推察される。

③天延元年四月七日条

「擬階奏」

同日[1]、有擬階奏、不出御、

（1） 本条が七日条であることについては、54入内⑤註（3）を参照。

④天延二年四月七日条

「擬階奏」

今日、成選短冊奏、〈若[1]於掖陣召蔵人令案内〉、上於陣座召蔵人、令奏短冊目録候由、仰云、依御物忌、不出給、依例行云々、於陣仰了之後、上卿参射場殿令奏、奏聞之後、返給、退去云々、

但差文夾乍文夾奏聞、奏聞之後、取加文夾返給云々、

（1） 陽明本・『大日本史料』は「若」とする。山中本・徳謄本・『続群』・『歴残』・徳川本は、「若」とし「着歟」と傍書する。鈴謄本は「若」とし「着カ」と傍書する。文意より「着」の可能性がある。

『親信卿記』には①②天禄三年、③天延元年、④天延二年の三年分の記事がある。まず①天禄三年の擬階奏は、官人側の理由で七日に行うことができなかった。このような延引が確認できる初例は、天慶元年（九三八）である。この年の擬階奏は七日が御物忌と諸卿不参のため十三日に延期されたが、十三日には公卿は候じたものの式部輔が不参で再び延期、結局六月五日に行われ、公事を闕いた式部省は過状を責められた（『西宮記』恒例第二・四月・七日擬階奏・裏書勘物、『貞信公記』天慶元年四月十三日条・二十五日条・六月五日条）。同様に安和元年（九六八）の擬階奏は、式部官人の代官も障のために延期されている（『日本紀略』同年四月十日条）。①の「諸司不具」もこれらと同じく、式部省もしくは兵部省の官人がそなわらなかったものと推測される。

また②③④から円融天皇は三年間とも不出御であったことがわかる。天皇の出御が確認できる最後は村上天皇の天暦三年（九四九）四月七日である（『日本紀略』）。同条によると、その前の出御は延喜十二年（九一二）までさかのぼる。したがって醍醐朝には不出御の例が重なりはじめ、十世紀半ばには常態となっていったようである。なお、②では上卿が着陣したのち、

天皇の出御・不出御が蔵人を通して確認される様が具体的である。

不出御の②④とも、上卿は弓場殿まで来て蔵人に奏文を奏させている。不出御の場合、上卿の参る場所が弓場殿であることは『新撰年中行事』（四月・七日奏二省成選短冊事）所引の蔵人式に規定が見える（西本昌弘一九九八、一二五頁）。

蔵人式云、若不御南殿時、上卿参射場辺、令〔奏脱カ〕目録還去云々、

ところで親信は②と④の記事の末尾に、奏文をさしだすときは文刺に挟んで奏し、上卿への返却時には奏文に文刺を添えて返すことを繰り返し記しており、蔵人として重要な作法であると考えていたことがうかがえる。陽明本は、②では「但」以下を前行に続いて記すが、④では改行している。こうした体裁の不統一は、日次記に再構成されたときの作業によるものであろうか。

この奏文提出に関して、『西宮記』の「不御出儀」には、奏聞の前に、「上卿見了、返給外記、返給則挿文」とあり、『九条殿記』（擬階奏事）承平六年（九三六）四月七日条にも、「上卿執書、一見之後返給外記、外記給而如本挿於書杖」とあるので、奏文は外記が文刺に挿すことがわかる。

また『新撰年中行事　葉子』冒頭の擬階奏の部分には、現在次のような記述が残されている。

退還、頃之上卿挿擬文於文
付蔵人、〈乍文刺伝所奏〉、蔵人奏、覧了
奏文於書杖返奉上卿、仰云、聞食

写本の下半分が祖本の損傷等で写せなかったものか、必ずしも文章がつながっていないために文意を解しにくいが、『西宮記』『九条殿記』と合わせて考えるならば、蔵人は上卿から奏文を文刺に挿した状態で受け取ってそのまま奏するとされていたと思われる。ちなみに『親信卿記』には、官奏の翌日、蔵人所に進められた奏報を殿上文刺に挟んで奏した記事も残されている（天禄三年十一月二十七日条）。なお、文刺に文書を挟んで上申する政務形態の成立と意義については、吉川真司「申文刺文考」（吉川真司一九九八）を参照。（柴田博子）

14 灌　仏

釈迦が誕生したとされる四月八日に、仏像に香水などをそそぎ礼拝する儀式である。承和七年（八四〇）四月八日以降、宮中の仏事として定例化していったと考えられる（『続日本後紀』承和七年四月癸丑条、『西宮記』恒例第二・四月・御灌仏事）。当日、蔵人の指示のもと、清涼殿の母屋に山形及び仏台などのしつらえが行われた。王卿・侍臣らが布施を置き着座ののち、僧侶らが参入し導師による発願・灌仏が行われ、参列の公卿らが順次、灌仏・礼拝した。

①天禄三年四月八日条

「灌仏」

八日、御灌仏、〈御物忌也、今日当宗祭也、而午日使立、仍行、(1)昨当平野祭、而依殿（藤原伊尹）仰、令籠僧等〉、催仰雑事、

内蔵□（寮）(2)、〈召御導師事、御布施事、《加高杯》、□(3)、僧供事〉、

僧房事、〈参入時、仰諸陣六衛府〉、

掃部、大蔵、木工、〈於便所装束〉、

主殿、〈御浴事、主殿女官〉、

掃部、〈御前装束、僧房〉、内匠寮、〈柳筥〉、

図書、〈仏具事〉、同(4)司女孺、

作□（物）(5)所、〈山形〉、(6)左右衛門、〈□□(7)各四人、合八人〉、

上卿、〈仰内豎〉、侍臣、〈仰小舎人〉、

仰出納事、

名香事、机事、催所衆・雑色(8)等事、

出銭計取事、

法在所司、

今日大略如式文(9)、□(10)儀、早朝先撤昼御座、下母屋御簾、上庇御簾、〈依御物忌、本自垂矣、□(11)上字也、御物忌猶供〉、次図書・掃部両司参上、供奉御装束、東庇南第□（四）(12)間敷小筵二枚、□(13)山形二基、〈一基北立、青色龍、一基南立、赤色龍〉、山二本向東奉立仏(14)、金銅□（盤）(15)一(16)枚具之、亦山形二基下居大衆一口（ママ）(17)、請水料

也、其□(18)、〈北方置花盤□□〔二口〕(19)、盛花、
□□〔中〕〔間カ〕(20)火舎一口、《在蓋》、南方置散器五口盛□〔花カ〕(21)□日后(22)
二所〉、
其北立机二前、
北方置杓四柄、〈二柄金銅、加同色盤一枚、御料、
二柄黒漆〉、
南方置五色水鉢五、〈白銅一、加輪一、銀四口、輪
一口〉、
　件水、図書女孺、於弓場染調、
四脚各有下敷小筵、但東西妻鋪之、山形東去一二尺許、
鋪半畳一枚、為導師座、座北□(23)磬、〈打物具之了〉、孫
庇額北間鋪小筵一枚、為弟子僧座、〈南面西上、此座
一間中少迫南〉、王卿及出居座、一同季御読経云々、
〈孫庇南第二間、鋪緑端畳三枚、為王卿座、今日依御
物忌、公卿不候、雖然猶鋪、是例也、而廊〔南カ〕(24)小板鋪、鋪
黄端畳二枚、為出居座、但年中行事障子倚南壁、東間
立之、為面年中〉、同庇南第二間立布施机、〈式云、少
却逼西立之、今例第二柱下也、南北妻也、逼長押立之、
但用所机〉、蔵人東庇南□〔第カ〕(25)二間立御布施物、〈式云、中

間逼東立□〔之カ〕(26)、件御布施銭二貫文、内蔵寮納柳筥、居高
坏進之、今例立長押之上〉、次中将〔源〕惟正朝臣着座、次
侍臣置布施物、〈式云、殿上王卿・侍臣身雖不参、奉
布施銭、六位□□〔以下〕(27)取加自料置之、小舎人本自置之、今
案取両三枝置之〉、次□□〔伝取〕(28)女房布施物、置御布施南辺、
〈納柳筥(29)、無蓋、但此筥当臣下料机、置長押上〉、次導
師意妙率弟子僧、経侍前、入自仙華門、自長橋参上、
着座、以出納〔佐伯〕(30)公行令召矣、雨儀也、但弟子僧五口率参、
而依□〔無カ〕(31)(32)先例追立一人、〈私案、或(33)年五口、恒例四口〉、
発願、〈法用一身相兼之(34)〉、導師先三酌灌仏、次出居、
次侍臣、〈自簀子度御前、当額間、折登膝行進、当北
方机、南机東妻、取人給料、一酌灌仏之後、置杓於本
所一拝、退出如入時道、或説帰自第四間〉、結願之後、
出居賜布施、〈紅染褂一領〉、導師退出、次出居退出、
次下庇□〔御〕(35)簾、女房灌之、事了上第四五間御簾、撤仏具
并装束等之後、即下件二箇間御簾、〈依御物忌也〉、上
母屋御簾、召(36)主殿女官、令拭掃之後、鋪昼御座如例、
今日出銭、男女合十二□〔三〕(37)貫、件布施物、差出納一人送
導師許云々、

（1）陽明本は「行」字より下の部分は行末まで損傷しており、文字の存否を含めて判断できない。『大日本史料』は「□」とする。

（2）陽明本は一文字分損傷している。『大日本史料』は「□」とする。陽明本の墨痕及び文意より「寮」と判断する。

（3）陽明本は三文字分程度損傷している。『大日本史料』は文字数を確定していない。

（4）陽明本は「同」とする。『大日本史料』は「門」とし「〔闈カ〕」と傍書する。

（5）陽明本は一文字分損傷している。『大日本史料』は「□」とし「〔物カ〕」と傍書する。『新撰年中行事　葉子』（御灌仏事）の「諸司」に「作物所、〈仏台・山形・種々作物等〉」とあることから「物」と判断する。

（6）陽明本は「形」字より下の部分は損傷しており、文字の存否を含めて判断できない。『大日本史料』は文字数を確定していない。

（7）陽明本は二文字分損傷している。『大日本史料』は「衛□」とする。『新撰年中行事　葉子』の「諸司」に「左右衛門、〈沙〉」とあり、『侍中群要』（第十・敷砂事）に「御前庭中、〈以南右衛門府敷之、以北左衛門府敷之〉、毎有可然事、仰彼令敷之」とある。よって、「敷砂」である可能性もある。

（8）陽明本は「包」とする。『大日本史料』は「包」とし「〔色カ〕」と傍書する。文意より「色」の誤記と判断する。

（9）本条に引かれている「式」について、所功氏は蔵人式である可能性を指摘している（所功二〇〇一、一一〇頁）。

（10）陽明本は二文字分程度損傷している。『大日本史料』は「□□」とし「〔装束カ〕」と傍書する。文意より「装束」に類する語が入ると推察されるが、墨痕からは判断できない。

（11）陽明本は二文字分程度損傷している。『大日本史料』は文字数を確定していない。

（12）陽明本は一文字分損傷している。『大日本史料』は「□」とし「〔四カ〕」と傍書する。予楽院本・修史館本は朱の点線で損傷を示し中に「四歟」と朱書する。『雲図抄』（四月・八日灌仏事）では、東庇の南第四間に山形が立てられていることから、「四」と判断する。

（13）陽明本は一文字分損傷している。『大日本史料』は「□」とする。予楽院本は点線で損傷を示し中に「立歟」と朱書する。文意より「立」あるいは「置」の可能性がある。

（14）『大日本史料』は「立」と「仏」の間に読点を付している。しかし山二本を東に向け、その間に仏を立て、さらにその前に金銅の盤を置くのであるから、読点は「仏」と「金」との間に付すべきである。

(15) 陽明本は一文字分損傷している。『大日本史料』は「□」とし「〔盤カ〕」と傍書する。『延喜式』（巻第十三・図書寮）に「金色釈迦仏像一体、〈備金銅盤一枚〉」とあることから、「盤」と判断する。

(16) 陽明本は「一」とする。『大日本史料』は「二」とする。前掲註(15)を参照。

(17) 陽明本・田中本・橋本本・徳大寺本・修史館本は「衆」とする。『大日本史料』は「□」とする。後掲②に、「山形二本下居金銅鉢一口、請水料」とあり、『江家次第』（巻第六・四月・八日御灌仏事）の灌仏台周辺の装束に関する割書にも「一云、赤龍、金銅多羅一口、受水料」とあることから、金銅製の器を指す語が入ると考えられる。

(18) 陽明本は八文字分程度損傷している。『大日本史料』は文字数を確定していない。後掲②に山形二基をはさみ、南北に黒漆高机を各二前立てるとある。次行は北側の机についての記載であることから、当該箇所には「南立黒漆高机二前」といった内容が記されていると考えられる。

(19) 陽明本は二文字分損傷している。『大日本史料』は「□□」とし「〔二口カ〕」と傍書する。後掲②に北方の机には花盤二口を置くとあるので、「二口」と判断する。

(20) 陽明本は二文字分損傷している。『大日本史料』は文字数を確定していない。花盤二口のしつらえについて、『江家次第』所引の「重王記」（「吏部王記」）に「有火蚫、在中間」とあることから、二口の花盤の中間に火舎を置いたことがわかる。また陽明本の一文字目は墨痕より「中」と判断する。

(21) 陽明本は二文字分程度損傷している。『大日本史料』は文字数を確定していない。一文字目は文意より「花」と推察される。

(22) 陽明本・『大日本史料』は「后」とする。徳大寺本は「后」とし「居」と傍書する。橋本本は「后」とし「居歟」と傍書する。文意より「居」の可能性がある。

(23) 陽明本は一文字分損傷している。『大日本史料』は「北」を含めて損傷とし、文字数を確定していない。『江家次第』に「導師座北辺立磬台」とあることから、「立」または「置」の可能性がある。

(24) 陽明本・『大日本史料』は「而」とする。後掲②に「南廊小板敷敷黄端畳、為出居座」、『江家次第』に「南廊壁下副壁鋪黄端帖二枚、為出居中少将座」とあることから、「南」の誤記と推察される。

(25) 陽明本は一文字分損傷している。『大日本史料』は「□」とし「〔第カ〕」と傍書する。文意より首肯される。

(26) 陽明本は一文字分損傷している。『大日本史料』

は「□」とする。後掲②の割書に「中間逼東立之」とあることから「之」と推察される。

（27）陽明本は二文字分損傷している。『大日本史料』は文字数を確定していない。後掲②に「六位以下取加自料置之」とあることから、「以下」と判断する。

（28）陽明本は二文字分損傷している。『大日本史料』は文字数を確定していない。後掲②に「次伝取女房布施物」とあることから、「伝取」と判断する。

（29）陽明本は書いた文字を消し、その右に「無」と傍書する。

（30）『大日本史料』は氏を傍書していない。『外記補任』には、天延二年正月三十日に権少外記に任じられた「元蔵人所出納」佐伯公行の名が見えており、彼が本条の公行に該当すると思われる。

（31）陽明本は一文字分損傷している。『大日本史料』は「□」とし「〔無カ〕」と傍書する。文意より首肯される。

（32）陽明本は「追」とする。『大日本史料』は「□」とする。『御堂関白記』寛弘三年（一〇〇六）七月十三日条に「八省候僧等数多云々、遣官使可追立宣旨下」とあることから、本条においても恒例よりも僧が一口多いとみなされ「追立」られたと解釈できる。

（33）陽明本は書いた文字を消し、その右に「或」と傍書する。

（34）この記述は『江家次第』に「次唄・散華、〈従僧合音、蔵人式曰、導師法用一身相兼〉」とある蔵人式逸文と一致している。

（35）陽明本は一文字分損傷している。『大日本史料』・田中本・橋本本・徳大寺本は「御」とする。後掲②に「次下庇御簾」とあることから、「御」と判断する。

（36）陽明本は「召主」の右に「召主」と傍書する。

（37）陽明本は一文字分損傷している。『大日本史料』は「□」とし「〔三カ〕」と傍書する。後掲②に「天禄三年銭十三貫許」とあることから、「三」と判断する。

②天延二年四月八日条

「灌仏」

八日、御灌仏、其儀、早朝蔵人令所雑色等、先撤昼御座、垂母屋御簾、次図書寮東庇南第四間立灌仏台、其南立散花机、〈南北重立之〉、其北立置鉢・杓机二脚、〈南机置盛五色水鉢、北机置御料并人給料杓各二柄〉、掃部寮各鋪小筵、為仏台并机等下鋪、仏台前敷半畳、為導師座、孫庇額北間敷小筵、為弟子僧座、但王卿及出居座、一同季御読経、孫庇南第一二間鋪緑端畳、為王卿座、南廊小板敷敷黄端畳、為出居座、上卿御物忌之間、不被候之時、可案内、出居座畳二枚也、去安和三年御物忌也、而此座鋪之、同庇南第二間立布施机、〈南少都(却カ)(1)逼西立之、但机用所之〉、爰蔵人東庇南第二間立御布施物机、〈中間逼東立之、件御布施銭二貫、内蔵寮納柳筥、居高坏進之〉、次(2)中少将着座、次王卿依召参上、各取布施物、先置机上着座、侍臣随次置之、〈殿上王卿身雖不参、奉布施銭、六位以下取加自料置之、小舎人施物両三枝、小舎人不自置、数見所例〉(3)次伝取女房布施物、置御布施南辺、〈納柳筥、無蓋、先是召内蔵寮銭六貫、分給女房并内侍所女官、柳筥一合也、此筥当臣下机置長押上、六貫例必当不行云々、但相分給、或時半分、或女房四貫、内侍所二貫云々〉、次御導師率弟子僧、自北廊戸参入、〈雨湿之時、安和二年、参入自仙華門〉、着座、発願、〈法用一身相兼〉、導師先三酌灌仏、次王卿・侍臣随次一酌灌仏、〈近衛中少将不昇殿者并小舎人等、雖出布施、不関灌仏〉、結願之後、賜布施、〈紅染褂一領、若有僧綱用白褂、但蔵人頭若五位蔵人賜之、俱不候者、出居中少将賜之、或王卿賜之、出居非殿上人之時、当時上臈取給之、安和三年黄衾、天禄二年紅染衾〉(4)、導師退出、次王卿及中少将下殿、次下庇御簾、布施物差出納、送導師所、〈差小舎人一人云々、召出納令計其数〉、

是日会神事之時、則以停止、

親王、太政大臣、左右大臣、〈已上五百文〉、大納言、〈四百文〉、中納言、〈三百文〉、参議、〈二百文〉、四位、〈百五十文〉、五位、〈百文〉、六位、〈七十文〉、童、〈五十文〉、

召仰諸司如例、

天禄三年銭十三貫許、

請名香有染媾女、

仏台下敷小筵二枚、四脚各有下敷筵、

導師座北頭立磬、

座洲浜三尺許、

今日御灌仏事、作物所修理山形、甚以遅怠、仍及中刻有此事、其儀如例、出居着座、次依召上卿参上、〈右大将藤原朝臣(兼家)・中納言源朝臣(重信カ)(5)・修理大夫惟正(源)朝臣・中宮大夫藤原朝臣(為光)〉、次置布施物、〈上卿自置之、侍臣次第置之、小舎人不為之(6)〉、次僧参上、三杓之後、上

卿・侍臣等依次灌之、蔵人頭(藤原)朝光朝臣取禄施之、次御導師退出、次王卿、次出居退出、次下庇御簾、女房灌之、次又上之、撤御装束、御装束儀、

北方、黒漆高机二前、

　一前、北方、立置杓四柄、〈二柄金銅御料、加同色盤一枚置之、二柄黒漆〉、

　一前、南方、五色水料鉢五口、〈白銅一口、加輪一口、銀四口、加輪一口〉、

中、山形二基、〈一基北立、青色龍、一基南立、赤色龍〉、山二本中仏奉向、

山形二本下居金銅鉢一口、請水料、

南方、黒漆高机二前、

　一前、北方、置花盤二口、盛花、又火舎一口、〈在蓋〉、

　一前、南方、散花筥五口、盛花、

導師山形前西向居、立磐導師北方、半畳一枚敷掃部寮、導師料、

　已上御装束、清涼殿東面庇、以馬形立西方、

今日失礼、侍臣布施立第二柱北辺、迫長押立之、而上卿置布施物、就西方、南北妻可置之、而就東方、東西妻置之、(藤原兼通)大相府御難、其後問、或人云、如大相府御説、仍為失礼、女房布施物、当侍臣机置長押上、而依右大将御説、蔵人主殿助[7](藤原)修遠置第二柱南方為失礼、

（1）陽明本は「都」とする。『大日本史料』は「都」とし「（マヽ）」と傍書する。①に「少却逼西立之」とあること、『九条殿記』天暦四年（九五〇）十月八日条に「候御帳東頭、〈少小却〉」とする用例があることから、「却」の誤記と推察される。

（2）『大日本史料』は「次中少」に「（脱アラン）」と傍書する。灌仏の着座について、『北山抄』（巻第一・年中要抄・四月・八日灌仏事）に「所司装束了、置御布施、次立臣下布施机、〈東庇南二柱外〉、次出居着座」、『江家次第』（巻第六・四月・八日御灌仏事）に「公卿等候殿上、〈往年候陣、依召参上、近例如此〉、蔵人申可始事由、次出居次将昇自右青璅門著座」とあることから、この「中少将」は、出居であることがわかる。

（3）陽明本は四文字分の空白符を付す。『大日本史料』は「ミミミ」とする。

（4）陽明本は五文字分の空白符を付す。『大日本史料』は「ミミミミ」とする。

（5）『大日本史料』は名を傍書していない。『公卿補

任』（天延二年条）によれば、該当する人物として中納言源延光・権中納言源重信がいる。『親信卿記』における両者の呼称から、源重信と推察される。

（6） 陽明本は「為」とする。『大日本史料』は「為」とし「〔置カ〕」と傍書する。鈴謄本は「為」とし「持」と傍書する。山中本・徳謄本・『続群』・『歴残』・徳川本は「為」とし「持歟」と傍書する。「為」で文意は通じる。

（7） 陽明本は「修」とする。『大日本史料』は「晴」とする。

灌仏については、①天禄三年と②天延二年の様子が記され、その儀式次第をめぐる記述方法は大きく三様に分類できる。

まず①では、蔵人から諸司への仰せを列挙した「催仰雑事」につづいて「今日大略如式文」とし、天禄三年の灌仏次第を時系列的に記してある。そこには、布施机の設置について割書で「式」と「今例」との相違を丁寧に書き、御物忌による特例についても注記されている。このことから、本条は通例の儀式次第に天禄三年の具体的内容を入れ込む記述方法をとったと考えられる。

②は、大きく二つの記述方法から構成されている。まず、冒頭の「其儀」より布施銭に関わる規定の前半部分は、『西宮記』（恒例第二・四月・御灌仏事）『北山抄』（巻第一・年中要抄・四月・八日灌仏事）『江家次第』（巻第六・四月・八日御灌仏事）などの儀式書と同じく、灌仏の次第に則った時系列的な記述になっている。内容もほぼ①と共通するが、①にある「式云」との出典や、当日の具体的内容は記述されていないことから、②の前半部分は蔵人式などに基づいてつくられた儀式次第のマニュアルと考えられる。

なお、②に記載されている布施銭法は、寛平八年（八九六）四月八日に「定法」とされたものである（『九条年中行事』四月・八日灌仏事、『小野宮年中行事』四月・八日灌仏事）。また、『新撰年中行事　葉子』（御灌仏事）では「古例」とされるが、これは長保五年（一〇〇三）に左大臣藤原道長により布施には紙を用いることとなったためである（『小野宮年中行事』）。したがって、本条の布施銭法は、当該期の規定そのものと判断できる。

②の記述について、山本信吉氏は「この天禄三年条と天延二年条は記事の内容・次第共に殆ど同文であるが、天禄三年条は文中に当日の所役官人・導師僧名を明記して、実際の見聞記であるのに対し、天延二年条は抽象的記事であって、何らかの公事書からの引用と推定される」（山本信吉二〇〇三、三九九頁）と述べ、②の「紅染褂」以下の僧への布施の記述が蔵人式逸文であることを指摘しているが、氏の推定は誠に正鵠を射たものといえよう。

次に、②の後半部分は「召仰諸司如例」と記され、蔵人として本年の灌仏にあたり事前に留意すべきことが箇条書きであげられている。続いて本日の具体的な次第と「失礼」について記されている。この次第は、②の前半部分でも記されているため、一見内容が重複しているように見える。しかし、ここでは布施の具体的内容や導師の参入から発願までの作法など、先例と共通する部分は割愛され、灌仏に参加した人物名など天延二年に限定される情報について記述されている点が異なる。以上のことから、親信は、②の前半部分で、蔵人式などから情報を集積し、その上で天延二年の具体的様相を記したと考えられる。

以上、ここで確認した三様の記述方法は、親信の日記を記す方法や目的を考える上でも興味深い。またこのように多方面からの情報収集を行っており、日記の記述にそれが反映していることから、親信が天禄三年と天延二年の灌仏を差配していた可能性も考えられよう。

（森由紀恵）

15 賀茂祭

『蜻蛉日記』（下巻）に、「（天禄三年）四月は十よ日になりにたれば、よにはまつりとてのゝしるなり」とある。例年、人々の関心の的となったこの「まつり」が、賀茂神社（賀茂別雷神社・賀茂御祖神社）の祭、すなわち賀茂祭である。それは、四月中酉日の勅使の派遣を中心に、斎院の御禊などいくつかの行事から成っていた。『蜻蛉日記』に限らず、賀茂祭について記した書物は多いが、『親信卿記』にも天禄三年（①～⑦）、天延元年（⑧～⑫）、天延二年（⑬～⑱）の三年分の詳しい記事が遺されている。

①天禄三年四月九日条

「御禊前駈定」

九日、中宮大夫藤原朝臣〈朝成〉、参射場殿、令奏賀茂御禊前駈并次第使文、〈入宮〉、奏聞返給、

②天禄三年四月十五日条

「押斎院垣下」

十五日、辰、式部丞(1)示付斎院垣下書出可押之由、仍尋先例壁書(2)、陪膳番東小柱也、式文云(3)、前二日差定六七人云々、仍四位二人、五位三人、六位二人定之、

斎院垣下

禊日

(源)忠清朝臣　(藤原)助信朝臣　(源)伊陟

(藤原)朝光　(藤原)義孝　(藤原)扶光

(藤原カ)時明(4)

祭後朝

(源)泰清朝臣(5)　(紀カ)文実朝臣(6)　(藤原)高遠

(藤原)実資　(藤原)光昭　(藤原)扶光

(大江カ)迫(通カ)理(7)

（1）本年十一月十二日に「蔵人式部少丞」であったことが確認される人物として、藤原扶光がいる（『親信卿記』同日条）。扶光の名は、この年の斎院垣下の一人として以下に見えており、彼を指す可能性がある。

（2）斎院垣下に関する詳しい記事はほとんどなく、先例にあたる記事は確認されない。ただ、「陪膳番」については、『侍中群要』（第三・陪膳番）に「陪膳番、〈押角柱〉、御物忌日数、〈同押角柱、凡自余差文分配等、皆押角柱〉」と記されている。

（3）『新訂増補国書逸文』は、この「式文」を「蔵人式」の逸文として採録する（七二四頁）。

（4）『大日本史料』は氏を傍書していない。『尊卑分脈』には、この時期に生存していたであろう二人の時明の名が見える。一人は藤原佐忠の男で、『親信卿記』本年十月二十一日条に「蔵人刑部少丞藤原時明」とある。天延二年に斎院の垣下に指名された六位の人物が親信・藤原修遠・大江通理（⑱を参照）と、いずれも

蔵人であったこと、本年の垣下の一人、扶光も註(1)に述べた通り蔵人をつとめていたであろうことから、この時期に蔵人であった可能性が高い藤原時明が、垣下に加わっていたと推察される。なお、もう一人は源仲舒の男の時明で、『尊卑分脈』には従四位上、蔵人、左馬権頭(『中古歌仙三十六人伝』(馬内侍)は右馬権頭とする)とあるが、彼が蔵人であった時期は明らかではない。

(5) 『大日本史料』は氏を傍書していない。『尊卑分脈』に、この時期に生存していたであろう人物として、源泰清の名が見える。なお、彼は禊日の斎院垣下の一人である忠清の兄にあたる。

(6) 『大日本史料』は氏を傍書していない。文実については、本条より四位であったことが、また『親信卿記』本年四月二十九日条からは兵部大輔をつとめていたことが知られる。その文実に該当する可能性があるのは紀文実である。しかし、彼の極位は『尊卑分脈』には「従五下」と記されている。また、その父、淑光は天慶二年(九三九)に七十一歳で没しており(『公卿補任』同年条、『尊卑分脈』には六十五歳とある)、彼を本条の文実とみるには、年齢や官位に疑問が残る。ただ、『尊卑分脈』に付された紀文実の経歴に「兵部大輔」とあること、その新訂増補国史大系本の頭註によれば、『手向山本系図』には「従四下」と書されていることから、紀文実である可能性も否定はできない。

(7) 陽明本は「迫理」とする。『大日本史料』は「迫理」とし、氏を傍書していない。橋本本・徳大寺本は「通理」とする。註(4)より、彼はこのとき六位蔵人であったと考えられるが、本年正月三日に蔵人をつとめていたことが確認される人物として、大江通理がいる(『蔵人備前掾大江通理記』)。他方、迫理という名は『尊卑分脈』などには見られない。以上のことから、「迫」は「通」の誤記と推察される。

③天禄三年四月十七日条

「御禊」

十七日、午、禊日也、依御物忌、不覧所陪従并諸国牛等、奏事由之後、遣彼院、但至于牛者、差小舎人遣之、

④天禄三年四月十八日条

「無警固召仰事」

十八日、〈未〉(1)、上卿不参、無警固召仰、

(1) 陽明本は「未」を小字にする。『大日本史料』は大字にする。

⑤天禄三年四月十九日条

「被行警固」「御覧女騎馬」

十九日、〈申〉(1)、民部卿(藤原文範)被行警固事、但不被奏、〈可問

先例(2)、御覧女騎料(3)左右御馬、其儀、官人申牽陣外之由、蔵人奏事由、仰着陣、〈東〉、次下東庇(4)御簾、次少将高遠(藤原)、差毛文於文夾、進候南第二間、奏聞之、奏聞之後、自滝口牽入、廻乗儀一如他例、左退出、次右牽入、御覧、亦退出、次少将召人、蔵人参入、仰云、硯、退出、取硯置少将座東方、随仰尻付、件尻付毛付下書、命婦其子、蔵人其子、闈司其子、但今年掌侍依典侍代可騎馬、仍付其料、事了退出、次取硯、次主殿官人掃除、次上御簾、件事、又々可案内他人、

「内記奏明日宣命」

又内記持参宣命、付蔵人、蔵人奏聞、候御前、明日給内蔵司使云々、件事案内可問他人、

(1) 陽明本は「申」を小字にする。『大日本史料』は大字にする。

(2) 『西宮記』(恒例第二・四月・賀茂祭事)などによれば、警固の際には、その旨を奏上することになっていた。それは解陣も同様であり、この年も奏聞を経て陣が解かれている(⑦を参照)。なお、奏聞されなかったことが確実な事例は、このときまでには見られない。

(3) 陽明本は朱書「御覧女騎馬」を「女騎料」の右に記す。

(4) 陽明本・『大日本史料』は「可」とし、右に小字で「下」と傍書する。

⑥天禄三年四月二十日条

「祭」

廿日、祭日也、

⑦天禄三年四月二十一日条

「解陣」

廿一日、民部卿藤原朝臣(文範)、於陣座、令奏可解陣之由、奏事由、仰云、聞食云々、帰於陣仰勅答、其後解陣、

⑧天延元年四月十一日条

「斎院御禊」

十一日(1)、斎院御禊、依御物忌、不覧所陪従・右大臣(藤原頼忠)家・山城・近江等肥牛、直遣彼院、〈差小舎人〉、

(1) 現存する『親信卿記』では、賀茂祭の記事に日の十二支が付されている。斎院御禊は午日の行事であり、天禄三年および天延二年の御禊にも「午」の記載があるが(③⑭)、本条には記されていない。

⑨天延元年四月十二日条

「警固召仰」
十二日、〈未〉、藤中納言〈為光〉、参入、令奏事由、行警固召仰事、
「点定女騎馬」
此日、於右兵衛陣前、蔵人弁(源伊陟)依仰点定祭女騎料御馬、〈此例頗不詳、已明日御物忌外也、可用意歟〉、
⑩天延元年四月十三日条
「内記請宣命紙」
十三日、内記請宣命料紅紙二枚、〈即内侍(橘)恭子[1]令奏之〉、

(1)『大日本史料』は氏を傍書していない。『西宮記』(臨時一・内印・裏書・勘物)所引天徳四年(九六〇)十月二十一日条に「内侍代命婦橘恭子」、『村上天皇御記』応和三年(九六三)二月二十八日条に「権掌侍恭子」、『小右記』天元五年(九八二)五月八日条に「典侍橘恭子」と見える。

⑪天延元年四月十四日条
「祭」
十四日、〈酉〉、祭也、先下御簾、覧内大臣(藤原兼通)牛、〈差小舎人遣彼院、而使小舎人申云、御禊日所給御牛、依本家物忌、留院令飼之、而今有此牛、尋問先例、給禄返遣、至于牛用初日〉、次覧所陪従六人、覧了罷帰、牽騎馬参入、廻牽之後、依仰騎之、両三廻後下、次内蔵使飾馬并牽馬・手振・取物、次命婦飾馬・下仕六人・手振・取物、次闈司飾馬・手振・取物、〈可有下仕二人、失不度〉、次東宮(師貞親王)使飾馬・手振・取物、次典侍・下仕八人・手振・取物、随参御覧、不依次第[1]、為惜光景也、此間命婦・蔵人・闈司候南殿北庇[2]、依召候小板鋪御障子許、内侍給禄有差、典侍候朔平門外、差出納給之、
今日掃部女孺来請取云々、近衛府使就内侍所給之、退出、内蔵寮使付内侍令奏参由、即給宣命文退出、至于馬後覧之、
禄法、
典侍、〈紅花褂、除典侍料、皆令請内侍所〉、命婦・
蔵人、〈支子染衾〉、
闈司、〈同色襖子〉、近衛府使、〈同色衾〉、
今日宣宣旨、〈右近陣〉、件等人馬、出自明義門、経侍前并後涼殿北前、如本出去、〈此例未知先例、若是時議歟[3]〉、

仰諸陣令入牛馬、
□〔仰〕(4)内(5)作令取御前橋、
行事蔵人不向院、〈是故実也(6)〉、
今日不参使々、馬司・中宮(昌子内親王)・近衛府、〈雖参称馬遅来不牽〉、
私案、若可御覧者、可仰案内也、又先例必不尽覧、
又不覧牽馬、而今度依仰令牽牽馬、

「斎王御裳沙汰」
内大臣依召候簾中、〈馬御覧之間事歟〉、遣蔵人大蔵大丞正雅(藤原)(7)於院、令仰云、院司令申云、依不被下御裳料蘇芳、可闕今日事云々、事極不便也、早不闕事、可被供奉者、院被申云、所入御裳三腰也、院纔所儲一腰也、以此可成今日事、至于例事、已以闕云々、其間子細也、

(1) 『西宮記』(恒例第二・四月・賀茂祭事)には「男女使馬手振次第渡、(割書略)内蔵・近衛・馬寮・宮々男使・命婦・蔵人・宮々使・闈司等」とあるが、本条の次第はこれと大きく異なっている。
(2) 陽明本は「庇」の下に「北」を記し、その左に抹消符を付す。
(3) 『西宮記』や『小野宮年中行事』(四月・中申酉日賀茂祭事)『北山抄』(巻第一・年中要抄・四月・賀茂祭事)は、いずれも飾馬を見る場所を紫宸殿とする。ただ、『小野宮年中行事』には「祭日、若不御南殿、(中略)使等被馬従者、於清涼殿東庭覧之」とあり、本年は明義門が用いられていることから、清涼殿でなされたと考えられる。『江家次第』(巻第六・四月・御禊日)は、清涼殿での御覧を前提に、滝口戸を用いることなどを記しているが、本条が書かれたころには、清涼殿で行う際の経路が十分には整備されておらず、本文のような事態になったのかも知れない。
(4) 陽明本は一文字分損傷している。『大日本史料』は「□」とし「〔仰〕」と傍書する。墨痕、および文意より首肯される。
(5) 陽明本は「内」とする。『大日本史料』は「内」とし「〔匠カ〕」と傍書する。『親信卿記』天禄三年十二月十日条・天延二年十一月一日条・天延二年(ママ)十二月六日条にも「内作」とあり、『西宮記』(臨時五・所々事)に「修理内作」と見えることから、「内」でよいと判断する。
(6) 古瀬奈津子氏によれば、賀茂祭における行事蔵人の初見史料は本条である(古瀬奈津子一九九八、三六七頁)。呼称のいかんによらず、同様の役割をはたす蔵人はいたであろうが、史料に乏しく、本条にいう故実が形成される過程をたどることは困難である。なお、

『小右記』長和二年（一〇一三）四月二十一日条には、斎院に赴く行事蔵人の姿が確認されるが、それは御禊の日の記事である。

（7） 陽明本は朱書「斎王御裳沙汰」を「雅於院」の右に記す。

⑫天延元年四月十五日条

「献葵桂」「解陣」

十五日、葵桂各二折櫃、内蔵寮付内侍所、〈上御社二櫃、下御社二櫃〉、掃部女官伝取奉女房、〈結付昼御帳犀角辺、又結付南殿御帳云々〉、内大臣(藤原兼通)(1)着陣座、令奏可解陣之状、奏聞之後、召諸衛仰解陣之由、六衛府入自日華門、経宜陽殿壇上柱外、立近廊、〈五位柱内、六位柱南、西上北面〉、為雨儀也、

（1） 陽明本は朱書「解陣」を「陣」の右に記す。

⑬天延二年四月十四日条

「差垣下」

十四日、差垣下壁書、

⑭天延二年四月十六日条

「御禊」

十六日、〈午〉、今日御禊也、仍参内、次参院、令催内蔵寮饗、上卿被参、〈中宮大夫(藤原為光)・修理大夫(源惟正)〉、御前等参入、〈垣下員少、仍行事弁并院長官等為勧盃、勧盃者献一上卿、上卿伝参議、参議給南座第一人、一人起座、伝殿上人、殿上人乍居目北座人、北座人起座来受盃、又伝殿上人、次々如此、有時議、御前者一行下之、更雑色勧盃殿上人、是事等故実也云々、但可問先例〉、又諸御前者左着南右着北、諸国肥牛并太政大臣(藤原兼通)家牛等差小舎人被給、蔵人触弁、弁候上卿気色令牽廻、〈口付本人引之〉、其後給院、所御前遅参、仍上卿被催仰、而遂不来、刻限已至、仍寄御車、此間御前等参集、鳥居辺見物、還参斎院、頃之還御、内蔵寮儲湯漬、一両之後、院司令舁禄辛櫃、来集殿上人并所衆取禄被御前人々、事了退出、此日斎院請釵子・櫛等、

⑮天延二年四月十七日条

「覧女騎馬」

十七日、〈未〉、可覧御馬、仍仰左右可令候御馬乗舎人由、於清涼殿東庭、御覧左右馬寮御馬、点定女騎料、其儀先下御簾、次召人、蔵人参入、退出、催右近少将致忠(藤原)(1)、令候御前、次蔵人奏御馬奏、退出之後、下給少

将、此間牽御馬、〈寮申云、先例各牽三疋、今日令牽五疋、非先例云々、此事無定例、依太政大臣(藤原兼通)仰、下知之也〉、先牽左五疋、次牽右五疋、点定了後、少将於侍書付名、

「依上卿不参無警固召仰」

今日、上卿不参、仍無警固召仰事、

(1)　『大日本史料』は「(平)」と傍書するが、『親信卿記』本年正月十八日条の「近衛少将藤原致忠」と同一人物であると考えられる。

⑯天延二年四月十八日条

「請唐鞍」

十八日、〈申〉、令催請唐鞍等、

「警固召仰」

左大臣(源兼明)令奏云、昨日上卿不参、不行警固召仰事、今日行矣、仰云、依例行矣、伝仰此由、召仰如例、但依降雨、経宜陽殿西庇(1)柱西立軒廊、〈五位立中、六位後、退出如例〉、事了、余(平親信)警固之間、着壺胡籙、是故実也(2)、

(1)　陽明本は「庇」と「柱」の間に約一文字分の空白がある。『大日本史料』はその空白に「(マヽ)」と傍書する。警固召仰の雨儀について、『九条年中行事』(四月・先賀茂祭日警固事)に「経宜陽殿西庇柱外、進立軒廊」とあることから、挿入されるべき文字はないと判断する。あるいは、祖本の改行の跡かも知れない。なお、山中本・鈴謄本・徳謄本・『続群』・『歴残』・徳川本は「〇」印を記す。また、狩野本は「庇」と「柱」の間に空白がない。

(2)　『江家次第』(巻第六・四月・賀茂祭警固)に「五位已上衛府皆帯弓箭、〈壺胡籙〉、大将・検非違使別当、〈平胡籙〉、検非違使佐候殿上之者壺胡籙」とあるが、六位検非違使尉である親信にかかわる規定は見られない。

⑰天延二年四月十九日条

「祭」

十九日、〈酉〉、祭日也、依御物忌、不召男女使等、今日、典侍率参陣外、直向列見辻、是依日暮也、〈已無故実〉、内蔵寮使紀時文参入、給宣命、〈昨内記紀斉時依内侍不候、令蔵人奏之、仍召給之云々、但内蔵寮進禄物、仍為給案内斉時、斉時申云、不給云々、可問先例〉、

近衛府使右近少将致忠(藤原)、

所御前随見参四人遣院、其遺追参院、〈分遣小舎人等

令催飾馬・男女使・所御前等、次見物之〉、

⑱天延二年四月二十日条

「参斎院儀」

廿日、〈戌〉、早旦見物、次参院、先着庁、〈穀倉院儲饌〉、次(1)諸使依召参御前、着庭中座、〈使等自中門参、所陪従・六位次第使等、自掖門参入〉、次使等前居衝重、〈所衆等役之〉、一二巡之後、列舞庭中、舞了、院司等取禄給舞人等、次使々、次所陪従、次近衛陪従等、事了退出、到使少将(藤原致忠)宅、次参内、雖御物忌、有可然事参也、

源大納言(雅信)行解陣事、

「垣下書様」

斎院垣下、

禊日、

正清(源)朝臣、公季(藤原)朝臣、義孝(藤原)、顕光(藤原)、

時光(藤原)、通理(大江)(2)、親信(平)、

祭後朝、

泰清(源)朝臣、遠度(藤原)朝臣、致方(源)、光昭(藤原)、

正光(藤原)、修遠(藤原)(3)、親信(平)、

「祭雑抄」

賀茂祭雑事、

午日、御禊事、差垣下、

御覧所陪従并馬、〈日記(4)云、下御簾〉、御覧斎王駕牛、〈召王卿家、召仰家司〉、及所々肥牛、〈遣院差小舎人〉、引御前時、出納・小舎人引之、先於一日、令内侍奏可警固之状、無内侍、上卿於陣座、令蔵人奏、未日行之、〈或申日行之〉、

天慶五年日記(5)云、諸衛自日華門参入、立軒廊南、〈北面西上〉、上卿問曰、誰〈曽〉、季方(藤原)以下申官職名、〈六位姓名共申、但入夜之後、如此事時、五位申名、六位申姓名、未必申官職〉、

未日、御覧馬寮御馬、〈清涼殿、或仁寿殿〉、

酉日事、

御覧所御前并騎馬、

或不下御簾、近代下之、又至于人者於侍前覧之、

内侍参入、奏男女使参由、〈無内侍代官奏之〉、

命婦、蔵人、闈司、中宮命婦、蔵人、

近衛府使、内蔵使、馬寮使、中宮使、

近衛府使率舞人等参内侍所、令奏事由給禄、若召御前有儀、
命婦・蔵人・闈司参入御前、即給禄各有差、無内侍代官奏之、
内侍白褂(6)、命婦・蔵人支子染衾、闈司襖子(7)、
但典侍於朔平門外令奏、〈禄紅色褂〉、
覧飾馬・手振・下仕事、〈内蔵・近衛・馬寮・東宮・内侍・命婦・闈司〉、
引馬不覧、
承平七年(8)、覧近衛・中宮使引馬、
天暦七年(9)、中宮・東宮男使乗馬・陪従等覧之、
宣命事、
先於一日、内記付内侍所、当日奏件宣命、内侍奏内蔵寮使参之由、即給禄之比、給件宣命、
内侍不候、上卿当日令蔵人奏之、
承平七年、返給上卿、上卿給内蔵寮使、件年有内侍代、非命婦不奏、
戌日、差垣下、
上卿付内侍令奏解陣由、〈還宮之後云々〉、無内侍、付蔵人令奏、〈於陣座令奏之〉、

(1) 陽明本は「儲」とする。『大日本史料』は「儲」とし「〔諸カ〕」と傍書する。文意より「諸」の誤記と判断する。なお、修史館本は「諸」とする。

(2) 『大日本史料』は「〔源〕」と傍書する。②註(4)に述べたように、六位の斎院垣下にはしばしば蔵人が充てられていることから、この時期に蔵人であった大江通理とみるのが妥当であろう。

(3) 『大日本史料』は氏を傍書していない。『親信卿記』本年四月八日条の「蔵人主殿助藤原修遠」、同年九月七日条の「蔵人主殿助修遠」と同一人物であろう。

(4) この日記は「殿上日記」の可能性があるが、他の史料から確定することはできない。なお、天禄三年および天延元年は、御物忌のため陪従の御覧が実施されず(③⑧)、本年の御覧の記事に御簾のことは記されていない(⑭)。ただ『西宮記』(恒例第二・四月・賀茂祭事)などには、御簾を降すとある。

(5) 天慶五年(九四二)の警固召仰は四月十八日に行われており、それを伝える『本朝世紀』同日条は本条とほぼ同文である。山本信吉氏は、この「日記」を「殿上日記」とみなし(山本信吉二〇〇三、三九六頁)、『新訂増補国書逸文』は「殿上日記」の参考条文として採録している(五五八頁)。『本朝世紀』が「外記日記」を基本史料にしていることや、儀式の場と記録と

の関係からすれば（橋本義彦一九七六、三九六～八頁・四二〇～八頁）、「外記日記」を指す可能性もないとはいえないであろう。ただ、『親信卿記』の引用文のなかに、「外記日記」であることが確実な事例は見られない。

(6) 陽明本は以下、典侍の禄のみを小字で書しているが、禄の品目は本来すべて小字で割書にされていた可能性がある。なお、狩野本は、内侍と命婦・蔵人および闈司の禄を小字にする。

(7) 陽明本は「奥」とする。『大日本史料』は「奥」とし「〔襖〕」と傍書する。文意より首肯される。

(8) 承平七年（九三七）の賀茂祭については、『西宮記』（恒例第二・四月・賀茂祭事・勘物）所引『九暦』同年四月十五日条など、いくつかの記事があるが、引馬や内侍・内侍代に関する記述は見られない。

(9) 天暦七年（九五三）の賀茂祭に関する記事は、本条以外には見られない。

　弘仁十年（八一九）、「賀茂御祖并別雷二神之祭宜准中祀」との勅により、賀茂祭は国家の行事に組み込まれることとなった（『類聚国史』巻五・同年三月甲午条）。その後、祭儀は次第に整備・拡充され、『儀式』の編纂から『西宮記』の成立にいたるまでに、御禊日の肥牛御覧や末日の女騎料馬御覧、酉日の餝馬御覧などの行事が新たに整えられている（丸山裕美子「平安時代の国家と賀茂祭」、『日本史研究』三三九号、一九九〇）。それらは天皇出御のもとに行われ、蔵人がはたす役割も小さくはなかった。それゆえ、蔵人をつとめた親信の日記にも、その祭儀をめぐる詳しい記事が遺されている。なお、天禄三年から天延二年にかけて、賀茂斎院として奉仕していたのは、安和元年（九六八）に卜定された尊子内親王である（『日本紀略』同年七月一日条）。

　さて、先の祭儀のなかで、親信の関心の高さがうかがわれるのが女騎料馬御覧である。女性が祭使をつとめ、祭列に加わることは賀茂祭の特色のひとつであり、『西宮記』（恒例第二・四月・賀茂祭事）に「点命婦・蔵人・闈司馬」とある。また、同書には「延喜□年後、不点典侍馬」とも記されている。『延喜式』（巻第四十八・左馬寮）に「女騎料四疋、〈内侍已上料〉」とある通り、内侍使も当初は騎馬で祭列に加わっていた。しかし、『貞信公記』承平元年（九三一）四月二十一日条に「典侍車」が見えるように、次第に乗車が認められ、十世紀中頃には、内侍使の馬は原則として点定されなくなったのである。⑤によれば、天禄三年には内侍使の馬も点定されているが、それは典侍ではなく掌侍が使となったことによる。

翌天延元年は、御物忌であったために御覧はなく、蔵人弁源伊陟が右兵衛陣前にて料馬を点定したことが⑨より知られる。それに対し、親信は「頗不詳」との感想を漏らしている。点定については、『西宮記』に「蔵人・近衛次将、共於右兵衛陣前、点」、『新撰年中行事』（四月・次未日御覧女騎料馬御事）所引蔵人式には「若御物忌、蔵人頭奉仰、於便所点定」（西本昌弘一九九八、一二五頁）とある。⑨に近衛次将の姿は確認されず、源伊陟は蔵人頭ではない。いずれにしても式や儀式書の記載とは異なるが、明日には御物忌も明けると記す親信は、何よりも、天皇の御前で行わなかったことを問題にしていると考えられる。女騎料馬の点定、御覧をめぐる親信の認識がうかがわれるであろう。ただ、点定を実施した伊陟も同じ蔵人の職にあった。親信の認識は、蔵人が共有するものではなかったのか。あるいは伊陟が弁官を兼ねていることから、上卿―弁―史という祭の執行体制の関与が想定されるのであろうか。ここに確かめるすべはないが、いわゆる官方と蔵人方の、諸行事をめぐる意識のずれが表れているとすれば興味深い。

続く天延二年の御覧には例年、左右馬寮がそれぞれ三疋を牽き廻すところを、五疋ずつ牽いたと⑮に見える。このように、必ずしも先例によらずに進められたのは、女騎料馬御覧ばかりではなかった。⑪に記された天延元年の飾馬御覧が紫宸殿ではなく、清涼殿で行われたであろうことはすでに述べたが、そのときは、使々の陪従等が庭を渡る順序も次第とは異なっていた。また、例年は覧ることのない牽馬も、仰せにより牽き出されたという。その一方で、⑪も含めた賀茂祭の記事には「故実也」、あるいは「可問先例」といった語句が、他の行事にも増して散見される。親信が拡充された祭儀の次第を注視し、先例があるのか、「時議」によるものかを逐一確認し、記録しようとしていたことがうかがわれよう。彼が書き残した蔵人の故実は、それぞれに註記したように、他の史料に確認されないものがほとんどであり、『親信卿記』の特色のひとつとなっている。

　女騎料馬や飾馬の御覧と同じく、御禊前駈定も『儀式』の成立以降に整えられた祭儀であった。ただ、それについては『西宮記』に「上卿乍居本座奏聞、〈付殿上弁若蔵人〉」とある奏上のさまが、①に記されるにとどまっている。詳しいのは、前駈よりも垣下の記事である。②⑱には、御禊日および社参の翌日に、斎院の宴に伺候する垣下の名を書き連ねた壁書が載録されている。また、その饗宴のさまは、⑭や⑱より知ることができる。『西宮記』に「禊日帰立、差垣下、〈加蔵人所〉」とあることや、②註（4）に述べたその顔ぶれから、斎院垣下をつとめることは、蔵人にとって重要な役割のひとつであったと考えられる。六位蔵人として、自らも天延二年に垣下に加わった親信の日記に、それに関する詳しい記述があることもうなずかれよう。

　なお、以上の祭儀には、御禊前駈や次第使の文（①）、女騎料馬御覧の準備が整ったこと（⑤）など、諸事を奏上する蔵人の姿が確認される。また、⑱には「可警固之状」や使々の参内の由、彼らへの賜禄、使に付す宣命、「解陣由」の奏聞に関して、内侍が不在であった場合の対応がまとめられている。諸事の奏聞に携わる蔵人と内侍の関係については、すでにいくつかの論考があり、考察を加えるべき課題となろう。ただ、ここでは、賀茂祭の性格を考えるうえで問題となる、天禄三年の警固儀の奏聞にのみふれておきたい。

　⑤によれば、天禄三年は警固の実施が奏上されなかったらしい。警固儀は『儀式』（巻第一・賀茂祭警固儀）に大臣が行うとあるが、当年は中納言藤原文範が上卿をつとめていた。翌天延元年の上卿も権中納言藤原為光であり、中納言が行う例はこれ以降しばしば見られる。祭儀の拡充は、警固儀の重要性を相対的に低下させたのであろう。奏聞をめぐる事態は、異例のことであったとはいえ、そうした状況を表していると思われる。

　ところで、⑱には「賀茂祭雑事」と冠された記事がある。『親信卿記』の行事次第には、「当日の所役に従事した諸官人の名前を具記して、見聞のままに儀式の次第を書き留めている」部分と、「式文、あるいは蔵人式等をそのままに記しているのかとさえ思われ」る「特定の儀式の行事次第のみを記した部分」があるといわれており（山本信吉二〇〇三、三九四～五頁）、そのいずれかに分類するならば、「賀茂祭雑事」は後者にあたる。ただ、天延二年の賀茂祭をめぐる記事の末尾におかれたそれは、行事の次第というよりは、勘案した先例を次第にそって配したものである。そこには、興味深いことに、天延元年の祭にかかわる事項も含まれている。天延元年の祭に、例年とは異なり牽馬の御覧があったことはすでに述べたが、それに関する先例が「賀茂祭雑事」に引かれているのである。その直前に記された飾馬の御覧の順序も、天延元年に、飾馬が次第によらずに牽かれたことに対するものであろう。また、禄の品目が逐一書かれることは珍しく、天延元年のそれが前後の年と同様であるか否かは確認できないが、「賀茂祭雑事」にある内侍使以下の禄は、天延元年のものと一致する。

では、それらの先例は、どのような経緯でまとめられたのであろうか。親信は、自らの経験をふまえて賀茂祭の次第を書き留めようとしていた。ただ、彼がある時点で、複数年にわたる経験のなかから先例を勘案すべき事項を抽出したのか。あるいは、彼も含めた蔵人の間に、祭を執り行う際の備忘録のようなかたちで先例が蓄積されており、親信がそれをもとに日記を書したのか。「賀茂祭雑事」の作成をめぐっては、いくつかの経緯を想定しうるように思われる。その考察は『親信卿記』の性格、ひいては蔵人と日記とのかかわりを考えることにもつながるといえよう。

（西村さとみ）

16　国　忌

国忌とは皇祖・先皇・母后などの忌日に、追善供養の斎会などを行うことである。円融天皇の父村上天皇の忌日は五月二十五日であり、母藤原安子の忌日は四月二十九日である。

①天禄三年四月二十九日条

「国忌儀」

廿九日、御国忌(藤原安子)也、其儀下母屋御簾、〈式云、南第一間不下、而近代例一二間不下、但供御膳後、第二間下之〉、次掃部司参上、供奉御装束、先撤昼御座、同所鋪小筵二枚、其上供所菅円座一枚、〈東面、式云、筵召内蔵寮云々、便用掃部寮〉、壇間鋪両面端畳一枚、為咒願僧座、〈北面、件畳少逼東壇上、逼北板敷鋪之〉、公卿座如例、(1)南廊小板敷鋪黄端畳四枚、為侍臣座、〈北上対座、但立年中行事御障子於壁下、侍座(2)料東畳二枚、中央中柱也、食巾布不切分、用公卿末(3)〉、午刻、供内膳司御膳、〈御座南間少逼御簾立、例御台盤二脚供之、但無台、東西妻立之、又不供御箸・御飯、御飯用同司、加供御厨子所御膳〉、次供御厨子所御膳、〈甲(4)折櫃廿合、在打敷〉、次内蔵寮施僧供、〈机三脚、侍臣伝取給之〉、次同寮賜王卿及侍臣食、〈以信濃布一端為食巾、但今日王卿不参、雖然居其料〉、次出御、陪膳兵部大輔文(紀カ)実(5)朝臣、退候孫庇第三間長押辺、次侍臣着座、次咒願僧阿闍梨増恒参上、〈従右青璅門参上、経侍臣後着座云々〉、御斎食了、僧退下、次入御、次侍臣退下、次撤御膳、〈内膳給御飯宿、御厨子所給女房、供之撤之道如例、但供時不警蹕〉、次撤僧供并臣下食、〈僧供差加司人(6)於出納(7)一人、遣僧房〉、次撤司装束、次上母屋御簾、下庇御簾、復尋常御座、

(1)『西宮記』（臨時八・天皇国忌斎食事）に「孫庇南第一二間鋪緑端畳為王卿座」とある。

(2)　陽明本は「侍座」とする。『大日本史料』は「侍座」とし「（マヽ）」と傍書する。『九暦』天暦元年（九四七）正月二日条に「非殿上者、依仰着侍座事」とあるように、「侍座」の用例は他にも見られる。

(3)　陽明本は「末」とする。『大日本史料』は「末」とし「（マヽ）」と傍書する。②に「公卿食巾末」とある。また『西宮記』（臨時八・天皇国忌斎食事・勘物）延喜二十一年（九二一）六月三十日の事例には、食巾について、僧及び王卿・侍臣膳を弁備する際「板敷上展布居之」とあり、このときは王卿侍臣座も「東孫庇従南二間南行、展長筵二枚敷及南廊」というように筵を孫庇から南廊まで延べていることから、本条における「不切分、用公卿末」というのは、食巾を切らずに

王卿座から侍臣座まで延べ広げる、という意味と考える。

（4）陽明本・『大日本史料』は「料」とする。徳大寺本は「料」とし「折」と傍書する。橋本本は「料」とし「折歟」と傍書する。『西宮記』（臨時八・天皇国忌斎食事）に「甲折櫃廿合」とあることから、「折」の誤記と判断する。

（5）『大日本史料』は氏を傍書していない。兵部大輔文実朝臣については**15**賀茂祭②註(6)を参照。

（6）僧供・臣下食ともに供するのは内蔵寮が行っていることから、撤するのも内蔵寮であろう。『西宮記』（臨時八・天皇国忌斎食事・勘物）の天慶四年（九四一）九月二十九日の事例には「納内蔵寮長櫃、差出納遣之」と見える。

（7）陽明本は「納」に続けて「人於出納」と書き、それらの左に抹消符を付す。

②天延元年四月二十九日条

「御国忌御斎食儀」

廿九日、今日御国忌(藤原安子)也、依例差侍臣及侍従(1)、蔵人所雑色以下遣法性寺、令設御諷誦事、〈内蔵寮〉、供御浴、午一刻、供御装束、其儀下母屋御簾、〈但南第二間暫不下、供御膳了即下之、又庇御簾依御物忌本自不上〉、撤昼御座、鋪小筵二枚、其上敷円座為御座、〈筵掃部、円座所〉、当南第一間二柱東西妻敷畳一枚為僧座、〈案旧記、畳下或鋪円座(2)、若是可冷歟〉、公卿座如例、南廊鋪畳四枚為侍臣座、〈相対着之〉、午二刻、供御斎食、東庇南第三間迫御簾立御台盤二脚、無台、供内膳司御膳、〈南北妻立之、供卅種御菜并御汁物二種、案旧記、或東西妻立之、其随時不定也〉、次御厨子所御膳衝重廿合、〈当御座東供之、在折敷〉、次内蔵寮賜僧供、〈机三脚、北面、従侍方居之〉、次麗景殿女御(藤原媓子)供臨時御膳(3)、仍侍臣経孫庇簀子敷渡従殿(マヽ)(4)北方伝取、当御前孫庇立之、〈高坏卅本、在打敷、案旧記、式(5)云、立額間、又供之次第在侍臣饌次、又式(6)供膳次第云、御厨子所、次内膳司、次僧供、次王卿・侍臣云々〉、蔵人頭惟正(源)朝臣為陪膳、〈三度膳一身供奉、但其座依御物忌、候御座巽角柱下、例不御物忌者、候長押下〉、次敷食巾、公卿・侍臣賜饌、〈以公卿食巾末、便用侍臣〉、次宸儀出御、次僧参上、〈権少僧都寛静、案旧記、出御之後、公卿・侍臣参上、又式(7)文云、出御、次侍臣、次僧云々〉、次公卿、〈内大臣(藤原兼通)〉、次四位一人水僧又(マヽ)(8)従内供之、〈但不詳先例、随内大臣仰也、御厨子所儲之、蔵人供之、陪膳伝取供御、可尋先例〉、侍臣参上之間、陪膳惟正朝臣、臨時御膳之中一両種分給僧及公卿・侍臣、或説云、陪膳召人、蔵人参入、陪膳目[9]之、蔵人退出、取折敷・箸・土器等参進、夾取一両種、始従僧至于侍臣、次供御漿、次給僧、次侍臣賜黒湯[10]、〈盛中垸居之〉、次入御、次僧并臣下退出、次撤御厨子所御膳給女房、次撤装束等、供常御座如例、上母屋御簾、〈但例下庇、而本自下之〉、案旧記云、撤御膳次第、第一内膳、次御厨子所、次臨時、次僧前、次侍臣云々、

於此例未詳、

又出御御装束如例、但御冠纓柏夾也、〈此事有両説、他御衣如常例〉、

（1）　陽明本は「彼」とする。『大日本史料』は「彼」とし「(マヽ)」と傍書する。『西宮記』(臨時八・天皇国忌斎食事)には「内蔵寮修御誦經、〈使允〉、差御寺行香人、〈有不足者、仰中務省差侍従〉」とあり、同勘物に延喜二十一年（九二一）六月三十日の事例として、「仍遣侍臣於勧修寺、〈殿上人少、仍別仰侍従加遣之〉」とある。よって、「侍」の誤記と判断する。

（2）　畳の下に円座を敷くとは不審であるが、『西宮記』(臨時八・天皇国忌斎食事・勘物)の延喜十四年（九一四）六月三十日の事例でも、「壇上敷細貫筵一枚、筵下置円座一枚、以為僧座」とあり、筵の下に円座を置いている。

（3）　『大日本史料』の頭書には、「女御藤原媓子ニ臨時御膳ヲ供ズ」とあるがこれは誤りで、女御が臨時の御膳を供じるのである。『西宮記』(臨時八・天皇国忌斎食事)には「所々供膳立御前孫庇」とあり、また同勘物の延喜二十一年六月三十日の事例には「次東宮大将・両女御膳列立孫庇、〈高坏各卅本、大将自滝口東宮侍従方供之〉」、天慶四年（九四一）九月二十九日の事例には「女御所献御膳給義海」と見える。

（4）　陽明本・『大日本史料』は「渡従」とする。橋本本は「渡従」とし「従渡歟」と傍書する。徳大寺本は「従」の下に挿入符を付し「渡」と線で結んでいる。これらに従うと「渡殿より」と読めるが、「渡殿」がどこを指すのかが明確ではない。しかし陽明本に従って「渡従」とすると、どこを「渡」るのかが不明瞭である。

（5）　陽明本は「式」とする。『大日本史料』は「或」とする。

（6）　陽明本は「式」とする。『大日本史料』は「或」とする。

（7） 陽明本は「式」とする。『大日本史料』は「或」とする。
（8） 陽明本は「僧」とする。『大日本史料』は「僧」とし「(マ、)」と傍書する。文意を解しにくいが、『西宮記』に「供漿、先給僧」とあることに関する記述ではなかろうか。
（9） 陽明本は「自」とする。『大日本史料』は「自」とし「(目カ)」と傍書する。橋本本は「自」とし「目」と傍書する。徳大寺本は「目」とする。文意より「目」の誤記と判断する。
（10） 『西宮記』に、「賜黒漿王卿、〈酒名也〉」とある。また同勘物の天慶五年（九四二）九月二十九日の事例には「賜漿於貞崇、又供御漿、(中略)次賜黒漿於侍臣」とある。

③天延二年五月二十二日条

「御国忌」

廿二日、始御国忌(村上天皇)事、〈預儲垸飯〉、

④天延二年五月二十三日条

廿三日、〈余(平親信)送垸飯〉、

⑤天延二年五月二十五日条

「御国忌」

廿五日、〈御物忌〉、御国忌(村上天皇)也、其儀如去月[1]、但権少僧都増恒[2]為呪願、伊陟(源)朝臣為陪膳、中宮(藤原媓子)[3]供奉臨時膳[4]、〈高坏廿五本〉、供之撤之、不違先儀、蔵人所雑色右兵衛少尉元正持来雲林院見参等、授余(平親信)、又侍従事、先日仰省丞源致遠[5]、而被仰可有定之由、仍停止矣、唯所進見参、〈上卿一枚・侍臣一枚・自余諸大夫一枚・所衆等一枚也〉、

今日、別当(源重光)[6]依穢不参入、

（1） 四月二十九日の藤原安子の国忌を指す。①②を参照。
（2） 陽明本は「垣」とする。『大日本史料』は「垣」とし「(恒カ)」と傍書する。山中本・鈴謄本・徳謄本・『歴残』・徳川本は「垣」とし「恒歟」と傍書する。『続群』は「垣」に抹消符を付し「恒歟」と傍書する。宮甲本は「恒」とする。①でも呪願僧を勤めた阿闍梨増恒の誤記と判断する。
（3） 『大日本史料』は「(昌子内親王)」と傍書するが、このときの中宮は藤原媓子である。天延元年七月一日に昌子内親王が皇太后に、藤原媓子が皇后となった（『日本紀略』同日条）。そして藤原為光が中宮大夫に、藤原朝成が皇太后宮大夫に任じられており（『公卿補任』同年条）、中宮職は皇后専属の官司であることがわかる。藤原媓子は②でも「麗景殿女御」として臨時

御膳を供している。

(4) 陽明本には「臨時膳」の左傍に線状の汚れがある。

(5) 源致遠は『尊卑分脈』に「式」とあることから式部丞であった可能性がある。東西寺で行われる国忌行事においては、集まった官人等の見参を取り、諸役を割り充て、統轄するのは式部省官人である（『延喜式』巻第十八・十九・式部、『西宮記』恒例第一・正月・四日国忌）。しかし一方、内蔵寮が担当する諷誦の場合、寺に向かう人が少ない時に侍従が遣わされるが、遣わすのは中務省である（②註(1)参照）。よって源致遠は中務丞であった可能性もある。

(6) 『大日本史料』は「別当」に「(源延光)」と傍書するが、このときの検非違使別当は源重光である。彼が延光の替として別当に任命されたことは、『親信卿記』天延二年二月十七日条などに見える。

古瀬奈津子氏によると、国忌は天武天皇死去に際し唐の制度を継受して成立し、平安前期にいたって、朝廷の行事としての東西寺の国忌が完成した。しかし、『延喜式』（巻第二十一・治部省）以降、九つに固定化され、醍醐天皇を最後に天皇・上皇の国忌の新置・廃止は行われなくなった。その後は、天皇が即位した後、亡母の皇妃を贈皇太后となし、国忌の例に加えるという例のみとなる。そして、平安中期には東西寺の国忌以外の行事が成立・展開したのである。古瀬氏によると、その一つは、正式な東西寺の国忌に入らないその他の天皇・皇后の忌日の行事として、ゆかりの寺で法会を設けたり、あるいは御願寺で忌日を発願日もしくは結願日とした法華八講を行うことであり、もう一つは、東西寺の国忌や忌日の法会等の他に、天皇が自分の父母にあたる天皇・皇后のために忌日に斎食・呪願を行い、ゆかりの寺へ諷誦の使を送ること、とされている（古瀬奈津子一九九八、二一一～二一二頁）。

③④⑤に記される村上天皇の国忌行事は、この前者の例にあたる。⑤にみえる雲林院は、村上天皇勅願により造塔（多宝塔・五仏像安置）供養が行われたゆかりのある寺院である（『扶桑略記』天徳四年（九六〇）二月二十四日条、『本朝文粋』第巻十三・願文）。『新撰年中行事』（五月）に「廿五日村上天皇崩、〈依遣〔遺〕詔不置国忌、但於雲林院行之〉」とあるように、村上天皇は正式な東西寺の国忌の例に入らず、この雲林院で追善

供養が行われた。『西宮記』（恒例第一・正月・四日国忌）によれば、正月四日の藤原穏子の国忌には、法性寺において「先一日」に御八講が行われている。これを参考にすると、③④⑤は忌日（五月二十五日）を結願日とする四日間の仏事、すなわち法華八講であった可能性があろう。

この③④⑤では、親信が垸飯の準備をしたり、見参を受け取るなどしている。また『左経記』寛仁四年（一〇二〇）六月二十三日条の御八講には「可参之由、自蔵人所有廻文」とあることからも、こうした法華八講は蔵人が差配する行事であり、今回は親信が担当していたのである。

一方、①②に見える斎食儀や⑤に見える中宮による臨時膳の供奉は、先述した東西寺の国忌以外の行事の、後者の例にあたる。①②の場合、安子の正式な国忌は『西宮記』（臨時八・当時国忌）では「東寺」と、『新撰年中行事』（四月・二十九日国忌事）には「西寺」と、『江家次第』（巻第三・正月・国忌）では「西寺」（但し、西寺荒廃のため実際には東寺で行う）とあり、正式な東西寺での国忌が行われている。さらに②によると、円融天皇自身は斎食儀を行い、法性寺に諷誦をさせている。この法性寺は藤原忠平が建立した寺であり、安子の実家の一門の氏寺的役割を果たしたとされる（杉山信三『院家建築の研究』、吉川弘文館、一九八一）。①には御諷誦の記述は見えないが、『西宮記』（臨時八・天皇国忌斎食事）にも「内蔵寮修御誦経」と記されていることから、①でも法性寺で行われたと推測される。

この①②において、親信は「式」を引用したり、「旧記」を確認したりしている。これは親信がこの行事を担当していたことによるのではないだろうか。先述の③④⑤も併せて考えると、東西寺以外での行事は蔵人が差配するものであったと考えられる。

国忌のときの天皇の装束については他史料に見えず詳細は不明であるが、斎食儀において天皇の冠が巻纓であったことが②よりわかる。柏夾は纓を巻いてとめるもの、また纓を巻くこともいう。巻纓は、『西宮記』（臨時八・凶事）に「未葬之間、至亡者家、巻纓」と見え、また『小右記』寛弘八年（一〇一一）七月六日条の一条院死去の際には、四十九日の間は垂纓で参院することは「可無便」であり、巻纓で参入すべきとしている。これらは官人一般を述べたものであり、巻纓は服喪の際に行われている。国忌のときに天皇がこうした服喪の装束を身につけることは興味深い。

（萩原美穂子）

17　定賑給使

京中での賑給は『西宮記』（恒例第二・五月）に「定賑給使事」とあるように、年中行事として定められている。

①天延二年五月二十八日条

「奏賑給差文」

同日、左大臣〔源兼明〕令蔵人説孝〔藤原〕、奏賑給差文、余〔平親信〕為西七八九条使、

②天延二年八月一日条

「□〔賑給カ〕(1)」

□〔一〕(2)日、□(3)□□□〔賑給使カ〕(4)件使佐(5)・尉・志〔平親信〕(6)為一手、而佐、〈九条〉、尉、〈八条〉、志、〈七条〉、各相分賑給□□(7)、〈府弁備〉、八条手始丑□〔寅カ〕(8)角、後日合造奏文加署、

（1）『大日本史料』は朱書を記載していない。陽明本は損傷しているが朱の痕跡が見えるため、朱書は記されていたと考える。本文の内容から「賑給」と推察される。

（2）陽明本は天横罫上線から一文字分損傷している。『大日本史料』は「□」とし「〔一〕」と傍書する。本条が八月の冒頭にあること、次の条文が墨痕より二日であると推測できること、及び墨痕より『大日本史料』に首肯される。

（3）陽明本は三文字分程度損傷している。『大日本史料』は文字数を確定していない。

（4）陽明本は三文字分損傷している。『大日本史料』は「□□□」とし「〔賑給使カ〕」と傍書する。墨痕から首肯される。

（5）この時期に右衛門佐であったとみられる人物としては、藤原共政のほか（『親信卿記』天延二年閏十月二十五日条）、源致方（『親信卿記』天延二年十一月一日条）や、藤原道隆（『公卿補任』永観二年（九八四）条）がいる。

(6) この時期に右衛門志であったとみられる人物としては、時佐（『親信卿記』天延二年二月十日条）や、定治（『親信卿記』天延二年五月二十一日条）がいる。
(7) 陽明本は四文字分程度損傷している。『大日本史料』は文字数を確定していない。
(8) 陽明本は一文字分損傷している。『大日本史料』は「□」とする。方角であり、「丑」の次の文字として「寅」と推察される。

天延二年は、五月二十八日に賑給使が定められた。五月に賑給使を定めることは、『新儀式』（巻第五・賑給并施米事）及び『九条年中行事』（五月・京中賑給事）にも見える。しかし実際には、賑給使定初見の延喜十年（九一〇、『貞信公記』同年五月十六日条）以降天延元年までの間には、六月に定められた例もある（『西宮記』恒例第二・五月・定賑給使事・勘物・承平六年（九三六）六月二十六日、『日本紀略』天暦元年（九四七）六月十五日条・同三年（九四九）六月二十六日条）。

　さて『九条年中行事』には、賑給使差文の書様が記載されている。一条には衛門府の佐・尉・志を、二条と三四条には兵衛府の官人を、五六条には馬寮の官人を、七八九条（『群書類従』及び国立国会図書館本には「九」は記載されていない。しかし九条にのみ賑給使が派遣されなかったとは考えがたいこと、『西宮記』（恒例第二・五月・定賑給使事・勘物・長元三年（一〇三〇）五月）・『江家次第』（巻第七・五月・賑給使事）に「七八九条」と見えることから、『九条年中行事』の脱字と判断する）には衛門府の権佐・尉・志を充てること、そして七八九条に派遣される三人は旧例では検非違使を用いることが記されている。このうち七八九条使の佐を権官とするのは、『江家次第』に掲載されている長元九年（一〇三六）八月七日付の差文でも同様である。このため、②の佐も権官の可能性がある。また『西宮記』には、長元三年五月に藤原道長が「又(必)以検非違使尉若志等、差七八九条、是有濫行之時、為令糺行所差云々」と仰せたとある。検非違使を七八九条使としたのは、濫行があったときに糺させるためであった。

　①②の賑給使は、『九条年中行事』及び『江家次第』に掲載されている差文例と同様に、右京七八九条使を一グループとしている。さらに②では、右衛門府の佐

は九条、尉である親信は八条、志は七条というように、各条を一人ずつ分担するという賑給の具体的な方法がわかる。①②とも七八九条使のみを記しているのは、親信自身がこのグループに入っていたからであると考えられ、②には災害などの臨時の賑給であった理由がうかがえないことからも、②は①に対応したものであろう。なお、このように五月に定められた賑給使が当月以降に派遣された例は、応徳二年（一〇八五、『後二条師通記』同年五月二十四日・六月十三日条）に見える。

さて賑給の料物について、天禄元年（九七〇）九月八日に、「美作国庸米内五十斗、讃岐国庸米内百五十石、土佐国庸米内百石、永進納賑給料」とする宣旨が出された（『小野宮年中行事』五月・京中賑給事）。そして『新撰年中行事』（五月・京中賑給事）は、料物として「庸米三百石、美作五十石、讃岐百五十石、土佐百石、塩卅石以下」と記している。このため②においても、これら三カ国の庸米を用いたことが考えられる。また②には「府弁備」とあり、衛門府の官人である七八九条使が配給する料物を、府が弁備したらしい。なお『小野宮年中行事』には、「料米三百斗、左京百八十石、右京百廿石、塩卅六石、左京廿一石六斗、右京十四石四斗」とあり、料物の量は右京の方が少なかった。

②の末尾では、奏文を佐・尉・志が合作して署名を加えている。『新儀式』には、「条々使頒給之後、使注其人数并充給物数等奏之」とあるため、②において作成した奏文も、支給対象者や物品の報告であろう。『朝野群載』（巻第十一・延尉・賑給文）に掲載されている寛治元年（一〇八七）の「賑給文」（右京三四条）は、このような報告である。

（増井敦子）

18 雷鳴陣

雷鳴があったとき、左右近衛・左右兵衛等が清涼殿等の殿舎に参上、陣立し、天皇や殿舎の警護をした。『年中行事御障子文』『小野宮年中行事』『九条年中行事』『新撰年中行事』は五月、『西宮記』は六月の恒例行事とする。

①天延二年七月六日条

「雷鳴陣」

六日、〈御物忌〉、雷発大声、仍左右近衛陣階下、〈例夾東南階立、而以第四間為中央、若是失歟如何、可尋知〉、左右兵衛陣南殿、大将・上卿不参、仍典侍大江皎子仰右近衛中将時中(1)(源)□(2)当御物忌下格子、可召上卿云々、是当時太政大臣(藤原兼通)仰也、

亦舎人相分立鈴御辛櫃下、是延喜(ママ)(3)、年大将宣云々、見右近陣宣旨云々、

今日、早旦罷出、仍不具(4)□〔記カ〕(5)

(1) 陽明本は「明」とする。『大日本史料』は「明」とし「〔時カ〕」と傍書する。源時中は天禄四年七月二十六日に右中将となっていることから(『公卿補任』寛和二年(九八六)条)、「時」の誤記と判断する。

(2) 陽明本は九文字分程度損傷している。『大日本史料』は文字数を確定していない。

(3) 延喜何年のことを指しているのか不明である。現在残っている史料において延喜年間に見られる雷鳴陣は、延喜二年(九〇二)七月(『新儀式』巻第五)、延喜四年(九〇四)四月七日(『日本紀略』)、延喜九年(九〇九)二月十三日(『新儀式』)、延喜十年(九一〇)五月二十日、延喜十三年(九一三)六月二十一日(以上『貞信公記』)があげられる。

(4) 陽明本は「具」とする。『大日本史料』は「不」字より下の部分の損傷を指摘し、文字数を確定していない。

(5) 陽明本は一文字分損傷している。墨痕および文意より「記」と推察される。

この日、典薬寮に落雷し(『日本紀略』天延二年七月六日条)、雷鳴陣が立てられた。親信は早朝に内裏を退出していたため、儀式の次第を実見することができなかったと思われる。

①では、まず、親信自身が左右近衛の陣立する場所について疑問を感じている。『北山抄』(巻第八・大将儀・雷鳴陣)では、「先大将参上、(割書略)左候孫庇額南間、右候南第二間、(割書略)次中少将参上、左右相対、候同庇額並南第一間、(割書略)左将監以下、入自北廊東戸、御階北逼砌而立、(割書略)右入自仙華門、御階南立」とし、大将以下は第三間を中心に、

将監以下も南階を中心に陣立している。また、天皇の御座は「設御座於昼御座南」とあるので東庇第三間である。よって、『北山抄』では天皇の御座である東第三間を中央として陣立している。『侍中群要』（第七・雷鳴事）も同様である。一方、『西宮記』（恒例第二・六月・雷鳴陣）では「額間左右」とあり、額間（第五間）を中心に陣立をしている。『権記』長徳元年（九九五）七月二日条に「但村上御時、夾額間南北行居」とあり、村上天皇の頃は額間を中心にしていたことが確認される。このように、第四間を中心として立つとする①は先例とは異なるので、親信は誤りかと述べているのであろう。

次に、解陣の儀式次第は、『北山抄』に「左右大将不候者、召他上卿、候南三間、向御前仰、上卿不参者、内侍仰左中将令解、左中将不候者、進東庇東一間、仰右中将」とあり、『西宮記』に「無大将者、他上仰之、（中略）無上卿者、内侍仰左中将解陣」とある。左右大将が不参であれば上卿が、上卿が不参であれば内侍が行うことがわかる。①においては、大将も上卿も不参であるため典侍が解陣のことを行っている。さらに、右中将に陣を解くよう伝えていることから、左中将も不参であったことが推測される。

また、『北山抄』に「鈴守近衛各一人、立長楽門橋西辺」とあることから、①の舎人とは渡辺直彦氏が指摘するように「鈴守近衛」のことだと推測される（渡辺直彦一九七八、五七三頁）。『日本三代実録』貞観十七年（八七五）七月二十一日条によれば「長楽門中所納駅鈴在櫃中自鳴」とあり、長楽門には駅鈴が納められていたことがわかる。佐多芳彦氏は「長楽門に鈴守近衛が配置されるのは、落雷による焼亡などを避け、天皇が内裏外へ遷幸することを予測し、駅鈴を持ち出す意図があったのではないだろうか」と述べている（「雷鳴陣について」、『日本歴史』第五八三号、一九九六）。舎人が駅鈴を守るという儀が延喜年間に大将の宣によって始まったことが①よりわかり、興味深い。

なお、「秋節」の雷鳴の場合、陣は宣旨によって立てられた（『西宮記』前田育徳会尊経閣文庫所蔵大永鈔本等傍注所引「清涼行事」）。①は七月であるので、宣旨が出されたものと推測される。「右近陣宣旨」とは、この宣旨のことを指す可能性がある。

（渡部純子）

19　月次祭・神今食・大殿祭

六月・十二月の十一日には月次祭が行われ、諸社への班幣がなされる。その夜、天皇が中和院に行幸し食饌を神に供える神今食と、神祇官人が宮廷殿舎をめぐって災害を予防しようとする大殿祭が行われる（『延喜式』巻第一・四時祭、巻第八・祝詞、巻第十一・太政官、『儀式』巻第一・六月十一日神今食儀・大殿祭儀など）。

①天禄三年六月十一日条

「依上卿不参行幸延引(1)」

十一日、依神事可有行幸事(2)、而上卿不参、俄以停止、即於中院、諸司行其事、是天慶七年例也(3)、〈或云、先皇御時(4)有此事云々〉、仰不意無行幸、若可有別御祈歟、罷太相府(藤原伊尹)奉案内可還参者、奉仰参一条第、被申云、依他事間有御祈、至于此事、已被付諸司、神事不闕怠、更有何御祈乎、此行幸停止之時、御祈有無未見給云々(5)、即奏事由、無御祈(6)、〈或説云、此事既往有此例〉、

（1）陽明本の朱書は「行幸延引」とあるが、本文では行幸は「停止」されており、朱書の記載が本文と合致していない。

（2）陽明本は「事」とし右に小字で「幸」と傍書する。『大日本史料』は「幸」とする。

（3）『西宮記』（恒例第二・六月・神今食・勘物）には「同年（天慶七年・九四四）六月十一日、上卿依不参、不御神嘉殿、有仰、祭事於中院、付所司令行、有明親王・参議保平、着小忌云々」と見える。

（4）一代前の天皇は冷泉であるが、『大日本史料』は「(村上天皇)」と傍書する。康保四年（九六七）六月から安和二年（九六九）六月までの、冷泉朝の五回の神今食は、『日本紀略』に記事があるが上卿不参を明記したものは見えない。一方、村上朝には、たとえば天暦元年（九四七）十二月の「無行幸、納言以下着中院行」（『西宮記』恒例第二・六月・神今食・中院儀）、あるいは応和四年（九六四）六月十一日の「於神祇官有神今食、諸卿不参、右大将参入、平旦行祭」（『西宮記』恒例第二・六月・神今食・傍注）といった例が見えるが、行幸しないことが上卿の不参に起因するとされる記事は見あたらず、村上朝に前例があったかどうかは不明である。

（5）陽明本は「五」のような字の上に「斗」のような字を重ね書きし、右に小字で「無」と傍書する。『大日本史料』は「五」として抹消符を付し「無」と傍書する。

（6）陽明本は「斗」のような字の右に「無」と傍書する。『大日本史料』は「無」とする。

②天延元年六月十日条

「男女房夾名[1]遣神祇官令卜」

十日、書殿上男女房名簿、遣神祇官令卜、〈口伝云、式[2]当日早旦遣之、至于十一月[3]者、前日遣之〉、

（1）陽明本は「夾」とする。『大日本史料』は「交」とする。

（2）陽明本は「式」とする。『大日本史料』は「或」とする。『新撰年中行事』（六月十一日・同日神今食祭事）に「蔵人式云、早朝注殿上侍臣夾名、送神祇官令卜小忌合不」とあることから（西本昌弘一九九八、一二六頁）、この「当日早旦遣之」は蔵人式と矛盾しない。

（3）陽明本は「一」とする。『大日本史料』は「一」とし「〔二カ〕」と傍書する。『新撰年中行事　葉子』（六月・十一日神今食事）に「当日早旦、仰出納書出侍臣并女房名簿、令小舎人遣神祇官、令卜小忌合否、〈職事及必可供奉人等、皆注告合不注今合、是彼官所存歟〉、但十一月、〈新嘗会〉、前一日遣之、為青摺用意也」と明記されているように、前日に遣わすのは十一月でよい。なお、小忌の次侍従以上を前日に卜し歴名を奏することは、たとえば『延喜式』（巻第十一・太政官、巻第十二・中務省）では新嘗・神今食とも同じとされていた。

③天延元年六月十一日条

「供御浴・忌火御燈」

十一日、酉刻、供御浴、戌刻、主殿女官供忌火御燈、〈消例御燈、供忌火御燈也、是御出以前事也、供之以前、大忌人退出〉、

「中院行幸」

同刻、行幸中院、〈昨今御物忌也、仍晴明（安倍）宿祢覆推勘申云、可行者、有行幸事、但不候宿之人不昇殿上并神嘉殿上、欲出御間、従侍西遣戸、召上晴明宿祢、即於西令奉仕小返閇、便主上従西戸御出、此事可問先例〉、御神嘉殿、蔵人奉御調度并式・御笏等[1]、次供御浴、〈朝光（藤原）〉、次御装束了、〈内蔵寮供御幘[2]、其体彫紙、蔵人伝取奉之〉、此間、左大臣（源兼明）令奏云、御出之間、少納言罷違不候、仍

不候鈴奏御辛櫃、今追申此由、甚以不便、頃之遣近衛司、可遣取者、奏許之後、差右近将監正家（藤原カ）(3)令守運、女官伝取奉御所、〈私案、已有此例、但可遣左右歟〉、儀式如式、二度膳了後撤神座、丑一刻、神祇官人等、参本宮奉仕御殿祭、留守蔵人監臨、寅二刻還宮、於南階下上卿名謁、入御之後、下格子宿侍、

今日、供始神膳之後、供掖御膳、時人曰、御浴之後早可供、又陪膳正清（源）朝臣不候退出、可謂失也、

(1) 蔵人が奉ずるこれらの品物は、『西宮記』（臨時六・侍中事）に「行幸日、（中略）令持物者、内裏式・御笏・靴・挿鞋、（中略）又御調度賜内蔵寮令候、其物、御唐匣・鏡・鏡台・泔坏・唾壺・打乱筥・脇息也」とあるものに相当すると考えられる。

(2) 陽明本は「慎」とする。『大日本史料』は「慎」とし「〔贖カ〕」と傍書する。橋本本・徳大寺本は「慎」に抹消符を付し「幘」と傍書する。『新撰年中行事 葉子』（六月・十一日神今食事）に「御幘ハ蔵人於中院、召内蔵寮令奉之、〈造紙、入折櫃一合、居高坏一本〉」とあり、冠の紙製の幘が内蔵寮から蔵人をへて奉じられることがわかるので、「幘」の誤記と判断する。なお『延喜式』（巻第十五・内蔵寮）や『西宮記』（恒例第二・六月・神今食・中院儀）では絹製とされている。

(3) 『大日本史料』は氏を傍書していない。『尊卑分脈』には、このころ生存していたらしい人物として、藤原正家がみえる。

④天延元年六月十二日条

「供直嘗御粥」

十二日、供直嘗御粥事如例、主水司奉御盥、請奏給出納令行、即返納時返給請奏、

⑤天延二年七月九日条

「月次并神今食」

九日、月次并(1)神今食等、今日於諸司行之、依去月穢改行也、内膳司令奏兆□〔人〕札(2)、

(1) 陽明本は「第」とし左に抹消符を付し右に小字で「并」と傍書する。『大日本史料』は「并」とする。

(2) 陽明本は一文字分損傷している。『大日本史料』は直前の文字を含めて「□□」とする。『西宮記』（恒例第二・六月・神今食・中院儀）に「内膳兆人簡付内侍、内侍不候者付蔵人、御覧」とあることから、兆人札が蔵人を通して奏されたと判断する。

⑥天延二年七月十日条

「大殿祭」

十日、〈御物忌〉、丑刻、神祇官奉仕大殿祭事、御物忌之時例、未詳其由、雖然奉仕已了、〈可問先例、私案、可警御物忌〉、又去年、□□□〔月日記カ〕(1)□□□〔大殿カ〕(2)□□〔奏カ〕(3)供奉由、早旦供嘗御粥・御手水等事、可案内、

(1)　陽明本は三文字分損傷している。『大日本史料』は文字数を確定していない。墨痕および去年六月の③も御物忌であったことから、「月日記」と推察される。

(2)　陽明本は三文字分損傷している。『大日本史料』は文字数を確定していない。墨痕より下の二文字は「大殿」と推察され、一文字目は文意より「云」の可能性がある。

(3)　陽明本は二文字分損傷している。『大日本史料』は文字数を確定していない。下の一文字は墨痕より「奏」と推察され、上の文字は文意より「祭」の可能性がある。

⑦天延二年十二月一日条

「供忌火御膳」

一日、依例、供忌火御膳、

⑧天延二年十二月十日条

十日、早旦、犬死宿所殿西方、

⑨天延二年十二月十一日条

十一日、依穢付諸司、

①は天禄三年六月の、②③④は天延元年六月の、⑤⑥は穢によって一カ月延期された天延二年七月の、⑦⑧⑨が天延二年十二月の記事である。

まず①では、上卿不参のために行幸が停められている。神今食は原則として、小斎親王一人・中納言以上一人・参議一人を始めとする官人が奉仕することになっていた（『儀式』巻第一・六月十一日神今食儀など）。①註(3)に掲げた天慶七年の事例を参照すると、今回も中納言以上が不参だったと思われる。円融天皇は行幸の停止にともなって別の御祈を提案し、相談のため親信が太政大臣藤原伊尹の邸宅まで遣わされている。円融天皇の神事に熱心な姿勢がうかがえよう。

②③④は天延元年六月の神今食と大殿祭であり、神嘉殿への行幸がなされた。ここには蔵人の毎回の職務に焦点をあてた記述と、今回の動向の記述がある。まず蔵人の職務としては、第一に、蔵人式の規定と共通する②の殿上侍臣を卜するために名簿を書いて送るこ

と、第二に、③の神嘉殿で御調度と内裏式・御笏などを奉じることや、内蔵寮から幘を伝え取って奉じること、第三に、大殿祭への神祇官人の奉仕に留守蔵人が随行すること、第四に、翌朝に④の直嘗の御粥を奉仕し、その盥の出し入れに関与することである。④では現物と請奏を交換する手続きを具体的に記している。なお、蔵人式に「中卯日、新嘗祭行幸中院、一同神今食」とあるので（『西宮記』恒例第二・六月・神今食・勘物）、右の職務と次第が新嘗祭でもほぼ同様であったと推測できる。

次に天延元年六月の具体的動向として興味深いことは、第一に、円融天皇が物忌にもかかわらず陰陽寮の勘申によって行幸していることである。御物忌は、『北山抄』（巻第二・年中要抄・六月・神今食事）に「若依禁中穢及御物忌等、付所司者、上卿就神祇官行之」とあることや、実例にも安和元年（九六八）六月十一日の「依御物忌、不御神嘉殿」（『日本紀略』同日条）のように、不出御の理由になったと思われる。今回、天皇は「西戸」から出ており、これが物忌中に出ることと関わる可能性もあるが、管見では他に例を見いだせず確認できない。

第二に、今回は少納言が候わず、鈴奏御辛櫃が天皇のもとになかったことである。『北山抄』は「鈴御辛櫃追取遣例」として延喜八年（九〇八）・同十三年（九一三）には「行幸後、差少納言・主鈴・近衛将監等、取遣之」とし、『西宮記』は両年とも「少納言・左右近将監等」が遣わされたとする。今回、右近衛将監が遣わされたことを、「私案」として「可遣左右歟」と述べているのは、右のような例に基づいたものと思われる。

第三に、御膳に関して、今回は神膳を供え始めた後に掖御膳を供えたことを、御浴ののちすみやかに供えるべきであると「時人」が指摘したこと、また陪膳すべき源正清が退出してしまった失敗が記されている。

さて、⑤は天延二年夏の月次祭・神今食である。この時は「内裏穢」のため延引され（『日本紀略』同年六月十一日条）、七月九日に改めて行われたが、行幸はなかった。⑥より、少なくとも十日は御物忌であったことがわかるので、これが不出御の原因であった可能性がある。

天延二年十二月は、⑦に見えるように忌火御膳のことが記されている。親信自身が供したからかもしれない。また犬死の穢が生じたため、神今食が神祇官に付されたことは『日本紀略』同年十二月十一日条にも見える。このように穢が生じたとき、延期するのではなく、諸司に付して執行する場合もあった。

ところで、③⑥ともに丑刻に始まった大殿祭の記事を、③では神今食の日に記しているのに対して、⑥では翌朝の供嘗御粥記事の日に記している。大殿祭は前夜からの神事に連続しており、③では天皇が還御する寅刻より前に始まっていたために続けて記したのであろう。一方、不出御の天皇の身辺に関わる事柄を中心に記した⑤⑥では、蔵人にとって③のような連続性がなかったのかもしれない。この日付の違いが親信自身によるものか、現状の日次記へと再編されたときのものかを確定することは困難であるが、⑥では丑刻であれば日付が変わっているという思考に基づいて配列されているようにも思われる。

（柴田博子）

20 乞巧奠

七月七日の夜、清涼殿東庭中に祭具を備え牽牛・織女二星の会合を見る儀式が行われた。

陽明本は①の記事を天禄三年としているが、①註(5)に述べるように、本条は天延元年の錯簡の可能性がある。

①天禄三（マヽ）年七月七日条

「乞巧奠」「歌絃興」

七日、儀式装束如蔵人式(1)、天徳二年記云(2)、祭具已訖(3)、下孫庇御簾、同庇南第三間鋪錦毯代、〈用蔵人所〉、移立殿上御倚子、南階南簀子敷(4)移敷殿上畳為侍臣座、河竹北辺鋪南座畳為楽人座、〈主殿助修遠(藤原)(5)・伊与掾永原重節・前備前掾藤原公方・良峯滋松・左衛門志大石富門〉、楽所酒肴内蔵寮賜之、歌管漸闌、至寅二刻賜禄(6)、四位白絹、五位・六位赤絹各一疋、〈内蔵寮供之〉、寅

三刻、下格子、
記云、御手本并御琴・笛置御前、〈孫庇南第二三間鋪長莚置其上〉、
亦云、鋪長莚三枚云々、
記云、先鋪薦四枚、其上施広莚三枚、〈当東面南第一御橋東西妻〉、
記云、机蔵人所云々、高机四脚、南北相別立之、〈各二脚、東西妻立之〉、
南二脚、〈南机、菓子六種・蚫・酒、北机、香・花各一盛〉、北二脚、〈同上〉、亦燃九枝燈、〈燈台九基、三行立之、一行机中、二行南北、置東西、各有打敷〉、
延[7]式云、内蔵進油三升、納殿出名香一合、内侍所進[8]白粉二合、油坏用土器、
今案、官人於射場備進、燈等不奉、所官人請名香、暁更散粉、例不下格子、但雨儀下矣、
天暦三年日記[9]云、戊一刻下格子、〈此夜不下格子、而依降雨下格子云々〉、
天禄元年記[10]云、下格子、〈依御物忌并降雨歟〉、

作文時座如何、

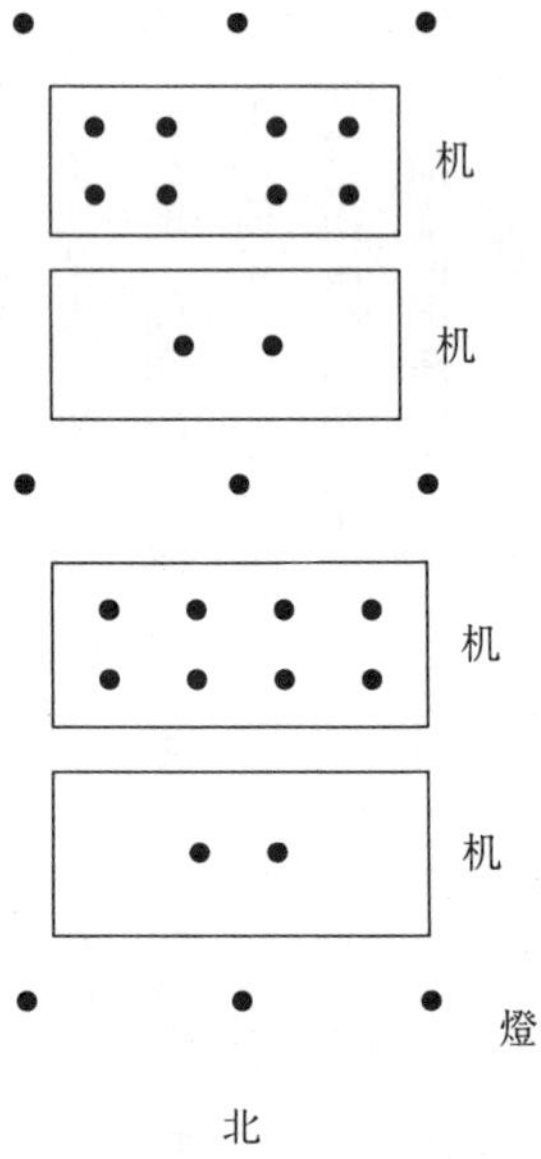

（1）天暦蔵人式であろう。以下の「天徳二年記」も天暦蔵人式に準拠したものであろうと考えられる（渡辺直彦一九七八、五五四頁）。

（2）殿上記の可能性がある。『新訂増補国書逸文』では殿上記の「推定に留まる逸文」を集成した「参考」に、「各有打敷」までを掲げている（五五九頁）。

（3）陽明本は朱書「歌絃興」を「已」の右に記す。

（4）陽明本は「南階南簀子敷」とする。『大日本史料』は「階」と「南」の間に「〔間脱カ〕」と傍書する。『雲図抄』（七月七日乞巧奠事）に「南階間」という表現も見られるが、「間」の字がなくても、孫庇の南第三間に御椅子を置き、侍臣の座を南階より南の簀子敷に設営したと理解できる。

（5）主殿助が令規定通り一名であるとすると、天延元

年六月二十日まで大江通理であることが確認でき(『親信卿記』同日条)、天延二年四月八日に「蔵人主殿助修遠」(『親信卿記』同日条)が見られるので、この間に大江通理から藤原修遠に交替したと考えられる。よって本条は天延元年の記事が錯簡した可能性が高い。

(6) 陽明本は「賜」の右下に小字で「禄」を挿入する。

(7) ここに引用されている「延式」が延喜蔵人式であることは、西本昌弘氏が指摘している(西本昌弘一九九八、一一二頁)。

(8) 陽明本は「進白粉」以下を天横罫下線よりさらに一文字分下げて書く。

(9) 殿上記の可能性がある。『新訂増補国書逸文』は殿上記の「参考」に掲げている(五五九頁)。

(10) 殿上記の可能性がある。『新訂増補国書逸文』は殿上記の「参考」に「降雨」までを掲げている(五五九頁)。

②天延二年七月七日条

「乞巧奠」

七日、乞巧事如常、後藤蔵人行之、

乞巧奠の儀式次第については『西宮記』(恒例第二・七月・祭事乞巧奠)『江家次第』(巻第八・七月・七日乞巧奠事)等に、その設営については『雲図抄』(七月七日乞巧奠事)に見られるが、日記の中では①が最も詳細にその儀式次第・舗設について記しているといえよう。乞巧奠について論じたものに、塚越奈津江氏「古代の七夕について――乞巧奠を中心に――」(『お茶の水史学』第三六号、一九九二)があり、その中で①についてもとりあげられている。

そこで①の構造を見てみると、まず、「儀式装束如蔵人式」とあり、それに続いて「天徳二年記」が引用される。「各有打敷」までがそれである。しかしながら①註(5)に述べたように藤原修遠が主殿助と見られるのは天延元年六月二十日以降であるため、楽人についての割書は「天徳二年記」のものではなく、親信の注記と見るべきであろう。次に「延式云」として延喜蔵人式の引用が「油坏用土器」までであり、「今案」から「請名香」までと、「暁更散粉」から「雨儀下矣」までが、親信の日記の部分である。そして「天暦三年記」と「天禄元年記」が引用され、親信の「作文時座如何」という文で終わっている。『西宮記』には「内蔵寮弁備祭物二前四脚、〈召神泉蓮内侍所料〉、雨夜、奠仁寿殿砌下、所人雑役、終夜候南廊砌下、〈暁撤之〉、已上見蔵人式」と、蔵人式の引用が見られるが、本条には蔵人式自体は引用されていない。

　次に儀式書の中でも最も完成した儀式次第を載せる『江家次第』にその流れを見ると、当日、掃部寮が清涼殿東庭に葉薦を敷き、その上に長筵を東西妻に敷く。その上に朱漆の高机四脚を北に二脚南に二脚東西妻に立て、東南・西南の机の南妻に菓子等の坏を、北の妻に酒坏を置き、西北・東北の机には香鑪・朱彩華盤・楸葉・筝が置かれ、それらの机の四方四角中央に九本の燈台が立てられる。内侍所の粉を机上筵上に散じ、御椅子を庭中に立て、二星の会合を天皇が覧ずる。御遊・御作文があることもあり、暁になってこれらを撤去し格子を下ろし、儀式は終了する。①と大きく異なる点は、天皇の座で、①では孫庇南第三間に設けられるのに対し、『江家次第』では庭中に設けられる。それに伴い、①では天皇の御前、つまり孫庇南第二・三間に御琴・笛が置かれるが、『江家次第』では庭中の机の上に置かれることになる。また、庭中の祭物をのせる机の配置について①では⚊⚊となっているのに対して、『江家次第』には⚋⚋とある。『雲図抄』も『江家次第』と同じく⚋⚋であり、①と異なっている（渡辺直彦一九七八、五五四頁）。

　①の最後に「作文時座如何」と記され、本条では作文が行われなかったか、親信がその座を知り得なかったかどちらかの可能性がある。七月七日に七夕詩宴が行われていたことは『日本紀略』等に記されており、『万葉集』にも二星会合を詠んだ歌が多く見られる。そして『権記』寛弘二年（一〇〇五）七月七日条には「参内、有作文事」、同八日条には「巳剋退出」と見え、『江家次第』にも「或有御遊・御作文等事」と見えることから、夜を徹しての七夕作文はこの時期にも行われ続けていたといえるであろう。

　①の特徴として、殿上記の可能性がある文を多く引用していることがあげられる。残念ながら天暦三年（九四九）・天徳二年（九五八）・天禄元年（九七〇）すべて七月七日の記録は『親信卿記』以外の史料に見ら

れないが、殿上記の内容をうかがい知る貴重な史料である。

（中岡泰子）

21　釈奠内論議

釈奠内論議は、二月・八月上丁日に行われた釈奠のうち、八月の釈奠の翌日に催された。大学寮明経道の博士以下学生らが紫宸殿に召され、天皇出御のもとで昨日と同類の論議が、また、同日に「献胙」が行われた。

陽明本は②の記事を天延二年としているが、②註(1)に述べるように、本条は天禄三年の錯簡の可能性が高い。

①天禄三年八月十一日条

「内論義」

十一日、依可有内論議事、所司装束一如記文(1)等、左大臣（源兼明）於陣座召蔵人云、若可出御歟、可案内云々、仰云、不出給、申返事之後、左大臣退出、召座主等給禄、其儀、先出納并小舎人等令舁禄辛櫃等、立左近陣火炬屋巽角、次外記遣使令召博士等、博士等参入、当温明殿東庇、対敷政門、西面北上、五位・六位二行列立、〈五位西、六位東〉、立定之後、将監已下取禄、一々給了、再拝舞踏退出、〈経下臈前、返(2)左退出、先々日記(3)云、将監以下取禄給云々、依無左将監、召渡右近将監広光（播磨）(4)、此例時中（源）少将説也〉、禄法如先例、今日参入博士・学生等合八人、五位四人、得業生二人、学生二人、(5)(6)必可参数十人也、

「献胙事」

今日、午時許、頭道統（三善）朝臣参入掖陣下、献昨胙、給禄、但胙献上女房了、

可召仰諸司、

主殿、〈掃除〉、内蔵、〈御簾・禄、仰善頼〉、

木工、〈簾台〉、掃部、〈仰大江理堪〉、

内匠、〈御障(7)子、仰景行〉、掃部女官、〈御帳・帷〉、

校書殿、〈如意〉、左近官人、〈将監已下〉、

禄法、五位衾、得業生以下綿一連、若博士中有六位者給襖子、

（1）この「記文」とは「装束記文」のことか。『政事要略』（巻二十二・年中行事八月・明日明経博士等参入内裏論議事）に「装束記文　八月釈奠祭紫宸殿内論議装束」がある。また『江家次第』（巻第八・八月・釈奠紫宸殿内論義装束）にも装束の次第が見える。なお『本朝書籍目録』（公事）には「装束記文　五巻」と見えている。

（2）陽明本は「返」とする。『大日本史料』は「通」とする。

（3）『西宮記』（恒例第三・八月・釈奠・内論議）頭注及び京都御所東山御文庫所蔵本脚注に「承平七年（九三七）八月八日日記云、（中略）近衛将監已下取禄分給云々」とあるのに一致する。

（4）陽明本は「光」とする。『大日本史料』は「元」とし氏を傍書していない。『親信卿記』天禄三年四月七日条に「右近将監播磨広光」と見える。

（5）『大日本史料』は「五位四人、得業生二人、学生二人」の部分について、「以上十三字、或ハ分注ニ作ルベキナラン」としている。この十三文字は参加数合計八人の内訳を記した部分であるので、分注であった可能性がある。

（6）『大日本史料』は「必」を脱している。

（7）陽明本は「障」とする。『大日本史料』は「菓」とする。

②天延二（ママ）年八月十一日条

「釈奠内論義」

釈奠内論義事、〈不知年月[1]〉、

外記取博士名簿覧上卿、上卿[2]見了返給、〈一通蔵人所〉、[3]御出、内侍召人、王卿[4]参上、〈不依大将[5]〉、次出居、次侍従等参上、上卿召内豎、上卿召博士、博士等着座、上召第一博士、〈無大博士之時、先召座以[6]座主博士一人[7]、遂為説者〉、[8]次上召座主〈云々〉、問者還座、次□〔説〕[9]者置如意、次上亦召座主、〈無拝〉、次第召問者、〈上卿召直講以上、得業生以下令博士召之〉、座主還本座之後、自第一博士一々□〔起〕[10]座退下、次還御、次王卿・出居・博士、於日華門之外、脱靴、欲退出之間、外記告召由、博士等列立敷政門東庭、給禄云々、禄法云、衾、〈五位〉、襖子、〈六位博士〉、綿、〈得業生以下[11]〉、聡明禄、頭衾一条、助襖子、

（1）『日本紀略』天延二年八月二日条に「二日丁丑、釈奠」とあることから、内論議は翌三日に催されているはずであり、本条の日付とは合わない。天延元年も内論議は八月七日に行われており（『日本紀略』同日条）、日付が一致しない。本条は本来天禄三年八月十

一日の記録である①につづく記事で、日次記編纂時に誤って分割され、天延二年の同日条に配列されたものと考えられる。「不知年月」は、後から書き加えられたものであろう。

(2) 陽明本は二文字分損傷している。『大日本史料』は「々々」とする。『九条年中行事』（八月・明日経論議事）に、「外記取博士等夾名文、覧上卿、上卿見了、即返給外記、〈但一通奉蔵人所〉」とあることから、首肯される。

(3) 陽明本は二文字分の空白符を付す。

(4) 陽明本は「主」とし、右に小字で「王」と傍書する。『大日本史料』は「王」とする。

(5) 『九条年中行事』に「此日不依大臣大将有無、王卿先参上」とある。よって本条のこの部分も「大臣大将の有無によらない」という意味であると考える。

(6) 陽明本は「以」とする。『大日本史料』は「頭」とする。

(7) 陽明本は「博十二人」とする。『大日本史料』は「博十二人」とし「〔士一〕」と傍書する。文意より首肯される。

(8) 陽明本は三文字分の空白符を付す。『大日本史料』は「〻〻〻〻〻」とする。

(9) 陽明本は一文字分損傷している。『大日本史料』は「□」とする。『九条年中行事』に「次説者博士起座、着床子之南、跪置如意」とあることから「説」と判断する。

(10) 陽明本は一文字分損傷している。『大日本史料』・修史館本は「起」とする。『九条年中行事』に「自第一博士一々起座」とあることから「起」と判断する。

(11) 陽明本・『大日本史料』は「上」とする。①の禄法には、「得業生以下綿一連」とある。『九条年中行事』に「得業生以下綿一連」とあることから、「下」の誤記と判断する。

天禄三年八月十一日条は本来、当日の記録（①）と式次第のマニュアル（②）からなっていたと推測される。そして、②は『九条年中行事』（八月・明日経論議事）の文章と共通性がある。例えば「清涼記」（『政事要略』巻二十二・年中行事八月・明日明経論議事）『北山抄』（巻第二・年中要抄・八月・明日明経論議事）『新撰年中行事　葉子』（八月・釈奠内論義事）『江家次第』（巻第八・釈奠後朝）が「答者」とするところを、『九条年中行事』と②のみが「説者」としていることからも、両者の親近性をうかがうことができる。

さて、当日、内論議のための装束をしていたが、天皇不出御となった。②にあるような内論議の記述は①にはなく、博士等に禄を給わることが記されている。これについては「清涼記」に、「不出御時、尚有此禄」とあり、『北山抄』も同様である。また『西宮記』（恒例第三・八月・内論議）には、「当御物忌者、令蔵人奏明経博士候由、不出御由、奉勅、仰外記可進夾名云々、依例給禄云々」とある。さらに、『日本紀略』天徳元年（九五七）八月四日条には「依御物忌無内論議、但博士給禄」とあり、物忌のため内論議は行われなかったが、但し賜禄はなされた。つまり、御物忌などによって不出御の場合、内論議自体は行われない場合があるが、賜禄は必ず行われるものであったと考えられる。

また、内論議の装束のための召仰の記述は、仰せを受けた人物の名を記すなど具体的であることからすると、紫宸殿で行われる内論議の装束に蔵人が関与していたと考えられる。その後の賜禄に蔵人が関わることは、『政事要略』（巻二十二・年中行事八月・明日明経博士等参入内裏論議事）所引の蔵人式に見えている。

以上から、①が内論議の記述を欠いているのは、親信が関与していなかったためではなく、装束はしたが天皇不出御のために行われず賜禄のみがなされたためと考える。

次に内論議について、②をもとに見ておきたい。まず博士の名簿は、『西宮記』には「外記入筥覧上卿、見畢返賜、一通進蔵人所、仍不奏」とある。また同勘物の「或記」には「博士等交名、一通進蔵人所、一通進外記、然則参入之由、主上既聞食、何更上卿令奏哉」との藤原忠平の意見を書きとめている。つまり博士等の名簿は二通作成されたようで、その一通が上卿の閲覧に供せられるが、他の一通が蔵人所に付されるので、上卿が天皇に奏上する必要はなかった。

また、②は大博士（明経博士）が座主とならず、次博士が座主の役に任ぜられた場合の次第である。『北山抄』によると、次博士が座主であっても、先に大博士が召されて答者座に就く。座主博士は問者座に就き、問答が行われる。終了して各々本座に復した後、再び座主が召されて今度は答者座に就く。問者には他の博士が次々と召されて論議を行う。また、大博士が不参のときは、座主より上臈の博士がいても最初に座主が召され、答者座に就く。
一方、献胙については、『西宮記』（恒例第三・八月・釈奠）に「寮進胙於殿上、賜禄、〈見蔵人式〉」とあり、『新撰年中行事』（八月・大学寮献胙事）にも類似の記述がある。『政事要略』所引の「蔵人式」には「明日大学寮、献釈奠之胙」とある。②に見える聡明とは胙のことをいい、その禄については、『小野宮年中行事』（二月・明日大学寮献昨日之胙事）に「寮頭献之、賜支子染衾、若六位官人参時、同色襖子」とあるのが参考になる。

（萩原美穂子）

22　駒　牽

駒牽とは、甲斐・武蔵・信濃・上野四カ国の勅旨牧から貢上された御馬を天皇が宮中で覧じる儀式である。『延喜式』『政事要略』『西宮記』などに牧名・式日・貢馬数などが記されている。

22—1　甲斐国駒牽

甲斐国の駒牽には、八月七日の真衣野・柏前牧の駒牽と、十七日の穂坂牧の駒牽がある（『政事要略』巻二十二・年中行事・八月、同巻二十三・年中行事・八月）。

①天禄三年八月二十日条

「甲斐駒引(1)」

廿日、牽甲斐真衣・柏前等御馬、於大庭分取之云々、但有牽分、院(冷泉上皇)・春宮(師貞親王)各一疋、

(1)　陽明本は「引」とする。『大日本史料』は「牽」とする。

①は八月七日に行われるべき真衣野・柏前牧の駒牽である。駒迎がいつであったかは記されていない。また『西宮記』（恒例第三・八月・七日牽甲斐国御馬事）に「不出御者、於大庭分取如前」とあることから、大庭（建礼門前）で行われたこの日は天皇不出御の儀であることがわかる。

22—2　武蔵国駒牽

武蔵国の駒牽には、八月十三日の秩父牧の駒牽、二十日の小野牧の駒牽、二十五日の諸牧の駒牽・立野牧の駒牽がある（『政事要略』巻二十三・年中行事・八月）。陽明本は④の記事を天延二年十月二日に配列するが、④註(2)に述べるように、④は②の記事の重出と考えられる。

①天禄三年十月一日条

「引分秩(1)父馬、依中少将不参、猶延引」

同日、中宮大夫藤原朝臣〈朝成〉、令奏云、去(2)月廿九日牽進秩(3)父御馬(4)奏解文之次、無可有牽別之仰、彼日依国忌日、今日可令分取、然則可奏案内者、仰云、依例行之者、又被示云、近衛次将候乎者、即依不候、遣召、各々申障由不参、今日重令奏云、依右司中少将不参、不令取御馬、先例有無馬司官人有近衛官人例、無有馬司無(5)近衛府之例、仍不取云々、

(1)　陽明本は「引分父馬」とする。『大日本史料』は「分」と「父」の間に「〔秩脱カ〕」と傍書する。橋本本・徳大寺本は「引分秩父馬」とする。文意より「秩」を補う。

(2)　陽明本は「三」とする。『大日本史料』は国忌を醍醐天皇の国忌（九月二十九日）とみなし、「三」とし「〔去〕」と傍書する。秩父牧の駒牽は八月十三日の行事であり、三月に行われることはない。また三月二十九日がいずれかの人物の国忌にあたるということもない。よって『大日本史料』に首肯される。

(3)　陽明本は朱書「引分父馬依中少将不参猶延引」を「秩父馬御奏解」の右に記す。

(4)　陽明本は「馬御」とする。『大日本史料』は「馬御」とし「〔御馬〕」と傍書する。文意より「御馬」の転倒と判断する。

(5)　陽明本は「無々」とする。『大日本史料』は「無々」とし「々」に「〔衍カ〕」と傍書する。文意より衍字と判断する。

②天禄三年十月二日条

「令取引分事」

同日、民部卿(藤原文範)参入、令取引分、〈院(冷泉上皇)・東宮(師貞親王)・大(1)殿(藤原伊尹)〉、

(1)　陽明本は「殿」とする。『大日本史料』は「殿」とし「(マヽ)」と傍書する。後述するように、④は本条の重出記事である。よって④の表記より、「宮」の誤記と判断する。

③天延二年九月十三日条

「奏御馬解文」

十三日、中宮大夫藤原朝臣(為光)令余(平親信)奏武蔵秩父御馬解文、詞云、去六日牽御馬、其後無右近中少将、不令分取、検先例、去天暦八年、(1)無近衛次将、直馬司取之、若准彼例可取歟、仰云、依例者、外記申云、院(冷泉上皇)一麻駮、(鹿カ)(2)東宮(師貞親王)二赤毛駮、太政大臣(藤原兼通)三黒毛、共奏事由、差文、院・大相府先少将(藤原義孝)(3)、東宮宮司預給、

(1) 後述するように、『北山抄』(巻第二・年中要抄・八月・七日牽甲斐勅旨御馬事)に引く天暦八年(九五四)九月二十七日の例と合致する。

(2) 陽明本は「麻」とする。『大日本史料』は「麻」とし「(鹿カ)」と傍書する。「麻駮」は馬の毛色としては見られず、『大日本史料』の推察には首肯される。なお、山中本・鈴謄本・徳謄本・『続群』・『歴残』・徳川本は「既歟」と傍書する。

(3) 『大日本史料』は「(藤原挙賢)」と傍書する。ここでは藤原義孝を指すと考えることについては、**78**藤原義孝死去を参照。

④天延二(マヽ)年十月二日条

「所々引分(1)」

二日、(2)民部卿(藤原文範)参入、令取、(3)有牽別、院(冷泉上皇)・東宮(師貞親王)・大殿(藤原伊尹)、〈東宮宮司不候、相承遣之〉、

(1) 『大日本史料』はこの朱書を記載していない。

(2) 『大日本史料』は本条を③の秩父牧の駒牽と同じ項目に入れている。よって『大日本史料』は天延二年の秩父牧の駒牽について、九月六日に駒迎、十三日に駒牽の儀、十月二日に牽分が行われた、と解釈していると考えられる。しかし駒牽と牽分の間があきすぎている。また本条は**22―2**②と酷似している。天延二年十一月一日条にも太政大臣死去に関する重出記事が見られ(**61―1**藤原伊尹死去⑦を参照)、陽明本の本条も、朱書が異なるものの、天禄三年の記事の重出であると考えられる。なお本条はこの後に「奏次侍従以上見参事」が続くが、これは天禄三年十月一日の「宜陽殿平座」とほぼ同文である(**26**孟冬旬を参照)。

(3) 『大日本史料』は「取有」とし「(脱アルカ)」と傍書する。

①~④は八月十三日に行われるべき秩父牧の駒牽に関する記事である。

①の天禄三年の秩父牧の駒牽は、九月二十九日に駒迎・御馬解文の奏上がなされたが、醍醐天皇の国忌の

ため駒牽は延引となった。そのため十月一日に駒牽を追行しようとするが、近衛次将が不参であるため、再び延引となる記事である。ここで藤原朝成は、馬寮の官人はおらずとも近衛府の官人がいれば分取が行われた先例はあるが、その逆はないと奏させている。しかし『北山抄』（巻第二・年中要抄・八月・七日牽甲斐勅旨御馬事）に、「依無左右次将、令馬頭助分取例、〈天暦八年九月廿七日、穂坂御馬、依左右次将不参、雖無先例、令馬寮分取〉」とあり、また③においても天暦八年（九五四）の先例に従い、近衛府の官人がなくとも直ちに馬寮官人が分取を行っている。逆に朝成が先例ありとする馬寮の官人がなく近衛の官人がある場合とは、「九記」天暦九年（九五五）八月十七日条（『西宮記』恒例第三・八月・駒牽・勘物）に見られる。

次に②は、秩父牧の駒牽であるとは明記されていない。しかし前日の①で延引された秩父牧の駒牽を追行したものと考えられる。

③の天延二年の秩父牧の駒牽は、九月六日に駒迎が行われたが、右近次将がなく駒牽は延引されたため、九月十三日に追行している記事である。今回、藤原為光は二年前の①と逆の先例を取り上げている。通常、駒迎後に何らかの理由で駒牽が延引された場合、ほとんどが一〜三日中に駒牽は追行される。しかし今回は既に七日たっており、早々に追行する必要があったため、先例を広く求め、天禄三年では引かれなかった天暦八年の例を出したのではないかと推測される。そして同日に院・東宮・太政大臣に牽分が行われ、牽分使（御馬使）が遣わされている。牽分使は『北山抄』によると、「次令春宮亮取一疋、〈若無坊官、直令牽出、付主馬署、或以近衛次将遣之、上皇及摂政・関白等牽分、差次将奉遣〉」と、院・摂政関白太政大臣には近衛次将が、東宮には東宮坊の官人が当てられており、本条と一致する。

22—3　信濃国駒牽

信濃国の駒牽には、八月十五日の諸牧の駒牽と、二十三日の望月牧の駒牽がある（『政事要略』巻二十三・年中行事・八月）。

①天禄三年八月十五日条

「依上卿不参、駒引延引」

十五日、牽進信濃諸牧御馬卅疋、上卿不被参、不取之、

②天禄三年八月十六日条

「信濃駒引」「御物忌事」

十六日、民部卿(藤原文範)参弓場、令奏御馬解文、〈先是着陣、次着左衛門陣云々、入宮矣〉、即被示案内云、例有引分如何、事若不被仰、可驚奏者、奏聞、返給次仰云、可有引分、院(冷泉上皇)、〈一疋〉、東宮(師貞親王)、〈一疋〉、至于太政大臣(藤原伊尹)、准見参可給者、〈此事先日蒙頭中将(源惟正)訓〉、依[1]御物忌不御覧、於大庭令分取、臨昏、上卿及近衛次将・左右馬頭[2]・助等、於仁寿殿東庭令奏給御馬慶、南上西面、上卿一列、其後四位・五位立、〈頭中将招取、被示云、上卿令奏云々、汝(平親信)奏聞、次可伝仰、仰旨、是依御物忌也〉、奏聞之後進出、立第一上卿前仰之、上卿再拝之間、趨去、

御馬使

院、〈時中(源)〉、殿、〈義孝(藤原)〉、宮、〈宮司取云々〉、即令奏返事、於大庭取了、左右馬官人進取奏各一枚[3]、

(1) 陽明本は「依」の右肩に朱の斜線を付す。朱書「御物忌事」の位置を示していると考えられる。なお陽明本はこの朱書を「令分取」の右に記す。

(2) 右馬頭は正五位下蔵人の藤原遠度か（『職事補任』円融院）。左馬頭は藤原清遠であろう（『親信卿記』天延二年八月七日条）。

(3) 『大日本史料』は「進取、奏各一枚」とするが、これでは意味が通じない。『西宮記』（恒例第三・八月・十五日信濃駒牽）に「左右寮奏走奏、不出御者、可奏取文」と見える。また「清涼記」（『政事要略』巻二十二・年中行事・八月・七日牽甲斐勅旨御馬事所引）に、左右馬寮が取奏を献じ、走品を記録して奏上することが見えるので、この部分は「左右馬官人進取奏各一枚」とするのが適切と考える。

③天延二年十一月八日条

「不奏望月駒解文事」

八日、牽信濃国望月御馬八疋、外記賀茂保章令奏云[1]、上卿退出之後、馬司進解文、而降雨、若上卿難参歟、可随仰者、令預飼左右寮、後日令奏解文者、

(1) 陽明本は「去」とする。『大日本史料』は「去」とし「〔云〕」と傍書する。鈴謄本は「去」とし「云

カ」と傍書する。白河本・山中本・徳謄本・『続群』・『歴残』・狩野本・徳川本は「云」とする。文意より『大日本史料』に首肯される。

①の天禄三年の信濃国諸牧の駒牽は、八月十五日に御馬の駒迎が行われたが、上卿不参のため駒牽は延引された記事である。この駒牽の式日は八月十五日であるが、天暦六年（九五二）八月十五日に朱雀天皇が死去し、その翌年、同日が国忌とされてからは、十六日に変更されている（『西宮記』恒例第三・八月・十五日信濃駒牽）。ただし、①のように十五日に予定された年もある（『西宮記』恒例第三・八月・駒牽・勘物・応和元年（九六一）八月十五日条、同所引「延光大納言記」安和三年（天禄元年・九七〇）八月十六日条）。①の記述では今回の駒牽の延引理由は国忌ではなく、上卿不参のためとなっており、応和元年や天禄元年の例でも国忌と駒牽が同日であることを問題とする記載はない。また『延喜式』（巻第四十八・左馬寮）によると、信濃国諸牧の貢馬数は六十疋で、『北山抄』（巻第二・年中要抄・八月・十五日牽信濃勅旨御馬事）にいたっても同数である。しかし実際には、十世紀末以降、貢馬数は三十疋に減少している（『本朝世紀』正暦元年（九九〇）八月十六日条、長保元年（九九九）八月十七日条）。記録上初めて貢馬数が三十疋であることがわかる記事が①である。

②は①で延引された信濃国諸牧の駒牽を、翌十六日に追行している記事である。駒牽・牽分が行われているが、御物忌のため天皇は不出御で、大庭の儀であった。まず御馬解文の奏上については、『西宮記』（恒例第三・八月・十五日信濃駒牽）などによると、信濃国諸牧の場合、上卿はまず陣座に着き、次に左衛門陣に移動し、そこで外記から筥に入った御馬解文を受け取る。そして御馬解文は上卿によって御在所で奏される。具体的に奏される場所は儀式書に記されていないが、②では弓場で奏されている。また『西宮記』によると、大庭の儀の場合は、弓場で御馬を給わった慶が奏されることになっているが、②では仁寿殿東庭で奏されている。次に太政大臣の牽分について、②では儀式に参

加していなくても、御馬を給うべしと天皇が述べている。これは『九条殿記』承平七年（九三七）八月二十四日条に見える摂政藤原忠平の例が先例となり、恒例化したものと考えられる。

③は、八月二十三日に行われるべき望月牧の駒牽で、十一月八日に駒迎が行われたが、上卿が不在のため駒牽は延引され、馬寮で御馬を飼わせた記事である。上卿不参で駒牽が延引される場合、『貞信公記』承平元年（九三一）八月二十三日条においても、「上不参入、不取御馬、夜来分左右寮令飼」と、左右馬寮に御馬を飼わせる例が見られる。

以上見てきたように『親信卿記』には甲斐・武蔵・信濃の駒牽に関する記述がある。

駒牽は、平将門の乱以降、式日の遅延が目立ち、ほぼ一カ月遅れになり、貢馬数も減少する。それ以降も甲斐・武蔵・上野国、そして信濃国望月牧の駒牽は式日の遅延が著しいが、信濃国諸牧の駒牽の場合は、村上朝の頃には混乱がほぼ収拾され、貢馬数は減少するものの、駒牽は式日通りか、一～二日程度の遅れで行われるようになる（大日方克己一九九三、一五〇頁）。『親信卿記』でも信濃国諸牧の駒牽以外は遅延している。

さて駒牽の儀式は、『西宮記』などによると、まず前日に御馬貢上が主当寮から近衛府に伝達され、当日の早朝に近衛の将などによって、貢進されてきた御馬を逢坂関で出迎え、内裏まで牽いて来る駒迎が行われる。続いて駒牽が行われるが、例えば信濃国諸牧の南殿の儀（天皇出御）であれば、左衛門陣の饗、上卿による御馬解文（貢上の御馬の数と毛色を記した解文）の奏上、御馬の牽き回し、近衛・馬寮・王卿への御馬の分給、御馬の馳走、分給を受けた近衛・馬寮・王卿による拝舞などがある。但し、駒牽は牧によって儀式次第が異なっており、大日方克己氏は王卿の関わり方から(一)八月十五日の信濃国諸牧、(二)八月二十八日の上野国諸牧、(三)その他の三タイプに分けられた（大日方克己一九九三、一三七頁）。これを具体的にみると、次のようにまとめられる。

(一)　左衛門陣饗があり、王卿はその饗から儀式全てに参列し、御馬の分給を受ける。

(二) 左衛門陣饗がない。また公卿は最初から儀式の場に列しているのではなく、陣座に控えており、御馬の分給のときだけ儀式の場に参入して、御馬を受けるとすぐに退出する。

(三) 左衛門陣饗がない。また王卿の関わりがなく、天皇の御覧と近衛・馬寮への分給を行う。

『親信卿記』においても、信濃国諸牧の駒牽には左衛門陣饗・王卿の儀式参加が見られるが、他の駒牽では左衛門陣饗も王卿の儀式参加も見られない。また『西宮記』などでは駒迎から牽分まで一日で行われることになっているが、『親信卿記』からもうかがえるように、実際には駒迎・駒牽・牽分は別の日に行われていることが多々見られる。よって「御馬を牽く」「牽分」などと記されていても、駒牽がその日に行われたとは限らないのである。

(松岡愛子)

23 石清水放生会

八月十五日の石清水八幡宮放生会に、近衛府・馬寮・雅楽寮が毎年奉仕する勅が天延二年に出された。これをもってこの奉仕は恒例となった。

①天延二年八月十一日条

「八幡放生会可奉幣帛事」

十一日、被仰左衛門督(1)(源延光)云、毎年八月十五日石清水放生会可献十列(2)并御幣・音楽、但今年以使(3)可奉、後年諸司可供奉云々、今年左馬寮御馬十疋、左近衛為乗尻、明年右馬寮御馬、右□(近)(4)衛可為乗尻、其装束(5)可用五月節十列(6)装束云々、

(1) 陽明本は「門」の右下に小字で「督」を挿入する。

(2) 陽明本は「烈」とする。『大日本史料』は「烈」とし「〔列〕」と傍書する。宮甲本は「列」とする。文意より首肯される。

(3) 今年の使は、③に見えるように、左近衛中将源正清である。

（4）　陽明本は一文字分損傷している。『大日本史料』・狩野本は「近」とする。修史館本は「近歟」と傍書する。山中本・鈴謄本・徳謄本・『続群』・『歴残』・徳川本は、次の字とあわせて「近衛歟」と傍書する。文意より「近」と判断する。

（5）　陽明本は「装束」と「可用」の間に二文字分の空白がある。山中本・鈴謄本・『続群』・『歴残』はこの空白に「者歟」と傍書する。

（6）　陽明本は「烈」とする。『大日本史料』は「烈」とし「〔列〕」と傍書する。東本・白河本・甘露寺本・山中本・鈴謄本・山田本・田中本・藤波本・徳謄本・宮甲本・宮乙本・『続群』・『歴残』・徳川本は「列」とする。文意より首肯される。

②天延二年八月十三日条

「奏八幡宣命草」

十三日、左衛門督(1)源朝臣（延光）、令頭弁（源伊陟）□〔奏〕(2)石清水宣命草、

（1）　陽明本は「播」とし右に小字で「督」と傍書する。『大日本史料』は「督」とする。

（2）　陽明本は一文字分損傷している。『大日本史料』は「□」とし「〔奏カ〕」と傍書する。墨痕および朱書より「奏」と判断する。

③天延二年八月十五日条

「奏宣命」「八幡使発遣」

十五日、巳一刻、左衛門督源朝臣（延光）参射場、令蔵人典雅（藤原）奏今日宣命清書、返給、於陣座下(1)使左近衛中将正清（源）(2)朝臣給(3)宣命、今日、早旦有御浴事、

（1）　山中本・鈴謄本・徳謄本・『続群』・『歴残』・徳川本は「下」に「召歟」と傍書する。

（2）　陽明本は「正」の右下に小字で「清」を挿入する。

（3）　陽明本は朱書「八幡使発遣」を「給宣命」の右に記す。

天延二年は、石清水八幡宮放生会史上の画期である。貞観年間に開始されたと伝えられる（『宮寺縁事抄』など）放生会に、毎年近衛府・馬寮から左右交代で十列を、雅楽寮が楽と舞を奉仕する勅が出された。①はその宣旨であり、②が宣命草の奏上、③が宣命の清書の奏上と使への下給の記事である。

①と同じ宣旨を掲載している史料としては『日本紀略』（天延二年八月十一日条）、『新撰年中行事』（八月十五日・同日八幡放生会事）、『師光年中行事』（八月・十五日石清水放生会事）、『年中行事秘抄』（八月・十五日

石清水放生会事)、『宮寺縁事抄』(放生会京官参事)、『榊葉集』(八月・放生会勤行濫觴事)などをあげることができる。このうち『日本紀略』と『年中行事秘抄』には、①とほぼ同じ文言がより詳細に記されている。これらによると、蔵人頭右中弁源伊陟が宣を伝え、中納言源延光が雅楽寮・左右馬寮・左右近衛府それぞれへの宣を仰せた。①では毎年「十列并びに御幣・音楽」を献じること、「但し今年は使を以て奉」るとあってやや難解であるが、今年から毎年行われるのは舞楽と十列である。御幣については『師光年中行事』および『年中行事秘抄』が「臨時御幣使」と明記しており、毎年幣帛使が派遣されるようになるのは、延久二年(一〇七〇)からのことである(『師光年中行事』『年中行事秘抄』など)。①は複数の仰せを一文に節略したためにこのような表現になったのであろう。

また『新撰年中行事』は次のように宣旨を引用している。

天延二年八月十一日宣旨云、毎年放生会日、仰雅楽寮、准節会立楽、官人二人率大唐・高麗音声人可令供奉、又仰左右近衛府・左右馬寮、以一坊御馬十疋、毎年相違令供奉也、乗人装束用覧馬時装束、供給以畿内調銭・官田地子、付官(宮カ)寺司弁備可給之、抑一代之間云々、令猶行之、

騎乗者の装束に関する部分を引用しているのは①と『新撰年中行事』であり、五月五日節の馬御覧のときの装束を用いる指示であったことがわかる。なお五月五日節は、安和元年(九六八)村上天皇の国忌を理由に正式に廃絶し、その後復活したことを示す確実な記録はないとされるが(大日方克己一九九三、八三頁)、①にはその意識がうかがえ興味深い。

この放生会での音楽について、『日本紀略』本日条は唐・高麗楽とあるが、具体的には『榊葉集』(八月・石清水八幡宮定毎年八月十五日放生大会行事式文)に「勅楽四度、唐二度、〈賀殿・万歳楽〉、狛二度、〈延喜楽・長保楽〉」と見える。また十列の仕方について、『榊葉集』では神主が祝詞を申している間に「公家十列御馬曳立、乗尻近衛舎人也」、祝詞終了後に「御馬三各乗出南大門、於河原馳之」とある。

ところで円融天皇と石清水放生会との関係は、母安子にさかのぼる。『日本紀略』応和元年（九六一）八月十三日条・同十五日条によると、この年の放生会に中宮安子が幣帛・音楽・走馬を奉仕している。翌日には守平親王（円融天皇）の着袴が行われており（『日本紀略』八月十六日条）、皇子の成長に対する報賽であったと推測されている（三橋正二〇〇〇、三六頁）。

そして円融天皇は天禄二年（九七一）三月八日に、以後恒例となる石清水臨時祭を「宿願の賽」として始行する。このときの使が右近衛中将源忠清で、正清と同じく源氏の近衛中将であること、楽舞があることなど（『日本紀略』同日条）、天延二年放生会への奉仕と通じる様相が見てとれる。天延二年の新たな奉仕は、この天禄二年の奉仕を継承したともいえるのではなかろうか。

②③は、本年のみ遣わされる使のための宣命草および宣命の清書の奏上と、その使への下給の記事である。今回一貫して行事を担当していたのが源延光であることがわかる。延光は二月十三日に石清水行幸の行事官の筆頭に定められたものの、予定された八月七・八日の行幸は延引された（**42**石清水行幸②③を参照）。この度の放生会への新しい奉仕を「依旧御願、被行由、載延光卿記」と『師光年中行事』に引用されているが、延光が記録しえたのは、右のような立場にもとづいてのことだったのであろう。

（柴田博子）

24　飼鵜備供御

八月、蔵人が宣旨により東西の河に向かい、鵜を用いて魚を捕らせ供御にあてた（『西宮記』恒例第三・八月・今月飼鵜備供御、『新撰年中行事』八月・今月蔵人依宣旨向東西河令飼鵜備御事）。

①天延二年八月十日条

「□[1]鵜飼」

十日、出羽貢年料鵜□(十)[2]二率、奏聞之後、分給三所鵜飼、其儀、仰所令進鵜飼等進御贄度数勘文、〈今年度数・同員数矣〉、出右兵衛陣外、任進御贄次第分給、預・

出納・小舎人等相共給之、能登・□〔佐〕(3)渡等貢、先日分給已了、

（1）陽明本は三文字分程度損傷している。『大日本史料』は「□於」とする。「鵜」の上の文字は朱の痕跡より「所」の可能性があり、本文より「分給三所」に類した文言が入ると考えられる。

（2）陽明本は一文字分損傷している。『大日本史料』は「□」とする。渡辺直彦氏は「□」とし「〔十カ〕」と傍書する（渡辺直彦一九七八、五六六頁）。墨痕より「十」と判断する。なお『権記』長保二年（一〇〇〇）九月二日条に、「出羽国年料鵜貢進蔵人所、載解文十二率之中、五率見進、其残途中死」とあり、本条と貢鵜数が一致する。

（3）陽明本は一文字分損傷している。『大日本史料』は「□」とし、「〔佐カ〕」と傍書する。山中本・徳謄本・『続群』・『歴残』・徳川本は「佐歟」と傍書する。鈴謄本は損傷を指摘し、中に朱で「佐」を書し、墨で「佐カ」と傍書する。文意より「佐」と判断する。なお佐渡国からの鵜の貢進を推測できる史料としては、『日本紀略』延暦二十四年（八〇五）十月庚申条に「佐渡国人道公全成配伊豆国、以盗官鵜也」と見える。

②天延二年八月二十二日条

「遣宣旨飼使」

廿二日、遣東西宣旨飼使、可然之日多過了、雖然依常事所遣也、〈西、式部少丞〔大江〕通(1)理、東、主殿助〔藤原〕修遠等也〉、

（1）陽明本・『大日本史料』は「道」とする。『親信卿記』天延二年五月二十四日条に「式部少丞大江通理」とあることから、「通」と判断する。

①は、年料鵜の貢進に関する記事であるが、その儀についてはすでに渡辺直彦氏が①②に触れつつ詳細に言及している（渡辺直彦一九七八、五六六～八頁）。『侍中群要』（第十・御覧鵜事）の「家」が引く「或説」に「出羽必覧、余未必覧」とあるように、①では、出羽の鵜と、能登・佐渡の鵜とが別扱いになっている。貢進されてきた鵜を分かつ「三所」とは、『侍中群要』（第二・巳一剋奏日次御贄事）や『西宮記』（臨時六・侍中事）に、「山城国宇治御網代」「葛野河供御所」「埴河供御所」が毎日鮎を進める規定が見えることや、②にも「東西」河の御贄使が見えるので、御厨子所のもとに置かれたこれらの供御所などのことと考えられる。

以上のように鵜がその年新たに貢進され三所に分か

たれると、その鵜を用いて行われたのが②の行事である。すなわち『侍中群要』（第十・東西宣旨飼事）にあるように、蔵人二人が東西に別れて御厨子所の預等を率いて、それぞれ東西の河すなわち埴河と葛野川とに向かい、鵜飼とともに魚を捕り、使者を馳せていずれが早く供御に備えることができるかを競う行事である。『侍中群要』『新撰年中行事』の他、『西宮記』（恒例第三・八月）に、「今月、蔵人依宣旨向東西河、令飼鵜備供御」と見える。『親信卿記』天延二年正月十八日条に、親信が御厨子所の別当に任ぜられる旨の仰せがあったことが見え（64所々別当補任③を参照）、自身がその運営に携わったために、以上のような御厨子所の実態を反映する記事が残されたのであろう。

　この年は、何らかの事情で延引されはしたものの、常の事であるので中止にはせずに行われているが、『侍中群要』に、「一条院御宇之後、其事不聞」とあるところを見ると、この後はあまり行われなくなったようで、②は、管見の限りそれが実施されたことを伝える唯一の史料である。

（黒田洋子）

25　伊勢例幣

神嘗祭に際して、例年九月十一日に伊勢神宮に勅使を派遣し幣物を奉る。これを例幣という。

①天禄三年九月十三日

「例幣」「去十一日依穢延引」

十三日、被立伊勢奉幣使、〈式日十一日也、而自去七日、左衛門督（源延光）家有犬死穢、延及内裏、仍以停止之〉、先是(1)史博通来掖陣、申可催幣料錦之由、即令召織部司候所、〈錦一疋〉、当日内蔵寮下部来請取、裹件幣帛之処、供奉女官已有其数、内侍・蔵人・博士・闈司・御手水番・御門守等也、而内侍各申障不参、蔵人又申障、或不尋逢同不参、尋問先例、即御門守申云、無内侍者、博士命婦奉仕代官、至于蔵人無其役、但博士命婦・闈司・番等奉仕此事云々、仍従先例行之、私案、此日事従兼可催也、当日雖催、已無其益、早朝具官可参八省者也、時刻(2)、中納言藤原朝臣兼通参射場、令奏宣命草、〈入筥、内記持候〉、[3]返給之後、上卿令外記保章(賀茂)被示云、御幣裹所内侍不候、因之時刻延引云々、令申云、内侍等各申其障、奏聞此旨、即依先例、以代官令奉仕者、〈此事、私、〔案脱カ〕[4]若召陣可被示歟、外記所来、其旨未知先例、件代官事、以前申頭中将(源惟正)畢〉、頃之、令奏清書、其儀[5]如初、〈但内記今朝来掖陣下、請緑色紙四枚退出、可用数二枚許也、若是為書失歟〉、返給之[6]後、上卿率弁・史・少納言・外記等、経西陣向八省、今朝頭中将被示云、依内侍不候、無行幸、〈私案、此事兼日可被催行歟、又無仰、諸司無用意、又御装束等不調云々〉、[7]

（1）陽明本は朱書「去十一日依穢延引」を「史博」の右に記す。

（2）陽明本には、「時」の上にわずかな空白がある。以下の記述は本日の行事の次第になるので、祖本の改行の跡かと推察される。

（3）陽明本は二文字分の空白符を付す。

（4）陽明本は「私」とする。『大日本史料』は「私」と「若」の間に「〔案脱カ〕」と傍書する。文意より首肯される。

（5）陽明本は「其」の右下に小字で「儀」を挿入する。

（6）陽明本は「之」とする。『大日本史料』は「了」とする。

（7）陽明本は文末の割書の下に縹紙の貼り跡が残る。

②天延二年九月十一日条

「八省行幸」

十一日、有八省院行幸事、

『延喜式』（巻第二・四時祭）や『儀式』（巻第五・九月十一日奉伊勢大神宮幣儀）『西宮記』（恒例第三・九月・十一日奉幣）などによれば、例年九月十六日に外宮で、十七日には内宮で行われる神嘗祭のために、九月十一日に幣物を奉る使を派遣していた。しかし、天禄三年は、①や『日本紀略』同日条によれば、左衛門督家の犬死の穢れにより、使の派遣が十三日に延引されている。また、内侍が不参であったため天皇の行幸はなく、上卿が八省院にて行事にあたっていた。一方、天延二年は②や『日本紀略』同年九月十一日条に「伊勢奉幣、天皇行幸八省院」と見えることから、行幸があった。

さて、①からは儀式書には見えない幣物の準備をめぐる具体的な状況を知ることができる。渡辺直彦氏は、①について幣料の錦の申請、御幣を裹む女官のことをとりあげて解説を加えた上で、『侍中群要』（第七・御幣裹所事）にある「家」説の記述が①と一致することから、これを「『平家説』とみて差支えないであろう」と指摘している（渡辺直彦一九七八、五七〇頁）。

幣物のうち錦については『延喜式』（巻第十五・内蔵寮）に「諸祭幣帛、伊勢太神宮祭、錦一疋、〈寮物〉」とあり、内蔵寮が出すべきものであった。①では、史が蔵人に申請し、蔵人が織部司に用意させて内蔵寮に渡しており、錦の調達過程がわかる。これは、『西宮記』（臨時一・臨時奉幣）に「自蔵人所請錦」とあることに合致する。なお、この錦は『江家次第』（巻第九・九月・例幣次第）では「蔵人所進之」とある。

また、宣命の清書のために、内記が緑紙を必要枚数は二枚であるにもかかわらず四枚請い受けたことについて、書き損じに備えたものかと記しているのが興味深い。

この年は、内侍が不参であるため御幣裹を勤めるべき女官が申請してきた代官について、親信は御門守に先例を尋ねるなど、対応に追われている。このほか、諸司の用意がなかったこと、装束が整わなかったことなど、今回の例幣使派遣について、親信はくりかえし事前連絡の不備を指摘している。以上のことから、行事上卿藤原兼通の差配のもとに行事蔵人をつとめていたのは親信であった可能性が高い。

（渡部純子）

26　孟冬旬

十月一日、天皇は紫宸殿に出御し、御鎰奏や官奏、六衛府の番奏などを聴いた。これが孟冬旬であり、出御がない場合には宜陽殿西庇の座で宴が行われた。陽明本には①天禄三年十月一日条、②天延二年十月二日条に平座と呼ばれるその宴に関する記事が残されている。ただ、②は①と同文であり、②註(1)に述べるように、①の重出である可能性が高い。

①天禄三年十月一日条

「宜陽殿平座」
外記(1)来申殿上見参、而不候、仍不給、
(2)民部卿藤原朝臣文範参射場、令奏太政大臣（藤原伊尹）以下次侍従以上見参并禄目録文等、返給退出、〈差文夾〉、依御物忌、不御南殿也、公卿着(3)宜陽殿座、

（1）陽明本は「外来」とする。『大日本史料』は「外来」とし、「〔記脱カ〕」と傍書する。橋本本・徳大寺本は「外来」とし、「記歟」と傍書する。文意より「記」を補う。
（2）陽明本は朱書「宜陽殿平座」を「民部卿」の右に記す。
（3）陽明本は「着」とする。『大日本史料』は「著」とする。

②天延二年十月二日（ママ）条
「奏次侍従以上見参事」
外記(1)来申殿上見参、而不候、仍不給、
民部卿藤原朝臣〈文範〉参射場、令奏太政大臣（藤原伊尹）以下次(2)侍従以上見参并禄目録文等、返給退出、〈差文夾〉、依御物忌、不御南殿、公卿着宜陽殿座、
此夕、相逢織部正、

（1）本条は①とほぼ同文である。天禄三年の孟冬旬に関する記事は、①の他には確認されないが、天延二年は『日本紀略』十月一日条に「平座、見参」とあり、本条との間に齟齬をきたしている。また、『親信卿記』天禄三年十月一日条は、①以外の記事にも不自然な点は見られず、日付の直下にある「御物忌也」との一文も、御物忌により平座であったとする①と矛盾しない。しかし、天延二年十月二日条は、本条の前におかれた引分の記事も、いつの駒牽に対応するものかが明らかではないうえ、天禄三年十月二日の引分と文章が酷似している（**22―2**武蔵国駒牽を参照）。以上のことから、本条は①の重出であると推察される。ただ「此夕」以下は天延二年十月二日の記事である可能性が残る。
（2）陽明本は朱書「奏次侍従以上見参事」を「侍従」の右に記す。

旬儀は二月以降、毎月朔日・十一日・十六日および二十一日に行われることになっていた（『江家次第』巻第六・四月・二孟旬儀・頭書）。しかし、『新撰年中行事』（二月朔日、旬事）に「除廃務外、他月朔・十一・十六・廿一日等同之、但二孟月儀文別其記之」とある

ように、孟夏と孟冬の朔日、すなわち二孟旬が次第に特化されるようになる。十世紀末から十一世紀には、それらも平座が続くようになるが、『日本紀略』によれば康保元年（九六四）、同二年、安和元年（九六八）、天延元年、同三年（九七五）と本条が書かれた前後には、天皇が出御し、孟冬旬儀が行われていた。平座は、いまだ常態にはなっていなかったのである。

ところで、その見参について、『西宮記』（恒例第三・十月・平座）には「見参、〈外記挿見参目録等、候小庭、上卿目之、外記称唯、覧之上卿、見了返給、挿文立小庭、上卿就御所奏之、返給之後、上卿復座、外記進文、以空杖退了〉」とある。本条は上卿による見参の奏上という、その一断面を記しているのである。そして『侍中群要』（第三・上卿於弓場奏文事）によれば、弓場殿での奏上には蔵人が関与していた。『親信卿記』には、本条以外にも見参に関する記事が散見され、親信の関心の高さをうかがわせている。本条の重出、および①②に付された朱書の相違は、部類の際に旬儀ないしは平座の記事としてのみならず、見参のそれとして当該条文が書写されたことの現れではなかろうか。

（西村さとみ）

27 改御装束

毎年四月一日と十月一日に更衣を行い、衣装のみならず畳や几帳など室内の装束も季節に合わせて変更する（『延喜式』巻第三十八・掃部寮）。

①天禄三年十月一日条

「奉仕冬御装束」

一日、〈御物忌也〉、依式部丞（藤原扶光カ）[1]命、令奉仕冬御装束、昼御座、〈繧繝二枚、可具御茵〉、同御帳台、〈繧繝二枚、中敷高麗端一枚〉、夜御帳台、〈高麗端二枚、中敷同小畳[2]〉、同御帳南辺鋪二枚、〈高麗端〉、朝干飯御座、〈高麗二枚〉、

件御座等辺鋪未調進、式部丞可有其弁、

懸御帳帷・御几帳帷等、至于壁代不候云々、

又御匣殿[3]供御装束等云々、

(1)『大日本史料』は氏名を傍書していない。天禄三年十一月十二日条に「蔵人式部少丞扶光」とあることから、藤原扶光と推察される。

(2) 陽明本は「少」とする。『大日本史料』は「少」とし「〔小カ〕」と傍書する。文意より「小」の誤記と判断する。

(3) 人名と解釈するならば、このときの御匣殿は当麻是子である(『空勘文草』天禄元年(九七〇)正月叙爵)。

『親信卿記』には内裏清涼殿の冬への模様替え、及び天皇の衣替えが記録されている。

まず、室礼の更衣について。『新撰年中行事』(三月・晦日所司進夏御座等事)に「蔵人式云、掃部寮進夏御座并所畳、内蔵寮進殿上男女房畳、色目見所例」とあるように(西本昌弘一九九八、一二五頁)、前日より物品の準備が始まった。畳については、掃部寮と内蔵寮が弁備したが、これ以外の帷などは蔵人所の納殿に収納されていた(『西宮記』恒例第二・四月・改御装束事)。

このとき、用意された物品は『新撰年中行事　葉子』(十月・朔日更衣事・冬)にリストがあがっている。その中に「昼御帳、〈繧繝端、三枚〉、同御座、〈同端二枚、御茵不必改〉」とあり、昼御帳台の畳のうち一枚に①との相違がある。また、夜御帳台については「高麗端三枚、前敷料同端二枚、辺敷料両面端四枚」とあり、高麗端の枚数、辺敷の畳の種類に相違がある。ただし、辺敷については①では「未調進」となっており、本来の枚数は『新撰年中行事　葉子』のものと考えてよかろう。さらに、朝干飯御座については「高麗三枚、両面四枚」となっており、これも①では枚数が足りていない。

このように、①では畳の未進によって更衣に支障をきたしているが、それらは儀式の総指揮者、六位蔵人式部丞藤原扶光が弁備すべきものとされている。これは、彼が納殿の責任者であったことを推察させる(蔵人の所宛については**64**所々別当補任を参照)。

①にあがる御帳帷と御几帳帷は、『新撰年中行事　葉子』によりそれぞれ「十六条、〈八条、五幅・八条、四幅〉、各長一丈」「四尺六基、〈長六尺、五幅〉・三尺

二基、〈長五尺、四幅〉」と大きさと数がわかる。これは今回は用意されたようである。

但し、壁代は今回は取り付けられなかった。『新撰年中行事　葉子』では「十四条、〈十二条、広一丈、長九尺六寸・二条、広四尺五寸、長同上〉」とあり、『西宮記』では「壁代十二条」とある。

さて、当日の次第については、『新撰年中行事』(四月・朔日朝供夏御装束事)に「蔵人式云、蔵人令所雑色等、相共払拭御厨子所并雑御物、掃司女孺参上、撤冬御帳帷壁代等、奉供夏御装束、又仰所裏御裘并涼御弓矢云々」(西本昌弘一九九八、一二五頁)とあるのに準じて、冬の更衣が行われた。但し、冬の場合はこの他に、「火櫃」が準備されている(『新撰年中行事葉子』)。

『西宮記』に見えるように、室礼の更衣が行われたのは、清涼殿だけではない。『小右記』長和二年(一〇一三)四月一日条には、蔵人頭藤原朝経が藤原実資より紫宸殿更衣の中で壁代の有無について教示を受けており、同儀にも蔵人が関与したことがわかる。また、『左経記』万寿三年(一〇二六)四月一日条にも、紫宸殿の更衣について詳細な記述があり、「装束使記」が引用されている。前掲『小右記』においても「装束記文」が参照されており、紫宸殿の更衣に関してマニュアルが存在していたことがわかる(「装束記文」については3御斎会内論議を参照)。

また、「延喜式裏文書」(九条家本延喜式巻第三十)の中にある寛弘七年(一〇一〇)十月三十日付け文書に、九月二十九日に蔵人成順が仰せた「更衣料、御前殿上口・弓場殿・蔵人所并所々敷砂料」が「一石四斗七升」ある。これによると、殿上の室礼のみならず、庭空間の砂も敷き替えられたようである(敷砂については、14灌仏①註(7)を参照)。このように、内裏空間の諸室礼更衣について蔵人が責任をもっていたことがわかる。

次に、衣装の更衣について。本条では、天皇の冬の衣装が女官である御匣殿によって供されている。行幸の際には『権記』長徳三年(九九七)六月二十二日条に「供御装束、〈件御装束、例御匣殿所献也、而俄難調献之由令申、仍仰縫殿、令奉仕也〉」とあり、行幸時の天皇衣装準備の責任は御匣殿にあることがわかる。このことから常時においても天皇の衣装は御匣殿が弁備したと考えられる。こうした天皇衣装の更衣が①に記録されていることから、蔵人がこの儀にも目配りをしていたと推察される。

（京樂真帆子）

28 朔旦冬至

太陰太陽暦において、二十四節気のうちのひとつ冬至が十一月一日に当たることを朔旦冬至という。これは慶事として扱われ、宮中で朔旦旬という祝いの宴が催され、後日、叙位や赦が行われた。

①天延二年十一月一日条

「旬当朔旦冬至」

一日、旬事、当朔旦、

可催仰事、

内蔵寮、〈御挿鞋、指油、指燭布、《燭布給直》(1)、脇御膳(2)、《先日仰》〉、内匠寮、内膳司、大炊、〈索餅料事〉、御厨子所、大膳、〈度索餅〉、造酒司、縫殿寮、〈壁代并御帳・帷可進事〉、内作、〈管・貫木〉、掃部女官、主殿女官、〈火爐并燈燭等事、御帳払拭事等(3)〉、内侍二人、闈司三人、御門守、髪上、釆女、□（ヒカ）事(4)、〈廿枚、可仰作物所〉、御装束事、御冠事、御靴、内裏式、理髪人可警召事、

置物机并燈台等事、〈可仰所〉、

（中略）

「朔旦冬至」

同日、朔旦冬至也、天晴、諸卿着陣座、左大臣（源兼明）令奏補出居侍従之文、列立小庭、奏賀表(5)、内侍臨檻取之奏矣、次令奏可召未得解由者等之由、申二刻、出御、内侍召人、右大臣〈頼忠（藤原）、依兼左将先着座(6)〉、参上着座、次王卿、次出居左近衛中将懐忠（藤原）朝臣率出居侍従為輔（藤原）朝臣(7)、参上、着座、次内膳入月華門、供御台盤、出居召内豎令立台盤、此間侍従着宜陽殿床子座、〈検先例、不供御台盤之前、参入着座、而今度依出居催示(8)、先供御台盤、侍従参入之程、頗違例歟〉、内豎給箸・匕、供御

台盤之後、立酒台、其西立下物机、次供御四種、次給王卿、以下器受索餅、還度時、過版位坤角之間、供索餅、次給王卿、次下御箸[9]、臣下従之、次供蚫御羹、便撤索餅垸、次供御飯、次給臣下、此間厨家奏御贄四捧、〈件御贄不見延喜・天暦記[10]、依准旬日所奏歟、又其次可有供蚫前、而厨家少納言不候、又預等不候、別当右少弁成忠(高階)欲奏御贄、召内豎、六位別当并頭等受、蹔不叶召間、所遅々云々[11]〉、次供内膳御菜并御厨子所例供御菜等、次給臣下、次下御箸、次臣下従之[12]、供御酒、〈一献〉、酒番侍従勧盃王卿、訖下器度西、受下物給王卿等、次御厨子所供菓子・干物、〈菓子四種、干物四種〉、次給臣下、次供二献、臣下同給、次開門、次闈司[13]一人立版奏、〈有勅答[14]〉、次中務奏御暦、〈無勅答〉、退出、次闈司二人入自左掖門、舁御暦案、舁従南階、立南庇西第三間、〈入長押一尺許〉、闈司退下、立南階西辺、内侍執御暦筥奏之、更還出置筥、〈御暦留御前〉、闈司参上、舁案立本所退去、少納言率内豎参入、自日華門撤案、此間蔵人頭伊陟(源)朝臣仰侍臣令取諸陣・所々見参、相加殿上見参、召外記給之、〈陣々・所々使不書名所、追可尋先例也〉、

左近陣使、〈美濃守恒平(橘)〉、右近陣使、〈春宮亮時光(藤原)[15]〉、左兵衛使、〈右衛門佐致方(源)〉、右兵衛使、〈伊賀守景舒(藤原)〉、左衛門使、〈斎院長官元尹(藤原)〉、右衛門使、〈大蔵権大輔棟利(藤原)〉、内豎所使、〈兵庫頭知章(藤原)〉、校書殿使[16]、〈蔵人典雅(藤原)〉、進物所使、〈蔵人説孝(藤原)〉、御厨子所見参所[17]書見参度進物所、進物所入同見参進之〉、殿上、〈仰出納令書、但入六位、検年々例、無所見〉、

蔵人所使、〈惟成(藤原)〉、

次闈司一人、奏番奏之由、〈有勅答、令申与[18]〉、退出、次番奏、〈有勅答、置个、左近少将道隆(藤原)、右近少将実資(藤原)[19]、左衛門佐俊(源)、右衛門佐共政(藤原)[20]、左兵衛佐崇信、右兵衛佐惟章(源)[21]〉、次闈司二人、入自同門列立、各伝取授闈司、闈司取之、昇西階付内侍、次供三献、次有仰、召諸大夫、諸大夫着宜陽・春興殿西庇床子座、次上卿奏見参、〈伝内侍〉、次上卿退下、召少納言給見参、少納言立版位召計、王卿次第退下、列立庭中、拝舞、次還御、于時亥四刻也、

今日、供御四種之間、臨黄昏、仍供燈燭、主殿供炬火、

朔旦冬至、今年、〈甲戌〉、十一月一日、延暦廿二年、〈癸未〉、弘仁十三年、〈壬寅〉、承和八年、〈辛酉〉、貞観二年、〈庚辰〉、元慶三年、〈己亥〉、昌泰元年、〈戊午〉、延喜十七年、〈丁丑〉[22]、天暦九年、〈乙卯〉[23]、

賀表事、昌泰元年十一月一日、

（1）陽明本・『大日本史料』は「指燭布」の下を一文字分空け「、、」とする。この部分は割書である「指燭布」の更なる割書と判断する。

（2）陽明本は「脇御膳」を主文と同じ大きさの文字とし、この割書として「先日仰」を記す。『大日本史料』は主文と同じ大きさで「脇御膳」とし「脇御膳、小字ニ作ルベキナラン」と注記して、「先日仰」を主文の割書と同じ大きさの文字で記す。狩野本は「脇御膳」を主文の割書とし、さらにその割書として「先日仰」を記す。脇御膳は内蔵寮が用意するものであり、狩野本の表記が妥当であろう。

（3）陽明本は「帳」とする。『大日本史料』は「張」とする。なお山中本・鈴謄本・『続群』は「帳」の下に挿入符を付し「可」を挿入する。『歴残』は「帳可」とする。

（4）陽明本は一文字分損傷している。『大日本史料』は「□」とし「〔匕イ〕」と傍書する。修史館本は「匕」とする。本条後半に「内豎給箸・匕」とあるので、「匕」と推察される。

（5）本年の賀表は菅原文時の作であり、全文が『政事要略』（巻二十五・年中行事・十一月朔旦冬至会事）に見える。

（6）陽明本は「左将」とする。『大日本史料』は「左大将」とする。

（7）陽明本は「卒」の異体字を書く。『大日本史料』は「卒」とし「〔率〕」と傍書する。『続群』は「率」とする。文意より首肯される。

（8）陽明本は「而度」とする。『大日本史料』は「而」と「度」との間に「・」を付し「〔・今イ〕」と傍書する。鈴謄本・徳謄本・『続群』・徳川本は「而」と「度」の間に挿入符を付し「今歟」と傍書する。『歴残』は「而度」とし「今歟」と傍書する。文意より「今」を補う。

（9）陽明本は「箸」の下に三文字分の空白を残し改行している。祖本の行替えをそのまま書写した可能性がある。

（10）『朔旦冬至部類記』に天暦九年（九五五）十一月一日の記録が引用されている。『新儀式』（巻第五・朔旦冬至事）でも延喜十七年（九一七）、天暦九年が先例とされている。それらに御贄についての記述は見られない。

（11）陽明本は「云々」とする。『大日本史料』は「云、

ミミミ」とする。

(12) 陽明本・『大日本史料』は「給」とする。山中本・鈴謄本・徳謄本・『続群』・『歴残』・徳川本は「給」とし「従歟」と傍書する。先に内膳の御菜と御厨子所の通例の御菜が天皇に供御され次いで臣下に給うことが見える。ここで再び臣下に「給」うのは不自然である。ここでは天皇が箸を下ろしたのに臣下が従うところであるので、「従」の誤記と判断する。

(13) 陽明本は「司」の下に「子」を書き、抹消する。

(14) 陽明本は「答」を重ね書きする。

(15) 陽明本は「時元」とする。『大日本史料』は「時元」とし氏を傍書していない。『公卿補任』天延四年条の藤原時光の尻付に「(天延二年)十月十一日春宮亮」とあり、『親信卿記』天延二年十月七日条（正しくは十二月七日条、**43**皇太子謁見①を参照）に「(春宮)亮時光」とあることから、「(藤原)時光」の誤記と判断する。

(16) 陽明本は「校書殿」とする。『大日本史料』は「殿」に「(使脱)」と傍書する。文意より「使」を補う。なお山中本・徳謄本・『続群』・『歴残』・徳川本は「授書殿使」とする。

(17) 『大日本史料』は「所書」に「(マヽ)」と傍書する。山中本・鈴謄本・徳謄本・『続群』・『歴残』・徳川本は「所見参」の三文字を線で囲んでおり、衍字と判断したらしい。文意を解しにくく後考をまちたい。

(18) 陽明本は「旨」とする。『大日本史料』は「旨」とし「(与カ)」と傍書する。鈴謄本は「旨」とし「与」と傍書する。山中本・『続群』・徳謄本・『歴残』・徳川本は「与」とする。文意より「与」の誤記と判断する。

(19) 陽明本は「貞」とする。『大日本史料』は「貞」とし「(資)」と傍書する。『公卿補任』永延三年（九八九）条の藤原実資の尻付に天禄四年七月二十六日に右少将に任じられたとある。よって『大日本史料』に首肯される。

(20) 『大日本史料』は氏を傍書していない。『類聚符宣抄』（第八・延期状事）天元四年（九八一）六月三日解に播磨守従四位下として、『尊卑分脈』には魚名六世孫として、藤原共政が見られる。

(21) 『大日本史料』は「(藤原)」と傍書するが、『尊卑分脈』に見える藤原惟章は年代があわない。この時期に生存していたとみられるのは源惟章である。

(22) 陽明本は「延」とする。『大日本史料』は「延」とし「(天)」と傍書する。延暦九年（七九〇）の冬至は十一月八日、天暦九年の冬至が十一月一日であるので（『日本暦日便覧』）、首肯される。

(23) 陽明本は「亥」とする。『大日本史料』は「亥」とし「(卯)」と傍書する。天暦九年は乙卯であるので

（『日本暦日便覧』）、首肯される。

②天延二年十一月七日条

「官奏」

七日、源《（雅信）》大納言(1)参上、有官奏事、〈及秉燭〉、

東京錦(2)一丈三尺・縮線綾一丈六尺・小文錦一丈、

〔絲脱カ〕三斤、(3)〈為絇、(4)十二絇、仰令史正生〉、

（1）陽明本は「大言」とする。『大日本史料』は「大言」とし「〔納脱〕」と傍書する。『歴残』・狩野本は「大納言」とする。鈴謄本は「大」と「言」の間に挿入符を付し「納」を挿入する。山中本・徳謄本・『続群』・徳川本は「大」と「言」の間に挿入符を付し「納歟」と傍書する。文意より「納」を補う。

（2）『江家次第』（巻第十・十一月・朔旦旬）に「天延二年用東京錦、案面用綺」とある（**36**官奏⑧を参照）。

（3）陽明本は天横罫下線より一文字下げてはじめる。その上に、墨痕はない。『大日本史料』は「〔絲脱カ〕」と傍書する。山中本・鈴謄本・徳謄本・『続群』・『歴残』・徳川本は「○」印を記し「絲歟」と傍書する。文意より首肯される。

（4）陽明本は「絇」とする。『大日本史料』は「約」とし「〔絇カ〕」と傍書する。下文も同様。

①によってわかる朔旦冬至儀は、『西宮記』（恒例第三・十一月・朔旦冬至）および『政事要略』（巻二十五・年中行事　十一月・朔旦冬至会事）所引『西宮記』逸文とはその次第などについて若干の違いが見られる。しかし、天延二年以前の朔旦冬至儀の内容については、部分的に諸儀式書に見られるものの、①のような儀式の詳細な記録は見られない。つまり、わが国における朔旦冬至儀の実態を知ることができる最も古い史料が①なのである。

①の構成は事前の準備に関わる諸司とそれぞれの役割を、続いて当日の儀式の流れを詳細に記している。

まず、「可催仰事」以下には多くの官職やその役割が列挙されているが、いずれも行事の中で蔵人と関連する官職とその役割である。さらに続けて蔵人が奉るべき物の名があげられている。その中に「内裏式」がある。現存『内裏式』には朔旦冬至に関する記述は見られない。『江家次第』（巻第十・十一月・朔旦旬）には、天皇が出御する際に蔵人が御靴と「式筥」を候ずるとある。この「式」が①の「内裏式」にあたる。な

お西本昌弘氏は、①の「内裏式」を『内裏儀式』賜鑰并進式のことと考えている（西本昌弘一九九七、二五九頁）。

さて、当日まず諸卿が陣座に着き、大臣が賀表を奉り、内侍がこれを受ける。そののち天皇が南殿に出御し、次いで大臣以下の王卿・出居らが参上・着座し、王卿は天皇と飲食を共にする。この間、中務省による御暦の奏上、蔵人による陣や所の見参の奏上があり（勅計については40勅計を参照）、諸大夫が参入する。次に公卿の見参を奏上し、御覧ののちに返される。少納言によりこの見参が唱えられ、公卿は座を退き南庭に列立し拝舞する。天皇はこののち還御する。以上の次第が、六時間以上にわたって行われたのである。

①の末尾には本年以前の朔旦冬至が延暦二十二年（八〇三）から列挙されている。『政事要略』、『江家次第』で宴の初例とされるのは延暦三年（七八四）である。『新儀式』（第五・朔旦冬至事）は承和八年（八四一）から天暦九年（九五五）までを列挙する。諸史料により先例とする範囲が異なっているのは面白い。因みに神谷正昌氏は、『新儀式』の次第を承和八年以降のものであると解釈している（神谷正昌「冬至と朔旦冬至」、『日本歴史』第六三〇号、二〇〇〇）。また、承平六年（九三六）は本来朔旦冬至に当たるはずであったが、翌二日にこれを当てた。そのため後世には「暦家之失」と称された（『百錬抄』永承五年（一〇五〇）九月二十八日条）。①においても承平六年は先例としてあげられていない。このことから、親信の先例の検証が正確に行われていたことがわかる。

最後に賀表の先例として、親信は昌泰元年（八九八）のみをあげている。紀伝道を学んだものとしてこの年の表を作成した紀長谷雄へのなんらかの思い入れがあったのであろうか。

（北村有貴江）

29 女叙位

朔旦冬至に伴い女叙位が行われる。新嘗祭の日に男官への叙位が、その翌日、女叙位がある（『新儀式』巻第五・朔旦冬至事）。これらの朔旦冬至の叙位は、正月叙位に準じていた。

①天延二年十一月二十日条
「女叙位依大臣不参延引」
今日、可有女叙位事、而大臣不参、仍延引、

②天延二年十一月二十五日条
「女叙位」
廿五日、有女叙位事、其儀如官奏、但敷円座二枚、為太政大臣（藤原兼通）・左大臣（源兼明）座、〈太政大臣在北南面、左大臣西面、太政大臣座不知先例〉、召蔵人所燈台等、供左大臣前、〈右〉、諸卿於陣座、定申受領功課等、戌刻、左大臣依召参上、太政大臣相共候御前、頃之召人仰云、硯筆等、云之、[1]即取紙筆置左大臣右、〈先是遣近衛将、令召所々御給名簿〉、依仰向陣、仰功課勘文遅進之由、〈于時上卿着北座、雖然令直膝突於南、仰之〉、上卿被示云、可候陣辺云々、仍着官人座、相待上卿命、上卿成勘文召之、上自北座賜勘文奏之、又有仰、有令定申之事、同上自北座、仰一上卿、相定之間、随上卿命候其後矣、聞僉議旨一々奏聞、[2]寅三刻、事了退出、随左大臣命、持下名、大臣着座之後奉之、[3]

（1）陽明本・『大日本史料』は「之」とする。『歴残』は「之」に抹消符を付し「〻」と傍書する。山中本・鈴謄本・『続群』は「之」とし「〻歟」と傍書する。文意を解し難く「々」の可能性もあろう。
（2）陽明本は「寅」以下を天横罫下線より一字下げて書き始めている。
（3）陽明本はここに縹紙の貼り跡が残る。

天延二年の朔旦冬至に際して、女叙位は①より本来二十日に行われるはずであったことが知られる。しかし、この日は大臣が不参であったため延引され、賀茂臨時祭の後の②二十五日に行われたのである。この日叙位された女官としては藤原麗子一名が知られる（『空勘文草』）。一方、男性官人の叙位については『親信卿記』には一切その記録がないが、『公卿補任』天延二年条やその他の史料で数名確認することができる。

さて、親信は初め女叙位に奉仕していたが、この日同時に陣座で行われていた受領功過定や、その後に同

所で行われた官奏にも関わっている（6受領功過定を参照）。親信は女叙位に奉仕し、「その儀官奏の如し」と記しているが、女叙位の儀をこのように記すことは『小右記』にも見られる（天元五年（九八二）正月十日条）。『雲図抄』（正月・女叙位事）でもその座のしつらえを「官奏同之」と記している。

また親信は、女叙位の議の場である清涼殿に太政大臣の座を設けることについて、「先例を知らず」としている。管見の限りでも、天延二年以前に太政大臣の座を設けた事例は確認できない。この座は、その向きから『雲図抄』に見える「執政座」と考えられる。これ以降の事例で参考となるのは、『小右記』万寿元年（一〇二四）正月十三日条の女叙位である。これは正月の事例であるが、関白左大臣藤原頼通が執筆の右大臣藤原実資とともに清涼殿での議に伺候している。その際、執筆大臣実資は関白頼通の気色に従い蔵人を召し硯・続紙などを持たせたり、所々御請文を作成し、それを関白頼通が御覧に供している。また当日、位記が具わらないことについても、蔵人頭左近中将藤原公成は関白に指示を仰いでいる。つまり女叙位は同座の関白の気色に従い進行されているのである。天延二年の場合、執筆大臣は左大臣源兼明であった。関白太政大臣藤原兼通が具体的に議のなかでどのような役割を果たしたかを知ることはできないが、太政大臣としてではなく関白として議の場に同座していたのではないだろうか。

このように②は、太政大臣が女叙位の議の場に同座したことを確認できる史料の初見であると同時に、関白のそれでもあるといえるであろう。（北村有貴江）

30　賀茂臨時祭

毎年四月中酉日に行われる賀茂祭に対して、十一月下酉日に催された賀茂神社（賀茂別雷神社・賀茂御祖神社）の祭が、賀茂臨時祭である。他の神々と同様、一年に二度の祭を行うよう求める賀茂神の託宣を受けて、宇多天皇が寛平元年（八八九）十一月二十一日に使を遣わしたことに始まり、『九条年中行事』（十一月・下西日賀茂臨時祭事）や『西宮記』（恒例第三・十一月・賀茂臨時祭）には恒例の行事として採録されている。

①天延二年十一月二十一日条

「試楽延引」

廿一日、試楽依可有行幸延引了、

（中略）

「御馬御覧延引」

今日、可覧左右寮御馬、仍召仰已了、而日暮臨昏、故遣使、仰明日可牽之由、

②天延二年十一月二十二日条

「御馬御覧」

廿二日、〈申〉、未刻、於仁寿殿御覧左右御馬、左近衛権中将正清（源）朝臣捧御剣、

「試楽」

入夜有試楽事、其儀如常、

一舞、〈致方（源）、実資（藤原）〉、修理大夫惟正（源）朝臣候御前、

③天延二年十一月二十三日条

「賀茂臨時祭」

廿三日、〈酉〉、有賀茂臨時祭事、未刻、上卿等〈太政大臣（藤原兼通）・皇太后宮(1)大夫（源重信）・左衛門督（源延光）・右衛門督（源重光）・左兵衛督（藤原済時）・左大弁（源保光）・修理大夫（源惟正）〉、参入着座、其儀如常、使泰（源）清朝臣、左衛門督〈延光〉、令伊陟（源）奏宣命、〈于時出御〉、正家（藤原カ）乗(2)尻(3)代鴾毛不調、落馬已了、仍令奏事由、召穂坂十一鼠(4)毛令替、下社穀倉院饗、上社頭同院儲酒饌及薯蕷(5)纏(6)等、

（1）陽明本は「太政大臣」から「修理大夫」までを小字で記すが、「太政」から「后宮」までの八文字は、それ以下が割書きであるのに対し、右に寄せて一行に書されている。

（2）『大日本史料』は氏を傍書していない。『尊卑分脈』には、このころ生存していたであろう人物として藤原正家の名が見える。なお、『親信卿記』天延元年六月十一日条の「右近将監正家」と同一人物である可能性が高い。

（3）陽明本は「尻乗」とする。『大日本史料』は「尻乗」とし「〔乗尻カ〕」と傍書する。文意より「乗尻」の転倒と判断する。

（4）陽明本・『大日本史料』は「鼠」とする。山中本・鈴謄本・『続群』・『歴残』は「鼠」とし「驪歟」と傍書する。

（5）陽明本・『大日本史料』は「署預」とする。文意より「薯蕷」と判断する。

（6）陽明本は「等」とする。『大日本史料』は「等」とし「〔頭カ〕」と傍書する。穀倉院が酒饌を儲けたことは『政事要略』（巻第二十八・年中行事・十一月・下酉賀茂臨時祭事）所引蔵人式などから知られるが、纏頭についての記事はない。他方、薯蕷は一カ月後の仏名会にも供されており（『親信卿記』天延二年十二月二十二日条）、『西宮記』（恒例第三・十二月・御仏名）にいう「薯蕷巻」にあたることが知られる。断定はできないが、「纏」と「巻」が通用された可能性もあろう。

　『政事要略』（巻第二十八・年中行事・十一月・下酉賀茂臨時祭事）所引蔵人式によれば、臨時祭の三十日前に勅使や舞人を定め、その後、日を選んで歌舞の調習を始めるとある。そこには、四日前に御馬御覧、三日前に試楽を催すとも記されているが、本年はいずれも祭の二日前、すなわち二十一日に行うべく予定されていた。①は、行幸により、それらが翌日に延期されたと述べている。斎宮隆子女王の死去にともない、伊勢神宮に奉幣使を派遣するために、天皇は八省院に赴いたのである（**60**斎王卒去を参照）。

　ところで、『小野宮年中行事』（十一月・下酉日賀茂臨時祭事）は蔵人式と同じく三日前に試楽を行うとするが、御馬御覧については記していない。他方、『西宮記』（恒例第三・十一月・賀茂臨時祭）は試楽の日時に触れることなく、前日に「於御前点御馬」としている。試楽はこれ以降、とりわけ九九〇年代に入ると、『日本紀略』や『小右記』などにその記事が散見され、『新撰年中行事』（十一月・下酉賀茂臨時祭事）に「試楽未日前日」とあるように、二日前ないしは前日に行われることが多かった。それらの記事は概ね簡略であるが、『江家次第』（巻第十・十一月・賀茂臨時祭試楽）には試楽の次第が詳細に記されている。それに対して、御馬御覧をめぐる記述はほとんど見られない。②は『小右記』永観二年（九八四）十一月二十六日条とともに、御覧が仁寿殿で行われたこと、近衛中将が御剣を捧げ伺候したことなど、その様相をわずかながらも語ってくれる、数少ない史料のひとつである。なお、

『蜻蛉日記』（下巻）からは、筆者の子である右馬助藤原道綱が二十一日、急に舞人に任じられたことが知られる。

続く③は祭当日の記事である。先の蔵人式などによれば、賀茂臨時祭は清涼殿における勅使発遣の儀と社頭の儀、勅使が内裏に帰参してのちに催される神楽の儀に大別される。親信が、おもに勅使の発遣について記しているのは、場の装束など、そこに蔵人が深く関与していたことによるのであろう。その次第は、天皇の御禊と公卿らによる勧盃、歌舞の御覧に分けられるが、記事は勧盃の座に公卿が着する時点から始まっている。

ここで問題になるのは、宣命の奏上をめぐる次第である。蔵人式は御禊ののち、天皇が入御し酒饌が整えられる間に、「上卿参射場、可給宣命、使之弓場辺、令奏宣命、御覧之後返給」と述べるが、③においては、天皇が勧盃の場に出御してのちに奏されている。もっとも、『九条年中行事』（十一月・下酉日賀茂臨時祭事）は「御祓以前上卿奏宣命、奏覧後、召使給之」といい、『西宮記』は御禊の前に「上卿奏宣命、早晩不定、給使」と記している。また、『江家次第』（巻第十・十一月・賀茂臨時祭）が「此間（御禊の後、勧盃の準備が整うまで）上卿奏宣命、〈或出御後奏之〉」とするなど、宣命の奏上をめぐっては諸説一致しない。ただ、そこには御禊の前から後へ、さらには勧盃の場へと、奏上が次第に遅くなる傾向が見てとれるのであり、③はその過渡期にあるのかも知れない。

なお、『江家次第』に「内蔵寮儲饌」とある社頭の饗が、この時期には蔵人式に見える通り、穀倉院により調えられていたことも、ここに確認される。③からも②と同様に、十世紀における賀茂臨時祭の諸相が垣間見られるのである。

（西村さとみ）

31　出野御倉薬事

野御倉の薬を出す儀式は『西宮記』（恒例第三・十二月出野御倉薬事）『新撰年中行事』（十二月・出野御倉薬事）『年中行事秘抄』（十二月・出野倉薬事）では、十二月二十日と定められている。『親信卿記』に見える記事は臨時の儀式であるが、その次第は恒例に従っている。

なお陽明本は①②とも天延二年に配列しているが、①註(1)に述べるように天禄三年もしくは天延元年の錯簡であろう。

①天延二年(マヽ)十二月五日条

「向野御蔵」

五日、為出内大臣(藤原兼通)(1)被申宍脂〔縦カ〕(2)容・遠志等、度野御倉、而蔵史生給(3)違御匙、仍不能開出、〈案、内蔵寮給匙八一袋也、而此不動倉匙一雙不入袋在同櫃、出之史生宇治安延所失也〉、

(1)　藤原兼通が内大臣であった期間は天禄三年十一月二十七日から天延二年二月二十八日までである（8任大臣を参照）。①と②は天禄三年あるいは天延元年の記事であろう。

(2)　陽明本は「脂」とする。『大日本史料』は「脂」とし「〔縦カ〕」と傍書する。天平勝宝八歳（七五六）の『種々薬帳』（東大寺献物帳）に「宍縦容」と見える薬のことであろう。よって『大日本史料』の推察は首肯される。なお「遠志」も同帳に見える。これらの薬は、『延喜式』（巻第三十七・典薬寮）に見える「臘月御薬」とは一致しない。

(3)　陽明本は「給」とする。渡辺直彦氏は「給」とし「〔御カ〕」と傍書するが（渡辺直彦一九七八、五六八頁）、「給」で文意は通じる。

②天延二年(マヽ)十二月六日条

「又向」

六日、重度令出奉殿、其儀内蔵官人、〈允真行〉(1)・史生、〈安延(宇治)〉・蔵部、〈一人〉・侍従一人、〈滋秀(清原)(2)宿祢便令見薬〉・蔵人也、次小舎人令持所撤衝、仰内作令進階、開闔之儀、如内蔵寮不動蔵、

(1)　『親信卿記』天禄三年十二月十日条に「内蔵、〈行真〉」とあり、同じ内蔵寮の官人であることから本条の真行と同一人物の可能性がある。

(2)　清原滋秀は典薬頭であり、天延三年（九七五）十月十五日、兼通への治療の功績で正五位下に叙せられている（『日本紀略』）。

出野御倉薬事の実例はほとんど残されておらず、渡

辺直彦氏も本条を「恰好の事例」としてとりあげ、検討を加えている（渡辺直彦一九七八、五六八〜九頁）。開薬御倉使は、『西宮記』（恒例第三・十二月・出野御倉薬事）や『侍中群要』（第八・諸使事）に蔵人・侍従・侍医とあるが、②には侍医の姿が見えない。これは、侍従典薬頭清原滋秀が侍医に代わって薬の見立てに立ち会ったことによると解釈される。また②の蔵人も、氏のいわれるように親信本人であろう。

次に御倉の開闔の儀式について、②には「開闔之儀、如内蔵寮不動蔵」とあり、その詳細は『侍中群要』（巻十・出内蔵不動蔵物事・出野御倉物事）より知られる。それによれば、勅使が先ず開封し、修理職に造らせた階梯を使って倉に昇る。取り出した薬種は御倉に保管してある下帳に注し、官人が署名する。倉は元通り封印する、とある。

なお、出野御倉薬事については、『新撰年中行事』（十二月）にも、

同日、出野御倉薬事、〈典薬寮申、蔵人奏、率侍従・侍医、内蔵寮出御鎰、向御倉開召用帳、各加名検封退帰〉、

と記されている。

①には兼通の申請によって薬を出すために野御倉に向かったと書かれており、恒例の行事ではない。ただ、本条の勅使の構成や手続きから、そうした場合でも、年中行事の次第にならって行われたことが知られる。

（三熊あき子）

32　御仏名

御仏名とは、年末にその年の滅罪を祈る仏事である（『西宮記』恒例第三・十二月・御仏名など）。諸国でも行われたが、『親信卿記』では天延二年の宮中での儀式を記録する。

①天延二年十二月二十日条

「仏名始」

廿日、有御仏名、其儀如式、戌一刻、蔵人（藤原）典雅奉仰、仰御導師、〈初夜寿玄、後夜恒叡、唄実安、散花兼性〉、（藤原）相如召王卿、同二刻、上卿参上、近衛次将(1)問之、

〈右大臣(藤原頼忠)・右大将(藤原兼家)・左衛門督(源延光)・右衛門督(源重光)・左大弁(源保光)〉、僧徒参上、法用之後、賜火櫃、丑四刻、事了、各退出、

(1) 陽明本は「問」とする。『大日本史料』は「問」とし「〔同カ〕」と傍書し、近衛次将も参上した、と解釈する。しかし、『北山抄』(巻第二・年中要抄・十二月・御仏名事)に「出居次将問云、阿誰」とあるように、近衛次将は公卿の出席状況を確認する役目を負い、名前を「問う」のである。従って、誤記と考える必要はない。

②天延二年十二月二十一日条

「同中夜」

廿一日、戌一刻、蔵人〈ム〉奉仰、仰御導師、〈初夜恒叡、半夜芳慶、後夜実安、唄寿玄、散花兼性〉、説孝(藤原)召王卿、王卿参上、〈中宮大夫(藤原為光)・左兵衛督(藤原済時)・修理大夫(源惟正)・宰相中将(藤原朝光)〉、寅三刻、事了、上卿・僧侶各々退下、

昨今夜以蔵人所調備酒肴、給出居等、

③天延二年十二月二十二日条

「同竟」

廿二日、戌一刻、蔵人知章(藤原)奉仰、仰御導師、〈初夜承興、半夜兼性、後夜寿玄、唄恒叡、散花芳慶〉、王卿参上、〈上野太守親王(盛明)・左大臣(源兼明)・大納言源朝臣(雅信)・民部卿藤原朝臣(文範)・伊予守源朝臣(忠清)・左大弁保光朝臣(源)・右[1]近中将朝光朝臣(藤原)〉、僧徒参上、誦錫杖之間、被綿於導師以下弟子僧以上、御結願之後、王卿・侍臣行香如例、寅四刻、事了、賜布施各有差[2]、僧侶退下、名謁之後、以内蔵寮酒肴・薯蕷[3]等、勧賜王卿、諸司参上、撤装束、供御座如例、

「御遊[4]」

遅明、有勅、召侍臣於西庇度殿之間、聊命管絃、于時雨雪色新、落梅曲混仙遊、蕩[5]心情不知老之将至矣、

(1) 陽明本は「右」とする。『大日本史料』は「右」とし「〔左カ〕」と傍書する。藤原朝光は本条のほか、『親信卿記』天延二年十一月十一日条等に「右近中将」と見える。

(2) 陽明本は「着」とする。『大日本史料』は「着」とし「〔差イ〕」と傍書する。鈴謄本は「着」とし「差カ」と傍書する。山中本・『歴残』は「着」とし「差」と傍書する。徳謄本・『続群』・修史館本・徳川本は「着」に抹消符を付し、「差」を傍書する。宮甲本・狩野本は「差」とする。文意より、「差」の誤記と判断する。

(3) 陽明本・『大日本史料』は「署預」とする。文意より「薯蕷」と判断する。
(4) 『大日本史料』は「御遊」以下を別項目に立てる。しかし、『北山抄』(巻第二・年中要抄・十二月・御仏名事)に「或有勅、殿上王卿・侍臣、奏管絃、給禄」とあるように、この管絃の遊びは御仏名に続く儀式である。但し、『江家次第』(巻第十一・十二月・御仏名)は「近例不見」とする。
(5) 陽明本は「⿱艹傷」とする。『大日本史料』は「⿱艹傷」とし、「〔蕩カ〕」と傍書する。白河本・鈴謄本・山田本・徳謄本・宮乙本・『続群』・『歴残』・狩野本・徳川本は「蕩」とする。「蕩」と判断する。

御仏名の式次第は、『政事要略』(巻二十八・年中行事・十二月・御仏名)に引かれる蔵人式に詳しい。これによると、本来の式日は十二月十九日から二十一日の三日間であるが、「択吉日初行也」と割書があるように実際には式日が移動することがある(竹居明男「仏名会に関する諸問題――十世紀末頃までの動向――(上・下)」(『人文学』一三五・一三六号、一九八〇・一九八一)の「初期仏名会年表」による)。従って、①で二十日を初日とするのは、十九日を避けた理由が見あたらず、吉日を撰んだものと推察される。なお、『新撰年中行事 葉子』(十二月・御仏名事)は式日について、「上古、自十五日至十七日修之、而仁寿三年(八五三)十一月十三日右大臣《(藤原良房)》宣旨、停前日定、改定十九日至廿一日三ケ日修之者」とする。

①②③に見える儀式次第は、おおよそ蔵人式にそったものとなっている。但し、蔵人の働きとして重要であったはずの、装束の準備や初日の名謁についての記述がなく、儀式全体を網羅する記録とはなっていない。後夜の名謁を記すのは管見の限り③のみである。天延二年独自の記録も見えず、儀式次第に具体的人名を書き添えた、いわばマニュアルの態を示している。

①②③において注目されるのは、儀式次第の時刻が克明に記されていることである。御仏名の夜に左右近衛官人が御前に時刻を奏上したこと(『新撰年中行事葉子』)、蔵人が蔵人頭の仰せを受けて、儀式の刻限を僧房に告げる役割を担っていたことに関連すると考えられる(『西宮記』恒例第三・十二月・御仏名)。

さて、①は王卿参上の時刻を戌二刻とするが、これは他の史料には記されていない。但し、前述の蔵人式・『西宮記』などは第一夜の儀式開始時刻を「亥一刻」としており、「戌一刻」とする①とは異なる。終了時刻も『西宮記』は子四刻とし、丑四刻とする①と合致しない。『西宮記』に見える延喜から承平の実例においても、亥刻から子刻までとなっている。『親信卿記』の誤記の可能性も否定できないが、通例とは違う刻限に儀式が行われた例として興味深い。

なお、『侍中群要』（第十・分配）に御仏名は「二臈蔵人」に分配するとし、『雲図抄』（十二月十九日・御仏名事）にも「二臈蔵人行事也」とあることから、ベテランが勤めるべきものと考えられていることがわかる。しかし、①に見える藤原相如は十一月二十五日の新任の蔵人である（『親信卿記』同日条）。蔵人の行事分配は、『侍中群要』に「件分配、一条院御時、入道大納言公任為頭之間、所被始也」とあるように、①②より後の時代に始まった行事である。従って、①に見える業務分担は、分配成立以前の形態を示していると考えられる。

次に、酒肴について、②より初夜と中夜は蔵人所が、③より後夜は内蔵寮が用意することがわかる。「蔵人式」では初夜は「酒殿」の食料と内蔵寮の衝重を用いるとある。この酒殿は『西宮記』（臨時五・所々事）に「随蔵人所召、進之」とあるように、蔵人所の管轄下にあった。

なお、本年、東宮に於いても「東宮御仏名」が行われたことが『親信卿記』天延二年十二月二十九日条からわかる。

（京樂真帆子）

33 補蔵人

蔵人頭・蔵人の任命は天皇の代替わりに行われ、その後、正月上旬に補充するのを恒例とした（『西宮記』恒例第一・正月・補蔵人事、臨時七・天皇譲位事）。任命の際の、座のしつらえや紙・硯などの用意は蔵人の職務であった（『侍中群要』第一・被補蔵人事）。

①天延二年二月八日条

「定蔵人頭・昇殿人」

申刻許、内大臣(藤原兼通)依召参□(上カ)(1)定蔵人頭并昇殿人々、其儀如常、頃之退出、召頭少将(藤原挙賢)、下給宣旨、

右(2)近衛中将藤原朝臣朝光、

為蔵人頭、

讃岐権介源朝臣通理、

侍従藤原□□(朝臣)(3)正光、

以上聴昇殿、

「頭中将慶申」「罷申、〈通理〉」

頭中将以頭少将令奏慶、讃岐介以余(平親信)令奏、又入夜、令(4)奏赴任国之由、雖被聴昇殿、依入夜非可召御前、仍於掖陣給禄、

(1) 陽明本は一文字分損傷している。『大日本史料』は「□」とする。墨痕および文意より「上」と推察される。

(2) 陽明本は「右」とする。『大日本史料』は「右」とし「〔左カ〕」と傍書する。藤原朝光は本条のほか、『親信卿記』天延二年四月十日条等に「右近衛中将」と見える。

(3) 陽明本は二文字分損傷している。『大日本史料』は「□□」とし「〔朝臣カ〕」と傍書する。山中本・徳謄本・『続群』・『歴残』・徳川本は損傷を指摘し、「朝臣」とする。鈴謄本・狩野本は「朝臣」とする。文意より「朝臣」と判断する。

(4) 陽明本は朱書「罷申、〈通理〉」を「令奏」の右に記す。

②天延二年四月十日条

(中略)

左大臣(源兼明)便奉仰、以右中弁伊陟(源)朝臣為蔵人頭、退下、其後左大臣令申伊陟朝臣慶由云々、

③天延二年十一月二十五日条

「被定雲客・侍中等」

今日、被定昇殿・侍中等、〈太政大臣(藤原兼通)於大盤所書之、伊陟(源)朝臣給之、可問先例〉、

蔵人、知章(藤原)・相如(藤原)・職(源)(1)、

昇殿、元章(2)、遠光〈藤〉、

(中略)

丑刻、遠光・知章・職等参入、即窺入御時、奏慶由、付簡、

（1）『大日本史料』は氏を傍書していない。『親信卿記』本年正月十日条に「雑色源職」とあることから、源と判断する。なお64所々別当補任②註(2)を参照。

（2）陽明本・『大日本史料』は「㟁」とし「章歟」と傍書する。東本・甘露寺本・鈴謄本・山田本・田中本・藤波本・宮甲本・修史館本は「草」とし「章歟」と傍書する。山中本・徳謄本・『続群』・徳川本は「草」とし「章歟」と傍書し「草」と「歟」に抹消符を付す。『歴残』は「章」とする。

蔵人頭・蔵人を補任する次第について、『侍中群要』（第一・被補蔵人事）は、天皇が昼御座に出御する場合を軸に、昼御座を用いない手順も付記している。

まず昼御座に出御のある場合、蔵人所別当は御座に面した孫庇に着座する。そして蔵人は紙や硯などを持参し、上卿である所別当の右方に置く。所別当は補任する人名を記し、御覧に供じたのち退出し、蔵人頭もしくは蔵人にそれを下す。それをもとに所別当宣が作成される。次に昼御座儀を用いない場合であるが、これは新たに生じた形式であり、蔵人頭が口宣にて伝えるという手順となっている。これは『侍中群要』（第一・補頭以下事）に「近代頭承勅語、直以仰下」とある手続きと同様である。

以上、『侍中群要』には昼御座儀の有無によって二つの手続きが規定されていた。なお、「被補蔵人事」の項目に「式抄」と朱書のあることから、昼御座を用いる形式は天暦蔵人式に規定されていた可能性が高く、『西宮記』との比較から少なくとも十世紀半ばから後半にかけての様子を伝えるものと推測されている（佐藤全敏「所々別当制の特質」、『史学雑誌』第一〇六巻第四号　一九九七）。

さて、『親信卿記』は、蔵人頭の補任について、①②の記事を、蔵人の補任について、③の記事を残している。

①は御前において藤原朝光を蔵人頭に定めたものである。御覧を経た文書はいま一人の蔵人頭である藤原挙賢に下された。「右近衛中将」から「以上聴昇殿」までの五行は、それをもとに書かれた宣旨の一部であろう。このような書様は『朝野群載』（巻第五・朝儀）に収められた応徳三年（一〇八六）十二月八日の「蔵

人所職員補任宣旨」と共通している。

このとき蔵人所別当は『公卿補任』によれば、源兼明であった。したがって①では所別当の関与はなかったことが知られる。御前に召されたのは、内大臣藤原兼通であり、この次第を親信は常の如く行われたと記す。内大臣兼通は、これ以前の天延元年七月二十六日にも、御前において蔵人の任命について差配していた(『西宮記』臨時一・臨時雑宣旨・裏書)。

②では、所別当である源兼明が仰せを受け、源伊陟を蔵人頭に任命する手続をとっている。この前段では、御前に大臣を一人召し、除目を行っていた(**5**直物・復任除目・臨時除目⑨)。ここからすると、除目に候じていた左大臣兼明が頭の任命も担ったと推測される。

③は、蔵人の補任記事である。関白太政大臣である藤原兼通が大盤所において、人名を書き記し、それを蔵人頭である源伊陟に下している。「蔵人」以下の二行はその書様であったと推測される。これをもとに伊陟は宣旨を書かせたのであろう。渡辺直彦氏は「御前儀に准じて摂政の直盧や里第、または大盤所において行なわれる」蔵人補任の例として、この記事をあげる(渡辺直彦一九七八、四六八・四七七頁)。しかしながらその手順について親信は先例を問うべしと記している。これは摂政ではない兼通が御前ではない場所で蔵人を定めたことへの疑問であろう。

なお蔵人頭・蔵人の補任について渡辺直彦氏は、『西宮記』や『侍中群要』の規定を、(1)蔵人所別当が上卿として御前に候じ、仰せによって執筆し、その定文を頭・蔵人に下し、次に出納に仰せて宣旨を書き下す、(2)上卿たる蔵人所別当を介さず、蔵人頭または蔵人が御前において、直接天皇の仰せを奉けて出納に下すという、所別当不在に対した手続きの、二通りに分けられた(渡辺直彦一九七八、四六七~八頁)。

こうした見解を『親信卿記』の事例から見ると、②は所別当が御前に候じた(1)にあたるが、①③はいずれにもあてはまらない。①からは御前に候じたのは所別当に限られないことが知られ、また③からは、御前であることに儀式の原則があることがうかがわれた。蔵人頭・蔵人補任において、儀式の正否を決するのは天皇の現れ方にこそあった。

（谷口美樹）

34 昇殿人定

昇殿人とは、清涼殿の殿上の間に伺候することを許された人々を指し、昇殿を許されない地下と区別された。こうした昇殿人は主に天皇の代替わり、官位の昇進の際に定められた。

①天禄三年三月二日条

「光昭朝臣昇殿慶申」
同日[1]、侍従光昭[2]（藤原）朝臣参入、令奏慶由、其儀、侍従立掖陣橋西辺、令招蔵人、蔵人出謁、即奏候由、仰云、〔聞〕□食[3]、即退出、立橋上東面云、聞□□[4]不称唯□□[5]踏、但口伝云、小拝間去云々、又説□[6]無□□[7]再拝□[8]、〈云々〉、□[9]殿、即開簡給[10]日、

（1）本条が二日条であることは、**59**受領等罷申①註（1）を参照。

（2）陽明本・『大日本史料』は「照」とする。『親信卿記』天禄三年四月十五日条・天延二年四月二十日条には「光昭」とあることから「昭」と判断する。朱書も同様である。

（3）陽明本は一文字分損傷している。『大日本史料』・田中本・橋本本・徳大寺本・修史館本は「聞」とする。墨痕および文意より「聞」と判断する。

（4）陽明本は三文字分損傷している。『大日本史料』は文字数を確定していない。

（5）陽明本は二文字分損傷している。『大日本史料』は文字数を確定していない。文意より二文字目は「舞」である可能性がある。

（6）陽明本は一文字分損傷している。『大日本史料』は「□」とする。

（7）陽明本は二文字分損傷している。『大日本史料』は「□□」とする。

（8）陽明本は一文字分損傷している。『大日本史料』は以下の「云々」を含めて損傷とし、文字数を確定していない。

（9）陽明本は行頭から四文字分程度損傷している。最後の文字は墨痕及び文意より「昇」の可能性がある。

（10）陽明本は「簡給」とする。『大日本史料』は「□□」とし「〔簡給カ〕」と傍書する。

②天禄三年十一月二十七日条

次兼被仰聴昇殿(1)之由、内大臣(藤原兼通)奉此仰、又令奏慶由、此間召主殿助通理(大江)(2)於御前、被仰聴内大臣昇殿之由、内大臣即以参上、参入御所、即退下、留宿所、今日事大略如此、

(1) 昇殿を聴されたのは藤原兼通で、同日、内大臣に任じられている（**8―1**任内大臣③を参照）。

(2) 『大日本史料』は氏を傍書していない。『親信卿記』天禄三年十二月二十五日条に「主殿助大江通理」とあることから、大江と判断する。

③天禄三年十二月二十五日条

「被定昇殿人々、御物忌間儀」

廿五日、御物忌也、内大臣(藤原兼通)依召参御前、被定昇殿人々、其儀如官奏、但依御物忌、大臣円座鋪庇南第三間南柱下、大臣依召参上之後、召紙・筆、書昇殿人々、又召蔵人、蔵人参入、返給硯等、便被仰云、召惟正(源)朝臣、朝臣参入、給昇殿宣旨、退出、〈昇殿人々、侍従照(1)平(源)朝臣・備前守遠量(藤原)朝臣・美作介紀文利等也〉(2)、頭召出納下給、

(中略)

「昇殿賀申」

又文利参掖陣、令主殿助大江通理、奏慶賀之由、即以昇殿、〈去夜候宮中、仍今日参云々〉、

(1) 陽明本は「照」とする。『大日本史料』は「照」とし「〔昭カ〕」と傍書する。『尊卑分脈』は「照」とする。

(2) 陽明本は三文字分の空白符を付す。

④天延二年二月八日条

「定蔵人頭・昇殿人」

申刻許、内大臣(藤原兼通)依召参□(上カ)(1)定蔵人頭并昇殿人々、其儀如常、頃之退出、召頭少将(藤原挙賢)、下給宣旨(2)、

(3)右近衛中将藤原朝臣朝光、

為蔵人頭、

讃岐権介源朝臣通理、

侍従藤原□□(朝臣)(4)正光、

以上聴昇殿、

(1) 陽明本は一文字分損傷している。『大日本史料』は「□」とする。墨痕および文意より「上」と推察される。

(2) 以下の宣旨は、『西宮記』（臨時六・侍中事）に収められた「某人〻可為蔵人、某人〻可聴昇殿」の書様と一致する。渡辺直彦氏は、これも含めた『西宮

記』「侍中事」について、蔵人式より一括抜き書きしたものではないかと推察している（渡辺直彦一九七八、五四二頁）。

（3）　陽明本は「右」とする。『大日本史料』は「右」とし「〔左カ〕」と傍書する。藤原朝光は本条のほか、『親信卿記』天延二年四月十日条等に「右近衛中将」と見える。

（4）　陽明本は二文字分損傷している。『大日本史料』は「□□」とし「〔朝臣カ〕」と傍書する。山中本・徳謄本・『続群』・『歴残』・徳川本は損傷を指摘し「朝臣」とする。鈴謄本・狩野本は「朝臣」とする。文意より「朝臣」と判断する。

⑤天延二年十一月十一日条

「親王以下昇殿」

今日、聴四品盛明親王・治部卿元輔《(藤原)》朝臣・備前権守隆景朝臣昇殿、

⑥天延二年十一月二十五日条

「被定雲客・侍中等」

今日、被定昇殿・侍中等、〈太政大臣《(藤原兼通)》於大盤所書之、伊陟《(源)》朝臣給之、可問先例〉、蔵人、知章《(藤原)》・相如《(藤原)》・職《(源)》[1]昇殿、元章[2]、遠光〈藤〉、

（中略）

丑刻、遠光・知章・職等参入、即窺入御時、奏慶由、付簡、

（1）　『大日本史料』は氏を傍書していない。『親信卿記』本年正月十日条に「雑色源職」とあることから、源と判断する。なお**64**所々別当補任②註（2）を参照。

（2）　陽明本・『大日本史料』は「草」とし「章歟」と傍書する。東本・甘露寺本・鈴謄本・山田本・田中本・藤波本・宮甲本・修史館本は「草」とし「章歟」と傍書する。山中本・徳謄本・『続群』・徳川本は「草」とし「章歟」と傍書し「草」と「歟」に抹消符を付す。『歴残』は「章」とする。

昇殿人を定めるにあたって、宣旨を書き下す大臣の座は、『侍中群要』（第一・補頭以下事）に「孫庇南第四間、敷円座一枚、（中略）殿上人同之」とあるように、清涼殿孫庇第四間に設けられていた。但し、③からは御物忌の場合、大臣の座が「庇南第三間南柱下」に敷かれていたことがわかる。⑥では、太政大臣が「大盤所」において昇殿人を定める宣旨を書き下している。

それについては、親信が「可問先例」と注記していることから、異例の措置であったと思われる。

さて、昇殿人を定める宣旨を下す手続きをめぐって、『西宮記』（臨時一・臨時雑宣旨）には「蔵人頭以下事、所別当於御前定之、下蔵人、蔵人仰出納続宣旨書、〈旧例、下宣旨左近陣、或内侍宣〉、殿上人、同之」、『北山抄』（巻第六・備忘略記・下宣旨事）には「聴昇殿事、蔵人所別当大臣宣、頭蔵人直奉者、称内侍宣、往年仰近衛陣」などと見える。

古瀬奈津子氏は、これらの史料をもとに、次侍従と殿上人の補任方式について、平安中期以降、昇殿を許されるときは、蔵人所別当が勅を奉わって定め、それを蔵人頭もしくは蔵人に下し、さらに出納へ下すという手続きをとったと論じている（古瀬奈津子一九九八、三四八〜五〇〇頁）。

確かに、③では蔵人頭源惟正、④では蔵人頭藤原挙賢、⑥では蔵人頭源伊陟がそれぞれ宣旨の奉者となっており、みな蔵人頭であった。ただ、この時期に蔵人所別当であったことが確認できるのは、源兼明（『公卿補任』天禄三年条）であるが、③では蔵人所別当ではなく藤原兼通が宣旨を書き下している。このことがなんらかの異例の措置によるものかは、必ずしも明らかではないが、『西宮記』などの記述とは異なる様相が『親信卿記』に見られることに注目すべきであろう。

（松下夕子）

35 禁色宣旨

官人は、位階に応じて衣服が定められていたが、より上位の衣服の着用を許可される際には、禁色・雑袍宣旨が下された。本条は源伊陟が、禁色宣旨を賜った記事である。

①天延二年五月八日条

「右中弁伊陟(1)禁色宣旨」

今日、外記仕部来告云、外記大原忠亮云、中宮大夫(藤原為光)可給宣旨、而検非違使等申障不参、余(平親信)可候者、御読経朝座(2)了、上卿(藤原為光)退出、其後外記示案内、仍候矣、上卿召外記、外記目余、余入従敷政門、経小庭東石橋北辺、直進跪膝突候矣、(3)上卿仰云、右中弁(源)伊陟朝臣聴禁色宣旨宣〈へ〉、称唯退出、次為見給弾正之儀、出居左衛門陣、而間上卿不経幾程被着座、仍不着座、只乍立見其儀、上卿着座、〈南面〉、外記申弾正候由、〈立樹下〉、上卿仰云、召、外記称唯退去、次弾正疏調立外記初立所、上卿召之、進到上卿後立称唯、上卿仰云、疏称唯、〈件疏退進及初度称唯之処、若可有先例歟、可問他人〉、

（1） 陽明本は「渉」とする。『大日本史料』は「渉」とし「〔陟〕」と傍書する。本文中に「右中弁伊陟朝臣」とあり、『親信卿記』天延二年四月十日条に「右中弁伊陟朝臣」が蔵人頭に補された記事が見えるため（**5**直物・復任除目・臨時除目⑨を参照）、首肯される。

（2） 同日に始められている季御読経の朝座である（**10**季御読経⑤を参照）。

（3） 陽明本は朱書「右中弁伊陟禁色宣旨」を「上卿仰云」の右に記す。

禁色宣旨は、蔵人と一部の四位・五位の殿上人に下され、天皇の代替わりの折りと、禁色を許された五位が四位に昇進したときに再び下される（小川彰「古記録記事を通してみたる禁色勅許——平安後期殿上人層を中心として——」、『国史学』一二七号、一九八五）。源伊陟は、天延二年正月七日に従四位下に叙されたのち、同年三月二十八日に昇殿を聴され（『公卿補任』貞元二年（九七七）条）、さらに同年四月十日に蔵人頭に補された（**5**直物・復任除目・臨時除目⑨）ことで、禁色宣旨が下されたのであろう。

さて禁色宣旨は、検非違使と弾正疏へ下され（『西宮記』臨時二・諸宣旨例・禁色雑袍事）、検非違使には左仗座で、弾正には左衛門陣で宣旨を下す（『北山抄』巻第六・備忘略記・下宣旨事・禁色雑袍事）。①でも同様である。さらに①では、親信が禁色宣旨を給う儀式に伺候している。親信は、このとき右衛門少尉（『親信卿記』天延元年四月十七日条）、検非違使（『親信卿記』天延二年二月十日条、『公卿補任』長保三年（一〇〇一）条）である。

ついで①では、左仗座へ向かうために敷政門より入り小庭東の石橋北辺を通る道順を示し、膝突に跪くという細かな作法が記載されている。『西宮記』（臨時

二・宣旨事・検非違使）には、検非違使が陣の膝突で禁色等の宣旨を給わるとき、五位の者ならば直ちに膝突に就き、六位の者ならば先ず庭前に候じ上卿の気色に随って膝突に着す、とある。親信は①の時点では六位であるから、六位の作法に従ったと考えられる。そして『北山抄』では、弾正の後に検非違使へ宣旨を下しているが、①では、藤原為光が検非違使に宣旨を給わったのち、ただちに弾正疏に下している。このため宣旨は、必ずしも先に弾正へ下されるわけではないことがわかる。また親信が見た、弾正へ宣旨を給うときの儀式は、まず弾正疏が樹下に立つ。この樹については明らかではないが、たとえば『西宮記』（臨時一・外記政）に「諸卿着左衛門陣、（中略）召使申時、〈立桜北申〉」とある。最後に親信が記している疑問は、おそらく疏が上卿の後ろに立ったことと、そのときに称唯したことであろう。ただ、禁色宣旨を給う詳細な作法は①以外に史料が見えないため、正しい作法は明らかではない。

ところで『侍中群要』（第二）の「禁色宣旨」について、目崎徳衛氏は、「『家抄』禁色雑袍宣旨、三人已上、書其名下給、三人以下、弥仰口伝〈云々〉」とし「弥」に「丹云一本異本作称」と校訂する（目崎徳衛一九八五、一二五頁）。渡辺直彦氏はこの後半を「三人以下弥《（称カ）》仰、口伝〈云々〉」とする（続神道大系『侍中群要』、一九九八、四六頁）。すなわちこの記述を「三人以上まとめて聴される場合には「書宣旨」を下し、それ以下の人数ならば、単に「仰（口宣）」と称するのが「口伝」だ」と理解する。さらに「建前としては「書宣旨」で、平安中期頃までは、それが趨勢であり、稀には「口宣」の例もあったのであろうが、その後、禁色聴許者の人数の多寡により、両者を区別することが、蔵人の間に「口伝」として故実化されていったものであろう」と述べている（渡辺直彦一九七八、五七一頁）。しかし、この「口伝」を必ずしも「故実化され」たものとのみ理解する必要はないであろう。『親信卿記』天延元年四月七日条に藤原媓子を女御となすとき、「先例書名字下給云々、而今度口伝也」とある（**54**入内⑤を参照）。『侍中群要』（第八・為女御宣旨）に

「『家』書名下給」と見えることから、女御となすときその人物の名前を書いた宣旨を本来は下すこと、しかし天延元年はこれを口頭で伝えており、それを「口伝」と表記していることがわかる。①や右の藤原媓子の例から、天延頃の宣旨伝達の実態がうかがえるであろう。

なお渡辺氏は、『侍中群要』（第二・禁色宣旨）「家抄」の説と、『兵範記』仁安二年（一一六七）十一月九日条において平信範が六位蔵人源保行へ下した禁色宣旨とは、「口宣」という点が符合することに注目し、「家」を「平家説」と推定する」参考になると述べている（渡辺直彦一九七八、五七一頁）。

（増井敦子）

36 官　奏

官奏は、諸司諸国の上申する文書を、一人の公卿が奏上する政務である。『親信卿記』には、天禄三年十一月二十六日の官奏にかかわる一連の記事（①〜④）と、官奏が行われたことや、それに候侍した者を書きとどめた簡略な記事（⑤〜⑪）がある。

①天禄三年十月二十七日条

「右大臣奉給官奏事」

廿七日、依召右大臣(藤原頼忠)参上御前、頃之退下、〈被奉可被候官奏之仰歟、官奏択吉日、他奏如本[1]奏之〉、蔵人承仰、先立御几帳於母屋、〈南第二三[2]間、但不立御帳間〉、又召所円座一枚、鋪東[3]孫庇南第四間中央、小退東鋪之[4]、次大臣参上、〈出入殿上倚[5]子東戸、但官奏用下[6]戸〉、今日装束同官奏、先例如此云々、

（1）陽明本は「如本」とする。『大日本史料』は損傷とみなし、文字数を確定していない。

（2）官奏の装束については後述するが、御帳間すなわち第四間には立てないと記されていること、③で第五間に几帳を立てていることからすれば、「五」が脱した可能性がある。

（3）陽明本・『大日本史料』は「南」とし、右に小字で「東歟」と傍書する。『侍中群要』（第六・官奏事）に「孫庇南第四間敷円座一枚」とあるように、円座は「孫庇」に敷かれたことから、「東」と判断する。

（4）文の構成からみれば、「小退東鋪之」は本来、小

字で記されていた可能性がある。なお、③では孫庇におかれた円座の位置が割書にされている。

（5） 殿上間の倚子は、『西宮記』（臨時四・所々座体）に「南一間壁下立御倚子」とあるほか、「御倚子」と記されることが多い。したがって、ここにも「御」が付されていた可能性がある。

（6） 後述するように、官奏に下戸を使用するとの記事は他に見えず、誤記の可能性がある。

②天禄三年十一月二十五日条

「官奏沙汰」

廿五日、依仰参右府(藤原頼忠)、其仰云、明日官奏事如何、必可有歟、(中略)案内慥可奏者、即参里第、召御前矣、伝宣仰旨、返奏云、官奏事、定日前日令奏、日来雖煩咳病侍、相扶必可候矣、(中略)帰参、奏聞此旨、

③天禄三年十一月二十六日条

「官奏」

廿六日、初聞食官奏、左中弁佐理(藤原)朝臣奏奏候由、次召蔵人、被仰可奉仕御装束之由、母屋南第二三五間立御几帳、〈第四間不立、又五間立三尺御几帳、開南戸東扉〉、御簾如常、〈御剣当御茵南方、以柄為西置之、御硯当東御畳南方、猶逼東置之、此二種之物本自候〉、[1]以菅円座一枚、敷孫庇南第四間、〈計自長押下、去東五枚許敷之〉、畢奏事由、即出御、召人佐理朝臣参入、仰云、召之〈云々〉、[2]大臣(藤原頼忠)参上、〈奏三枚云々〉、

（1） 陽明本は三文字分の空白符を付す。

（2） 陽明本は「云々」を小字にする。『大日本史料』は大字にする。

④天禄三年十一月二十七日条

「奏奏報」

廿七日、史保(伴)在来掖陣、進奏報、即取奏文夾殿上文夾、待出御奏之、

⑤天禄三年十二月十日条

同日、右大臣(藤原頼忠)参上、有官奏事、

⑥天禄三年十二月十九日条

「官奏」

十九日、左大臣(源兼明)参上、有官奏事、〈頗臨暗黒、先是迴年[1]諸国文歟〉、

（1） 陽明本は「迴年」とする。『大日本史料』は「迴年」とし「(マヽ)」と傍書する。文意は通じがたいが、官奏が夜分に及んだ事情にふれていると思われる。

⑦天延元年四月十七日条
十□〔七〕(1)日、庚子、左大臣(源兼明)参上、有官奏事、

(1)　陽明本は一文字分損傷している。『大日本史料』は「□」とし「〔七〕」と傍書する。橋本本・徳大寺本は損傷を指摘し「七」とする。『親信卿記』当該条には、続いて直物の記事が見えるが、直物が十七日に行われたことは『日本紀略』同日条からも確認される。よって『大日本史料』に首肯される。

⑧天延二年十一月七日条
「官奏」
七日、源(雅信)大納言(1)参上、有官奏事、〈及秉燭〉、
東京錦(2)一丈三尺・縮線綾一丈六尺・小文錦一丈、
〔絲脱カ〕(3)三斤、〈為絢、(4)十二絢、仰令史正生〉、
石清水行幸料穀倉院返抄三枚請文奉右大弁(藤原為輔)、

(1)　陽明本は「大言」とする。『大日本史料』は「大言」とし「〔納脱〕」と傍書する。『歴残』・狩野本は「大納言」とする。鈴謄本は「大」と「言」の間に挿入符を付し「納」を挿入する。山中本・徳謄本・『続群』・徳川本は「大」と「言」の間に挿入符を付し「納歟」と傍書する。文意より「納」を補う。

(2)　『江家次第』(巻第十・十一月・朔旦旬)に「天延二年用東京錦、案面用綺」とある。ここにいう東京錦が、数日前の朔旦旬儀に使用されたそれに当たるのか、また「東京錦」以下が官奏にかかわる記述であるか否かは確認しえないが、便宜上、ここに付載する。

(3)　陽明本は天横罫下線より一文字下げて書しており、その上に墨痕はない。『大日本史料』は「〔絲脱カ〕」と傍書する。山中本・鈴謄本・徳謄本・『続群』・『歴残』・徳川本は「○」印を記し「絲歟」と傍書する。文意より首肯される。

(4)　陽明本は「絢」とする。『大日本史料』は「約」とし「〔絢カ〕」と傍書する。下文も同様である。

⑨天延二年十二月七日条
「官奏」
七日、左大臣(源兼明)参上、有官奏事、

⑩天延二年十二月十九日条
「官奏」
十九日、申刻、大納言源朝臣(雅信)参上、有官奏事、

⑪天延二年十二月二十九日条
「官奏」
今日、源大納言(雅信)参上、有官奏事云々、

『西宮記』（臨時一・官奏）に、「雖大臣宣旨後可候、大納言候時、書下宣旨、大臣候時、以詞宣下」とあるように、官奏に候侍したのは、あらかじめ宣旨で指名された公卿であった。①には、右大臣頼忠が御前に伺候した際に、その宣下を受けたであろうことが記されている。『親信卿記』その他に記述はないが、⑥以下に見える源兼明や源雅信も宣旨を被り、官奏を行っていたのである。

さて、宣下を受けた公卿は、『西宮記』によれば、陣座で奏文を閲覧したのちに、殿上弁を介して「奏候由」を奏上することになっていた。③は、その奏上から書き起こされている。『西宮記』は続けて「主上出御、弁帰来云、召〈寸〉、（割書略）大臣立座、（割書略）参上」と記しており、それと③の記載に矛盾はない。しかし、その割書に「大臣挿笏執杖、自侍所小板敷東端戸、〈中戸也〉、昇廊経年中行事障子南東辺」とあるのに対し、親信は①において、官奏のときには下戸を用いると述べている。公卿の参入経路については、『侍中群要』（第六・官奏事）に「大臣参上自青瑣門着座」、『北山抄』（巻第三・拾遺雑抄・官奏事）に「大臣挿笏執奏、入自右青瑣門、経年中行事御障子南」とあるが、①に合致する記述は確認されず、誤記の可能性もある。

なお、奏上ののち、公卿は弓場殿にて史に奏文を渡し、陣座にもどって史に勅裁を伝え、奏報のことを命じる。④は『西宮記』に「後朝史書奏報、進蔵人所及大臣・大弁」と見える奏報の次第に対応する記事である。

ところで、以上のような次第は、天禄三年十一月二十七日の官奏（③）に関してのみ詳述されている。そこに想定されるのは、藤原伊尹の死去という事態であろう。『親信卿記』にも記されているが、伊尹は同年十月二十一日、病いのため摂政を辞し、二十三日に認められた。彼が没したのは、その後まもなく、十一月一日のことである（61―1藤原伊尹死去②③④を参照）。『西宮記』に「有摂政之時、於摂政亭・□〔宿カ〕所等申之、准御前儀」とあるように、摂政がおかれているか否かにより、官奏の次第は異なっていた。③において、円融天皇は「初」めて摂政をおかずに「聞食官奏」こととなったのである。詳細な記述は、その新たな事態に対応しようとする親信の意識の現れではなかろうか。

それに対して、以後の官奏をめぐる記事は一様に簡略である。ただ、奏者となった公卿の名は必ず書き留められており、そこに、彼らが宣旨を被っていたという、先の事情が想定される。さらに、『侍中群要』に「大臣命云、奏候〈不〉、蔵人退還、参御所奏云」とあるように、殿上弁が不在のときには、蔵人が「奏候由」を奏上していた。そのような蔵人の役割も背景となっているのかも知れない。

そして、同じく『侍中群要』に「即被仰可勤仕御装束之由」とあるように、装束も蔵人が担当すべき事項であった。その蔵人としての経験をもとに書かれた①および③は、官奏の装束をめぐる数少ない記事のひとつである。装束については『侍中群要』にも記されており、その記述はおよそ二説に大別される。目崎徳衛校訂・解説本一〇三頁八行～一〇四頁二行に見られる装束の記載をA説、同一〇四頁三行～十一行をB説として、③と比較すれば、以下のようになる。

まず、几帳に関しては、

A　取在昼御帳之御几帳二基、〈取南北、不取東西〉、立母屋南第二三間東端、〈西向立之常儀也、又説向東立之〉、

B　以御几帳三基、立母屋南二三五間、〈不立御帳間〉、

とある。御剣をめぐる記述はAにはなく、Bは「御剣当御茵南置之、以柄西之」としている。他方、硯については、

A　取御硯、置御座上、〈本置之所西方畳上、移置也〉、

B　撤御文案、但御硯猶候、〈当御畳南妻、少逼東置之〉、

などとあり、円座の位置は、

A　孫庇南第四間敷円座一枚、為大臣座、〈中央少倚西敷之、去庇長押東板三枚許〉、

B　召所円座一枚、孫庇第四間中央小退東敷之、〈計従長押四枚許、敷之〉、

と見える。③の装束は、調度の位置ばかりでなく表記においても、B説との共通性がより高いといえるであろう。

もっとも、A・B二説はいずれも平家説とみなされている「家」説の一部にあたる（渡辺直彦一九七八、五七〇頁）。官奏の装束が詳述されることはほとんどなく、両説の異同や、B説と③との、円座の位置などにみられる若干の相違が何を意味するのかは、残念ながら明らかではない。ただ、B説の末尾には「右大臣頼忠仰」なるものが付記されている。頼忠が右大臣の任にあったのは天禄二年（九七一）から貞元二年（九七七）までの六年間であり、少なくともB説と③はほぼ同時期のものと考えられる。『侍中群要』の編纂に親信が関与していた可能性があることは、すでに指摘されているが（目崎徳衛一九八五、二三六～七頁）、③は、その可能性を示す史料のひとつであるといえよう。

（西村さとみ）

37 内印

天皇御璽を請うべき内文の儀においては、まずその案文が少納言から内侍を介し奏上される（『西宮記』臨時一・内印）。①は請印すべき文書の滞積及び内侍の代官に関する記事であり、②は請印の日に参じなかった少納言への対処を記している。

①天禄三年七月十日条

「以内侍代官奏請印文事」

十日、左衛門督源朝臣(延光)令奏云、太政大臣(藤原伊尹)申送云、可早成之文等多積、雖承御物忌之由、令奏事由可行請印之事者、奏其由、兼可奏可給内侍代官之由者、奏聞此旨、仰云、可給代官者、但至于案内〔内案カ〕(1)於年中行事御障子下、内侍代授蔵人者、矣〔侯カ〕(2)明朝令覧、是依仰也、

（1）陽明本は「案内」とする。『大日本史料』は「案内」とし「〔内案カ〕」と傍書する。文意より首肯される。

（2）陽明本は「矣」とする。『大日本史料』は「矣」とし「〔俟カ〕」と傍書する。文意より首肯される。

②天延二年十二月二十九日条

「内文」「召問少納言事」

廿九日、中宮大夫（藤原為光）令奏云、昨日依可有内文事、上卿例雖不示仰案内、東宮（師貞親王）御仏名之日、仰少納言（藤原）佐時（1）、而無故不参、可召勘之由、宜奏者、即奏聞、仰云、召問、〈依大相府（藤原兼通）気色、所被申也〉、

（1）陽明本は朱書「召問少納言事」を「佐時」の右に記す。

①では天皇の御物忌を憚りながらも摂政藤原伊尹は、文書行政の滞りを勘案し、速やかに内印の請印を執り行うべきことを奏上している。また請印にあたって、内侍の代官を立てるべきことも奏上している。官符を早急に下すため女蔵人藤原親子を内侍代とした例（『西宮記』臨時一・内印・裏書勘物・天徳四年（九六〇）三月五日条）や、命婦橘恭子を内侍代とした例（『西宮記』所引天徳四年十月二十一日条）があり、①でも代官が用いられた。内侍不候に際して、内侍代を用いず、蔵人が奏上する例（『西宮記』所引延喜十三年（九一三）二月十日条）も見られるが、この手順は採られていない。なお年中行事御障子のもとで内侍代が案文を蔵人に渡すとあるのは、今回の内侍代が昇殿を許されていないことによるのであろうか。地下の内侍が控えるのは年中行事御障子のもとであった（『小右記』寛和元年（九八五）正月十八日条）。あるいは内侍代が御物忌に供奉していないことによるのであろうか。参上しえたのは御物忌に籠候した者に限られていた（補論4、三九五頁を参照）。

②は内文に請印する日程を前もって報せておいたにも関わらず、少納言藤原佐時が当日になって参じなかったという事態を記している。藤原為光は上卿として、佐時の責任を追求すべきことを奏上してきた。内印の儀において、少納言が不参の場合、少将に代行させた例（『西宮記』所引「九記」・天慶二年（九三九）三月二十三日条）や、少納言の遅参によって、内文の案文である内案を奏上できず、陣覧の儀となった例（『権記』

長保五年（一〇〇三）三月二十三日条、土井郁磨「内印の請印について」、皆川完一編『古代中世史料学研究　下巻』、吉川弘文館、一九九八）があるが、このとき為光がいかに対処したのか、あるいは内印の儀自体を延引したのかについては記されていない。親信は自らの関与にのみ、その記述をとどめている。

（谷口美樹）

38　祭・祓

『親信卿記』には賀茂祭や御燈などの祭・祓以外に、陰陽道の祭・祓として四角祭・河臨祓・火災祭が見られる。四角祭は疫病・疾病の原因と考えられた鬼気が都城へ侵入するのを道路上で防御する祭で、大内裏外と京師の四隅で行われる。河臨祓は祈雨・除病・延命・安産等のために水辺で行われ、特に七カ所で行われる祓は七瀬祓という。火災祭は火災の後の祓として、または事前に火災防止として行われる。

①天禄三年十二月六日条

「四角祭沙汰」

又令奏云[1]、従去春比、有疫癘・変[2]、今臨冬季、其事[3]不空、可被行四角祭云々、

（1）　本条の前には安倍晴明の天文密奏が記されており、この部分も安倍晴明の奏上である（39天文密奏①を参照）。

（2）　『諸道勘文』（勘申彗星年々事）に「天禄三年正月十四日、乙巳、白彗貫月、長四尺五寸」とあり、本年の春頃に天変の記録が見られるが、疫病の流行を示す記事は残されていない。

（3）　陽明本は朱書「四角祭沙汰」を「其事」の右に記す。

②天禄三年十二月十日条

「御祓事」

十日、早旦、供御浴、午刻、内蔵寮官人供御贖物、〈七種、五寸人形、盛折敷、居高坏、御等身人形七枚、裏小筵一枚〉[1]、侍臣伝取、候朝餉間前、前女房伝取供之、〈或於昼御座方供之〉[2]、返給、給官人、給御衣、給御蔵小舎人、〈入筥裹之、令仕人持之、相副参向河原云々〉、勅使到其所行事、先着饗座、以机一前居御衣、

問祭場弁備、即着座、以机一前置道(文)光宿祢座左方、居御衣、事了帰参、返上御衣、申平奉仕之由、見参進之、〈今日依風烈、不能立幄、仍儲正明神前食、今日大厄御祭[3]奉仕之〉、
可召仰諸司、
所、〈名香二両、墨七挺〉、
作物所、〈車七、《木》、鉄・錫[4]五寸人形各七、仰豊明、以紙可彫造、作物所請取彫云々、理須絵所絵了、作物所彫、又可度絵所、可彩色、而作物所彫、次度絵所令彩色云々〉、
内蔵、〈行真[5]〉、
絵所、〈牛・馬・犬・鶏各七、仰常則(飛鳥部)〉、
主殿、〈御湯等、正岳〉、大蔵、〈千(海)尋[6]〉、木工、〈董舒〉、掃部、〈真行[7]〉、内作[8]、〈榑事可度作物所〉、
検非違使、〈秋郷〉、道光宿祢、御衣一領、
河臨御禊事、〈時明(藤原)丞[9]書[10]〉、陰陽寮進勘文之後、召内蔵寮官人、仰其日於其方可有御禊之状、召木工寮官人、仰可構七丈幄之状、召大蔵省官人、仰可立幄状、召主殿寮[11]官人、仰可立屛幔并設燎、召掃部寮、仰可鋪設状、召検非違使、仰可弾濫行之者状、召出納、仰可差小舎人[12]、〈使件小舎人名(各カ)所[13]司、若無不用之〉、当日内蔵官人具御贖物、候階下、先気色、於昼御座御覧、了返給、本司官人請之、随勅使出向河原、又給御衣、入御筥裏之、同給寮官、召机一前置御筥当勅使座前、待時刻之間、内蔵寮弁備饌酒、給勅使并陰陽寮官人、御禊了、陰陽寮官人見参進於勅使、帰参、奉奏之後、其文下所読[14]納、

(1) 陽明本は二文字分の空白符を付す。
(2) 陽明本は「或」とする。『大日本史料』は「式」とする。
(3) これは代厄祭のことである。陰陽道祭の一つで、膓母の法・代病身祭とも言い、息災延命のための祭である。河臨禊・火災祭等と同様、『董仲舒祭書』を典拠とし、しばしば七瀬祓や火災祭と共に行われている。
(4) 陽明本は「車七、〈木〉、錫・鉄」とし、「錫」の上に挿入符を付し線を引いて「鉄」を挿入する。『大日本史料』は「車七、〈木・鉄・錫〉」とする。なお、後述するように「錫」は「銀」の誤記である可能性も残る。
(5) 『親信卿記』天延二年(ママ)十二月六日条に「内蔵官人、〈允真行〉」とあり、同じ内蔵寮の官人であることから、

本条の行真と同一人物の可能性がある。

(6)『大日本史料』は氏を傍書していない。『親信卿記』天延元年五月二十二日条に「大蔵、〈仰録海千尋〉」とあることから、海と判断する。

(7)「北山抄裏文書」長保六年（一〇〇四）二月十六日に、諸司の代官が年労をもって本司の主典に任ぜられる近例の一人として、「掃部官人代茨田真行」があげられており、同一人物の可能性がある。なお茨田真行の詳細は不明である。

(8)陽明本は「作」とする。『大日本史料』は「作」とし「〔匠カ〕」と傍書する。『親信卿記』天延元年四月十四日条・天延二年十一月一日条・天延二(マヽ)年十二月六日条に「内作」とあること、『西宮記』(臨時五・所々事)に「修理内作」とあることから、「作」のままで良いと判断する。

(9)『大日本史料』は氏を傍書していない。『親信卿記』天禄三年十月二十一日条に「蔵人刑部少丞藤原時明」とあることから、藤原時明と判断する。

(10)陽明本は「丞書」とする。『大日本史料』は「丞書」とし「(マヽ)」と傍書する。「丞」は刑部少丞(註(9)を参照)の意味であろうから、蔵人刑部少丞藤原時明の書と解釈する。

(11)陽明本は「殿」と「官」の間に挿入符を付し、右に小字で「寮」と傍書する。

(12)『大日本史料』は「人」の下に「〔状脱カ〕」と傍書する。しかし上文の「召主殿寮官人、仰可立屏幔并設燎」の下にも「状」は無いので、必ずしも脱字と考えなくてもよかろう。

(13)陽明本は「名」とする。『大日本史料』は「名」とし「〔差カ〕」と傍書する。田中本・橋本本・徳大寺本は「各」とする。文意より「各」の誤記と推察される。

(14)陽明本は「読」とする。『大日本史料』は「読」とし「(マヽ)」と傍書する。

③天延元年六月二十七日条

「依内蔵寮祓向河原」

廿七日、依内蔵寮祓、彼此相共向河原、両巡之後、降雨雷鳴、或纔隠笠、或又被篷、遂不解除、各々分散、頃之、雨休雷止、

④天延二年二月十三日条

今日、有所々御祭・祓等、

「河臨御祓」

於東河、奉仕河臨御祓、〈保憲(賀茂)、使典雅(藤原)〉、

「火災御祭」

於北野、奉仕火災御祭、〈道(文)光、使修(1)遠(藤原)〉、

「四角祭」

令陰陽寮、奉仕四角祭、〈所衆為使〉、

（1）陽明本は「修」とする。『大日本史料』は「晴」
　とし「〔清カ〕」と傍書する。

⑤天延二年六月十二日条

「河臨御祓(1)」

十二日、河臨御禊、〈晴明《（安倍）》宿祢、後式部〉

（1）陽明本は「祓」とする。『大日本史料』は「禊」
　とする。

①は、安倍晴明が同日に行われた天文密奏に二つの天変を述べ、疫病流行の可能性を指摘し、予防として四角祭を行うことを奏上したものである。

②は「早旦」以下と「河臨御禊事」以下とに分けることができる。山本信吉氏は、『親信卿記』の記事の内容は「通例の日記文として記している部分と、特定の儀式の行事次第のみを記した部分とに容易に区別」され、後者は「あたかも式文（臨時の儀式等に先立って、あらかじめ作られる儀式の次第文で、多く有職の公卿が作成した）」ようなものと指摘している（山本信吉二〇〇三、三九四～五頁）。本条も前半部分は具体的な日記で、後半部分は割書に「時明丞書」とあることから、藤原時明の書いた書を参考にしたものと考えられる。なお、時明の父佐忠は蔵人の経験があり、『親信卿記』天禄三年十一月十二日条には、「佐忠朝臣説」が引かれている（**61―2**薨奏・錫紵・固関③を参照）。『西宮記』には応和年間の「佐忠私記」逸文が散見される（恒例第二・二月・列見・前田育徳会尊経閣文庫所蔵巻子本裏書所引応和四年（九六四）二月十一日条など）。②の「時明丞書」は、時明が父の残した記録に基づいて儀式次第をまとめたものである可能性がある。

また②の御贖物については、割書でその種類を「七種」とする。水野正好氏は、本条の七種は木人形・錫人形・鉄人形・牛形・馬形・犬形・鶏形としている。そして、等身大の人形代は御贖物七種とは別であり、本条の御贖物には御贖物七種と等身大人形の二種類があったと述べている（「等身の人形代」、『京都考古』第二一号、一九七六）。これに対し巽淳一郎氏は、文脈から少なくとも五寸人形は紙製で、御贖物七種は等身人形・紙製五寸人形・車形・牛形・馬形・犬形・鶏形であるとしている（「形代の種類と形代を使った祭祀と呪い」、『日本の美術』第三六一号・まじないの世界II（歴史時代）、一九九六）。また岡田荘司氏は、五寸人形を「木・鉄・錫」としている（「私祈禱の成立」、村山修一他編『陰陽道叢書』二・中世、名著出版、一九九三、初出一九八五）。

まず車形は、『今昔物語集』（巻第二十四第十五話）に船形や馬形と共に祓で使用した例が見え、また平城京左京三条二坊十六坪からは木製のミニチュアの出土例も見られる（奈良市教育委員会『奈良市埋蔵文化財調査概要報告書』平成四年度、一九九三）。よって車形も御贖物の一つであり、七種に入れるべきであろう。次に五寸人形について、割書に「紙」と記されている。型紙など製作過程で必要な材料ではないかと推測される。また「車七、〈木〉、鉄・錫」とあることから、「木」は車形の材料で、人形の材料は「鉄・錫」と考えられよう。以上より②の御贖物七種は、等身人形・鉄錫五寸人形・車形・牛形・馬形・犬形・鶏形と考えられる。なお、『延喜式』（巻第三十四・木工寮）に人形の材料として記されている金属は金・銀・鉄で、実際の出土例も金銅製・銀製（銅に銀箔を貼った物）・銅製・鉄製である。このことから②の「錫」は「銀」の誤記・誤写である可能性と、天禄三年当時は銀を錫で代用していた可能性が考えられる。また金子裕之氏は、②の人形が各々七つずつ準備されていることから、今回の河臨祓は七瀬祓であったのではないかと推測している（「平城京と祭場」、『国立歴史民俗博物館研究報告』第七集、一九八五）。『師光年中行事』（正月・撰吉日事）によると、七瀬祓の場合は賀茂川沿いの川合・一条・土御門・近衛御門・中御門・大炊御門・二条末を七瀬としている。また後冷泉院のときは「霊所七瀬御祓」として、耳敏川（大宮川）・川合・栗〔東歟〕瀧・松崎・石影・西瀧・大井川で行われたとも記している。

④では河臨御祓・火災御祭・四角祭が同日に行われた。勅使については『侍中群要』（第六・祭祓事）に、「凡臨時雑祭等、蔵人奉仰罷向其所令奉仕、〈如御属星

祭河臨御禊等之類也、(中略)但四角四堺祭、差遣所雑色等〉」とあり、また『西宮記』(臨時一・臨時御願・延喜十四年(九一四)十月二十三日条・前田育徳会尊経閣文庫所蔵大永鈔本頭注)には「蔵人所差勅使、四角、所衆各一人、四界、滝口各一人」とあるなど、河臨御祓・火災御祭に蔵人が、四角祭に所衆が使として遣わされた④と一致する。

岡田荘司氏によると、陰陽道祓の早い例は十世紀初頭から見られるが(『貞信公記』延喜十二年(九一二)三月十四日条)、より明確に陰陽師の介在を示した記録は十世紀中頃に見え(『村上天皇御記』応和三年(九六三)七月二十一日条)、「この時期の前後に編纂された『新儀式』にも臨河御禊の規定が示されていて、遅くとも十世紀半ばには陰陽祓が国家公的の行事として執行されている」とし、その詳細な記事として②を示している(前掲論文)。

河臨祓について他に式次第等がほとんど残されていない中、②は等身人形の文献上の初見でもあり、注目される。

(松岡愛子)

39 天文密奏

天文変異のとき、天文博士もしくは天文密奏宣旨を蒙った者が変異の状況と吉凶を勘録した奏書を密封奏上する。奏書は第一の大臣(必ず陰陽寮別当を兼ねている)に上覧したのち、大臣が封を加え返給し、蔵人に付して奏聞する(『西宮記』臨時二・依天変上密奏事)。

①天禄三年十二月六日条

「天文密(1)奏、御物忌儀」「四角祭沙汰」

六日、天文博士安倍(2)晴明、於右兵衛陣外、令奏天文奏、〈依触穢也〉、奏文云、去月廿日歳星犯進賢(3)云々、今月四日月与太白同度云々、又令奏云、従去春比、有疫癘・変(4)、今臨冬季、其(5)事不空、可被行四角祭(6)云々、又天文博士以忠(中原)宿祢令奏密奏、其変只載月与太白同度文、

「左大臣并以忠加封事」

件二人奏、晴明加左大臣(源兼明)封、以忠宿祢加自封、尋問

故実、有仰可加云々、

(1) 陽明本・『大日本史料』は「蜜」とする。橋本本・徳大寺本は「密」とする。文意より「密」と判断する。以下、この二種類の表記の違いについては指摘しない。

(2) 陽明本は「陪」とする。『大日本史料』は「陪」とし「〔倍〕」と傍書する。田中本・橋本本・徳大寺本は「倍」とする。「倍」と判断する。

(3) 陽明本は「覧」とする。『大日本史料』は「覧」とし「〔賢〕」と傍書する。文意より星の名である「進賢」の誤記と判断する。

(4) 『諸道勘文』(勘申彗星年々事)に「天禄三年正月十四日、乙巳、白彗貫月、長四尺五寸」とあり、本年の春頃に天変の記録が見られるが、疫病の流行を示す記事は残されていない。

(5) 陽明本は朱書「四角祭沙汰」を「其事」の右に記す。

(6) 四角祭については**38**祭・祓①を参照。

②天禄三年十二月十一日条

十一日、以忠(中原)宿祢差美濃掾同(1)以信、令奉密奏、即令申云、所(2)煩侍、所令奉也、但先例如此之間、差習学者進上已例也、件以信蒙宣旨云々、其変去九日月(3)犯畢云々、又晴明(安倍)同令奏云々、

(1) 「同」は中原以忠と同姓という意味か。中原以信は『中原氏系図』『中原系図』には見られない。

(2) 陽明本は「云所」とする。『大日本史料』は「云」と「所」の間に「〔依脱カ〕」と傍書する。「依」を補わなくても「以忠が病気なので以信に奉らせる」と意味をとることができる。

(3) 陽明本は「月々」とする。『大日本史料』は「月々」とし「〔日月カ〕」と傍書する。十日未明零時三十四分に畢大星(おうし座の星)が月に接近したことが検証される(斉藤国治『国史国文に現れる星の記録の検証』、雄山閣、一九八六、三三三頁)ため、「日月」の誤記と判断する。

③天禄三年十二月十四日条

「天文奏」

十四日、以信(1)進以忠(中原)(2)宿祢密奏、去十一日月犯井西反星、

(1) ②註(1)を参照。

(2) 陽明本は「朝臣」とする。『大日本史料』は「朝臣」とし、「〔宿祢〕」と傍書する。中原以忠は天禄二年(九七一)九月に「十市首」から「中原宿祢」に改姓し、天延二年十二月に「朝臣」を賜った(『中原系図』『系図纂要』など)。よって天禄三年は「宿祢」である。

④天延元年正月九日条
「天文奏」
九日、天文博士晴明(安倍)奏変異、
其書云、
　二日、白虹匝日、五日、白気亘艮坤、
　七日、鎮星犯東井第五星、

⑤天延元年四月十九日条
「天文奏」
天文博士晴明(安倍)進密奏云、去十八日丑時、月犯斗建星
云々、

⑥天延元年六月二十六日条
「天文奏」
廿六日、主税頭以忠(中原)(1)宿祢奏天文密奏、月犯畢云々、

(1) 陽明本・『大日本史料』は「朝臣」とする。③註(2)を参照。

⑦天延二年十二月三日条
「天文奏」
三日、晴明(安倍)令奏密奏曰、鎮星犯鬼(1)第四星云々、

(1) 陽明本は「之」とし、「立歟」と傍書する。『大日本史料』は「之」とし、右に「立歟」、左に「〔鬼カ〕」と傍書する。この日、土星は輿鬼（かに座）の四辺形の中にあって逆行中であり、θ星の北東にあったことが検証される（斉藤国治前掲書、一〇二頁）ため、「鬼」の誤記と判断する。

①では、十一月二十日に歳星（木星）が進賢（おとめ座の星）を犯したこと（斉藤前掲書、一〇二頁）と、十二月四日に月と太白（金星）が接近したこと（斉藤前掲書、三二一〜三頁）とが奏されている。『侍中群要』（第七・天文密奏事）の「家」には「博士参掖陣、蔵人出対、取奏書還上、挟殿上文刺奏之」とあり、本来ならば掖陣で蔵人が受領すべきところ、今回は内裏触穢のため右兵衛陣の外で受領した。触穢のため、規定された場所の外で儀式を行う例に、受領の罷申の儀がある（『侍中群要』第十・慶賀奏。なお**59**受領等罷申を参照）。

　また封について、『侍中群要』（第七・天文奏）の「式」に「博士加封進大臣、大臣開見、従後加封返給博士、博士持参蔵人所」とある。①で安倍晴明の奏に

は左大臣が封を加えたが、中原以忠は自ら封をしており、変則的なあり方であったようである。

ところで、密奏は『侍中群要』（第七・天文密奏事）の「家」に「御覧了留御所、抑追御所之事、可有用心歟」とある。親信がこうした密奏の内容を知り得ているのは興味深い。

②では月と畢大星（おうし座の星）が接近したことが奏されている。『侍中群要』（巻七・天文奏）に「博士并蒙宣旨之輩進之」と見られるように、以忠が煩っていたため、宣旨を蒙った以信が奏したものである。

③については月と井宿（ふたご座）の西反星が十一日の夜半すぎ（十二日未明）に接近したことが（斉藤前掲書、二三三頁）、④については、七日、鎮星（土星）が東井（ふたご座）を逆行中のところ、第五星（距星）の辺りで停留し、のち順行に転じたことが検証されている（斉藤前掲書、一〇二頁）。⑤では十八日、斗建星（いて座）のひとつが星食を起こしたこと（斉藤前掲書、二三三頁）が奏され、⑥では記事の前日に畢大星（おうし座の星）が月に接近しており、当日未明に月が畢を犯したものが観測されたと考えられる（斉藤前掲書、二三三頁）。⑦では土星が輿鬼（かに座）の四辺形の中にあって逆行中であり、かに座第四星の北東の辺りに土星があったことが検証されている（斉藤前掲書、一〇二頁）。これらのように、『親信卿記』では、月が星を掩いかくす星食と（①②③⑤⑥）、惑星が星宿中の星に接近する現象（①④⑦）を天変として密奏した記事が残されている。

そのうち④⑤⑦が安倍晴明の密奏、③⑥が中原以忠の密奏になっており、①②は二人からの密奏となっている。安倍晴明が史料に見られるのはこの頃からであり、その具体的な活動が『親信卿記』から知られる。

（中岡泰子）

40 勅計

勅計は、しかるべきことがあると、蔵人や侍臣が六衛府・帯刀陣などへ勅使として派遣され、そこにいる人数のみを数えて帰参する。そののち各陣が作成し勅使が署名した見参文を蔵人が取り集め、天皇に奏上するという儀式である（『侍中群要』第七・勅計事）。

『親信卿記』では勅計は、ここでとりあげる①の火事、②の初雪のほか、天禄三年十一月一日の太政大臣の死去（**61―1**藤原伊尹死去④⑦）、天延二年十一月一日の朔旦冬至（**28**朔旦冬至①）に際しても行われている。

なお陽明本は②の記事を天延二年としているが、②註(2)にのべるように天禄三年もしくは天延元年の錯簡の可能性がある。

①天延二年四月十二日条

「夜御殿火事」

十二日、子一刻、夜大殿内坤角燈楼有火焼落、太政大(藤原兼通)臣参上、有勅計事、

左近、〈義孝(藤原)〉、右近、〈遠度朝臣(藤原)〉、左衛門、(1)

右衛門、〈説孝(藤原)〉、左兵衛、〈親信(平)〉、右兵衛、〈典雅(藤原)〉、

（1）　陽明本では左衛門府のみ派遣者の名が記されていない。『大日本史料』は空白に「(マヽ)」と傍書する。

なお、山中本・鈴謄本・『続群』・『歴残』・徳川本は「、、」とする。

②天延二年(マヽ)十一月九日条

「初雪見参」

九日、夜大雪降矣、深二寸許、有勅令取見参云々、女房・男房、〈下内蔵寮〉(1)、六衛府下上卿云々、主殿助(大江)通理奉行、(2)

（1）　陽明本では下文の「下上卿」とは異なって、小字双行であり、記載のあり様を統一していない。

（2）　大江通理は、天禄三年十一月二十七日条や天延元年六月二十日条に「主殿助」とあるが、天延二年になると五月二十四日条や八月二十二日条に「式部少丞」と見える。一方、天延二年の主殿助には藤原修遠が確認される（四月八日条など。以上『親信卿記』）。したがって、本条は天禄三年もしくは天延元年の記事が錯簡した可能性がある。天禄三年・天延元年とも他史料に十一月九日の降雪は見えないが、『親信卿記』天禄三年十一月二十八日条には大雪の記事がある。

なお『禁秘抄』（下・雪山）に「初雪日仰六位蔵人、令取所見参、蔵人束帯、或宿衣」と見え、担当の蔵人は六位とある。大江通理は『親信卿記』天禄三年と天延二年の四月賀茂祭斎院垣下の名簿の中で六位のひと

りとして名があり（15賀茂祭②⑱を参照）、この時期に六位であった。

勅計について、『西宮記』（臨時六・侍中事）には次のように見える。

触事有勅計、分遣侍臣諸陣、令取見参賜禄、〈式（或）不賜〉、但朔旦冬至時、諸陣及蔵人所・校書殿・内豎所等遣侍臣取見参、或不賜、但大雪之時、殿上男女房及内侍所・主殿寮男女官、同預之、

これとほぼ同文が『政事要略』（巻二十五・十月・初雪見参事）に「蔵人式云」として引かれており、天暦蔵人式と指摘されている（西本昌弘一九九八、一一五頁）。『侍中群要』（第七・勅計事）にも同様の式文をはじめとする勅計に関する記事がある。

さて①では火事に際して六衛府の見参を取っており、親信も左兵衛府の見参を取る使を勤めている。太政大臣の死去時の勅計も「六衛府及帯刀陣」であった（61—1藤原伊尹死去④を参照）。一方、天延二年の朔旦冬至の見参の範囲は、六衛府のほか内豎所・校書殿・進物所・御厨子所・殿上・蔵人所であった（28朔旦冬至①を参照）。②では六衛府と、少なくとも殿上の男女房の見参が取られたことがわかる。渡辺直彦氏は、「臨時の急事・有事の際の勅計は、主として六陣を対象とし」「諸儀における見参とは、趣を異にする」と指摘する（渡辺直彦一九七八、五六三頁）。右の蔵人式でも朔旦冬至と大雪のときには但し書が、また『侍中群要』にも「大雪、新銭見参、朔旦等頗異也」とあり、区別されていることがわかる。

②の初雪見参は、冬、初めて積もるほどの雪が降ったとき、勅によって諸陣・殿上男女房などの見参を取り、禄が支給される行事である。これは『西宮記』（恒例第三・十月・初雪降者依宣旨取諸陣見参給禄）『政事要略』および『新撰年中行事　葉子』（十月・初雪見参事）に年中行事としてとりあげられている。見参に預かる範囲に関して『政事要略』には、

今之行事、初雪之日、遣蔵人於諸陣取見参、賜禄物、凡厥預見参所、大略如式、但諸陣官人以下舎人以上、其禄有差、〈官人絹、番長以下賜布、各有等差〉、

とあるので、十世紀末にもほぼ蔵人式の規定のように行われていたことがうかがえる。

②では二寸ばかりの積雪で見参を取れとの勅があった。『政事要略』は『文選』謝恵雲「雪賦」の「尺に盈たば則ち瑞を豊年に呈す」の語句を引き、大雪を豊年の嘉瑞と説明している。この理解はすでに天平十八年（七四六）正月の積雪時の葛井連諸会の歌「新しき年のはじめに豊の年しるすとならし雪のふれるは」（『万葉集』巻十七・三九二五）にも見え、『類聚国史』（巻一六五）の祥瑞部にも「雪」が掲出されている。ただこれらは十月の雪や初雪に限っていない。

この積雪の量について、『春記』長久元年（一〇四〇）十一月十一日条には、「先日有小雪、依不覆庭沙、不取見参」とあり、一方『左経記』寛仁元年（一〇一七）十二月七日条には、「白雪積地、不及寸、早旦参摂政殿《藤原頼通》御宿所、被仰云、可令取初雪見参」とあるので、一寸に及ばなくてもよいが地を覆うことが条件だったようである。

また『新撰年中行事　葉子』には次のように見える。

初雪之朝、蔵人等奉仰向諸陣所々、〈宿衣束帯、只随其刻〉、取見参奏覧、各給禄、召大蔵布・内蔵絹等給之、

女房・蔵人、〈各絹一疋〉、主殿・掃部女官、〈信乃布各四端・下部二端〉、御厨子所得選、〈絹一疋〉、刀自、〈各布三端〉、御厠人長女・同女竪、〈各絹一疋、下部各布三端〉、主殿官人・官人代、〈各絹一疋〉、同史生・案主、〈布各四端〉、同全良、〈布各二端〉、諸陣府生已上、〈絹各一疋〉、番長、〈布四端〉、舎人、〈布各二端〉、

衛府では舎人以上が対象であることと、禄の種類が絹もしくは布であることは『政事要略』と一致する。加えて蔵人式に見える主殿だけでなく、掃部をはじめ、より広い範囲に禄が給されることになっていた。実例では、応和元年（九六一）十一月七日に掃部も預かっており（『西宮記』）、寛仁元年には上下御厨子所・御厠人といった地下、そして蔵人式では朔旦冬至のときに預かるとされている御書所・内豎所も対象になっている（『左経記』同年十二月七日条）。

ところで②では、大江通理が禄の支給を行事しており、「云々」を伝聞体とみれば、親信自身はこの行事にはさほど関与しなかったとも考えられる。このときの見参は、蔵人がとりまとめ奏上ののち、女房・男房の分は内蔵寮へ下した。前掲『新撰年中行事　葉子』により、禄は絹であったと推定される。一方、六衛府の分は上卿へ下されている。応和元年以前の禄の判明する事例では、品物は綿であった（『日本三代実録』貞観二年（八六〇）閏十月二十日条・元慶五年（八八一）十一月十九日条、『西宮記』所引応和元年十一月十日条）。②の時代は綿から絹・布への転換期にあたることになる。②では禄が異なる手続きで支給されたことからすると、本条を初雪見参で絹などが実際に支給された初見史料と評価できるであろう。

（柴田博子）

41　大　索

天延元年四月、源満仲宅に放火した盗人を捕らえるべく大規模な捜索、すなわち大索が行われた。

①天延元年四月二十三日条

「焼亡」「廷尉捕嫌疑人」

廿三日、亥子刻許、火出前越前(1)守橋守(ママ)(2)(源)満仲宅、延及数百家、〈東限古(3)代小道、南限陽明門、西限西洞院大路、北限上東門南半町、但古代小道与陽明門角両三家脱此災、(藤原)安親朝臣家等也〉、件火放火云々、惣所焼五百余烟云々、右衛門少尉(4)(源)満季朝臣捕獲嫌疑人、

（1）陽明本は一文字分の空白がある。『大日本史料』はこの空白に「〔前カ〕」と傍書する。『日本紀略』天延元年四月二十四日条に「前越前守源満仲」とあることから「前」を補う。

（2）陽明本は「橋守」する。『大日本史料』は「橋守」とし「（マヽ）」と傍書する。橋守は、たとえば『類聚三代格』（巻十六・道橋事）天安元年（八五七）四月十一日付太政官符に、山崎橋に「橋守」をおき「有勢人」をして検校を加えさせるなどと見える。満仲がそれと無関係であったと断定はできないが、ここに「橋守」と冠するのは不自然であり、誤記である可能性が高い。

（3）陽明本は「古」とする。『大日本史料』は「土」とし「〔小〕」と傍書する。「古代小道」という表記は下文にも見えるが、『拾芥抄』（中・京程部第二十二）

にいう烏丸小路中御門以北の異名、「少(小)白(代)」すなわち「こしろ」小路を指すと思われる。

(4) 陽明本は朱書「廷尉捕嫌疑人」を「少尉」の右に記す。

②天延元年四月二十五日条

「分手大索」

廿五日[1]、京中分手、一時大索、内大臣《(藤原兼通)》奉仰、於陣行云々、蔵人頭[2]又召仰蔵人所雑色以下并滝口等、令大索宮中、〈於掖陣下召仰、申返事時、用同所、但件事可尋先例、奉仰及申返事、於下侍前可奉申歟〉、

(1) 陽明本は一文字分損傷している。『大日本史料』は「□」とし「〔五カ〕」と傍書する。墨痕および『百錬抄』天延元年四月二十五日条に「有捜盗事」とあることから、「五」と判断する。なお、『日本紀略』は満仲宅の焼亡を二十四日、「有被捜盗人之事」を二十六日のこととしている。

(2) このときの蔵人頭は、『職事補任』(円融院)などによれば、源惟正と藤原挙賢である。

①には、源満仲宅に放たれた火が「数百家」に及んだとあり、『日本紀略』は、その騒動のなかで、越後守宮道弘氏が盗人の矢にあたって命を落としたことを伝えている(天延元年四月二十四日条)。大索は、組織化された強盗団の所業と考えられる、この事件を受けて行われることになった。

大索の儀については『北山抄』(巻第四・拾遺雑抄・大索事)に詳しく、そこには、上卿が勅を奉じ、「差文」にしたがって諸衛の官人を京中および近郊の山々へと派遣し、捜索にあたらせるとある。また、一方で蔵人頭が仰せを受けて、蔵人所の雑色以下を宮中の諸司・所々に派遣するとも見える。②からは、この二つの指揮系統が現実に機能していたことが知られる。

その蔵人方の召仰・返事の場所に関して、②には、このとき使用された「掖陣下」ではなく、校書殿の「下侍前」を用いるべきではないかとの見解が記されている。それが親信個人の意見なのか、他にも疑問を抱いた人がおり、その場の話題となったのかは、にわかに定めがたいが、『侍中群要』(第七・京中大索事)にも「天禄四年四月廿五日、差副蔵人所、又於掖陣下召仰雑色、申返事時、亦於同所申之、但可問先例」と

ある。『侍中群要』の成立をめぐっては、第一次の編纂に親信が関与したのではないか、との見解も示されており（目崎徳衛一九八五、二三六～七頁）、②はそうした問題を考えるうえでも、興味深い史料であるといえよう。

（西村さとみ）

42　石清水行幸

石清水八幡宮に行幸した天皇は、天元二年（九七九）の円融天皇が最初であり（『日本紀略』同年三月二十七日条）、これ以降、天皇・上皇の神社行幸が頻繁に行われるようになった。『親信卿記』には、すでに天延二年に石清水行幸が計画されていた記事がある。

①天延二年二月十日条

「依八幡行幸延引奉幣」

同日、依石清水行幸延引被奉幣帛、使近江守斉光(大江)朝臣、其儀第四間、有宣命、可案内、

②天延二年二月十三日条

「八幡行幸定」

十三日、召諸司於陣頭、被定石清水行幸事、令陰陽寮択申日時、内大臣(藤原兼通)召式部丞惟成(藤原)、令奏行事定文并日時勘文等、行事官、

左衛門督源朝臣〈延光〉、右大弁藤原朝臣〈為輔〉、

左中弁同(藤原)佐理、　主計頭保憲(賀茂)、

外記賀茂保章、　史大春日良辰、

惟宗仲式、

年月日、

日時、来廿二日卯刻、奏覧之後返給、而件廿二日当御物忌、他日或御物忌、或非吉日、仍諸卿相定、重令奏事由、以秋時令択申、択申云、八月七・八日、即令奏、公卿退出、

③天延二年八月三日条

「八幡行幸延引奉幣定」

三日、左衛門督(源延光)(1)奉仰、令勘申依石清水行幸延引、可［　　　　　　　　］(2)可有行幸之日等、便付僕(平親信)□(令カ)(3)奏聞、

（1）　陽明本は「幡」とし右に小字で「督」と傍書する。

（2）　陽明本は九文字分程度損傷している。『大日本史

料』ははじめの三文字を「□□□」とし「〔有奉幣カ〕」と傍書した上で、以下の文字数を確定していない。鈴謄本・徳謄本・『続群』・『歴残』・徳川本は、はじめの三文字に「有奉幣歟」と傍書する。朱書より「有奉幣」の可能性がある。

(3)　陽明本は一文字分損傷している。『大日本史料』は「□」とする。文意より「令」と推察される。

④天延二年八月七日条

「同奉幣」

七日、依石清水行幸延引、被奉幣帛、有御禊事、其儀下庇御簾、南第四間鋪小筵二枚・半畳一枚、為御座、御座間庭中鋪円座二枚、為使・宮主等座、〈使東・宮主西〉、当第三間敷案(1)薦一枚、□〔内カ〕(2)蔵官人舁案一脚立其上、置□〔御〕(3)幣□(4)裹、時刻出御、木工頭泰清〔源〕・左近少将高遠〔藤原〕供御贖物、宮主(5)卜部兼延捧(6)御麻、跪候長橋下、蔵人頭右中弁伊陟〔源〕朝臣伝取供之、兼延着座、次使左馬頭清遠〔藤原〕(7)朝臣着座、御禊了宮主退去、次清遠朝臣進案下捧御幣、〈□□〉〔裹カ〕(8)、御拝了入御、次撤御幣、□〔次〕(9)御贖物、次御装束、上卿各有障不参、仍准延喜七年例(10)、参議右衛門督(11)源朝臣〈重光〉、参射場令蔵人頭右中弁伊陟朝臣奏宣命草、返給、退出返給、便於射場殿召使賜宣命、所牒賜於山□□〔城国〕(12)、

(1)　陽明本・『大日本史料』は「案」とする。山中本・鈴謄本・徳謄本・『続群』・『歴残』・徳川本は「案」とし「葉歟」と傍書する。文意より「葉」の可能性がある。

(2)　陽明本は一文字分損傷している。『大日本史料』は「□」とし「〔内カ〕」と傍書する。文意より首肯される。なお山中本は損傷を指摘し「内」と傍書する。鈴謄本・徳謄本・『続群』・『歴残』・徳川本は「内歟」と傍書する。

(3)　陽明本は一文字分損傷している。『大日本史料』は「□」とし「〔御カ〕」と傍書する。山中本・鈴謄本・『続群』・徳謄本・『歴残』・徳川本は損傷を指摘し「御」と傍書する。文意より「御」と判断する。

(4)　陽明本は一文字分損傷している。『大日本史料』は「□」とする。御幣の裹の数が記されていたと考えられ、墨痕より「一」の可能性がある。

(5)　陽明本は「宮」の右下に小字で「主」を挿入する。

(6)　陽明本は「棒」とする。『大日本史料』・白河本・甘露寺本・山中本・鈴謄本・山田本・徳謄本・宮甲

本・宮乙本・『続群』・『歴残』・狩野本・徳川本は「捧」とする。文意より「捧」の誤記と判断する。

(7) 『大日本史料』は「〔源〕」と傍書する。渡辺直彦氏は「〔藤原〕」と傍書する（渡辺直彦一九七八、四八七頁）。『尊卑分脈』に左馬頭の藤原清遠がいる。『宮寺縁事抄』（臨時祭）に「天延元年三月廿七日、辛巳、石清水宮臨時祭也、使内蔵権頭藤原清遠朝臣」とあり、前年も石清水使であったことがわかる。

(8) 陽明本は一文字分程度損傷している。『大日本史料』は「□」とする。山中本・鈴謄本・『続群』・『歴残』は「○表」の割書とし、「表」の左に「裏歟」と傍書する。陽明本の墨痕より割書であったと考えられ、左側の文字は「裏」と推察される。

(9) 陽明本は一文字分損傷している。『大日本史料』は「次」とする。山中本・鈴謄本・徳謄本・『続群』・『歴残』・徳川本は「次歟」と傍書する。文意より「次」と判断する。

(10) 延喜七年（九〇七）九月十一日の伊勢例幣に、中納言以上が不参であったが、宣命を参議藤原有実に給したことを指す（『日本紀略』同年九月十一日条、『西宮記』恒例第三・九月・十一日奉幣・勘物・延木七年九月一〔十一〕日「御記」など）。

(11) 陽明本は「幡」とし右に小字で「督」と傍書する。

(12) 陽明本は二文字分程度損傷している。『大日本史料』は「□□」とし「〔城国カ〕」と傍書する。渡辺直彦氏は「〔城国〕」と傍書する（渡辺直彦一九七八、四八七頁）。文意より首肯される。

⑤天延二年八月八日条

同日夕、入夜清遠(藤原)朝臣復命、

⑥天延二年十一月七日条

「官奏」

七日、源(雅信)大納言(1)参上、有官奏事、〈及秉燭〉、

(中略)

石清水行幸料穀倉院返抄三枚請文奉右大弁(藤原為輔)、

(1) 陽明本は「大言」とする。『大日本史料』は「大言」とし「〔納脱〕」と傍書する。『歴残』・狩野本は「大納言」とする。鈴謄本は「大」と「書」の間に挿入符を付し「納」を挿入する。山中本・徳謄本・『続群』・徳川本は「大」と「言」の間に挿入符を付し「納脱」と傍書する。文意より「納」を補う。

天延二年二月に一度延期された石清水行幸は、予定された八月にもふたたび延引となった。その原因は記されていないが、二年後の貞元元年（九七六）二月に

延期したときは興福寺での怪であり（『日本紀略』同年二月二十六日条）、天元元年（九七八）十月に延期されたときは穢のためであった（『小記目録』同年十月十三日条）。天延二年の二度の延期に際しては、④に詳しく見えるように、清涼殿の南第四間に御座、東庭に使の座を設けて、奉幣使発遣の儀式が行われている。したがって、二・八月の延期は内裏の穢が原因ではなかったのであろう。

②では、源延光を筆頭とした行幸の行事官が定められている。結局、八月の行幸は果たせなかったが、十五日の石清水放生会では、源延光が上卿として見えている（**23**石清水放生会を参照）。

また④で、源重光は射場殿にて宣命とともに蔵人所牒を使の藤原清遠に授けている。これについて渡辺直彦氏は、おそらく清遠は殿上人であり、ために蔵人所から使の供給のことにつき、山城国に仰せたものと述べる（渡辺直彦一九七八、四八七頁）。

ところで円融天皇は度重なる延期の後、ようやく天元二年（九七九）三月二十七日に石清水八幡宮へ行幸し、翌年（九八〇）十月十日に賀茂社へ、天元四年（九八一）二月二十日に平野社へ行幸した（以上『日本紀略』）。岡田荘司氏が「神社行幸として定着していく始源は、円融朝を画期とする。その初例は石清水行幸であ」ると述べているように（岡田荘司一九九四、三六四頁）、円融天皇以降、石清水をはじめ賀茂・春日・平野社などを対象に神社行幸が盛んに行われる記事が散見される。神社行幸について岡田氏は、天皇が社頭の御在所まで出御しながら自ら神拝はせず、直接神前まで出向いたのは上卿であり、儀式は恒例の臨時祭と類似すること、すなわちその作法は天皇「御願」祭祀の延長線上にあり、丁重な形式であることなどを指摘する（岡田荘司一九九四、三八四～五頁）。

すでに円融天皇は、天禄二年（九七一）から石清水臨時祭を三月の恒例行事として始めている（『日本紀略』天禄二年三月八日条。三橋正二〇〇〇、三四頁）。また天延二年八月の石清水放生会への奉仕は毎年のものとして始められた。石清水行幸にも、このような円融天皇の八幡宮への崇敬がよく示されている。（松下夕子）

43　宇佐使発遣

宇佐使発遣については、『侍中群要』（第七・宇佐神宝）『西宮記』（臨時一・進発宇佐使事）『北山抄』（巻第六・備忘略記・宇佐使立事）『江家次第』（巻第十二・宇佐使事）等に詳しい。①では宇佐使餞の行事、②は宇佐使に下す官符、蔵人所牒のこと、③は発遣当日の記事及び儀式次第・先例が記されている。

①天延元年五月十七日条

「宇佐使餞」

十七日、有宇佐宮使餞事、先是廻所課物、当日於所令調、使前〈ハ〉前近江守国章(藤原)朝臣調備、調四種物、時人曰、例蔵人頭備之、或又如此、飯前奥州府君致忠(藤原)、時人曰(1)、付弁官土器・塩梅最末下臈、当日弁備了、〈使居一台盤北方上他調中飩、但至于鮮物、窪坏物、各々調之〉、下侍西鋪畳為酒部所、時刻、使(源蕃平)(2)参入着座、数巡之後、大蔵丞正雅(藤原)為勧盃、古(3)今云、以三十字〔一脱カ〕(4)、述別心云々、丑二刻、事了、今日依風雨及深更、雖有時議、猶依先例不脱朝衣、

口伝云、雖使不参行餞事、

又廻文右状云、

年月日

右、来其日為餞宇佐使、所廻如件、

（1）『大日本史料』は「時人曰付弁」に「(錯誤アラン)」と傍書する。

（2）今回の宇佐使は③より源蕃平であることがわかる。

（3）陽明本は「古」とする。『大日本史料』は「古」とし「(マヽ)」と傍書する。

（4）陽明本は「十三字」とし「三」の右に転倒符を付す。『大日本史料』は「三十字」とする。短歌の別名「三十一文字」を指し、「一」を脱していると推察される。『春記』長久元年（一〇四〇）十月二十五日条に「今日可餞宇佐使也、先例有和歌事」と見えるように、餞において、和歌をよむことが通例であった。

②天延元年五月十九日条

「宇佐使路次官符請印」「召仰御精進於諸司」

十九日、左衛門督源朝臣〈延光〉、参射場殿、令蔵人左少弁伊陟(源)奏可請印給路次并大宰府官符、返給退出、

詞云、雖御物忌、只可奏事案内、使明日可立、仍今日所申歟、〈官符一枚、行符一枚〉、先日成蔵人所御牒二枚、〈一枚大宰府(1)、一枚路次〉、又今日召諸司(2)、仰明日御精進之由、又召諸陣官人、仰不可重軽服人参入之由、又召寵使并宮主及供奉諸司、

（1）陽明本は「符」とする。『大日本史料』は「符」とし「〔府〕」と傍書する。文意より首肯される。
（2）陽明本は朱書「召仰御精進於諸司」を「諸司仰明」の右に記す。

③天延元年五月二十日条

「宇佐使発遣」

同日、有御浴事、依被奉神宝・幣帛等於宇佐宮并香椎廟、〈廟只幣帛〉、其儀、依御物忌、御簾従本下之、孫庇第四間鋪小筵二枚、其上供半畳為御座、〈南面〉、第一間鋪小筵一枚為机下鋪、東庭当御座以南三尺余、鋪円座二枚為使及宮主座、〈相去七尺許、使東、宮主西〉、内蔵寮奉高机一脚、蔵人自右青瑣門伝取立之(1)、其上置神宝、〈御剣・御鏡・金銀御幣、鏡入筥〉、内大臣(藤原兼通)参射場、令余(平親信)奏告文案二枚、〈一枚宇佐、一枚廟、宇佐告文内、有辞別、文云、依愼仕〈天〉大宮司宇佐公貞節・祢宜大神朝臣定子等給栄爵〈止〉ゝゝ〔云々カ〕(2)、但位記等可給、今日内記悉申障不参、仍大外記弼(大蔵)邦書之〉、返給、頃之、重令奏清書、便大臣候侍(3)、申二刻、出御、内蔵寮奉御贖物二高坏、右馬頭遠度(藤原)・蔵人左少弁伊陟(源)伝取供之、次宮主卜部兼延捧御麻跪候長橋下、遠度朝臣伝取献之、返給、兼延着座、使着座、御禊了、宮主・使等退出、御拝了、〈両段再拝〉、使昇殿、与蔵人一人撤神宝机退出、内蔵寮官人受取、於掖陣下預給卜部、次撤御贖并御座、大臣於殿上召使賜告文、〈使於円座賜之〉、其後召御前給勅命之後、賜御衣一襲、即下南橋、当第三間舞踏、退出自仙華門、〈召御前置笏(4)、又依御物忌、候御簾中奉仰、仰曰大臣令書便給使(5)、御衣夏麴塵表御袴・蘇芳御下襲等也〉、

(6)時人曰、舞踏間失礼多端、又可当御座間云々、

使安芸守蕃平(源)男為堯(源)依蕃平申、給仮令従父、亦路次并大宰府、給所御牒、依殿上人也、

宇佐使事、

「同次第」

宇佐宮被〔奉脱カ〕神宝(7)之儀、先垂東庇御簾、掃部司鋪小筵二枚孫庇南第四間、其上供半畳、〈南面〉、第一間鋪小筵為神宝机下鋪、東庭鋪菅円座二枚為使・宮主座、〈相去六七尺、宮主座在西、使座差在東〉、内蔵寮奉高机一脚、蔵人自右青瑣門伝取立之、其上置神宝、時刻出御、同寮奉御贖物、自侍方同伝取供之、次使及宮主自仙華門参入着座、御禊事了、宮主退出、御拝之後、使昇殿、与蔵人撤神宝等退出、内蔵司受取預給卜部、〈於掖陣下預之〉、次撤御贖物并御座、次撤庭中座、次上御簾、次大臣参令奏告文、御覧之後、於殿上召使賜之、其後使依召参入御前、勅命之後、賜御衣一襲、即於南廊壁下拝舞、自仙華門退出、先是被召仰可為使之人(8)、〈外衛佐昇殿者、被定件使、臨出立期、給所牒大宰府并路次国〉、年々先撤年中行事御障子立壁下、或記云、第一間南端、

「同先例」

延喜十六年日記云、当御座以南三尺許、東庭敷宮主座、其東四五尺敷使座、

天(9)暦七年(10)、御座南三許尺東庭〈云々(11)〉、宮主去二許尺、神宝鏡剣等也、金銀幣入筥、〈天暦七年〉、

可有御麻事、

或記(12)云、使退出、即御拝、両段再拝、訖使与蔵人一人参上、捧神宝退出、

延喜十六年日記云、使昇殿、与蔵人仲連(良峯カ)(13)扶持高机、出自右青瑣門、内蔵寮官人於神仙門西伝取、即於掖陣下預給卜部、卜部請預、納御幣辛櫃、年々例(14)使蔵人捧神宝退出、

延長元年、使(源静)(15)向陣頭請宣命、〈希有例也〉、年来奏宣命不必大臣(16)、以次奏之、

天徳二年、右大将(藤原師尹)於弓場、召使(橘宗臣)(17)給之、

使賜御衣、東庭拝舞、雨儀壁下、〈而式心如何〉、年々河竹、或北(18)、或東北、

蔵人奉仰召仰可使之人、〈用侍臣五位、以衛府佐為先、奉仰之日、初潔斎〉、

臨首(19)途之期、奏事由、給所牒大宰府并路次、

雨儀、使并宮主座鋪仁寿殿西階砌下、〈宮主西、使東〉、

御幣事、

寛平以来、只有惣数、不注宮・廟別数(20)、使進退無定例、

延長元年、初令尋故実裏別付使(21)、宇佐宮三所香椎廟料各別裏結、乍机持出、〈天暦七年後、年々又同〉、

餞事、

当御物忌於射場餞之、

天慶十年、依伊勢奉幣同日立(22)、不御精進、

(1)　陽明本は「衣」とする。『大日本史料』は「衣」とし、「〔取〕」と傍書する。橋本本・徳大寺本は「衣」とし「取」と傍書する。本条の「同次第」に、「蔵人自右青瑣門伝取立之」とあることから、『大日本史料』に首肯される。なお、『江家次第』（巻第十二・宇佐使事）『侍中群要』（第七・宇佐神宝）にも同文が見える。

(2)　陽明本・『大日本史料』は「〻〻」とする。橋本本・徳大寺本は「云々」とする。文意より「云々」と推察される。

(3)　陽明本は「伝」とし、その下に小字で「侍歟」と記す。『大日本史料』は「伝」とし「侍歟」と傍書する。橋本本・徳大寺本は「伝」とし、そこに圏点を付し、下に小字で記した「侍歟」と線で結んでいる。文意より「侍」と判断する。

(4)　陽明本は「日」とする。『大日本史料』は「日」とし「〔自カ〕」と傍書する。橋本本は「日」とし「自」と傍書する。徳大寺本は「自」とする。本条の「同次第」に「自仙華門退出」とあることから「自」の誤記と判断する。

(5)　陽明本は「日」に「曰」を重ね書きする。『大日本史料』は「曰」とし「〔詞カ〕」と傍書する。

(6)　「時人日」以下「云々」までを陽明本は改行し大字で記す。『大日本史料』・宮甲本・修史館本は前行に続け小字で記す。

(7)　陽明本は「被神」とする。『大日本史料』は「被」と「神」の間に「〔奉脱カ〕」と傍書する。橋本本・徳大寺本は「被」と「神」の間に挿入符を付し、「奉」と傍書する。『侍中群要』に「宇佐宮被奉神宝之儀」とあることから、『大日本史料』に首肯される。

(8)　陽明本は「為之」とする。『大日本史料』は「為」と「之」の間に「〔使脱カ〕」と傍書する。『侍中群要』に「先是被召仰可為使之人」とあることから、「使」を補う。

(9)　陽明本・『大日本史料』は朱書「同先例」を「天暦七年」の右に記す。

(10)　史籍集覧本『西宮記』（巻十八・臨時六）の「進発宇佐使事」の頭注に「御記」が引用され「榊本云、天暦七年七月十七日、奉幣神宝於宇佐・香椎了、大日僧都視空奉観音供如常」とある。

(11)　陽明本は「云々」を小字にする。『大日本史料』は大字にする。

(12)『西宮記』(臨時一・進発宇佐使事)には「御拝使及殿上四位、(略)昇御幣案、自右青瑣門退出」とあり、『侍中群要』には「御拝之後使昇殿、与蔵人撤神宝等退出」との記載が見られる。

(13)『大日本史料』は氏を傍書していない。続群書類従本『蔵人補任』には、延喜十六年(九一六)から同二十一年(九二一)の六位蔵人として良峯仲遠の名が見える。同書によれば、仲遠は延喜二十一年正月七日に叙爵されて蔵人を退き、同月三十日に内蔵助に任じられている。以後、仲遠の名は史料に見えなくなるが、『西宮記』からは延長三年(九二五)正月十四日に「内蔵助仲連」(恒例第三・十月・初雪降者依宣旨取諸陣見参給禄)、同四年七月十二日に「侍従内蔵頭良峰仲連」(臨時一・表・裏書勘物)なる人物がいたことが知られる。以上より、迫徹朗氏は良峯仲遠と良峯仲連は同一人物であると推察している(「監の命婦をめぐる人々と大和物語の成立に関する一考察」、『王朝文学の考証的研究』、風間書房、一九七三、初出一九六三)。

(14) 陽明本は「年」で改行し次行を「々」から始める。行頭に「々」が書かれることは不審である。ここから筆写の過程で改行の位置が変化したことがわかる。

(15)『西宮記』(臨時一・進発宇佐使事・裏書)に、延長元年(九二三)九月二十六日の宇佐使発遣の記事があり、使は「左衛門佐静」である。『尊卑分脈』に源光(仁明天皇皇子)の子、正五位下左少将の源静が見える。

(16)『侍中群要』には「大臣参上、令奏告文」とあり、本条では内大臣が蔵人親信をして告文案と清書を奏さしめている。しかし、『西宮記』応和元年(九六一)閏三月六日の記事に「大納言源朝臣令蔵人雅材、奏告文案云々」と見え、大臣に限られていないことがわかる。

(17)『日本紀略』天徳二年(九五八)十月十七日条に「発遣宇佐使少納言橘宗臣」とある。

(18) 陽明本は「式」とする。『大日本史料』・徳大寺本・修史館本は「或」とする。文意より「或」と判断する。

(19) 陽明本・『大日本史料』は「道」とし、右に小字で「首歟」と傍書する。文意より「首」と判断する。

(20)『西宮記』(臨時一・進発宇佐使事・前田育徳会尊経閣文庫所蔵大永鈔本傍注)に「寛平九(八九七)以来、此宮幣物只有惣数不注宮廟別数云々」とある。

(21)『西宮記』(臨時一・進発宇佐使事・裏書)所引「御記」の延喜十六年(九一六)八月二十五日条に「又幣物分奉」とあり、内蔵寮に先例を尋ねた上で、宇佐と香椎の料を別々につつむことが決められている。

(22)『貞信公記』天慶十年(九四七)四月二十日条に

「始伊勢大神宮、高名諸神被奉神宝等」と見える。

宇佐使には、(ア)宇佐和気使、(イ)一代一度の大神宝使、(ウ)三年一度の恒例使、(エ)国家変異等、有事の際の臨時使の四種類がある。(ア)は天皇即位報告のために、原則として和気氏の五位の者を使とし発遣した。(イ)(ウ)(エ)を単に宇佐使と呼ぶ。今回は、天禄三年十月に恒例使が発遣されているので臨時の使である。『歴代宇佐使』(円融天皇)は天変災異のためとしている。

さて、宇佐使は使の仰を蒙った日より潔斎を始め、出立に先立ち殿上において餞を賜る。その餞は、事前に廻文で調達された。①では、前近江守藤原国章と前陸奥守藤原致忠が準備している。壬生本『西宮記』(宇佐使事)に、「調備神宝餞廻文、〈殿上受領、奉仕饗饌〉」と見える。使の前の饗饌については、①に「時人云、例蔵人頭備之」とあり、『左経記』寛仁元年(一〇一七)九月三十日条にも「或人云、使前物蔵人頭用意云々」とあるように、蔵人頭が担当するという説があった。

次に、②ではまず、宇佐使に下される太政官符が二通作成されている。その内訳は宇佐使一行の路次の供給・逓送のために、通過する国々と大宰府に宛てられる逓送官符(②の「路次」官符)と、使の禄(『江家次第』巻第十二・宇佐使事によれば、四位に三百屯、五位に二百屯)として調綿の供給を大宰府へ命じる禄綿官符(②の「大宰府」官符)である。『類聚符宣抄』(第一・宇佐使)には、天暦四年(九五〇)九月十三日付の「大宰府并山陽道諸国司」宛の逓送官符と「大宰府」宛の禄綿官符が見られる。その発給に際しては、基本的に逓送官符には内印、禄綿官符には外印が用いられた(『西宮記』臨時一・進発宇佐使事)。また、『北山抄』(巻第七・都省雑例・内印事)の長保五年(一〇〇三)十二月四日条に「迎送及禄官符請印事、前例不定、或共内印、或共外印、依天徳例、迎送符請内印、禄符於結政所令請印」と見える。②では、上卿が蔵人に両官符を奏上させ、禄綿官符にも外印を使用せず内印を使用している。

また、官符は『西宮記』『江家次第』の式次第によれば発遣当日に作成される。②では発遣前日に作成されているが、このような例は応和元年（九六一）などにも見られる（『西宮記』臨時一・進発宇佐使事・裏書）。

次に、②では、十九日以前に蔵人所牒二枚が作成されていたことがわかる。この所牒とは、使者が殿上人の場合、出立に際して蔵人所から下されるものである。『侍中群要』（第七・宇佐神宝）に「臨出立期、給所牒大宰府并路次国々」、『北山抄』（巻第六・備忘略記・宇佐使事）が引く「清涼抄」に「殿上人為使者、給所牒」と見える。③に「依殿上人」とあることからも、今回の使者安芸守源蕃平は殿上人であったことがわかる。

宇佐使の人選については、『西宮記』（臨時一・進発宇佐使事）に「進発殿上五位」、『侍中群要』に「外衛佐昇殿者被定件使」、③の「同先例」に「用侍臣五位、以衛府佐為先」と見える。これらから判断すると、五位の殿上人が選ばれたが、なかでも外衛の佐が優先して選ばれたようである。実例を見ると、比較的衛門佐が多く、近衛中・少将や国守等も選ばれている。この他、天慶以来の先例で春宮坊の官人は宇佐使に充てない（『小右記』寛仁元年（一〇一七）九月十三日条）、使者になるに際して昇殿を許される場合もある（『左経記』寛仁元年九月十四日条）などの事例も見られる。

また、②に天皇の御精進のことが見えるが、『西宮記』『北山抄』『江家次第』などの式次第には明記されていない。『権記』長保元年（九九九）十一月二十七日条に発遣当日より「御精進也」と見える。また、『左経記』寛仁元年十月二日条によればこの日宇佐使が出立したが、十一月一日条に「依宇佐奉幣事、月来御精進也」、使帰参の前日の十二月一日条に「内膳供忌火膳、〈御精進〉」とあるように、原則として使の帰参まで精進が続けられていた。しかし、十一月二十二日条に豊明節会に際して「但掖御膳御精進也、是宇佐使未還参、仍月来御精進也」とあるように精進は「掖御膳」で行われており、晴の御膳である「内膳」においては魚が用いられているところが興味深い。

次に、③には宇佐使発遣当日の儀式（「宇佐使発遣」）と、宇佐使発遣の儀式次第（「同次第」）、さらに先例の記事（「同先例」）が含まれる。なお『侍中群要』に「式」とある文は、③の「同次第」の「宇佐宮」以下「路次国」までとほぼ同文である。渡辺直彦氏は、これを蔵人式の逸文であるとしている（渡辺直彦一九七八、五五七～八頁）。ただし、「同次第」の「年々先撤年中行事御障子立壁下」以下の文は、『侍中群要』に記されていない。また、「同先例」の「使賜御衣」以下「宮主西、使東」までは特定の年の先例ではないと考えられる。

③の「宇佐使発遣」では、御禊以前に告文（宣命）の清書の奏上が行われている。儀式書にはこの奏上は御禊終了後、装束を徹し、東庇の御簾を上げてから行うとするものが多い（『侍中群要』『北山抄』『江家次第』）。③の「同次第」も同様である。御禊以前に清書の奏上が行われる場合については『西宮記』に見える。

さて、使が告文を給わる場所については、『侍中群要』では「大臣於殿上召使賜之」とあり、『西宮記』に「召使於小板敷、給宣命、〈二枚、遣和気氏及非殿上公卿之時、召陣給〉」、『北山抄』に「召使於小板敷給之、〈非殿上上卿於陣座給之〉」とあり、原則は殿上の小板敷、和気氏と非殿上の場合は陣であった。『江家次第』には「或於陣給宣命於使、御物忌時」と見え、御物忌のときは陣において宣命を給わった。③では、発遣当日御物忌であったことがわかるが、使を殿上に召して宣命を給わっている。長暦四年（一〇四〇）も御物忌のときに殿上で宣命を給わっている（『春記』同年十月二十七日条）。

なお、③の「同先例」にあげられている延長元年（九二三）の例は「陣頭」で宣命を給わっている。しかし、『西宮記』（臨時一・進発宇佐使事・裏書）に見える同年九月二十六日の例では「藤原朝臣於殿上侍、召使静賜之」とあり一致しない。

また、禄を給わった後の使の拝舞の場所については、『西宮記』（臨時一・進発宇佐使事）『江家次第』は東庭で拝舞し、雨儀は南廊壁下で行うとする。③の「宇佐使発遣」でも東庭で拝舞が行われており、「同先例」にも「東庭拝舞、雨儀壁下、〈而式心如何〉」とある。

一方『侍中群要』の「式」には雨儀とは限定せず「即於南廊壁下拝舞」とある。③の割書「而式心如何」とは、東庭を原則とすることが、『侍中群要』の「式」と合わないことを指摘していると考えられる。

さて、『西宮記』（臨時一・進発宇佐使事・裏書）には延喜十六年の記事が二つ見える。一つは、「御記」で同年八月二十五日に宇佐使が派遣されたことを記す。もう一つは、「殿上記」で「延喜十六年、使院賜御衣一襲、下殿於東庭拝舞、出自仙華門」とある。③にも「延喜十六年日記」が二条引かれており、宮主・使の座や神宝の机の撤去に関する記述はここでのみ確認できる。山本信吉氏は、③の二つの「延喜十六年日記」は殿上日記を指すと想定している（山本信吉二〇〇三、三九六頁）。

雨儀の使・宮主の座については、『江家次第』に「雨儀敷仁寿殿砌」とある。また、『西宮記』に見える延長元年九月二十六日の例に「仁寿殿西砌下、敷宮主及使座、〈宮主座西、使在東〉、但、先例、庭中敷之、而今日降雨、仍敷此耳」と見える。これらと③の記述は一致している。

『親信卿記』の宇佐使発遣関連の記事は、儀式書には記述の少ない餞や御精進についての記述もあり、先例も集められ、内容は多岐にわたっている。親信の孫平範国も、蔵人時代の日記『範国記』において、宇佐使発遣当日の儀式に関する比較的詳細な記事を残している（長元九年（一〇三六）八月二十八日条など）。どちらも蔵人としてこの儀式に高い関心を持っていたことがうかがわれる。

（富樫美恵子）

44 臨時奉幣

祈年穀奉幣や例幣などの定期的奉幣以外に、祈雨・止雨などのために臨時に諸社へ幣帛が奉られた。このような奉幣を『北山抄』（巻第六・備忘略記）は「奉幣諸社事」とするが、『親信卿記』では、本文中で「臨時奉幣」または「十六社奉幣」と記述しており、『西宮記』（臨時一）や『侍中群要』（第七）でも「臨時奉幣」としている。

『親信卿記』には、天禄三年五月（①②）、十月（③④⑤）、天延元年五月（⑥⑦）、天延二年九月（⑧⑨）の三年四回分があり、奉幣の対象となったのは十六社である。

①天禄三年五月七日条

「十六社奉幣延引」

七日、左衛門督源朝臣(延光)於左仗座、令奏云、今日十六社奉幣使可立、其中広瀬・龍田使晴淵(1)、丹生使〈ム〉丸(2)申無騎馬之由、可召馬司(3)者、奏聞之後、仰云、宣宣旨者、而今日依使々不具不立云々、先日左大臣(源兼明)於陣頭、令奏陰陽寮勘文并使差(4)文等、又依内記所請、給色紙六十四枚・緑紙四枚・紅紙四枚・黄紙五十六枚、

若此数多歟、

（1）『大日本史料』は氏を傍書していない。『新儀式』（第四・祈年穀事）に「伊勢使依卜不載之、賀茂社必用公卿、自余或侍従」とあることから、侍従である可能性が高い。

（2）『西宮記』（臨時一・臨時奉幣）に「丹生・貴布祢、神祇官差進六位」とあることから、神祇官より派遣された六位官人である可能性が高い。

（3）『西宮記』に「使申無馬由者、奏聞、仰馬寮」、『北山抄』（巻第六・備忘略記・奉幣諸社事）に「若使等中有申御馬之者、令蔵人奏、令外記仰馬寮」とあることから、必要に応じて馬寮から馬を支給することになっており、蔵人がその担当になっていたことがわかる。

（4）陽明本は「着」とし左に抹消符を付し、右に小字で「差」を傍書する。『大日本史料』は「著」とし左に抹消符を付し、右に「差」を傍書する。

②天禄三年五月二十三日条

「臨時奉幣」

廿三日、右大臣(藤原頼忠)参弓場、令奏臨時奉幣宣命、奏聞之後返給、給筥之間、跪候大臣前、返給之時、仰仰事之間立、而仰欲了之間跪奉筥、大臣退還陣座、更率(使脱カ)、次公(1)卿及弁・少納言・史・外記・内記等経月華門(2)、従右兵衛陣向八省(3)立使、筥至于月華門内記取之、以外(4)下部取之、

今日大臣被示仰云、無宣命有験字、不可誤者、

（1）陽明本・『大日本史料』は「率次」とする。『西宮記』（臨時一・臨時奉幣）に「上卿(中略)退出之次、

催使、公卿経月華・陰明・修明門、着昭慶門東廊内方」、『北山抄』（巻第六・備忘略記・奉幣諸社事）に「即率使・参議・弁・少納言・内記(中略)・外記・史等」とあることから、「率」と「次」の間に「使」が脱していると推察される。

（2） 陽明本は「間」とし右に小字で「門」を傍書する。

（3） 陽明本は「者」とする。『大日本史料』は「者」とし「〔省〕」と傍書する。予楽院本は「者」とし朱で「省」と傍書する。修史館本は「者」を朱で抹消し、右に朱で「省」と傍書する。橋本本・徳大寺本は「省」とする。文意より首肯される。

（4） 陽明本は「以外」とする。『大日本史料』は「以外」に「(マヽ)」と傍書する。『江家次第』（巻第五・二月・祈年穀奉幣）に、「内記、〈於月華門外、授宣命筥於使生〔史〕〉」とある。よって、筥を月華門のところで内記が取り、それ以外のものを下部が取ると解釈できる。

③天禄三年十月一日条

「奏止雨奉幣宣命事」

同日、同卿(藤原朝成)〈朝〉、参射場、令奏云、来四日十六社止霖雨奉幣宣命草、其詞云、雖御物忌、可候気色者、但十六社料、可書枚数巨多、仍兼日令奏云々、即内記来掖陣、請料紙、緑(1)紙三枚、〈伊勢〉・紅紙三枚、〈賀茂〉・黄紙卅五枚許、

（1） 陽明本・『大日本史料』は改行し一文字分下げて書きはじめる。なお、同様に料紙について記載している①では改行されていない。

④天禄三年十月二日条

「奉幣日時沙汰」

二日、仰云、来四日寅日、不用神事云々、止彼日、以後日可立使之由、可仰中宮大夫(藤原朝成)朝臣者、先参太相府(藤原伊尹)、令頭(源惟正)中将申有仰事云々由〔之カ〕(1)、仰云、早可仰者、退出、便詣大夫御許、仰仰旨、即被申云、謹以承仰旨、以来七日可行之、但以仰事可申太相府、又以蔵人被仰送太相府如何、

（1） 陽明本・『大日本史料』は「云々」とする。橋本本は「云々」を抹消し「之」と傍書する。徳大寺本は「云々」とし「之歟」と傍書する。文意より「之」の誤記と推察される。

⑤ 天禄三年十月六日条

「奉幣使発遣之間近親薨逝沙汰」

六日、同卿(藤原朝成)令式部丞(藤原扶光カ)(1)奏云、可有御服、御近親(源兼子)之薨逝之由云々(2)、仍明日御奉幣使可立錫紵之後者、奏聞停止云(々脱カ)(3)、故実、後山階天皇(醍醐)(4)源氏兼子薨逝也、而不明其名者、薨奏之日令奏也、只今日驚奏事也、

(1)『大日本史料』は氏名を傍書していない。『親信卿記』天禄三年十一月十二日条に「蔵人式部少丞扶光」が見えるため、本条の式部丞も藤原扶光と推察される。

(2) 源兼子の薨奏については、**61—2**薨奏・錫紵・固関を参照。

(3) 陽明本は「云故」とする。『大日本史料』は「云」と「故」の間に「(々脱カ)」と傍書する。文意より首肯される。

(4)「後山科陵」に葬られているのは醍醐天皇である(『一代要記』丙集・第六十醍醐天皇)。

⑥ 天延元年五月五日条

「奏諸社奉幣日時」

五日、左大臣(源兼明)参入、令奏可奉幣諸社日時勘文、今月十九日、廿二日、

⑦ 天延元年五月二十二日条

「奏奉幣宣命草」

廿二日、左大臣(源兼明)参射場、令奏十六社宣命草、

「行幸依雨延引」「十六社奉幣八省儀」

同日、可有行幸、而依甚雨停止、左大臣参射場、令奏宣命清書、其後左大臣・左大弁保光(源)・左少弁伊陟(源)相共(1)度侍前、出従掖陣着八省、分遣使々、史・外記・少納言等、如例経月華門出矣、〈度侍前例、可尋問〉、外記大原忠亮来掖陣令奏云、左大臣令奏云、先日差石清水使能正朝臣(源)(2)所申之障不明、雖然昨奏事由、以清遠朝臣(藤原)改差、而清遠無音不参、依此諸社使未立、被仰殿上四位可然者輩、将令遂今日事、但能正朝臣就辺候、可候気色者、即申内大臣(藤原兼通)、次奏聞、仰云、清遠後日可召問、能正早令遂使事、彼所申之障事、彼日与使共令弁申者、即仰忠亮了、

(1) 陽明本は朱書「十六社奉幣八省儀」を「共度侍前」の右に記す。

(2)『大日本史料』は氏を傍書していない。『尊卑分脈』には源兼忠の男で姉妹が藤原済時室となった能正の名が見える。

⑧ 天延二年九月七日条

「臨時奉幣宣命草奏」

七日、中宮大夫藤原(為光)朝臣参射場殿、令蔵人主殿助藤原修遠奏十六社臨時奉幣宣命草、依疱瘡也、又有祈年穀之詞、返給退出云々、

⑨天延二年九月八日条

「奏宣命清書」

八日、同卿(藤原為光)参入、令蔵人通理(大江)奏宣命、〈但丹生河上有(1)奉赤毛御馬云々〉、

(1) 陽明本・『大日本史料』は「有」とする。鈴謄本は「有」とし「者歟」と傍書する。『続群』・『歴残』は「有」とし「者カ」と傍書する。文意より「者」の誤記の可能性がある。

『親信卿記』の臨時奉幣に関する各記事の具体的な内容は、④⑥は日時について、③⑦⑧は宣命草について、⑦⑨は宣命清書について、①②⑤は奉幣使発遣についてである。天禄年間にはすでに十六社奉幣制度は成立していることから（岡田荘司一九九四、二三九頁）、奉幣の対象となったのは伊勢、賀茂上下、松尾、平野、稲荷、春日、大原野、大神、石上、大和、広瀬、龍田、住吉、丹生、貴布祢の十六社である（『日本紀略』応和三年（九六三）七月十五日条）。

まず、天禄三年五月の十六社奉幣（①②）は、五月七日に延引され同月二十三日に改めて行っている。この時期大雨があり（『蜻蛉日記』下巻）、止雨のための臨時奉幣であったことがわかる。天禄三年十月（③）・天延元年（⑦）も止雨、天延二年（⑧）は疱瘡のためであった。

また、②では宣命に「有験」の字がないことを右大臣藤原頼忠が咎めている。しかしたとえば『朝野群載』（巻第十二・内記）所載の応和三年六月九日祈雨奉幣宣命、長元三年（一〇三〇）八月十六日止雨奉幣宣命には、ともに「有験」の字が見あたらない。

さて、天禄三年十月の奉幣（③④⑤）は、天皇の物忌みと重なったのと発遣予定日の十月四日が寅日にあたるため七日に延期となり、結局七日の奉幣使発遣も「可立錫紵之後」ということで延引された。その後いつ発遣されたか不明である。寅日に神事を行わないことについては不詳であるが、養老神祇令には「寅日鎮

魂祭」と規定されており、十一月下卯日大嘗祭の前日に神事が行われる。なお、④で惟正が太政大臣藤原伊尹の居所にいたのは、春宮亮としてであり、東宮師貞親王の母が伊尹の娘懐子であったことによるものと推測される。

天延元年五月の奉幣（⑥⑦）は、五日に日時の勘文が行われ、二十二日に宣命草・宣命清書・八省儀が行われた。しかし、使が予定通りには整わず発遣されなかった。行幸も予定されていたが、雨のため停止された。『日本紀略』同月二十三日条に天皇が行幸し、使が発遣されたとあるので、翌日に延期されたらしい。

石清水八幡宮への奉幣使の資格については『西宮記』（臨時一・臨時奉幣）では「石清水氏四位五位」、『北山抄』（巻第六・備忘略記・奉幣諸社事）では「王氏族四位」、『江家次第』（巻第五・二月祈年穀奉幣）では「源氏四位」の規定があり、基本的に王氏の四位か五位が選定されることとなっている。⑦では使が不参のため「殿上四位可然者輩」を代理に立てようとしており、『北山抄』にも「石清水使忽闕者、申殿上四位」

とあることと合致する。なお、奉幣使の規定については岡田荘司・並木和子両氏の論考に詳しい（岡田荘司一九九四、二五二～五頁、並木和子「平安時代の祈雨奉幣」、二十二社研究会編『平安時代の神社と祭祀』、国書刊行会、一九八六、一六一～六頁）。

また、⑦で左大臣・左大弁・左少弁が宣命清書を奏させた後に侍前に渡ることについて、前例は不明であるが、親信は明らかに異例のことと認識している。

疱瘡による天延二年九月の奉幣（⑧⑨）は、祈年穀も合わせて行われた。⑨に赤毛馬を奉納したとあることから、止雨も含まれていたと考えられる。『新儀式』（第四・祈雨祈霽事）によると、祈雨・止雨奉幣には丹生・貴布祢社二社への奉幣があり、祈雨の場合は黒毛馬、止雨の場合は赤毛馬を奉じた。『北山抄』（巻第六・備忘略記・祈晴）『江家次第』（巻十二・祈雨・止雨奉幣）でも同様である。

ところで奉幣の宣命料紙については、『延喜式』（巻第十二・内記）に「凡宣命文者、皆以黄紙書之、但奉伊勢太神宮文、以縹紙書、賀茂社以紅紙書」とあり、神社により紙の色が決まっていた。『西宮記』『侍中群要』（第七・臨時奉幣事）にも同様の記述がある。ただし枚数についての規定はなく、宣命の内容によって異なっていたものと考えられる。なお①③に見える請求枚数は必ずしも統一的ではなく、内記が予備を含めて請求していた可能性がある。『親信卿記』天禄三年九月十三日条で伊勢例幣の宣命料紙として内記が緑紙四枚を請求していることに対し、「可用数二枚許也、若是為書失歟」と見える（25伊勢例幣を参照）。よって、①の請求枚数に対する疑問は、行事の蔵人として宣命草の段階でどのくらい必要か知っていたことからでたのではないかと考えられる。

⑤⑨では日付の下を「同卿」からはじめている。これは直前に氏名の記述があったことを前提にした書き方であり、⑤は③④と、⑨は⑧とともにかつて部類されていたことを示すものと考えられる。（松尾史子）

45 祭使出立

『親信卿記』には、春日祭・賀茂祭・大神祭に際して、内裏での祭使出立に関する記事がある。ここでは春日祭（①）と大神祭（②）のそれをとりあげ、賀茂祭については15賀茂祭⑪⑮⑰⑱を参照されたい。

①天延元年二月十日条

「春日祭使立」

十日、春日祭使立日也、使蔵人頭右近衛権中将惟正(源)朝臣、而依有身病申障由、仍以左衛門佐相親(藤原)為代官矣、将監広光(播磨)[1]申云、使所参射場、而非可度階下、直向内侍所云々、

（1）『大日本史料』は氏を傍書していない。『親信卿記』天禄三年四月七日条に「右近将監播磨広光」と見える。

②天延二年四月十一日条

「大[1]神祭使立」

十一日、大神祭使左近将監物部行忠参入、付内侍所令奏罷向之由、

今日、度不動倉、下祭使等料染絹、

（1） 陽明本・『大日本史料』は「太」とする。本文及び文意より「大」と判断する。

春日祭は二月・十一月の上申日、大神祭は四月・十二月の上卯日に行われ、内蔵寮・春宮坊・中宮職からの奉幣使と、近衛府・馬寮からの走馬や神馬、東舞などを奉仕するための使が立てられる。それら祭使の出発は、春日社へは前日（未日）、大神社へは二日前（丑日、ただし近衛府使が派遣されず祭使の規模が縮小される十二月は前日寅日）である（『延喜式』巻第十五・内蔵寮など）。①は未日にあたり、翌申日に春日祭が行われている（『日本紀略』天延元年二月十一日条）。また大神祭は、三卯ある場合は中卯を用い（『北山抄』巻第一・年中要抄・四月・大神祭事など）、②は四月中卯である十三日の、二日前の丑日にあたる（『日本暦日便覧』）。

さて、『親信卿記』に記されているのは近衛府使の出立である。特に春日祭では、祭使といえば近衛府使を指すほどであった（栗林史子「春日祭使について――その種類と変遷――」、『風俗』二十七巻四号、一九八八、三橋正二〇〇〇、二五三頁）。近衛少将以上と近衛十二人の構成は賀茂祭と春日祭だけで、大神祭や大原野祭では近衛将監・近衛十人とされるのに対して、より重視されていたことがうかがえる（『延喜式』巻第四十五・左近衛府）。

①では、近衛府使に支障が生じたため、左衛門佐が代官に立てられている。天慶八年（九四五）二月の春日祭の代官は左兵衛佐であり（『貞信公記』同年二月四日条）、また天元五年（九八二）春日祭使が触穢したときに円融天皇は「諸衛佐可催」と指示している（『日本紀略』同年二月二十日条）。『西宮記』（臨時六・外衛佐事）にも「祭使代官、〈同近衛府〉」と見え、衛府の佐を立てることが一般的であった。なお大神祭使である将監に支障が生じたときには、左兵衛尉を権将監に補し「勅使」とした例がある（『日本紀略』貞元元年（九七

六）四月五日条）。

春日祭の奉幣使は、出発の日に幣物をつつみ備えたのち、内侍所において進発の由を申す（『延喜式』巻第十五・内蔵寮）。②より、大神祭の近衛府使も内侍所から出発を奏することがわかる。『新撰年中行事』（二月・上申日春日祭）には「蔵人式云、前一日、近衛府使参入、就内侍所、令奏参向社頭由、若御前、〈云々、具見式〉」と見える（西本昌弘一九九八、一二四頁）。

①には、近衛将監播磨広光が、使の参るところは射場であって南庭の階下を渡るべきでないと批判的な発言をしていることが記されている。しかし右の式文を見る限り、藤原相親が直に内侍所へ向かったことがどのように問題であるのかは、必ずしも明らかではない。

『西宮記』（臨時六・左右近衛将事）の「祭使事」によると、祭使は貴族の私邸での饗宴の後に参内し、「使将参内侍所申罷由、次参来射場、発歌笛帰出、着内蔵寮饗所、改換朝衣着直衣発向、〈謂春日使也〉」と見える。さらに春日祭使がやんごとなき侍臣の場合には、「就内侍所令奏参向社頭之由、即召御前、使率舞人並陪従等、自仙花門参」と御前に召され、仁寿殿西砌下で歌笛声を発し、酒肴や御衣を賜るとされている。その実例は延喜四年（九〇四）十一月十一日の「召春日祭使右少将元方御前歌舞、給禄」（『西宮記』恒例第三・十一月・上申日春日祭）をはじめ数多く見られる。

ところが長徳四年（九九八）十一月の春日祭使藤原実成が参内したときは、「秉燭之後、使参弓場殿、有可召御前之仰事」（『権記』同年十一月四日条）と、使は内侍所ではなく射場へ参り、御前へ召されている。このように射場で召されることを儀式次第に記しているのは『江家次第』（巻第六・四月・御禊日）であり、賀茂祭の祭日に使の次将が参内したとき、「於弓場殿発物声、即召御前」と、そしてもし御物忌に当たれば召しはなく使の禄は射場殿で給うとする。なお賀茂祭に際して『親信卿記』では、近衛府使の禄は内侍所で給わるとしていた（**15**賀茂祭⑪⑱を参照）。この御前への召しについては、『小野宮年中行事』（四月・中申酉日賀茂祭事）に「或召近衛府使於御前賜酒肴、兼令奏歌舞給禄、一同春日祭使」とあるように、賀茂祭・春日祭とも同じとみなされていたのである。よって①に記された広光の見解は、春日祭使について、長徳四年の春日祭や『江家次第』の賀茂祭に見えるような射場へ向かう儀の考え方が、天延元年頃すでに一部にあったことをうかがわせるものといえるかもしれない。

　なお祭料は『延喜式』（巻第十五・内蔵寮）に詳しく、絁などを官物から支出することが規定されている。

（柴田博子）

46 仁 王 会

　仁王会とは御前・紫宸殿・大極殿をはじめとする諸殿舎に座をしつらえ、「仁王般若経」を講読する法会である（『西宮記』臨時一・臨時仁王会）。天皇即位ごとの一代一度のもの（『延喜式』巻第十一・太政官）、春秋に催された定季のもの、新造の殿舎にて催すもの、天変や疫病に際してのものなどがある。

①天延元年三月二十三日条

「仁王会」

廿三日、有仁王会事[1]、諸司供奉如例、依御物忌、上卿多不候、亦殿上人着仁寿殿、所衆為堂童子火蛇持、殿上人不足、召雑色為行香人、綾綺殿所衆依例着之、

（1）『日本紀略』天延元年三月十九日条に「大祓、依可有仁王会也」とあり、同月二十三日条に「臨時仁王会」とある。

②天延二年二月二十七日条

「仁王会・季御読経定」

亦定仁王会[1]・季御読経[2]等事、令奏聞、

（1）『日本紀略』天延二年三月二十七日条に「大祓、依可有仁王会也」とあり、翌二十八日条に「仁王会」とある。

（2）季御読経については**10**季御読経を参照。

③天延二年八月二十九日条

「仁王会」

廿九日、仁王会[1]云々、

（1）『日本紀略』天延二年八月二十六日条に「大祓、依可有仁王会也」とあり、同月の二十九日条に「臨時仁王会」とある。

円融朝において天禄二年（九七一）五月十五日に一代一度の仁王会が大極殿にて催されている（『日本紀略』）。これは天禄元年（九七〇）十一月十七日の大嘗会の翌年にあたり、嵯峨天皇以来のあり方に適っていた（甲田利雄『平安朝臨時公事略解』、続群書類従完成会、一九八一、一〇二頁）。

①は春季の仁王会であろう。天延三年（九七五）三月三十日・貞元元年（九七六）三月六日・同二年三月五日など（以上『日本紀略』）に仁王会の記録が残されており、ここからすると①は春季に定例として催されたものと推測される。②の仁王会定も季御読経と同時になされたことから春季のものと考えられよう。一方、③は秋季として準備された仁王会であろう。天延三年七月十二日・貞元元年十月二十一日・天元元年（九七八）九月二十二日など（以上『日本紀略』）に秋季にあたると考えられる仁王会の記録が残されている。その中でも天延三年七月十二日には「依日蝕并度々天変」とその開催理由があげられている。③は疱瘡流行の直中であり（**49**御読経・**78**藤原義孝死去を参照）、その治病効果が当然期待されたことであろう。

その内容は①に法会当日の所衆や雑色の役割を記すのみである。しかしながら蔵人は法会の準備から当日にいたるまで仁王会に従事することとなっていた。蔵人式によると、法会に先立つこと三、四日前、太政官行事所の申請によって名香を舂合する。一、二日前には咒願文を記す紙を御書所に頒け清書させ、それを行事所に送る。前日に堂童子五位四人を定める。当日早朝、所雑色は昼御座を撤去し、母屋御簾を下す。図書寮が用意した経を蔵人が御前に奉る（『侍中群要』第七・仁王会）。

親信はこうした手順を記述しないが、①では、仁寿殿に殿上人が着し、綾綺殿に所衆が着したことなどを記す。これは、蔵人が仁寿殿と綾綺殿の行香人を召集する担当であったこと、行香人を務めるのは仁寿殿では殿上人、綾綺殿では所衆であったことによる（『西宮記』臨時一・臨時仁王会）。また仁寿殿の堂童子は所衆が務めたこと、仁寿殿の行香人の代役は所雑色が担ったことなど、儀式書には見えない事柄や具体的な対応策を書き残している。

（谷口美樹）

47 御修法

御修法は密教の教義に拠り、鎮護国家・天皇の身体護持などを目的に行われた祈禱である。『侍中群要』（第七・御修法事）には、毎年正月に治部省で行われる大元法、宮中真言院で行われる後七日御修法をはじめ、十六種の御修法があげられており、蔵人の役割が行事の次第とともに記されている。

47―1 孔雀経法

孔雀経法は孔雀明王を本尊とし、息災・請雨のためなどに行われた修法である。特に東密で重んじられ、祈雨のためにも多く修された。その依拠するところの『仏説大孔雀明王画像壇場儀軌』には、「若依此法転読是経、一切災難皆得消除、所有願求随意満足」とある。

①天延元年五月十一日条

「触穢定」

十一日、為定穢事、召上卿、〈件穢、触死穢之者、着民部省、民部省寄宿中宮（昌子内親王）(1)女別当不知案内参入宮、始去二日、可及来月、又有犬去八日死淑景舎云々〉、

（1）『大日本史料』は名を傍書していない。

②天延元年五月二十二日条

「穢間御修法沙汰」

同日、内大臣（藤原兼通）被仰云、従来月七日、於内裏七箇日、不動調伏法可修之由、可仰僧都（寛静）、但従去月至于今月十五日、有内裏触穢事、可修件法云々、

「孔雀経法支度」

僧都令奏云、以孔雀経法可奉仕、此法中有息災増益調伏王法、法中云、調伏不忌穢云々、若国家重慎給、以此法可修者、重仰云、以孔雀経法、率廿口番僧可修者、式部丞（藤原惟成カ）(1)行此度事、

孔雀経御修法七箇日支度、

大壇所(2)、

名香少々、白膠香、紫鑛、

安息香、薫陸香、沈香、

白檀香、　龍脳香、　蘇蜜少々、
白芥子、　孔雀尾五茎、
五色糸一(3)条、〈長各二丈五尺〉、
護摩壇、
聖天供十四度、
十二天供七度、
神供七度、
阿闍梨一口、修僧廿口、行事僧一口、
承仕沙弥五人、雑仕十三人、駈仕三人、
已上、小雑仕等可通用諸壇、
　　行事僧、、、(4)助幹、
　　阿闍梨、、、寛静、

「御修法事下知供奉諸司」
御修法供奉諸司、
掃部、〈仰掃守有助〉、大蔵、〈仰録海千尋〉、
木工、〈仰属薫平〉、
左右近、〈駕輿丁事〉、主殿、〈壇所等也、仰属良茂〉、
五色糸事、　香事、脂燭事、
左兵衛府生、〈有茂〉、左衛門府生、右府生、〈元種〉、
近江・東西御贄等停止、内膳、〈直明〉、
大膳、〈仰高安時真〉、造酒、〈仰令史若江利連〉、
乳牛院、〈仰了〉、
当日、仰六衛府可令参僧之由、
内蔵寮申請、
銭四十八貫、絹十二疋、綿二百五十屯、
信濃布十段、調布廿端、糸二絇(5)、
　以上大宰綿代、
同申請、
白米卌五石、糯米六石二斗、大豆三斗、
小豆三斗、大角豆五斗、胡麻五斗、
大麦三斗、小麦三斗、
　以上大炊寮、
油一石二斗、〈主殿寮〉、塩二石、〈大膳職〉、
　諸国率分、

(1)『大日本史料』は氏名を傍書していない。『親信卿記』天延元年六月二十日条に「蔵人式部丞惟成」、天延二年正月二十八日条に「蔵人式部少丞藤原惟成」とあることから藤原惟成と推察される。

（2）陽明本は「増」とする。『大日本史料』は「増」とし「(壇カ)」と傍書する。文意より「壇」の誤記と判断する。

（3）陽明本は「一」とする。『大日本史料』は「一」とし「(マ、)」と傍書する。この五色糸は五色の糸をより合わせて一条の紐にしたものであり、『覚禅鈔』（孔雀経法）に、大壇・護摩壇の四周に巡らすことが見える。『覚禅鈔』（支度）には「五色糸二条、大壇一面、護摩壇一面」とある。①の一条が大壇分にあたる可能性、もしくは「各」の長さとあることから「一」が「二」の誤記である可能性が考えられる。

（4）行事僧・阿闍梨の下は、助幹・寛静の僧位などが記されるべき部分と考えられる。

（5）陽明本は「絇」とする。『大日本史料』は「約」とし「(絇カ)」と傍書する。

天延元年四月から五月十五日に及ぶ内裏の触穢があった。直接それと関連するものかは定かではないが、ちょうど同じ時期に触穢定が行われている（①）。この間に孔雀経法が行われることになった。

②はその準備を詳細に記しており、最初に阿闍梨の提出文書、次に蔵人が召仰す諸司の一覧、さらに内蔵寮申請の三つの部分からなっている。古瀬奈津子氏は本条から、御修法における行事蔵人の職掌の具体相、その太政官機構との関わりを論じている（古瀬奈津子一九九八、三八三〜九一頁）。

「孔雀経御修法七箇日支度」以下、助幹・寛静の名に至るまでの部分は、阿闍梨の提出した文書の抄出であろうことが、『覚禅鈔』（支度・孔雀経御修法七箇日支度）に見える嘉承二年（一一〇七）七月七日の文書と比べることでわかる。

白膠香・紫鑛・安息香・薫陸香・沈香・白芥子は焼香の料であり、孔雀尾は壇上に立てる（『仏説大孔雀明王画像壇場儀軌』）。蘇蜜は供養物として『覚禅鈔』（支度）に見える。『覚禅鈔』（孔雀経法）には、聖天供を後夜・日中の二度、十二天供を初夜に行うとある。それぞれ七日間で計十四度、七度となる。残る神供については『覚禅鈔』（支度）にその料が見える。

次に「御修法供奉諸司」以下は、蔵人が召し仰す諸司の一覧である。「五色糸事」以下の一行のみ物品名が並べられているが、これは直前に見える主殿寮が出すべきものの一覧と考えられる。駕輿丁については『延喜式』（巻第十五・内蔵寮・造五月五日昌蒲珮所条）に、四衛府駕輿丁を雑駈使に充てる定めがある。ここでも雑仕・駈仕に充てられたものかと考えられる。

また、近江・東西御贄等の停止については、『侍中群要』（第七・御修法事）の「式」に「仰四衛府并近江国、停止日次御贄、〈諸衛以生菜類、相伝進之〉」とある。渡辺直彦氏はこれにもとづき、②を「式文施行の跡を裏付ける興味ある記載」とする（渡辺直彦一九七八、五五五頁）。『親信卿記』には季御読経に際しても御贄を停止している記事が見える（10季御読経⑨を参照）。なお東西御贄の東西は埴川・葛野川を指す（『侍中群要』第十・東西宣旨飼事）。

「内蔵寮申請」以下は、内蔵寮の提出した必要な物品の申請を蔵人が、諸司に割り当てたものである。『西宮記』（臨時一・御修法）には「仰内蔵寮令進請奏、奏下上卿、上卿下弁、弁下史、給宣旨諸司、令催渡分物等」とある。

②の「銭」から「糸」までは、「大宰綿代」から支出する、設営に必要な経費であろう。『覚禅鈔』（支度）に「大壇料八石」をはじめとする料が記されている。次の「以上大炊寮」は、右の八種の穀物を大炊寮から出すことを記したものである。『覚禅鈔』には、「五穀」として稲穀・大麦・小麦・緑豆・胡麻が見える。②でも米・豆類・胡麻・大麦・小麦がそろっているが、米は二種、豆は三種ある。「諸国率分」も、油と塩にあてる財源である。

『江家次第』（巻第五・二月・円宗寺最勝会事、巻第六・四月・平野祭、巻第八・七月・御盆事）には、内蔵寮の請奏文書の様が見える。これらと照らし合わせても、②が蔵人に関わる部分を記したものであることがわかる。今回の孔雀経法の行事蔵人は藤原惟成であったと考えられるが、親信はこれらを文書の形で目にし、書き写したのであろう。

47―2熾盛光法

熾盛光法は円仁により伝えられ、「山門之秘揵、国家之珍重也」（『阿娑縛抄』第五十八）とされる台密の大法であり、比叡山や宮中仁寿殿などで義海・延昌・良源ら歴代の天台座主等により修された（『阿娑縛抄』第五十九所引「熾盛光法日記集」天慶八年（九四五）十二月四日条、『延喜天暦御記抄』（御修法事）天徳四年（九六〇）九月二十二日条他）。

①天延二年十二月十五日条

「熾盛光法」

今日、天台座主良源率廿口番僧、於仁寿殿、七箇(1)日間、修熾盛光(2)法、

（1）陽明本は「簡」とする。『大日本史料』・白河本・山中本・山田本・徳謄本・宮乙本・『続群』・『歴残』・狩野本・徳川本は「箇」とする。文意より「箇」の誤記と判断する。

（2）陽明本は「王」とする。『大日本史料』は「王」とし「〔光〕」と傍書する。文意より首肯される。

②天延二年十二月二十二日条

「御修法結願」

同日、有修法結願事、其儀上東庇第六七間御簾、南北行鋪黄端畳、更折西、御障子北辺敷同畳、為番僧座、東戸前鋪畳一枚、為阿闍梨座、阿闍梨(1)延暦寺座主良源率番僧、自北長橋参上、奉仕後加持、蔵人右近衛少将理兼《藤原》取禄給良源、兼仰賜度者各(2)一人之由、其後殊下綸言、仰以良源為大僧都、以尋禅為権少僧都之状、喜懼之至、手足失度、各以退去、又中宮《藤原媓子》・東宮《師貞親王》御修法阿闍梨各給度者一人、左大臣《源兼明》奉仰、於陣座行僧綱召事、亦有直物事、左大臣参射場殿、令蔵人知章《藤原》奏直物、其後重参、令頭伊陟《源》朝臣奏宣命、良源・尋禅等令理兼奏慶賀之由、給禄如例、

（1）陽明本は「々々々」とする。『大日本史料』は「〻〻〻」とし「〔マ、〕」と傍書する。「阿闍梨」を繰り返す意と判断する。

（2）陽明本は「各」とする。『大日本史料』は「各」とし「〔マ、〕」と傍書する。

天延二年十二月十五日から七日間仁寿殿において熾盛光法が行われた。

①の発願の日は、清涼殿で寛静を導師に行われた、仁王経転読の開始と同日であった（**49**御読経⑤を参照）。九世紀後半から十世紀の時期に、読経と修法とを並行

して行う「読経と修法」の形式が発達したとされる（速水侑一九七五、二五頁）。「仁王般若経」には、それを読むことで対処すべき災害の一つに天変があげられており、「仁王般若経」を講読する仁王会が、天変消除のため行われた例もある（『御堂関白記』寛弘四年（一〇〇七）六月十二日条、『日本紀略』同年七月十四日条）。また熾盛光法が天変消除を目的に修せられた例は数多い（『延喜天暦御記抄』御修法事・天徳四年（九六〇）正月六日条他）。今回の熾盛光法・仁王経転読の目的は明記されていないが、①の直前、十二月三日の条に記される天変（**39**天文密奏⑦）に恐らく関わって、東寺長者でこの年金剛峯寺座主に任ぜられた寛静と、天台座主の良源により行われたと考えられる。

『熾盛光法始行年記』には、延暦寺の僧で、天延元年八月四日仁寿殿で熾盛光法を修し、権律師法橋上人位となった遍斅が、本条と同日の天延二年十二月十五日、熾盛光法を修したことが見える。康保元年（九六四）十月十六日、内供奉十禅師であった良源が仁寿殿で、同じく内供奉十禅師の陽生が比叡山大日院で、同時に熾盛光法を修し、遍斅が豊楽院で火天供を修している（『延喜天暦御記抄』御修法事）が、天延二年十二月十五日の遍斅の熾盛光法もまた、比叡山で行われた可能性が考えられ、本条の良源による、仁寿殿での熾盛光法と同時に行うことで、修法の効果を高めようとしたのであろう。

②の「御障子」は二間の南を限る障子、「東戸」は夜御殿の東側の二間に開く戸と考えられる。しかし**47**―**4**①の記事等に見えるように、御修法の結願での阿闍梨・番僧の座は、東庇第三間以南に敷設されるのが通例である。この日の熾盛光法の結願は、その第六日目、十二月二十日に始まった御仏名の結願と同日に行われた（**32**御仏名③を参照）ため、通例と異なり二間に結願の座が敷設されたかと考えられる。

またこの時期、中宮と東宮においても御修法が行われていたことが②より知られる。

『熾盛光法始行年記』に関しては天台宗典編纂所の御教示を得た。深謝する。

47—3不動法

不動法は不動明王を本尊として行う修法で、五壇法の一壇としても修される。その修する目的により、不動調伏法・不動息災法が明確に区別されはじめるのは、十世紀中頃と考えられるという（速水侑一九七五、九〇頁）。

①天禄三年八月二十四日条

「不動法」

今日、被修（1）不動法、此日御読経同日也、仍御加持座儲北二間云々、〈行事式部丞（藤原扶光カ）（2）、阿闍梨少僧都実恵（寛忠カ）（3）〉、此御修法本七箇日也、而可及来月斎、仍縮五箇日、（4）〈不運時直縮也〉、

（1）陽明本・『大日本史料』は「始」とし右に小字で「修」を傍書する。

（2）『大日本史料』は氏名を傍書していない。『親信卿記』天禄三年十一月十二日条に「蔵人式部少丞扶光」が見える。

（3）陽明本は「実恵」とする。『大日本史料』は「実恵」とし「〔寛忠カ〕」と傍書する。『東寺長者補任』によれば、天禄三年の権少僧都に寛忠がいる。「実恵」の名を持つ僧としては、東寺長者二世で、承和十四年（八四七）に亡くなった実恵が著名だが、本条の時点で生存していた「実恵」については不明である。「実恵」は書き誤りの可能性がある。

（4）陽明本は二文字分の空白符を付す。『大日本史料』は「〻〻」とし「（マヽ）」と傍書する。

②天禄三年八月二十九日条

「結願」

廿九日、御結願、其儀如例、源少将〈時中〉、取禄授阿闍梨、次頭少将〈挙賢（藤原）〉、進阿闍梨座下、仰給度者之由、東宮（師貞親王）御修法今日同畢云々、此等同給度者、私案、一宮（1）之内、無愛憎歟、

（1）『大日本史料』は「〔師貞親王〕」と傍書する。東宮の姉で、冷泉天皇の女一宮宗子内親王を指す可能性もある。

③天延二年正月二十八日条

「不動法始」

廿八日、阿闍梨弘延於大日院、（1）始従今日百箇日、修不動息災法、蔵人式部少丞（2）藤原惟成為勅使、

(1)　比叡山西塔に属する村上天皇の御願寺。『延喜天暦御記抄』(御修法事)に、そこで熾盛光法を行った記事が多く見える(天徳四年(九六〇)正月六日条他)。

(2)　陽明本は一文字分損傷している。『大日本史料』・東本・白河本・甘露寺本・山中本・山田本・田中本・藤波本・宮甲本・宮乙本・『続群』・『歴残』狩野本・は「丞」とする。鈴謄本は「丞」に似た文字を書し、字体をかえて「〔丞カ〕」と傍書する。陽明本の墨痕及び文意から「丞」と判断する。

天禄三年八月(①②)、天延二年正月(③)に不動法が行われた。

①では季御読経の初日(**10**季御読経②を参照)と不動法の初日が重なったため、不動法の御加持座を二間に設けたかのようにも見えるが、『新儀式』(第五・御修法事)には「東庇御障子北戸前」に、阿闍梨の加持の座を設け、御格子に迫って番僧の座を敷く、とある(この場所が二間にあたることについては**47―2**熾盛光法を参照)。『侍中群要』(第七・御修法事)にも「修中初・後夜於二間有御加持事」とあり、結願日の後加持以外の加持の座が、二間に設けられることは特別なことではなかったと考えられる。『親信卿記』には季御読経の終日の日付が見えないが、八月二十四日条にその期間が三か日であることが見えるので、②の不動法の結願のあった八月二十九日には、すでに季御読経は終了していたと思われる。不動法結願の場所については記されていないが、通例のように清涼殿の東庇南第三間を中心に行われた可能性が考えられる(**47―4**御修法を参照)。

季御読経と御修法が、重なる時期に行われたり、同日に始められている例は度々見られる。例えば天元五年(九八二)八月十二日には、季御読経と仁寿殿での御修法が同日に始められている(『小記目録』)。また季御読経が祈雨のために早めて行われ、同時に請雨経法が修された事例も見られる(『貞信公記』天慶二年(九三九)七月十五日条他)。天禄三年八月二十四日の季御読経と不動法は、**47―2**①の熾盛光法と仁王経転読と同様に、「読経と修法」の形式にのっとり、一組のものとして行われたのではないかと考えられる。

本来七日間の不動法が二日縮められているのは、九月十一日（実際には十三日に行われた）の神嘗祭伊勢例幣のため、九月一日から僧尼の参内が禁じられることによると考えられる。『年中行事秘抄』（九月）には、神嘗祭の九月、月次祭の六月・十二月の朔日から、僧尼・重軽服人の参内を禁じることは、後朱雀朝にはじまったと『江記』に見えると記されているが、『本朝世紀』天慶四年（九四一）十一月五日条によれば、六月・九月・十一月（新嘗祭）・十二月の神事以前に、御修法・御読経を行ってよいかが、当時すでに問題とされていた。また応和・康保年間から十一世紀初頭までの間は、神嘗祭など中祀の祭月神事日以前に、仏事の行われた例は見られないという（佐藤真人「平安時代宮廷の神仏隔離――『貞観式』の仏法忌避規定をめぐって――」、二十二社研究会編『平安時代の神社と祭祀』、国書刊行会、一九八六、二八二〜九頁）。

③は比叡山大日院で行われた、不動息災法の記事である。『新儀式』『西宮記』（臨時一・御修法）『侍中群要』などに見えるように、御修法が他所で行われるとき、御衣を持って出向き事を行うのもまた蔵人の役目であった。

47―4御修法

『親信卿記』天禄三年五月十五日条にも御修法の結願が見えるが、修法の種類は不明である。

①天禄三年五月十五日条

「御修法結願」

十五日、御修法結願也、先下母屋御簾、南第三間迫御簾(1)鋪緑端畳一枚、為阿闍梨座、其後以南至壁下、更折西、鋪黄端畳、為番僧座、〈或説云、壁下畳、可尋先例、廿口番僧猶儲、況十六口時、可有此座《云々》(2)〉、参上、御加持了(3)間、右近権少将理兼（藤原）取禄、白大褂給阿闍梨権少僧都寛静、便仰各々賜度者一人之由、衆僧同音歓喜悦予、〈禄内蔵寮進矣、寛静付行事蔵人、令申大殿（藤原伊尹）(4)云、奉仕数重云々、仰云、明日可令参進衛（近カ）(5)官者、早旦理兼参入所承也、但阿闍梨以下行事僧以上十八人也、又東宮（師貞親王）御修法等、同賜度者、仰云、相並奉仕間、有此事云々、抑理兼身彼宮殿上人、到阿闍梨房、可仰此由者、承仰、到彼房仰之云々〉、退出之後、上御簾、鋪御座、又童子取御巻数、来掖陣、付小舎人令奉、先例、行事僧持参弓場殿、付蔵人、蔵人伝取奏聞、下給所云々、又御加持時御座、以仏事御半畳、鋪大床子御座前、立御几帳、而此度鋪円座、是違歟、

口伝云、行事蔵人、御修法之間、夜不退出、又御加持御座、近御寝所奉仕矣、非必定所云々、又蔵人潔斎云々、〈此度行事近江掾（藤原惟成カ）也〉(6)、

(1) 陽明本は「以座」とし、右に小字で「御簾」と傍書する。『大日本史料』は「以座」とし、左に抹消符を付し、右に「御簾」と傍書する。

(2) 陽明本は「云々」を割書より小字にする。『大日本史料』は直上の「座」と同じ大きさにする。

(3) 陽明本は「了」とする。『大日本史料』は「了」とし「〔之カ〕」と傍書する。御加持の終了後、近衛次将が阿闍梨に禄を取って給い、次に度者を給する仰せがあることから（『侍中群要』第七・御修法事）、「了」でよいと判断する。

(4) 陽明本・『大日本史料』・田中本・徳大寺本・修史館本は「太」とする。橋本本は「大」とする。文意より「大」と判断する。

(5) 陽明本は「進」とする。『大日本史料』は「進」とし、つづく「衛官」に「〔官衙カ〕」と傍書する。藤原理兼が右近衛少将であること、御修法に際し阿闍梨に度者を給うのは近衛次将の役割であったこと（『侍中群要』）から「近」の誤記と推察される。

(6) 『大日本史料』は氏名を傍書していない。『親信卿記』天禄三年十月二十三日条に「蔵人近江権大掾藤原惟成」とある。

御修法の阿闍梨・番僧の座については、『侍中群要』（第七・御修法事）の「式」、『西宮記』（臨時六・侍中事）には清涼殿の南一二三間に敷くとある。『新儀式』（第五・御修法事）及び『侍中群要』の「家」には、清涼殿の東庇南第三間に阿闍梨の座を、その東側から南の壁下にかけて番僧の座を敷設し、御修法の結願の座とすることが見える。①は『新儀式』・『侍中群要』「家」説に見える通りに、結願の座が設けられている実例である。

御修法の導師となった寛静は、行事蔵人藤原惟成を通じて、太政大臣藤原伊尹に「奉仕数重云々」と述べ、伊尹は右近権少将藤原理兼を通じ返答している。同時

に伊尹は理兼に、東宮御修法等の度者を賜ることを阿闍梨に告げるよう命じ、また「相並奉仕間、有此事云々」とのべている。東宮御修法等の度者を賜った阿闍梨もまた寛静を指し、理兼が二つの用件を同時に寛静に伝えたとすれば、寛静は御修法と東宮御修法等に「相並奉仕」したのだとも考えられる。理兼が東宮御修法の度者についても伝えたのは、「彼宮殿上人」であったためである。この「宮」は東宮であろう。

なお、末尾の「口伝云」以下の文は、『侍中群要』の「敷後加持座、追御所敷之」「凡行事蔵人此間夜不退出、依此事也」と内容が共通している。

さて、『侍中群要』・『西宮記』(臨時一・御修法)などによれば、御修法を行うべしとの仰せを承った蔵人は、(イ)陰陽師に日時を勘申させる、(ロ)阿闍梨に支度を記した文書を提出させる、(ハ)供奉すべき諸司を召し仰す、(ニ)内蔵寮に用いるものを請奏させる、(ホ)日次御贄を停止させ、四衛府には生菜を代えて進めさせる等の前準備を行うことになっている。**47―1**②は御修法当日の記述を欠きながら、その準備の段階については、(ロ)(ハ)((ホ)をも含む)(ニ)がまとまって記されている。

このように、『親信卿記』の御修法についての記述には、独自かつ詳細なものが多く、蔵人による諸準備や、座の設営などが、実際にはどのように行われていたかを知ることができる。

なお、**47―3**不動法③、**47―4**御修法、そしておそらく**47―1**孔雀経法でも藤原惟成が行事蔵人をつとめ、また**47―2**熾盛光法②、**47―4**御修法では、いずれも藤原理兼が近衛次将として、禄を阿闍梨に賜っており、特定の役割をつとめる人物がある程度固定していたことが考えられる。

(山元章代)

48 御念誦

密教における念誦は、本尊の真言を心に念じつつ読誦する修法である。

①天延元年五月二十二日条

「長日御念誦身代沙汰」
〔同カ〕(1)□日、真言院僧都寛静被奏云、従去月十五日令修御念誦(2)、已可及数日(3)、如此之間、皆以身代令奉仕是例也、其例如右、寛静以東寺定額僧安蔵大法師・嘉祥寺法賢法師等可為身代云々、〈件御念誦、去安和二年九月以来、天禄三年十二月以往卌一箇月料百廿余日也〉、許(4)所申、

(1) 陽明本の天横野下線の上には文字の痕跡はない。橋本本は「日」の上に「同歟」と記す。徳大寺本は「同」を補う。『大日本史料』は「日」の左上に「〔同カ〕」と傍書する。文意より首肯される。

(2) 陽明本は「誦念」とする。『大日本史料』は「誦念」とし「〔念誦〕」と傍書する。文意より「念誦」の転倒と判断する。

(3) 陽明本は「日」とする。『大日本史料』は「日」とし「〔月カ〕」と傍書する。後文参照。

(4) 陽明本は「許所申」を「也」に続けて割書とする。『大日本史料』は割書に入れ、「以上三字、大字ニ作ル可キナラン」と注記する。文意より大字と判断する。

②天延元年六月二十二日条
「真言院御念誦結願」
同日、真言院御念誦結願也、仍給僧等各度者一人之由、向僧都房仰之、阿闍梨一口・番僧四口・行事僧一口、合六口也、御念誦従去安和二年九月以後、去年十二月以往退転不被修続也、其後奏御巻(1)数等、

(1) 陽明本・『大日本史料』は「奏」とし、右に小字で「巻歟」と傍書する。文意より「巻」と判断する。

①②によれば円融天皇のための御念誦は、その即位の翌月の安和二年(九六九)九月以来、天禄三年十二月までの四十一カ月間行われていなかった。この御念誦のため、料百二十余日分が用意されていた。天延元年に入り、予定分を行うため御念誦が集中してなされ、奉仕する僧侶たちに負担を強いたと思われる。

①の寛静の「従去月十五日令修御念誦、已可及数日」という奏上は難解であるが、次のような解釈が考えられる。

まず、「去年十二月」(②)の翌月、天延元年正月から御念誦が再開されていたとする解釈である。この場合『大日本史料』が、「数日」を「数月」と読み替え

るべきかとしたことにも根拠が生じる。寛静は正月以来数カ月にわたって拘束されたのである。但し、「去月（四月）十五日」よりとあることから、この御念誦は回を分けて実施されていたことがわかる。寛静は今回の四月十五日からの御念誦について、代人を立てることを申請しているのだと解釈できる。

また、四月十五日以降、御念誦が集中的に行われ始めたとも考えられる。この間、寛静が関わっていたのが数日分であり、その負担を訴えたのだとするならば、「数日」をあえて「数月」と読み替えることなく解釈することが可能である。

御念誦の再開時期、四月十五日以来の御念誦の位置付け、寛静が負担であると感じた期間の長さなどについては様々な解釈の可能性があり、いずれとも決しがたく後考をまちたい。

天禄三年から天延二年にかけて寛静は、孔雀経法（**47―1**）、御修法（**47―4**）をはじめ、天延元年正月八日の後七日御修法（『東寺長者補任』）、御斎会・後七日御修法（**3**御斎会内論議①）、皇后安子国忌（**16**国忌②）、仁王経転読（**49**御読経⑤）と頻繁に宮中の仏事に奉仕しているが、①により、奉仕の期間が長い場合は身代をたてる例があったことが知られる。

②では①と一連の御念誦が「真言院御念誦」と記されている。真言院で行われた御念誦としては、月末に三日間行われる晦日御念誦がある。『小右記』永延二年（九八八）二月二十七日条に、「大僧都元杲率四口伴僧、於真言院奉仕御念誦、如御修法云々、限三个日修之、大月廿八日始、小月廿七日始、年紀多隔、久不被行」とある。①②の御念誦は晦日ではないが、真言院で行われ、また四十一カ月に百二十日余分の料が用意されていることから月当たり三日という計算になり、一致点が多いことが興味深い。

（山元章代）

49 御読経

御読経とは、清涼殿・仁寿殿・紫宸殿・大極殿などの殿舎において、「仁王般若経」や「大般若経」などの経典を転読する仏事である。天皇の仰せを受けて、僧名定や日時の勘申がなされた（『西宮記』臨時一・御読経）。

①天延二年八月二十八日条

「疱瘡大祓」

廿八日、疱瘡大祓(1)云々、

（1）『日本紀略』同日条に「於紫宸殿前庭・建礼門・朱雀門大祓、依天暦元年八月十五日例行之、是為除皰瘡災也」とある。

②天延二年九月二十七日条

「主上御疱瘡」

廿七日、自此夕主上(円融天皇)悩給疱瘡云々、

③天延二年十月三日条

「仁寿殿御読経」

三日、自今日(1)内御読経、於仁寿殿被行云々、

（1）『日本紀略』天延二年十月三日条に「臨時御読経、僧廿口」とある。

④天延二年十二月十三日条

「荷前(1)」「奏御読経僧名」

十三日、有荷前事、(2)〈具見日記〉、左衛門督(3)(源延光)令伊陟(源)奏御読経僧名、

（1）『大日本史料』はこの朱書を記載していない。

（2）『日本紀略』天延二年十二月十三日条に「荷前使」とある。

（3）陽明本は「左」の右肩に朱の斜線を付す。朱書「奏御読経僧名」の位置を示していると考えられる。なお陽明本はこの朱書を「読経僧」の右に記す。

⑤天延二年十二月十五日条

「仁王経御読経」

十五日、請廿口僧、於清涼殿、令転読仁王経、今明御物忌也、而僧等依放請書之遅、参入之者少、仍昨日召保憲(賀茂)朝臣令復推、勘申云、外人可参云々、頭伊陟(源)朝臣申事由於大相府(藤原兼通)、大相府仰云、可召僧及上卿、仍召上卿・侍臣、午刻、蔵人令打鐘、其後僧侶数少早(1)不参上、纔酉刻僧五口参入、出居右近衛中将時中(源)朝臣・少将致忠(藤原)・理兼(藤原)等着座、上卿参上、右大将(藤原兼家)・左衛門督(源延光)・民部卿(藤原文範)・左兵衛督(藤原済時)・左大弁(源保光)・修理大夫(源惟正)等也、僧侶参上、御導師寛静、一座行朝夕座、無引茶事、

（1）陽明本は「少早」とする。『大日本史料』は「少早」とし「〔輩イ〕」と傍書する。山中本・鈴謄本・『続群』・『歴残』は「少早」とし「輩」と傍書する。狩野本は「輩」とする。難読であるが、「少早」のま

まで文意は通じる。

⑥天延二年十二月十六日条

「□(1)御読経闕請」

十六日、夕座之前、左衛門督《(源延光)》令奏云、只今所在闕請三人、而昨日以御読経僧未参入、太政大臣《(藤原兼通)》令参入、勧命是可罷入者也、又照承法師、先日有闕請者、承可入之由仰、而未放請書、又不奉仰之前参入、勤雑役云々、若以仰事許参入歟、可承案内、又阿闍梨尋禅為当時下臈、有事憚云々、以御修法所僧中、以為彼尋禅下臈者、召入如何者、仰云、勧命可入給、照承仰可参仕之由、又以尋禅下臈可禅《(補カ)》(2)闕請者、即仰此由已了、

今(3)日、修夕座、引茶如例、

（1）　陽明本は「御読経闕請」の上に朱の痕跡が認められる。朱書を天横罫上線の上から書きはじめる通例によれば、損傷は一文字分と推測される。文意より「奏」の可能性がある。『大日本史料』は文字を想定していない。

（2）　陽明本は「禅」とする。『大日本史料』は「禅」とし「(補カ)」と傍書する。文意より首肯される。

（3）　陽明本は「今」を天横罫上線の下から書きはじめる。

⑦天延二年十二月十七日条

十七日、朝夕座如例、

⑧天延二年十二月十八日条

「結願」

十八日、午二刻、有御結願事、御導師弘延給度者、王卿、兵部卿親王《(致平)》・右大将《(藤原兼家)》・右衛門督《(源重光)》・左兵衛督《(藤原済時)》・修理大夫惟《(源)》正、

天延二年秋、疱瘡が流行した。①では大祓が行われ、③には円融天皇の罹患を記す。この間、藤原挙賢・義孝の兄弟が相次いで死去した（**78**藤原義孝死去を参照）。このような事態への対処として催されたのが、③の仁寿殿の御読経である。御読経はすでに九月十六日から十九日まで四日間にわたって催されており（『日本紀略』）、さらに加えての読経であった。

④⑤⑥⑦⑧は天延二年十二月に清涼殿において仁王経を転読した一連の記事である。まず御読経に奉仕する僧侶を決めるが、④ではこれを源延光が行い、蔵人頭である源伊陟に奏上させている。これは『侍中群

要』（第七・臨時御読経事）に、御前にて僧を定めるとあることに相違している。ここからすると今回は『西宮記』（臨時一・御読経）に記された上卿主導の次第をとっており、源延光は上卿として差配したと考えられる。なお『北山抄』（巻第六・備忘略記・臨時御読経事）は僧侶の人数を四十人以下にするならば御所にて定め、さらに近例ではその場合も上卿が定めると記す。

⑤では僧侶が予定されていた二十人に及ばないことが問題となっている。これは僧を招集する請書が遅れたことに加え、御読経当日が御物忌に当たっていたことによる。御物忌の場合、供奉する僧侶を前日から参内させねばならない。したがって御読経前日には僧の不足という事態がすでに判明したため、賀茂保憲に再度勘申させるという対策が採られることとなった。当日の酉刻に新たに五人の僧侶が参入してきたが、なお参じない者がいたため、源延光は⑥で請僧の闕を奏上している。このように不足を奏上し、改めて整えるのは上卿の責務であった（『侍中群要』）。召し加えられた僧の内訳は、参入すべき仰せを受けていた勧命、請書をもらっていないにも関らず参入して雑役を勤めていた照承、昨十五日から清涼殿の熾盛光法に供奉していた尋禅の三人であった（47―2熾盛光法を参照）。尋禅のように、すでに仏事に奉仕していた僧侶を招請し闕に充てることは、天元五年（九八二）の季御読経の際にも見られる。このときも御物忌であり、御修善に供奉していた余慶を代わりに召し加えている（『小右記』三月二十五日条）。

⑧になって結願となるが、このとき御導師は弘延で、初日の寛静とは異なっていた。このときの御読経は四日間であった。

円融朝において「仁王般若経」を用いた御読経の例は、天延元年十一月二十七日から四日間清涼殿に二十口、紫宸殿に八十口で行われたもの（『西宮記』恒例第三・九月・季御読経事・裏書勘物）、天元三年（九八〇）九月二十六日から四日間行われたもの（『小記目録』）、天元四年（九八一）五月十一日の御殿に二十口のもの（『小記目録』『日本紀略』）、天元五年五月二十日から五日間清涼殿にて行われたもの（『小右記』『小記目録』

『日本紀略』）、同年八月二十四日から四日間紫宸殿にて行われたもの（『日本紀略』）、永観二年（九八四）五月十七日から二十四日の八日間二十一口で行われたもの（『日本紀略』）などが記録に残され、そのほか「大般若経」を用いて四日間催された例（『日本紀略』天元三年閏三月十四日条・『小記目録』）もあった。御読経の日数は、四日間が多く、そのほか論議を伴い五日間催されたもの（『日本紀略』天元五年十月二十六日条）、七日間行われたもの（『日本紀略』天延三年(九七五)五月六日条）、三日間のもの（『日本紀略』天延三年九月十四日条）、また一日のみ催された（『日本紀略』天禄元年(九七〇)八月二十一日条）こともあった。

（谷口美樹）

50 僧綱召

僧綱召は、勅を奉って、陣座において僧綱に任じる宣命が作成され、少納言等を僧綱所へ遣わして宣命を読ませる儀である（『西宮記』臨時一・僧綱召事、『北山抄』巻第六・備忘略記・任僧綱事、『延喜式』巻第十一・太政官、巻第二十一・玄蕃寮）。

① 天延二年二月十七日条

「僧事」

此[1]次以増恒為権少僧都[2]、以円照為律師、以興良為内供、

（1）この日、直物が行われた（5直物・復任除目・臨時除目⑧を参照）。

（2）陽明本は朱書「僧事」を「都」の右に記す。

② 天延二年五月十一日条

「僧事」

十一日[1]、令蔵人頭伊陟《（源）》朝臣、仰大納言源《（雅信）》朝臣可召僧綱之由、仰云、以寛静為権大僧都、以安鏡為少僧都、以禅芸為権少僧都、以陽生為律師、以安快・湛照等為権律師、大納言令左大弁保光《（源）》朝臣書之、於陣座付伊陟朝臣令奏聞、奏聞之後返給、其後参射場、令蔵人説孝《（藤原）》奏宣命草、又令奏清書、還着陣座、令参議等向綱所云々、

（1）『日本紀略』天延二年五月十二日条に「補僧綱」とあり、本条と日付が一致しない。

③天延二年五月十三日条

「僧慶申」

今日、権大僧都寛静・権律師安快・湛照参北陣下、令奏慶由云々、

④天延二年十二月二十二日条

「御修法結願」

同日、有修法結願事、其儀上東庇第六七間御簾、南北行鋪黄端畳、更折西、御障子北辺敷同畳、為番僧座、東戸前鋪畳一枚、為阿闍梨座、阿闍梨(1)延暦寺座主良源率番僧、自北長橋参上、奉仕後加持、蔵人右近衛少将理兼(藤原)取禄給良源、兼仰賜度者各(2)一人之由、其後殊下綸言、仰以良源為大僧都、以尋禅為権少僧都之状、喜懼之至、手足失度、各以退去、又中宮(藤原媓子)・東宮(師貞親王)御修法阿闍梨各給度者一人、左大臣(源兼明)奉仰、於陣座行僧綱召事、亦有直物事、左大臣参射場殿、令蔵人知章(藤原)奏直物、其後重参、令頭伊陟(源)朝臣奏宣命、良源・尋禅等令理兼奏慶賀之由、給禄如例、

(1) 陽明本は「々々々」とする。『大日本史料』は「〻〻〻」とし「(マ、)」と傍書する。「阿闍梨」を繰り返す意と判断する。

(2) 陽明本は「各」とする。『大日本史料』は「各」とし「(マ、)」と傍書する。

僧綱召の一連の儀式の中の、勅命が陣座に付されるまでの過程は、『北山抄』(巻第六、備忘略記・任僧綱事)に「上卿奉勅、仰弁官、令誡所司并綱所、有召候御前、召補任帳、〈仰外記〉、随仰書之、奏定了、持其僧名着陣座、下給内記、令作宣命」とあり、『親信卿記』では、蔵人が関与している過程が詳しい。

②では陣座で宣命を作成し、次に参議らを僧綱所へ派遣している。③はその任僧綱に対する慶賀である。また『新儀式』(第五・任僧綱事)に「新任僧綱等、於陣外令近衛次将奏慶賀之由、即給禄有差」とある。③では「北陣下」とある。④では右近衛少将を通じて慶賀を奏し禄を給わっていることと合致する。そして、④にはまず本人への口頭伝達、次に陣座での宣命作成、その後本人の奏慶と給禄が行われたことが記されている。

ところで、『親信卿記』に見られる補任の記事と『僧綱補任』の記事とでは、日付等に若干の食い違いが見られる。まず①で円照が律師に、興良が内供に任じられている。彰考館本『僧綱補任』では興良の項に

「天延二年二月十九日補内供奉十禅師、円昭律師替」とある。一方、円照の項では権律師となる日付は五月五日となっているが、これは誤りであろう。

　また、寛静が権大僧都に補任されたのは②より天延二年五月十一日であること、良源が同職に任じられたのは④より同年十二月二十二日であることがわかる。しかし興福寺本『僧綱補任』天延二年条には「小僧都良源　五月十一日転任権大僧都」「権小僧都寛静　同日(五月十一日)転任権大僧都」とあり、寛静が権大僧都に補任されたのと同日に良源も権大僧都に補任されたことになっている。これは良源が法務となるのが天禄二年（九七二）五月十一日であったために、天延二年五月十一日と錯誤が生じて混同したのであろう。

　ちなみに『親信卿記』には見えないが、『僧綱補任』によると、天延二年五月十一日には権律師長燭が律師に、同年十二月二十二日には権少僧都寛忠が少僧都に転じている。尋禅が大臣の子が僧綱に任ぜられた初例であるのに対し、寛忠は親王の子が任ぜられた初例でもある。また、④での良源の権大僧都への補任は、十二月十五日から始まった熾盛光法の結願の日にあたり、良源はその労に対する禄と度者を給わった上での補任であった。

（黒田洋子）

51　給度者

『親信卿記』には俗人に度者を賜った記事が見られる。ここでは藤原伊尹の病いにともなう天禄三年十月四日条（**61—1**藤原伊尹死去①）を除く記事をとりあげる。

　なお陽明本は③の記事を天延元年としているが、③註(1)に述べるように、本条は天禄三年の錯簡の可能性がある。

①天禄三年三月三十日条

「依修八講給度者於太政大臣北方」

卅日、為使頭中将(源惟正)、賜度者□□(1)人於太政大臣(藤原伊尹)□(2)、去廿六日、彼内方(恵子女王)(3)依修八講也、御使有被物之事、〈袴・小褂〉、

（1）陽明本は二文字分損傷している。『大日本史料』は「□一」とする。二字目の下端に横画が見えるが、損傷部分の大きさから「二」の可能性もある。

（2）陽明本は二文字分程度損傷している。『大日本史料』は文字数を確定せず「〔北方云々カ〕」と傍書する。「北方」「内方」などの内容があったと考えられる。

（3）『大日本史料』は名を傍書していない。伊尹の北方は代明親王女、恵子女王である。

②天禄三年十月三日条

「給度者於女七宮」

三日、仰云、度者七人、賜女七宮（輔子内親王）之由、罷彼宮可仰者、参宮、逢家司中務丞公康（藤原）、令伝申仰旨、宮被申悦由、即参内、奏返事、但月来被悩煩、仍給之也、又先以左近将監景斉（藤原）、被聞可給件度者之由云々、

③天延元年（ママ）五月十三日条

「前尚侍給度者」

十三日、先尚侍藤原朝臣〈灌子〉（1）、心在出家、聊儲斎筵（2）、事及天聴、給度者四人、〈身経五代（3）、位昇三品、仍国家為此被哀憐而已〉、

（1）『日本紀略』天禄三年十二月十七日条に「尚侍正二（ママ）位藤原朝臣灌子薨」とある。『平安時代史事典』は③の記載から、『日本紀略』の死没記事を否定し、灌子の生没年を不詳としているが、③は天禄三年の記事の錯簡である可能性がある。なお『親信卿記』には天禄三年五月十三日条は残っていない。

（2）藤原灌子は康保四年（九六七）、延暦寺五智院の堂を建立している（『山門堂舎記』）。

（3）藤原灌子は醍醐・朱雀朝に掌侍（『扶桑略記』第二十五裏書延長八年（九三〇）九月二十二日条、『本朝世紀』天慶元年（九三八）七月十三日条など）、村上朝に典侍（『貞信公記』天暦二年（九四八）四月十八日条など）、以後、冷泉・円融朝にいたるまで尚侍として奉仕した（『一代要記』村上天皇後宮など）。

①②に見えるように給度者の使となったのは蔵人である。天禄三年十月、太政大臣藤原伊尹の病いに際し、度者八十人を賜う使となったのは息子の頭少将挙賢であったが、これは蔵人頭としての職務である。

①②③とも度者を給されたのは、いずれも天皇・東宮と近しい関係にある女性であるが、①③では法事を行ったことがその契機となっている。一方、②では太政大臣伊尹の場合と同様、内親王の病いが契機となり、

また内親王本人が度者を要請していたことがわかる。

なお①の法華八講については、『日本紀略』天禄三年三月二十六日条・二十八日条・三十日条から、伊尹の里第で行われたこと、三月三十日がその最終日であったことなどが知られるが、その主体が恵子女王であったことは『親信卿記』にのみ見える。　（山元章代）

52　皇太子謁見

皇太子が初めて天皇に拝謁することを皇太子謁見という。正月一日朝覲の儀と同じ次第をとる（『侍中群要』第八・皇太子謁見）。

陽明本は①を天延二年十月七日に、②を同年十二月十五日に配置する。しかし『日本紀略』は皇太子師貞親王初謁とそれに伴う母藤原懐子への叙位を十二月七日に記し、『大鏡』（裏書）も懐子への叙位を十二月七日としている。①は十二月の錯簡であろう。

①天延二年十月(ママ)七日条

「皇太子初謁[1]」

七日[2]、庚戌、天晴、今日有皇太子(師貞親王)初謁事、〈准行去天暦十年四月二日記云々〉、其儀撤昼御座、褰御帳三面帳、〈東艮巽角也、若可上南北歟[3]、可問先例〉、其内撤御座、敷毯代、立螺鈿御倚子、東庇北第一間并北庇一間立五尺御屏風四帖、敷広長筵、北第一間敷畳二枚、其上敷地鋪二枚、其上加茵一枚、為皇太子息所、軒廊敷筵畳等、為上卿・侍臣等座、〈以上休息所、彼宮触内、蔵人装束矣〉、申二刻、皇太子出宮、〈梅壺〉、入弘徽殿、経細殿入自滝口西戸、着給休息所、次皇上(円融天皇)着位御衣・靴等出御、太子経孫庇北第二間御障子東妻、更上孫庇南行、当御座再拝舞踏[4]、〈先是右大弁為輔(藤原)朝臣、令余(平親信)立標、余以白木端第四間去長押三尺余許[5]、当御座立之〉、礼了退出、即入御、蔵人等更供尋常御座、〈置御剣・御硯等〉、北御障子南辺、迫東柱敷茵一枚、〈入長押六七尺許〉、為皇太子座、東孫庇当太子座、敷円座一枚、為太政大臣(藤原兼通)座、此間臨昏黒、仍供燈楼如常、但第四間不供、又御座右左間、供燈台、〈在打敷、北燈可向東歟、而南向供之、若是失歟〉、戌一刻、出御、内侍出自北二間、召太子、太子参上着座、主上召人、宮権亮国《(藤原)》章朝臣応召参入、便奉仰召太政大臣、太政大臣着座、次下神筆、母氏女御藤原、子《(懐)》[6]叙従二位、〈本位従三位、黄紙、本自入御硯筥〉、召太政大臣給之、若供肴後、有程下神筆可給歟、此間供皇太子膳、〈高坏四本、打敷各在縁面、用様器、典侍・蔵人等取之供之、其道出南御障子戸、出母屋第二間及庇第三間、下孫庇、更到太子前柱下供之、[7] 先例陪膳者取第一高坏云々、[8] 而此度不取直進、若失歟、可問先例、件御膳及大臣饌御厨子所儲之〉、[9] 次給太政大臣饌、〈権亮国章朝臣・亮時《(藤原)》光朝臣等給之、依用宮人也〉、次女蔵人二人[10]供御酒、[11]〈二人《八》坏居折敷授陪膳者、取折敷退出、一人持御酒入御銚子、典侍供御酒、返給御坏之後、居高坏下退去、典侍不候、仍掌侍恭子《(橘)》[12]為代〉、又侍臣勧盃太政大臣、次典侍取御衣一襲、出西御障子北戸、経北燈台北、給太子、太子起座、立標下、再拝舞踏退出、〈御下襲・表袴・大口・阿古女等也、可加表御衣、而失不加、追以赤色袍授時光云々、失也〉、太子帰宮之後、藤氏上卿及侍臣等経侍前、於射場殿、令左近権中将正清《(源)》朝臣奏慶賀之由、今日傅《(源兼明)》以下蔵人以上及乳母等給禄、各有差、[13]〈件禄給所、先例未慥、事漸及暁、[14] 仍上卿召前駈給之、宮司等召各身於掖陣給之、[15] 事理頗失歟〉、

禄、〈内蔵寮儲之〉、

今日、不懸壁代、失歟、

(1) 陽明本は「大」とする。『大日本史料』は「大」とし「(太)」と傍書する。本文より首肯される。

(2) 陽明本は本条を十月七日とする。『大日本史料』は十二月七日とし、末尾に「本書、コノ日ノ条、原ト十月ニ係ク、蓋シ、錯簡ナリ、仍リテ、十二月ニ係ク」と注記する。山中本・鈴謄本・徳謄本・『続群』・『歴残』・徳川本は本条を十月七日に入れ、「按是十二月七日也」と頭書する。

(3) 陽明本は「南」とする。『大日本史料』は「南」とし「(西イ)」と傍書する。宮乙本は「西」とする。山中本・鈴謄本・徳謄本・『続群』・『歴残』・徳川本は「面」とし、「西歟」と傍書する。「南」で文意は通じる。

(4) 陽明本は「無」を抹消し右に小字で「舞」と傍書する。

(5) 陽明本は「木」と「端」の間に「長」を書き、抹

消している。

(6) 陽明本は「、」とする。『大日本史料』は「、」とし「(懐)」と傍書する。『日本紀略』天延二年十二月七日条に「藤原懐子」とある。

(7) 陽明本は「供」の下の一字を抹消し、右に「之」と傍書する。

(8) 陽明本は「云々」とする。『大日本史料』は「云々」とし「〔立イ〕」と傍書する。鈴謄本は「云々」とし、「立」と傍書する。山中本・徳謄本・『続群』・『歴残』・徳川本は「立」とする。「云々」で文意は通じる。

(9) 陽明本は三文字分の空白符を付す。『大日本史料』は「ミミ」とする。

(10) 陽明本は「二」の右下に小字で「人」を挿入する。

(11) 陽明本は「御」の下に挿入符を付し、墨線を引き、傍書した「酒」を挿入する。

(12) 『大日本史料』は氏を傍書していない。『西宮記』(臨時一・内印・裏書勘物) 所引天徳四年 (九六〇) 十月二十一日条に「内侍代命婦橘恭子」、『小右記』天元五年 (九八二) 五月八日条に「典侍橘恭子」と見える。

(13) 陽明本は「着」とする。『大日本史料』は「着」とし「〔差カ〕」と傍書する。鈴謄本は「着」とし「差カ」と傍書する。山中本・徳謄本・『続群』・徳川本は「着」とし「差」と傍書する。白河本・宮甲本・宮乙本・『歴残』・狩野本は「差」とする。文意より「差」の誤記と判断する。

(14) 陽明本は「暁」とする。『大日本史料』は「晩」とする。

(15) 陽明本は「名」を抹消し左に「各」と傍書する。

②天延二年十二月十五日

「奏位記・官符等」

左衛門督源（延光）朝臣参射場殿、令奏懐子（藤原）朝臣位記并給諸国官符、奏聞之後返給、請印位記、重参入、令奏位記、留御所、蔵人仰御覧之由、上卿聞之退出、ム奉仰召時中（源）朝臣、時中朝臣参御前、給位記、向東宮（師貞親王）宿所給之、女御給女装一襲、時中朝臣奏返事退出、

天延二年、円融天皇は皇太子師貞親王 (のちの花山天皇) に初めて謁見した。儀式は「天暦十年四月二日記」に準じ行われたと親信は記している。村上天皇が皇太子憲平親王 (のちの冷泉天皇) に初めて謁見したとき、その母藤原安子を従二位に叙した (『大鏡』裏書)。①からその年月日は天暦十年 (九五六) 四月二日であったことが知られる。この謁見の模様は『西宮

記』（臨時七・皇太子対面）に残されており、そこでは、醍醐天皇が皇太子崇象親王（保明親王と改名）に謁見した延喜九年（九〇九）二月二十一日の次第を本文に、天暦のそれを割注に引用している。なお延喜の例については『西宮記』（恒例第一・正月・童親王拝覲事・前田育徳会尊経閣文庫所蔵大永鈔本傍注）にも記載されている。天暦の例と①を比べると、まず皇太子の拝舞すべき場所に予め標を置いたこと、そして皇太子は拝謁したのち、休息所へ退き再び御前に参上したこと、そのとき酒肴が用意されたこと、また皇太子の外祖父への勧盃があったことなど、①の次第は天暦の例に合致する。また禄を支給する場所について、①に先例に見出せないとあるが、天暦の例にも記述がない。親信が記した通り、天延の儀は天暦の例に則って催されたのであろう。一方、延喜の例では酒肴について記載がないことや禄を傅である右大臣に対しては御前で、大夫以下には侍所で、乳母へは北方において給付したとあることなど（『西宮記』）、①や天暦の次第とは異なる。延喜の例は儀式を行うに当たって参照されなかったのであろう。

①の当日、円融天皇に拝謁するため、師貞親王は清涼殿に参上した。外祖父である藤原伊尹の一条院に誕生した親王は、翌安和二年（九六九）八月十三日、円融天皇の践祚と同日に立太子し、その後、凝華舎（梅壺）に遷御していた（『日本紀略』同年十一月二十三日条）。このとき七歳となっている。先の天暦の例もまた、憲平親王が七歳のときに初謁見が行われていた。

師貞親王はいったん凝華舎から弘徽殿に入り、そこからまっすぐ南下し、清涼殿北庇の休息所へというルートを採っている。そして休息所から親王は昆明池御障子の東を経て、清涼殿東庇第四間に至り、天皇に向かって拝舞した。以上で謁見の儀が終了し、その後酒肴の座が準備される。その際、皇太子の座に加えて太政大臣の座が孫庇にしつらえられた。この座に天暦の例では皇太子の外祖父であった右大臣藤原師輔が着した。①では太政大臣藤原兼通が座している。ここからすると師貞親王の外祖父であった藤原伊尹の死後、兼通が親王の後見となったことが推測される。長和三年

（一〇一四）の皇太子敦成親王（のちの後一条天皇）の初謁見においても、外祖父である左大臣藤原道長がこの位置を占めていた（『小右記』同年十一月十七日条）。

①では酒肴の前に天皇が藤原懐子への叙位を黄紙に記し、兼通に下している。その位記の請印の作法と支給の手続きについて記したのが②である。位記は東宮と同所している藤原懐子のもとに、右近衛中将源時中によってもたらされた。

なお天延の初謁見は藤原実資によって参照されている（『小右記』）。そこに見られる天延の次第は、まず皇太子が参上の際、昆明池御障子を避け簀子敷へいったん降りたこと、また掌侍が陪膳として酒を供したことなど①と合致する。ただ皇太子に下された御衣一襲のうち、御衣の色を青白橡とする点が①と合わない。①に表御衣が用意されなかったため、東宮亮藤原時光にあらためて赤色袍が下されたとあるが、この伝聞は誤まりであった可能性もあろう。いずれにしても、実資の引く天延の例は親信の日記に拠るものではなかった。

（谷口美樹）

53　着裳・元服

成人を社会的に承認する儀礼に男子の元服・女子の着裳がある。元服は成人して初めて冠を着す儀式、着裳は初めて裳を着す儀式である。着裳は「裳着」「初笄」とも記される。

①天延二年十一月十一日条

「用光元服」

十一日、参大殿《(藤原兼通)》、申刻、[1]用光《(藤原)》加元服、〈顕光《(藤原)》同座[2]〉、用光参内、以左衛門佐顕光令奏事由、拝舞之後賜御衣、〈御下重〉、又拝舞、〈此事可尋先例、抑有相違歟〉、便有召参台盤所、頃之退下、

（中略）

「女十宮着裳」

同日、先帝《(村上天皇)》女十宮〈選子、当今《(円融天皇)》同産〉、着裳、其儀如去年、[3]子親王例、亥刻、親王参上、着裳、結腰[4]昭子女王、〈太政大臣《(藤原兼通)》妻〉、理髪典侍皎子《(大江)》朝臣、事訖令賜送物、

〈結鬢(腰カ)(5)白絹廿疋、《二裏》、理髪(6)同絹十疋、《一裏》(7)〉、下母屋御簾、上庇御簾(8)、便出御、令召王卿、王卿着座、〈太政(藤原兼通)大臣・大納言源朝臣雅信・右大将藤原朝臣兼家・皇太后宮大夫源朝臣重信・左衛門督源朝臣延光・民部卿藤原朝臣文範・左兵衛督藤原朝臣済(9)時・左近衛権中将源朝臣正(10)清・左大弁保光(源)朝臣・治部卿元輔(藤原)朝臣・修理大夫惟正(源)朝臣・右(11)近中将朝光(藤原)朝臣〉、但太政大臣於殿上相加、又件座鋪孫庇南第一二間、而着座之後人多座空、仍随太政大臣仰以畳一枚加敷御階間、若是可鋪南端歟、宰相五六人着殿上座、不候御前、同(12)座狭也、内蔵寮調饌賜公卿、両三巡之後召楽所人、当河竹艮角鋪畳二行為其座、着座之後、雑色以下取穀倉院調饌賜之、此間選子内親王叙三品、昭子女王叙正二位、皎子朝臣叙従四位上、用光叙従五位上之由、仰左大臣(源兼明)、左大臣奉勅、召内記季孝(藤原カ)(13)仰此由、右大臣藤原(頼忠)朝臣供御酒、〈中盤一枚・御酒盞・御銚子等也、第二人右近中将時中(源)也、而称警蹕、上卿以為難、故実云、供御酒人称之云々〉、絃歌数曲之後、右衛門府生多良(好カ)(14)茂舞一曲(15)矣、其後賜禄於公卿及楽人・侍臣等、各有差、事了退去、左大臣令蔵人頭伊陟(源)朝臣奏位記等、

(1) 陽明本は「国」とする。『大日本史料』は「国」とし「〔用カ、下同ジ〕」と傍書して、「関白藤原兼通息藤原用光元服ス」と項目に掲げる。『尊卑分脈』等に本年、元服の年齢に相当する国光は見えないこと、兼通邸にて元服が行われていることから、その息子「用」光の誤記と判断する。朱書および下文も同様。

(2) 陽明本は「座」とする。『大日本史料』は「座」とし「〔産カ〕」と傍書して、さらに「尊卑分脈、顕光・用光ヲ同産トス」と注記する。山中本・『続群』・『歴残』は「座」とし「産歟」と傍書する。鈴謄本は「座」とし「参歟」と傍書する。『尊卑分脈』によれば、藤原用光の母は藤原有年女、顕光の母は「元長親王女」或いは「元平親王女」であり、父は同じであるが母は異なる。

(3) 管見の限りでは、選子の前に着裳した内親王は、安和元（九六八）年十二月二十八日の資子内親王である（『日本紀略』同日条）。

(4) 陽明本は「照」とする。『大日本史料』は「照」とし「〔昭〕」と傍書する。「太政大臣妻」と割書があることから「昭」子と判断する。下文も同様。

(5) 陽明本は「鬢」のかんむりとあしを偏と旁に配置して書き、さらに同じ文字を右に傍書している。『大

日本史料』は「髪」とし「(マ、)」と傍書する。「鬢」はわげで結髪と同義。『新儀式』(第五・内親王初笄事)に「結鬢座」とある。しかし、後文に理髪への送物があるので、ここは「結腰」への送物と推察される。

(6)　陽明本は「理髪」を「下」の直上に大字で記す。『大日本史料』は「理髪、小字ニ作リテ、同ノ上ニ置クベキナラン」と注記する。山中本・『続群』・『歴残』は「二裏」の下に圏点を縦に二つ記し、「理髪」と線で結んでいる。徳謄本・徳川本は「理髪」の右に圏点を一つ記し、線で結んでいる。文意より首肯される。

(7)　陽明本は「一裏」を割書である「十疋」に続けて同じ大きさで書く。『大日本史料』・狩野本は割書の割書とする。文意より首肯される。

(8)　陽明本は「上」と「便」の間に挿入符を付し「庇御簾」を挿入する。

(9)　陽明本は「澄」とする。『大日本史料』は「澄」とし「〔済〕」と傍書する。山中本・徳謄本・『続群』・徳川本は「隆」とし「済」と傍書する。『歴残』は「済」とする。『親信卿記』天延二年正月十五日条に「左兵衛督、〈済時〉」とあることから、『大日本史料』に首肯される。

(10)　陽明本・『大日本史料』は「忠」とする。『公卿補任』天延元年条の源忠清に「三月廿一日任、元左中将」とあること、『親信卿記』天延二年八月十五日条に「左近衛中将正清朝臣」、同年十一月二十二日条に「左近衛権中将正清朝臣」と見えることから、「正」の誤記と判断する。

(11)　陽明本は「右」とする。『大日本史料』は「右」とし「〔左カ〕」と傍書する。藤原朝光は本条のほか、『親信卿記』天延二年二月八日条・同年四月十日条・同年十二月二十二日条に「右近衛中将」と見える。

(12)　陽明本・『大日本史料』は「同」とする。鈴謄本は「同」とし「因」と傍書する。山中本・徳謄本・『続群』・『歴残』・徳川本は「同」とし「因歟」と傍書する。文意より「因」の誤記の可能性がある。

(13)　『大日本史料』は氏を傍書していない。「内記」とあることから、文章生を経ている藤原季孝と推察される(『尊卑分脈』)。

(14)　陽明本・『大日本史料』は「良」とし、右に小字で「好歟」と傍書する。舞の名手である多吉茂と同一人物か。多吉茂は『小右記』寛和元年(九八五)三月三十日条に「右近将曹吉茂」、永祚元年(九八九)六月十二日条に「将曹多好茂」と見える。

(15)　陽明本は「由」とする。『大日本史料』・東本・白河本・甘露寺本・山中本・鈴謄本・山田本・田中本・藤波本・徳謄本・宮甲本・宮乙本・『続群』・『歴残』・修史館本・狩野本・徳川本は「曲」とする。文意より「曲」の誤記と判断する。

天延二年十一月十一日、申刻より藤原兼通邸にて、その子息用光の元服儀が行われた。用光は加冠ののちに参内し、御衣を賜っている。『西宮記』（臨時七・殿上童元服）に「孫庇南第一間鋪菅円座、〈為座〉、召侍臣為理髪、事了改衣拝舞、〈入自仙華門〉、給禄、〈於長橋下給之、又拝舞〉、於私家加元服、参入時、〈禄拝舞〉、召御前参上、自青瑣門候孫庇、御覧、給禄」とあることから、元服を奏上するべく参内した用光は、これまで童殿上していたのであろう。その内裏における次第について、親信は「有相違歟」と疑問を呈しているが、『西宮記』（臨時七・殿上童元服・勘物）には、承平・天禄・寛仁年間の「殿上童於便所加元服、参入令奏事之由、即召御前、拝舞了、給禄、又拝舞、退出」との事例が見える。

また、この日は、①によれば、亥刻に選子内親王の着裳が清涼殿で行われた。選子内親王は応和四年（九六四）生まれであり、この年十一歳である。着裳儀において裳腰を結ぶ役（結腰）は重要である。今回は兼通の妻昭子女王が結腰を、理髪を同じく兼通の妻大江皎子が勤めている。これは母安子を早くに亡くした選子内親王を兼通が後見していたことによるのであろう。

裳腰を結ぶ儀式が終わって、天皇の出御があり、公卿に饗饌がふるまわれた。この日の調饌は内蔵寮であったが、『西宮記』（臨時七・親王元服）に「内蔵寮備酒饌賜王卿（中略）〈賜酒肴、有楽舞、《近衛府奏》、新冠同候、有御遊供天酒〉」、『西宮記』（臨時七・内親王着裳）に「御饗禄同男儀」と見え、『新儀式』（第五・内親王初笄事）に「酒饌歌遊給禄、一同男親王加冠之例」とあり今回と一致する。公卿の座の舗設については『新儀式』に見えず、この時期の具体的様相は①からうかがえる。

（中岡泰子）

54　入　内

円融天皇のもとに入内した藤原媓子の三日夜餅の儀は、天延元年二月二十三日に催された。その後、四月七日に女御の宣旨を被り、七月一日に皇后に冊立された。

①天延元年二月二十日条
「女十内親王参内」
廿日、夜先帝(村上天皇)女十親王(選子)参入、内大臣(藤原兼通)〔女脱カ〕(1)同輦参入、候麗景殿、
（1） 陽明本は「臣同」とする。『大日本史料』は「臣」と「同」の間に「〔女脱カ〕」と傍書する。⑦より首肯される。

②天延元年二月二十一日条
「遣中使」
廿一日、遣中使(1)、〈左近将監源任〉、有纏頭事、今(2)夕、遣女蔵人召云々、同纏頭、入夜参上、
（1） 陽明本は「遣」の右肩に朱の斜線を付す。
（2） 陽明本は「今」の右肩に朱の斜線を付す。

③天延元年二月二十二日条
「遣同使」
廿二日、遣中使蔵人左少弁伊陟(源)、有纏頭、参上、

④天延元年二月二十三日条
「献餅」
廿三(1)日、参上、入夜入筥献餅〈云々(2)〉、件三箇夜間、毎夜遣女蔵人召云々、
（1） 陽明本は「一」の墨痕を残し一文字分損傷している。『大日本史料』は「三」とする。東本・田中本・橋本本・宮甲本・徳大寺本・修史館本は「三」とする。文意より首肯される。
（2） 陽明本は小字にする。『大日本史料』は大字にする。

⑤天延元年四月七日条
「□(1)親王(ママ)(2)為女御」
□〔七〕(3)日、為女御、蔵人左少弁伊陟(源)奏(奉カ)(4)仰、仰左大臣(源兼明)、先例書名字下給云々、而今度口伝也、〈其名曰媓子(藤原)、但不加給爵云々〉、内戚氏上卿参弓場、令奏慶由(5)、差御乳母賀州(頼子)(6)遣告為女御之由、先例遣蔵人、若此度依被候上曹司、遣女人歟、〈有纏頭、女装束一襲〉、
（1） 陽明本は「親」字より上の部分が二文字分程度損傷している。『大日本史料』は「□」とする。朱書を天横罫上線の上から書きはじめる通例によれば、損傷は二文字分程度と推測され、「女十」あるいは「十内」とあった可能性がある。
（2） 陽明本は「親王」とする。『大日本史料』は「親王」とし「(マヽ)」と傍書する。本文からすると、

「媓子為女御」と朱書しなければならず、誤記と考えられる。

(3) 陽明本は一文字分損傷している。『大日本史料』は「□」とし「〔七〕」と傍書する。『大鏡』(裏書)に「中宮媓子事、同四月七日、為女御」とあるので、首肯される。

(4) 陽明本は「奏」とする。『大日本史料』は「奏」とし「〔奉カ〕」と傍書する。文意より首肯される。

(5) 陽明本は「由」と「差」の間に「着」を書き、左に抹消符を付す。

(6) 『大日本史料』は氏名を傍書していない。『親信卿記』天延二年二月二十四日条に「加賀命婦」と見える。

⑥天延元年六月十九日条

「媓子可為皇后沙汰」「馬斃事」

十九日、依召左大臣《(源兼明)》参上御前、被仰以媓子《(藤原)》可為皇后之由(1)、〈大臣家至于今日有馬斃穢、雖然依召参也〉、

(1) 陽明本は朱書「馬斃事」を「由」の右に記す。

⑦天延元年六月二十日条

「女御退出堀河院、仰輦宣旨」

廿日、女御《(藤原媓子)》退出堀河院、御輦宣旨、本家令僕《(平親信)》奏、(中略)、今夜先帝《(村上天皇)》十内親王《(選子)》同輦退出、参入之時、称十親王参入、同輦参入、此度称女御退出、不定十親王退出之詞、但御車侍并諸司二分者、着深履副之、召説云如此、

⑧天延元年六月二十二日条

「為勅使参女御殿」

廿二日、参堀河院女御《(藤原媓子)》御許、参入先謁家司、家司申事由、儲座於西台南妻庇、進奉御書、其後両三巡之後、給御返事并纏頭、〈女装束一襲〉、即帰参奉御返事、

天延元年二月二十日、藤原媓子は選子内親王とともに参入した。平親信はこのときの参入を、選子に許されていた輦車に媓子が同乗したものであったことを記している。入内にあたって「女御に准じ」輦車宣旨を被った藤原頼忠の娘遵子の例(『日本紀略』天元元年(九七八)四月十日条)からすると、媓子にはこうした手続きが踏まれていなかったことが推測される。宣旨が下されない場合は藤原忯子の例のように、徒歩にて参内することになろう(『小右記』永観二年(九八四)十月二十九日条)。しかしながら輦車で参入したのは、父

藤原兼通が選子を後見しており（53着裳・元服を参照）、選子と同輦しえたことによる。なお宣旨を被っていないにも関わらず、藤原為光妻は母である恵子女王の名をかりて輦車を用いたが、それは「大奇事」であった（『小右記』永観二年十二月十九日条）。

参入の翌日になって、媓子のもとへ、近衛や蔵人が中使として遣わされ（②③）、女蔵人が媓子の参上を促した（②④）。二十一日の召から三日目の二十三日には、三日夜餅の儀が行われている（④）。参内した日を起点に三日夜餅の儀を催した例としては、藤原頼忠の娘遵子（『小右記』天元元年四月十日・十二日）、同じく頼忠の娘諟子（『小右記』永観二年(九八四)十二月十五日・十七日）などがあげられるが、媓子の場合は参入した二十日に召がなく、翌日から数えて三日夜餅の儀となっている。輦車宣旨が下されなかったことからしても、準備の整わない入内であった可能性がある。

⑤では媓子を女御としたが、その仰せは口伝であった。先例では名字を書き下すと親信は記しており、『侍中群要』（第八・為女御宣旨）の「家」に「書名下給」とあることと合致する。また媓子が麗景殿に候じていたため、仰せを乳母が伝えたが、これも先例と異なったと親信は記している。先例とは蔵人が仰せを伝えるというもので、この手続きは『侍中群要』（第八・遣仰為女御之由於其所事）の「家」と合致する。異例であった今回の次第は、同じく「家」に「若上御曹司、遣女蔵人歟、天禄四年（天延元）遣御乳母云々」と割書の形で引用されている。なお⑤は「為女御」からはじまるが、これは入内に関する記事が部類にまとめられた痕跡を示していると考えられる。

その後、⑥では立后の沙汰があり、翌日に媓子は女御として輦車で退出した（⑦）。『日本紀略』『扶桑略記』『大鏡』（裏書）などは七月一日の立后を記すが、その仰せは御前に左大臣源兼明を召し、六月十九日になされていたことが親信の記述から知られる。立后までの間、親信は勅使として媓子の居所である堀河院に派遣されるなどしており（⑧）、立后当日の模様も記したことであろう。しかしながら現存する『親信卿記』の天延元年には、七月以降の記録は残されていない。

（谷口美樹）

55　輦車宣旨

輦車とは、宮中に出入りする際に用いられた車であり、宣旨によって許可された者のみ使用することができた。『親信卿記』には円融天皇の同母姉資子内親王（①）、女御藤原媓子（②）、そして源兼明・藤原兼通（③）に輦車宣旨がだされた記事がある。

①天延元年五月二十日条

「一品親王帰参内」

廿日、此夕、一品内親王(資子)従右近司還参、仍宣御輦宣旨、依御物忌、於朔平門闈内仰之、

②天延元年六月二十日条

「女御退出堀河院、仰輦宣旨」

廿日、女御(藤原媓子)退出堀河院、御輦宣旨、本家令僕(平親信)奏、奏聞之後、向諸陣仰之如例、依仰侍臣十余人奉仕御共、〈頭中将惟正(源)、右近中将正清(源)、木工頭泰清(源)、左少弁伊陟(源)、右権少将理兼(藤原)、蔵人少将朝光(藤原)、左衛門佐顕光(藤原)、春宮大進時光(藤原)、(1)若狭守元尹(藤原)、《雖不着仰着座、仍預禄》、蔵人式部丞惟成(藤原)、主殿助通理(大江)、(2)(3)左近将監任(源)、及僕也〉、数巡之後、有纏頭事、〈四位袴・褂、五位褂、六位袴〉、仰左右馬寮令牽御馬、今夜先帝(村上天皇)十内親王(選子)同輦退出、参入之時、称十親王参入、同輦参入、此度称女御退出、不定十親王退出之詞、但御車侍并諸司二分者、着深履副之、召説云如此、

（1）陽明本は「若狭守」から「任」までの人名を大字とする。『大日本史料』は陽明本のままとし、「若狭守元尹以下、任マデノ人名及ビ注、小字ニ作ル可キナラン」と注記する。宮甲本は小字にする。歴名であるから、小字と判断する。若狭守元尹には割書があるために、転写の過程で大字とされたのであろうか。

（2）『大日本史料』は「(源)」と傍書する。『親信卿記』天禄三年十二月二十五日条に「主殿助大江通理」とあることから大江と判断する。

（3）陽明本は「左」とする。『大日本史料』は「右」とする。『親信卿記』天延元年二月二十一日条にも「左近将監源任」とあることから「左」でよいと判断する。

③天延二年二月二十八日条

「輦車宣旨」

今日、未被奏宣命草(1)之前、下左大臣(源兼明)・内大臣(藤原兼通)聴乗輦車(2)出入宮中宣旨、皇太后宮大夫(藤原朝成)奉之云々

(1) 藤原兼通を太政大臣に任じ、正二位に叙する宣命の草である(8―2任太政大臣③を参照)

(2) 陽明本は朱書「輦車宣旨」を「車出」の右に記す。

輦車宣旨は、男女でその手続きが異なる(渡辺直彦一九七八、五七七頁以下)。

まず内親王・女御・尚侍は、参入・退出の毎に蔵人が奏聞し、門の吉上に仰す(『西宮記』臨時五・勅授帯剣輦車事、臨時六・侍中事)。具体的には『侍中群要』(第八・仰輦車宣旨事)「家」説に詳しい。それによると、まず事由を奏聞し、宣旨を奉る。麴塵袍を着し、小舎人二人に脂燭を取らせ前を行かせる。玄輝門に至り、門のしきいの内側に立って南面し、左右近衛陣の吉上舎人を二声で召して、輦車で出入りすることを仰す。次に玄輝門の外で同様に左右兵衛陣に仰す。最後に朔平門の外で左右衛門陣に同様に仰す。終われば小舎人と共に早く退還する。この仰詞は「家」説の「口伝云」には「ム〈乃〉人〈乃〉参給〈不〉、輦令入〈与〉」とある。このように女性の出入りには蔵人が重要な役割を果たすのである。

さて資子内親王が参内した①では、御物忌のために朔平門の内で宣旨を仰せた。これは『侍中群要』の「家」説に「於朔平門閫外、亦左右衛門、〈但御物忌時、於閫内仰之〉」とあることと一致する。

②の媓子退出時の輦車宣旨には、親信が蔵人として奏聞と各陣への仰せを勧めており、それは「本家」すなわち兼通の指示によるものであった。今夜と同じく選子内親王と同輦していた参入のとき、仰詞は選子の参入といい、今夜の退出時には選子のことをいわなかったと興味深い実態を記録している。なお、選子内親王が輦車で参内した記事、および親信が退出後の堀河院へ勅使として遣わされた記事については**54**入内①⑧を参照。

また②では、侍臣十余人に御共に奉仕することを仰

せ、さらに左右馬寮に仰せて御馬を牽かせている。これは『侍中群要』（第八・親王以下出入）の「家」説に「蔵人奉仰、差示可奉仕之人々、若無乗物、奏聞事由、召仰左右馬寮」とあることと合う。

一方、男性の輦車宣旨は、手続きや範囲などの点で女性と異なる。まず輦車は特恩によるもので、尋常の場合は宮城門（外重の内）より宮門（中重の外）までの範囲にとどまり、通用門も女性とは違っていた（渡辺直彦一九七八、五七八頁）。③では、源兼明と藤原兼通に輦車宣旨がだされており、恐らく宮門までのものであろう。男性の場合、上卿が奉勅し、『北山抄』（巻第六・備忘略記・下宣旨事）に「輦車・牛車事、宣弾正・検非違使、〈外記伝宣〉」とあるように、蔵人ではなく弾正台と検非違使に宣旨が下される。この日の任太政大臣儀の上卿は大納言源雅信であったと推測されるが（8―2任太政大臣を参照）、輦車宣旨の上卿は中納言皇太后宮大夫藤原朝成であったことが、③よりわかる。

（柴田博子）

56 仰内侍宣

円融天皇の乳母が丹後国へ下向するに際して餞に馬寮の馬を賜った。このようなときの内侍宣の書様が付記されている。

①天延元年二月十四日条

「御乳母給寮御馬事」

十四日、召左右馬寮御馬各一疋、給御乳母源輔好子、罷下丹後、〈是元子(1)例也〉、

司(2)宣旨書云、典侍某仰、以其毛御馬、永給命婦其子云々、実仰蔵人其人云々、

（1）元子という名の女官は、管見では貞観十八年（八七六）に尚膳に任じられた藤原元子がいる（『日本三代実録』同年十一月二十五日戊戌条）。しかし、本条の「元子」との関連は不詳。

（2）陽明本は「司」とする。『大日本史料』は「司」とし「(マ、)」と傍書する。

天皇が乳母の下向に餞をしている例として、『新千載和歌集』（巻七離別歌・七三六）所載の円融天皇の歌に「加賀乳母きの国へくだりける時餞たまはすとて」の詞書があり、加賀乳母の紀伊国下向に和歌を贈っている。また康保三年（九六六）、村上天皇の乳母が出羽国へ下るときには「給酒肴御衣、或有和歌」であった（『西宮記』臨時四・受領赴任事）。①の餞は左右馬寮の二疋の馬であり、「元子」の例があったと記すが前例は詳らかでない。

①の後半は女官に馬を給う際の内侍宣の書様で、典侍宣としつつ、末尾に実は蔵人を通した仰せであると記す。

土田直鎮氏は①を含め平安中期の内侍宣を列挙したうえで「その大半は恐らく典侍の名を借りて、蔵人頭や蔵人が宣したもの」と見て「内侍宣の実質は蔵人の宣に変つた」と評価する（「内侍宣について」、『奈良平安時代史研究』、吉川弘文館、一九九二、二五九～六〇頁、初出一九五九）。天暦蔵人式に「凡蔵人奉勅、召仰諸司、若事理頗重、称典侍以上宣」とあり（『新訂増補国書逸文』一九〇頁）、すでに内侍宣と称する蔵人の宣を式に定めていた。これと同様の文言は『侍中群要』（第二・下宣旨事）にも見える。

典侍の宣の末尾に実は蔵人の仰せであることを明記している初見史料は、延長五年（九二七）四月五日宣である（『政事要略』巻六十七・男女衣服并資用雑物等事）。

典侍源朝臣珍子宣、奉勅、今日中宮被奉歌舞於賀茂神社、宜聴舞人等着摺衣者、〈実仰蔵人左近衛少将藤原朝臣実頼〉、

延長五年四月五日　　左衛門大志惟宗公方奉、

これと同様に末尾に割書で蔵人の名を記す宣は、他に四例確認できるが（『政事要略』巻六十一・検非違使雑事所収の康保二年(九六五)五月五日宣、同巻七十・闌遺亡失物事所収の康保三年(九六六)八月二十八日宣・同年閏八月二十七日宣、『朝野群載』巻第十一所収の天承元年(一一三一)五月十日宣)、書様は①が知られるのみである。

このように表向きの典侍の個人名と、実際に仰せを伝える蔵人の個人名とも記す書様を、親信は蔵人の職務

に必要なものとして記録したのであろう。（柴田博子）

57 御庚申

庚申の夜には、三尸虫が体内から抜け出し、その人が犯した罪を天帝に報告して災いをなすのを防ぐために、眠ることなく双六や詩歌・管絃などに興じた。

①天延元年三月六日条

「御庚申」

六日、庚申、今日有御庚申事、其儀、上西庇南渡殿南御簾、其内施満侍小畳六枚、為応召絃管侍臣座、南台西欄板鋪小板鋪長畳、為同座内座、儲饌於侍所、随召衝重両三前居渡殿座、通宵御遊、臨暁更給禄、〈四位白絹一疋、五位・六位・童等各疋絹〉、亦内府(藤原兼通)献舌亮(1)十緡、〈四連女房、六連男房〉、事了各退出、

絹理須召納殿給者也、而忽無其納物、仍内大臣殿如納殿物、召蔵人給此物云々、

（1） 陽明本は「舌亮」とする。『大日本史料』は「舌亮」とし「〔青鳧カ〕」と傍書する。後述するように、御庚申には銭が出だされること、および単位が緡とあることから、銭を意味する青鳧とみれば文意は通じるが後考をまちたい。

②天延元年五月七日条

「御忌月御庚申」

七日、聊於女房有庚申之事、依御忌月如密(1)、但召仰内蔵寮、弁(2)備突重十五前、兼令進碁手銭、〈突重二居、銭五〔二カ〕(3)十貫、而司進六貫〉、

（1） 陽明本は「蜜」とする。『大日本史料』は「蜜」とし「〔密カ〕」と傍書する。徳大寺本は「密」とする。文意より「密」の誤記と判断する。

（2） 陽明本は「并」とする。『大日本史料』は「并」とし「〔弁カ〕」と傍書する。橋本本・徳大寺本は「弁」とし「弁」と傍書する。文意より「弁」の誤記と判断する。

（3） 陽明本は「五」とし、左に小字で「二歟」と傍書する。『大日本史料』は「五」とし、右に小字で「二歟」と傍書する。『侍中群要』（第八・御庚申）に「同（内蔵）寮進碁手料銭十二貫」、『西宮記』（臨時三・宴遊・御庚申御遊）が引く延喜十八年（九一八）八月二十日の事例に「又進碁手銭十三貫」とあることからす

れば、「二」がより妥当な数値であろう。よって「二」と推察される。

庚申の夜に詩歌・管絃や双六などを楽しむ人々の姿は、内裏においてのみ見られたわけではなかったが、親信が記しているのは内裏でのそれ、すなわち御庚申のさまである。

『新儀式』（第四・御庚申事）『侍中群要』（第八・御庚申）によれば、御庚申には内蔵寮から賭事の料銭、および酒饌が進められた。また、装束は蔵人の役割であり、清涼殿孫庇に屏風を立てて座をしつらえるとある。

それに対して、①では、清涼殿西庇が用いられている点が注目される。西庇で催された行事には天徳四年（九六〇）三月の内裏歌合があり、『類聚歌合巻』に採録された「御記」や「殿上日記」に西庇から後涼殿にかけての装束が詳述されている。①は、それとともに西庇の装束を記した、数少ない事例のひとつにあたる。

このとき、何ゆえ西庇が使用されたのかは必ずしも明らかではない。ただ、行事として整備される段階においては東庇が用いられたが、その儀の性格から、ときには天皇の、いわゆる日常生活の場である西庇で行われたであろうことも十分に考えられる。つまり、①が特別な事情によるものではなかった可能性もあるといえよう。そして先の歌合が、前年八月に東庇から前庭を舞台に催された闘詩（『西宮記』臨時四・詩合）に対する女房の行事として企画、実施されたことを考慮すれば、西庇での御庚申は女房を中心に催されていたのかも知れない。

なお、この日は納殿に絹がなく、内大臣藤原兼通が出したそれを、蔵人を召して納殿のもののごとくに給わったという。当時の納殿の状態が垣間みられよう。また彼は賭物も献じており、それについては、『西宮記』（臨時三・宴遊・御庚申御遊）所引延喜十八年（九一八）八月二十日の御庚申に「侍臣提賭物参上」とあることから、内蔵寮が出す料銭とは別に用意されたと考えられる。兼通がそれらを調えた理由は定かではないが、この直前に入内した彼の娘、媓子（**54**入内を参照）の女房、あるいは彼女自身が催しにかかわっていた可能性もあろう。

他方、②は御忌月であったために、庚申の遊びも密々になされたことを伝える。『西宮記』などに、御忌月に催す場合についての記載はないが、親信は内蔵寮が常の通り酒饌や碁手銭を進めたことを記している。『侍中群要』（第九・御忌月）には「御忌月候置物御厨子御琴等之類納納殿、殿上琴納御蔵、於殿上不歌遊、以慎密為宗」と見えており、管絃は停められたと推察される。いずれにしても、親信が蔵人として天皇に近侍していたことから遺された記事であるといえよう。

（西村さとみ）

58　乱碁勝態

天延元年（天禄四）、乱碁遊びで勝った円融天皇が姉資子内親王に扇などを贈った。これと共に歌が詠まれ、「円融院扇合」として名高い。

①天延元年六月十六日条

「被献扇・籠物於一品宮」

十六日、調扇并籠物等、被奉一品宮(資子内親王)、続中(ママ)(1)、此事先日与彼宮有御囲碁事、宮已被負、而主上(円融天皇)先被勝事、

扇(2)廿、〈檜扇十枚　蝙蝠十枚〉、

入紫檀地螺鈿筥、置心葉、裹以蕪芳村濃薄物、以金銀画折枝、結以同村濃組、付以枝作花、

籠物(3)十捧、〈廿籠、金一捧、銀一捧〉、

入物、以時菓子、或造其形、各付草木枝、結以村濃組、

僕(平親信)承(4)仰献扇、〈檜二枚、蝙蝠三枚、入銀透筥〉、他人両三又献扇、於御前撰定、而後裹之、籠物入具、従後涼殿馬道、侍臣等伝取進之、先奉女房、主上渡御藤壺(5)、蔵人朝光(藤原)捧御剣行前矣、侍臣候之、頃之朝光已上一々取宮并籠物、寄舎東妻南面戸前、授女房、頃之還御、

(1) 陽明本は「続中」とする。『大日本史料』は「続中」とし「(マヽ)」と傍書する。文意を解しがたく、後考をまちたい。

(2) 陽明本は「扇」の右に朱の斜線を付す。朱書「被献扇・籠物於一品宮」の位置を示していると考えられる。

（3）　陽明本は「籠」の右に朱の斜線を付す。朱書「被献扇・籠物於一品宮」の位置を示していると考えられる。

（4）　陽明本は「僕」を三文字分程度下げて書き始めている。

（5）　陽明本は「台」とする。『大日本史料』・橋本本・徳大寺本は「台」とし「〔壺〕」と傍書する。文意より首肯される。

天延元年（天禄四）五月二十日の夕方、円融天皇の同母姉資子内親王が右近司から内裏に戻ってきた（『親信卿記』同日条）。翌日、天皇が資子内親王の居所に赴き乱碁の遊びをし、それを題材に歌合が行われた（『新千載和歌集』巻二十）。碁には天皇が勝ち、六月十六日に資子内親王へ贈り物をする勝態が、七月七日には負けた資子内親王が天皇に贈り物をする負態が行われた。勝態・負態とも、和歌を墨あるいは刺繍で書き、趣向が凝らされた扇が贈られた（『円融院扇合』）。なお、遊びに伴う負態はさまざまな史料に見えるが、勝態の記録は管見の限り①の他には見えない。①においても資子内親王が負けたのだが、勝った天皇の方から先に勝態を行う、とことさらに記述している点が興味深い。

①では天皇主催の勝態の贈答品の準備を蔵人が行っている。親信は檜扇二枚・蝙蝠三枚を銀の透筥に入れて献上した。この他、二、三人が扇を献上している。天皇の御前でこれらをさらに選別し、檜扇十枚・蝙蝠十枚が決定した。これらを入れる筥や包む布などにも凝っていたことが①よりわかる。これとは別に、季節の果物や作り物を盛った籠を女房を通じて資子内親王へ献上している。こうして準備が整い、天皇が資子内親王の居所を訪れ、勝態が始まるのであるが、①には儀式自体は記録されていない。

ところで、①には扇の歌について記述がない。『円融院扇合』に紹介されている歌の中には『古今和歌集』などに見える歌がある。このことから、勝態で改めて歌合が行われたのではなく、資子内親王に贈られた扇にすでに和歌が書き込まれていたことがわかる。①において御前で行われた選別とは、単に美しい扇を選んだのではなく、そこに記すべき歌と合致する意匠を吟味したのである。萩谷朴・植村真知子両氏はこの「円融院扇合」を扇歌であって本来の扇合の形態をとったものではないとするが（萩谷朴『平安朝歌合大成増補新訂』第一巻、同朋舎出版、一九九五、『平安時代史事典』「扇合」）、首肯される。

一方、負態においても同様に扇と和歌が用意され、さらに管弦の遊びも行われた（『円融院扇合』）。今回の歌はほとんどが新しく詠まれたもので、天皇のしかけた趣向に対して同じ趣向で呼応する、という遊びを読みとることができる。

さて、①では資子内親王の儀式の場として藤壺（飛香舎）を使っている。一方、『円融院扇合』は「梅壺にわたらせ給へるに」とあるように梅壺（凝華舎）とし、相違している。これは『相如集』に「一品宮むめつほのはきの花くらへさせ給しに」とあるのに一致する。このことから、資子内親王の居所は「梅壺」とする説がある（萩谷朴、前掲書五五六頁）。しかし、同じく『円融院扇合』に「七月七日、宮、上の御局にのぼらせ給ひて、御負態せさせ給ふものども、藤壺より殿上人あまたして、上の大盤所に参る」とあるように、藤壺が負態に向かう殿上人たちの集合場所として使われていること、この時期、梅壺には東宮師貞親王がいた可能性があること（『日本紀略』安和二年（九六九）十一月二十三日条）などから、資子内親王は藤壺を居所としていたと考える。したがって、①の「藤」を「梅」の誤記と判断しない。『大日本史料』も『円融院扇合』の「梅」に「（藤カ）」と傍書している。

このときの遊びは『紫式部日記』でも想起されている。あるとき、播磨守（詳細不明）が碁の負態を行った。時期は明記されていないが、続く記事が寛弘五年（一〇〇八）八月二十日ごろのことである。紫式部はちょうど宿下がりをしていたので負態の儀を実見していないが、のちに当時用意された脚の装飾が美しい台盤や州浜などの置物を見ることができた。その州浜につけられた和歌「紀の国のしららの浜にひろふてふこの石こそはいはほともなれ」は、天延元年五月二十一日の乱碁歌合の際に詠まれた「心あてに白良の浜に拾ふ石の巌とならむ世をしこそ待て」を本歌としている。

さらに「扇どもも、をかしきを、そのころは人々持たり」と紫式部は記している。この解釈を巡っては、①の儀式を連想したものとする説（池田亀鑑・岸上慎二・秋山虔校注『日本古典文学大系十九　枕草子・紫式部日記』、四四五頁頭注）、天禄四年にならって今回も扇が贈られた可能性を指摘する説（伊藤博校注『新日本古典文学大系二十四　土佐日記・蜻蛉日記・紫式部日記・更級日記』、二五五頁脚注）などがある。いずれにせよ、①に見える勝態が、乱碁の遊びと扇歌とを結びつける役割を果たし、後世の典拠となっている。そこからこの勝態・負態を「円融院扇合」と呼び慣わす誤解も生じた可能性もあり、興味深い。

なお、『撰集抄』（八・扇合事）はこの負態を「九条殿」で行われたとするが、これも説話化の一つの様態を示すものであろう。

（京樂真帆子）

59　受領等罷申

受領・大宰大弐など地方官が任地へ赴く際、内裏において天皇に出立の挨拶をする。蔵人はそれに奉仕した（『侍中群要』第九・受領罷申、帥大弐赴任事）。

①天禄三年三月二日条

□〔二〕(1)日、□〔能〕(2)登守仲甫(3)令奏赴任之由、其儀奏事由、仰云、令奉仕御装束者、即垂東庇御簾、召出納、令置禄物於侍小板敷、頃之召、称唯、参御前、仰云、召、又称唯、出云召矣、仲甫朝臣、経侍前候仙華門内、此間召蔵人、蔵人称唯、候御前、奉□(4)更自上戸帰入、□〔取〕(5)禄自同戸出、経年中行事□(6)敷下、到仲甫朝臣前、跪仰勅旨、次授禄□(7)同道帰入、仲甫朝臣称唯、自取纏舞踏退、(8)

旧(9)説云、殿上受領者、令奏罷申、召御前儀、候年中行事障子北辺、随仰上候、例第三間、被仰雑事之後、召人、蔵人称唯、取禄授□(10)後□〔自〕(11)長橋下、立河竹艮角、拝舞了、出自仙華門、経弓場来侍前云々、

（1）　陽明本は一文字分損傷している。『大日本史料』は「□」とする。渡辺直彦氏は「□」とし「〔二カ〕」と傍書する（渡辺直彦一九七八、五七五頁）。次条が

「三日」であること、及び墨痕より「二」と判断する。『大日本史料』は本条を「三月是月」に収録し、続く同日条（**34**昇殿人定①）に「本条及ビ次条、三月三日ノ条ノ前ニアリテ、日ヲ虫損ス、残画ニヨルニ、二日ナルガ如シ、」と注記する。

なお、陽明本は本条の天横罫上線の上に「天禄三年歟」という貼り紙を付す。

(2) 陽明本は一文字分損傷している。『大日本史料』は「□」とし「〔能〕」と傍書する。墨痕及び文意より首肯される。

(3) 陽明本は「甫」とする。『大日本史料』は「甫」とし「〔輔、下同ジ〕」と傍書する。仲甫・仲輔とも他史料には見えず、「甫」を「輔」の略記と判断したと推察される。なお『大日本史料』は氏を傍書していない。

(4) 陽明本は一文字分損傷している。『大日本史料』は「□」とする。文意より「仰」が入る可能性がある。

(5) 陽明本は一文字分損傷している。『大日本史料』は文字数を確定していない。墨痕および文意より「取」と判断する。

(6) 陽明本は六文字分程度損傷している。『大日本史料』は文字数を確定していない。文意より「障子」や「板」の文字があった可能性がある。

(7) 陽明本は二文字分程度損傷している。『大日本史料』は文字数を確定していない。

(8) 陽明本は行末まで損傷している。『大日本史料』は文字を想定していない。文意より「出」または「下」の文字があった可能性がある。

(9) 陽明本は天横罫下線よりやや下げて書き始める。『大日本史料』は「退」に続け改行しない。陽明本の前行末が損傷しているが、文意よりここで改行していたと判断する。

(10) 陽明本は一文字分損傷している。『大日本史料』は「□」とする。文意より「之」が入る可能性がある。

(11) 陽明本は一文字分損傷している。『大日本史料』は「□」とする。墨痕及び文意より「自」と判断する。

②天禄三年十月八日条

「大弐国光罷申」

八日、大宰大弐国光(藤原)朝臣参入、令奏赴任之由、依御物忌、不召御前、仍召掃部寮筵畳一両枚、鋪射場殿、以右近陣台盤両三脚、又立此座、爰国光朝臣依召経月華門参入、着射場座、内蔵寮弁備酒肴、一両侍臣逓以勧盃、両三巡之後、蔵人右馬頭遠度(藤原)応召参御前、頃之取御衣一襲退出、進向射場殿座、伝宣綸旨、次賜御衣国光朝臣、即自座下、便於東庭再拝、舞踏退出(1)、但此例未詳、又無旧記、今日依何例哉、今日、聞乳母煩(2)之由、触障退出、仍〔不脱カ〕(3)書日記也、但後日問案内、射場座板鋪上東西妻鋪之、以東為上、大弐着南、〈北面〉、頭中将（源惟正）着北、〈南面〉、但余侍臣一両着座、〈南面〉、次々着下侍云々、内蔵寮只儲肴、〈於掖陣下弁備、殿司并宿小舎人等役送之〉、酒殿酒一樽召用、〈瓶子同(4)内蔵寮〉、御衣、〈麹塵〉・下襲、〈加半臂〉・表御袴、

後聞、此餞事、時難甚多、御物忌間参入例頗不慥、又用台盤、理不可然、尚可用衝重也、大略如此之、

(1)　陽明本・『大日本史料』は、「舞踏退出」の右に小字で「弓場御座前地也」と傍書する。『江家次第』（巻第二十・帥若大弐赴任事）はほぼ同文を割書に記す。後文参照。

(2)　**79**親信乳母死去を参照。

(3)　陽明本は「仍書」とする。『大日本史料』は「仍」と「書」の間に「〔不脱カ〕」と傍書する。文意より首肯される。

(4)　陽明本・『大日本史料』は「同」とする。橋本本は「同」とし「用」と傍書する。徳大寺本は「同」とし「用歟」と傍書する。文意より「用」の誤記の可能性もあろう。

③天延二年二月八日条

「定蔵人頭・昇殿人」

申刻許、内大臣（藤原兼通）依召参□〔上カ〕(1)定蔵人頭并昇殿人々、其儀如常、頃之退出、召頭少将（藤原挙賢）、下給宣旨、

右(2)近衛中将藤原朝臣朝光、

為蔵人頭、

讃岐権介源朝臣通理、

侍従藤原□□〔朝臣〕(3)正光、

以上聴昇殿、

「頭中将慶申」「罷申、〈通理〉」

頭中将以頭少将令奏慶、讃岐介以余（平親信）令奏、又入夜、令(4)奏赴任国之由、雖被聴昇殿、依入夜非可召御前、仍於掖陣給禄、

件介昨日直物(5)付権字、直物未下、雖然仰官令作任符了、而又無政、不請印、仍任符未成前申此由、雖非常例、間有此例云々、

(1)　陽明本は一文字分損傷している。『大日本史料』は「□」とする。墨痕および文意より「上」と推察される。

（2） 陽明本は「右」とする。『大日本史料』は「右」とし「〔左カ〕」と傍書する。藤原朝光は本条のほか『親信卿紀』天延二年四月十日条等に「右近衛中将」と見える。

（3） 陽明本は二文字分損傷している。『大日本史料』は「□□」とし「〔朝臣カ〕」と傍書する。山中本・徳謄本・『続群』・『歴残』・徳川本は損傷を指摘し、「朝臣」とする。鈴謄本・狩野本は「朝臣」とする。文意より「朝臣」と判断する。

（4） 陽明本は朱書「罷申、〈通理〉」を「令奏」の右に記す。

（5） **5**直物・復任除目・臨時除目⑦を参照。

④天延二年二月九日条

「通理下向」

九日、巳刻、讃岐介（源通理）下向、主計頭保憲（賀茂）為反閇、此夕成任符、持来首途所、

⑤天延二年二月二十五日条

「受領等罷申」

廿五日、若狭守弘頼（藤原）・紀伊守景斉（藤原）・周防守元輔（清原）各参掖陣、令奏赴任由、給禄如常、依御物忌、不召御前、

⑥天延二年八月二十三日条

「受領罷申」

廿三日、尾張守永頼（藤原）令（奏脱カ）（1）赴任之由、於掖陣給例禄、

（1） 陽明本は「令赴」とする。『大日本史料』は「令」と「赴」の間に「〔奏脱カ〕」と傍書する。文意より首肯される。なお、山中本・鈴謄本・徳謄本・『続群』・『歴残』・徳川本は「令」を「入」とし「奏歟」と傍書する。

受領の罷申について、『侍中群要』（第九・帥大弐赴任事）の「式」にその次第が記されている。すなわち、天皇に受領が罷申に参内している旨を伝え、仰せに従って清涼殿の御簾を垂れる。また、蔵人が受領に任じられたときには、必ずしも簾を垂れないとある。これは蔵人式の逸文であると考えられる（渡辺直彦一九七八、五七四～五頁）。前田育徳会尊経閣文庫所蔵巻子本『西宮記』（巻八・臨時・受領赴任事）は蔵人経験者と初任の受領は簾を垂れないとする。①では東庇の御簾を垂らしているので、仲甫が初任でも蔵人経験者でもなかったことがわかる。そして、新任の受領が仙華門から参入し、南廊の壁下に候い、蔵人を通じて仰せの

伝宣を受け禄を賜る。①でも仲甫は仙華門の内で待機し、蔵人を通じて勅旨と禄を賜っている。『侍中群要』（第九・受領罷申事）の「家」では四位以上のやんごとなき人には蔵人が自ら禄を取って禄をかづくとある。①では仲甫が自ら禄を取り、纏って舞踏しているので、彼が四位以上ではないことも確認できる。

　①では、蔵人が禄を準備し、それを渡す様が詳しい。あらかじめ、出納に禄を用意させ、清涼殿南端の侍小板敷に置いておく。受領を仙華門に招じてから再び御前へ行き、仰せ事を受けてから、殿上戸経由で禄を取り、受領に授けるのである。『侍中群要』の「家」では、天皇に召されたときに小板敷にある禄を取って年中行事障子の辺りに置いておき、勅旨を受けてからそれを取って受領に給すとある。①の方が、より丁寧な作法となっているところが、興味深い。

　さて、殿上人で受領になった者は、天皇の御前に召されて直接挨拶をした。その次第は、①に「旧説」として紹介されているが、清涼殿東庇第三間で行われたと考えられる。③では同日に昇殿を許されたのであるが、入夜のため御前には召されていない。⑤は御物忌のため御前に召さなかったが、『侍中群要』（第九・帥大弐赴任事）の「式」はこうしたときにも右近掖陣頭で禄を賜るとする。③⑤とも「掖陣」にて禄を給している。⑥も同様であるので、なんらかの理由で御前に召す儀がなかったことがわかる。『西宮記』には延喜五年（九〇五）三月二十七日に備中介公利が階下に召された事例などがあげられているが、彼が殿上人であったかどうかは不明で、①で「旧説」とされている次第のどの部分が「旧」であるのかを確認することはできない。

　さて、『侍中群要』（第九・受領罷申事）の「家」は「真材記」を引用し、勅旨を具体的に記録した応和元年（九六一）の事例をあげている。天皇が赴任国の事情に合わせて勅していることがわかり興味深い。この真材とは親信の父平真材のことであろう。父の日記に受領罷申が記録されていたと考えられ、親信が参照した「旧説」が本書を指す可能性もある。

②は大宰大弐赴任の場合である。『侍中群要』（第

九・帥大弐赴任事）の「式」では、蔵人頭が奏聞する。そして、仰せによって受領を殿上に召し、酒肴を賜る。その後、御前に召され、清涼殿孫庇南第一間で仰せ事と禄を賜る。そして、さらに御前で酒肴を賜ることもある。これも蔵人式の逸文である（渡辺直彦一九七八、五七四～五頁）。『新儀式』（第五・大宰帥并大弐奏赴任由事）は御前に召さない場合、酒肴を賜らない場合を想定しているが、公卿たちを交えての饗饌を行う点が、受領の罷申と相違する。『江家次第』（巻第二十・帥若大弐赴任事）では殿上の酒肴を近年見られないものとし、御前の酒肴のみ盛大に行われる。

　さて、②では天皇の物忌のため、大弐藤原国光を御前に召さず、射場殿で饗饌を行った。この次第は『江家次第』に「御物忌時例」として引かれている。②と同文ではないが、ほぼ同内容の記述である。親信は乳母の急病の知らせを受けて儀式の途中で退出しており、日記は後日案内を問うて記している。②註(1)で示した傍書の書き方も考えあわせると、『江家次第』と②は殿上日記など同じ史料を典拠にしている可能性が高い。

　②において親信は先例が未詳のため、このときの次第が正しいのかどうかの判断ができないとしている。親信は御物忌にも関わらず大弐が参入したこと、衝重ではなく台盤を用いたことを問題にしている。『江家次第』にも「但此例無便宜」とある。他史料に見えないので、これらの批判の当否については判断できない。

　ところで、③では前日に行われた直物において、讃岐介源通理の官名を間違えるという不備があった。そのため、まだ正式の任符はできていないのであるが、通理は罷申を行っている。親信は非常の例ではあるが、ままこうした事例はあると記している。結局、任符は下向には間に合った（④）。補任は文書作成の遅延に左右されていない。補任という行為が、文書発給によって確定するだけではなく、除目の儀で決定したことに効力が認められる点が興味深い。

　⑥で罷申している藤原永頼の尾張守補任は、同年五月二十三日の小除目において決定した人事である（『親信卿記』同日条）。『日本紀略』同日条によると、

尾張国百姓が同年正月以来、守藤原連貞を訴えていた。そこで永頼が任じられることになったのであるが、百姓たちはこれを歓迎し、印鎰を随身して永頼の宅へ向かったという。除目から受領の罷申までの期間は、記録から見る限り③④の二日間から、十日前後（『九暦』天徳三年(九五九)九月五日条・九月十六日条など）、二カ月間（『日本紀略』寛仁二年(一〇一八)九月二十三日条・『小右記』同年十一月二十一日条）程度など幅があるが、⑥では三カ月かかっている。このように赴任が遅れたのは、百姓愁訴発生と関連する可能性がある。なお、著名な「尾張国郡司百姓等解文」が出される百姓愁訴は永延二年（九八八）のことである。尾張国に関する愁訴が多いことについては、佐藤宗諄「百姓愁状の成立と貴族政権」（『平安前期政治史序説』、東京大学出版会、一九七七）を参照。

（京樂真帆子）

60 斎王卒去

天延二年閏十月、伊勢斎王隆子女王が死去した。そのため伊勢への奉幣が行われた。

①天延二年閏十月二十三日条

「□(伊)(1)勢斎王卒去(2)風聞」

□(廿)(3)三日、伊勢斎王(隆子女王)卒去之由云々、件斎王是弾正尹章明親王女也、去十六(4)日卒(5)去云々、

（1）陽明本の天横罫上線より上は損傷している。朱書の通常の書き出し位置からすると、損傷は一文字分と推察される。『大日本史料』は「伊」とする。本文より「伊」と判断する。

（2）陽明本は「率亡」とする。『大日本史料』・白河本・山田本・宮甲本・宮乙本・『歴残』・修史館本は「卒去」とする。鈴謄本は「牽亡」とし「牽」に「卒カ」と傍書する。本文に「卒去」と見えるので、「卒去」と判断する。

（3）陽明本は一文字分損傷している。『大日本史料』・山中本・徳謄本・『続群』・『歴残』・狩野本・徳川本は「廿」とする。文意より「廿」と判断する。

（4）『大日本史料』は「六」とし「(マヽ)」と傍書する。『日本紀略』は伊勢斎王死去の記事を十七日条に掲載する。

（5）陽明本・『大日本史料』は「率」とする。白河

本・鈴謄本・宮甲本・宮乙本・狩野本は「卒」とする。
文意より「卒」と判断する。

②天延二年閏十月二十七日条

「定斎王卒去後事」

廿七日、参内、民部卿（藤原文範）入夜参入、承定斎王（隆子女王）卒去後事、先例於彼宮卒去之例、未勘得云々、□□(1)申時許(2)、高遠（藤原）少将内方免乳之後死去、女是□（故カ）(3)中納言朝成（藤原）第三女也、

（1） 陽明本は二文字分損傷している。『大日本史料』は文字数を確定していない。「申」の上に墨痕があるが判読できない。

（2） 陽明本は「件」とする。『大日本史料』は「件」とし「〔許カ〕」と傍書する。山中本・鈴謄本・徳謄本・『続群』・『歴残』・徳川本は「件」とし「許歟」と傍書する。文意より「許」の誤記と判断する。

（3） 陽明本は一文字分損傷している。『大日本史料』は文字数を確定していない。藤原朝成がこの年四月五日に死去していること（『親信卿記』同日条）、および墨痕より「故」と推察される。

③天延二年十一月二十日条

「八省行幸召仰」

廿日、依可有行幸於八省院有召仰事、而右司官人不候、仍外記仰之、

④天延二年十一月二十一日条

「依斎王卒去(1)事奉幣、行幸八省事」

未刻、有行幸事、依伊勢斎王（隆子女王）卒去、奉幣帛於太神宮也、其儀如常、余（平親信）供奉陣、先是左衛門督源朝臣〈延光〉、参射場、令余奏宣命草、〈依可有行幸、上帯弓箭、取笏時、寄立弓於柱矣〉、

（中略）

「大祓」

又出(2)御以前、於建礼(3)(4)門前、有大祓事、

（1） 陽明本は「率」とする。『大日本史料』・白河本・山田本・宮甲本は「卒」とする。鈴謄本は「牽」とし「卒カ」と傍書する。文意より「卒」と判断する。

（2） 陽明本は「出」の右に朱の斜線を付す。朱書「大祓」の位置を示していると考えられる。なお陽明本はこの朱書を「門」の右上に記す。

（3） 陽明本は「建庭礼」とする。『大日本史料』は「建庭礼」とし「庭」に「〔衍〕」と傍書する。山中本・徳謄本・『続群』・『歴残』・徳川本は「庭」に抹消符を付す。鈴謄本は「庭」を抹消する。狩野本は「建

礼」とする。文意より首肯される。

（4）　陽明本は「心」を抹消し右に「門」と傍書する。

①では隆子女王の死去の原因には触れられていないが、『日本紀略』同年閏十月十七日条に「伊勢斎王隆子女王卒于斎宮、依疱瘡之病也」とある。この年、天延二年には疱瘡が流行し、『親信卿記』にも八月二十八日にそのために大赦を行ったこと、九月二十七日に天皇が疱瘡を患ったことが見える。

②では、伊勢斎王隆子女王の死去の事後処理がなされている。具体的には、『日本紀略』同年閏十月二十七日条に「卿相参仗座、被下可葬送斎王宣旨、付本寮」と見えるように、斎王を葬送すべきであるという宣旨を斎宮寮に付すことであった。伊勢において斎王が死去したことはかつてなく、隆子女王は帰京することなく伊勢の地に葬られた。

斎王（伊勢斎宮・賀茂斎院）の死去に際しては、『西宮記』（臨時八・斎王薨事）に「弔喪、以宣命告社」とあるように、大神宮に使がたてられた。その斎王卒去による臨時奉幣（④）のため、本来二十一日は賀茂臨時祭の試楽の日であったが、延引となった（**30**賀茂臨時祭①を参照）。

さて、親信はこのとき、右衛門少尉（『親信卿記』天延元年四月十七日条）、兼検非違使（『公卿補任』長保三年（一〇〇一）条尻付）、兼六位蔵人である。この日の親信の行動は宣命草を奏上したのち、行幸に供奉している。まず、宣命草の奏上については、宣命は上卿が内侍もしくは蔵人に付して奏上する（『政事要略』巻二十四・九月所引「清涼記」十一日奉幣伊勢大神宮事など）。つまり、親信は蔵人として宣命草を奏上したのであろう。

また、親信は宣命草を奏上するとき、弓箭を帯している。『延喜式』に「凡供奉行幸、官人以下府生以上、並准近衛府」（巻第四十六・左衛門府）、「凡供奉行幸、（中略）、将監以下府生以上並著皀緌、布衫、白布帯、横刀、弓箭、行騰、麻鞋」（巻第四十五・左近衛府）とあることから、親信は右衛門少尉として弓箭を帯して行幸に供奉したと考えられる。

このように、④での親信は、同じ日に蔵人としての役割と右衛門少尉としての役割とをそれぞれ果たしているのである。

（富樫美恵子）

61　薨奏

天禄三年十一月十日に、円融天皇の叔母にあたる源兼子と太政大臣藤原伊尹の死去を天皇に奏上する、薨奏の儀式が行われた。ここでは伊尹の病いへの対応や、薨奏をはじめとする、両名の死去に関連した記事をとりあげる。

61―1　藤原伊尹死去

藤原伊尹の病いに対する見舞いの使者の派遣（①）、上表（②）と勅答（③）、伊尹の死去（④）と葬送（⑤⑥）までの、一連の記事である。なお後述するように、⑦⑧⑨は④⑤⑥の重出である。

① 天禄三年十月四日条

「太政大臣所悩御訪」「給度者事」「赦令先例沙汰」

四日、頭少将(藤原挙賢)依召参入、〈依御物忌、参弓場奏事由〉、仰云、日来太政大臣(藤原伊尹)所煩頗損平云々、而又修善等可始云々、驚念今間如何、以此由[1]可仰者、退出参大相府、即帰参、被奏御返事、其詞云、仰旨恐承了、病中之苦、頗以散慰云々[2]、即伝奏之、仰云、准貞観十四年昭宣公〔忠仁〕(藤原良房)煩時例[3]、給度者八十人[4]、但至于赦令[5]勘先例、随被定申可左右者、承仰少将退出、頃之帰参、令奏御返事、至于赦令勘可申者、奏聞已了、〈初被仰給度者之由、而少将被奏如此之由、被加仰之也〉、奏御返事之間、少将取被物令伝奏、是故実歟、

私案、此事早可被仰也、而于今遅々、但被行此事者、欲中納言[6]被申催歟、

(1) 陽明本・『大日本史料』は「旨」とし、左に抹消符を付し、右に小字で「由」と傍書する。

(2) 陽明本は朱書「給度者事」を「云々」の右に記す。

(3) 陽明本は「昭宣公」とする。『大日本史料』は「昭宣公」とし、「〔忠仁〕」と傍書する。「昭宣公」は藤原基経であるが、貞観十四年（八七二）に度者八十人を給わったのは、藤原良房すなわち忠仁公である

(『日本三代実録』同年三月九日条)。よって『大日本史料』に首肯される。

(4)『公卿補任』(天禄三年条・藤原伊尹)に「去十月四日遣蔵人左少将挙賢第給度者八十人、為除病也」とある。

(5) 陽明本は「赦」の右肩に朱の斜線を付す。朱書「赦令先例沙汰」の位置を示していると考えられる。なお、陽明本はこの朱書を「可左右」の右に記す。

(6) 天禄三年十月に中納言であり、かつ『親信卿記』にその官職名が記される人物には、藤原兼通(天禄三年九月十三日条・同年十一月二十五日条)と源重信(天延二年五月二十三日条)がいる。

② 天禄三年十月二十一日条

「太政大臣上表」

廿一日[1]、太政大臣(藤原伊尹)上辞摂政并随身内舎人二人・左右近衛各四人之表、〈使(藤原)義孝〉、蔵人刑部少丞藤原時明伝奏、仰云、御物忌也、可令候者、

(1)『済時記』天禄三年十月二十三日条によれば、二十一日の辞意は「病後始めて此表を上った」ものであり、ただ一度の上表で摂政を停めることが異例であったことがわかる。『日本紀略』天禄三年十月十日条に「摂政太政大臣依病上表辞職」とあるが、この日付は誤りであろう。なお『公卿補任』(天禄三年条・藤原伊尹)『尊卑分脈』(伊尹公伝)では、いずれも二十一日に「上表辞摂政并官位」とある。

③ 天禄三年十月二十三日条

「勅答」

廿三日、有勅答、其詞云、只停摂政、行[1]自余如故云々、依召参御前、給表奉右大将(藤原兼家)、〈便於侍奉之〉、右大将依成業内記并弁等不候奏事由、以蔵人近江権大掾藤原惟成令[2]作勅答、〈惟成父(藤原)雅材為蔵人多作勅答云々〉、大将令奏草、〈於侍召所柳筥入之令奏、可聞先例、但古人云、猶於陣作者可奉[3]此文書、内記候者、令持草可被奏歟云々〉、返給之後、令清書参弓場令奏、〈内記持作[4]之、請黄紙二枚〉、清書留御所、召左近少将(藤原)高遠遣里亭、入本筥如本裹之、

私案、若給表之時、乍入下給蔵人、蔵人取出表、勅答時、奉仰如本入筥可給次将歟、

高遠丑時許帰参、奏返事云々、

(1) 陽明本は「行」とする。『大日本史料』は「行」とし「〔許カ〕」と傍書する。「行」のままで文意は通じる。

(2) 陽明本は「令」と「作」の間に「候」を書き、抹消符を付す。
(3) 陽明本は「奉」とする。『大日本史料』は「奉」とし「〔奏カ〕」と傍書する。「奉」のままで文意は通じる。
(4) 陽明本・『大日本史料』は「作」とする。徳大寺本は「作」を抹消し「候」とする。橋本本は「作」とし「候」を傍書する。文意より「候」の可能性もある。

④ 天禄三年十一月一日条

「太政大臣薨」
一日、丁巳、酉刻許、太政大臣《(藤原伊尹)》薨、
今夜有勅計、〈六衛府及帯刀陣〉、

⑤ 天禄三年十一月二日条

「奉移天安寺」
二日、奉移天安寺[1]、
「行免物詔書」
今日、大納言源朝臣〈雅信〉、行免物詔書事、〈但昨日作云々、是先例也〉、

(1) 天安寺は、もとは清原夏野の山荘であり、双丘寺と称されていた(『日本三代実録』天安二年(八五八)十月十七日条)。現在の法金剛院の地にあたる。

⑥ 天禄三年十一月五日条

「御葬送」
五日、御葬送[1]、
「依薨奏以前停[2]止神事」
此間神事須被従停止、而依薨奏以前被行、頗有時難云々、又先例不相当云々、

(1) 埋葬場所は、『尊卑分脈』(伊尹公伝)に「二日遷天安寺、五日葬彼寺艮辺」とある。
(2) 陽明本・『大日本史料』は「停」とする。修史館本は「停」とし「不歟」と傍書する。本条は、薨奏以前であることを理由に神事が行われた点を批判しており、朱書もまたそのことを記したと思われる。なお十日の薨奏以前に春日祭と平野祭が行われている(『日本紀略』同年十一月四日条)。

⑦ 天延二《(マヽ)》年十一月一日条

「太政大臣薨」
同日[1]、丁巳、酉刻許、太政大臣《(藤原伊尹)》薨、
今夜[2]有勅計事、〈六衛府及帯刀陣〉、

(1) 陽明本には、太政大臣死去関連の記事が天禄三年と天延二年に重出している。『日本紀略』天禄三年十一月一日条及び『尊卑分脈』(伊尹公伝)『済時記』よ

り、天禄三年が正しい。山中本・鈴謄本・徳謄本・『続群』・『歴残』・徳川本は、「按是天禄三年也」と頭書する。田中本は「時方（平松）勘、太政大臣薨天禄三年混雑、不審外見合日本紀略、公事事符合可除之、今案、正記反古裏有之、誤亦書加歟」と頭書する。

（2）陽明本は「日」とし、右に小字で「夜」を傍書する。

⑧天延二（マヽ）年十一月二日条

「奉移天安寺、免物事」

二日、奉（1）移天安寺、有免物詔書事、〈但仰昨（2）日云々、是例也〉、

（1）田中本は二日条・五日条について「是又同前、可除之」と頭書する。

（2）⑤は「作」とする。

⑨天延二（マヽ）年十一月五日条

「御葬送」

五日、御葬送、

此間神事被従停止、而依薨奏以前被行、頗有時難、又先例不相当云々、

まず①では、伊尹の病いに対する賜度者の人数と赦が問題となっている。天皇は、赦については先例を勘し、度者の人数は藤原良房の例に従って八十人を賜うよう命令を出している。良房のときは、度者八十人を賜い天下に大赦した（『日本三代実録』貞観十四年（八七二）三月九日条）。これ以降の太政大臣への賜度者数は、基経は三十人（『日本紀略』寛平二年（八九〇）十月三十日条）、忠平は二度、それぞれ五十人・三十人（『日本紀略』天暦三年（九四九）正月二十一日・八月十四日条）、実頼は四十人である（『日本紀略』天禄元年（九七〇）五月十二日条）。伊尹への賜度者数は、一度に賜った人数としては最も多かった前例と同じにされたのであろう。

太政大臣の病いへの対応を見ると、良房・基経・忠平は死去以前に賜度者とともに赦が行われていた（『日本三代実録』貞観十四年三月九日条、『日本紀略』寛平二年十月三十日条・天暦三年八月十四日条）。実頼の場合は、賜度者は死去以前であるが大赦は死去と同日であった（『日本紀略』天禄元年五月十八日条）。しかし、実頼はすでに天禄元年五月三日に太政大臣の辞意を表

しており（『日本紀略』同日条）、実頼の病いは、遅くともこの時点までには正式に天皇のもとに伝わっていたはずである。一方、伊尹が摂政等の辞意を表したのは、天皇の見舞いの後である。①において、天皇が伊尹の病いを聞いて「驚念」したというのも、伊尹の病いが重篤であることが、天皇のもとに伝わっていなかったためとも考えられよう。さらに親信は今更ながらに修善・賜度者・赦が行われることに、中納言の関与を想定している。この時期の中納言には藤原兼通がおり、この頃から兼通の活動があるとすれば興味深い。

次に、②③は上表とその勅答についての記事である。伊尹は、天禄元年七月十三日に内舎人二人・左右近衛各四人を随身として賜っており（『朝野群載』巻第十二・内記・右大臣贈位勅、『日本紀略』同年同日条、『尊卑分脈』伊尹公伝）、②の上表と一致する。『侍中群要』（第九・上表勅答事）の「家」には、次のようにある。

其人差子姪、〈若弁官為子姪、直不触蔵人、奏聞云々〉、上表矣、奏聞後、蔵人奉仰、給上卿、〈蔵人出陣給、但取表、伝授置筥也〉、上卿召内記、令作勅答草、参弓場令奏、奏覧之後、令清書重奏、蔵人召近衛次将、遣其第、〈以往裏紙給之、今代入本筥給之云々〉、

『侍中群要』と『親信卿記』を対応させると、太政大臣上表の使者である「子姪」は、②では伊尹の息子義孝が務めている。そして③において、上卿は右大将兼家が務め、勅答を届ける近衛次将には左近少将高遠が伊尹の私邸である一条院（『公卿補任』天禄三年条、『尊卑分脈』伊尹公伝、『拾芥抄』中・諸名所部第二十）に遣わされている。渡辺直彦氏は、『侍中群要』の「家」を平家説と推測しているが（渡辺直彦一九七八、五七〇頁）、②③も「家」説と一致しており、平家説を考える材料の一つとなろう。さらに勅答の作成は、『侍中群要』では内記に作成させることのみを記載しているが、③では内記と弁が不在であったため、蔵人藤原惟成が担当した。これは「惟成父雅材為蔵人多作勅答」ためとあり、人選理由がわかる。また『侍中群要』では、「今代」には勅答文を上表の入っていたもとの筥に入れて給している。これは『北山抄』（巻第

四・拾遺雑抄・上表事）に「返上本表、即入本函」と記載されていることにあたる。③において親信は、表を蔵人に給うときは筥に入れたまま下して蔵人が表を取り出し、また勅答のときはもとの様に筥に入れて次将に給うべきか、と詳細に記載している。蔵人として、これらの作法を重要視していたと思われる。

　④⑤⑥は、太政大臣死去以後の記事である。十一月一日の夜に勅計が行われたことは、④においてのみ確認できる（勅計については**40**勅計を参照）。太政大臣の死去に際しての勅計は、先の良房・基経・忠平・実頼では確認できない。⑤の赦詔については、『日本紀略』天禄三年十一月一日条に、伊尹薨去の記事とともに「今日有救病赦令之詔」と記載されており、⑤の「昨日作」した詔はこれにあたる。親信の述べる「先例」とは、赦の施行前日に詔を作成することと思われるが、他例が見えず不詳である。

　ところで、良房・基経の死去の際には同日に廃朝し、両名の薨奏は死去当日とみなされる（『日本紀略』貞観十四年九月二日条・寛平三年（八九一）正月十三日条）。忠平のそれは死去から三日後である（『日本紀略』天暦三年八月十七日条）。実頼の場合は、天禄元年五月十八日に死去し、二十日に固関・警固等の儀が行われているため（『日本紀略』）、死去の二日後までには薨奏されたと考えられる。しかし伊尹の薨奏は死去九日後の十一月十日である。次の藤原兼通は、貞元二年（九七七）十一月八日に死去した後、同十四日に葬送、二十日に薨奏が行われた（『日本紀略』）。死去から薨奏まで二週間が経過している。これら太政大臣の例を見ると、死去からその奏上までの日数が長くなっていく傾向がうかがえる。

　なお④⑤⑥と⑦⑧⑨は重出している。これは、本記が現状の日次記に再編される以前に部類された状態にあったことをうかがわせる。

61―2　薨奏・錫紵・固関

　円融天皇の叔母にあたる源兼子、および太政大臣藤原伊尹の死去に対応した一連の記事である。兼子死去のための、止雨奉幣使派遣の延期（①）、召錫紵（②）

と除錫紵儀（③）、両名の薨奏（②）、さらに伊尹死去にともなう固関（②）と開関儀（④）、贈諡・贈位（②）について記されている。

① 天禄三年十月六日条

「奉幣使発遣之間近親薨逝沙汰」

六日、同卿（藤原朝成）令式部丞（藤原扶光カ）（1）奏云、可有御服、御近親（源兼子）之薨逝之由云々、仍明日御奉幣使（2）可立錫紵之後者、奏聞停止云〔々脱カ〕（3）、故実、後山階（醍醐）（4）天皇源氏兼子薨逝也、而不明其名者、薨奏之日令奏也、只今日驚奏事也、

（1）『大日本史料』は氏名を傍書していない。③に「蔵人式部少丞扶光」が見えるため、本条の式部丞も藤原扶光と推察される。

（2）『親信卿記』天禄三年十月二日条において、七日に十六社奉幣使を派遣するよう定められていた。

（3）陽明本は「云故」とする。『大日本史料』は「云」と「故」の間に「〔々脱カ〕」と傍書する。文意より首肯される。

（4）醍醐天皇は「後山科陵」に葬られた（『一代要記』丙集・第六十醍醐天皇）。

② 天禄三年十一月十日条

「薨奏」「召錫紵事」

十日（1）、有故太政大臣（藤原伊尹）并源兼子薨奏事、蔵人取案内、下（2）御簾、先是召仰所司、主計権助道光宿祢（文）勘申日時、〈着御当日戌刻、除給来十二日戌刻云々〉、

縫殿女官、掃部寮、内匠寮、〈柳筥二合〉、

内蔵寮、

手作二端、絹一疋、小筵二枚、高坏二本、

無文御挿鞋一足、無文御冠、〈召御冠師令奉仕之、預先是召儲之〉、

時刻、掃部寮参上、供御装束、其儀倚年中行事御障子於壁下南廊西第二間、立廻五尺御屏風二帖、其内鋪小筵二枚、其上供半畳一枚、次侍臣供錫紵具、〈御冠盛柳筥置高坏、御帯下・御帯表・御袴・表御袴・御下重等、又盛柳筥置高坏〉（3）、次供燈台、次蔵人奏御装束畢之由、次出御、蔵人依召候御屏風内、供御衣等、前例五位蔵人候之、又無所見、女蔵人一人候庇南第一間、〈持御加宇加伊（4）、入柳筥蓋候之、随召令供之〉、即入御、蔵人取脱却御衣、授女蔵人、〈入柳筥之（5）〉、次所司参上撤去、次下格子、

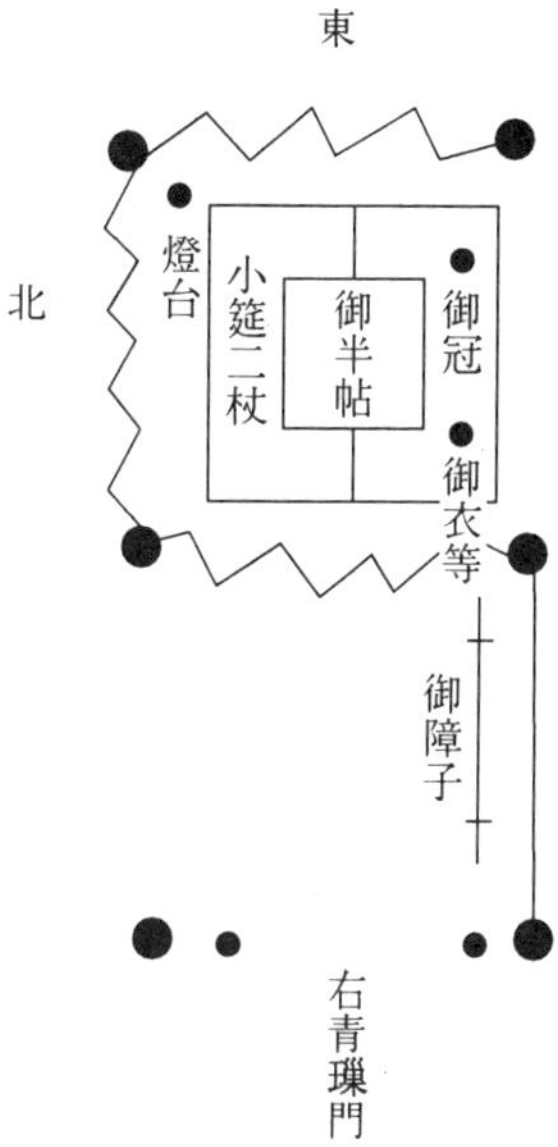

「薨奏」

同[6]日、有故太政大臣并兼子源氏薨奏事、〈大臣去一日薨、源氏去九月下旬卒去也〉、大納言源朝臣(雅信)於左仗座、令少納言・内侍奏、〈差一文夾両枚、典侍候上、仍女官伝取授典侍、典侍伝取奏聞之〉、蔵人取案内[7]、下御簾、〈今日以後三箇日也、但非天子服親無御服、依兼子源氏薨、着御錫紵、其子細在別記〉、大納言於左仗座、令奏遣固関使不〔之カ〕[8]勘文、勘文云、忠仁公(藤原良房)・昭宣公(藤原基経)・貞信公(藤原忠平)・清慎公(藤原実頼)時、皆遣三関使、但延喜廿三[9]年皇太子(保明親王)薨時、天暦、〔八〕[10]年太皇太[11]后(藤原穏子)宮崩時付国、仰云、依付国例、令付国司者、次令択謚号奏、〈文章博士(菅原文時・菅原輔正)不参、仍内記資忠(菅原)勘申〉、次参射場、令奏宣命并贈位草、〈謚曰謙徳公、贈正[12]一位〉、[13]次於左仗、諸陣警固召仰、次参射場令奏宣命・位記清書退出、次令奏固関付於国司官符、退出之後請印云々、請印了、上卿到[14]喪家、以位記・宣命等付家司云々、先是内記来、請黄紙・緑紙各三枚、但柳筥一合、召所司、或[15]時請所[16]云々、

（1）　陽明本は、「十」の上に朱線を引き「此事又有下如何」と墨で頭書する。これは十日条には薨奏に関する記事が重複記載されていることへの注記と思われる。なお『大日本史料』はこの頭書を収載していない。

（2）　陽明本は朱書「召錫紵事」を「下御」の右に記す。

（3）　陽明本は三文字分の空白符を付す。

（4）　『左経記』（類聚雑例）長元九年（一〇三六）五月十九日別記に、後一条天皇の葬事において「女蔵人持理髪具、〈御櫛髪掻等也〉」と見える。

（5）　陽明本は「之」とする。『大日本史料』は「歟」とする。「之」で文意は通じる。

（6）　陽明本は「同」の右肩に朱の斜線を付す。

（7）　陽明本は「内案」とし、「案」の右に転倒符を付す。『大日本史料』は「内案」とする。田中本は「取」と「内」の間に挿入符を、「案」の右に転倒符を付す。前文に「蔵人取案内」とあることから、「案内」と判断する。

(8) 陽明本は「不」とする。『大日本史料』は「不」とし「〔之カ〕」と傍書する。文意より首肯される。

(9) 陽明本は「一」とする。『大日本史料』は「一」とし「〔三カ〕」と傍書する。延喜二十三年（九二三）三月二十一日に皇太子保明親王が死去していることから（『日本紀略』同日条）、「三」の誤記と判断する。但し、固関についての記載は見えない。

(10) 陽明本は「丶」とする。『大日本史料』は「丶」とし「〔八〕」と傍書する。天暦八年（九五四）正月四日、藤原穏子が「於昭陽舎蔵(崩)」（『西宮記』臨時四・服喪装束・勘物）とあることから、天暦八年であることがわかる。

(11) 陽明本は「大」とする。『大日本史料』は「大」とし「〔太〕」と傍書する。文意より首肯される。

(12) 陽明本は「従」とする。『大日本史料』は「従」とし「〔正カ〕」と傍書する。『公卿補任』（天禄三年条）及び『日本紀略』天禄三年十一月十日条には、正一位を追贈されたとある。また『新儀式』（第五・薨卒人加謚号并贈官位事）には「太政大臣薨、有詔命加謚号、贈正一位」とある。よって「正」の誤記と判断する。

(13) 陽明本は一文字分の空白符を付す。『大日本史料』は「〻」とし「〔マヽ〕」と傍書する。

(14) 陽明本は文字を削り消し「喪」と書く。

(15) 陽明本は「或」とする。『大日本史料』は「式」とする。

(16) 陽明本は「所」とする。『大日本史料』は「所」とし「〔マヽ〕」と傍書する。「蔵人所に請う」と解釈できるため「所」で良いと判断する。

③ 天禄三年十一月十二日条

「除給錫紵」

十二日、戊辰、戌刻、除給錫紵、召仰所司、内蔵、〈御贖物[1]〉、掃部寮、宮主、主殿寮、其儀如着御時、時刻出御、脱却錫紵、〈出御之後、女蔵人入御直衣・御冠・理髪具於御衣筥、持候御簾内、蔵人伝取供之、着替給、即入御、供燈台如初日〉[2]、掃部寮参上、撤廊御装束、更供御禊御装束、其儀孫庇南第三間、鋪小筵二枚・半帖一枚、為御座、〈東面、旧記注東面、又注北面、慥未聞其実説〉、当第二間河竹艮角、鋪円座一枚、為宮主座、〈東面少向艮角之〉、時[3]刻撤第三間燈楼、供燈台一本、〈立第二間、有打敷〉、主殿官人二人、執炬火供之、〈立仁寿殿西庇砌下〉、次出御、次侍臣供御贖物、高坏二本、〈如他御禊儀〉、次宮主跪長橋下、供御麻、侍臣伝取供之、即返給宮主、宮主取之、着庭中座、蔵人式部少丞扶光《(藤原)》執入脱却錫紵并御冠筥一合、立宮主座右方、〈小出東、入錫紵并御冠於初柳筥一合、居高坏、先例不詳、御冠事可案内先達〉、御禊了入御、次宮主退出、次蔵司官人撤錫紵、次主殿官人退出、次[4]掃部寮参上、撤御装束、次上御簾、次下格子、

後日、問此案内、先例不給御冠、又不装束小板敷御座、只女房取錫紵給蔵人、蔵人伝取立庭中、〈旧記有神座、此説未詳、宮主申云、先例無鋪設云々〉、佐忠《(藤原)》朝臣説也、

(1) 陽明本・『大日本史料』は「贈」とする。『新儀式』(第五・三等已上親喪服錫紵事)に「内蔵寮献御贖物」とあるため、「贖」の誤記と判断する。

(2) 陽明本は三文字分の空白符を付す。『大日本史料』は「云々」とする。

(3) 陽明本は「時」の前に「第」を書き、抹消符を付す。

(4) 『大日本史料』は「次」を脱している。

④ 天禄三年十一月十四日条

「開関・解陣事」

十四日、大納言源朝臣《(雅信)》於左仗座令奏云、去十日警固、其後経日、若可行開関并解陣事歟、可奏案内者、仰云、依例行者、上卿行解陣事歟、参射場令奏賜帯関三箇国官符、御覧了退出、

①では、源兼子の服喪儀を行うことが奏上された。兼子は醍醐天皇の皇女であり(『一代要記』丙集・第六十醍醐天皇)、円融天皇の二等親にあたるので(儀制令五等親条)、錫紵儀が行われることとなった(喪葬令天皇服条)。

②は「十日」から始まる前半と「同日」から始まる後半に分かれる。これらは冒頭がほぼ同文である。両条の関係について山本信吉氏は、後条文中に「其子細在別記」と注記があるため、前条が錫紵に関する別記の部分であったとし、「復原にさいして別記記事の方が先に掲げられてしまったことを明らかにするものといえよう」と述べている(山本信吉二〇〇三、三九〇頁)。

②の「縫殿女官」以下には官司と物品が列挙されて

いる。『新儀式』（第五・三等已上親喪服錫紵事）には、貲布・絹等を内蔵寮から召して縫殿と御匣殿に給い、布は御衣袴、絹は御汗衫に充てる。そして縫殿は裁縫した御服を辛櫃に入れて蔵人所に供し、蔵人はそこに御冠を加え、柳筥に入れて高坏におき、あらかじめ天皇の出御場所に設置するとある。また『侍中群要』（第九・錫紵）は「有素服并錫紵之時、盛通筥供之、亦説、盛柳筥居高坏供之」と記している。これらの記述から②の、蔵人をはじめとする各官人の役割と、物品の用途がうかがえる。さらに②により、蔵人は装束が整ったことを天皇に奏上し、天皇が出御した後は屛風内で介添えを勧めることがわかる。

同じく②では、源兼子と藤原伊尹の薨奏儀が行われた。『西宮記』（臨時八・薨奏）には「二等以上親及外祖母、三位已上薨時、奏之」と見え、儀式の内容も同様である。また親信は、一つの文挾に伊尹と兼子二枚の薨奏文を挾んだことを注記している。これは『西宮記』の「或二人薨時、同日奏異状」と一致している。なお、『西宮記』（臨時八・薨奏・裏書）には、延喜七年（九〇七）十月二十六日付の散位従三位宮地朝臣列子以下四名の薨奏状が掲載されている。

②の後半には、固関・謚号・贈位の記事がある。固関儀は、『西宮記』（臨時八・固関事）及び『江家次第』（巻第十四・践祚・固関事）に、詳細な記載が見える。今回は固関使は派遣されず、国司に官符を付すこととなった。伊尹以前の太政大臣である良房・忠平死去のときに固関使は派遣されたが（『日本紀略』貞観十四年（八七二）九月四日条・天暦三年（九四九）八月二十三日条）、基経・実頼の死去のときにも使が派遣されたことは②によってのみ知られる。伊尹以後の藤原頼忠（『日本紀略』永祚元年（九八九）七月二十日条）・兼家（『本朝世紀』正暦元年（九九〇）七月十三日条）・道長（『小右記』万寿四年（一〇二七）十二月七日条）・公季（『日本紀略』長元二年（一〇二九）十月二十二日条）の死去には、固関使は派遣されず国に付された（兼通・為光の場合は不明）。そして藤原穏子死去には、『北山抄』（巻第四・拾遺雑抄・固関事）に「天暦八年正月□日、不遣固関使、付国時、不見馬・兵庫等寮遣使例、〈伝説申、貞観十

三年・延喜七年〉、有勅令警固、昌泰三年例也、〈固関付国、警固付寮〉」とあり、固関使は派遣されず各国に付された。貞観十三年（八七一）は太皇太后藤原順子（『日本三代実録』同年九月二十九日条）、延喜七年（九〇七）は皇太夫人藤原温子（『日本紀略』同年六月七日条、『新儀式』）、昌泰三年（九〇〇）は皇太后班子女王（『日本紀略』同年四月一日条）の例である。以上の例において、固関使を派遣しない理由はあきらかではないものの、順子死去のときに固関使が派遣されなかったのは、秋の収穫時期にあたり農業の妨げになるためであった（『日本三代実録』）。

続いて位記と謚号の宣命は、上卿が喪家に赴き家司に付している。薨奏と固関使派遣の勘文を源雅信が奏上しているため、このときの上卿もまた源雅信と思われる。そして『西宮記』（臨時八・太政大臣薨事）には「贈位・謚号、〈仰文章博士令勘申、又仰内記〉」、また「上卿仰内記作宣命給使、〈納言・参議已下向家賜謚号、宣命入柳筥居案、近代、付家司云々〉」と見える。このため②は、『西宮記』のいうところの「近代」の方法にそっているといえよう。なお『延喜式』（巻第十二・中務省・内記）に「凡納贈位記料柳筥、臨時受内蔵寮」と規定されているため、②に見える柳筥は位記と宣命を納めるものであり、「所司」とは内蔵寮と考えられる。黄紙は宣命、緑（縹）紙は今回の位記の用紙である（『延喜式』）。

②服錫紵儀は③除錫紵儀で終了し、着服期間は三日間であった。喪葬令服紀条の規定では、天皇の兼子に対する服喪期間は三カ月であるが、貞観十三年、藤原順子に対する服喪と着服期間が「心喪五月、服制三日」と定められて以降（『日本三代実録』同年十月五日条）、着服期間は基本的には三日間となっている。そして除錫紵儀は「如着御時」とあり、③によれば、天皇が脱いだ錫紵は蔵人に渡されている。除錫紵儀における蔵人の役割は、『新儀式』にも「天皇予於御簾中除錫紵、納楊筥居高坏、蔵人伝取置葉薦上」と見える。さらに③では御禊が行われ、天皇座の方角と神座の有無には「旧記」を、御贖物には「他御禊儀」を、冠の取り扱いと神座の設置には「先例」を参考にしている。

錫紵儀の後に行われる御禊の詳細な記載は、③においてのみ確認できるため、「旧記」と「先例」は明らかではない。「他御禊儀」の御贖物としては、賀茂臨時祭に「奉御麻、四位伝奉」（『西宮記』恒例第三・十一月）、石清水臨時祭に「頭取米、五位蔵人取人形」（『江家次第』巻第六・三月）、また御燈に「米在西、人形在東」（『江家次第』巻第六・三月）が見える。

　太政大臣の葬送儀礼は、④開関・解陣の儀式で締め括られた。伊尹死去による固関・警固から開関・解陣までの期間は四日間であり、良房の場合も同じく四日間であった（『日本三代実録』貞観十四年九月四日条・八日条）。**61―1**①において、病いの伊尹に対して度者を給う際に良房の例に従ったように、開関・解陣の時期も、良房の例に倣ったとも推測できる。

　最後に**61―2**①では、十六社止雨奉幣使派遣は錫紵後に立つべきであるとされ、親信もまた「故実」と述べている。そして**61―1**⑥において親信は、薨奏以前に神事が行われたことを批判している。

　実例を見ても、天徳四年（九六〇）に村上天皇皇女理子内親王が死去した際には、薨奏（『日本紀略』五月二日条）以前の四月二十五日に彼女の死去が天皇に伝えられ、「承和八年例」により、遅延していた二十八日の賀茂祭に斎院は参向したが、内蔵・近衛・馬寮使、および典侍・命婦・蔵人・東宮坊等の使は停められている（『北山抄』巻第一・年中要抄・四月・酉日於南殿覧被馬事）。そして、同様に遅れていた大神祭・杜本祭は停止され（『北山抄』）、広瀬龍田祭は追行予定の五月二日が錫紵のため、六日に所司に付して行われた（『日本紀略』同年五月六日条）。

　また、応和元年（九六一）閏三月二十八日に醍醐天皇皇子有明親王が死去した際には、左大臣藤原実頼が「薨由未奏之間、諸祭延否事如何」とはかり、延長三年（九二五）の綏子内親王の例をふまえて、薨奏の前日である四月一日の山科祭および四日の広瀬龍田祭、五日の平野祭を延引している（『西宮記』恒例第三・十一月・上巳山科祭・諸祭延引事）。このような事例からすれば、今回、薨奏前に春日祭や平野祭が実施されたのは異例のことであり（『日本紀略』天禄三年十一月四日条）、61―1⑥に「頗有時難」「先例不相当」と疑義が記されている通り、この頃には薨奏前に神事を行うべきではないとの認識があったと考えられよう。

（増井敦子）

62 勘　究

官人の職務違反に対して調査・処分が行われた。ここでは、大原野祭に不参の官人と、内大臣召日に内弁昇殿以前に開門した近衛官人に対する勘究をとりあげている。なお、少納言の請印不参に対する勘究については、37内印②を参照。

①天禄三年十二月九日条

「大原野祭不参人沙汰」

九日、右大臣(藤原頼忠)於左仗令奏云、去月廿日大原野祭(1)、弁・史・外記・氏諸大夫、已以不参、雖無仰事、氏上卿必所知也、仍令進散状、左中弁佐理(藤原)朝臣申病由、〈可勘〉、史実忠・良辰(大春日)・忠節、〈当日進仮文、可勘〉、外記弼邦(大蔵)・資忠(島田)、知他外記進仮文之由、又奉仮文、〈可勘〉、季平(藤原)朝臣、〈依触死穢、不堪奉仕之由、注廻文、可有始終日、可問〉、清雅(藤原)、〈注奉字不参、可問〉、博古(藤原)、〈不逢使、可問〉、弘頼(藤原)、〈宣旨来以前他行由注廻文、書付廻文、是有其身所書也、而注他行之由、可問〉(2)、国用(藤原)、〈当調楽日、仍不能者、若当歟、随仰可問〉、仰云、如申可問、至于国用問当調楽日并参不同可仰者、即申事由、

（1）本年十一月二十日に大原野祭が行われたことが、『日本紀略』同日条よりわかる。

（2）陽明本は四文字分の空白符を付す。

②天禄三年十二月十九日条

「内大臣召日諸衛違式者沙汰」

又其次被奏云(1)、去月廿七日内大臣(藤原兼通)召日、内弁不参上以前開門、諸衛守式可供奉也(2)、而違式、可問宣彼日次将以上者、如申問宣者、

（1）この日、官奏が行われた（36官奏⑥を参照）。

（2）陽明本は「奉供」とし、右に転倒符を付す。『大日本史料』は「奉供」とする。

③天禄三年十二月二十七日条

「大原野祭不参人事」「内大臣召日諸司違(1)式者沙汰」

廿七日、依召参右府（藤原頼忠）、即被仰云、去月廿日大原野祭不参、同月(2)廿七日内大臣（藤原兼通）召日、内弁未昇之前令開門近衛次将等申文等也、

不参大原野六人、

清雅（藤原）朝臣・国用（藤原）朝臣等無避進過状、須一度免給而已、及歳末他人々未問究、且警免給、至残者追被勘究者、頗宜哉、

季平（藤原）朝臣、初短籍書軽服之由、付廻文、而使使部落失文書、触穢之由付之、仍使部過状・季平朝臣申文等相副、至于季平朝臣已無其罪、

陳忠（藤原）朝臣、〈病〉、弘頼（藤原）朝臣、〈九歳童〻（ママ）(3)付〉、等所申不当、可勘究、博古（藤原）朝臣不逢使者、仍令進其申文、可尋問、

早開門人々、

左、忠清（源）朝臣、〈開門将曹等早罷向云々〉、

右、懐忠（藤原）・理兼（藤原）・朝光（藤原）(4)等朝臣也、〈依左陣進早開也云々〉、

二府所申各々不当、可令進過状、但早免給、令供奉元日事等、違式之事、是尤可勘也云々、

件亜将等被発問之後、未進過状之前、預日給、即仰(5)云、問勅者不相会、三位以上有所差、以下専不可預、公事失所致歟、

私案、本条(6)云、凡犯罪応除免官当者、不得釐事及朝会、(7)其被勅推、雖非官当除免、徒以上不得入内、其三位以上、非解官以上者、仍聴釐事朝会及入内供奉、

(1) 陽明本は「違」と「式」の間に「者」を書き、斜線で抹消する。

(2) 陽明本は「廿七日」の右肩に朱の斜線を付す。朱書「内大臣召日諸司違式者沙汰」の位置を示していると考えられる。なお陽明本はこの朱書を「次将等申文等也」の右に記す。

(3) 陽明本・『大日本史料』は「〻」とする。「二」の可能性もあるが後考をまちたい。

(4) 陽明本は「相」とする。『大日本史料』は「相」とし氏を傍書していない。「相光」に該当する人物は見あたらない。『親信卿記』天禄三年十二月十六日条に「右近衛少将朝光」、天延二年二月八日条に「右近衛中将藤原朝臣朝光」とあることから、「朝」の誤記と判断する。

(5) 陽明本は「位」とする。『大日本史料』は「位」

とし「(仰カ)」と傍書する。徳大寺本は「位」とし「仰」と傍書する。文意より「仰」の誤記と判断する。

(6) 修史館本は「本条以下獄令ノ文ナリ」と朱書した付紙を上部に貼る。

(7) 陽明本は「共」とする。『大日本史料』は「共」とし「(其)」と傍書する。獄令除免官当条の引用文であるので首肯される。

④天禄三年十二月二十日条

「右大臣被奏人々過状」

卅日、自右府(藤原頼忠)有召、而依籠候、候人不幾、申其由不参入、頃之大外記(大蔵)弼邦朝臣依彼殿仰、持来近衛次将等過状、其詞云、有所煩、請仮不参、送可来消息、而不来、理須自参令奏也、雖然不可過今日者所奉也、宜被用意奏者也、被奏云、去月廿七日内大臣(藤原兼通)召日、内弁未参上以前開門近衛司等、過状令進、但誓免給、令供奉明日節会云々、仰云、誓免給、即以過状返給、大外記弼邦朝臣令申仰旨畢、

　①は藤原氏の氏神祭である大原野祭の不参に対し、十一月十七日に藤氏長者になった(『公卿補任』天禄三年条)頼忠が、不参の理由の勘究を行っている。また②は内大臣召に際し、内弁が昇ってから、近衛の官人がその職掌とするところの閤門すなわち承明門を開門することになっていること(『西宮記』恒例第一・正月・大臣召)に対する違反の究明である。

　まず①では、大原野祭に参加すべくして参加しなかった官人について、不参理由を付記したリスト(散状)が作成され、頼忠はこれを蔵人親信を通じて天皇に奏上して裁可を仰いでいる。天皇は頼忠に調査の指示を出し、このリストに基づいて調査が行われることになった。その結果、本人たちの言い分が是か非かが証拠と照合しながら一人一人吟味され、その上で根拠が妥当であったものに対しては、「罪なし」とするが、正当な理由が無く職務に違反したことが判明した者には、あらためて過状の提出を命ずることになる。

　過状とは、本来は提出の後に正式な処分が決定されるための、断罪の前提となるものである。しかし、律令的処罰の変遷により過状を進めること自体に刑罰的性格が付与されていく。近年の研究では過状を進める

ことの刑罰効果は、解官・解職やそれに伴う給物不給ではなく、謹慎行為自体にあったとされる（告井幸男「摂関期における勘事と進過状」、『古代文化』第五三巻六号、二〇〇一）。

『親信卿記』に見える官人の勘究とはまさに、告井氏が指摘したように律令的刑罰にかわって確立した処罰の形態である。ここでは、散状の内容の是非を論ずる過程から過状の提出、さらには過状の返給によって免じられるまで、すべて勅命を仰ぎながら執り行われている。ここに蔵人が関与していたのであろう。

また③では、違反した近衛官人が「発問」されてから過状を提出するまでの間に日給に預かることについて、頼忠が四位以下は預かるべきでないと非難している。これについて親信は「私案」として、三位以上は解官されなければ通常の勤務を許されている獄令除免官当条をあげている。このとき、たとえば左中将源忠清は正四位上であった（『公卿補任』天延元年条）。このことからすると、右の頼忠の認識の根本には令の規定があったことがうかがわれる。一方では、頼忠の非難の言は、過状の提出以前、すでに発問の時点から、謹慎するべきであるという大臣の認識を明確に反映するものである。これは律令的処罰とは性格を異にする新たな処罰の認識である。

③では、不参の理由が具体的に見えて興味深い。ちなみに藤原国用の場合、天禄三年十二月八日に行われた賀茂臨時祭の調楽日のためと述べる（①）。通常、調楽は祭の三十日前に行われるが、十一月八日は太政大臣伊尹死去により、薨奏の直前であることから延引されたか、あるいは中止されたと考えられ、その日付と実施とが問題とされている。

また①によると、大原野祭の開催に先だって宣旨が出されるが、それを関係者に知らせる廻文がまわっている。行事の前に廻文が巡ってきた際、承諾する場合は自分の名の下に「奉」の字を記す。これを回覧した官人らから連絡事項があった場合、それを記した短籍が廻文に添付されたようで、廻状が用いられた具体的状況が詳細で興味深い。『親信卿記』には本条のほか天延元年五月十七日条に宇佐使餞の廻状の書式を載せている（43宇佐使発遣①を参照）。

（黒田洋子）

63　検非違使補任

『親信卿記』には平親信自らの補任の次第も含め、検非違使補任に関する記事が見られる。

①天延二年二月十日条

「検非違使畏以前出行沙汰」

十日、自右大臣殿（藤原頼忠）召余（平親信）、付使者令申云、宣旨之後、官符未成、不能向他所、将□〔蒙カ〕(1)処分者、重被仰云、官符未成前、不他行事、是故実云々、雖然至于彼疎(2)遠所例也、猶可参者、即以参入、蒙処分之後参内、重参彼殿之次、右衛門志時佐相示云、不他行是例、抑時佐蒙宣旨之間、非常時也、仍候此殿気色、仰云、故□〔実カ〕(3)尋常平懐例也、(4)今天下有大事、為事禁衛、雖不給官符、自閑道参陣可候者、又案内故美濃介公方朝臣（惟宗）、示云、有此例、天慶(5)之間、故相安朝臣（藤原）・為忠朝臣共為尉、欲行幸朱雀院之日、忽被下為使宣旨、為忠朝臣候気色於坊城殿（藤原師輔）〈于時別当〉、被仰云、故実是尋常事也、擬有行幸(6)、被下宣旨、早切裾可供奉者、即参陣、相安朝臣見為忠朝臣、習彼切裾、相共供奉、又公方一家任靫負志者、雖不蒙宣旨、如先切裾、是依不可剰裾也云々、彼時故実如此、仍時佐切裾、参陣、後日着布衣候之、況依召於被参私君門下哉云々、

（1）陽明本は一文字分損傷している。『大日本史料』は「□」とし「〔蒙カ〕」と傍書する。山中本・徳川本は損傷を指摘し「蒙」と傍書する。鈴謄本・『続群』・『歴残』は損傷を指摘し「蒙歟」と傍書する。文意より首肯される。

（2）陽明本は「疎」とする。『大日本史料』は足偏にするが、偏は疋でよいと判断する。

（3）陽明本は一文字分損傷している。『大日本史料』は「□」とし「〔実カ〕」と傍書する。山中本・鈴謄本・徳謄本・『続群』・『歴残』・徳川本は損傷を指摘し、「実歟」と傍書する。文意より首肯される。

（4）陽明本は「今」で改行する。『大日本史料』は改行しない。頼忠の言葉が続いているので、首肯される。

（5）陽明本は「暦」とする。『大日本史料』は「暦」とし「〔慶カ〕」と傍書する。藤原師輔が検非違使別当であったのは、天慶元年（九三八）九月三日～天慶五

年（九四二）三月二十八日であることから（『公卿補任』天慶元年・五年条）、「慶」の誤記と判断する。

（6）陽明本は「行幸」より始まる行の頭に縹紙の貼り跡が残る。

②天延二年二月十三日条

「検非違使官符到来」

今日、検非違使官符出来、馬司・弾正官遣之、府(1)余(平親信)請取之、召官人給之、自府出庁云々、

（1）陽明本は「府」とする。『大日本史料』は「府」とし「(符)」と傍書する。狩野本は「符」とする。親信が右衛門府に下すべき官符を自ら太政官で受け取ったと解釈できるので、誤記とする必要はない。

③天延二年二月十四日条

「持来随身差文」

十四日、早朝参右府(藤原頼忠)、従府持来随身差文、即参右府令申恐由、召御前、次参左府(マヽ)(1)、次参左衛門督(源延光)殿、

（1）陽明本は「左府」とする。『大日本史料』は「左府」とし「(源兼明)」と傍書する。後述のように、「右衛門督殿」の誤記の可能性がある。

④天延二年二月十五日条

「依穢請仮」

十五日、依有触穢、請二箇日仮、不参、

「給禄於随身」

此夕、行禄於随身、還之、各信乃布二端、

⑤天延二年二月十七日条

「被仰検非違使別当」

十七日、左衛門督源朝臣〈延光〉、辞退之替、以右衛門督源朝臣(1)〈重光〉、為検非違使別当、民部卿(藤原文範)奉之、

（1）陽明本は「臣」を小字にする。『大日本史料』は大字にする。文意より首肯される。

⑥天延二年十一月二十五日条

「除目」

又停左衛門尉致明(源)・致節(源)(1)等、以左衛門尉為職(菅原カ)(2)・右衛門尉祐之(平)(3)(4)為検非違使、又有除目事、(5)

（1）『大日本史料』は氏を傍書していない。『尊卑分脈』に「大夫尉」源致明の弟に「致節」が見える。よって、「源」と判断する。

（2）『大日本史料』は氏を傍書していない。『尊卑分脈』に見える「菅原為職」と同一人物と推察される。

（3）『大日本史料』は氏を傍書していない。『政事要略』（巻第七十・糺弾雑事）天延三年（九七五）二月二十五日宣に「右衛門権少尉平祐之」と見える。

（4）陽明本は「検」の下に「為」を書き左に抹消符を付す。
（5）陽明本はこの下に縹紙の貼り跡が残る。

平親信は天延二年二月二日に検非違使に補任された(『公卿補任』長保三年(一〇〇一)条尻付)。②にあるように、任符ができあがったのは二月十三日のことであった。①は任符が届くまでの作法についての記事である。

①によると、検非違使宣旨を得てから官符が届くまで、他所へ行くことはできないという原則があったことがわかる。これは『侍中群要』(第九・非違使宣旨事)の「家」に「下宣旨、未成官符之間、蔵人切裾、但不奏(丹鶴本は「参」とする)他所、不出陣外」とあるのに対応している。そのため、親信は右大臣藤原頼忠の召しに従うことができないと返事をした。しかし、さらに頼忠に要請され、結局はその命に従っている。

さて親信に対して、様々な先例が提示された。まず右衛門志時佐は、彼が検非違使になったときは「非常時」「天下有大事」であったので、平常時の作法を示す故実は守る必要はない、との頼忠の見解を紹介した。時佐の検非違使補任の時期は不明である。

また、時佐は自分がかつて惟宗公方から聞いた天慶年間の事例を示した。朱雀院行幸の日に突然検非違使宣旨を受けた相安と為忠は、官符が出る前に即座に裾を切り、検非違使として行幸に供奉した、という。やはり臨機応変に対応がなされている。

『侍中群要』(第九・使宣旨)の「家」に「但蔵人尉蒙使宣旨之時、不待官符、先出殿上口、切裾」「又官符不成之間、若人数不候、可供御膳」とあることから、宣旨が下されていれば官符ができていなくとも実質上検非違使としての活動が始まることがわかる。時佐が示した公方の例は、官符以前の検非違使としての活動であるので、親信が求める先例としてはふさわしくない。問題はやはり「他行」、特に私的な事由による「他行」である。頼忠は故実は「疎遠所」へ行くことを制限しているので、自分と親信との関係には当てはまらない、との見解を示した。時佐も「私君」のもとへ行くのは支障はない、と考えている。原則論を述べる親信に対して臨機応変な対応を求める頼忠、それに応える時佐が対照的であり、かつ故実が変容していく片鱗をうかがい知ることができ、興味深い。

②では、作成された官符を親信が受け取っている。『時信記』天承元年（一一三一）八月二十九日条によると、官符は弾正・馬寮・当府の分として三通つくられている。この平時佐の場合は、三通を一緒に箱に入れて外記の使部が持参してきたが、親信のときには、本府すなわち右衛門府の分のみ自分が取りに行っている。なお、検非違使補任の官符の実例が『類聚符宣抄』巻七所引長保三年（一〇〇一）二月三日官符として残っている。これによると、本府には官符を、弾正と馬寮には「承知」を下すとある。先述の『時信記』に実例が見られるが、左衛門府に下される官符と弾正・馬寮に下される官符とは文末表現が異なっている。また、『西宮記』（臨時一・臨時雑宣旨）に佐以下は官符を以って弾正・京職・馬寮・本府に下すとあるが、渡辺直彦氏の指摘によると京職には下さなくなるようである（渡辺直彦一九七八、三一五頁）。

『侍中群要』（第九・非違使宣旨事）に「官符之後、参所々、令申恐由云々」とあるように、親信も所々を回っている（③）。『侍中群要』（第九・使宣旨）に「関白殿・府督・別当第許歟、或私主」に恐を申すとある。③の当時は関白はおらず、右衛門督源重光・検非違使別当源延光に挨拶するべきことになる。このうち、源延光のもとへ参ったことは③より確認できる。右大臣頼忠第へ参っているのは、①に見える頼忠との関係を考慮すると「私主」としての挨拶であったと解釈できよう。しかし、親信の本府である右衛門督の元へ参っていないことは不審である。また、「左府」である左大臣源兼明との「私主」関係は現存『親信卿記』からは読みとれない。このことから、③の「左府」は「右衛門督殿」とすべきところを書き間違えた可能性があると考える。

さて、検非違使に任じられると随身が与えられた。③において親信に随身を支給する文書が出されている。そして、④で随身に禄を与えている。これは『西宮記』（臨時五・新任官叙位人事）に見える「仮随身」のことであろう。衛府官には三日間支給され、帰す日には禄を支給する。④は支給後二日目であり、『西宮記』の規定よりも一日早いが、「還之」とあることから、この日が仮随身の最終日であったのであろう。『時信記』天承元年八月二十九日条では本府より火長二人が送られている。

⑤は検非違使別当補任である。『西宮記』（臨時一・臨時雑宣旨）では上卿が勅をうけたまわり、弁官に仰せて宣旨を下し、弾正を左衛門陣に召して仰せ下す、とある。しかし、弁官に仰せることについては、『朝野群載』（巻第十一・延尉）の補検非違使別当に「天禄四年、左大臣、〈御子息〉、召尉政《（致カ）》明、仰延光別当宣旨云々、右府示云、別当宣旨、古今多仰弁、不仰佐、若仰佐者、不仰弁歟云々」とあるように、源延光を検非違使別当に補任する際に、藤原頼忠から疑義が呈されている。さらに、『左経記』長元七年（一〇三四）十月二日条に「天禄四年、左大臣兼明召尉仰延光別当宣旨、爾時又不見仰弁之由、尚仰佐之時、不仰弁歟」と天延元年の事例を典拠として、長元七年九月二十八日の儀において藤原斉信の別当宣旨を弁と佐とに下したことについての藤原実資の疑問に答えている。『親信卿記』には天延元年の関連記事がなく、⑤では中納言藤原文範が上卿をつとめていることがわかるのみであるが、別当宣旨を弁のみならず佐に仰す例が天延元年から始まることには注目される。

（京樂真帆子）

64　所々別当補任

所々とは内舎人所、内豎所、進物所、御厨子所、御書所、一本御書所、内御書所、大歌所、内記所、侍従所、画所、作物所、楽所、内侍所、糸所、蔵人所、滝口、国史・式所、校書殿、薬殿、納殿、御櫛笥殿、酒殿、贄殿などをいう（『西宮記』臨時五・所々事）。所々の別当は、天皇の御前において定められた。その際、蔵人所の紙や筆が用いられた（『侍中群要』第十・所々別当事）。

①天延元年二月十日条

直物之後、上卿於御前、被定所々別当、於中重之中申慶、於陣外不奏、其後被御物分配、

②天延二年正月十日条

「所雑色奉納殿」

(1)十日、召雑色源職(2)仰□〔可奉仕納カ〕(3)殿之由、是去八日所奉也、但尋先例無仰書、直以詞仰之云々、仍所召仰也、抑閲故実、多奉仕納殿事、蔵人之輩依事多、身忩挙申、令預奉仕云々、又先帝御時《(村上天皇)》(4)、只四人、或無其人、或空其所、茂樹《(藤原)》・是輔《(源)》・輔成《(源)》(5)・為時《(藤原)》等也、当時説孝《(藤原)》、説孝代云々、

(1)　陽明本は一文字分程度損傷している。『大日本史料』は「十□」とし、「本条、十四日条ノ前ニアリ」と注記する。陽明本の紙の残存状況および墨痕から「十」と判断する。

(2)　陽明本・『大日本史料』は「職」とする。『尊卑分脈』に蔵人であった「源識」という人物が見える。『蔵人補任』天延二年条は「『天延二年記』識ヲ職トスルハ誤ナラン」と注記する。

(3)　陽明本は四文字分程度損傷している。『大日本史料』は文字数を確定せず「〔可奉仕納カ〕」と傍書する。山中本・徳膳本・『続群』・『歴残』・徳川本は損傷を指摘し、「可奉仕納歟」と傍書する。鈴膳本は「可奉仕納殿歟」と傍書する。陽明本の墨痕及び文意から『大日本史料』に首肯される。

(4)　『大日本史料』は「先帝」に「(冷泉天皇)」と傍書する。『親信卿記』では村上天皇を「先帝」と記すことがあり（**53**着裳・元服）、本条についても冷泉天皇に限定する根拠は不明である。なお本条の「先帝御時」の蔵人として名があがっている四人について、藤原茂樹は『九条殿記』天暦七年（九五三）十月二十八日条に「蔵人右衛門尉藤原茂樹」、源是輔は『天徳三年（九五九）八月十六日闘詩行事略記』に「蔵人式部少丞源是輔」、源輔成は『延喜天暦御記抄』康保二年（九六五）八月十日条に「蔵人左衛門少尉源輔成」とあり、いずれも村上朝の蔵人である。ただ為時については、『尊卑分脈』に蔵人であった「藤原為時」という人物が見え、その父扶樹が天暦九年（九三五）に死去していることから、年代的に冷泉朝の蔵人であった可能性が残される。

(5)　『大日本史料』は「(藤原)」と傍書する。「藤原輔成」は『尊卑分脈』に見えるが、年代が合わない。

③天延二年正月十八日条

「奉御厨子所別当事」(1)

十八日、修理大夫《(源惟正)》仰云、□〔右カ〕(2)近衛少将藤原致忠幷汝《(平親信)》可奉

仕御厨子所事、□（但）(3)至于宣旨、諸所一度可下之由、内大臣殿（藤原兼通）被仰之、

(1)　『大日本史料』は「所」を脱している。

(2)　陽明本は一文字分損傷している。『大日本史料』は文字数を確定していない。わずかに残る墨痕と『親信卿記』天延二年四月十七日条に「右近少将致忠」とあることから、「右」と推察される。

(3)　陽明本は一文字分損傷している。『大日本史料』は「但」とする。山中本・鈴謄本・徳謄本・『続群』・『歴残』・徳川本は損傷を指摘し、「但歟」と傍書する。わずかに残る墨痕及び文意から「但」と判断する。

④天延二年五月二十三日条

「小除目」

同日、左大臣（源兼明）依召参上、有小除目事、其儀下御簾敷円座一枚云々、依召奉所硯并続紙等、其次被定所々別当、以権中納言重信（源）為皇太后宮大夫(1)、前美作介永頼（藤原）為尾張守(2)、散位藤原文頼為主殿允、平成忠為中宮少進、采女有光為采女令史、

(1)　『公卿補任』天延二年条は「九月廿三兼皇太后宮大夫」とする。

(2)　**59**受領等罷申⑥を参照。

⑤天延二年五月二十四日条

「奏慶」

廿四日、預文頼（藤原）給官、仍仰膳部善景(1)令催行、今日、蔵人頭伊陟（源）朝臣・式部少丞大江通理、〈以上作物所〉、及余（平親信）、〈御厨子所〉、於射場、令蔵人顕光（藤原）奏慶由、自余人々未参、仍且所令奏也、故実云、禁中別当奏慶、〈謂校書殿・内豎所・進物所・御厨子所・薬殿・作物所等也、但内御書所下別宣旨、不奏慶由〉(2)、

(1)　陽明本は「善」とする。『大日本史料』は「喜」とする。東本・田中本・藤波本・宮甲本・修史館本は「善」とする。白河本・甘露寺本・山中本・鈴謄本・山田本・徳謄本・宮乙本・『続群』・『歴残』・狩野本・徳川本は「喜」とする。「善景」「喜景」ともに詳細は不明。

(2)　陽明本は六文字分程度の空白符を付す。『大日本史料』は「〻〻〻」とする。

所々別当は除目に伴って補任される（『西宮記』臨時五・新任官叙位人事）。これは本官の移動を受けて、別当が任じられたことによるものであった（岡野浩二「所充の研究」、渡辺直彦編『古代史論叢』、続群書類従完

成会、一九九四)。①では除目の直物終了後、御前にて所々別当を定めている。また④でも、小除目についで所々別当が定められている。

補任された別当は慶賀を奏上する。『侍中群要』(第十・所々別当事)の「家」に近衛陣内の所々に補任された別当は奏慶するとある。①において、別当の慶賀は陣外ではなく、中重の中において行うとあるのは、このとき補任された別当が近衛陣内の所々別当であったことを示しているのであろう。⑤にも慶賀が行われているが、これは作物所と御厨子所という陣内の所々に補任されたことによる。故実では、校書殿・内豎所・進物所・御厨子所・薬殿・作物所などの禁中別当が奏慶することとなっていた。また慶賀は射場にて行われたが、これも『侍中群要』の「家」に一致している。なお内御書所は禁中であるが、慶賀を奏上しないという注記も『侍中群要』の「家」と合致する。

②は納殿預を任じた記事である。納殿預の補任手続きは所々別当に準じ、詞を以って仰せ下すと『侍中群要』の「家」にある。今回の補任は、この規定に則った手続きとなっている。まず正月八日に定めが行われた。『職事補任』(円融院)によると、同日に右衛門佐藤原道隆が五位蔵人に任じられている。そして翌々日になって、源職を納殿預に任命する手続きが採られることとなった。この役目を担ったのが、親信である。親信は先例を調べ、仰書ではなく詞で源職に仰せ下している。源職はこのとき蔵人所雑色であった。『西宮記』(臨時五・所々事)にも、納殿預には蔵人や所雑色を充てるとある。納殿とは宜陽殿・蔵人所(校書殿)・綾綺殿・仁寿殿の四カ所に設けられた物品の保管場所を指し、蔵人所と綾綺殿には恒例の御物を、仁寿殿には紙や屛風を、宜陽殿には累代の御物を納めた(『西宮記』)。

③④⑤からは平親信が御厨子所別当に任じられた経過が知られる。③の正月十八日に修理大夫で蔵人頭である源惟正から御厨子所別当に任じる仰せが伝えられ、④の五月二十三日に所々別当が定められ、⑤の五月二十四日になって、親信は補任の慶賀を奏上している。正月に口宣によって別当に補せられ、五月に奏慶する

ことについて、渡辺直彦氏はあまりにも遅延しているとし、③に藤原兼通の仰せとして所々の宣旨は一度に下すとあることから、「五月二十三日の所充を待って、この日、親信を含めて所々別当を一紙に書き、一度に宣下したため」と指摘する（渡辺直彦一九七八、五六一頁）。所々別当補任の宣旨が一紙に書かれたことは、『小右記』寛弘八年（一〇一一）七月十三日条にも「諸寺・諸司・所々別当書一紙」とある。また時代は下るが、『朝野群載』（巻第五・朝儀）に収められた応徳三年（一〇八六）八月十二日付の別当補任宣からも、画所・作物所・御厨子所・内酒殿・御書所・薬殿・内贄殿の七カ所の別当補任を一紙にしたためたことが知られる。⑤に親信とともに、蔵人頭源伊陟と式部少丞大江通理が作物所別当となり、慶賀を奏上していることから、御厨子所と作物所は一紙で下されたであろうこと、また奏慶の際、未参の別当がいたが、とりあえず奏上したとあることから、御厨子所と作物所のほかの所々も同じ宣旨で補任されたことがうかがわれる。

③④の記事について古瀬奈津子氏は、所々別当が欠けた場合に臨時に補任したものが③であり、通常の所充である④の際に一緒に宣旨が下されたとし、③と④とは臨時の補任と通常の殿上所充との関係を示す記事であることを指摘した（古瀬奈津子一九九八、四〇八～九頁）。

なお①は、一条天皇在位（九八六～一〇一一）の間に開始されることになる公事の「分配」とは異なり、御前にて行われた「御物分配」の実例である。

（谷口美樹）

65　後院別当補任

『親信卿記』天延元年二月四日条には、後院別当の任命に関する記述が見られる。

①天延元年二月四日条

「被補後院別当」

(1)四日、(2)藤典侍伝(3)仰云、上総介清延(源)之替、以紀伊守棟利(藤原)、可為後院別当之由、□□(直向カ)(4)右大将(藤原兼家)□(殿カ)(5)可仰者、即参内大殿(藤原兼通)

申事由、相尋参大将殿仰仰旨、即還参、付女房令申事由、〈但清延朝臣□〔不カ〕(6)為後院別当、奉□〔高カ〕(7)々(8)為別当、而共任外国、可補其替也、但被仰清延、是女房誤也云々〉、

今日、参右大将殿、申□〔内カ〕(9)大臣返事、

(1) 陽明本は墨書「四」の上に重ねて朱で横棒二本を引く。

(2) 藤原貴子か。『政事要略』(巻七十・糺弾雑事)天延三年(九七五)二月二十五日付別当宣に「典侍従四位下藤原朝臣貴子」と見える。

(3) 『大日本史料』は「伝」を脱している。

(4) 陽明本は二文字分損傷している。『大日本史料』は「□問」とする。墨痕より「直向」と推察される。

(5) 陽明本は一文字分損傷している。『大日本史料』は「□」とする。墨痕より「殿」と推察される。

(6) 陽明本は一文字分損傷している。『大日本史料』は「□」とする。墨痕より「不」と推察される。

(7) 陽明本は一文字分損傷している。『大日本史料』は「□」とし「〔高カ〕」と傍書する。墨痕より首肯される。なお藤原奉高という人物が、『小右記』天元五年(九八五)六月一日条に伊勢守として見える。

(8) 陽明本・『大日本史料』は「々々」とする。この畳字は「朝臣」の略記か。

(9) 陽明本は一文字分損傷している。『大日本史料』は「□」とし「〔内カ〕」と傍書する。文意より首肯される。

『新儀式』(第四・後院事)には、後院について「代々多有後院、先点定其院」とあり、また院司としては別当・預・庁蔵人がいて、別当には公卿一、二名と四位・五位一、二名を補す、とある。

『侍中群要』(第十・後院預以上事)には、「以名簿給蔵人、蔵人召仰本院司、或別当上卿奉勅仰弁、弁下宣旨」とある。『西宮記』(臨時二・諸宣旨例・御院司事)には、「以名簿下給、蔵人召院司可仰歟、〈或上卿以名簿下弁官云々、此説頗非也、抑若先例歟〉」とあり、また「或書」として先例があげられている。『西宮記』(臨時一・臨時雑宣旨)には、「後院預以上、〈依仰、以名簿下本院、或官宣云々、別当、上卿奉勅仰弁、弁仰下宣旨、史書下宣旨云々〉」とあり、その裏書に叙位と院別当宣旨の手続きについての先例があげられている。

①では藤典侍を介し口頭で、蔵人である親信に任命

のことについて内々の打診をさせている。親信はまず内大臣のもとに参じ、そののち右大将のもとに向かい、内裏に帰って再び女房（藤典侍）を通じ報告したと考えられる。ただそのことと末尾で「今日」親信が右大将に会い、内大臣の返事を伝えたということとの関連ははっきりしない。一方、割書からわかるように、今回は女房が人名を誤って伝える手違いがあった。女房は別当源清延が外国に任じられたので（**5**直物・復任除目・臨時除目⑥を参照）、そのかわりに藤原棟利を任ぜよといった。しかし実際には後院別当は清延ではなく奉高であった。正しくは奉高にかえて棟利を別当に任ぜよと伝えるべきであったと解釈される。このように、遠方の受領に任ぜられると、後院別当を交代している点が興味深い。

（山元章代）

66　桜木給所々事

仁寿殿東庭の桜木を伐り、作物所と画所に給した。『侍中群要』（第十・伐中重枯木事）により、蔵人が差配したことがわかる。

①天延元年二月二十三日条

「伐(1)棄仁寿殿前桜給所々事」

同日(2)、伐棄仁寿殿前桜木(3)、先日令進勘文、召仰左右衛門府令伐、依左近陣不令伐、宣旨件樹作物所例(4)給之、仍以本方給之、画所申云、膠料可給云々、仍以枝給云々、

（1）陽明本は一文字分損傷している。『大日本史料』・東本・田中本・橋本本・宮甲本・徳大寺本・修史館本は「伐」とする。墨痕及び文意より首肯される。

（2）『平安時代史事典』はこの「同日」を二十五日とする（「仁寿殿」）。二十三日であることについては、**54**入内④註(1)を参照。

（3）陽明本・『大日本史料』は「桜木先」の右に小字で「東方御書所」を傍書する。

（4）陽明本・『大日本史料』は「例」とする。渡辺直彦氏は「例」とし「〔別カ〕」と傍書する（渡辺直彦一九七八、五六四頁）。

御書所には、御書所（式乾門東掖）・一本御書所（侍

従所南）・内御書所（承香殿東片庇）の三カ所がある（『西宮記』臨時五・所々事）。①の「東方御書所」とは内御書所のことである。この桜木は、承香殿の東、つまり仁寿殿の東庭にあったと思われる。

仁寿殿の桜木に関しては、『貫之集』（第九・八〇五）に「延喜の御時、やまとうた知れる人を召して、昔今の人の歌奉らせ給ひしに、承香殿の東なる所にてえらせ給ふ。夜の更くるまでとかう言ふほどに、仁寿殿のもとの桜の木に郭公の鳴くを聞こしめして」とあり、延喜年間には①と同じ場所にあったことがわかる。なお、紫宸殿の桜木は天徳四年（九六〇）の内裏焼亡で焼け、重明親王家の桜木が移し植えられている（『古事談』第六・亭宅諸道）。①の桜木もこの火災によって焼け、植え直されたものである可能性もある。

伐採に先立って奉られた勘文とは、陰陽寮に木を伐る日時を勘申させたものと考えられる。例えば、宇佐八幡宮材木採始日時勘文を陰陽寮が奉ったことが、『小右記』長元四年（一〇三一）正月三日条に見える。

さて、渡辺直彦氏は①に関して、「仁寿殿東庭は、左近衛府の所轄であるが、左近陣は直接には関与せず、左右衛門府をして伐採させている」とする（渡辺直彦一九七八、五六四頁）。『侍中群要』（第十・伐中重枯木事）の「家」に「仰左右衛門府令伐、若随便陣、仰令左右衛門伐其木之由、至于木作物所申之」と見える。

伐った木は、『侍中群要』には作物所に給するとある。①では、幹を作物所に給しているが、画所の申し出によってその枝は、画所に給しており、幹と枝とが別々に給されている。

（富樫美恵子）

67 甘瓜給侍従所

猛暑の頃、蔵人から侍従所へ熟した瓜を賜る、という行事があった（『侍中群要』第十・甘瓜氷魚給侍従所事）。

①天延二年八月九日条

九日、依召参右大将殿（藤原兼家）、

「給瓜於侍従所」

今日、賜甘瓜於侍従所、差斎院長官元平(藤原)〔尹カ〕(1)為使、□〔入カ〕(2)夜帰参、奏見参、〈見参彼所書之授使、使取之、口奏例也、不奏文云々〉、(3)元平〔尹カ〕(4)云、着座之後、侍(5)従等拝舞、後拝時、使降殿立揖、後各着座、兼日給所下文於御薗令進瓜、明櫃二合召内蔵寮、〈有台・帯等〉、小舎□〔人〕(6)・仕人等副之、或給一櫃云々、所請五籠許歟、〈小舎□□〔人カ〕(7)申也、□(8)可請歟〉、

(1)　陽明本は「平」とする。『大日本史料』は「平」ととし氏を傍書していない。徳謄本・徳川本は「年」とし「尹歟、平歟」を傍書する。山中本・『続群』は「年」とし抹消符を付し「尹歟、平歟」を傍書する。鈴謄本は「年」とし「尹」を傍書する。『歴残』は「尹」とする。『親信卿記』天延二年十一月一日条に「斎院長官元尹」が見える。また、『尊卑分脈』の藤原「元尹」に「蔵」とある。よって「元尹」の誤記と推察される。

(2)　陽明本は一文字分損傷している。『大日本史料』は「□」とし「〔入カ〕」と傍書する。山中本・鈴謄本・徳謄本・『続群』・『歴残』・徳川本は「入歟」と傍書する。文意より首肯される。

(3)　陽明本は二文字分の空白符を付す。『大日本史料』は「〻〻」とする。陽明本はその下が損傷しており、さらに一文字分の空白符があった可能性がある。

(4)　陽明本・『大日本史料』は「平」とする。註(1)を参照。

(5)　陽明本は「持」とする。『大日本史料』は「持」とし「〔侍〕」と傍書する。鈴謄本・徳謄本・『歴残』・徳川本は「持」とし「侍歟」と傍書する。『続群』は「持」に抹消符を付し「侍歟」と傍書する。山中本は「特」とし「侍」と傍書する。狩野本は「侍」とする。文意より首肯される。

(6)　陽明本は一文字分損傷している。『大日本史料』は「□」とし「〔人カ〕」と傍書する。『侍中群要』(第十・甘瓜氷魚給侍従所事)の「家」に「令持件等物於小舎人・仕人等、向彼所」とあることから、「人」と判断する。

(7)　陽明本は二文字分損傷している。『大日本史料』は文字数を確定していない。渡辺直彦氏は一文字目を「□」とし「〔人〕」と傍書する(渡辺直彦一九七八、五六五頁)。一文字目は文意より「人」と推察される。

(8)　陽明本は三文字分程度損傷している。『大日本史料』は文字数を確定していない。渡辺直彦氏は一文字目を「□」とし「〔以カ〕」と傍書する(渡辺直彦一九七八、五六五頁)。

蔵人所から侍従所への甘瓜支給は、氷魚支給とともに『侍中群要』（第十・甘瓜氷魚給侍従所事）に見える儀であるが、記録における実例は管見の限り①と後述する『西宮記』（恒例第二・七月・童相撲事）に見える応和二年（九六二）八月十六日の事例のみである。

瓜は夏に贈答品としても使用される（『小右記』長元四年（一〇三一）八月十六日条など）。『小右記』万寿元年（一〇二四）七月三十日条所収の蔵人式によると、相撲節において王卿に供するため甘瓜を用意することになっていた。このように、蔵人所が瓜支給の主体となるのは、その供給源が御薗だからである。蔵人頭藤原有国が瓜三駄の解文を申文と間違えたエピソード（『江談抄』第二・十四）は、瓜を産出する御薗が蔵人所の管轄であったことを示している。なお、応和二年の例は滝口相撲が行われた日と同日に支給されており、先述の蔵人式と考え合わせると、瓜の賜給は相撲儀と密接に関連していた可能性がある。また、『侍中群要』の当該部分の「式」は天暦蔵人式と考えられる（渡辺直彦一九七八、五四四頁）。

①では蔵人所下文を御薗に給い、瓜を進上させている。『侍中群要』「家」では「口伝」として「所牒」によるとしており、齟齬している。これを渡辺直彦氏は蔵人所牒と所下文の両方が使用されたものと推察している（渡辺直彦一九七八、五六六頁）。

『類聚雑要抄』（巻一）に奈良御薗（山城国久世郡）の産物として瓜が見える。①の瓜がどこから来たものかは不明であるが、今回は明櫃二合が用意された。応和二年の例も同様であった（『西宮記』）。しかし、今回支給されたのは櫃一合であったらしい。櫃一合にどれだけの量の瓜が入るのかはわからないが、①によると蔵人所が請求するのは五籠分程度の瓜である。なお、瓜の運搬について、大和国からのものであるが、『今昔物語集』（巻第二十八第四十話）の記述が興味深い。

さて、『侍中群要』の「式」および『西宮記』（臨時六・侍中事）に「以侍臣堪大飲者為使」とあり、『侍中群要』の「家」に「蔵人中撰大飲者、為件使」とあるように、使者には酒豪が選ばれた。あるいは、五位の者（『侍中群要』頭書）、殿上の五位・六位のうち

「高戸者」（『西宮記』恒例第二・七月・童相撲事）が使者となった。今回の使者元平（尹）も酒に強い蔵人（但し『蔵人補任』同年条には名が見えない）または五位か六位の殿上人であると推察される。これは『侍中群要』の「家」が「或説」として勅使の面々を「滴瀝」と称し、侍従ごとに盃を持たせて酔わせ、その間は「牢籠」させるとあるように、侍従たちにさんざん酒を飲まされるからであった。勧盃のスピードは早く、ただ使者を酩酊させることが目的であった。これが侍従所の故実であると『侍中群要』の「家」は記す。

侍従所での様子を元平（尹）は親信に以下のように語っている。すなわち、着座した後、侍従が拝舞する。その後拝の時、使者は一旦殿上より降り立ってお辞儀をする。そして、再び着座した。一方、『侍中群要』「家」には以下のように記述されている。すなわち、使者が門を入る頃、侍従が前庭に列立している。使者はお辞儀をすることなくその列の前を経て、着座する。それから瓜を侍従所の「所監」が確認して受け取る。そして、侍従が再拝して着座し、いよいよ勧盃が始まるのである。元平（尹）の記憶違いの可能性もあるが、①の記述と『侍中群要』の作法は若干相違している。

元平（尹）は帰参してから、侍従の見参を奏上した。これは侍従所が書いて使者に渡したものである。しかし、報告は文書の提出ではなく、口奏で行われた。これは『侍中群要』「式」に「口奏」とあるのに合致している。このように、見参の文書が作成されるにも関わらず報告には使用されないことがわかり興味深い。

（京樂真帆子）

68　高麗船到来

外国船が到着した場合には、『新儀式』（第五・大唐商客事）にあるように、大宰府から朝廷へ言上し、朝廷からは貨物の検領と和市を行うために蔵人所から蔵人と出納を派遣する。蔵人は貨物使あるいは唐物使として舶載品を全て検領する。

①天禄三年十月七日条

「大宰府言上高麗船来由」[1]
七日、大宰府言上、高麗国船一艘到来対馬嶋之由、
高麗南原府、使咸吉兢、
「同船来事」
同月十五日、重言上、高麗国船一艘到同嶋之由、
高麗金海府、使李純達、
件二箇船、州各殊、年号不同、有公家定、彼日記・
雑書等在別、

（1）陽明本・『大日本史料』は「太」とする。本文に「大」とあることから、「大」と判断する。

②天延二年閏十月三十日条
「□〔高麗カ〕[1]貨物使還参」
卅日、高麗貨物使雅章[2]還参事、在解文、

（1）陽明本は二文字分程度損傷している。『大日本史料』は文字数を確定していない。本文より「高麗」が入ると推察される。
（2）陽明本は「雅章」とする。『大日本史料』は「雅章」とし氏を傍書していない。なお、『日本紀略』同日条には「高麗国交易使蔵人所出納国雅相具貨物参入」とある。

高麗では太祖が十世紀初め朝鮮半島を統一したのち、行政区画の改革が行われ、国内を道に分割し行政官庁である州・府・郡・県からなる地方官制を敷いた。①に見える南原とは全羅北道に、また金海とは慶尚南道の釜山にほど近い、いずれも交通の要衝に古くから存在した地方都市で、府がおかれていた。これら異なる二つの地方府から時を同じくして使者を送ってきたのは、正式な国交を求めたのではないにせよ、背景には高麗の積極的な貿易奨励策があったのであろう。

①では、船が対馬嶋に到来しているので、まず嶋司から大宰府へ、さらに京へ言上された。『日本紀略』には、このことが九月二十三日条に見える。大宰府より外国船の来着が言上されると、すぐに奏上し、陣定において交易するか否かを協議する。その結果が折り返し大宰府に伝えられる。『百錬抄』天禄三年十月二十日条に「諸卿定申大宰府言上高麗国牒送事、宰府可賜封〔報カ〕符者」とあり、大宰府に返報の符を送らせたことがわかる。但し、これ以上史料がないので、このときの高麗船が交易を行ったか、それを許されずに放却さ

れたのかは不明である。

これに対し、②は交易が実際に行われたことを伝える。蔵人が行う検領は、「船上の雑物を一つ残らず全て調べ、朝廷で必要とする物を選び把握し、京進すること」である。また、「貨物」は「和市物」とは明確に区別される語で、舶載されてきた全ての物品をさす語であり、検査・選別・朝廷への報告など検領の対象となるとともに、選別により京進された物品を「貨物」と呼び、その報告リストが「貨物解」と呼ばれた。「貨物」に対しては、京進以前に代価が支払われることはなく、京進の後に蔵人所から返金使が下向して代価が支払われた。それに対して現地で交渉して代価が直接支払われて京進された物品が「和市物」とされるという（田島公「大宰府鴻臚館の終焉」、『日本史研究』三八九号、一九九五）。②は貨物使が以上の任務を果たして京に戻ってきた記事であり、ここに見える「解文」とは京進貨物のリストであろう。

ところで①では、天禄三年十月七日と十五日の記事がまとめて掲載されており、その後に一文字分下げて「件」以下の説明が付けられている。『親信卿記』の記事が部類の形態のものから日次の形式に復原されたものであることは、すでに山本信吉氏により指摘されている（山本信吉二〇〇三、三九〇頁）。さらに、①に関して榎本淳一氏は、日次に復原された際に同内容のものは一箇所にまとめて記されている、という（榎本淳一「平記」、山中裕編『古記録と日記』上、思文閣出版、一九九三）。以上の指摘が正しいとすれば、「件」以下の部分が問題となる。日付の異なる記事をひとまとめにして説明を加えていることから、二つの条文がまとめられた以降にその後ろに付けられたと考えられる。すなわち、やや年月をおいてから付けられた可能性が高い。

親信は、のちに寛弘七年（一〇一〇）から長和三年（一〇一四）まで大弐として大宰府に赴任している。先に述べた蔵人所から派遣される交易使の任務は、ときに大宰府の官人によって行われた（『扶桑略記』延喜九年（九〇九）閏八月九日条、『新儀式』第五・大唐商客事）。親信の在任中にも、旱損により路次の国に愁いあることを考慮して使を停止し、大宰府に唐物購入を委ねる旨の定申がなされた(『御堂関白記』長和元年(一〇一二)九月二十二日条)。この間、蔵人所から派遣される交易使に代わって親信が唐物や貨物解文などを京進した記事が『御堂関白記』や『小右記』に散見する(『御堂関白記』長和二年(一〇一三)二月二日条など)。

高麗船の来航に関する記事が『親信卿記』の中に残されたことについて、親信が蔵人として携わったことのみならず、大弐という経歴も、条文の成り立ちを考える上で興味深い事実なのではあるまいか。

(黒田洋子)

69 大乗院点地

天延二年五月、平親信は円融天皇御願の大乗院の建立地を定めるため、賀茂保憲らとともに比叡山に登った。御願寺建立にあたって地相の実見に随行するなどといった、蔵人の役割がうかがえる。

①天延二年五月十三日条

「大乗院点地沙汰」

十三日、右大将(藤原兼家)以左衛門佐(1)伝仰云、可点大乗院地事、先日典雅(藤原)承之、而申障不勤(2)、汝(平親信)可罷登者、奉仰、案内事由、保憲(賀茂)朝臣択申可点地之日、仍保憲朝臣同可登、内蔵寮儲饗事、可罷登、大将於侍被仰云、件大乗院、当今(円融天皇)為儲弐之時、所立申御願也、御願云、山上建立一院、安置十禅師(3)云々、而未立院、唯修御願、但故阿闍梨(寿肇カ)(4)引中山地(5)、又長寿尾(6)有少地、〈一名具足坂〉(7)、其本意以中山為先、以長寿尾為後、此二所可見者、日已及晩、仍向保憲朝臣宅、案内明日事、

(1) この時期に左衛門佐と見られる人物として、藤原顕光(『親信卿記』天延二年四月十日条・同年十一月十一日条)、源俊(『親信卿記』天延二年閏十月二十五日条)がいる。

(2) 陽明本は「勤」とする。『大日本史料』は「勤」とし「(勤カ)」と傍書する。

(3) 『延喜式』(巻第二十一・玄蕃寮)には十禅師を置く寺として、四天王寺・梵釈寺・常住寺・仁和寺が見える。

(4) 『大日本史料』は「故阿闍梨」に「(弘延カ)」と

傍書する。弘延は『親信卿記』天延二年十二月十八日条に仁王経転読結願の御導師として見え（**49**御読経⑧を参照）、①の時点では存命している。一方、②に大乗院別当として登場する清胤が、「故阿闍梨内供奉十禅師寿肇」の弟子であったことが彰考館本『僧綱補任』に見える。①の「故阿闍梨」は寿肇と推察される。寿肇は応和三年（九六三）八月の、いわゆる「応和の宗論」で、第五日の朝座導師をつとめた天台僧である（『応和宗論記并恩覚奏状』所引「応和宗論日記」）。

（5）現在京都市左京区北白川に「中山町」、そこに隣接して大津市「山中町」がある。ただし現代のこれらの地域は、②に見える東坂よりも、むしろ西坂の道筋に近く、また近江坂本よりもかなり南側に位置しており、②の坂本―東中山―西中山―南中山―長寿尾―故阿闍梨房という経路との整合性に不審が残る。

（6）「長寿尾」は不明。あるいは「天地の共に久しき名によりて長等の山の長き御代かな」（『栄花物語』巻第十・ひかげのかづら）などと歌に詠まれた長等山に関わる地名とも考えられる。長等山は比叡山の南、東塔無動寺から三井寺付近にいたる山並みを広く指す呼称である。

（7）『小右記』正暦四年（九九三）三月五日条に「天台具足坂松下房」が見える。なお『大日本国法華験記』（巻中第四十三）などには天台僧実因（九四五〜一〇〇〇）が比叡山西塔の「具足房」に住んだことが見え、正安二年（一三〇〇）の『性空上人伝記遺続集』には、具足房の跡は西塔の西谷（北尾谷・南尾谷）南尾にあると記されている。大乗院はのちに西塔に建てられたと見られるので、西塔の「具足房」が『親信卿記』の「具足坂」の地にあった可能性も考えられる。

②天延二年五月十四日条

「登山」

十四日、早旦出洛、従東坂（1）攀登、主計頭（賀茂保憲）随身子姪等（2）同以参上、〈晴明（安倍）有此中〉、到勘解由長官（藤原佐忠カ）（3）所領錦宅（4）、〈主計頭随身小破子（5）、為披用也〉、次到坂本、有相迎僧一人、次到中山之比、律師長勇・大乗院別当清胤等相迎来云々、仍相共見東中山、次見西中山、次見南中山、次見長寿尾、即到故阿闍梨（寿肇カ）房（6）、〈有饗〉、例如此之時、着衣冠（7）、而今日所見甚多、非可束帯、況点地之心、可経見所々、不便束帯哉云々、〈此説保憲朝臣説也〉、但鎮時必可束帯、又尋先例、点地時尚束帯云々、酉刻許罷下、到大津政所、入夜帰京、但主計頭請仮、留坂本辺、

（1）山城側から登る西坂（表坂・勅使坂）に対し、近江坂本から比叡山上に登る坂をいう。

（2）賀茂保憲の子には光栄（九三九～一〇一五）・光国・光輔らがおり、甥には慶滋為政がいる（『系図纂要』九七）。光栄は天延二年十一月一日の朔旦冬至のとき、権暦博士であったことが知られる（『平戸記』仁治元年（一二四〇）閏十月二十二日条）。光国も天延二年六月に権天文博士となっている（『賀茂氏系図』）。

（3）『大日本史料』は「（藤原佐忠カ）」と傍書する。『権記』長保二年（一〇〇〇）四月九日条に「故勘解由長官佐忠朝臣」とあり、首肯される。

（4）「錦宅」の「錦」は「錦地」のように、他人の居所をたたえる意で付された字であるとも考えられるが、ここでは「錦織宅」の意であろう。錦織の地は坂本の南に位置する。

（5）天台座主良源が天禄元年（九七〇）に記した『天台座主良源起請』には「応禁制以破子送施山僧事」の条があり、「破子是俗人之旅具、（中略）而或修法事之家、或訪僧侶之輩、備彼雑染之器、送此清浄之庭、以食施僧」とある。また康保年間（九六四～八）には東西坂下に制札が立てられていたとある。

（6）①註（4）を参照。

（7）陽明本は「衣冠」とする。『大日本史料』は「衣冠」とし「（マヽ）」と傍書する。なお『小右記』永延二年（九八八）十月二十八日条は、円融法皇が比叡山に登ったときの服装について「公卿以下皆着狩衣・藁履」と記し、同長和元年（一〇一二）五月二十四日条は、藤原道長が子顕信の受戒式のため、東坂から比叡山に登ったときの服装について「相府烏帽・直者〔衣〕、上達部・殿上人冠・着〔直カ〕衣、地下四位已下布衣」と記している。

③天延二年五月十五日条

十五日、未進勘文、仍不令奏返事、

④天延二年五月十六日条

「奏点地勘文」

十六日、送消息於主計頭（賀茂保憲）許、参会右大将殿（藤原兼家）、令覧勘文、勘文加保憲及余（平親信）等署、

勘文云、東中山不吉、西中山不吉、南中山不吉也、但可改北道、長寿尾不吉、但山僧陳云、有便云々、令覧之後参内、依御物忌、附蔵人（大江）通理、令奏事由、

大乗院については、『叡岳要記』に西塔の一院として見え、「円融院御願」と記されている。『門葉記』（寺院二）には天台座主の覚慶が一条院の御願により、

その本坊であった西塔北谷の東陽房の地に、勝蓮華院・大乗院を建立したことが見える。同じ『門葉記』（雑決一）には、勝蓮華院は長徳二年（九九六）に建てられ、阿闍梨五口が置かれたとあるが、大乗院については記されていない。明和四年（一七六七）の『山門堂社由緒記』（第一）には「大乗院旧跡、円融院帝御願、貞元年中（九七六～七）建立」とある。

さて、『大日本史料』は①～④の記事に、「検非違使平親信ヲシテ、比叡山ニ御願寺大乗院ヲ建ツベキ地ヲ点定セシム」との見出しを付している。しかし大乗院点地のことは、本来蔵人の藤原典雅が行うはずのものであり、親信は蔵人として典雅にかわり、大乗院点地の勅使となったと考えられる。これに随行したのは陰陽博士ではなく、主計頭賀茂保憲とその一門であった。この頃、天文密奏を主税頭が行っている例がある（**39**天文密奏⑥等を参照）ことからしても、職員令とは異なる様態が見られる点に注目される。

親信らは表坂・勅使坂と呼ばれた西坂からではなく、東坂から登山し、帰路も恐らく東坂から坂本に下山して、大津にいたっている。たびたび比叡山に登っている藤原道長の場合をみると、長和元年（一〇一二）五月二十三日は東坂から登り（『御堂関白記』同年五月二十三日条、『小右記』同年五月二十四日条）、帰路は山科をへているので（『御堂関白記』同年五月二十三日条）、やはり近江側に出たと思われる。このように、今回と同じく東坂から登った例もあるが、寛弘元年（一〇〇四）は八瀬から登り、東坂を下りている（『権記』同年八月十七・十八日条）。寛弘六年（一〇〇九）は八瀬から登って西坂を下り（『御堂関白記』『権記』同年五月十七日条）、長和元年四月五日は「黒谷道」（『小右記』同日条。八瀬から西塔の北側に登る道）から登り、「禅師坂」（『御堂関白記』同日条）「西坂」（『小右記』同年四月六日条）から下っている。また、永延二年（九八八）の円融法皇の登山、長和五年（一〇一六）の三条上皇の登山はいずれも西坂からであった（『小右記』永延二年十月二十八日条・長和五年五月一日条）。

『小右記』治安三年（一〇二三）九月二日条には、賀茂保憲が天禄四年（天延元年）五月二十五日・天延

二年八月十日に奉った勘文の内容が見える。内裏から見て天皇の御遊年方にあたる場所での造作・犯土を不可としており、天延二年の御遊年方は子の方向であったことが知られる。しかしながら比叡山上で大乗院の候補地を巡った場合には、内裏からの方角が重大な問題になったとは思われないので、中山・長寿尾各候補地の周囲の環境や傾斜の方向、土地の形などから、その地相を判断したのであろう。④に「南中山不吉也、但可改北道」とあるので、道との位置関係が判断の基準の一つとなったことが察せられる。

　長元五年（一〇三二）に書かれた天台座主良源の伝記『慈慧大僧正拾遺伝』には、安和二年（九六九）新しく講堂を建てるため、近接する文殊楼を「別古（『大日本史料』寛和元年(九八五)正月三日条は〔占〕と傍書する）勝地所建立」したとあり、また天禄三年に「始ト西塔本覚房」したとある。①〜④では最終の決定にいたっていないとはいえ、仏堂の建立地選定のより具体的な過程を見ることができる。

　なお大乗院に関しては、天台宗典編纂所のご教示を得た。深謝する。

（山元章代）

70　薬師寺造営

天延元年二月二十七日の夜、大和西京の薬師寺が失火のために焼亡した。そこで勅使が遣わされ、また再建が国宛された。

①天延元年二月二十七日条

「□〔薬〕(1)師寺焼亡」

廿七日、薬師寺焼亡、所遺只金堂・塔等也、

（1）陽明本は一文字分損傷している。『大日本史料』は「□」とする。東本・田中本・橋本本・宮甲本・徳大寺本・修史館本は「薬」とする。なお予楽院本も「薬」とする。本文より「薬」と判断する。

②天延元年三月五日条

「□□(1)於薬師寺」「□□(2)事」

□□〔五日〕(3)、差遣左少弁源伊陟、令実検労問、兼為優僧等給(4)綿千屯、

（1）　陽明本は二文字分程度損傷している。『大日本史料』は文字数を確定していない。「差遣」などの意味の文字があった可能性がある。

（2）　陽明本は二文字分程度損傷している。『大日本史料』は文字数を確定していない。本文より「給綿」などの意味の文字があった可能性がある。

（3）　陽明本は二文字分損傷している。『大日本史料』は文字数を確定せず、末尾に「本条、三月六日ノ条ノ前ニアリ、下文薬師寺縁起ニ拠ルニ、五日ナルベシ」と注記する。陽明本の次条が六日であること、『薬師寺縁起』に「三月五日被下実検勅使左少弁源朝臣伊渉〔陟カ〕等」とあることより、「五日」と判断する。

（4）　陽明本は朱書「□事」を「等給」の右に記す。

③天延元年五月三日条

「薬師寺造作定」
三日、左大臣(源兼明)已下定申可造薬師寺事、定申云、以諸国十箇国可造進云々、依請、

薬師寺伽藍の火災は二月二十七日の亥刻のことで（『日本紀略』同日条）、①にも記されているように金堂と東西両塔を除き、創建以来の中心伽藍のほぼ全てを焼失した。

長和四年（一〇一五）撰の『薬師寺縁起』は、この火災以前の状況と火災及び再建を記しており、復興を記念するかのように造られたものといわれている（福山敏男・久野健『薬師寺』、東京大学出版会、一九五八、六一頁）。そして火災については、「夜、従食殿堂童子宿所盧(慮カ)外失火、食堂、講堂、三面僧房、四面廊、中門、大門、悉以焼亡」と、また金堂の西面にも火が移ったが寺僧神鎮や礼宗らが身を捨てて消したと伝える。なお『今昔物語集』（巻第十二第二十話）は、このとき金堂と塔が延焼しなかったことを霊験としてとりあげている。

さて薬師寺は子細を言上し、これに対して②にも見えるように、三月五日に勅使として源伊陟が現地へ下った。勅使からの奏聞ののち、金堂の消火に功あった神鎮を三河読師に、礼宗を大和国司に任じる宣旨が下された（『薬師寺縁起』）。

③は、伽藍の再建を諸国に分担させる定めを行い、裁可を得た記事である。薬師寺俗別当を源氏長者がつ

とめる慣例（古瀬奈津子一九九八、四二五頁）に従えば、左大臣源兼明は俗別当でもあったと考えられる。

この諸国に造作を配分した宣旨として『薬師寺縁起』は、大門を大和、中門と回廊三十間を備前、回廊三十間を備後、同二十二間を安芸、同十四間と食堂を播磨、経楼を周防、鐘楼と東院房を美濃、東南僧房を伊予、西南僧房を讃岐と、具体的に九カ国分を記す。ただ③には「十箇国」とあり、『日本紀略』も「大和・伊賀・美濃・播磨・備中・備後・安芸・周防・讃岐・伊予十ケ国」と十の国名をあげる（天延元年五月三日条）。そのため『薬師寺縁起』の中門は伊賀、備前は備中の誤りとすべきものかと推測されている（福山・久野前掲書、五七頁）。

ところで、講堂は始めから寺家別当趁禅が造立するとされていたが、右に国宛された伽藍の復興も、実際には多くを寺側が行ったようである。たとえば中門は別当平超が寛和二年（九八六）に造立し、南大門は別当増祐が寛弘三年（一〇〇六）に立柱して長和二年（一〇一三）に作了した。食堂も増祐が長保元年（九九九）より七カ年間に造り終え、また四面廊は周防国が十三間、平超が四十三間と講堂東廊十間、他は増祐が造立したと伝える（以上『薬師寺縁起』）。ちなみに周防守清原元輔は、天元三年（九八〇）に「造薬師寺廊」の功績により昇叙されており（『三十六人歌仙伝』）、宛てられていた経楼の造立にあたった形跡は見えない。

なお、再建された薬師寺は、享禄元年（一五二八）八月に起こった筒井順興の戦乱によって再び焼失した。同年九月七日に金堂・講堂・中門・僧房だけでなく、天延元年の罹災をまぬがれていた西塔も放火された（『薬師寺志』、足立康「薬師寺西塔焼失年代に関する誤謬」、『考古学雑誌』二十一巻十一号・二十二巻一号、一九三一・一九三二）。

（柴田博子）

71 大学

大学の学科は本科的な明経と、付属科的な算・音・書が学令に定められており、規模は明経道が群を抜いて大きかった。その明経から紀伝（文章道）・明法が分化・独立したが、これらの学科のうち平安時代最もさかんであったのは紀伝道である。但し、紀伝道を希望する学生も入学するのは明経道で、入学して修学ののち、選抜試験（擬文章生試・文章生試）を経て擬文章生や文章生になる。

①天禄三年四月十三日条

「兵部卿親王孫□〔王〕[1]入学」

十三日、故兵部卿親王(有明)孫王守清(源)入学、仍参堂、即学生等相共[2]到堀川院、於西対南庇・西庇、儲饗等、入夜如例、各々分散了、

但今日少納言佐時(藤原)勧盃、佐時少年未束[3]修入学、有司申□〔云カ〕[4]不入学者、不為故人云々、其定不決、一座□□[5]貢士仰下云、於堂可定下云々、

今日依例着麴塵、是故実也、依雨湿不率歩、有迎車、

（1）陽明本は一文字分損傷している。『大日本史料』は文字数を確定していない。本文より「王」と判断する。

（2）陽明本は「吉」とし、右に小字で「共」と傍書する。『大日本史料』は「共」とする。

（3）陽明本は「束末」とする。『大日本史料』は「束末」とし「〔未束カ〕」と傍書する。橋本本は「束末」とし「未束歟」と傍書する。徳大寺本は「束末」とし、「未」の下に挿入符を付し線を引いて「束」を挿入し「歟」と傍書する。文意より「未束」の転倒と判断する。

（4）陽明本は一文字分損傷している。『大日本史料』は「□」とし、「〔云カ〕」と傍書する。文意より首肯される。

（5）陽明本は二文字分損傷している。『大日本史料』は「□籠」とするが、文意は通じ難い。「一座」のなかで「□□」の「貢士」が仰せ下すのであるから、「上臈」などの語が書かれていた可能性がある。なお、貢士とは、入学しさらに式部省試に合格した者である（『兵範記』久寿元年（一一五四）三月二十八日条）。

②天延元年六月二十七日条

今日、依後菅秀才慶賀、満堂率歩、仍彼此向彼所、同進向二条家、事漸臨畢不見今日案也、

①は源守清の入学とその饗宴の記事である。親信は前年九月二十六日に文章生になっており（『公卿補任』長保三年（一〇〇一）条）、文章院すなわち大学寮北端の

都堂院に参っている。饗宴が行われた堀川院は守清の母方曾祖父藤原基経の邸宅であった。天禄二年（九七一）頃に守清の姉妹の夫である藤原兼通によって整備されている（『栄花物語』巻第一・月の宴）。

①では藤原佐時が「未束修入学」であったため、「故人」とすべきかどうかが議論されている。入学には束修の礼を行う（学令在学為序条）。また「故人」とは、『江家次第』（巻第五・二月・釈奠）の「諸道博士・故人・得業生・学生著北、三道論」の頭書に「故人、謂大童(文章)生耆旧」とあり、文章生の中の老大家と説明されている。このとき佐時が勧盃を行ったのは、源守清の母方の従兄弟にあたることによるのかもしれない。

『侍中群要』（第五・麹塵袍）に「除節会并主上着御日之外、可然掲焉所必着之」と見え、①で親信は麹塵を着しているので今回は「掲焉」のときにあたると考えられる。

②は菅原某が秀才、すなわち文章得業生になった慶賀の記事である。①②ともに文章生の「率歩」が見える。藤原氏に大慶事のあるとき、勧学院の学生がその邸まで練歩し祝賀を述べる「勧学院歩」が知られている（『小右記』治安元年（一〇二一）八月一日条、『後二条師通記』寛治二年（一〇八八）十二月二十一日条など）。①②から同様の儀を文章生が行っていたことが確認でき、興味深い。

（松岡愛子）

72　衛門府府生奏

諸衛の府生は本司の奏上によって任じられた（『西宮記』臨時二・諸宣旨例）。『親信卿記』には諸衛のうち、衛門府の府生奏を作成する手続きが記されている。

①天延二年五月二十一日条

「案主挙状加判」

廿一日、志定治(1)持来案主兼(蔵人)〔平〕(2)、・番長美努理明挙状、仍加署給、件奏始従天禄三年、申云、預此挙左蔵人兼平、〈奏、左右初挙〉・茨田茂生、〈一府挙〉・右垂水為兼(3)、〈右官人挙〉・物部重長、〈一府〔挙脱カ〕(4)〉・美努理明、〈左右使

官人挙〉、左右官人唱署称使府生、一府唱署称府生、

（1）『検非違使補任』天延二年条は、この人物を左衛門志とするが、右志である可能性が高い（74着鈦政①註(7)を参照）。

（2）陽明本は「、」とする。『大日本史料』は「、」とし「〔平〕」と傍書する。本条に「兼平」とあることから首肯される。

（3）陽明本・『大日本史料』は「乗小」とする。「乗小」という氏名は不詳。長保元年（九九九）四月一日の衛門府月奏に「番長兼案主垂水為通」が見える（『北山抄裏文書』）ことから、「垂水」の誤記と判断する。

（4）陽明本は「一府」とする。『大日本史料』は「一府」とし「〔挙脱カ〕」と傍書する。文意より首肯される。

②天延二年五月二十九日条

「府奏沙汰」

廿九日、為兼《垂水》(1)持来両府奏乞署、仰云、先日署理明《美努》挙如何、為兼申云、挙次第在兼平《蔵人》、況先了、理明等進申文云々、仍署、又件奏年来加使官人署云々、

（1）①註(3)を参照。

衛門府府生の任官は、まず推挙から始まる。今回推薦された者は、左方の蔵人兼平と茨田茂生、右方の垂水為兼・物部重長・美努理明の五名であった。その報は衛門志定治によって、検非違使右衛門少尉である親信のもとにもたらされている。親信は、案主である蔵人兼平と番長である美努理明を府生に推す挙状に署を加えて返した。後日、垂水為兼によって左右衛門府による府奏がもたらされた。これは近衛府を除く四衛府の府生を任ずるための府奏（『新儀式』第五・定諸司史生諸衛府生事）で、①の挙状を基に蔵人兼平を府生に補すべきことを奏上したと推測される。これに親信は署を加えた。それは検非違使の署が必要であったことによると、②に記している。府生に選ばれた蔵人兼平は左右官人から推挙されていたが、①にあるようにこの場合は「使府生」と称され、「府生」とは区別されていた。したがって、兼平は「検非違使左衛門府生」に補任されることになったと考えられる。推薦のされ方によって呼称が相違し、また奏を作成するにあたっても、その手続きが異なっていたことが推測される。

作成された使府生奏は検非違使によって奏上された（『権記』長保二年（一〇〇〇）八月三十日条）。

また②では番長美努理明に先んじて案主である蔵人兼平を府生に任じたとあるが、『権記』長保二年十二月五日条では、番長と案主をいかに府生に任じるかという問いが勅命で下されている。これに対する右衛門督藤原公任の返答は、上古では案主を府生に任じていたというものであった。また同年八月三十日条では、左衛門府生栗田豊理に替え右衛門案主笠良信を府生に任じた事例がある（『権記』）。したがって美努理明ではなく、蔵人兼平をまず府生に任じたことに問題はなかったと推測される。

なお①の「蔵人兼平」の割書に「奏」と記されているのは、②の兼平を任じる府生奏の作成を受けてのことであろう。ここからすると、①には②の内容があらかじめ書き込まれており、時系列に乱れが生じている。現存する『親信卿記』が部類記事の復元本であることはすでに山本信吉氏によって明らかにされているが（山本信吉二〇〇三、三八五頁以下）、この箇所も部類に編集された名残りをとどめている。

（谷口美樹）

73　検非違使庁政

検非違使が使庁において行う通常の政務を庁政あるいは使庁政という（①②③④⑤）。また、合議を中心とした議を議政という（⑥）。検非違使が行うこの他の政として、着鈦政（**74**着鈦政を参照）などがある。

①天延二年五月七日条

「着左政」

七日、着左政、

②天延二年五月九日条

「右政」

今日、右政、

③天延二年五月十日条

「左政」

今日、左政也、

④天延二年五月十六日条

今日、着左政、

⑤天延二年五月二十日条

「依奉幣左政延引」

廿日、着左政、而相定云、明日被立諸社奉幣使[1]、其中有伊勢太神宮使云々、問先例不詳、仍停止、不行政事、但季御読経之時、初・了日不行政事、其間行政云々、

（1）『日本紀略』同年五月二十一日条に「臨時奉幣伊勢以下諸社」とある。

⑥天延二年八月十三日条

「着右政」「下名」

今日、依[1]議政着右陣、其儀着後庁座、非使官人者起座云々、佐[2]北面、〈左東、右西〉、左尉□〔以〕[3]下南上西面、右尉以下東面南上、右官人経府生座末着之、酒饌如例、自末申[4]上可申事、〈右馬〻〻[5]師氏奏安茂[6]事也〉、有下名事、〈見上下〉[7]、勧盃、〈右尉[8]献左佐〉、下瓜相共食[9]之、〈依蔵人也〉、

（1）陽明本は朱書「着右政」を「依」の右に記す。

（2）この時期に左衛門佐と見られる人物として、源俊（『親信卿記』天延二年閏十月二十五日条）・藤原顕光（『親信卿記』天延二年四月十日条・同年十一月十一日条）がいる。また右衛門佐と考えられる人物として、藤原共政（『親信卿記』天延二年閏十月二十五日条）・源致方（『親信卿記』天延二年十一月一日条）・藤原道隆（『公卿補任』永観二年（九八四）条）がいる。

（3）陽明本は一文字分損傷している。『大日本史料』・修史館本・狩野本は「以」とする。山中本・鈴謄本・徳謄本・『続群』・『歴残』・徳川本は損傷を示し、「以歟」と傍書する。文意より「以」と判断する。

（4）陽明本は朱書「下名」を「申」の右に記す。

（5）陽明本・『大日本史料』は「〻〻」とする。師氏の職名が入るべきか。

（6）『親信卿記』天延二年閏十月二十五日条に見える「府生（安）茂兼」と同一人物の可能性もある。

（7）陽明本は割書の左行に縦線を記す。「了」もしくは空白符の可能性がある。『大日本史料』は損傷とし文字数を確定していない。

（8）このときの右尉に右衛門少尉平親信がいる。

（9）陽明本・『大日本史料』は「湌」とする。白河本・山中本・山田本・徳謄本・宮甲本・宮乙本・『続群』・『歴残』・狩野本・徳川本は「食」とする。

⑦天延二年閏十月二十三日条

「着右政」

今日[1]、着右政、

(1) 本条が二十三日条であることは、**60**斎王卒去①註(3)を参照。

親信は天延二年二月二日に検非違使となり（『公卿補任』長保三年（一〇〇一）条）、それ以降、日記にも庁政が記録されるようになる。

庁政は本来毎日行われるべき政務であった。これは裁判の滞りを避けるため、寛平六年（八九四）十月五日に決定された（『政事要略』巻六十一・糺弾雑事・寛平七年二月二十一日奉勅別当宣）。

⑤では、庁政と伊勢奉幣が重なった場合、政務を停止することを取り決めた。季御読経の初日と終了日に政を行わないことは、『北山抄』（巻第一・年中要抄・二月・季御読経事）に「初後日無政」とあることからも確認できる。本年においても五月八日から始まった春季御読経では、初日の八日と最終日の十一日を除き、政務が行われたことが②③から確認できる。

⑥から議政における後庁の座次がわかる。議政は右衛門陣で行われたが、検非違使を兼任していない人々、即ち「非使官人」は退席した。そして、北面する佐を中心に左官人と右官人とが対面する形で東西に並ぶのである。このことから、前田禎彦氏は政を佐が主催する儀式としている（「検非違使庁の〈政〉――その内容と沿革――」、『富山国際大学紀要』七巻、一九九七）。

さて、⑥ではまず酒饌が儲けられている。前田禎彦氏によると、政では儀に先立ち「勧盃」を行うのが通例であった。次に、「定」がなされた。今回は、師氏が安茂を訴えた訴訟についての合議である。これは末席から順に意見を申し上げるのが原則であったらしい。前田氏も指摘するように、こうした議の進め方は、陣定と類似しており興味深い。

次に、「下名」が行われた。これは召喚状を回覧し、官人たちが情報を共有する儀である。『親信卿記』天延二年五月二十三日条に「不読、唯下矣」とあることから（**74**着鈦政②を参照）、割書「見上下」には、黙読して回覧する、ということが記されているのであろう。

⑥では、庁政の酒饌に瓜が出されている。夏ならではの趣向である。この瓜を準備したのは検非違使と蔵

人を兼ねている親信であったらしい。瓜は蔵人所管轄の御園から運ばれたのであろう（67甘瓜給侍従所を参照）。兼任者ならではの記事が残されている点、興味深い記録である。

（京樂真帆子）

74 着鈦政

検非違使の政務のなかで、五月・十二月に東西の市において強・窃盗犯の獄囚に枷を着ける儀式を、着鈦政という。

①天延二年五月二十二日条

「看督長持来着鈦勘文(1)」

同日、左看督長多治延行持来着鈦勘文一通、仍加署書封、〈以名字一字、書表巻上結目、件署府生以上尉以下署之、佐不書署所〉、副過状十五枚、

勘(2)申可着鈦(3)左右獄囚事、

　合十五人、強盗十三人、窃盗二人、

左十三人、

強盗十一人、〈文室氏真・旱(4)部吉丸・摸作正延・物部春延・菅原真松・惟道貞遠・佐伯典兼・酒部房則・大中臣則正・茨田利枝(5)〉、

窃盗二人、〈伴友吉・大蔵安正〉、

右二人、

強盗、〈風甲(ママ)(6)成則・秦春吉〉、

明日、可有着鈦政、仍召志定治(7)、問案内、

（1）陽明本は「駄」とする。『大日本史料』は「駄」とし「〔鈦〕」と傍書する。本文より首肯される。

（2）陽明本は天横罫下線から書きはじめている。『大日本史料』は改行せずに前行の「枚」に続ける。壬生本『西宮記』（成勘文事）に引用されている勘文の具体例の冒頭は「勘申可着鈦左右獄囚事」であるから、ここから「秦春吉」までが勘文の抄出である。

（3）陽明本は「駄」とする。『大日本史料』は「駄」とし「〔鈦〕」と傍書する。右文より首肯される。

（4）陽明本は「旱」とする。『大日本史料』は「日下」とする。

（5）『大日本史料』がここに「歴名一人不足ス」と注記している通り、茨田利枝は十人目で、一人不足している。ただし陽明本に損傷などは見られない。

（6）陽明本は「甲」とする。『大日本史料』は「甲」

とし「〔早カ〕」と傍書する。山中本・鈴謄本・徳謄本・宮甲本・『続群』・『歴残』・狩野本・徳川本は「早」とする。「風甲」という氏は不審であり、誤記の可能性がある。

（7）『検非違使補任』天延二年条はこの人物を左衛門志とするが、親信が召して案内を問うのであるから、右志である可能性が高い。なお前日に案主らの挙状を親信のもとへ持参している（**72**衛門府府生奏①を参照）。

②天延二年五月二十三日条

「着西市政」

今日[1]、依政着西市、〈雖不可然、依雨湿乗車、又依例着青色、佐[2]着平緒〉、其儀先着帰屋(ママ)[3]、〈依雨儀、称先例、官人先着也、左南面、右北面、皆東上、佐西面〉、依雨脚不降、有僉議、令打例平張二宇、〈一宇在南政料〔所カ〕[4]、一宇在北後庁、後庁座佐西面、《左北、右南》、左尉以下着北、右尉以下着南、皆東上相対〉[5]、移着幄座、酒饌如常、〈厨家所儲也、立用二度料云々、飯遅来、仍一両盃後着政座〉、看督長進連立文、〈毎人各進、左右各一枚也、但依例相分犯人、《左八人、右七人》、可同数也〉[6]、次起座、連立夾名取副笏列北幄南庭、〈左立東、右立西、各相対、以南為上〉、相分夾屏築垣、左右見合、到南幄南砌、見合揖、着胡床、以中央為佐座、〈左東、右西〉、座定、看督長紀高景[7]版置栲柱北[8]、次高景取犯人過状、〈盛柳筥〉、覧左佐以下、次覧右尉以下、〈今日右佐[9]不着〉、覧了、看督長等左右列立、各出東西、更折進北、就版位東西、〈左在東、右在西、皆北面、次々立後〉、左看督長紀高景申〈く〉〔等脱カ〕[10]、可給鈦〈キ〉犯人、左八〈や〉、右七〈なゝ〉、合十〈とを〉五人〈いとり〉令候〈と〉申、左尉致(源)明[11]朝臣仰云、鈦給〈へ〉、高景称唯、右看督長諸師春明云共呼事、共称唯退出、着鈦、〈初出時、看督長・人守官人・随身等列立、着鈦者引率可着鈦者、火長・随身等不随、看督長北進、列留在庭中、左以西為上、右以東為上〉、着鈦了、看督長等如初進北、就版左右辺、此間令囚近栲柱、〈栲留之後、為見其形令近進也、列如本〉、左看督長紀高景等申〈く〉、犯人〈ノ〉鈦給了〈ヌと〉申、尉仰云、〈ヨシ〉、高景称唯、春明云共呼事、共称唯退出、次取版、次起座、出自初入間、各見合着座、〈時人云、列立北幄南庭中、揖後、各着座云々、無揖失也、又出時於南幄南砌可有揖云々、至于此揖、唯可見合歟、於揖無由、但可問故実〉、居飯并汁物等、次免物、次召名、〈不読、唯下矣、是故実也〉、事了各々分散、

(1) この日は小除目が行われていたが、親信はこの市政のために早く罷り出た（5直物・復任除目・臨時除目⑩を参照）。

(2) 後文に、「今日右佐不着」とあるので、左衛門佐をさす。この時期の左衛門佐と見られる人物としては、源俊（『親信卿記』天延二年閏十月二十五日条）・藤原顕光がいる（『親信卿記』天延二年四月十日条）。

(3) 陽明本は「帰」とする。『大日本史料』は「帰」とし「〔楼カ〕」と傍書する。鈴謄本は「帰」とし「楼歟」と傍書する。山中本・『歴残』は「帰」とし「楼カ」と傍書する。『続群』は「帰」とし右に傍書した「庁カ」を線で抹消し左に「楼カ」と傍書する。雨儀であった③では、まず「市庁」に着し、看督長が「連立文」を進めたのち、「楼座」に着して着鈦、終わって「帰着庁舎」している。よって「楼」は南幄の代わり、「市庁」「庁舎」は北幄の代わりであったと考えられる。壬生本『西宮記』（与奪事）の「勘問式」の「今案」は、着鈦政の場を「楼所《（前カ）》幄」とし、検非違使が最初に着す所は「市屋」で、ここに佐と蔵人尉は他の官人等の参集の由を聞いたのちに着すとしており、本条の「官人先着也」と合致する。すなわち本条の「帰屋」はこの「市屋」「市庁」にあたる。「帰屋」の用例を管見では他に見出せず「庁」あるいは「市」の誤記の可能性がある。

(4) 陽明本は「料」とする。『大日本史料』は「料」とし「〔所カ〕」と傍書する。北幄の「後庁」と対応する語であること、後文割書に南幄の座を「政座」と記すことなどから、首肯される。

(5) 陽明本は三文字分の空白符を付す。『大日本史料』は「〻〻〻〻」とする。

(6) 陽明本は三文字分の空白符を付す。『大日本史料』は「〻〻」とする。

(7) 壬生本『西宮記』の「勘問式」によると、左右看督長が東西に陣列してから、左第一看督長が版位に就き、「左右看督長其姓其丸等申〈久〉、可給鈦之犯人、左若干、右若干、并若干候〈布と〉申」という。紀高景はこの役割を果たしているので、左第一看督長であったと考えられる。

(8) 陽明本・『大日本史料』は「置栲柱北」を割書とする。山中本・鈴謄本・『続群』・『歴残』は割書とし、線を「版」から「置」へ、「栲」から「柱」へ、「北」から「次」へ引いてつないでいる。徳謄本・徳川本は割書とし「栲」から「柱」へ線を引く。栲柱の北に版

位を置いた意味であるから、前文に続く大字と判断する。

(9) この時期に右衛門佐であったと見られる人物としては、藤原共政（『親信卿記』天延二年閏十月二十五日条）・源致方（『親信卿記』天延二年十一月一日条）・藤原道隆（『公卿補任』永観二年(九八四)条）がいる。

(10) 壬生本『西宮記』の「勘問式」によると、註(7)に引用したように左第一看督長は「其姓其丸等申〈久〉」と言い、また着鈦後も「左右看督長某姓某丸等申〈久〉、犯人等〈尓〉鈦給了〈奴土〉申」というとある。後者は②でも「左看督長紀高景等申〈く〉」とあって「勘問式」と一致する。よって「等」を脱していると推察される。

(11) 壬生本『西宮記』の「勘問式」に「右第一看督長唱云、共呼左右看督長」とある役割を、諸師春明が果たしているので、右第一看督長であったと考えられる。

③天延二年十二月十四日条

「着鈦政」

十四日、依着鈦政、着市庁、左右看督長進連立文、其後着楼座、〈依雨儀也、右西、左東〉、給鈦了、帰着庁舎、有免物事、入夜参内、

着鈦政については、壬生本『西宮記』（第十七軸、外題は臨時十一）に詳しい。これは本来の『西宮記』ではなく（早川庄八「壬生本『西宮記』について」、高橋隆三先生喜寿記念論集刊行会編『古記録の研究』、続群書類従完成会、一九七〇）、永承二年（一〇四七）以後まもないころに、惟宗允亮の男、令宗道成か、道成に最も近い明法道出身の検非違使庁官人によって編まれたと推定されている（利光三津夫・所功「異本『西宮記』検非違使雑事・覚書」、利光三津夫編著『法史学の諸問題』、慶応通信、一九八七、二〇八頁）。

①では、翌日着鈦される強・窃盗犯十五人の勘文一通と過状十五通がもたらされ、親信は勘文に「名字一字」を署している。壬生本『西宮記』（成勘文事）所引寛和二年（九八六）五月十七日付勘文の末尾に「(右衛門)少尉平」、「左衛門府生垂水」などと見えるので、親信も「平」と署したのであろう。壬生本『西宮記』には、他に天暦十年（九五六）十二月二十日と長徳二年（九九六）十二月十七日付の着鈦勘文が引用されており、三例とも年月日の下に尉・志・府生は見えるが

佐は見えず、①の割書「佐不書署所」と一致する。なかでも長徳二年の勘文は、右大志伴忠信が成したとしつつ実は左衛門権佐惟宗允亮が「余草之、自今而後、如此可勘之」として起草したもので（壬生本『西宮記』所引「宗河記」長徳二年十二月十九日条）、そこにも佐である允亮自身の署名はない。勘文について、壬生本『西宮記』は「左右獄囚帳」「勘申着鈦囚人役畢事」をも引用した後の「今案」に、「道官人兼日成勘文、先覧別当」と、その「件勘文帳等、皆有尉以下署所也」とし、佐は披見するが署名しない。なお『西宮記』（臨時六・検非違使別当事）にも「但、至于着鈦政者、予造勘文、先申別当、随其処分」と見える。

ところで親信が日記に控えた①の勘文は、強・窃盗の別と囚人の氏名しかない。壬生本『西宮記』（成勘文事）は、一人一人の年齢・本貫地・贓物をあげている寛和二年勘文に続けて、「件勘文、長徳元年以往、只注承伏之由并本贓数等、不指役畢期之例也、為見其体載之」と記す。着鈦勘文の形式・内容には変遷が見られ、必ずしも固定化されていなかったと指摘されているが（小川清太郎「着鈦勘文」、『国学院法学』五巻二号、一九六七）、天暦十年の勘文にも詳細に贓物が記されているので、天延二年の正文には贓物などの記載があった可能性があろう。①の勘文は抄出と考えられる。②は、着鈦政の儀式を詳細に記す貴重な実例である。今回、親信は「依例着青色」したが、これは壬生本『西宮記』（与奪事）の「勘問式」の「今案」に「蔵人尉着青色」とあるのと合致する。

着鈦政の場について、「先例、上十五日、於東市行之、下十五日、於西市行之」であったが、長保四年（一〇〇二）五月二十一日に東市で行われたのは「依無西市」るためであった（壬生本『西宮記』於市行事）。すでに長徳四年（九九八）には「年来不向西市」と、これ以前から西市は利用されていなかったらしい（壬生本『西宮記』与奪事所引「或記」長徳四年十二月十三日条）。天延二年以後に西市で実施された例に天元五年（九八二）が見えるので（壬生本『西宮記』裏書所引「藤原宣孝天元五年五月二十日記」）、西市を用いなくなったのはこれ以後、長徳四年までの間であることがうかがえる。

さて市では、雨儀でなければ二つの平張の幄舎が設けられる。まず北幄で酒饌が供された後、看督長が「連立文」を進める。これは「今日可着鈦囚夾名也」と説明される「腰文」を指すのであろう（壬生本『西宮記』与奪事「勘問式」の「今案」）。そして座を立ち、南幄へ移る。

南幄では佐を中央にして胡床に着す。『年中行事絵巻』（巻十四）に描かれている着鈦政はこの場の様子である。看督長が版を置き、犯人の過状を進めて佐以下が覧じ、その後、東西から左右の囚人が引き出される。壬生本『西宮記』（与奪事）の「勘問式」は、左右看督長が囚人の北側に、随身が南側に陣列し、囚人には人別に「防援」がつき、地に押して匍匐させるとする。②の「人守官人」とはこの「防援」のことと思われる。列立した後、左第一看督長が着鈦すべき囚人の数を申すとき、和語で数を申したことが②よりわかる。ついで右の「勘問式」では、尉は揖し、佐が着鈦を命じるとするが、②では、左佐が着していたにもかかわらず、仰せたのは左尉源致明であった。

そして看督長らは退出し着鈦した後、再び初めと同じく進み、鈦を着したことを報告する。②ではこのときも左尉が応答しており、「勘問式」が佐とするのと異なる。看督長が称唯し退出後、検非違使官人は座を立って北幄へ戻り、酒肴・免物そして召名がある。

この免物について、壬生本『西宮記』（与奪事）「放免役畢獄囚儀」の「勘問式」は「獄門前」にて看督長を喚んで行うこととするが、その「今案」には「件免物、近代、向獄門儀不見、只着鈦政、次行之」とあり、②や③の行事と一致している。

ところで②では、北幄から南幄へ移るとき、北幄の南庭では「見合」、南幄の南砌で「見合揖」し、北幄へ戻るとき「見合」し着座した。これについて「時人」が北幄の南庭や、北幄へ戻るとき南幄の南砌で揖をするべきと指摘している。後者の指摘について親信は「由なし」と記し、異なる見解を持っていたことがわかる。なお壬生本『西宮記』（与奪事）の「勘問式」の「今案」には、北幄から南幄へ移る間に二度の揖が見え、また「勘問式」では、「将囚退去訖、佐以下相揖、次第起還着本座」と南幄の座を立つときに揖することをあげている。

（柴田博子）

75　津　廻

津廻とは、交通上重要視されていた津において、検非違使が「奸猾の輩」を取り締まるために行う検察であった（『日本三代実録』貞観十六年(八七四)十二月庚辰条）。

①天延二年閏十月二十五日条

「津廻」

廿五日、有津廻事、仍退内向西市、而官人等早去、追比(1)至嶋坂、纔以追及、〈左佐俊(源)、尉興輔、惟時、志清(秦)理、元平(平)(2)、府生公蔭(能登)、右佐共政(藤原)(3)、尉親信(平)、府生茂兼(安)(4)、自余官人各申障之由〉、先廻山崎津、〈刀祢前行、次看督長(5)、次府生・志・尉・佐列廻〉、次着政所、勘刀祢令進過状、便宿此所、明朝令進申文、加教喩従放免、

（1）陽明本・『大日本史料』は「北」とし右に「比」と傍書する。文意より「比」と判断する。

（2）『大日本史料』は氏を傍書していない。『尊卑分脈』に、従四位下陸奥守の平元平が見え、年代は符合する。平元平は、院源（九七一～一〇二八）の父である（『僧綱補任』）。

（3）『大日本史料』は氏を傍書していない。『類聚符宣抄』（第八・延期状事）天元四年（九八一）六月三日解に播磨守従四位下として、『尊卑分脈』には魚名六世孫として、藤原共政が見られる。

（4）『大日本史料』は氏を傍書していない。『小右記』寛和元年（九八五）三月二十七日条の「右衛門府生安茂兼」と同一人物であろう。

（5）『親信卿記』天延二年五月二十二日条・同二十三日条から、左看督長には多治延行・紀高景、右看督長には諸師春明がいることがわかる（**74**着鈦政①②を参照）。

②天延二年閏十月二十六日条

「勘淀津刀祢」

廿六日、着淀津政所、勘刀祢令進過状、便加教喩、同以宣(宥カ)(1)之、不令進申文、次着今山崎津、其儀如淀、入夜

入洛、
（1）陽明本・『大日本史料』は「宣」とする。山中本・徳謄本・『続群』・『歴残』・徳川本は「宣」とし「宥歟」と傍書する。鈴謄本は「宣」とし「宥」と傍書する。文意より「宥」と推察される。

『親信卿記』には、検非違使の津廻について詳細な記事が見られる。

①によれば、まず検非違使官人達は西市に集合し、山崎津へ向かった。親信は遅れて、嶋坂で合流した。嶋坂とは山城国乙訓郡の地名である。現在は京都府向日市上植野町に島坂という小字名を残している。承平五年（九三五）、紀貫之一行が帰洛する途中、山崎に数日滞在した。その後「かくて、京へ行くに、島坂にて、人、饗応したり」とある（『土佐日記』）。

親信らは山崎津に到着すると、津刀祢を先頭に、看督長・府生・志・尉・佐の順に列をつくって巡回する。その後、津政所に行き、刀祢を勘えて過状を提出させ、この日はここに宿泊した。明朝、刀祢に申文を進めさせ、教喩を加えて免じた。さらに淀津・今山崎津でも同様に、刀祢を勘えて過状を出させ、教喩を加えた。このように十世紀後期における検非違使の津廻とは、津刀祢が業務を果たしているかどうかを巡察し、その職務上の怠過について過状を出させるという、刀祢を介した検察であったことがわかる。

これと同様の、過状を提出させた上ですぐに「誓しめ、免じ」るという過程が、『親信卿記』には天禄三年の大原野祭不参人と違式の近衛官人について見える（62勘究③④を参照）。そこでは過状提出前に、弁明を述べたと思われる申文を出している官人も多い。それに対し、今回の津廻においては、山崎津の刀祢には先に過状を提出させ、淀津・今山崎津では申文を提出させなかった。過状の提出をもって怠過が免じられれば、申文をふまえて刑罰を勘案する必要はなくなる。①②には、過状の性格の変化や検察の手続きの簡略化が垣間見えているのかも知れない。

さて、山崎には山陽道が通り、河川の合流地点でもあり交通の要所であった。『日本文徳天皇実録』斉衡二年（八五五）十月癸巳条に山崎津頭で失火があり三百余家が延焼したという記事が見える。淀津は『枕草子』（二一〇段）に「初瀬にまうでて、淀のわたりといふものをせしかば」とあるように、水上交通の拠点の一つであった。『政事要略』（巻六十一・糺弾雑事）寛平六年（八九四）十一月三十日宣に「奉勅、検非違使毎旬巡察大井与度山崎大津等非違者」とあり、都近郊の重要な津であった山崎・与度・大津・大井津の四つの津に関して、検非違使に「毎旬」の検察を命じている。さらに「使式云、近京之地及山崎与度大井等津頭、使等糺察非違者、在雑部」ともあり、①②の津廻記事もこういった規定に準じたものであろう。

ところで、②に見える「今山崎津」は右の規定にも見えず、管見の限り初見史料である。『大御記』永保元年（一〇八一）九月二十一日条に「到今山崎乗小船、午刻参石清水宝前奉幣了」とあり、石清水八幡宮への渡河地点となっている。具体的な場所は比定できないが、①②よりわかる津廻の順番より、山崎・淀よりも京に近い位置にあったのではないかと推察される。

なお、今山崎津については福島克彦・大村拓生の両氏より御教示を得た。深謝する。

（渡部純子）

76 追　捕

平安京に横行していた強盗の影は、『親信卿記』にも垣間見えている。彼らに対処する官人たち、とりわけ親信もその任に就いた検非違使の、嫌疑者の捜索や追捕といった警察的な活動を、ここにとりあげる。

①天延元年二月十日条

「検非違使捕強盗給禄」

同日、検非違使左衛門尉致明（源）朝臣・同致節（源）[1]・志秦清理・府生能登公蔭等参掖[2]陣、令奏捕得強盗首之由、合戦之間、被疵多矣、即召内府□□[3]賜禄有差、〈尉二人各二疋、志白一疋、府生赤一疋〉、不拝退出、〈口伝云、追捕官人布衣烏帽、帯弓箭参入、仍不便拝舞云〉、[4]

（1）『大日本史料』は氏を傍書していない。『尊卑分脈』に「大夫尉」源致明の弟、致節の名が見える。

(2) 陽明本は旁の大部分が損傷している。『大日本史料』は「脇」とする。②に見えるように、『親信卿記』においては、ほぼ「腋(本書では「掖」に統一)」が使用されていること、および墨痕から「腋(掖)」と判断する。

(3) 陽明本は「府」に続く二文字が損傷している。『大日本史料』は「粢□」とし、「粢」に「(マヽ)」と傍書する。また、両者はともに「府」以下の右に小字で「若蔵寮歟」と傍書する。給禄の手続きについては後述するが、『侍中群要』などに「内大臣」「内蔵寮」の語は見えず、文字の確定はできない。なお、このときの内大臣は藤原兼通である。

(4) 陽明本・『大日本史料』は「云々」とし、「々」の左に抹消符を付す。

②天延元年六月九日条

「盗人来殿上事」

九日、候宿、其暁盗人一人来殿上侍、取左少弁〈伊陟(源)〉・左衛門佐〈顕光(藤原)〉、衣、〈伊陟綿褂一領、顕光直〔衣脱カ〕(1)一領・綿褂一領・裏一也、左衛門佐結付、而引切取之〉、掖陣吉上伴満行頗有事疑、仍召左衛門府生能登公蔭下給了、

(1) 陽明本は「直一領」とする。『大日本史料』は「直」と「一」の間に「〔衣脱カ〕」と傍書する。文意より首肯される。

③天延二年五月二十五日条

今日、別当(源重光)(1)依穢不参入、

(1) 『大日本史料』は「別当」に「(源延光)」と傍書するが、このときの検非違使別当は源重光である。彼が延光の替として別当に任命されたことは、『親信卿記』天延二年二月十七日条などに見える。

④天延二年五月二十七日条

「依別当命奏供給事」

此夕、別当(源重光)被給御書云、有所労不令参奏、官人等補後奏真(ママ)(1)即随身真(ママ)罷下河尻、可奏下供給宣旨云々、

(1) 『大日本史料』は「真」に「(ママ)」と傍書する。下文も同様である。文意が通らず難解である。後考をまちたい。

⑤天延二年五月二十八日条

「被仰供給事」

廿八日、参大殿(藤原兼通)申此由、又参内奏聞、左大臣(源兼明)被参、仍(1)宣宣旨云、左衛門尉致明(源)・志□□陣(2)平・府生能登公蔭、

依強盗追捕事（3）下遣河尻辺、供給宣旨宣〈ヘ〉、参別当（源重光）殿申此由、

（1）　陽明本は朱書「被仰供給事」を「仍宣」の右に記す。

（2）　陽明本は二文字分損傷している。『大日本史料』は「□□」とし、続く「陣」に「〔陳カ〕」と傍書する。『尊卑分脈』によれば、藤原真作の子孫に陳平なる人物がおり、このとき生存していた可能性がある。ただ、「陣」の直上の墨痕は「藤原」とは読めない。

（3）　陽明本は「補」とする。『大日本史料』・狩野本は「捕」とする。山中本・『歴残』は「補」とし、「捕歟」と傍書する。徳謄本・『続群』・徳川本は「補」とし、抹消符を付して「捕歟」と傍書する。鈴謄本は「補」とし「捕カ」と傍書する。文意より「捕」の誤記と判断する。

　追捕にあたる官人等に供給がなされたこと、それに際して宣旨が下されたことは、④⑤より知られる。その宣旨の書様は『朝野群載』（巻第十一・廷尉）に収められており、たとえば「春日祭濫行」を糺すべく官人が派遣される場合には、宣旨は大和国宛に下された。しかし、残念ながら④⑤には、宣旨の宛所は記されていない。なお、政における供給であるが、『親信卿記』には「酒饌如常、〈厨家所儲也〉」と、左右衛門府の厨家が酒饌を調えている事例も見られる（74着鈦政②を参照）。

　また、宣旨を下すにあたり、別当源重光が参内しなかったのは、恐らく穢れに触れたためであろうことが、③からうかがわれる。そして、本年二月二日に検非違使となった親信（『公卿補任』長保三年（一〇〇一）条）が、重光の指示のもとに動いていた。

　さて、強盗を捕らえた検非違使に禄が与えられたことは①に記されている。『侍中群要』（第七・検非違使奏事）に、「有名犯人并有宣旨追捕者」を捕獲したときには、蔵人所にてその旨を奏するとあるのに対し、①では、それに該当しなかったのか、掖陣にて奏上している。また、禄の支給について、『侍中群要』（第七・追捕官人等給禄事）には「於殿上口給禄、各疋絹、〈不論尉・志・府生〉、但或尉二疋、志・府生一疋、各可随議」と見える。しかし、疵を負った官人がいたこ

とから、通常とは異なるかたちで与えられたらしい。陽明本が損傷しているため推測の域にとどまるが、内大臣がなんらかの品を出だした、あるいは彼の控所において禄が支給された、などの可能性があろう。そして、「若蔵寮歟」との註記は、給禄の手続きが異例であったことに加えて、疋絹が内蔵寮により準備される品であったことから付されたのではなかろうか。

ところで、『侍中群要』（第七・検非違使事）には「天禄四年、尉二疋、志・府生各給一疋、〈此例不詳〉」と、このときの事例が引かれている。同書には「従追捕帰参、帯弓箭直以参入、若給禄者不拝舞」などと、①の「口伝」に共通する見解も採録されている。それらは、いずれも平家説とみなされる「家」説（渡辺直彦一九七八、五七〇頁）の一部である。①は、『侍中群要』の成立を考えるうえでも、問題にすべき史料であるといえよう。

なお、②は盗の嫌疑者が、①にもその活躍ぶりが伝えられる能登公蔭に下されたことを語っている。以後、この件がどのように処理されたのかは定かではない。

ただ、②には、おそらく宿直していたのであろう藤原顕光が、衣類を結びつけていたにもかかわらず引き切られ、持ち去られたとある。顕光の行為は、こうした事件が、思いもよらない出来事ではなかった当時の状況を示しているのかも知れない。

（西村さとみ）

77 免物

免物とは赦免のことであり、祥瑞や慶賀、改元、災異、疾病などを契機として行われる。

①天延元年三月二十三日条

「免未断囚人事」

昨日(1)、原免未断囚人、〈前日仰可進勘文之由、召別納、今日定申〉、被坐紀伊守(藤原)棟利愁者十余人、

（1）『日本紀略』天延元年三月二十二日条に「非常大赦」とある。

②天延二年七月□(八カ)日条

［　　］□(1)□(2)平光法師之事、参大殿(藤原兼通)、而難渋也、

還参、令奏其由、

（1）陽明本は五文字分程度損傷している。『大日本史料』は文字数を確定していない。前行に七月七日、次に七月九日の記事がある。『大日本史料』は本条を前行からのつづきと見て七日条とするが、八日条の可能性もある。後文参照。

（2）陽明本は二文字分損傷している。『大日本史料』は註(1)の損傷と合わせて文字数を確定していない。二文字目は陽明本の残画から「院」の可能性がある。

③天延二年七月十一日条

「免物」

十一日、重有可免平光并朝増□(1)之仰、□(2)申大殿(藤原兼通)、大殿被仰云、以仰旨可仰別当(源重光)者(3)、仰別当、別当被奏云、依仰不論是非免了、但□(4)事云々、其後有煩、未申返事、

（1）陽明本は一文字分損傷している。『大日本史料』は「□」とする。朱書から「失」「犯」「過」「罪」などが入る可能性がある。

（2）陽明本はにんべんを残し損傷している。『大日本史料』・修史館本は「伺」とする。山中本・鈴謄本・徳謄本・『続群』・『歴残』・徳川本は「仍歟」と傍書する。文意より「仍」の可能性がある。

（3）『大日本史料』は「別当」に「(源延光)」と傍書するが、検非違使別当には本年二月十七日、延光にかわり弟の源重光が就任している（**63**検非違使補任⑤を参照）。

（4）陽明本は一文字分損傷している。『大日本史料』は「□」とする。

『親信卿記』では、ほかに免物のことが天延二年五月二十三日条・同年十二月十四日条に見られる。これらは着鈦政に伴うものであり、刑役を終えた囚人を放免することを意味している（**74**着鈦政②③を参照）。さらに天禄三年十一月二日条に太政大臣藤原伊尹危篤に伴う免物の例が見られる（**61―1**藤原伊尹死去⑤を参照）。②③の免物がこれとは異なることは、③の「依仰不論是非免了」という記述から明らかである。

先に円融天皇は平光法師のことを免じるように関白藤原兼通に仰せたが、兼通はなんらかの理由でこれに難色を示し、親信はその理由を天皇に奏上した。十一日になって天皇は再び平光法師と朝増を免じることを兼通に仰せた。すると兼通は、今度は検非違使別当である源重光に二人を免じるように仰せた。別当重光は

二人の「罪」の是非を糾弾せず放免し、このことを奏上した。

この免物が何を契機として行われたものか、他に記録がないので詳細を知ることはできない。しかし、円融天皇が直接個人をとりあげ赦の対象としていることは注目され、この人物と天皇との間になんらかの関わりを想定するべきであろう。

平光法師および朝増の「罪」が七日もしくは八日以前のものであることは明らかであるが、その「罪」が一体何であったのかは②③からは読み取ることはできない。また関白藤原兼通はなぜ、天皇がはじめ免物を行うよう仰せたときに難色を示したのであろうか。いまこの②と③との間の記録を見ると、この間の九日に月次祭・神今食が行われている。これは本来六月に行われるべきであるが、内裏での穢れの発生によって延引され、翌月九日になって行われることになった（19月次祭・神今食・大殿祭⑤を参照）。

藤原兼通が免物の仰せに難色を示したのは、この月次祭・神今食と神祇令散斎条、職制律在散斎弔喪条の規定に関わるのではなかろうか。散斎条では祭祀の散斎期間に罪を決罰することが禁じられている。また在散斎弔喪条ではこれを天皇に奏聞することへの罰則が規定されている。月次祭は中祀であり、その散斎は三日である（『延喜式』巻第一・神祇・四時祭、神祇令月斎条）。よって、このたびの月次祭の散斎は八日より始まる。散斎の始まる八日以降は平光法師の「罪」を決定することはできない。ということは、免物も決定できないのではなかろうか。藤原兼通が難渋したのは、まさにこの日に天皇から平光の罪を免じるように仰せがあったからであろう。以上のように考えられるとすると、②は八日条と推察される。

（北村有貴江）

78　藤原義孝死去

天延二年九月十六日、藤原義孝が死去した。その一連の法要などに親信が携わっている。

①天延二年九月十五日条

「先(1)少将依病退出」

十五日、寅刻、先少将(藤原義孝)(2)受重病退出達智門朝俊朝臣宅、

自去八日所煩云々、

（1）陽明本は「免」とする。『大日本史料』は「免」とし「(先カ)」と傍書する。本文に「先少将」とあるので「先」の誤記と判断する。

（2）『大日本史料』は「(藤原挙賢)」と傍書する。これを藤原義孝と判断する根拠については後述する。

②天延二年九月十六日条

「入滅」

十六日、先少将(藤原義孝)入滅、

③天延二年九月二十六日条

「定態事」

廿六日、〈未〉、参一条殿、運雑物納文書、大弁殿(源保光)同被参、被始(1)定御態事、

（1）陽明本は朱書「定態事」を「始定」の右に記す。

④天延二年九月二十九日条

「故少将二七日」

今日、当故少将(藤原義孝)(1)二七日、仍行御誦経於桃薗御堂、〈調布十段〉、

（1）『大日本史料』は「(藤原義孝カ)」と傍書する。

⑤天延二年十月五日条

五日、参一条殿并桃園殿、

⑥天延二年十月八日条

参一条、

⑦天延二年十月十三日条

十三日、参一条、

⑧天延二年閏十月三日条

「故少将七々日法事」

三日、於桃園殿御堂、修故少将(藤原義孝)七々日御法事、以文時(菅原)朝臣令作願文、而晩景持来、仍不令清書、

七僧、律師余慶・正算・乗慧・松叡・能慧・湛延・性孝(1)等也、

上卿、左衛門督(源延光)・民部卿(藤原文範)・中宮大夫(藤原為光)・源宰相(源重光)・左(源保光)大弁・治部卿(藤原元輔)等也、修理大夫(源惟正)被参、而依有急事退出、

出誦経所々、本家・太政大臣(藤原兼通)・殿北御方(恵子女王)・女御(藤原懐子)・左衛門督・中宮大夫・左大弁・同北方・右兵衛佐(藤原親賢)・侍従(藤原義懐)・故少将少郎(藤原行成)(2)、

（1）陽明本・『大日本史料』は「孝」とする。『園城寺

伝法血脈』の「智弁権僧正（余慶）授十八人」の第十番目に「性高、〈内供〉」と見えることから、「高」の誤記の可能性がある。

（2）『大日本史料』は「故少将」に「（藤原行成カ）」と傍書する。後述するように「故少将」は藤原義孝であり、その息は『尊卑分脈』によれば藤原行成のみである。

⑨天延二年閏十月五日条

「□(1)正日」

五日、故少将（藤原義孝）卌九日正日也、仍参桃園、不参内、

（1）陽明本は三文字分程度損傷している。『大日本史料』は「□□」とする。本文より「卌九日」の可能性がある。

⑩天延二年十二月二十七日条

「一条殿仏事」

廿七日、於一条殿寝殿、奉為北方（恵子女王）修法事、故少将（藤原義孝）為賀五十算、平生所企也、而其亡後為遂本意、左大丞（源保光）所令修也、

「別当・余随身闘乱」

今日、別当（源重光）随身与余（平親信）随身有小闘乱事、

⑪天延二年十二月二十八日条

廿八日、早旦、参別当殿（源重光）、

天延二年八月から九月にかけて、疱瘡が大流行した。『親信卿記』においても、八月二十八日条に「疱瘡大祓」、同二十九日条に疱瘡のための仁王会、九月七日条に十六社臨時奉幣のことが見える。また九月二十七日条には、円融天皇も疱瘡を患うことが見える。この犠牲となって、九月十六日の朝に兄の藤原挙賢が、夕に弟の義孝が相次いで亡くなってしまう。二人は、故摂政太政大臣藤原伊尹の息子で、伊尹がもっとも期待をよせた兄弟である。『栄花物語』『大鏡』をはじめとする諸史料によると、兄の挙賢は「先少将」、弟の義孝は「後少将」と呼ばれ、いわば花形的存在であった。

『親信卿記』は、この「先少将」の法事に関する一連の記事を伝える。なお③の「御態事」とは、『貞信公記』天慶元年（九三八）四月十三日条に同年二月二十五日に死去した平時望の七々忌を示す語として「態」とあることから、法事を指すとわかる。

「先少将」とは、他の史料では兄の挙賢を指すが、

親信が記した「先少将」は弟の義孝のようである。④⑤に見えるように桃園御堂において法事が行われたが、伊尹は、義孝・行成父子に桃園邸を伝領し（高橋康夫「桃園・世尊寺」、朧谷寿・加納重文・高橋康夫編『平安京の邸第』、望稜舎、一九八七）、行成を自分の養子にしている（『公卿補任』長保三年（一〇〇一）藤原行成尻付）。また、③で親信とともに一条邸に向かい法事の準備や、死後の片付けを行っている右大弁保光は義孝の舅である。この保光が深く関与していることからも、法事の対象となる「先少将」とは、義孝を指すと考えられる。なお、親信は「少将」の臨終を「入滅」という語を用いて表現している。これは仏教に深く帰依する人物に対して用いられた言葉であろう。義孝は仏教に対する信仰心が篤かったことで知られ、仏門に入ることさえ望んでいたという逸話も残る（『栄花物語』巻第二・花山たづぬる中納言）。それ故、臨終を表すのに入滅という語がふさわしいのも、義孝であろう。『親信卿記』及び他の史料には見えないが、兄の挙賢の法事は挙賢の家政機関を中心として別個に執り行われていたであろう。

また、行成がのちに桃園邸を世尊寺にしたと知られている。④⑧より、桃園には既に『親信卿記』の時代に法事を営めるほどの御堂が存在していたことがわかる。

さてこの間、親信が保光とともに足繁く一条邸へ通っている様子が③⑤⑥⑦に見える。一条邸において親信は荷物や残された文書の整理をし、法事の段取りを決めている。義孝の死後の法事や整理は、父故伊尹の家司であった親信と舅である保光の両者が主導的に行っているのである。

⑧の四十九日の法事には、義孝の親類・縁者の顔ぶれが揃っている。この中で修理大夫源惟正は親類ではないが、『藤原義孝集』に義孝との贈答歌があり、歌を通じて親交があったと見られる。

『親信卿記』には、⑩のように母思いの義孝の人柄を偲ばせる記事も伝える。この義孝の母の算賀の法事は故人の遺志をついで盛大に催されたようで、恵子女王が伊尹亡き後、一条殿の要になっていたことがうかがえる。

（黒田洋子）

79　親信乳母死去

天禄三年十月、親信の乳母が死去した。その葬送から四十九日、三回忌の法要を親信がとり行っている。

①天禄三年十月八日条

今日、聞乳母煩之由、触障退出、

（中略）

「乳母右京逝去」

同日、巳刻許、乳母右京死去、〈送東〉、故右京亮平野茂木[1]女也、

（1）陽明本は「木」とする。『大日本史料』は、「木」とし「(樹)」と傍書する。『河海抄』（巻八・松風）には「陰陽頭茂樹」が見える。

②天禄三年十月十一日条

「葬送」

十一日、葬送、此間事示付松算上人、令送行銭米等、

「七々法事」

十一月廿六日、修七々法事、八日修誦経、〈銭一貫〉、

③天延二年十月八日条

八日、始印仏、為乳母、誦経広隆寺、

①で親信は、乳母の容態悪化の知らせを受け、退出した。そのため当日の政務大宰大弐罷申儀については後日その案内を問うた（59受領等罷申②を参照）。

②では十月十一日の葬送と十一月二十六日の四十九日法要、また八日の誦経の記事が合載してある。山本信吉氏が、現存『親信卿記』が部類からの復原本である根拠のひとつにあげている箇所である（山本信吉二〇〇三、三九一頁）。①についても、「今日、聞乳母煩之由、触障退出」は大宰大弐罷申記事のなかにあったが、②の直前にある、乳母の死去を記す「同日」条は、②の記事と部類されていたものが現状のように復原された可能性もある。

また、山本氏が当箇所を日記の筆者自身の追記とする可能性についても指摘するように、もともと本文の

記事として記されたのではなく、①の「乳母煩之由」に付随する追記として、欄外にアトランダムに書き込まれた①の「同日」条及び②が、清書されて現状のようになったものとも考えられる。

乳母の死に際して「東へ送る」とあるのは、鳥部野のことであろうか。②より葬送や四十九日法要の費用も親信がまかなったと思われる。また、③の三回忌にあたっても印仏や広隆寺での誦経といった、手厚い法要を営んでいる。

（黒田洋子）

80 その他

項目として立てなかった記事は以下の通りである。

①天禄三年十一月二十八日条

「大雪」

廿八日、大雪、又御物忌也、

②天禄三年十二月十五日条

「資子准后事」

十五日、右大臣（藤原頼忠）依召参御前、被仰云、以一品資子内親王可准三宮之由、

③天禄三年十二月十六日条

「奏勅書」

十六日、令奏勅書、即返給、次召右近衛少将朝光（藤原）於御前、被聞御消息於彼宮（資子内親王）、宮給禄者、家司等申慶於宮云々、

④天延元年二月十一日条

「鶏合事」

十一日、於弘徽殿前有鶏合事、其事倉卒、不堪注置、

⑤天延二年三月二十一日条

「日記問答談」

廿一日、参坊城之次、被仰云、一日相逢修理大夫（源惟正）、清談次示云、故大弁（源相職）書置書云、守文（藤原）申云、未弁事有三事、一曰、御読経間、請僧牛馬放大庭、若是有宣旨歟、二曰、別当於掖陣従敷政門召官人給仰事、三曰、車馬已有往還道、而行幸時、女車多立大庭者、古人書置如此云々、

左衛門督（源延光）被示云、従敷政門召官人仰、恒佐（藤原）大臣為別当

之時、為此事、陣日記云、注其姓名、余無可然事、不
為此事云々、御読経間牛馬事、余(平親信)先日宣旨之中見此事、
而不知其書在所、

⑥天延二年四月五日条

「皇太后宮大夫薨」

五日、夕、皇太后宮大夫(藤原朝成)於仏性院薨逝、〈生年五十八
云々〉、

⑦天延二年五月二十日条

向余慶律師御許、〈于時被候皇太后宮(昌子内親王)〉、

⑧天延二年五月二十八日条

「左京大夫死去」

昨日夜、左京大夫遠基(藤原)朝臣死去、是当今(円融天皇)舅氏也、如此
之時例、可尋聞者也、

⑨天延二年六月十三日条

「参如意寺」

十三日、為修去年秋花摘参如意寺、依吉日奉拝墳墓、
急於新堂修誦経、

「奉拝先考妣」

午刻、拝先閤(平真材)、申刻、於月林寺東林拝先妣(藤原定高女)、

⑩天延二年八月二日条

□(二)日、山科寺寺主時算、〈時算是故也多雄室家養子、
童名者童子阿古、今者定照僧都弟子云々〉、来遇、陳
可有旧懐之由、

⑪天延二年八月二十七日条

「故守御忌日」

廿七日、故守(平真材)御忌日、〈布十五段、誦経如意寺〉、

⑫天延二年九月九日条

「無節会」

九日、無節会事、公卿不参、不取見参、

⑬天延二年九月二十五日条

廿五日、度六角小宅、

⑭天延二年九月二十八日条

廿八日、今朝、三条女人度六角、

⑮天延二年九月二十九日条

廿九日、見故定平朝臣家、

⑯天延二年十月四日条

四日、参右源中将殿(時中)、謁光仙、

⑰天延二年十月六日条

六日、今明御物忌也、雑文書持来、

⑱天延二年十月十二日条

十二日、甚雨、

⑲天延二年閏十月二日条

「奉五節行事」

二日、頭弁（源伊陟）仰可奉仕五節行事由、

⑳天延二年閏十月四日条

四日、参内、

㉑天延二年閏十月五日条

「射場始」

今日、射場始也、後日聞此儀、

㉒天延二年閏十月六日条

六日、修善、御物忌、

㉓天延二年閏十月八日条

八日、修善畢也、依例行布施也、

㉔天延二年十一月十四日条

「子大歌」

十四日、子大歌、

㉕天延二年十一月十五日条

十五日、舞殿、

㉖天延二年十一月十六日条

十六日、試、

㉗天延二年十一月十七日条

十七日、行幸、休、

㉘天延二年十一月十八日条

「節会」

十八日、節会、参内、

㉙天延二年十二月二十六日条

「移四条」

廿六日、戌時、東西相共渡移四条宅、

【補論Ⅰ】

『親信卿記』と平親信

柴田博子

はじめに

平親信の日記、いわゆる『親信卿記』を初めて全面的にとりあげられたのは山本信吉氏である。氏は「『親信卿記』の研究」[1]において、親信の家系、官歴、写本、性格と成立事情、伝存の背景について検討され、さらに殿上日記と蔵人式逸文が引かれていることを指摘された。以後『親信卿記』は、とりわけ蔵人式研究との関わりにおいて注目されている[2]。

本稿では山本氏のすぐれた成果に学びつつ、おもに『親信卿記』の性格と成立事情についてとりあげることにする。関連して親信の生涯および子孫にも言及しながら、あらためて整理と検討を行いたい。

一　『親信卿記』の性格

現存する『親信卿記』の性格について、山本氏は「甚だしい抄出本であること」、「何種かの部類様の抜き書き記事を再び集めて本記に準じさせた復原本とみるべき性格がある」という指摘をされた[3]。氏が示された根拠に関して、さらに補足などのできるところもあるので、次に氏の論述に従いつつ、まとめておきたい。

まず山本氏は、年月別の所収記事日数をあげられた上で、「平均すると月十一、二日分しか存しない甚だしい略本である」と述べられた[4]。そこで改めて所収記事日数を数えると、次のようになる（なお各月の具体的な日付については、年月日順記事索引を参照）。

天禄三年（九七二）

三月(三日)　四月(十五日)　五月(四日)　六月(一日)　七月(二日)　八月(六日)

九月(一日)　十月(十一日)　十一月(十日)　十二月(十二日)

天延元年（九七三）

正月(二日)　二月(十一日)　三月(三日)　四月(十四日)　五月(九日)　六月(十日)

天延二年（九七四）

正月(五日)　二月(十二日)　三月(二日)　四月(十三日)　五月(十八日)　六月(二日)　七月(六日)

八月(二十二日)　九月(十二日)　十月(十日)　閏十月(十一日)　十一月(十八日)　十二月(二十一日)

これを通覧すると記事の少ない月は一日分、多い月は二十二日分である。合計は二六六日分、この間は二十九カ月間であるから、平均すれば月に九・二日分となる。

次に、現存の『親信卿記』がいくつかの部類記事からの復原本であるとする理由として、山本氏は、第一に各日記事における干支記載の状況、とりわけ天延元年五月十一日条では先頭の記事に干支がなく、後ろの同日条に干支があることから、干支の省略が現存古写本の書写時（後述のように平信範による書写）ではなく、親本である平行親本にあったこと、二カ条の記事を併せて一日分として復原されたものであることを指摘された。そして理由の第二に「同日」条があること、第三に内容の関連する記事を日付にかまわず一カ所にまとめて記していること、第四に復原にさいし誤って誤入・重複した記事がみられることをあげられた。[5]

第二点について山本氏は、二十二例二十六カ条の同日条をあげ、[6]一旦部類に分けられた記事を、のちにそれぞれ同じ日にかけて復原した操作の跡を示したものとされた。このうち天延元年五月二十二日条には、先頭に十六社宣命草の記事があり、ついで「同日」として八省院行幸を停止した記事、その後ろに寛静の御念誦についての記事、そして「同日」として内裏での七日不動法についての記事がある。御念誦の記事は「日」で始まっており、山本氏は同日条にあげておられないが、これも「同日」とあるべきものであろう（**48**御念誦①註(1)参照）。また天禄三年四月の平野祭の記事も同日条と判断できるので（**12**平野祭①註(2)参照）、同日条は合計二十三例二十八カ条となる。[7]

さらに、天禄三年十月六日条の冒頭が「同卿」で始まるのは、同じ奉幣使発遣に関する同年十月一日条・同二日条とともに、同じく天延二年九月八日条も七日条と部類されていた跡を示し（**44**臨時奉幣を参照）、天延元年四月七日条の冒頭が「為女御」で始まるのも、藤原媓子入内に関する他の条文と部類されていた跡を示すものである（**54**入内を参照）。

第三点として山本氏は、高麗船到来の記事である天禄三年十月七日条に「同月十五日」が併記されていること、親信の乳母右京の葬送記事である天禄三年十月十一日条に「十一月廿六日」が附記されていることの、二例を指摘された。

まず前者の高麗船到来の条文は、末尾に「件二箇船」ではじまる、七日と十五日の両者に関わる一文が記されており、部類時の追記の可能性がある（**68**高麗船到来を参照）。また後者の記事に関連して、天禄三年十月八日条末尾の乳母死去を記す「同日」条は十月十一日条の直前にあり、十一日条とともに部類されていた可能性がうかがわれる（**79**親信乳母死去を参照）。さらに十月十一日条には、十一月二十六日記事の後ろに、一文字分の空白をおいて「八日修誦経、銭一貫」とある。十一月二十六日から八日間誦経したとも考えられるが、乳母右京の命日が十月八日なので、後半は月命日にあたる十二月八日条、もしくは翌天延元年十月八日条の可能性も考えられよう。ちなみに天延二年十月八日条には印仏・誦経をした記事がみえる。

右の二例に加えて、天禄三年八月二十四日条は、冒頭が「季御読経初日也」で始まる初日の記事、次に改行して「今日」で始まる不動法を修する記事、さらに改行して「御読経終日」で始まる結願日の記事があり、末尾は八月二十七日の事柄と考えられる（**10**季御読経②註(1)参照）。季御読経の初日と結願日であることが重視され、部類された時に後者の日付が略されたのではなかろうか。

以上のように、内容の関連する記事を日付にかまわず合載しているのは三例とみられる。いずれも天禄三年巻であるが、日次記に編纂した際の、この巻の作業の特徴としてあげられるのかもしれない。

最後に第四点について。山本氏は、誤入は一カ所、天延二年十月七日条の記事が同年十二月七日の錯入であること、また重複記事は四カ所、天延二年十一月一日同日条の太政大臣藤原伊尹死去記事および勅計記事、そして同月二日条の天安寺移送記事、同月五日条の葬送記事はみな伊尹死去に関する記事で、天禄三年十一月の誤掲重複であることを指摘された。

氏があげられた例のほか、『親信卿記』には掛けられている年月が不審で、誤入の可能性のある記事が六カ所みられる。まず、天延二年八月十一日条の「釈奠内論義事」の記事は、抽象的な式次第の文であり、小字で「不知年月」とあるように本来はこの年月ではなく、天禄三年八月十一日条の内論議記事と一括されていたものと考えられる（**21**釈奠内論議②註(1)参照）。山本氏も指摘されたように、『親信卿記』には、実際の行事を記した日記の部分と式文を記した部分とがある。日記とともに長文の式文が併記されている例としては、天禄三年八月二十日条に続いて配列されている「是月有春季御読経」や、天禄三年十二月十日条の後半の「河臨御禊事」、天延元年五月二十日条の後半の「宇佐使事」、天延二年四月八日条の前半の「御灌仏」、天延二年四月二十日条の後半の「賀茂祭雑事」などがあげられる。釈奠内論議の式文記事も本来は日記と一括されていたものが、日次記にする際に分割されたものであろう。これとは逆に、右の「是月有春季御読経」記事内容は春季のものであるが、八月二十日条に配列されている。直後に八月二十四日からの秋季御読経記事が続いているので、季御読経記事を部類した時、冒頭にこの蔵人式文を配していた跡と推測される（**10**季御読経①註(1)参照）。式文が季節を異にするにもかかわらず、日記と分割しなかった事例である。『親信卿記』天禄三年正月・二月の部分は現存しないが、右の推測が認められるとすれば、天禄三年春季の御読経記事は、そもそも記されていなかった可能性があろう。

誤入が疑われる条文のうち四カ所は、官職が他史料から知られるものと年代上矛盾するものである。天延二年十二月五日条には「内大臣」が登場するが、藤原兼通が内大臣であった時期と合わず、天禄三年もしくは天延元年の記事と考えられる。これに続く天延二年十二月六日条も誤入であろう（**31**出野御倉薬事①註(1)参照）。同様に藤原修遠の官職記載から、天禄三年七月七日条は天延元年の（**20**乞巧奠①註(5)参照）、大江通理の官職記載から、天延二年十一月九日条は天禄三年もしくは天延元年の（**40**勅計②註(2)参照）、それぞれ誤入と考えられる。このように誤入記事が少なからずみられることからすると、藤原灌子の名が登場する天延元年五月十三日条は、『日本紀略』が前年十二月十七日条に灌子の死亡記事を掲載しているので、本来は天禄三年の記事であった可能性がある（**51**給度者③註(1)参照）。

また重出記事は、山本氏の指摘の他に二カ所みられる。天延二年十月二日条の牽分記事および平座の見参についての記事は、それぞれ天禄三年十月一日条の平座記事と同月二日条の牽分記事の重出と考えられる（**22**—**2**武蔵国駒牽④註(2)、**26**孟冬旬②註(1)参照）。

右のように現存『親信卿記』には誤入が七カ所、重出は六カ所あると思われる。このほか『日本紀略』と日付の一致しない記事もあり（4除目直物①註(2)、50僧綱召②註(1)参照）、やはり日次記編纂作業時の錯簡を疑わせる。そこでこのような『親信卿記』が成立するまでの事情を考えるために、次に親信の生涯と子孫について検討したい。

二　平親信と子孫

親信の生年は、『日本紀略』『御堂関白記』の記述により逆算すると、天慶九年（九四六）である。[8] 父、平真材[9]は桓武平氏高棟王の曾孫にあたり、その祖父は中納言従三位惟範、父は中納言従三位時望であった。真材は蔭孫として文章生試にあずかり[10]、朱雀朝に六位蔵人として仕えた。[11] 右衛門尉をつとめた[12]のはこの時期であろうか。美濃守・伊勢守[13]を歴任し、『尊卑分脈』によれば安和元年（九六八）に従四位下、六十九歳で死去した。逆算すると生年は昌泰三年（九〇〇）である。『侍中群要』（第九・受領罷申事）に「真材記」がみえ、なんらかの記録を残していたことがうかがえる。なお真材の忌日は八月二十七日、菩提寺である如意寺の近くに墓所がある。[14] また親信の母は越後守藤原定高の女[15]、墓所は月林寺東林にあった。[16]

さて、親信の官歴をたどると、康保四年（九六七）皇太子守平親王の東宮雑色となり、安和二年（九六九）践祚とともに内雑色、天禄二年（九七一）文章生、天禄三年正月二十六日に六位蔵人に補せられた。翌年正月に左衛門少尉、同年四月に右衛門少尉に転じ、天延二年二月に検非違使宣旨をこうむる。天延三年（九七五）正月七日蔵人労により従五位下に叙せられ、同月二十六日筑後権守、貞元二年（九七七）正月阿波守、同年八月造宮功により従五位上に昇叙する。円融天皇が花山天皇へ譲位した永観二年（九八四）の十月に右衛門権佐、十一月には検非違使、翌寛和元年（九八五）二月防鴨河使にも補せられる。[17] この年の賀茂祭に際しては近衛府使の代官をつとめた。[18] 同年九月に近江権介[19]、十一月悠紀国司により正五位下、翌寛和二年（九八六）十一月にも一条天皇の大嘗会の悠紀国司の功で従四位下に叙せられた。[20] 近江介は永延二年（九八八）十月に辞するが、[21] 翌永祚元年（九八九）正月には造勢多橋賞により従四位上に叙せられているので、[22] わずか三年間の在任によって従五位上から従四位上まで昇叙し、父の極位を越えたのである。

正暦三年（九九二）六月に越前守、[23] 長徳元年（九九五）には三条に「越前守親信朝臣宅」があり、ここに藤原懐平が「寄住」していたことが知られる。[24] 翌年には散位であったと推測されるが、[25] 長保元年（九九九）閏三月にいたって修理大夫に任じられ、[26] 七月には昇殿をゆるされる。[27] 以後たびたびの内裏の火災に造営の手腕を発揮し昇叙を重ねていくことになるが、この長保・寛弘年間には後述のように親信の男四人と、弟季信も受領に任じられており、造営賞の背景に一家の財力が指摘されている。[28] 長保元年九月皇太后宮権亮を兼ね、長保二年（一〇〇〇）十月造宮賞で正四位下、翌三年（一〇〇一）七月兼山城守、同年十月には東三条院四十賀の院司賞でついに従三位となった。[29] 五十六歳である。長保五年（一〇〇三）十一月造宮賞で正三位、寛弘二年（一〇〇五）正月備中権守、寛弘四年（一〇〇七）正月にはまた造宮賞で、極位となる従二位に至る。[30] その後は散位であったが、[31] 寛弘七年（一〇一〇）二月に六十五歳で大宰大弐に任官し、[32] 同年八月赴任した。[33] 任期中には豊後守藤原孝理が府の責めの堪えがたいことを上京して訴えている。[34]

長和三年（一〇一四）二月、親信は大弐を辞する意向を示し、十一月に代わって藤原隆家が大宰帥に任じられる。[35] 長和四年（一〇一五）三月に世尊寺にて親信の七十賀の法事が行われ、[36] 同年十月二十八日、念願の参議となる。[37] 翌十一月早くも藤原実資に致仕の状を示し、十二月末には「言語不正、進退失例、若中風歟」といわれる状態であったらしい。[38] 翌五年（一〇一六）五月十三日、初めて陣座に着したが、人に扶けられなければならない腰病で、同月二十八日に辞意を上表し、七月十日に勅許を得た。[39] 翌寛仁元年（一〇一七）六月十日に出家、十三日に七十二歳で死去した。[40] 同年七月には親信の男行義も没しているが、実資は父子の死因を「皆時疫也」と記している。[41] なお年代は明らかでないが、世尊寺の西、五辻通に面して尊重寺を建立した。[42]

この親信の子には、『尊卑分脈』に重義・行義・理義が、さらに『栄花物語』に孝義がみえる。[43] このうち行義は、源通理の女を母とし、正暦四年（九九三）二月殿上賭射定の後方射手、翌五年（九九四）に「蔵人兵庫助」とあるので、[44] 一条朝に六位蔵人であった。長徳二年（九九六）正月の除目で但馬権守に任じられ、寛弘元年（一〇〇四）には武蔵守とみえる。[45] 妻は源致明の女、[46] 前述のように親信と同年に病死した。次に理義は、正暦四年には「蔵人式部丞」とみえ、[47] やはり一条朝に六位蔵人であった。同年十一月に叙爵され、寛弘五年（一〇〇八）九月には「前参河守」とみえる。[48] 重義については、『尊卑分脈』に「蔵」、妻は藤原道隆の女とあり、長保三年二月には上野介であった。[49] 重義の生年は不明であるものの、親信が蔵人に補せられたのが二十六歳であることからすると、花山朝よりも一条朝に蔵人であった可能性が高い。なお孝義が蔵人をつとめたかどうかは明らかでない。[50]

次に、親信の孫をみよう。重義と道隆女の男教成は、長和四年正月、蔵人所雑色に補せられたが、翌五年正月の後一条天皇即位にともない同年二月あらためて蔵人所雑色に補せられ、治安三年（一〇二三）に蔵人検非違使左衛門尉とみえ、天喜二年（一〇五四）には紀伊守であった。[51] 行義の男のうち範国は、長和三年八月擬文章生とあり、同年十月文章生、長和四年正月および同五年二月には右の教成とともに蔵人所雑色に、さらに同年十一月蔵人に補せられ、のち長元四年（一〇三一）には甲斐前守とみえる。[52] 同じく行義の男行親は、寛仁三年（一〇一九）正月蔵人所雑色に、治安元年（一〇二一）八月衛門尉で蔵人に、同三年検非違使にも補せられた。[53] 理義の男定親は、長和四年十二月には文章生として敦良親王読書始の尚復をつとめ、翌五年二月、教成や範国と同時に蔵人所雑色に、寛仁三年正月秀才で蔵人に補せられている。[54] これらいずれも後一条朝に蔵人であった四人のほか、『尊卑分脈』には行義の男、師季に「五蔵」「使」とみえる。

以上のように、親信の父真材、親信、親信の子、そして孫と、歴代にわたり六位蔵人を経て出身している。孫のなかでも範国と定親は、文章生・所雑色を経て六位蔵人となった親信と同じコースを歩んだ。教成と行親も所雑色から六位蔵人になっている。山本信吉氏は、親信が書き続けたであろう日記のうち、天禄三年から天延二年の「三カ年間の分のみの部類復原が行われ」、今日まで伝存したのは、「この三カ年間の日記が、蔵人の先例・故実を示す記録として彼の子孫に特に尊重された」からであり、行親が祖父の蔵人時代の日記を書写した理由も「蔵人として同じ出身コースを歩んだ」ことに求められた。[55]山本氏はもっぱら孫が親信と同じ道を歩んだことに注目され、祖父の蔵人時代の日記を尊重したことを伝存の背景として捉えられたが、前述のように親信の子にも六位蔵人をつとめた者が確認できる。そこでこのことを勘案しながら、次に現存『親信卿記』の成立事情を考えたい。

三　『親信卿記』の成立事情

『親信卿記』第一巻には長承二年（一一三三）の次の奥書がある。

長承二年二月廿八日、以左中弁実親朝臣本故右衛門権佐行親御手跡書写畢、件御記正本折紙上下伝来給事中（平知信）殿、而去保安〻（元）年十二月五日、四条亭炎上為灰燼畢、依為家之重宝、借請彼之秘本重所写取也、

中宮権少進平信範

山本信吉氏はこの奥書や前述した干支の記載から、平信範は親本である平行親自筆の書写本を忠実に書写していたこと、保安元年（一一二〇）焼失した「御記正本」は「折紙」に記されていたことから「親信自身が折紙に注出した部類記事」であったこと、親信の孫の行親の時にはすでに部類記事からの本記復原が行われたと解されることを述べられた。[56]これらの指摘は首肯されるものであり、親信が最初に記したのが日次記であれば、それを部類する作業を行ったのは親信自身であった。記事の抄出作業も、おそらくその際みずから手がけたと考えられ

よう。前述した天禄三年十月七日条の「件二箇船」の一文や、天延二年五月二十一日条の「奏」（**72**衛門府生奏を参照）などの、部類の跡とみられる追記をしたのも親信であった可能性が高いと思われる。

さて、『親信卿記』に「別記」が存在したこと、それが現存『親信卿記』に貼り込まれていることは[57]、天禄三年十一月十日条より確認できる（**61―2**薨奏・錫紵・固関②参照）。さらに、前述のように抽象的な儀式の式文や蔵人式の引用が、実際の行事と併記されている例が多々みられる。こういった式文と実例とを行事毎にまとめておけば、儀式書と同様の活用が可能となってこよう。しかも折紙であれば、携帯できる場合もあったろう[58]。

では親信が部類作業を行い折紙に記したのは、誰の奉公に役立てるためであろうか。もちろん親信自身の奉公にも資することは可能である。しかし藤原宗忠が『中右記』を部類したのは、息子宗能の「若遂奉公之志者、為令勤公事所抄出也」と記すように[59]、やはり子孫のためを第一義として考えてみる必要があろう。

第一巻の奥書から分かるように、範国の孫知信のもとに伝えられていた「御記正本」焼失後、知信の男である信範は、行親の曾孫実親のもとから行親自筆本を借りて「家の重宝」とするために書写した。もしこの時天禄三年から天延二年の三年間以外の、親信の日記あるいはその写本が実親の手元にあれば、それらをも借用していたであろうが、その形跡はうかがえない[60]。そして、行親が筆写したのは部類記事を日次へ再編した本であったことからすると、親信が最初に日次記を記していたとしても、その原本はすでに無かったのではなかろうか。すなわち行親の時代にあったものは、部類記事を編纂した三年分の日次記と、その原史料である親信自筆の折紙とであり、したがって保安元年に焼失した後者は三年間の記録を部類したものであった可能性が高いと考えることができるのではなかろうか。

右の想定が認められるとすれば、親信は手元にある記録のなかで蔵人時代のものを特にとりあげて抄出・部類作業を行ったことになる[61]。現存『親信卿記』に日次記編纂時の錯簡が少なからずみられることを前述したが、そのなかにこの三年間以外の時期のものと判断できる記事がないことも、消極的ながらこの想定を支持しよう。するとその目的は、少なくとも三人の子が蔵人をつとめたことから、やはり息子の奉公に役立てるためと考えられる。ちなみに理義は、蔵人として灌仏に奉仕した正暦四年四月八日の作法について、「汲中鉢水、失誤最甚」と藤原実資に批判されている。[62]前節で述べたように、彼らの蔵人在任を確認できるのが正暦四年前後であることからすると、作業の時期はそのころか、それ以前であろう。あくまでも憶測としてではあるが、親信が越前守に任官される前の、散位であったと思われる永祚元年から正暦二年を中心とした時期を一案としてあげておきたい。

ところで現存『親信卿記』には朱書の首付がある。山本氏は、朱書も「本文と同筆と認められる」こと、さらに「四巻は必ずしも同筆ではなく、書風よりみて、第一巻と第四巻は信範自ら書写し、第二・第三巻は別人を雇筆して書写したものと認められる」と指摘された。[63]雇筆された二巻の朱書も本文と同筆だとすれば、これは信範が新たに付したものではなく、行親本にすでに付されていたことになる。

首付を行う目的として知られているのは、部類記作成に際してであろう。『台記』の場合、まず首書し、そののち部類する方法がとられている。[64]『小右記』に関しても、類聚目録である『小記目録』を作るために朱書の首付をつけたと考えられている。[65]これらの場合、首付をつけたのは日記の記者自身であった。一方、行親の子である平定家の日記を所持していた九条兼実は、信範の子であり家司として仕えている信季に、「首書を加えんが為に」これを渡したという。[66]このとき兼実は他記にも多く首書を加えているといっており、これらは部類記作成のためではなく、引勘しやすいようにするためであったと考えられる。[67]

前述したように、現存『親信卿記』には六カ所の重出記事が認められた。そのなかには「宜陽殿平座」と「奏次侍従以上見参事」のように首付を異にするものもあるが（**26**孟冬旬を参照）、たとえば平座と見参という異なる視点から先例を参照しようとすれば、複数の部類にとりあげるために複数書写することもあったのではないか。

すなわち同じ事項を記した折紙が二枚あったことが、重出の一要因と思われる。この想定が認められるならば、その首付は、折紙の段階か、遅くとも日次に再編する際につけられたと考えられるのではなかろうか。

一方、首付のなかには本文内容を正確に伝えていないものが二例みられる。天禄三年六月十一日条の朱書は「依上卿不参行幸延引」とあるが、本文によると行幸は「停止」されている（**19**月次祭・神今食・大殿祭①註（1）参照）。天延元年四月七日条の朱書は、冒頭二文字分を損傷し「親王為女御」とあるが、本文で女御とされたのは藤原媓子であって親王ではない（**54**入内⑤註（2）参照）。このような誤解をふくんだ首付は、後人によるものと思われる。

親信が部類した先例・故実を参照するために、蔵人をつとめる息子それぞれが、折紙からいくつかの記事を書写することがあったかもしれない。また範国はのちに「御記正本」を受け継いでいるが、蔵人補任は祖父親信・父行義とも生前のことであるから、任官の前に祖父の記録を参照するには、やはり写しを作成したとも考えられる。続く定親の補任は親信の死去一年半後であり、その後の行親や教成の場合は、なおさらできるだけ記事の揃った日記を欲したのではあるまいか。折紙のままにせず日次記へ再編したことは、このような背景のもとで行われたのではなかろうか。憶測をたくましくするならば、行親が兄範国のもとにあった折紙をもとに、記事すべてを日次に並べなおし、首付をつけたとは考えられないだろうか。

おわりに

以上、山本信吉氏の論考に導かれつつ、『親信卿記』の性格と成立事情について再検討を行った。現存『親信卿記』のなかには、重複記事や日付の省略、配列の錯簡も少なからずあることに留意しなければならないが、翻ってそのことが、日記の部類と日次への再編という、成立事情を探る素材を提供してくれているともいえる。

本稿では、親信自身が息子の蔵人としての奉公のために蔵人時代の日記をみずから部類し折紙に書したのではないか、複数の折紙に同じ記事が書かれた場合もあったのではないか、孫がこれを日次に編纂しなおし、それまでに首付はつけられたのではないか、と推測した。憶測を重ねたところも多いが、蔵人の私日記が子孫に活用されていく際の具体的な動向を考えるうえでの一例になれば幸いである。

(1) 山本信吉「『親信卿記』の研究」(『摂関政治史論考』所収、吉川弘文館、二〇〇三、初出は一九六九)。
(2) 渡辺直彦氏も『親信卿記』のなかに蔵人式の施行の跡が多く見いだせることに着目され、親信が六位蔵人として直接に関与し、または関係の深い恒例・臨時の行事十七項目を取り上げられた。なかでも季御読経や宇佐使の記事中に蔵人式の逸文を指摘され、また『親信卿記』の記事と『侍中群要』の標目の「家」説との共通性にも注目されている(「『親信卿記』と儀式」、『日本祭祀研究集成』第一巻所収、名著出版、一九七八、のち著書『日本古代官位制度の基礎的研究　増訂版』の「蔵人式と蔵人方行事」に再収、吉川弘文館、一九七八)。
(3) 山本前掲註(1)論文、三八五頁。
(4) 同右、三八五頁。
(5) 同右、三八五～三九一頁。
(6) 山本氏が前掲註(1)論文において、掲げられた同日条は次の通りである。

天禄三年三月二日条同日(侍従藤原光昭昇殿奏慶)
同条同日(奏止雨奉幣宣命)
同月八日条同日(乳母右京死去)
同月二十七日条同日(有内大臣召事)
天延元年二月十日条同日(検非違使捕強盗)
同月二十三日条同日(仁寿殿前桜木切)
同年五月十一日条同日(復任事)

同年十月一日条同日(秩父馬引分延引)
同月二日条同日(馬引分)
同年十一月十日条同日(藤原伊尹・源兼子薨奏)
同年十二月十日条同日(右大臣官奏)
同条同日(直物)
同年四月七日条同日(擬階奏)
同月二十日条同日(宇佐使発遣)

同月二十二日条同日（八省院行幸延引）
同年六月二十二日条同日（真言院御念誦結願）
同年五月二十二日条同日（看督長持来着鈦勘文）
同月二十八日条同日（奉賑給差文）
同年十一月一日条同日（太政大臣藤原伊尹薨）
同月十一日条同日（先帝女十宮着裳）
同条同日（内裏七日不動法）
天延二年二月十日条同日（石清水行幸延引）
同月二十三日条同日（小除目）
同年八月八日条同日（石清水奉幣使復命）
同条同日（朔旦冬至）
同年十二月二十二日条同日（熾盛光法御修法結願）

(7) なお「同日」の記載位置について、天禄三年十月から年末までと天延二年二月から八月までは日付の記載位置より一文字分下げ、天横罫下線の下から書き始めているが、天禄三年三月・四月と天延元年のすべて、及び天延二年十一月から十二月は、日付と同じく天横罫上線の下から書き始めるという違いがみられる。巻の別と合致しておらず、行親本に由来する不統一であろうか。

(8)『日本紀略』寛仁元年六月十日条、『御堂関白記』長和四年三月二十九日条。

(9)『尊卑分脈』は「直材」とするが、註(10)と(11)より「真材」とする。

(10)『類聚符宣抄』第九、承平元年（九三一）十月二十五日宣。

(11)『九条殿記』大臣家大饗、承平七年（九三七）正月十日条。

(12)『親信卿記』天延元年四月十七日条。

(13)『西宮記』（臨時一・臨時奉幣・裏書・天徳四年〔九六〇〕七月十日）、『公卿補任』長保三年条・平親信尻付、『尊卑分脈』。

(14)『親信卿記』天延二年六月十三日条・同年八月二十七日条。なお如意寺は十世紀初めに平時望によって創建されたとの説がだされている（小山田和夫「如意寺の創建に関する覚書」、『古代文化』四十五巻二号、一九九三）。

(15)『尊卑分脈』。なお『公卿補任』（長保三年条・平親信尻付）は「従五位下越後守藤定尚女」とする。

(16)『親信卿記』天延二年六月十三日条。

(17) 以上の官歴は『公卿補任』長保三年条・平親信尻付。

(18)『小右記』寛和元年四月二十二日条、『日本紀略』同日条。

(19)『小右記』同年九月十四日条、『公卿補任』長保三年条・平親信尻付。

(20) 以上、『公卿補任』長保三年条・平親信尻付。

(21)『小右記』永延二年十月三日条、『公卿補任』長保三年条・平親信尻付。

(22)『公卿補任』長保三年条・平親信尻付。

(23)『洞院家廿巻部類』。なお国史大系本『公卿補任』（長保三年条・平親信尻付）は正暦二年とし、異本に三年ともみえることを注記するが、『洞院家廿巻部類』および長徳元年八月に現任であることからすると（註24参照）、任官は正暦三年と考えられる。

(24)『権記』長徳元年八月二十九日条。

(25) 長徳二年正月二十五日に源国盛が越前守に任じられている（『長徳二年大間書』）。なお同年十一月、大宰権帥藤原伊周が密かに入京したことを、平孝義と左衛門尉平倫範が密告し、それぞれ従五位上と従五位下に加階された（『小右記』同月十日条、『日本紀略』同月十一日条）。『栄花物語』（巻第五・浦々の別）は、右馬助孝義を親信の子とし、加階に喜ぶ孝義を叱責する親信を「越後前守」と記しているが、これは「越前前守」の誤りであろう。

(26)『公卿補任』長保三年条・平親信尻付。

(27)『権記』長保元年七月三日条、『小右記』同年七月四日条。

(28) 山本前掲註(1)論文、三七九頁。なお山本氏は季信を「親信の兄弟」とされるが、『小右記』長和四年十月十二日条には親信の「弟季信朝臣」とみえる。

(29) 以上、『公卿補任』長保三年条・平親信尻付、『朝野群載』巻第二十六、長保三年付山城国司解申請官裁事。

(30)『公卿補任』長保五年条・寛弘二年条・寛弘四年条。

(31)『小右記』寛弘五年九月十五日条に「散二位親信」とみえる。

(32)『公卿補任』寛弘七年条。

(33)『御堂関白記』寛弘七年八月十三日条、『権記』同日条、『小記目録』（第十八・餞事）同日条。

(34)『御堂関白記』長和二年（一〇一三）十一月十八日条・同二十日条。

(35)『公卿補任』長和三年条、また『小右記』長和三年二月十四日条・同年十一月七日条。この大弐辞任、次の任参議およびその辞任の顛末については、山本前掲註(1)論文に、実資などの動向をふくめ詳細に検討されている。

(36)『御堂関白記』長和四年三月二十九日条。

(37)『公卿補任』長和四年条、『小右記』同年十月二十八日条。

(38)『小右記』長和四年十一月十日条・同年十二月二十九日条。

(39)『御堂関白記』長和五年五月十三日条、『小右記』同年五月二十八日条、『日本紀略』同年七月十日条など。

(40)『日本紀略』寛仁元年六月十日条・同月十三日条。なお『公卿補任』は薨日を十二日とする。

(41)『小右記』寛仁元年七月六日条。

(42)建保二年（一二一四）二月十七日平親範置文（『鎌倉遺文』二〇八五号）、「世尊寺縁起」（宮内庁書陵部編『図書寮叢刊　伏見宮家九条家旧蔵　諸寺縁起集』、明治書院、一九七〇年）。世尊寺と尊重寺の位置関係などについては、高橋康夫「桃園・世尊寺」（朧谷寿・加納重文・高橋康夫編『平安京の邸第』所収、望稜社、一九八七）に詳しい。

(43)『栄花物語』（巻第五・浦々の別）。なおここには「親信と云人の子、いと数多有ける」とあるので、他にも男子があった可能性がある。

(44)『権記』正暦四年二月二十八日条、『本朝世紀』正暦五年五月二十六日条。

(45)『長徳二年大間書』、『権記』寛弘元年七月十七日条。

(46)『尊卑分脈』。なお行義には「蔵」「武蔵守従四下」とみえる。

(47)『権記』正暦四年七月二十六日条。

(48)『小右記』正暦四年十一月十五日条、『御産部類記』寛弘五年九月十一日条。また『御堂関白記』寛弘六年（一〇〇九）十一月十四日条にも「三河前守」とある。なお『尊卑分脈』には「筑前守従五下」とみえる。

(49)『尊卑分脈』には「蔵」「民」「従四下」「安木守」とあり、男の教成の母を「関白道隆公女」とする。なお『権記』によると、長徳四年（九九八）に東三条院の判官代（同年七月二日条）、長保三年二月に上野介であった（同月二十六日条）。

(50)前掲註(25)『栄花物語』のほか、長保元年五月にも右馬助（『本朝世紀』同月九日条）、寛弘五年七月に相模守に任じられ（『権記』同月二十八日条）、治安三年十二月には陸奥守であった（『小右記』同月十五日条）。なお『今昔物語集』巻第十七第五話は、孝義陸奥守在任中の説話である。

(51)『御堂関白記』長和四年正月十二日条（「雅楽助平範重」とみえる）、『小右記』長和五年二月八日条・治安三年十二月二十八日条・同年十二月九日条、『平安遺文』治暦三年（一〇六七）二月六日太政官符案（一〇一六号）。

(52)『日本紀略』長和三年八月二十九日条、『小右記』同年十月二十四日条、『御堂関白記』長和四年正月十二日条、『小右記』長和五年二月八日条、『御堂関白記』同年十一月二十五日条、『左経記』長元四年九月二十一日条。なお長元九年（一〇三六）三月には右衛門権佐で五位蔵人に補されている（『職事補任』後一条院）。

(53)『小右記』寛仁三年正月十日条・治安元年八月二十九日条・同三年正月十日条。

(54)『小右記』長和四年十二月四日条・長和五年二月八日条・寛仁三年正月十日条。

(55)山本前掲註(1)論文、三九三〜三九四頁。なお、これに対して松薗斉氏は、五巻というまとまった分量である「蔵人信経私記」を例にあげ、親信の日記も「蔵人時代の分のみが三年分抄本の形で残されているが」、これと「同性格のものではなかったか」「もともと蔵人の間しか日記をつけていなかった可能性も残されている」と指摘されている（松薗斉「藤原宗忠の家記形成」、『日記の家』所収、吉川弘文館、一九九七、初出は一九八九、一〇六頁）。ただ「天禄親信記」という記録に蔵人補任直前、雑色の時期の、天禄三年正月三日に行われた円融天皇元服の際の記事を残しているので（『小右記』寛仁元年十二月三十日条）、厳密に蔵人の間のみと限定することは困難ではなかろうか。

(56)山本前掲註(1)論文、三九一〜三九二頁。

(57)同右、三九〇頁。別記について山中裕氏は、『九条殿記』や『小右記』の別記は、それぞれ本記とは別に独立して書かれたもので、『九条年中行事』や『小野宮年中行事』を作成するための資料であったと考えられている（「部類記と別記」、山中裕編『古記録と日記』上巻所収、思文閣出版、一九九三、四五〜四七頁）。このうち現存『小右記』では、別記は本記の相当個処に、日付の体裁など別記の時そのままにはめ込まれていることが、桃裕行氏により指摘されている（桃裕行「小右記諸本の研究」、『桃裕行著作集第四巻　古記録の研究・上』所収、思文閣出版、一九八八、初出は一九七一、一五二頁）。

(58)現存『親信卿記』では、式文や蔵人式の配列は、冒頭であったり（**10**季御読経①）、末尾であったり（**15**賀茂祭⑱）、あるいは中にあったり（**14**灌仏②）とさまざまである。これも日次記を編纂する際の原本が、折紙として保管されていたことを反映しているのではなかろうか。なお儀式次第を記した折本や折紙を懐中に携帯して、儀式の場に臨んでいたことについては、中村利則・藤本孝一・美川圭「解題」（『冷泉家時雨亭叢書　朝儀諸次第一』、朝日新聞社、一九九七、六〜七頁）など参照。

(59)『中右記』保安元年六月十七日条。

(60)曾祖父範国の自筆の日記も焼失したため、信範が『親信卿記』と同時に範国の日記も実親から借りていることについては、山本前掲註(1)論文（四〇四頁）、松薗斉「家記の構造」（前掲註55『日記の家』所収、七〇頁）などで紹介されている。

(61)親信は蔵人の次には受領を歴任する。佐々木恵介氏が、受領の日記がほとんど残されていないことについて、「受領という官職は、当然ではあるが継承すべき家業の範疇には入らず、むしろ家業を怠りなく勤めた結果与えられる利権として捉えられていた」と指摘されたことは示唆的である（佐々木恵介「受領と日記」、山中裕編『古記録と日記』下巻所収、思文閣出版、一九九三、一七四頁）。

(62)『小右記』正暦四年四月八日条。また、のちに道長にも「理義無便者也」と評されている（『御堂関白記』寛弘元年八月十四日条）。

(63)山本信吉「親信記」（『陽明叢書記録文書篇第六輯　平記・大府記・永昌記・愚昧記』所収、思文閣出版、一九八八、五六〇頁）。

(64)『台記』天養元年（一一四四）九月十日条。橋本義彦氏は「まず本文の要目を首書し、それに拠って要文を抄写編修する方法がとられている」と理解される（「部類記について」、『平安貴族社会の研究』所収、吉川弘文館、一九七六、初出は一九七〇、三六二頁）。

(65)桃前掲註(57)論文、一六二頁。

(66)『玉葉』承安四年（一一七四）五月五日条。

(67)松薗前掲註(60)論文、七一頁。

【補論2】

『親信卿記』の新写本について

黒田洋子

はじめに

平親信の日記は、その五世孫にあたる平信範が書写したとされる唯一の古写本が陽明文庫に存在する他は、現存する写本はいずれも江戸期に書写された新写本である。それらの解題的研究として、すでに古くは中村一郎氏が『群書解題』において[1]、またその後、山本信吉氏が「『親信卿記』の研究」[2]および陽明叢書の巻末解説[3]で詳細な研究をされている。

まず最初に山本信吉氏によって明らかにされた諸点を整理しておきたい。

平親信の日記は、『平記』すなわち平親信、同行親、同定家、同知信、同時信といった桓武平氏の一流をなす一族の日記のひとつとして陽明文庫に伝わる。これら『平記』は、平信範の筆跡と認められ、また行親記の紙背には信範の自筆文書があることなどから信範の書写事業によって成立したものと考えられる。

親信の日記は、この陽明文庫に伝わる平信範書写本が現存する唯一の古写本である。

その所収記事は第一巻が天禄三年（九七二）分すなわち首欠により、天禄三年三月三日前日条から同年十二月三十日条まで、第二巻が天延元年（九七三）春・夏分、正月一日条より六月二十七日条まで、第三巻が天延二年（九七四）春・夏分、正月十四日前日条より六月十三日条まで、第四巻が天延二年秋・冬分、七月六日条より十二月二十九日条までとなっている。このうち第一巻の巻末に信範筆の奥書がある。

長承二年二月廿八日、以左中弁〈実親〉朝臣本〈故右衛門権佐行親卿手跡〉書写畢、件御記正本〈折紙上下〉伝来給事中殿（平知信）、而去保安〻（元）年十二月五日、四条亭炎上為灰燼畢、依為家之重宝、借請彼之秘本重所写取也、

中宮権少進平信範

親信の「正本」は信範の父である知信に伝来していたが、保安元年（一一二〇）の四条亭炎上の際に焼失し、親族の実親のもとに伝来していた行親書写本を借りて信範が書写したものであることがわかる。なお、四条亭炎上の際には、他の『平記』も焼失してしまったらしく、京都大学所蔵『範国記』にも同様の事情を伝える奥書がある。

内容的には信範書写本は甚だしい抄出本であり、単なる本記よりの略出・抄出ではない。それは第一に条文の記載に干支の有無があること、第二に「同日条」が散見し、別記の存在が考えられること、第三に日付にかまわずに同内容の記事を一カ所にまとめてしまっていること、などからいくつかの部類記事からの復原本であることが指摘されている。

また、先に記した奥書に「御記正本」は「折紙」と見え、「折紙」の性格と、信範書写本が部類復原本であったことを併せ考慮すると、焼失した「御記正本」とは親信記の日次日記原本ではなく、親信自身が折紙に書き出した部類記事であるとされる。(4)

『親信卿記』を含む『平記』の写本としては、陽明文庫には信範書写の古写本の他に「予楽院本」と呼ばれる新写本がある。これは江戸前期に近衛家熙（予楽院）が書写したもので袋綴冊子本全十六冊からなるものである。

『親信卿記』を含む『平記』の写本について考察する場合、『平記』を成立せしめた信範自身の日記である『兵範記』の写本の動向についても注意しなければならない。『兵範記』の写本に関する解題的研究は古くは西田直二郎氏の「兵範記について――自筆本の研究――」[5]があり、その後、上横手雅敬氏が陽明叢書『兵範記』解説[6]に詳しく述べられている。

ここに簡単に述べると、まず、平信範と近衛家の関係であるが、父知信も信範も近衛関白家歴代に家司として長年仕え、信範の娘は近衛基通との間に右大臣通経を生んでいる。また、寿永二年（一一八三）都落ちの平氏一門から脱走した近衛基通が、知足院にいる信範のもとに逃れて来ている。このように信範は近衛家と密接なつながりがあった。また摂関家では事ごとに故実を信範に尋ね、その日記は最も信頼されるものとされていた。

このような関係にあった両家において、平氏に伝えられた信範筆の『兵範記』はいつの日か近衛家に差し出され同家に伝わることとなる。おそらくは『親信卿記』を含む信範筆の『平記』も『兵範記』と同様にして伝わったと考えられるので、その辺りの事情をもう少し上横手氏の論考から引用することにする。『兵範記』の奥書から知られるところでは、遅くとも南北朝時代には近衛家の所有するところとなっていた[7]。その後、江戸時代になると、江戸前期平松時量の時、近衛基熙公より、信範の子孫である平松時量に『兵範記』二十巻・『範国朝臣記』一巻・『知信朝臣記』一巻が、信範の真蹟として分与された。なお、その後現在はこれら平松家旧蔵本は京都大学附属図書館に所蔵されている。

以上が、信範書写の親信の日記を含む『平記』と、信範自身の日記である『兵範記』の江戸前期までの伝来事情である。これ以後の新写本がいくつか存在するが、これらについても山本信吉氏が前掲論文の注で簡潔に整理されている[8]。

本稿では江戸から明治にかけての新写本について検討を加え、そこから明らかになった諸点を整理しておくことで『親信卿記』の研究に貢献したいと思う。[9]

一　親信の日記の名称について

親信の日記は、通称『親信卿記』で知られているが、それぞれの写本を一覧すると明らかなように、『親信卿記』の名称をもつものは意外に少なく、日記のうち天延二年の部分は「天延二年記」と呼ばれ、また「平親信記」など様々な名称をつけられている。なお、陽明文庫の予楽院本の外題には「親信卿記」という名が見える。[10]

このように様々な名称を持つという点には然るべき理由があり、それを解明することこそが本稿の課題でもあるので、追って述べることにするが、本稿では親信の日記の総称として、『親信卿記』を用いることにする。[11]

また、『平記』という名称についても付言しておきたい。江戸時代の目録類を見ると、いずれも『平記』というのは平行親の日記をさす名称であり[12]、平氏一族の日記の総称の意味で『平記』が用いられていることはない。『平記』が親信以下平氏一族の日記の名称として用いられるのは、東京大学史料編纂所の明治十七年（一八八四）書写の修史館本のみであって他には確認できない。それ故、『平記』という名称で一族の日記の総称とするのは、古いものではない。しかし、こちらも便宜上、親信以下一族の日記の総称として『平記』を用いることにし、平行親の日記は『平行親記』と表すことにする。

二　写　本

『親信卿記』の各新写本の所蔵機関・現状については以下の通りである。以下、それぞれの写本ごとに説明を加えることにする。

〔1〕国立国会図書館・東京書籍館本『平親信記』現状一冊（わ210.3／59）（天延元年・同二年）

袋綴装、楮紙、縦二八・六×横一九・四センチ、一紙一〇行。字割は陽明古写本と同じ。天延元年春・夏、天延二年春・夏、天延二年秋・冬の三冊合綴（各二四、二七、二四紙）、それぞれ原表紙あり。首付は朱書、訓点なし。合点・校合なし。現表紙に「平親信記」とあり。印記、三冊各内扉に「東京書籍館／明治五年／文部省創立」円形インクスタンプ、「明治九年文部省交付」長方形インクスタンプ。奥書なし。

明治五年（一八七二）、文部省は湯島の聖堂に書籍館を開設。しかし翌年、書籍館は太政官正院博覧会事務局の所管となり、翌々年の七年（一八七四）八月には浅草に移転し浅草文庫と改称する。明治八年（一八七五）、文部省は新たに書籍館跡地へ東京書籍館を開館した。「明治九年文部省交付」とあるのは文部省からその所管である東京書籍館への交付であることを示す。本書は、文部省の古書籍蒐集事業によるものである。[13] 天延元年・二年というセットの写本は他には宮内庁書陵部甲本があるが、これとは一行字数や一紙行数が異なり、底本となりうる関係とは考えられない。天延元年の写本は、他には徳大寺公純本と橋本実麗本があるが、橋本実麗本とは一行字数・一紙行数が一致する。橋本本を書写したと考えてもよいが、しかしその際、橋本本には天禄三年分があるのに書写せず、他の天延二年分をつけたと考えるのは困難である。あるいは、現在知られている以外に、天延元年と天延二年がセットになった写本が存在したのであろうか。天延元年の写本の流布を考える上で、重要である。

ちなみにこの東京書籍館本は、蔵書印や奥書がない上に校合等の痕跡がなく、蔵書受け入れ本ではなく、書写による蒐集本と思われる。また、他の写本に比べて虫損がないのもこの写本の特徴である。

〔2〕国立国会図書館・白河文庫本『天延二年記』一冊（わ210.3／58）

袋綴装、楮紙、縦二七・八×横一九・八センチ、全四八紙（旧表紙二紙及び現表紙二紙を除く）。一紙一〇行。字割は巻頭部分を除いて陽明古写本と同じ。首付は朱書、訓点なし。合点・校合なし。印記、巻頭に「楽亭文庫」「白河文庫」「立教館／図書印」「桑名文庫」朱印。「東京書籍館／明治五年／文部省創立」円形インクスタンプ、「明治九年文部省交付」長方インクスタンプ。奥書なし。

「楽亭文庫」印は松平定信の蔵書印である。[14] 愛書家で蔵書多数であったことが知られる。天明四年（一七八四）、定信が白河藩に封ぜられると、寛政三年（一七九一）七月に藩校として立教館を設立し藩学の基礎をなした。白河文庫で、定信はその蔵書の充実にも情熱を注ぎ、買い集めたり、書写せしめたりと藩士の教養のためにと収集に熱心であった。楽亭文庫はそのまま立教館学生藩士の利用に供したもので、「白河文庫」の印記のある図書にはまた「立教館／図書印」と「楽亭文庫」の印記とともに押されたものが多いとされる。なお、立教館は文政六年（一八二三）に火災に遭い焼失しているが、図書は災を逃れた。その後文政六年三月、松平定信は桑名に転封し、立教館もまた桑名に移転し、伊賀町に設立された。しかし、白河文庫時代に比べて桑名文庫時代には蔵書がかなり減少しているが、これは文政十二年（一八二九）の江戸藩と白河の火災によるものと推測されている。

松平定信は幼少期における田安宗武の国学的感化の影響を強く受けていたと思われ、藩校教育の理念にもそれが現れていた。塙保己一とも深い関係にあったらしく、和学講談所の温古堂の名前は定信がつけたものである。また、立教館の講師には和学講談所の門下生が招かれていたという。[15]

平親信の『天延二年記』がいかなる経路により定信の所有するところとなったのかは不明であるが、定信と塙保己一もしくは和学講談所との関係を考えた場合、和学講談所の周辺から入手した可能性が指摘できるのではないか。現在内閣文庫に所蔵される『和学講談所蔵書目六　家記之部　全』[16]には、中に、「天延二年記　一巻」の項が確認できる。この、和学講談所の家記類の目録は、巻頭に「楽亭文庫」印と、「桑名」円印が捺されているので、松平定信の所有であったと考えられるが、このような目録が定信の周辺に存在していたということも、定

信の所有していた本と和学講談所の関係を示唆するものであろう。(17)

本書も含めて明治初年に文部省に集められた旧藩校の書籍については、明治八年（一八七五）五月に文部省に交付を申請し、許可されているので、この時点で前身である東京書籍館の所蔵するところとなり、今日にいたっている。(18)

〔3〕内閣文庫・甘露寺本『天延二年記』一冊（51686／1／160／160）

袋綴装、楮紙、縦二八・〇×横一九・七センチ、四八紙（表紙二紙を除く）、一紙一〇行。字割は陽明古写本と同じ。首付は朱書。訓点なし。印記、巻頭に「甘露寺蔵書」装飾額型朱印。奥書なし。

特徴のある蔵書印は江戸中期以降の甘露寺規長以後のものとされる。(19)規長の長男篤長は、参議左大弁にのぼり、好学の人であったらしく、安永から天明の頃に彼自身が書写した記録類が甘露寺蔵書には多く含まれているという。なお、内閣文庫の所蔵するところとなった来歴を述べると、明治十六年（一八八三）太政官中に文庫を設置し、各庁所蔵の典籍を収集することが決定し、翌年には決定の通り太政官文庫が設置される。明治十八年（一八八五）には内閣制度の創設にともない、太政官文庫は内閣文庫へと改称された。その当初、内閣書記官長となった田中光顕によって多くの古文書・古記録類が内閣臨時修史局（修史館の後身、現東京大学史料編纂所）の史料採訪によって見いだされ、朽木家文書・蜷川家文書をはじめとする多くの古文書が購入された。その後も古書・古記録の購入が積極的に行われ、明治二十五年（一八九二）三月には万里小路・中院・中御門・甘露寺・坊城の公家諸家に伝来した古記録類が購入されたが、さらにこのほかに同年六月、甘露寺・坊城家からは合計三千冊近い古記録が献納された。(20)

〔4〕内閣文庫・山中本『天延二年記』一冊（31086／1／160／159）

袋綴装、楮紙、縦二五・六×横一九・〇センチ、四八紙（表紙二紙を除く）。一紙一〇行。字割は陽明古写本と同じ。首付は墨書。訓点、朱線引あり。印記、表紙裏・巻頭に「日本／政府／図書」朱印、巻頭下方に「修史／局」朱印、巻頭・巻末に「山中家蔵」長方朱印。奥書なし。

奥書がなく、「山中家蔵」の印はいかなる印か不明なので、所蔵者・底本系統は未詳である。なおここに見られる「修史／局」の印は、内閣制度の発足により明治十九年（一八八六）内閣におかれた臨時修史局で用いられた印で明治二十八年（一八九五）帝国大学史料編纂所となるまで用いられた。[21] 従ってこの間に内閣文庫に収められたのであろう。「日本／政府／図書」印は明治十九年内閣発足とともに内閣文庫となって、その蔵書印として用いられた。昭和七年（一九三二）まで使用される。

〔5〕内閣文庫・鈴鹿長存蔵書謄写本『平親信　天延二年記　完』一冊（35790／1／160／158）

袋綴装、楮紙、縦二六・五×横一八・九センチ、五〇紙（表紙二紙を除く）、一紙一〇行。字割は陽明古写本と同じ。首付は朱書。訓点なし。印記、表紙裏に「日本／政府／図書」朱印、巻頭に「修史／館図／書印」朱印。本奥書「右天延二年記以御祖社氏人康満県主之本書写畢竟／安政二年十二月　中臣連胤」、書写奥書「明治十一年五月以京都府鈴鹿長存蔵書謄写／校讐（土岐）（池田）」。

本奥書があることにより底本が、京都吉田神社の神職にあった中臣連胤すなわち鈴鹿連胤本であったことがわかる。[22] 長存は、連胤の子。鈴鹿連胤は吉田神社社司の家系に生まれ、中臣・卜部とも号した。国学者でもあり、その師として後述する山田以文に学んでおり、吉田神社や学問的系譜からも山田本またはその周辺の底本によると考えられる。[23]

また本書には、扉の裏側に、

（朱書）朱書ハ鈴鹿本原書ノ儘
（緑書）緑書ハ歴代残闕日記ト對校ノ證
（藍書）藍書ハ謄写ノ異同校合ノ證

と三色で色分けして校合がなされた事情が記してある。この文字と奥書の文字は同一人物の字と見られ、底本である鈴鹿本や、『歴代残闕日記』との校合が明治十一年（一八七八）五月の書写に近い時期に行われたと考えられる。

宮内庁書陵部所蔵の『歴代残闕日記』の写本には、明治十八年（一八八五）書写の奥書があるので、これと校合したのではないことになる。この宮内庁書陵部が所蔵する『歴代残闕日記』は関東大震災で焼失した堀直格編纂原本の姿を今に伝える貴重な写本であるが、この鈴鹿謄写本は明治十一年の段階で焼失前の『歴代残闕日記』の原本と校合したのではないだろうか。宮内庁書陵部所蔵の『歴代残闕日記』と鈴鹿本謄写本の緑書の校合を比べた場合、書陵部所蔵本とほんのわずかではあるが、違う箇所が見いだせることも、右の推測の傍証となろう。[24]この鈴鹿本謄写本は、その校合の跡に今はなき『歴代残闕日記』原本の姿を映すという点で価値のある写本である。なお、修史館の印があるが、修史館がおかれたのは明治十一年から十九年（一八八六）のあいだであり、本書は書写蒐集事業によって明治十一年に書写され、この間に収められたことがわかる。

〔6〕静嘉堂文庫・山田以文本『親信卿記　天延二年記』一冊（11490／1／75, 32）

袋綴装、楮紙、縦二八・二×横一九・八センチ、四八紙（表紙二紙を除く）、一紙一〇行。字割は陽明古写本と同じ。首付は朱書（二段）。印記、巻頭に「静嘉堂蔵書」「山田本」、表紙右下に墨書「梨陰蔵」。表紙裏に貼紙あり

（親信が尉として見える天延二年閏十月二十五日条と、親信の天延元年より三年頃の経歴を記す）。奥に貼紙「右一巻参議平親信卿記云未詳」。

山田以文は吉田神社の公文の家に生まれ、吉田流神道に通じ、文化十一年（一八一四）、吉田社禰宜、また阿波介に任じられた。「梨陰」は以文の号で、静嘉堂所蔵『侍中群要』にも同様の墨書が見られる。また以文は国学者としても知られ、藤原貞幹の随一の弟子で、貞幹亡き後はその墓表を記し、遺書・稿本類を整理し、座右の手沢の品なども以文のもとにおかれた。貞幹の国学は現在の日本古代史学のルーツ的存在であり、その弟子山田以文も実証的国学者であり、『北山抄』の底本や鷹司本『類聚符宣抄』の書写・校合をするなど、現在我々が研究に利用する史料で以文が校訂に関与している史料は少なくない(25)。

山田本『天延二年記』は文字は美しくはないが陽明本と比較した場合、一行字数や一紙行数が合致し、誤写も少なく、原本の情報を正確に伝えている。また、山田以文の自筆稿本は静嘉堂文庫に多く残っているが、中でも「藤原貞幹墓表」（静嘉堂文庫所蔵『白首猶抄(26)』）の文字と比べた場合、同写本の右肩上がりの特徴のある文字は同筆と見られ、以文本人の筆による書写と考えられる。

〔7〕静嘉堂文庫・田中頼庸本『人車記』二冊（18324／29／103,53）

＊『人車記 天禄三年夏秋冬 天延元年春夏 一』現状一冊

袋綴装、楮紙、縦二六・二×横一九・六センチ、一紙一〇行。字割は陽明古写本と同じ。もとは天禄三年夏秋冬で一冊、天延元年春夏で一冊であったものを合綴する。天禄三年夏秋冬は三六紙、天延元年春夏は二二紙、（表紙二紙を除く）それぞれ別筆。首付は朱書。訓点なし。印記、巻首下方に「静嘉堂現蔵」「田中本」、天延元年の巻首にも同様の印あり。奥書なし。

＊『人車記　天延二年春夏秋冬　二』現状一冊

袋綴装、楮紙、縦二六・三×横一九・六センチ、一紙一〇行。字割は陽明古写本と同じ。もとは春夏で一冊であったものを合綴する。春夏は二五紙、秋冬は二三紙、表紙二紙。首付は朱書。訓点なし。印記、巻首下方に「静嘉堂現蔵」「田中本」「□」（判読できず）、七月条の文首下方にも同様の印あり。奥書なし。

書名が『人車記』となっているので、『国書総目録　補訂版』の『親信卿記』の項には掲載されていないが中身は『親信卿記』であることを確認した。田中頼庸は国学者で、天保七年（一八三六）生まれの元鹿児島藩士であったが、明治維新後は神祇省に出仕、神宮大宮司・神道事務局副管長、神道神宮教官長などを歴任。神道史関係の著作が多い。

田中本は『人車記』として『親信卿記』を書写している。ただ、新写本の中で天禄三年・天延元年・同二年の全てを含むものは、陽明文庫の予楽院本を除けば、田中本が唯一のものである。伝来の事情は不明であるが流布の状況を考える上で重要である。

〔8〕宮内庁書陵部・橋本実麗本『平親信記』一冊（58228／1／353,1056）（天禄三年、天延元年）

袋綴装、楮紙、縦二六・五×横一九・二センチ、四五紙（表紙二紙を除く）。天禄三年一紙一二行、天延元年一紙一〇行、字割は天延元年記のみ陽明古写本と同じ。それぞれ別筆。紙質も異質。やや虫損し、裏打ちあり、朱の校合あり、首付・日付合点は朱書。訓点なし。印記、巻頭に「橋本庫」「宮内省／図書印」。共紙原表紙あり。表題として「知信朝臣記　天禄三年夏秋冬」と書かれ、その右肩に「範国記勘可勘」の書込あり。押紙「円融天皇」あり。原表紙の紙背に書状あり。天禄三年記、信範本奥書のみ。天延元年記、書写奥書「此冊借請新黄門公純卿本書写畢／弘化四年四月右権中将実麗／同年五月廿九日於新黄門亭対校了／此本誤字多端頗難解重以正文可校者」。

同じ天禄三年・天延元年のセットの写本としては徳大寺本があり、またこの橋本本の天延元年記の奥書に徳大寺本を書写したとあるが、天延元年記の部分は徳大寺本と一紙行数・一行字数などの体裁がまるで異なり、徳大寺本を書写したとは考えられない。橋本本の天延元年記は陽明古写本と字割が一致するが徳大寺本は異なる。ただ、天禄三年記については、字割は両者で異なるものの一紙行数が十二行で一致しており、『親信卿記』の写本の中では特異的でもあり似た雰囲気を持つので、天延元年記の奥書にあるように公純卿本＝徳大寺本を書写したのであろう。

〔9〕宮内庁書陵部・藤波本『天延二年記』二冊（18456／2／217,430）

袋綴装、楮紙、縦二九・〇×横二〇・二センチ、天延二年記春夏は二五紙、天延二年記秋冬は二三紙（それぞれ表紙二紙を除く）。乱丁あり。一紙一〇行、字割は陽明古写本と同じ。首付は朱書。訓点なし。裏打ちあり。印記、巻頭に「藤波家蔵書」「帝室／図書」。付箋「親信記」。奥書なし。

巻頭の「藤波家蔵書」は藤波家としての蔵書印として知られるが、[27]藤波家に伝わる所以を知る手がかりとなるものはなく、底本関係も不明である。

〔10〕宮内庁書陵部・徳川義礼本転写本『天延二年記　全』一冊（1165／1／259,273）

袋綴装、楮紙、縦三三・六×横二三・二センチ、四八紙（表紙二紙を除く）。乱丁あり。一紙一〇行。字割は陽明古写本ならびに徳川義礼本と同じ。首付は墨書（二段）。訓点・朱の校合あり。印記、「図書／寮印」「明治十八年改」。奥書「徳川義礼本ヲ以写之」、（押紙）「明治十六年十一月九日謄写／太田喜平／全紙墨付四拾七枚半残墨付壱枚」。

奥書と押紙の記載から、書写の経緯がわかる。すなわち現在名古屋の蓬左文庫に所蔵されている徳川義礼本を祖とする写本で、明治十六年（一八八三）になって謄写し蒐集した写本である。[28]

〔11〕宮内庁書陵部・甲本『平親信記』三冊（1267／3／255,147）（天延元年・二年）

袋綴装、楮紙、縦二六・八×横一九・〇センチ、天延元年三〇紙、天延二年春夏三二紙、同二年秋冬二七紙（それぞれ表紙二紙を除く）。一紙八行。字割は陽明古写本と異なる。首付は墨書。訓点なし。印記、巻頭「図書／寮印」。

天延元年と二年がセットになった写本は東京書籍館本とこの宮内庁書陵部甲本のみ。しかも題名を『平親信記』とするのもこの二本のみである。しかし一行字数・一紙行数が異なり、底本の直接の相互関連性は考えられない。

〔12〕宮内庁書陵部・乙本『天延二年記　上・下』二冊（1284／2／255,152）

袋綴装、楮紙、縦二六・四×横一九・〇センチ、上巻二四紙、下巻二三紙（各表紙二紙を除く）一紙一〇行。字割は陽明古写本と同じ。首付は墨書（二段）。訓点なし。印記、巻頭に「図書／寮印」。奥書なし。

字割は巻頭部分を除いて陽明古写本に一致するタイプのもので、白河文庫本の字割と全く一致する。それ故、白河文庫本を書写したものと考えられる。奥書等がないために伝来の事情は不明であるが、明治に入ってからの史料蒐集事業による謄写本であろうか。

〔13〕東京大学史料編纂所・徳大寺公純本『知信朝臣記』一冊（徳大寺／52／6）（天禄三年・天延元年）

袋綴装、楮紙、縦二七・〇×横一九・八センチ、天禄三年分二六紙、天延元年分一七紙、一紙一二行。字割は陽明古写本と異なる。天禄三年分と天延元年分は同筆であるが、紙は異質。首付は朱書。訓点なし。朱筆校合・朱合点あり。扉の表題「知信朝臣記」の右肩に朱筆で「不審」とあり。厚紙表紙の内貼に、公家の人名が列記されている書状包紙のような紙を使用。印記、天禄三年・天延元年各巻頭に「徳大寺蔵」「公純／印章」。奥書、天禄三年記奥に信範本奥書、書写奥書「這一冊借受于野宮羽林於燈下書写畢□□取筆悪筆無正躰重而可書改者也　／　于時弘化二年十二月廿二日／権中納言藤（花押）廿五歳」。また、天延元年記書写奥書「弘化二年十二月廿五日書写畢　／権中納言藤（花押）廿五歳」、校合記「弘化四年五月廿九日一校／実麗朝臣・定功朝臣對會／誤字多々得善本可再校」。

表題は『知信朝臣記』とあるが、その右肩に「不審」と記されている通り中身は『知信朝臣記』ではなく『親信卿記』である。一紙十二行で、『親信卿記』の写本においては、特異な体裁をとる。奥書から底本は野宮羽林すなわち野宮定功の本であったことが知られる。野宮定功・徳大寺公純と、この徳大寺本を書写した橋本実麗はともに文久二年（一八六二）に尊皇攘夷派の意見調整のために朝廷にもうけられた国事御用係の任についている。尊皇攘夷的志向が強く、国学に熱心でもあり、互いに所蔵本を貸し借りし、校合を行う関係であったのだろう。[29]

〔14〕東京大学史料編纂所・近衛篤麻呂予楽院本謄写本『平記』全一六冊のうち四冊（2373／4／1~16　うち1~4）
（天禄三年・天延元年・同二年）

袋綴製本。縦三一・六×横二一・五センチ、『平記』一から四まで、各三八・二四・二七・二六紙。一紙一〇行。字割は陽明古写本と異なる。首付は朱書、句切点（鉛筆）あり。印記、扉内側に「東京／大学／図書」「史料編／纂所図／書之印」、巻首に「修史／館図／書印」。

『平記　一』から『平記　一六』までの題箋がつけられた十六冊の謄写本には、それぞれ奥書がある。「明治十七年八月二十一日華族近衛篤麻呂蔵書ヲ写ス　／三級写字生　山中政篤　／同年十一月十七日　御雇小野権之丞校」（『平記　一』）などと書かれ、明治十七年（一八八四）八月から十二月にかけて順次書写と校合が行われた事情を記すが、『平記　三』には、朱書で「元禄十四歳三月廿九日一校終功」と記されている。これは陽明文庫の近衛家蔵書のうち江戸期に近衛家煕が書写した予楽院本の奥に記されているものである[30]。そのため明治十七年の修史館における蒐集の際に写され、現在東京大学史料編纂所にあるこれらの写本は、予楽院本を底本として書写したものであることが確認できる。

さらに、この明治十七年の予楽院本の謄写本には鉛筆による奥書がある。それは『平記　一』を例にあげると、「昭和十七年二月四日陽明文庫蔵信範本校合了　竹犂（竹内理三）」というものである。また『平記　十・十一・十二』の『知信朝臣記』の巻末には信範書写本の紙背文書を写した別紙が挟み込まれているが、その奥には「右45枚目以下ハ昭和十七年三月九日国宝陽明文庫本ヲ以テ補写シ同十日一校シ了レルモノナリ　桃裕行（「桃」印）」（『平記　十一』）とあるので、昭和十七年（一九四二）の段階で、信範書写の古写本によって校合されたことがわかる。また、扉紙に赤のボールペンで「京都大学図書館所蔵信範写本ニハ『題簽ニ長元々年四月ヨリ十二月ニ至ル』トアリ」（『平記　五』）の書込があるので、平松本との校合もなされている。

ちなみに信範の書写本による校合作業が行われた昭和十七年はちょうど『大日本史料』の刊行が第一編第十一まで終えた年であり、おそらくはそれに続く刊行の準備作業としてこれら『親信卿記』以下『平記』の校合も進められていたと思われるが[31]、刊行作業は戦争で中断せざるをえなくなったのであろう[32]。その後の分は戦後の発行となっている。この修史館本は現存する新写本の中で、近衛家の予楽院本を底本としたことが確認できる唯一の写本である。

〔15〕東北大学・狩野文庫本『天延二年記』一冊（狩／第3門／4839／1冊）

袋綴装、楮紙、縦二三・六×横一七・六センチ、六三紙、乱丁あり。一紙八行。字割は陽明古写本と異なる。首付なし。

訓点なし。印記、巻頭に「東北帝／国大学／図書印」、「渡部文庫」舟型印、「岩井恭福氏ノ寄付金ヲ／以テ購入セル文学博士／狩野亨吉氏旧蔵書」長方印。奥書なし。

一紙八行の写本としては宮内庁書陵部甲本があるが、字割が全く異なるうえに、狩野本は首付を書写していないので底本関係は不明である。

〔16〕名古屋市立博物館蓬左文庫・徳川義礼本『天延二年記　全』一冊（16940／8／90）

袋綴装、楮紙、縦三〇・六×横二〇・七センチ、四九紙、一紙一〇行。字割は陽明古写本と同じ。首付は墨書。訓点あり。印記、巻頭に「張府／内庫／図書」「蓬左／文庫」。奥書なし。

本書には奥書がなく、底本の系統などの手掛かりがないのであるが、前掲〔10〕の宮内庁書陵部所蔵明治十六年太田喜平謄写本の奥に「徳川義礼本ヲ以写之」とあるのが、この蓬左文庫所蔵本にあたると考えられる。徳川義礼は松平頼聡の次男で、明治九年（一八七六）尾張徳川家の養子となり、同十三年（一八八〇）九月に家督を継いでいる。

次にあげるものは編纂書類中に収められたものであるが、写本としての価値を認めうるものであり、『親信卿記』の近世における伝来事情を知る上で重要なので触れておきたい。

〔17〕宮内庁書陵部『続群書類従　八百六十四』、「天延二年記」一冊（16844／779／453,2）[33]

袋綴装、楮紙、縦二六・五×横一九・〇センチ、四九紙（表紙二紙を除く）、一紙一〇行、字割は陽明古写本に同じ。首付は墨書カ（二段）。訓点あり。文字の校訂傍書多し。奥書・識語なし。印記、巻首に「温故堂文庫」「和学講談所」

長方印、「宮内庁／図書印」

〔参考〕内閣文庫『続群書類従　八百六十四』、「天延二年記」一冊（28457／1187(1003)／216／1）
袋綴装、楮紙、縦二六・三×横一八・四センチ、五一紙（表紙二紙を除く）、一紙一〇行。首付は墨書、訓点なし。印記、扉及び巻末に「大日本／帝国／図書印」、巻頭に「日本／政府／図書」。扉に墨書「続群書類従巻第八百六十四／総検校保己一集／男源忠寶校」「雑部十四／天延二年記正月ヨリ十二月迄」。奥に「以宮内省図書寮本謄写校合畢」

天延二年記は『続群書類従』に収載されているが、『続群書類従』は寛政七年（一七九五）頃より計画をはじめて享和三年（一八〇三）に目録の草案を林述斎（大学頭）に提出している。しかし刊行費用の調達がままならず、塙保己一の生前には板行されず、保己一亡き後、子の忠宝、孫の忠韶と事業を引継ぎ、明治十六年（一八八三）にようやく中清書本すなわち採集底本を書写・校訂したものを宮内省に納めるにいたった。この手書の献上本が『続群書類従』の原本ともいうべき宮内庁書陵部所蔵本である。ところで、『続群書類従』の編纂は困難を極めたといわれるが、[34]『続群書類従八百六十四』「天延二年記」には、「温故堂文庫」「和学講談所」の印があり、また、字句の校訂のための傍書が著しく多い。とうてい清書本には見えず、編纂の背景がうかがわれる。おそらくは先に記した理由により『続群書類従』の編纂末期にいたって、清書本を作る余裕がなかったためか、和学講談所にあった『天延二年記』の底本をそのまま『続群書類従』のセットにして宮内省に献上したものと考えられる。

和学講談所の蔵書は全て明治五年（一八七二）に塙忠韶から、書籍館に献納され浅草文庫を経て内閣文庫に収められている。しかし和学講談所の目録[35]には『天延二年記』の名があるものの、和学講談所の蔵書のなかには『天延二年記』は見あたらない。このことも宮内省献上本が和学講談所本であったことの傍証となるであろう。

ちなみに、塙家に控えとして影鈔しておいたのが静嘉堂文庫所蔵『続群書類従』である。内閣文庫所蔵本・国立国会図書館所蔵本等の『続群書類従』はそれらの写本となるが、いずれも目録通りに完備したものはないといわれる。(36) 刊本『天延二年記』の底本となったのは、奥書から内閣文庫本であることがわかる。

〔19〕宮内庁書陵部『歴代残闕日記　九』所収『天延二年記』一冊（21250／112／259,182）
第四一紙～八八紙まで。縦二八・七×横二〇・四センチ、一紙一〇行。字割は陽明古写本と同じ。首付は墨書。訓点あり。書写奥書「明治十八年三月　謄写　池亀良郷／但　紙数八十七枚」

『歴代残闕日記』は、第十一代藩主堀直格（一八〇六～八〇）が多年、網羅的蒐集に努めてきた天皇・公卿諸家の日記の中でも、部分的にしか伝存しない残闕の日記を主とし、他所からの抜書から儀式次第の記録類を含む三百四十余種を、百二十七巻に纏めた模写本集成である。堀直格は和学講談所（塙家）の秘蔵書をはじめとして模写を続け、安政五年（一八五八）、蒐集に一応の区切りをつけて『歴代残闕日記』と名付けた。浦野都志子氏によれば『歴代残闕日記』について近年の辞典類にはいずれも、黒川春村が、堀直格の命を受けて、塙保己一の協力によって編纂したと説明されているが、それは黒川春村の著わした序文の読み違いであり、編纂の主体はあくまでも堀直格自身であり、黒川春村は目録の作成を命じられたに過ぎないこと、また、『歴代残闕日記』の中にしばしば見られる塙保己一の校合書写奥書は、幕府の命で保己一が校合書写した旨の奥書がある塙家蔵本を、直格がそのまま書写した底本の奥書である、と指摘されている。(37)

　こうして完成した堀家原本は明治十年代、百三十二冊をもって東京大学が受け入れることとなった。しかし大正十二年（一九二三）の関東大震災で百三冊を焼失し、偶然貸し出されていた二十九冊のみが現存し、貴重書として保存されている。(38)

現在宮内庁書陵部に蔵される『歴代残闕日記』は明治十八年（一八八五）二月十六日から十九年六月四日まで一年三カ月あまりの間に謄写されたもので、転写に徹したと思われ、奥書の日付の下に「納」の文字の見られるものがあることから、浦野氏は書陵部が謄写を委託したと推測されている(39)。

宮内庁書陵部所蔵『歴代残闕日記』所収『天延二年記』は、焼失した堀家原本を謄写したものであり、堀家原本『歴代残闕日記』を編纂した堀直格は、和学講談所本（塙家蔵書本）を塙忠宝(40)から借りて書写したものと考えられ、和学講談所本系統の書写本と考えられる。

また先にも触れた通り、内閣文庫の鈴鹿本謄写本に見える『歴代残闕日記』との校合は、焼失した堀直格原本を用いて行われたものとして貴重であろう。

〔20〕内閣文庫『塙史料』内『円融天皇事記』（141／131，古18-345，全409冊）

和学講談所の塙保己一が、『群書類従』の編纂とともに意を注いだのが『史料』の編纂である。すなわち、『群書類従』の編纂を開始するのとほぼ平行して現在の『大日本史料』の前身ともいうべき、六国史以後の時代の史料を編年別に並べた『史料』の編纂を行っている。保己一は六国史以後、宇多天皇仁和三年（八八七）から慶長八年（一六〇三）までの正史をまとめるよう、享和元年（一八〇一）ごろ幕府より編纂の命を受けた。林家監修のもとに文化七年（一八一〇）までに『宇多天皇事記』二十二冊・『醍醐天皇事記』五十七冊が、文化十四年（一八一七）までに『朱雀天皇事記』三十七冊が、文政四年（一八二一）までに『村上天皇事記』五十冊が、同九年（一八二六）までに『冷泉天皇事記』七冊・『円融天皇事記』三十五冊が完成し、以後、後一条天皇まで約百四十年分四百三十巻を文久元年（一八六一）までに完成させた。しかしこの間、文政四年に保己一は死去しているので、子の忠宝がその後の事業を引き継いでいる。

『円融天皇事記』の天延二年の記事を見てみると、すべて親信の『天延二年記』をそのまま引用・収録するものである。『続群書類従』と『史料』とでは計画自体はほぼ同時であり、『史料』のほうが先に成立したが、実際には『続群書類従』所収『天延二年記』は先述の通り、和学講談所本そのものであり、『史料』の底本となったともいえる。『史料』は正式な意味での写本とはいえないが、『続群書類従』の『天延二年記』に直接依拠したことが明白な点で価値のある史料であるといえる。

『円融天皇事記』の天禄三年条にも『親信卿記』の記事が用いられているが、それは『天延二年記』所載記事からの引用であって、天禄三年記の記事が用いられた条文はない。『史料』編纂の際、和学講談所では『親信卿記』の『天延二年記』のみを参照しており、天禄三年記・天延元年記は使用しておらず、したがってその写本を入手していなかったことがわかる。

三　伝来状況

以上、個々の写本ごとに事実確認を行ってきたが、以下ではこれらの現在知られる写本から明らかになった全体像をまとめてみることにする。まず、写本の構成について整理すると次のようになる。

①『天延二年記』単独の写本が多いこと

②天禄三年・天延元年のセットの写本は徳大寺本と橋本本のみであること

③陽明文庫の信範古写本・予楽院本を除く写本としては、天禄三年・天延元年・同二年のフルセットの写本は田中本と修史館本のみであること

④天延元年・同二年のセットの写本は東京書籍館本と宮内庁書陵部甲本のみであるが、いずれも明治政府の史料蒐集事業による書写本であること

また、書写主体によって分類すると、大きく分けて江戸期の個人による書写本と明治政府諸機関の史料蒐集事業による書写本とがある。これら書写本のほかに、『続群書類従』『史料』『歴代残闕日記』などの編纂書に収められたものがあるが、これらは書写本と同様に史料的価値が高いものである。

ところで、徳大寺本を見ると、内表紙に「秘　知信朝臣記　天禄三年／天延元年」、また中扉に、

「不審」（朱書）　知信朝臣記　天禄三年 夏秋冬

と書かれている。また、橋本本にも同様に「範国記歟可勘」と書かれている。これらのことから天禄三年・天延元年の親信の日記は、記主が知られぬまま書写されたものであったことがわかる。『親信卿記』のうち、天禄三年記と天延元年記は、江戸時代末期に書写されたこの徳大寺本と橋本本にいたるまで世に流布した形跡がない。江戸期の各種書籍目録類をみても『天延二年記』や他の『平記』はあるが、天禄三年記と天延元年記の存在を記す項目は全くみられない。(41) これらのことからわかるように、天禄三年記と天延元年記は、それまで存在が知られていなかったのではないだろうか。

陽明文庫にある『親信卿記』の信範書写本自体には、四巻のいずれにも親信の日記であることを伝える題箋や表題といったものは見られない。(42) 現在伝わる写本は、一紙一二行の徳大寺本・橋本本、または一紙八行の狩野本・宮内庁甲本、または予楽院本を書写したことが明らかである修史館本を除いては全て信範書写本と一紙行数と字割が同じであり、信範書写本を祖本としている。ところで、第二節で述べたように、予楽院本には外題として「親信卿記」とあることが知られるが、以上のことから、「親信卿記」の題をもつといえども予楽院本は世に知られた存在ではなかったようである。

天禄三年記と天延元年記は近衛家と親交のあった堂上諸家の間、すなわち野宮家や徳大寺家・橋本家の周辺において江戸末にいたって初めて知られるところとなったと考えられる。徳大寺本の表紙の内貼には公家の名が列

記されているが、これらの人々は新出の書物や写本を回覧・貸借し、書写しあった仲であったかもしれない。

一方、『天延二年記』は天禄三年記や天延元年記にくらべると、やや早くからその存在が知られたようであるが、現在知られる限りでは江戸中期の山田本がもっとも古く、その表紙裏に、貼紙があり、

天延二年閏十月廿五日／有津廻事――――／左佐俊尉興輔惟時志清理元平／右佐發（ママ）尉親信府生茂兼自余官人／
申障之由

と『天延二年記』の記事を書き出した横に、

親信卿伝／上略／天延元四月廿九任左衛門少尉四月十七遷／右衛門少尉同四月二補検非違使同三／正月七叙
従五位下蔵人同月廿六日任筑後／権守　下略

と、親信の経歴を記し、『天延二年記』の記主を考証している。このことからすると、『天延二年記』も天禄三年記や天延元年記と同様に、書写された当初は記主が誰であるか不明であったのであろう。

次に、写本の系統を考察すると、現存する『天延二年記』については、おおよそ京都と江戸の二つの系統に分けて考えることができる。

京都においては、山田以文と鈴鹿連胤とは吉田神社の神職者兼国学者のつながりが指摘でき、さらに両者は師弟関係にあったことは先に述べた。また江戸においては塙保己一の和学講談所の『史料』『続群書類従』と松平定信の白河文庫本、堀直格が塙家の蔵書を借用し編纂した『歴代残闕日記』の関連性について指摘した。

まず、京都における写本の流布状況を考えてみたい。諸本のうちでもっとも古いのは山田本であるが、山田以文は底本をどのように入手したのであろうか。

まず、彼の国学の師である藤原貞幹から借り受けて書写した可能性について述べておきたい。藤原貞幹が情熱を注いで編纂したといわれる『国朝書目〈上・中・下〉』[43]には「天延二年記」はないので、貞幹は所蔵していな

かったと考えられる。それ故、以文は師である貞幹の筋から底本を入手したのではないようである。

山田本『天延二年記』には奥書等に直接の底本を示唆する手掛かりはないが、静嘉堂文庫山田本・内閣文庫本・宮内庁書陵部本の『平記（＝平行親記）』にはいずれも次のような山田以文の識語が見える。(44)

　積興勘

　書籍目録云、

　　（中略）

　天明八年十一月縫殿頭兼大和守積興

　右平記一巻以積興宿祢（ママ）

　本令書写訖

　　寛政八年正月　藤原以文

　（朱書）「此書原本誤字甚多一覧之次以愚按朱書于旁猶他日／得善本可校正者矣／以文重識」

ここに見える大和守積興とは尾崎積興のことで、京極宮（のちの桂宮）の諸大夫であったことが知られる人物である。(45)

また静嘉堂文庫・山田以文本『人車記』の奥書には、

　先年以野宮定基卿御本与定静朝臣一校了

　文政九年十月陪山階相公御會読一校此御本者彼

　御先祖頼言卿毎・□御校訂之上忠言卿以石井行宣卿

　御本校合給御本也　阿波介以文（花押）(46)

と見える。これらから山田以文が『平記（＝行親記）』や信範の日記である『人車記』について尾崎積興や山階忠言、石井行宣といった公家の間で行われた校合に参加していたことが知られる。『天延二年記』についても、山田以文自身が自らの公家諸家との学問上の人脈から入手した可能性があるのではないかと考えられる。

一方、江戸圏の筆頭は、現在の宮内庁書陵部本『続群書類従　八百六十四』であり、もと和学講談所本であるところの『天延二年記』であるが、和学講談所にはいかなる経緯によって書写され入手されたのか。考えうる可能性としては、まず水戸の徳川家の『大日本史』編纂事業における京都の古記録類の蒐集との関連性について述べたい。たとえば、同じ『平記』であっても内閣文庫本『贈左府時信公記』[47]はその印記から和学講談所本であり、浅草文庫・書籍館を経て内閣文庫に収められたが、「元禄改元戊辰　彰考館識」と本奥書が見え[48]、彰考館本を借りて和学講談所が書写したと推測される。しかし『天延二年記』の写本には彰考館とのつながりを示す識語をもつものはひとつもなく、また星野恒[49]によれば水戸の徳川家の『大日本史』には『天延二年記』は収録されていないので、江戸前期に総力を結集して行われた修史事業のたまものとして彰考館からもたらされたのではないことが確認できる。

次なる可能性を考えてみたい。江戸の和学講談所では松平定信の寛政の改革の頃、失業対策など社会政策の要求から厖大な書物の編纂事業が繰り広げられることになる。そのために幕府の命により史料蒐集が行われ、塙保己一もそのために何度か京都を訪れている。寛政十一年（一七九九）ごろからは堂上諸家の家記・日記の類を書写し、紅葉山文庫に収めるような計画もあり、塙保己一も何度か上京している[50]。

このような幕府の命によって塙保己一が書写・蒐集し、和学講談所にもたらされたのであれば、内閣文庫『定家朝臣記[51]』に見える「右定家朝臣記依　仰校合書写／享和元年九月日　検校　塙保己一」と同様の奥書があって然るべきである。しかし現宮内庁書陵部本『続群書類従』の『天延二年記』には、このような旨の奥書は見えない。すなわち幕府の命による塙保己一の史料蒐集事業で入手したのではないようである。また、昌平坂学問所本や、屋代弘賢や中山信名といった蔵書家の目録にもその名は見えず、その所蔵本を書写した形跡もない。
ところで、『和学所蔵書目録』(52)には、

三代実録五十巻　〈寫吉田社本　貞治二年卜部兼熙朝臣奥書〉

三代実録五十巻　〈寫吉田社本　但姓名不見〉

という記載が見られる。『三代実録』という全く異なる史料であり、書写された時代も確定できないが、和学講談所が京都の吉田神社所蔵本を書写していることが確認でき、和学講談所と吉田神社とのつながりを示唆してくれる。『天延二年記』も現存状況から考えるならば、江戸の和学講談所本のルーツは、あるいは京都圏の吉田神社周辺、すなわち山田以文本の周辺につながるのではないかと考えられるのである。

また、先述した内閣文庫にある『平記（＝平行親記）』は、藤原（山田）以文の識語を持つものであるが、これには巻頭に和学講談所の長方印が見え、両者の繋がりが顕著にうかがえる。

おわりに

以上、述べてきたところをまとめると、信範書写本とその所蔵者の書写による予楽院本を除いては、近世には『親信卿記』のうち、まず『天延二年記』のみが独立して流布していた。天禄三年記と天延元年記は世に知られることなく、江戸末期において初めて熱心な堂上諸家や公家の間で回覧・書写された。しかし、当初記主が不明でありその考証が必要とされた。また、『天延二年記』はその表題から『天延二年記』という名称が早くから用いられていたものの、天禄三年記・天延元年記と同様、やはり当初は記主が不明になっていた模様で、こちらも記主の考証がなされていた。これが二節で述べた、日記の名称が定まらない所以であった。

また、『平記』のうち、『親信卿記』以外にも記主が不明であり、奥書等に記主の考証が見えるものとしては、

次のようなものがある。まず国会図書館本『康平記（＝平定家記）[53]』は、

右康平記当時桃華閣下庫蔵混在近衛家記中近来人之写得之、然不知其記者姓名、好事之輩多勘之未捜得、

と記した上で、そのあとに、『玉葉』の記事を用いて考証を行い、「則知為左衛門権佐定家朝臣記」としている。この識語は元禄十三年（一七〇〇）九月八日の日付がある。また、『康平記』（『歴代残闕日記　十二』）中扉裏には「忠寳云異名類聚ニ康平記平定家朝臣トアリ次ニ記セル石橋影箮ノ考ヨリ当レリ、（考証略）因此観之定家記治定歟」とみえるほか、奥書にも、

這記一冊　未知何記之抄出也偶借得而／令奴僕校書而已／元禄十三年仲夏下浣七日左中辨藤「輝光」（朱印）

とある。石田実洋氏のご教示によると、塩竈神社の村井古巌本『康平記』奥書にも同様の奥書があるという。また、『贈左府時信公記』（『歴代残闕日記　廿二』）の識語にも「按此記、為六位蔵人検非違使判官者所著也」から始まって考証を記し、時信が「或其記之者乎」としている。定家の日記と時信の日記に関しては水戸の彰考館の史料採集の際に書写されたか。

『知信朝臣記』（『歴代残闕日記　廿三』）の中扉裏にも『中右記』を引用した勘記があり、その最後に「以之推之為知信朝臣記明矣」と記主を推定している。

また、註(44)であげた『平記（＝行親記）』にも、『玉葉』の記事をあげて、勘記を載せる。

以上のように、記主未詳であったのは、『平記』のうちで『親信卿記』に限ったことではなく、行親・知信・時信・定家いずれも記主未詳のまま書写されたものであったことがうかがわれる。

『親信卿記』に関しては、江戸期における『天延二年記』の発掘者は、京都の国学者である山田以文ではないかと考えられる。山田以文は現代の我々の実証的古代史学の基礎を築いた人物の一人であり、また、親信以外の『平記』や、『人車記』の奥書にも関与が見られ、『平記』の蒐集に少なからず関与しているのであり、江戸期に

おける親信の日記の新写本系統が成立する際のカギを握る人物と考えられる。

『親信卿記』の新写本の流布について考察する場合、親信以外の『平記』の個々の流布状況をも押さえた上で論じるべきであるが、それぞれ微妙に写本の流れが異なっており、今回はそれら全てを把握するにはいたれなかった。しかし、大まかにいって、個々の『平記』は接点が垣間見られるものの[54]、それぞれ独立して流布していたようであり、陽明文庫の予楽院本『平記』のセットとして書写されたのではなく、個々の日記において信範書写本が底本の祖本となっているということは間違いない。

写本というものは、それぞれ作成された時代の背景や諸事情を写し出す鏡のようでもあり、その点においても、それぞれの写本独自の価値が見いだせるものである。追跡しきれなかった点も多いがひとまず終わりとしたい。

（1）『群書解題』第二十巻。

（2）岩橋小弥太編『日本史籍論集　上巻』所収、吉川弘文館、一九六九。のちに山本信吉『摂関政治史論考』（吉川弘文館、二〇〇三）に再収。

（3）『陽明叢書　記録文書篇第六輯　平記・大府記・永昌記・愚昧記』（思文閣出版、一九八八）。

（4）私は「折紙正本」とあることから、親信の原本というものは、彼が蔵人在任中に公務多忙の間を縫って、懐に挾んで携帯していた折紙に、備忘録として殿上日記その他をしたためたものではないかと考えている。天禄三年の翌年も翌々年も同じ折紙を携帯し、付加するべきことを同じ紙面に書き込んだ。それがあまりに煩雑なものであったため、行親らが日次記に整理・浄書しようとした際、日記としての齟齬が生じてしまったのではないだろうか。なお、折紙に関しては最近石田実洋氏により注目すべき指摘がされている（石田実洋「藤原定家の次第書書写」、『明月記研究』第六号、二〇〇一）。

（5）西田直二郎『日本文化史論考』（吉川弘文館、一九六三、初出は一九一六）。

（6）『陽明叢書　記録文書篇第五輯　人車記・四』（思文閣出版、一九八七）。

(7) 陽明文庫所蔵の『兵範記』嘉応二年春・夏巻の見返しには、「此巻、旧本紛失之間、以前平相公行知本、令書写畢（花押）」とある。信範の子孫である安居院行知が前相公（参議）と呼ばれるのにふさわしいのは、貞治六年（一三六七）から康暦元年（一三七九）のあいだである。この花押も筆跡もともに前関白近衛道嗣と見られるが、信範古写本が紛失したため道嗣が安居院家の蔵本を書写したのがこの巻であってこの時すでに近衛家に移っていたことがわかる、と指摘されている。

(8) 山本前掲註(2)論文、第三節注(2)。

(9) 本稿をまとめるにあたっては『親信卿記』の新写本について、北村・京樂・柴田・谷口・西村・松岡・森の各氏とともに調査にあたった。

(10) 山本前掲註(2)論文、第三節注(1)。

(11) なお、「天延二年記」は書名として存在するが、「天禄三年記」「天延元年記」は存在しない。しかし、本稿では、写本の構成を示すために、親信の日記の天禄三年部分あるいは天延元年部分またはこれを含む写本を示す語として天禄三年記・天延元年記と称することにする。

(12) 「平記長暦元一巻」（『和学講談所蔵書目六』）、「平記左衛門権佐行親」（『国朝書目』）など。

(13) 明治五年（一八七二）文部省は古書籍所持者に同省への上申を命じるが、明治六年には太政官正院におかれた博覧会事務局が古書籍・古文書の蒐集を布告、さらに明治七年には内務省で書籍目録の提出を命じるなど、各機関において古書籍の収集が行われた。

(14) 小野則秋『日本蔵書印考』（文友堂書店、一九四三）によると、定信自筆の文字を印文に表したものであるという。

(15) 小野則秋『日本文庫史研究』（臨川書店、一九七九）。

(16) 内閣文庫（27158／1／219函198号）。

(17) 『内閣文庫蔵書印譜』（国立公文書館、一九八一年三月発行改訂版）によると、「楽亭文庫」と「桑名」印は定信没後もしばらくは使用されたらしいので、この目録を定信が実際に所有していたとするのはやや注意を要するかもしれないが、定信と和学講談所の関係は、指摘できるであろう。

(18) 『国立国会図書館五十年史』（CD-ROM版）。

(19) 前掲註(17)。

(20)『内閣文庫百年史』（国立公文書館、一九八五）。なお内閣文庫蔵『甘露寺家記録類 単』（75295／1(1)／219, 157）の後半に「甘露寺家献本目録／部数八百〇九部／冊数二千百八十一冊」とあり、その中に「天延二年記一冊」があることを確認できた。

(21) これより以前にも、太政官に修史局がおかれたことがある。すなわち明治八年（一八七五）四月に、明治政府による修史事業を行う機関として、太政官正院歴史課が改組されたもので、明治一〇年（一八七七）一月には修史館へ改組されている。こちらは「修史／局図／書印」を使用していた（『内閣文庫百年史』）。

(22)『国書総目録 補訂版 第五巻』（岩波書店、一九八九）には、鈴鹿長存謄写本の底本であると思われる「平親信記」（天延二年、一冊）を掲載するが、現在所在不明である。

(23) その傍証として、内閣文庫本『範国朝臣記』の奥書をあげることができる。すなわち「以刑部卿平信好卿本師藤原有年令書写畢／嘉永元年六月三日従三位侍従卜部良郎」「明治十二年二月以京都府鈴鹿長存蔵書謄写」とある。藤原有年は以文の孫。時代は子供の代の話であるが、山田本を鈴鹿長存が書写している。なお、奥書に見える氏人康満県主については未詳。

(24) たとえば十一月一日同日条（朔旦冬至重複記事）十九行目「圍司」の下の文字の書込が異なる。しかし、宮内庁書陵部本『歴代残闕日記』に誤写はほとんどなく、堀直格編纂原本に忠実でありすぐれた写本であるということもいえる。『歴代残闕日記』については後述。

(25) 神道大系本『北山抄』六二二頁参照。また、橋本義彦「『類聚符宣抄』解題」（『平安貴族社会の研究』所収、吉川弘文館、一九八七）。

(26) 川瀬一馬「古代文化研究の先覚 藤原貞幹の業績――国学としての意義――」（『続日本書誌学之研究』所収、雄松堂書店、一九八〇）五六五頁に写真がある。

(27) 宮内庁書陵部『図書寮叢刊 書陵部蔵書印譜 下』（一九九七）。また、藤波家に関しては藤波家文書研究会編『大中臣祭主 藤波家の歴史』（続群書類従完成会、一九九三）に詳しい。

(28) 奥書「徳川義礼本ヲ以写之」は、本奥書である可能性もあり、押紙の記載と同じ時点における書写であるかは不明。すなわち徳川義礼本が直接の底本でない可能性もある。

(29) 宮内庁書陵部本『知信記』の奥書にも「此一冊野宮家兼所伝而今度定功朝臣秘新写為重本之間被贈之子孫可秘蔵

者　／于時天保十五年秋九月／右中将実麗」とある。なお、徳大寺家の蔵書に関しては『東京大学史料編纂所報』二七号（一九九二）に簡単な記述がある。

(30) 山本前掲註(2)論文、第三節注(1)。なお、『平記　九』「定家朝臣記」に寛政二年（一七九〇）の貞幹の奥書を朱で記してあるのは不可解。

(31) 『親信卿記』が所収されているのは第一編十三・十四・十五巻である。

(32) 昭和十七年の鉛筆による奥書の中には「昭和十七年二月十日蘭印軍降服之明日以近衛家本校正了　竹犂」（『平記三』）といった、背後に戦争の気配を感じさせるものもある。

(33) 本書は貴重書扱いのため、写真版での閲覧による。

(34) 太田善麿『塙保己一』（吉川弘文館、一九六六）。

(35) 『和学講談所蔵書目六　家記之部　全』内閣文庫所蔵本（27158／1(1)／219函198号）。この目録は静嘉堂文庫・国会図書館に写がある。

(36) 川瀬一馬「続群書類従の編纂」（『日本書誌学之研究』所収、講談社、一九四三）。

(37) 浦野都志子「『歴代残闕日記』について」（古典研究会編『汲古』三九号、二〇〇一）。

(38) 浦野氏は『日本古典文学大辞典』などに「東大本は宮内庁書陵部本を写したもの」としているのは誤りで、事実はその逆である事を指摘された。

(39) この書陵部の謄写本によって、かろうじて堀家原本の姿がうかがえる。

(40) 『歴代残闕日記』黒川春村筆序に「塙家のあるじ」からその秘蔵書を請い写したことが記されているが、この「塙家のあるじ」とは浦野氏によれば保己一の子の忠宝であると考証されている。

(41) 『諸家名記目録』（坊城）『家記所繋系考』（荷田在満）『柳原紀光卿集書籍目録』『国朝書目』（藤貞幹）『尾張官庫書目』『和学所蔵書目録』『和学講談所蔵書目録』『書籍目録』（和学講談所）『塙氏蔵書目録』などには他の『平記』はあるがいずれも天禄三年・天延元年の記録はない。但し『国朝書目』に「天禄三年外記日記」という名の書物が見えるのが気になる。

(42) 「天延二年　春夏」（第三巻）「天延二年　秋冬」（第四巻）は近衛信尋筆であることが、山本前掲註(2)論文、第三節注(4)に示されている。また、それぞれにいずれも右肩に「円融」左肩に「親信」と墨書がある。

(43) 内閣文庫（18660／3(123)／218,110)。

(44) 静嘉堂文庫・山田本『平記』(11501／1／75,33)、内閣文庫本『平記』(9749／160／223)、宮内庁書陵部本『平記』(鷹司本34167／1／350,176) また、『歴代残闕日記　十二』所収『平記』にも同様の識語がある。

(45) 積興は正殖の男として延享四年（一七四七）誕生。本姓は大伴氏。本名継忠。明和五年（一七六八）積興と改めた。宝暦十一年（一七六一）従六位下に叙され、以後左衛門少尉、大和守、縫殿頭を歴任し、文政八年（一八二五）従三位。文政十年（一八二七）没。享年八一歳（宮内庁書陵部『図書寮叢刊　書陵部蔵書印譜・上』、一九九六)。伴瀬明美「東京大学史料編纂所所蔵『集』について」(『東京大学史料編纂所研究紀要』第十二号、二〇〇二)。

(46) 静嘉堂文庫・山田本『人車記』(11486／55／75,30)。

また、山田本『定家記』の印記には「貫首大王令旨／東叡山開山堂蔵本／不可漫出門外」「東叡山開山堂／司職真如院十／有四世蓮華金／剛義厳収蔵之」「発願偏羅和漢典籍／蔵之文庫以報四恩／後司職之人若有補／遺時以聞為義厳記」といったものも見え以文の人脈として寺院関係も想定できる。

(47) 内閣文庫（15662／161／50)。また『歴代残闕日記　廿二』所収『贈左府時信公記』にも同様の識語がある。

(48) ちなみに年紀からみて予楽院本成立以前に彰考館によって書写されている。

(49) 星野恒「歴世記録考」(『史学雑誌』三編七号、一八九〇)。

(50) その間の事情は太田前掲註(34)著書に簡明な記述がある。

(51) 内閣文庫（43590／160／201)。

(52) 内閣文庫（28958／2／219函196号)。

(53) 国会図書館本（わ210.3／33)。

(54)『平行親記』と『親信卿記』のように、山田以文による考証の識語が共通してあるなどの接点がうかがえる。しかし写本としての動向は同調していない。

【付記】成稿にあたっては、宮内庁書陵部の石田実洋氏のご助言をいただいた。

【補論3】

『親信卿記』にみる蔵人と日記

西村さとみ

はじめに

いわゆる『親信卿記』は平親信の日記であり、天禄三年（九七二）三月〜十二月、天延元年（九七三）一月〜六月、天延二年一月〜十二月の三年にわたる記事が残されている。天禄三年正月に六位蔵人に補された親信は天延元年正月に左衛門少尉を兼ね、同年四月に右衛門少尉に転じたのち、翌天延二年二月には検非違使の宣旨を蒙っている。彼が従五位下に叙されて蔵人を去ったのは天延三年正月のことであり、日記が残る三年間は彼が蔵人をつとめていた時期にあたる。[1] そして、『親信卿記』についてはじめて詳細に論じられた山本信吉氏が、「親信が六位蔵人として殿上に侍したこの三ヵ年間の日記が、蔵人の先例・故実を示す記録として彼の子孫に特に尊重されたのであろう」と述べられたように、親信の日記はおもに蔵人のそれとして検討を加えられてきた。[2]

山本氏の『親信卿記』に関する研究は、親信の経歴や写本の検討など多岐にわたるが、ここでは以下の考察とのかかわりにおいて、「蔵人の私日記」という、その性格をめぐる論点のみを確認しておこう。氏は、記事の内容が「通例の日記文として記している部分と、特定の儀式の行事次第のみを記した部分とに容易に区別され」、その行事次第の記事には「当日の所役に従事した諸官人の名前を具記して、見聞のままに儀式の次第を書き留めている場合」と、「次第を全く抽象的に書いている場合」があるといわれる。そして、いずれの場合にも、親信は「しばしば儀式・行事の先例を勘案し、『口伝』『故実』『旧説』等を引載し、その典拠を確めて是非を考え」、「いかにも文章生出身にふさわしい検討を加えて」おり、そこに殿上日記や蔵人式の逸文が含まれていることを指摘された。さらに、現在に伝わる『親信卿記』はいったん部類され、のちに日次記に復原されたものであること、天禄三年～天延二年の三年分が伝存したのは、蔵人に補された子孫に、その拠り所として尊重されたためであろうことも論じられている。[3]

また、渡辺直彦氏は、「蔵人方行事の事例を勘案しながら、主として実態面の究明と式逸文の蒐集と」を目的に、四方拝・乞巧奠・御修法や季御読経など、『親信卿記』にみられる諸行事に検討を加え、「実際に行事を勤めた者の日記ならではの観がある」記事を抽出されるとともに、山本氏が指摘されたほかにも、蔵人式の逸文が存することを明らかにされている。[4]

ただ、たとえば季御読経についてのそれがかなり長文にわたって引用される一方、乞巧奠の記事のように「儀式装束如蔵人式」とのみ記され、式文は引かれない場合もあるなど、蔵人式の引用のされかたは一様ではない。[5]また、すでに述べたように、山本氏は儀式の記述方法に差異がみられると指摘されている。そうした記述の形式の不統一は、「現存『親信卿記』が部類記事の復原本であるため、他の日記に比べて記事の差異を特に著しくみせている[6]」との理由で説明し尽くされるものではなく、親信が日記を書す際の視線、彼にとって日記がもつ意味が、そこになんらかのかたちで現れているのではなかろうか。このような観点から、『親信卿記』にみられる記述の形式の考察を通して、「蔵人の私日記」と評される、その性格を捉え直すことが、本稿の課題である。

一　蔵人式の書写

さて、蔵人式がある程度まとまったかたちで引用されているのは天禄三年八月二十日条、および天延元年五月二十日条であり、季御読経と宇佐神宮への奉幣使の派遣に関する式文がみとめられる。天禄三年の秋季御読経については、他にその初日と終日の記事が八月二十四日条に残されているに過ぎないため、まずは宇佐使の派遣をめぐる一連の記事のなかに、蔵人式の書写にいたる契機を探ってみたい[7]。

天変に際して宇佐神宮への奉幣使が派遣されたのは天延元年五月二十日のことであり、それに先立って、五月十七日に使の餞が行われ、十九日には使に下す太政官符が作成された。親信は、餞の品々の調達に用いる廻文の書様や使の饗饌についての「時人」説、また太政官符に加えて使に下す蔵人所牒を作成したことなど、それぞれの日に、準備のさまを具体的に記している。そして、派遣当日の日記には、行事の次第に続いて蔵人式が引用され、そのあとに先例がまとめられている。

その蔵人式にあたる部分を下段に、当日の記録を上段に配したのが次の史料Ⅰである。

(注――〈　〉内は原文では小字右寄せ、または双行)

【史料Ⅰ】

「宇佐使発遣」

同日、有御浴事、依被奉神宝・幣帛等於宇佐宮并香椎廟、〈廟只幣帛〉、其儀、[A]依御物忌、御簾従本下之、孫庇第四間鋪小筵二枚、其上供半畳為御座、〈南面〉、第一間鋪小筵一枚為机下鋪、[B]東庭当御座以南三尺余、鋪円座二枚為使及宮主座、〈相去七尺許、使東、宮

「同次第」

宇佐使事、

宇佐宮被〔奉脱カ〕神宝之儀、[a]先垂東庇御簾、掃部司鋪小筵二枚孫庇南第四間、其上供半畳、〈南面〉、第一間鋪小筵為神宝机下鋪、[b]東庭鋪菅円座二枚為使・宮主座、〈相去六・七尺、宮主座在西、使座差在東〉、

主西〉、内蔵寮奉高机一脚、蔵人自右青瑮門伝取立之、其上置[C]神宝、〈御剣・御鏡・金銀御幣、鏡入筥〉、[D]内大臣参射場、令余奏告文案二枚、〈一枚宇佐、一枚廟、宇佐告文内、有辞別、文云、依慎仕〈天〉大宮司宇佐公貞節・祢宜大神朝臣定子等給栄爵〈止〉ゝゝ〔云々カ〕、但位記等可給、今日内記悉申障不参、仍大外記弼邦書之〉、返給、頃之、重令奏清書、便大臣候侍、

申二刻出御、内蔵寮奉御贖物二高坏、右馬頭遠度・蔵人左少弁伊陟伝取供之、[E]次宮主卜部兼延捧御麻跪候長橋下、遠度朝臣伝取献之、返給、兼延着座、使着座、御禊了、宮主・使等退出、[F]御拝了、〈両段再拝〉、使昇殿、与蔵人一人撤神宝机退出、内蔵寮官人受取、於掖陣下預給卜部、次撤御贖并御座、大臣於殿上召使賜告文、〈使於円座賜之〉、其後召御前給勅命之後、賜御衣一襲、[G]即下南橋、当第三間舞踏、退出自仙華門、〈召御前置笏、又依御物忌、候御簾中奉仰、仰曰、大臣令書便給使、御衣夏麴塵表御袴・蘇芳御下襲等也〉、

内蔵寮奉高机一脚、蔵人自右青瑮門伝取立之、其上置[c]神宝、

時刻出御、同寮奉御贖物、自侍方同伝取供之、[e]次使及宮主自仙華門参入着座、

御禊事了、宮主退出、[f]御拝之後、使昇殿、与蔵人撤神宝等退出、内蔵司受取預給卜部、〈於掖陣下預之〉、次撤御贖物并御座、次撤庭中座、[d]次上御簾、次大臣参令奏告文、御覧之後、於殿上召使賜之、其後使依召参入御前、勅命之後、賜御衣一襲、[g]即於南廊壁下拝舞、自仙華門退出、

時人曰、舞踏間失礼多端、又可当御座間云々、
使安芸守蕃平男為堯依蕃平申、給仮令従父、
亦路次并大宰府、給所御牒、依殿上人也、

先是被召仰可為使之人、〈外衛佐昇殿者、被定件使、
臨出立期、給所牒大宰府并路次国〉、

まず注目されるのは、式には御禊事を終えたのちに奏上し、使に賜るとある告文が（傍線部ｄ）草案・清書とともに、御禊以前に奏されていること、その奏上にあたったのが親信であり、それゆえ宇佐神宮へは辞別文を添えるなど、詳しい事情が記されていることである（傍線部Ｄ）。また、御衣を賜った使が拝舞をする場所について、式は「南廊壁下」とするが（傍線部ｇ）、使である源蕃平は「下南橋、当第三間」拝舞している（傍線部Ｇ）。親信が後文に掲げた先例には「東庭拝舞、雨儀壁下」とあり、ゆえに彼は「式心如何」と記している。ただ、「時人」によれば、この日の蕃平も「失礼」に当たり、御座間に面して拝舞すべきであったという。

このような相違はみられるが、ふたつの文章は内容のみならず、語句もかなり共通している。当日の記録は蔵人式に、御物忌のため東庇の御簾はすでに下げられていたこと（傍線部Ａ）、宮主は卜部兼延であり、御麻を捧げ長橋の下に跪き候したこと（傍線部Ｅ）など、具体的な事柄を織り込んでまとめられた観がある。

また、宮主の円座を「当御座以南三尺余」に敷くこと（傍線部Ｂ）について、蔵人式には記されておらず（傍線部ｂ）、先例として引かれた「延喜十六年（九一六）日記」に「当御座以南三尺許、東庭敷宮主座」とみえる。蔵人式よりも記述が具体的な神宝や御拝（傍線部ＣｃＦｆ）に関しても、天暦七年（九五三）の事例や「或記」が書写されている。つまり、後文に引かれた先例は蔵人式を補うものとなっているのである。拝舞の位置をめぐる記載が当日の「失礼」を見直すには不十分であることから、先例は当日の次第を記すより前に、さらにいえば行事そのものに先立って、すでに諸書から抄出され親信の傍らにあったとみるべきではなかろうか。

そして、親信の関与が認められる告文の取り扱いや、蔵人等による神宝の撤去についての先例が詳しく書き留

められていることからみれば、それらは蔵人として職務を遂行するために確認され、記し置かれたと思われる。蔵人式もそれと同時に、あるいは同様の契機で書写されたと考えられよう。

では、季御読経に関する蔵人式の書写は、どのように解されるのであろうか。『親信卿記』には天禄三年秋季、天延二年春季、同年秋季御読経の記事が残されており、蔵人式はすでに述べたように、天禄三年の秋季御読経初日の直前、八月二十日条にみえる。該条に季御読経の準備にかかわる記述はなく、蔵人式は唐突に、そこに配されているのである。[8]

天禄三年の秋季御読経については、八月二十四日条に初日の儀がおおむね例のごとく行われたことと、終日すなわち二十七日の記事が不動法のそれを挟んで記されている。現存する『親信卿記』が部類ののちに再構成されたことの、ひとつの現れであろうが、記事はいずれも簡略である。そして「而行事蔵人、不仰御物忌由於威・従、因之籠候僧数少云々」とあることからすれば、行事を差配していた蔵人は親信ではなかった。また、天延二年の春季御読経も、五月八日条に「行事典雅」とみえるように、親信が行事蔵人をつとめていたわけではない。

それに対して、親信の行事への関与が認められるのは天延二年の秋季御読経であり、八月二十日条に、御前僧三名が夕座に不参であったため、南殿の僧を召したことを史に伝えたとみえる。もっとも、八月八日条に上卿源雅信は季御読経の日時勘文などを藤原典雅に奏聞させたとあることから、行事蔵人は春季御読経に続いて彼であったかも知れない。そして、親信は御物忌に候宿しており、それゆえ季御読経にかかわることになったとも考えられる。[9]ただ、その場合においても、行事の諸局面で対応を求められたであろうことは、容易に想像される。

その秋季御読経に関して、行事に先立つ八月十五日条に「可召仰諸司」の一覧、十七日条には清涼殿の柱に張り出される堂童子の一覧が書写されている。ここに、宇佐使の派遣記事をめぐる考察を重ね合わせるならば、蔵人式は天延二年の秋季御読経の実施にあたって、先の一覧とともに書写された可能性が高いのではなかろうか。

それが天禄三年八月二十日条にみえることについては、複数回にわたる季御読経の記事が一括された際に、蔵人式が天禄三年八月二十四日条の直前、すなわち冒頭に掲げられ、日次記を作成する過程で、二十四日条とともに天禄三年に配されたとの推測も成り立つように思われる。なお、天延二年の秋季御読経についての記述は「如例」「如常」と簡略であるが、それも蔵人式が手元に存するのをふまえてのことであり、式と特に異なるところがなかったために、あえて記さなかったとも考えられよう。

以上、『親信卿記』にみえる蔵人式は、親信が行事を執り行うにあたって書写したものであり、それが日記の一部として現在に伝えられたと思われることを述べてきた。ただ、そのとき書写されたのは蔵人式ばかりではない。また、蔵人式がわずかに引用されるに過ぎない場合もあることは、すでに言及した通りである。そこにいかなる事情があり、形式の相違は何を示しているのかを、次にいくつかの具体例をもとに考察することにしたい。

二　記述の形式

御灌仏は親信が詳しく書き残した行事のひとつであり、そこには「式」の一文が引かれている。本節ではまず、その御灌仏をめぐる記事をとりあげる。『親信卿記』に記されているのは天禄三年と天延二年の御灌仏についてであるが、それらは語句までも似通った文章を含む一方で、記述の形式には相違がある。天禄三年の記事の一部を上段に、天延二年のそれを下段に配した史料IIを参照しつつ、その点を確認しておこう。(10)

【史料II】　（注――〈　〉と《　》内は原文では小字双行）

天禄三年四月八日条

今日大略如式文、□儀、早朝先撤昼御座、ア下母屋御簾、上庇御簾、〈依御物忌、本自垂矣、□

天延二年四月八日条

御灌仏、其儀、早朝蔵人令所雑色等、先撤昼御座、垂母屋御簾、上字也、御物忌猶供〉、次図書・掃部両司参上、供奉御装束、東庇南第□〔四〕間敷小筵二枚、□山形二基、〈一基北立、青色龍、一基南立、赤色龍〉、山二本向東奉立仏、金銅□〔盤〕一枚具之、亦山形二基下居大衆（ママ）一口、請水料也、其□、〈北方置花盤□□〔二口〕、盛花、□〔中〕□〔間カ〕火舎一口、《在蓋》、南方置散器五口盛□〔花カ〕□日后二所〉、

其北立机二前、

　北方置杓四柄、〈二柄金銅、加同色盤一枚、御料、二柄黒漆〉、

　南方置五色水鉢五、〈白銅一、加輪一、銀四口、輪一口〉、

　　件水、図書女孺、於弓場染調、

四脚各有下敷小筵、但東西妻鋪之、山形東去一二尺許、鋪半畳一枚、為導師座、イ座北□磬、〈打物具之了〉、孫庇額北間鋪小筵一枚、為弟子僧座、〈南面西上、此座一間中少迫南〉、王卿及出居座、一同季御読経云々、〈孫庇南第二間鋪緑端畳三枚、ウ為王卿座、

次図書寮東庇南第四間立灌仏台、其南立散花机、〈南北重立之〉、其北立置鉢・杓机二脚、〈南机置盛五色水鉢、北机置御料并人給料杓各二柄〉、掃部寮各鋪小筵、為仏台并机等下鋪、

仏台前敷半畳、為導師座、孫庇額北間敷小筵、為弟子僧座、但王卿及出居座、一同季御読経、孫庇南第一二間鋪緑端畳、為王卿座、

今日依御物忌、公卿不候、雖然猶鋪、是例也、而〔南カ〕廊小板鋪、鋪黄端畳二枚、為出居座、但年中行事障子倚南壁、東間立之、為面年中〉、同庇南第二間立布施机、A〈式云、少却逼西立之、今例第二柱下也、南北妻也、逼長押立之、但用所机〉、蔵人東庇南□〔第カ〕二間立御布施物、

B〈式云、中間逼東立□〔之カ〕、件御布施銭二貫文、内蔵寮納柳筥、居高坏進之、今例立長押之上〉、次中将惟正朝臣着座、次侍臣置布施物、C〈式云、殿上王卿・侍臣身雖不参、奉布施銭、六位□□〔以下〕取加自料置之、小舎人本自置之、今案取両三枝置之〉、

次□□〔伝取〕女房布施物、置御布施南辺、〈納柳筥、無蓋、但此筥当臣下料机、置長押上〉、

エ次導師意妙率弟子僧、経侍前、入自仙華門、自長橋参上、着座、以出納公行令召矣、雨儀也、但弟子僧五口率参、而依□〔無カ〕先例追立一人、〈私案、或年五口、恒例四口〉、発願、D〈法用一身相兼之〉、導

南廊小板敷、敷黄端畳、為出居座、上卿御物忌之間、不被候之時、可案内、出居座畳二枚也、カ去安和三年御物忌也、而此座鋪之、同庇南第二間立布施机、

a〈南少都〔却カ〕逼西立之、但机用所之〉、

爰蔵人東庇南第二間立御布施物机、

b〈中間逼東立之、件御布施銭二貫、内蔵寮納柳筥、居高坏進之〉、

次中少将着座、次王卿依召参上、各取布施物、先置机上着座、侍臣随次置之、c〈殿上王卿身雖不参、奉布施銭、六位以下取加自料置之、小舎人施物両三枝、小舎人不自置、数見所例〉、

次伝取女房布施物、置御布施南辺、〈納柳筥、無蓋、先是召内蔵寮銭六貫、分給女房并内侍所女官、柳筥一合也、此筥当臣下机置長押上、六貫例必当不行云々、但相分給、或時半分、或女房四貫、内侍所二貫云々〉、

次御導師率弟子僧、自北廊戸参入、キ〈雨湿之時、安和二年、参入自仙華門〉、着座、

師先三酌灌仏、次出居、次侍臣、〈自簀子度御前、
当額間、折登膝行進、当北方机、南机東妻、取人給
料、一酌灌仏之後、置杓於本所一拝、退出如入時道、
或説帰自第四間〉、結願之後、E出居賜布施、〈紅染褂
一領〉、
導師退出、次出居退出、次下庇□〔御〕簾、女房灌之、
事了上第四五間御簾、撤仏具并装束等之後、即下件
二箇間御簾、〈依御物忌也〉、上母屋御簾、召主殿女
官、令拭掃之後、鋪昼御座如例、
今日出銭、男女合十二□〔三〕貫、件布施物、差出納
一人送導師許云々、

発願、d〈法用一身相兼〉、導師先三酌灌仏、次王卿・
侍臣随次一酌灌仏、〈近衛中少将不昇殿者并小舎人
等、雖出布施、不関灌仏〉、
結願之後、e賜布施、〈紅染褂一領、若有僧綱用白褂、
但蔵人頭若五位蔵人賜之、俱不候者、出居中少将賜
之、或王卿賜之、出居非殿上人之時、当時上臈取給
之、ク安和三年黄衾、天禄二年紅染衾、〉
導師退出、次王卿及中少将下殿、次下庇御簾、
布施物差出納、送導師所、〈差小舎人一人云々、召
出納令計其数〉、

天禄三年四月八日条は「御灌仏」の一文から始まり、「催仰雑事」と「仰出納事」が列記されたのちに、史料IIの文章が続く。他方、天延二年四月八日条は史料IIの文章が冒頭に配され、親王以下の布施銭や清涼殿の装束に関する短文を挟んで、当日の次第が記されている。史料IIをみれば、天禄三年の記事は、御物忌にともなう措置がとられたこと（傍線部アウオ）や、導師が雨儀により仙華門から参入したこと（傍線部エ）など、その日の事情が反映され、かなり具体的である。ただ、それは行事の単なる記録にとどまらず、「式」文が確認され、「今例」がそれと異なる場合には、そこに双方が併記されている。そして、その「式」文も含め、行事の次第を記す

天禄三年の文章は天延二年のそれと、きわめてよく似ている。山本信吉氏は史料IIに引用した部分について、「天延二年条は抽象的記事であって、何らかの公事書からの引用と推定され」ており、(11) 天禄三年の記事はそのような資料に当日、見聞したことなどを挿入するかたちで記されたと推察される。

では、その資料とはいかなるものであろうか。山本氏は、天禄三年の記事に「式云」として引かれた文（傍線部ABC）と「全く同文、あるいはそれより詳しい文」が天延二年にみいだされる（傍線部abc）こと、天延二年の布施に関する割書（傍線部e）が『西宮記』（巻三・御灌仏事・頭書）所引の蔵人式を補うものとなっていることから、天禄三年条の「式」は蔵人式であるとされた。そして、天延二年の記事は安和二年（九六九）・同三年・天禄二年（九七一）の事例が引かれている（傍線部カキク）ため、全文を蔵人式とみることはできないが、「灌仏会に関する蔵人式をしる上に貴重な逸文」であると述べられている。(12) 史料IIには、『江家次第』（巻第六・四月・八日御灌仏事）に引かれた蔵人式の逸文「導師法用一身相兼」もみえており（傍線部Dd）、山本氏が論じられたように、天延二年の記事は蔵人式そのものか、式文をほぼそのままに引用し儀式の次第をまとめたものに、先例を附記して成ったと考えられよう。(13)

なお、『小右記』によれば、蔵人式には磬に関する記述がなく、そのため、万寿四年（一〇二四）の御灌仏には磬が立てられなかったという。藤原実資は、蔵人式は「荒涼文也」と評し、図書寮式には記されていることを確認している。(14) 史料中、天延二年には磬の記載がみられず、その点においても、同年の記事は蔵人式と相通じる。そして、「荒涼」なる蔵人式を補うかのように、灌仏台およびその周辺の装束について詳述されている点に、天禄三年条の特色がみいだされる。もっとも、天延二年も史料IIには採録しなかった後半部分に装束が詳しく記されており、いずれの御灌仏にも磬は立てられていた（天禄三年は傍線部イにみえる）。その際、いかなる資料を参考に装束がなされたのかを、『親信卿記』から知ることはできない。ただ、前節における考察をふまえるならば、灌仏台のしつらえをめぐる記述も、親信が当日、見聞した記録というよりは、あらかじめなんらかの資料から書写されていた可能性があろう。

ところで、天禄三年四月八日条には、すでに述べたように「催仰雑事」として、御灌仏に関与する諸司とその担当すべき事柄が列記されている。それらも親信の覚書というよりは資料にもとづいて記されたものと推測されるが、その問題をめぐる考察は次節に譲り、ここでは、天延二年四月八日条には「召仰諸司如例」とあるに過ぎないこととの差違について考えてみたい。

現存する『親信卿記』が、日記が書かれた当時のかたちをそのままに伝えていないことは、山本信吉氏が論じられた通りであり、[15]天延二年の御灌仏に関する記事が脱した可能性も否定はできない。ただ、なかには「別記」としてまとめられたものが、日次記の前段に配された天禄三年十一月十日条のような例もみられる。[16]そうした事例をふまえるならば、「催仰雑事」も日次記とは別に記し置かれており、部類再編の過程で日次記のなかに位置を占めたとの推測も成り立つであろう。つまり、天禄三年に書写した資料を前提に、天延二年には記述を省略したとみなすこともできるのではなかろうか。なお、以上のことからすれば、史料IIに掲げた天延二年の記事や前節でみた蔵人式も、当初から日次記のなかに書き込まれていたかは疑問とすべきかも知れない。

さて、複数回にわたって親信が関与したと思われる行事、すなわち、その行事に関する詳細な条文がいくつか残されているものとして、他に国忌儀がある。『親信卿記』には天禄三年、天延元年の藤原安子の国忌と、天延二年の村上天皇の国忌について記されているが、天禄三年と天延二年の御灌仏の記事が基本的に同じ資料をもとに書かれたと思われるのに対し、それらの文章には共通性がほとんどみられない。村上天皇の国忌の次第は「其儀如去月」、ほぼ一カ月前の藤原安子の国忌と同様であったと記されるにとどまるため、二年分の安子の国忌に関する記事をとりあげてみよう。[17]

清涼殿に設けられる僧侶の座は、天禄三年条に「壇間鋪両面端畳一枚、為咒願僧座、北面、件畳少逼東壇上、逼北板敷鋪之」、天延元年条には「当南第一間二柱東西妻敷畳一枚為僧座、案旧記、畳下或鋪円座、若是可冷歟」とみえる。内膳司が供える御膳についても、天禄三年は「供内膳司御膳、御座南間少逼御簾立、例台盤二脚供之、但無台、東西妻立之」と、天延元年の記事には「東庇南第三間迫御簾立御台盤二脚、無台、供内膳司膳、南北妻立之、(中略)案旧記、或東西妻立之、其随時不定也」などとある。そして、天禄三年条に母屋の御簾を下ろすことについて、「式云、南第一間不下」とあるものの「近代例一・二間不下、但供御膳後、第二間下之」と、また、御座となる円座に関して「東面、式云、筵召内蔵寮云々、便用掃部寮」などと「式」は引用されているが、まとまった「式」文は残されていない。他方、天延二年の記事には、たとえば斎食膳の割書に引かれていたように、「旧記」が何箇所にもわたって引用されている。

先の「式」が蔵人式であることを他の史料により裏づけることはできず、国忌についての蔵人式の存在も、今のところ確認されてはいない。(18)もっとも、それをもって、直ちに蔵人式に国忌の条文はなかったと断定することはできない。また、これまで検討した事例によれば、「式」は蔵人式である可能性が高いといえるであろう。ただ、親信が両年にわたって同一の資料を参照した形跡がうかがわれないこと、しばしば「旧記」が勘案されていることからすれば、蔵人式に国忌の条文は存在したとしても、それをもとに行事を執り行うほどには整っていなかったとも考えられる。

なお、『親信卿記』には、かなり詳細に行事の次第をまとめた蔵人式の存在が確認されるにもかかわらず、「其儀如式」と記されるばかりの御仏名のような行事もみられる。『政事要略』(巻二十八・年中行事・十二月・御仏名)に引かれた蔵人式には、装束の次第も記されているが、蔵人の役割であるそれについて、親信は書き残していない。それは、親信が職務を遂行するうえで必要に応じて集めた資料をもとに日記を書していたことの、ひとつの現れであり、彼が蔵人式を手元に必要とするほどには御仏名に関与していなかったことが、そこに示されているのではなかろうか。

以上の考察をふまえるならば、『親信卿記』にみられる記述の形式の不統一には、親信の行事への関与といった事情や、それにともなって収集された資料の性格が反映されているといえよう。では、国忌の記事に引用された「旧記」とはいかなるものか。蔵人として行事を差配、あるいは担当するために、親信はどのような資料を確認したのであろうか。次節では、『親信卿記』の背景にある資料に目を向けることから、その日記の性格を考えてみることにしたい。

三　殿上日記と蔵人所例

さて、現存する『親信卿記』においては天禄三年七月七日条とされている乞巧奠の記事に「儀式装束如蔵人式」とあること、にもかかわらず、そこに蔵人式が引かれていないことは(19)、すでに述べた。その一方で、記事は「天徳二年（九五八）記」や「天暦三年（九四九）日記」といった「記」の引用文により埋め尽くされている。そのなかに「寅三刻下格子」「戌一刻下格子」との一文があり、『侍中群要』（第四・日記）にみえる殿上日記の書様と一致することなどから、「記」は殿上日記と推察されているが(20)、頷かれよう。蔵人式ではなく、「天徳二年記」などの「記」が引かれたのは、装束を調える際には、それらの記述がより具体的であり、したがって有用であったためではなかろうか。宇佐使の派遣においても、蔵人式には記されていない座の位置について、先例を勘案していた。そこに引かれた「延喜十六年日記」もおそらくは殿上日記であり(21)、それと同様の事態を、乞巧奠にも想定しうるように思われる。

なお、該条には「延式云、内蔵進油三升、納殿出名香一合、内侍所進白粉二合、油杯用土器、今案、官人於射場備進、燈等不奉、所官人請名香」ともあり、その「延式」が「延喜蔵人式」を指すであろうことが指摘されている。[22]親信が天暦年間に作られた蔵人式ではなく、あえて「延喜蔵人式」を引きつつ現状を述べている点にも、その編纂以降に生じた事態が式文には定着していないことが示されているのかも知れない。

前節で検討した国忌をめぐる記事も、この乞巧奠と同様の事態を背景にしていたといえるであろう。そして、そこに引かれた「旧記」は、ある時点でまとめられた特定の資料とも考えられるが、複数年にわたる殿上日記を、こう総称した可能性もあるのではなかろうか。もっとも、「旧記」が引用されている記事には、他に天禄三年十月八日条の大宰大弐の罷申儀があるが、当日の次第について「此例未詳、又無旧記」と記すばかりで、それがいかなる資料であるのかはうかがい知れない。

ただ、親信は、天延二年の御斎会内論議の翌日に、禄の取り次ぎに関して前日の次第が妥当であったのかを問われ、「度々日記」をふまえて返答している。[23]また、天禄三年の釈奠内論議にも、賜禄をめぐって「先々日記」が引かれており、それらの「日記」は内容から殿上日記とみて差しつかえないと思われる。[24]さらに、天延二年十二月十三日条には「有荷前事、具見日記」ともあり、彼自身の日記には荷前に関する記事がみられない。この「日記」もおそらくは蔵人が交代で記していた殿上日記を指しており、親信は、ある意味では殿上日記と連関させながら自らの日記を書していたともいえよう。[25]国忌の記事にみられる「旧記」にそれが含まれているかは確認できないにせよ、殿上日記は当然ながら、まず参照すべき資料として親信の傍らに存したのである。

このように、親信は行事を執行するにあたって、次第装束を蔵人式や殿上日記から書き写していた。その彼の日記に残る、諸司に「催仰」事項も見聞による覚書にとどまらず、なんらかの資料を前提にしているのではなかろうか。前節では、御灌仏の記事にみられる「催仰雑事」にふれて、そうした可能性のみを述べた。今ここで、その問題に考察を加えてみることにしよう。

「催仰雑事」と同形式の記述は、天延二年八月十五日条の季節御読経に際して「可召仰諸司」「御精進事」、天禄三年八月十一日条の釈奠内論議にあたって「可召仰諸司」など、これまでみてきた行事のなかにも確認される。御灌仏においても、天延二年四月八日条には「召仰諸司如例」の一文と並んで親王以下の布施銭が列記されている。その布施物について、史料IIの引用文中には「数見所例」とみえる（傍線部c）。

「所例」すなわち蔵人所例は、その語が『西宮記』や『政事要略』などに散見されるが、全容は必ずしも明らかではない。ただ、『政事要略』（巻二十八・年中行事・十二月・御仏名）に「当日早朝召供奉諸司所々仰可調供雑物之由、色目見所例也」とある。また、『北山抄』（巻第三・拾遺雑抄・内宴・裡書）には内宴に関する蔵人式の条文と蔵人所例が引かれており、その内容について、古瀬奈津子氏は「蔵人式は仁寿殿の装束に大変詳しく、『所例』の方は準備一般や禄法について述べている」とまとめられている[26]。断定はできず、すべてがそうであるともいえないが、先の「催仰雑事」等は蔵人所例をもとに記された可能性があろう。そして、その書写は蔵人式や殿上日記とともになされたと思われる。天延二年四月八日条の「召仰諸司如例」は、「先例すなわち蔵人所例の如し」の意ではなかろうか。

ところで、『親信卿記』に引かれた先例は、先の「延喜十六年日記」「天暦三年日記」「天徳二年記」のほか、「承平七年（九三七）」・「天暦七年（九五三）」（ともに天延二年四月二十日条）、「天慶三年（九四〇）三月・天徳三年（九五九）九月三日」（天禄三年三月三日条）、「天慶七年例」（天禄三年六月十一日条）など、年紀のわかるものが延喜年間（九〇一～九二三）をさかのぼることはほとんどない。それは、「寛平蔵人式」が蔵人の心得や日々の職務の概要を記した、それほど大部な書物ではなかったのに比して、延喜年間・天暦年間にそれぞれ編纂された蔵人式は、諸行事に関する条文から成っていたといわれている[27]こととかかわるのであろう。つまり、『親信卿記』に採録されている先例は、それぞれの行事の全容を把握することを意図して収集されたものではなく、あくまでも蔵人の職掌に関するそれに限定されていたのである。

なお、天延二年十二月の皇太子の初謁見について、『親信卿記』には「天暦十年（九五六）四月二日記」に準じ催されたと記されている。そして、その一文「今日傅以下蔵人以上及乳母等給禄、各有差」には「件禄給所、先例未慥」との割書がみえる。同じく天暦十年の初謁見を引く『西宮記』（巻十一・皇太子対面）は、延喜九年（九〇九）のそれも引用しており、そこには皇太子傅以下への給禄の場所も書き留められている。[28]『西宮記』がいかなる資料にもとづいて書かれたのか、その資料は親信が参照した延喜の初謁見のそれとは異なるのか、あるいは彼は天暦の事例のみを参考にし、延喜の事例まではさかのぼらなかったのか。いずれにしても、親信が目にした資料は、かなり限定されたものであったように思われる。

その一方で、親信はしばしば「口伝」「故実」を記し、またそれを確認しようとしている。[29]ただ、それらも、内容から推察するに、蔵人の間に伝わるものであり、蔵人式や殿上日記などのかたちで文章化されない行事の諸局面を補っていたのであろう。『親信卿記』の諸行事に関する記事は、蔵人式や蔵人所例、殿上日記、蔵人の「口伝」や「故実」など、ある意味では狭い範囲の資料をもとに成り立っていたのである。

むすびにかえて

『親信卿記』にみられる記述の形式の不統一は、親信が自ら差配し、あるいは深く関与した行事については、職務を遂行する過程で書写した蔵人式や蔵人所例、殿上日記などをもとに日記を著したことによると思われることを述べてきた。『親信卿記』は部類、日次記への再編を経ており、部類が特定の行事に対応する際の利便を考え行われるものである以上、その過程で新たに資料が収集された可能性を否定はできない。ただ、御仏名のように、式文と対応させることにより、始めてマニュアルとして機能するであろう記事が、そのまま残されていることからすれば、日次記とは別に記し置かれていたものが日次記に挿入されることはあっても、新たな資料の収集はなされなかったとみてよいのではなかろうか。蔵人がかかわる行事について、資料を網羅的に収集し書き残そうとしたというよりは、職務を遂行する過程で入手した情報を書き留めたのが『親信卿記』であったと考えられる。『親信卿記』は蔵人の職務を果たすための覚えではあったが、彼が独自に資料を収集し、完備したマニュアルを作ろうと意図したものではなかったといえよう。

そして、『親信卿記』がそのようなものであったとすれば、一方では殿上日記を書いていたであろう親信にとって、それを書すことは、大きな意識の転換をともなう行為ではなかったと考えられる。また、この頃には、『侍中群要』（第九・受領罷申事）に親信の父真材が記したものであろう「真材記」が、『西宮記』には「佐忠私記」が数カ所にわたって引用されているなど、蔵人を経験した人々の手による「記」が存在していた。もっとも、それらが日次記として書き続けられていたものの一部であるのか、ある特定の行事についての記録かは明らかではない。加えて、それらは二人が蔵人在任中に記したものでもない。[30] ただ、蔵人としての経験が「私記」につながったであろうことは十分に察せられよう。親信の場合も含め、文体や内容からみれば、殿上日記から「私記」への距離はそれほど遠くないように思われる。

「貴族日記の起源の一つを蔵人の日記に求めることは可能であるかも知れない」と述べられたのは、松薗斉氏であるが、[31] 本稿は、蔵人が職務を通じて日記を書くという行為を自らのものにする過程を、不十分ながらも描き出しているのではなかろうか。なお、山本信吉氏が、親信の日記が「しかるべき期間書き続けられたであろうことは疑いない」と述べられたことに対し、松薗氏は「もともと蔵人の間しか日記をつけていなかった可能性も残されている」ことを指摘された。[32]『小右記』寛仁元年（一〇一七）十二月三十日条に「御元服」に関して「天禄親信記」が引かれており、それは天禄三年正月三日の円融天皇の「御元服」と考えられることから、厳密には、同月二十六日に六位蔵人に補される親信が、その在任中のみ日記をつけていたとはいえない。[33] しかし、これまでみてきたような姿勢で日記を書いていた親信が、蔵人を去り筑後権守となったのちも同様に日記を書したとは考えがたいといえば、それも頷かれよう。

そうした親信の日記に対する姿勢を考慮するならば、彼が行事を執り行うにあたって集積した知識、およびその情報収集のしかたは、当時の蔵人の一般的なそれであったと考えられる。蔵人の職務に関して、蔵人式を補う具体的な事柄が記されている点のみならず、それに携わる彼らの知識や思考のありようがうかがわれるという意味においても、『親信卿記』はまさに蔵人の日記であるといえよう。

(1) 『公卿補任』長保三年（一〇〇一）条尻付、および『親信卿記』天延元年四月十七日条など。なお、蔵人に補されたのは天禄三年正月二十六日、従五位下に叙されて蔵人を去ることになったのは天延三年正月七日のことである。その後、同月二十六日には筑後権守に任じられている。

(2) 山本信吉「『親信卿記』の研究」（『摂関政治史論考』、吉川弘文館、二〇〇三、初出は一九六九）。なお、『陽明叢書 平記・大府記・永昌記・愚昧記』（思文閣出版、一九八八）に収められた「平記」の解説も山本氏の手によるものである。また、『親信卿記』、あるいはその記事内容に少なからず言及した論考には、渡辺直彦「蔵人方行事と『親信卿記』」（『日本古代官位制度の基礎的研究 増訂版』、吉川弘文館、一九七八）、榎本淳一「平記」（山中裕編『古記録と日記』上巻、思文閣出版、一九九三）、古瀬奈津子「行事蔵人について——摂関期を中心に——」（『日本古代王権と儀式』、吉川弘文館、一九九八、初出は一九八九）などがあり、いずれも蔵人の日記であることに注目されている。

(3) 山本前掲註(2)論文。

(4) 渡辺前掲註(2)論文。

(5) 蔵人式が長文にわたって引用されているのは天禄三年八月二十日条および天延元年五月二十日条であり、「蔵人式云」と明記されていないそれらが蔵人式であることは、渡辺氏が前掲註(2)論文において指摘された。また、天禄三年四月八日条・天禄三年四月二十九日条には「式云」として短文が引かれており、山本前掲註(2)論文のなかで、その「式」が蔵人式であろうことが論じられている。儀式装束が「如蔵人式」とあるのは、現存する『親信卿記』では天禄三年七月七日条とされている乞巧奠の記事である。そのほか、天延二年十二月二十日条に「其儀如式」とみえる「式」も、そこに記された御仏名の次第が『政事要略』（巻二十八・年中行事・十二月・御仏名）所引の蔵人式と矛盾しないことから、蔵人式の可能性がある。なお、これらの条文には、以下、本文中で検討を加えることとなろう。

（6）山本前掲註(2)論文、三九四頁。

（7）親信が残した宇佐使の派遣をめぐる記事の全文は、**43**宇佐使発遣に採録されている。

（8）『親信卿記』における季御読経の記事については、**10**季御読経を参照されたい。

（9）天延二年の秋季御読経が御物忌に当たっていたことは、『親信卿記』同年八月十七日・十八日条から知られる。

（10）『親信卿記』天禄三年四月八日条・天延二年四月八日条の全文は、**14**御灌仏を参照されたい。

（11）山本前掲註(2)論文、三九九頁。

（12）同右、三九九～四〇〇頁。

（13）西本昌弘氏は、蔵人式の条文が天暦年間以降に改訂されたことを、内宴を例に論じられるとともに、「『蔵人式』の推定逸文中にみえる天暦以降の年紀も、後人の追記としてこれを否定するのではなく、後世のある時期の『蔵人式』の状態を示すものとして尊重すべきではなかろうか」と述べられている（「『蔵人式』と『蔵人所例』の再検討——『新撰年中行事』所引の『蔵人式』新出逸文をめぐって——」、『史林』第八十一巻第三号、一九九八）。

（14）『小右記』万寿四年四月九日条。なお、古瀬奈津子氏はこの条文から、蔵人式の制定後、蔵人が行事する儀式においては専ら蔵人式が用いられ、『延喜式』の関係条文は通常参照されなかったのではないかと推測されている（「蔵人式について——儀式・行事関係条文の成立——」、『延喜式研究』第二号、一九八九）。

（15）山本前掲註(2)論文、三八五～九一頁。

（16）『親信卿記』天禄三年十一月十日条の全文は、**61—2**薨奏・錫紵・固関②に採録されている。

（17）『親信卿記』における国忌の記事の全文は、**16**国忌を参照されたい。

（18）山本氏は前掲註(2)論文において、この「式」も蔵人式であろうと推察されている。なお、蔵人式の逸文に関しては、国書逸文研究会編『新訂増補国書逸文』（国書刊行会、一九九五）のほか、所功氏「『蔵人式』の復原」（『平安朝儀式書成立史の研究』第四篇第二章、国書刊行会、一九八五)、西本前掲註(13)論文などを参照した。

(19)『親信卿記』にみられる乞巧奠の記事の全文と、天禄三年七月七日条とされている記事が、日次記を再編する時に誤ってそこに挿入されたものであろうことについては、**20**乞巧奠を参照されたい。

(20)山本前掲註(2)論文、三九五～六頁。なお『新訂増補国書逸文』(註(18)参照)は、これらを殿上日記の参考条文として採録している。

(21)同右。

(22)西本前掲註(13)論文。

(23)『親信卿記』天延二年正月十五日条。

(24)『親信卿記』天禄三年八月十一日条。なお『西宮記』(巻五・八月・釈奠内論議/前田育徳会尊経閣文庫所蔵大永鈔本頭注および京都御所東山御文庫所蔵本脚注)所引「承平七年(九三七)八月八日日記」の内容は、「先々日記」のそれと一致する。

(25)『侍中群要』(第四・日記)に「成業者多所記也、但見古今旧例、雖非成業、堪其事者亦記之」とあり、文章生を経た親信もその記録に携わっていたと考えられる。なお、殿上日記に関するおもな論考には、橋本義彦「外記日記と殿上日記」(『平安貴族社会の研究』、吉川弘文館、一九七六、初出は一九六五)、木本好信「『殿上日記』について」(『平安朝日記と逸文の研究——日記逸文にあらわれたる平安公卿の世界——』、おうふう、一九八七、初出は一九八六)、森田悌「殿上日記」(前掲註(2)『古記録と日記』上巻)などがある。

(26)古瀬前掲註(14)論文。なお西本前掲註(13)論文には、「所例」の事例が採録されている。

(27)所前掲註(18)論文、古瀬前掲註(14)論文、西本前掲註(13)論文など。なお、古瀬氏が蔵人式は諸司式よりも遅れて「天暦蔵人式」で一応の完成をみたと解されたのに対して、西本氏は延喜年間にはむしろ蔵人式の編纂が重視されたとの見解を示されている。『親信卿記』にみられるそれぞれの行事に、蔵人式や先例がどのように参照されているかを検討することは、蔵人が関与する行事や蔵人式の整備の状況を幾分なりとも具体化することにつながるのかも知れない。

(28)『親信卿記』にみられる皇太子謁見の記事の全文、十月七日条とされる記事が十二月七日の錯簡であろうこと、および延喜九年・天暦十年の謁見等については、**52**皇太子謁見を参照されたい。

(29) たとえば「口伝」は、本文で言及した季御読経に関して天禄三年八月二十四日条に、宇佐使の派遣については天延元年五月十七日条などにみえる。また「故実」の語は、天延元年四月十四日条・天延二年四月十六日条の賀茂祭をめぐる記事などにみられる。

(30) 「佐忠私記」は『西宮記』巻二(二月・十一日列見/前田育徳会尊経閣文庫所蔵巻子本裡書)に「佐忠私記云、応和四年(九六四)二月十一日、(下略)」、巻六(十一月・上申日春日祭/同上裡書)に「佐忠私記云、応和二年二月八日(下略)」などとみえる。「私記」という呼称については、松薗斉氏が十世紀から十一世紀にかけて「生きた表現」として使用されており、「外記や蔵人たちといった公務として日記に関わる人々が個人的に記した、またはそのように判断された日記を、職務として記される外記日記や殿上日記(いわゆる公日記)と区別して『私記』と意識したのではないか」と述べられるとともに、「蔵人の『私記』と殿上日記の境目は極めて曖昧である」ともいわれている(「藤原宗忠の家記形成」、『日記の家――中世国家の記録組織――』、吉川弘文館、一九九七、初出は一九八九年で収録時に改題補訂)。なお、藤原佐忠が蔵人であったことは『本朝世紀』天慶八年(九四五)十二月十日条から知られる。また、平真材は『九暦』承平七年(九三七)正月十日条、『貞信公記』天慶三年四月十五日条に「蔵人」とみえる。

(31) 松薗前掲註(30)論文、一〇六頁。

(32) 同右および山本前掲註(2)論文、三二五頁。

(33) 円融天皇が天禄元年正月三日に元服したことは『日本紀略』同日条などから知られる。なお、親信の官歴については註(1)を参照されたい。

【補論4】

『親信卿記』にみえる御前

谷口美樹

はじめに

康保四年（九六七）九月一日、守平親王は兄憲平親王の践祚にともない、皇太弟となった。平親信が東宮雑色として守平親王のもとに出仕したのはこのときであった[1]。安和二年（九六九）八月十三日に守平親王は兄の跡を受け、襲芳舎にて受禅する[2]。これに伴い、親信は蔵人所の内雑色となる。そして天禄二年（九七一）九月二十七日に文章生となり、同三年正月二十六日に六位蔵人となる。その後、天延三年（九七五）に筑後権守に任官されるまで、親信は蔵人として奉仕した[3]。この間、天禄三年から天延二年にかけての日記が現存している[4]。蔵人所の職務に就いた親信は政務や儀式に携り、円融天皇（守平親王）の発言を記したのであった。

本稿では、『親信卿記』の記述から、円融天皇の御前について検討していきたい。御前とは天皇の出御を伴った政務・儀式の場である。まず第一節では、摂政が輔弼する過程をたどりながら、御前に出御する円融の動きを確認する。摂政とは天皇権力を代行するものである以上、その存在の有無が天皇の出御を規制するものであることは容易に推測されよう。しかしながらここでは輔弼の存在に関わらず、政務・儀式にとって天皇の出御が不可欠な場面について考察する。輔弼のあり方を超えた天皇の現前にこそ御前という場の本質が認められるのであり、円融天皇の発言を書き留める『親信卿記』の記述から、この点を明らかにしていきたい。次に第二節では、御前の具体的な場としての清涼殿を検討する。宇多朝以降、天皇の居所が清涼殿に定着し、村上朝に固定したことが指摘されているが[5]、ここではそのような天皇の居所の不動化が果たした、政治的含意の一端を示したいと思う。最後に第三節では、政治的場である御前に接近し、介入していく行為をとりあげることとする。これにより藤原兼通の政治的企図と、それに疑義を抱く蔵人親信の姿勢について検討したい。

なお本稿では、天皇の御物忌という例外的状況を分析視角にとる。御物忌とは、天皇といえども陰陽道の規範に従い、忌み籠もらなければならない期間のことをいう[6]。ゆえに御前が天皇の出御を前提とするならば、御物忌という状況は御前を立ち上げる動きとクリティカルに対立する場面であることが予測できよう。したがって御前の本質的要件は、御物忌という場面において露になるのではなかろうか。本稿で御物忌を俎上にのせる所以である。

一　摂政と御前

円融天皇は村上天皇を父に、藤原安子を母に、天徳三年（九五九）三月二日に誕生した[7]。安和二年（九六九）、十一歳にて即位し、摂政には兄冷泉天皇の関白であった藤原実頼が就いた[8]。実頼が天禄元年（九七〇）五月十八日に死去した後は、右大臣である藤原伊尹が摂政に任じられている[9]。天禄三年正月三日に円融天皇は元服するが[10]、同年十月二十三日に病いのため伊尹が摂政を辞す（**61―1**藤原伊尹死去③）までの間、そのまま摂政は留め置かれていた。以下、まずは伊尹の執務について、ついで摂政設置時および親政期における円融天皇の動きについて確認する。

伊尹は叙位や除目・官奏を担当している。これらは摂政の職能であった。[11] 摂政が行う官奏は御前に准じて催される（36官奏）。天禄元年六月八日に伊尹は淑景舎において官奏を行い、八月五日には同じく淑景舎において除目を行っている。[12] 十一月十五日にも淑景舎において叙位を行っている。[13] 淑景舎のほかに、職曹司が用いられることもあった。[14] また諸司所々別当定も職曹司にて行っている。[15] しかしながらこうした伊尹の政務については『親信卿記』に残されておらず、専ら円融が伊尹と関わる場面についての記述が現存するのみである。

摂政から天皇への進言として親信が書き留めているものに、内侍の代官についての要請がある。伊尹は内印を捺すべき文書が滞積しているという現状を左衛門督源延光を介して指摘し、その対策として内侍の代官を立てることを奏上している（37内印①）。このとき円融によって内侍代が任じられている。また伊尹から蔵人への指示としては、灌仏の日が御物忌にあたるため、平野祭の当日であるにもかかわらず奉仕する僧侶をあらかじめ参内させるように命じるなど（14灌仏①）、儀式の円滑な運営を配慮する意図がうかがわれる。また円融からの諮問に返答する伊尹の言動も親信は書き残している。月次祭の中院への行幸が急に停止になったので御祈すべきかと疑問をもった円融は、親信を一条第の伊尹のもとに派遣している。これに対し伊尹は諸司が中院にて奉仕するので神事が闕怠しているわけでもなく、御祈する必要もないという指示を与えた（19月次祭・神今食・大殿祭①）。

政務の遂行に際し、摂政を介すべきという進言が行事を担当する蔵人に対してなされる場合もあった。位禄の殿上分を割り充てる際、円融の御前において女房分が充てられ、その後、男房を充てる段になって、頭中将源惟正は伊尹に報告すべきであると意見した。担当蔵人であった親信は伊尹のもとへ向かっている（9位禄定②）。また円融の意志によるものか記載はないが、十六社奉幣の日程変更を中宮大夫藤原朝成に伝える命を奉じた親信は、まず伊尹のもとへ向かっている（44臨時奉幣④）。

次に摂政が置かれている間の天皇の動きをみていきたい。円融は国忌に出御し（16国忌①）、儀式のための設えをうながし（59受領等罷申①）、昇殿人の慶賀を受けることを決めている（34昇殿人定①）。これらは清涼殿にて催された。また儀式の日程に指示を与え（44臨時奉幣④）、さらに出御の有無を自ら定めている（13擬階奏②、21釈奠内論議①）。このように摂政が置かれているときも、天皇は清涼殿にて儀式の執行に従事している姿が知られる。受領や昇殿人の慶賀を受けることは天皇の責務であり、代替不可能であった。女房への位禄も御前にて円融によって割り充てられるのである（9位禄定②）。

また御物忌であっても天皇自らが行わねばならない行事があった。御燈では御物忌中であっても、円融自らが渡るべき場所を問い、清涼殿孫庇に御座が設えられている（11御燈①）。また伊尹が摂政を辞したときも、円融は「御物忌也、可令候」と指示を与えている（61―1藤原伊尹死去②）。駒牽の儀についてもその開催を決めている（22―2武蔵国駒牽①・22―3信濃国駒牽②）[16]。

このような御物忌中の円融天皇のあり方は、摂政を止めた後にも見受けられる。まず擬階奏については、円融は御物忌を理由に自ら不出御を決め、行事は執り行うことを指示している（13擬階奏④）。さらに昇殿人を定め（34昇殿人定③）、宣命草を奏上させ（44臨時奉幣③）、勅使発遣の儀を行っている（43宇佐使発遣③）。御国忌では、御物忌であったが清涼殿に出御した（16国忌②）。また御物忌中の中院行幸に際してはその可否を改めて覆推させ、通常の経路を変更し、出御している（19月次祭・神今食・大殿祭③）。

以上、摂政伊尹の執務と摂政設置時および親政期における円融天皇の動きについてみてきた。注目すべきはまず摂政の存在にも関わらず、天皇自らが従事しなければならない行事であり、ついで御物忌にも関わらず、やはり天皇自らの関与が明らかな場面である。摂政とは、「天下の政を摂行」するものであり[17]、天皇の政治権力を代行することにその任がある。しかしながら先の諸例においては、天皇その人の出御なしには成立しえない国家行事の存在を確認できよう。確かに摂政は叙位・除目・官奏など太政官政務を司る。しかし摂政が執務する職曹司や直盧は御前ではなく、また天皇の政治権力を太政官制の掌握に還元することはできない。御前とは官僚制に回収しえない生身の天皇の現前する場であり、そうした場が政務・儀式にとって不可欠な場合がありえたのである[18]。

摂政による政治権力の代行とは、畢竟部分的代行に他ならない。これを考えさせるもう一つの材料が御物忌についての事例であろう。御物忌において忌み籠もるのはむろん生身の天皇であり、太政官制を司る、その政治権力ではない。したがって御前が不可欠となる政務・儀式にとっては、御前の構成要件が生身の天皇の出御に認められる限り、御物忌はその政務・儀式にとってきわめて危機的な状況となりうるのである。後述するように、御物忌によって行事が延期され、儀式の場が変更され、さらには式次第が簡略化される場合がある。しかし先にみたように、円融は神事への指示や国忌の儀において、御物忌にも関わらず清涼殿に出御し儀式に従事している。興味を引くのは、これらの行事が摂政設置時においても円融自らが出御し、執り行っていたものだということである。摂政設置時にそれでも天皇が行うことと、御物忌中にも関わらず天皇が為すべきことには、生身の天皇の現前という共通性を看取すべきではあるまいか。御前に現前する天皇を代補するものはない。行事のつつがなき遂行に時代の政治性が認められるとすれば、御前という場がその核を担っていたように思われる。だがここで一つの疑問が生じてこよう。如上の儀式については、なぜ御物忌中でもなお、執り行うことができたのであろうか。生身の天皇が忌み籠もるべき御物忌と、同じく生身の天皇の出御を不可欠とする御前の儀式が、いかにして両立可能となるのか。その鍵は清涼殿の機能にある。

二　清涼殿

円融は清涼殿に出御し、政務をつかさどる。奏上を受け（**30**賀茂臨時祭③・**36**官奏④）、賀茂祭の女騎馬（**15**賀茂祭⑤⑮）や祭当日の祭使（**15**賀茂祭⑪）を覧ずる。宣命を勅使に下し（**42**石清水行幸①）、行幸延引を謝す奉幣の儀（42石清水行幸④）を東庇にて行う。小除目（5直物・復任除目・臨時除目⑨⑩）や任太政大臣儀（8―2任太政大臣③）、受領の罷申を受ける（59受領等罷申①）のも東庇である。選子内親王裳着の饗饌（53着裳・元服①）もここで催されている。国忌では昼御座を撤し、そこにあらためて御座を設えるという手順が記されている（16国忌①②）。皇太子謁見の儀では天皇は母屋の御几帳内に設えられた御椅子に座し、皇太子が東庇に参上する（52皇太子謁見①）。官奏では東庇に御座を設え、母屋との間に御几帳を立てる（36官奏）。このような装束は、任内大臣儀や女叙位、昇殿人定においても用いられている（8―1任内大臣③・29女叙位②・34昇殿人定③）。また東庇の二間では、御修法の御加持（47―3不動法①）や結願（47―2熾盛光法②）が行われる。御燈（11御燈①）や乞巧奠（20乞巧奠①）、勅使を発遣する儀（43宇佐使発遣③）や錫紵を除く儀（61―2薨奏・錫紵・固関③）は孫庇に御座を設える。四方拝では東庭が用いられる（1四方拝①）。そのほか東庇を中心に、季御読経（10季御読経①）、灌仏（14灌仏①②）、御仏名（32御仏名①②③）、御修法（47―4御修法①）、仁王経の読経（49御読経④）などの行事も行われている。

一方、清涼殿西庇では、渡殿にて管絃が催され（32御仏名③）、御庚申においても南渡殿に管絃座が設えられる（57御庚申①）。河臨御禊に際し天皇に御贖物を供する場所は、朝餉間かもしくは昼御座である（38祭・祓②）。

さて清涼殿にて行われるこうした儀式は、天皇の御物忌にあたるとき、どのようになされるのであろうか。以下これについてみていきたい。御物忌当日、清涼殿の庇の御簾が下ろされ（11御燈①・14灌仏①・16国忌②・43宇佐使発遣③）、外部からの参入は憚られる。ただし清涼殿がその外部と区別される場であることはむろん御物忌の場合に限られることではない。天皇が清涼殿から他の殿舎に出御するときには、御剣が捧げられることとなっていた。資子内親王の居す藤壺へ天皇が渡るとき、蔵人が御剣を捧げ、先駆している（58乱碁勝態①）。御剣の所定の位置は清涼殿母屋の大床子であり、毎朝蔵人によって昼御座の御茵の南に置かれることとなっていた。[19] 清涼殿からその外部に出御するに際して御剣は捧げられるのである。御馬御覧のため仁寿殿に出御したときも、左近衛権中将源正清が御剣を捧げている（30賀茂臨時祭②）。ここには、清涼殿の外部がなにかしら境界の外側にあたり、したがって藤壺や仁寿殿への出御は行幸に類するものとみる意識があらわれているのではなかろうか。

このように外部と仕切られた清涼殿は、御物忌によってその境界を強化させる。御物忌中は参内であっても憚られるのであり、その必要に迫られた親信はやむをえなく参じたことを明記している（15賀茂祭⑱）[20]。清涼殿に参ずべき人々は御物忌の前日から伺候することとなっていたのである。儀式の行事担当者はそれを踏まえて準備する必要があった。行事の弁である藤原佐理に対して、親信は事前に季御読経が御物忌にあたることを伝えている（10季御読経⑩）。供奉する僧侶には、行事蔵人から威儀師・従儀師を介してあらかじめ連絡せねばならなかった（10季御読経②）。また伺候すべき上卿も前日から籠候している（10季御読経⑪）。御物忌中の行幸にあたっては、「不候宿之人、不昇殿上并神嘉殿上」とあり、前日から御物忌に供奉していない者の式次第への参加には制限が加えられている（19月次祭・神今食・大殿祭③）。

このように天皇が忌み籠もることとなる御物忌の期間、政務・儀式に支障が生じることになる。まず御物忌のため儀式が停止されることがある。石清水への行幸は陰陽寮が択申した日程が御物忌となることを理由に延引されている（42石清水行幸②）。また儀式の次第を変更することもある。御馬分取の場合は、御物忌のため出御がなく、儀式の場が清涼殿から承明門前の大庭に変更される（22―3信濃国駒牽②）。賀茂祭の場合は、一連の行事の、所陪従ならびに肥牛を覧ずる次第や女騎馬御覧が御物忌のために省略されている（15賀茂祭③⑧⑨）。御斎会に伴って行われる内論議の場合は、御物忌のため出御がなく、紫宸殿に場を変更し設えている（3御斎会内論議①）。紫宸殿にて行われる孟冬旬についても、天皇が御物忌のため出御しないので、宜陽殿にて平座のみが行われている（26孟冬旬①）。このように御物忌が優先され、儀式に変更が迫られている。

しかしながらこれとは逆に、御物忌であっても天皇が清涼殿に出御し行われる儀式として、御燈（11御燈①）、国忌（16国忌②）、昇殿人定（34昇殿人定③）をあげることができる。また宣命草の奏上を受け（44臨時奉幣③）、勅使発遣の儀を行うこともあった（43宇佐使発遣③）。これらの儀式は御物忌中であっても天皇が行うことに支障がなかったのである。

以上、御物忌における儀式の場と天皇の出御についてみてきた。注目すべきは、天皇が御物忌であることを理由に不出御となり、それでもなお儀式が清涼殿にて遂行される例を『親信卿記』にみることができないということである。なお、御物忌中、清涼殿にて催された季御読経や灌仏に天皇が不出御であったことが知られるが、これは通常も天皇の出御を伴わない行事であり、御物忌に限って不出御となった訳ではない（10季御読経・14灌仏）。また先にみたように、季御読経や灌仏の際、参上する人々はもちろん天皇とともに忌み籠もっていたのである。結局のところ『親信卿記』に認められる事例は、御物忌によって天皇が出御せず、清涼殿から変更して儀式が行われる場合か、天皇が出御し、そのまま清涼殿にて催される場合か、このいずれかである。したがってここには、忌む天皇と清涼殿の一体性を認めることができるのではなかろうか。御物忌という期間、天皇が忌み籠もる場として清涼殿があり、天皇の現前を必須とする儀式については、その中でとり行われていたのである。ただし『親信卿記』には一例、御物忌中の天皇が清涼殿から離れる事例が認められる。それは神今食のために天皇が中院へと出御せねばならぬ際であり、このとき出御可能かどうかがもう一度勘申され、西庇から中院へと行幸している。しかしこの中院への行幸は過渡的な形態をあらわすものであり、その後、円融が御物忌中に清涼殿から他の殿舎に出御することはなく、なおまた円融朝以前にも、御物忌を理由に清涼殿から中院への出御が見送られている事例がみられる（19月次祭・神今食・大殿祭）。天皇は、忌み籠もる場である清涼殿から出御しなくなるのである。

さて天皇と清涼殿が不可分であるとすれば、翻って前節末に提示した疑問にも答えることができるように思われる。天皇が自然人として飲食・就寝する場と、政治権力の究極として日々政務を執るべき場とが分離・独立していた場合、そのときには先にみたように、生身の天皇が忌み籠もる御物忌は、政治性の核としての御前にとって大きな障害となる。その場が大極殿にせよ紫宸殿にせよ、日常の居所の外部へと出御し、日々の政務を最終決裁する天皇、こうした天皇のあり方は御物忌という規範が浸透する時代、きわめて不安定な形態といわざるをえない。天皇一身のうち、自然人の規範（御物忌）と政治権力の核（御前）が相矛盾するからである。だが、清涼殿に天皇の居住空間と執務空間とが二重に含意されていたとすればどうであろうか。円融朝においてそこは天皇の居所であり、かつ儀式を催すべき正規の場にほかならない。後者については清涼殿から場の変更を余儀なくされた行事が、すべてその次第を簡略化されることより明らかであろう。したがって天皇に孕まれた二重性は、そのまま清涼殿のうちに具現化されるのであり、これにより御物忌中であろうとも御前はそのまま機能し続けることが可能となっているのである。天皇が外部へと出御し、御前を立ち上げるのではない。常なる御前の側へと、内部へと、政務・儀式を呼び寄せるのである。天皇の居所が清涼殿に固定化し、また政務の場が次第に内裏内へと移行していくのは周知の事実であるが、その背景の一つには、御前をめぐるこうした構造転換が存在しているのではなかろうか。

さて公私が絡み合う清涼殿が次第に政治性の核となっていくのであれば、そのときには御前へのアクセスが改めて政治の課題として浮上してくることとなろう。次節では、御前を維持する蔵人と、そこに介入する兼通の動きについて検討する。

三　御前への接近

(一)媒介としての蔵人

御物忌中は場が閉じられ、境界の意味づけが強化される。資子内親王が禁中に参入するにあたって、御輦宣旨を宣べたのは、朔平門の内であった（**55**輦車宣旨①）。通例では門外にて行われるが、御物忌を理由に内側へと変更されている。また御物忌中には、御前から儀式の場を遠ざけようとする動きがあった。宇佐神宮に派遣する勅使への餞の場合は、御前にて催されるのが常であったが、射場に酒肴の場を変更する（**43**宇佐使発遣③）。また御前から掖陣に変更される例もみえる。昇殿を許された者が受領に任じられたとき、慶賀を奏上するのは御前であったが、御物忌にあたるときは掖陣にての奏上となる（**59**受領等罷申⑤）。入夜を理由に、受領の赴任の奏上が御前から掖陣に変更された例もある（**59**受領等罷申③）。このような掖陣への変更は、大宰府大弐に任じられた藤原国光への酒肴を射場において行ったことに対して、親信が「御物忌間、参入例頗不慥」と疑義を呈した態度に通じている（**59**受領等罷申②）。射場は掖陣に比べ御前に近く、また所々別当の中でも陣中所々別当が慶賀を奏上することを許していた場所である（**64**所々別当補任⑤）。御前から段階的に遠ざけるべしとする場への対処が、御物忌中には強められていたのである。[21]

このように『親信卿記』からは、御前を焦点とする遠近法の下に、政務・儀式が執り行われていた様が確認できよう。物忌は忌み籠もるというその性格上、段階的な場の配置を浮き彫りにし、場それ自体がもつ質的位相を顕にする。その中心が御前であり、この立ち上げを掌握したのが、天皇に近侍した蔵人であった。御物忌に伴ういっさいの手続は蔵人によって担われる。『侍中群要』（第九・御物忌）の「家」説に、蔵人は御暦の出来を待ち、御物忌の日程を書き取り壁書することが記されている。また同書（第五・礼節）には、御物忌に参籠する番となった蔵人は殿上口の蔀辺を徘徊し、参籠することを周囲に触れ、丑刻になって昇殿するという手順が記されている。こうした参籠の番にあたっている蔵人が、昇殿や補蔵人への慶賀を奏する場合は、御物忌中でも御前にて行われるのである（**34**昇殿人定⑥）。これは御物忌に参籠する時刻とされていた丑刻に行われている。

さて御物忌当日であるが、先にみたようにまず清涼殿の庇の御簾が下ろされる。『侍中群要』（第九・御物忌）の「家」説に、御物忌にあたる御読経のとき、清涼殿の母屋の御簾に「御物忌」と札を付すのは蔵人の役目とある。また伺候する官人の座を変更して設えるのも蔵人の役目であった。国忌においては陪膳の座を通常の長押のもとから変更し、御座に面した南東の柱のもとに設えている（16国忌②）。昇殿人定においても、昇殿人の名を御前にて書き記す大臣の座を清涼殿孫庇第四間から、孫庇第三間に変更している（34昇殿人定③）。このように御物忌の設えは蔵人が担うのである。

そして御物忌中、奏上するという行為は参籠する蔵人に専任されている。親信は天皇の命を受け大乗院建立の地を選定するため比叡山に向かった。その結果を奏上するため参内するが、「依御物忌、附蔵人通理、令奏事由」と担当の蔵人に取り次いだことを記している（69大乗院点地④）。また天皇の召しにより参入した蔵人頭藤原挙賢は「依御物忌、参弓場奏事由」とあり、親信を介しての奏上となった（61―1藤原伊尹死去①）。さらに太宰大弐に任じられた藤原国光が参入した際、御物忌により御前に召されず、射場において罷申の儀が行われているが、このとき蔵人右馬頭藤原遠度が天皇からの御衣を国光にもたらしている（59受領等罷申②）。遠度が参籠蔵人であったことが推測される。このように御前への接近は、担当蔵人の下に一元化されているのである。また親信は、御物忌中の天皇に奏上するときの蔵人の作法を、「候御簾中、奉仰」（43宇佐使発遣③）と記している。

以上、御物忌において内に籠る天皇に近侍する蔵人は、天皇と外部世界とをつなぐ媒介項となっていた。こうした役目を担っていた蔵人は平生においても天皇の身辺について差配している。御修法の間、蔵人は夜の外出をせず、待機する（47―4御修法①）。女蔵人が御簾内に持参した着替えを蔵人が受け取り供する（61―2薨奏・錫紵・固関③）。また陪膳を担ってもいる（16国忌②）。

天皇の身体に直接関わる蔵人は、御物忌を天皇と共有し、その身体を支えていたのである。清涼殿が、天皇を有効に機能させるその器であるならば、蔵人とは天皇の拡大した五感、拡大した身体といいうるのかもしれない。

(2)兼通の介入

御前とは天皇の執政する場である。円融天皇は藤原伊尹の辞退により摂政を止めた後、御前に官人を召し、政務を執っていく。まず官奏について、円融は事前の準備から指示を出し、御前に右大臣藤原頼忠を召している(**36**官奏①②③)。このとき親信は先例を調べ儀式次第を確認し、摂政に拠らない形式に備えている。また叙位・除目についても、御前に左大臣源兼明を召して行っている[22]。所々別当の補任もまた御前にて行っている(**64**所々別当補任④)。

先に第一節でみたように、これらは摂政の設置時においては御前に准じて職曹司や直盧で行われていた政務であった。それが御前にて行われるようになる。政務の場は輔弼のあり方によって変化するのであり、摂政を止めた後、御前が政務の中心となる。ここでは伊尹のあとを継承した藤原兼通の輔弼をとりあげ、天皇執政時における兼通の動きの特性を描き出してみたい。

さて摂政伊尹の死の一年余後、天延二年三月に兼通は関白太政大臣に就任するが、それ以前の輔弼形態について、それを内覧であったとみる説とそうではなかったとする説がある(**8**任大臣)。内覧とは、太政官文書の処理機構を把握することであり、したがって太政官政務の掌握を示す[23]。春名宏昭氏は、伊尹の死後、右大臣頼忠が円融と意見を交換し官奏を行っているにもかかわらず、兼通がそれに関与した形跡はなく、内覧が全く機能していないことを指摘する。さらに直物の上卿を左大臣兼明が勤めているが、兼通が内覧した形跡が全くないことにも注目し、兼通の内覧は伊尹病臥の間のみであったと論じた[24]。

以下、兼通の輔弼について、はじめに関白としての行動から確認していく。それを関白就任以前の動きと比較検討することで、春名氏の所説を吟味したい。まず春名氏が内覧ではないとした根拠の一つである官奏への関与であるが、天延二年十一月七日の官奏では、大納言源雅信が候侍している。天延二年十二月七日には左大臣兼明が候侍し、十九日と十二月二十九日には大納言雅信が候侍している（36官奏⑧⑨⑩⑪）。このように官奏に兼通が候侍した記事は見えないが、これは関白に官奏候侍の宣旨が下されないという通例に則っていると考えられる。[25]しかしながらまた関白として内覧した記事も残されていない。[26]次に直物への関与であるが、天延二年十一月十三日に行われた直物には左大臣兼明が参入している（5直物・復任除目・臨時除目⑭）。同年十二月二十二日の直物も左大臣兼明が射場にて行っている（5直物・復任除目・臨時除目⑯）。いずれの記事にも関白としての兼通が事前に内覧している姿は残されていない。春名氏は、官奏と直物への関与のあり方から兼通の内覧を否定しているが、このように関白となった後も兼通が内覧する姿は残されていないのである。[27]ただし、直物ではなく除目そのものについては関白期とそれ以前とで明らかに変化している。先にみたように関白設置以前の除目は御前にて行われていた。それが兼通の関白就任後の天延二年十月十一日になって、兼通は仗座にて除目を行っている。[28]また貞元元年（九七六）正月の除目に際し、執筆となった左大臣兼明とともに兼通が毎日参じたとあり、[29]兼通が関白として統轄していた姿が知られる。さらに貞元二年正月二十一日からはじまった除目において、右大臣頼忠が執筆となり、兼通は所労により二十一日と二十七日のみ候侍したとある。[30]以上、除目への関与という点からすると、関白就任前後で兼通の輔弼のあり方は変化している。兼通の関心は、関白となることによって除目つまりは人事権の掌握に向けられていたことがうかがわれよう。

一方、関白就任以前に兼通が内覧であったとみる山本信吉氏は、内覧としての行動を以下のようにあげている。[31]まず十六社奉幣使に障が生じた際、その代使について上卿左大臣兼明が内大臣兼通に申し次いで奏聞していること（44臨時奉幣⑦）、つぎに藤原朝成・源延光の出京に当たり蔵人所牒を兼通に申した後に奏聞が行われていること、そのほか後院別当が兼通の承認を得て定められたこと（65後院別当補任①）や御厨子所別当のことを定め仰せ（64所々別当補任③）、蔵人頭・殿上人を定めていること（33補蔵人①）、また殿上人定に一人伺候し、その儀官奏の如しと称されたこと（34昇殿人定③）、これらを山本氏は内覧としての職務とみている。以上の内容からすると、兼通の内覧の権が宣旨によって規定された太政官文書を覧ずるにとどまらず、殿上雑事から蔵人所に及ぶものと山本氏は解釈している。[32] ただし山本氏もまた、官奏に兼通の候侍したことを伝える史料のないことや直物に左大臣兼明が候侍していること（4除目直物①）、また資子内親王准三宮のことを右大臣頼忠が蒙ること（80その他②）などを指摘し、兼通が必ずしも雑事を掌握していなかったことを指摘している。

以上、関白就任以前の兼通を内覧ではないとみる春名氏も内覧とみる山本氏も、兼通が太政官政務を徹底して掌握していなかったという点については一致しているのである。したがって関白就任以前の兼通を内覧と把握することの可否は、山本氏があげた諸例を内覧の十分条件と認めるべきか否か、あるいは除目への不関与を内覧と認めないことの十分条件と見なすべきか否かに集約されるように思われる。先に確認したように兼通は、関白就任前後で除目への関与のあり方を異にする。除目に注目すると、関白になることで兼通は、より確かに人事権という太政官政務を掌握していくのである。よって内覧の任が、太政官政務のすべてを統轄する点にあるとすれば、春名氏の言う通り、関白以前の兼通を内覧と規定することには問題が残ろう。しかしながらこれも先に確認していたように、官奏についてみれば、関白就任後においても兼通がこれに積極的に関与し、太政官政務を統轄しようとする姿勢をうかがうことはできない。[33] とすれば焦点は、太政官政務の掌握とは別のところに見出すべきではなかろうか。太政官政務への関与を基準に兼通の動きを捉えようとしても、そこには相互に矛盾する諸相が浮かび上がるのみなのである。[34] 関白就任後の兼通が、除目に積極的に関与していくのは、それが主要な律令太政官政務であるからではなく、人事の差配という具体的・実質的政治権力の行使に直結しているからなのではなかろうか。いずれにせよ本稿の関心が、円融を輔弼する兼通の特性を論じることにあるとすれば、むしろ光を当てるべきは、関白就任前後を通じて一貫した兼通独自の行動様式であるように思われる。そこで参照されるのは関白太政大臣に就任する以前、内大臣としての兼通を論じた山本氏の次の見解であろう。氏はまず内大臣としての兼通が、天禄三年十二月二十日に阿闍梨増恆の権律師勅任の宣者となり、天延元年五月二十二日に内裏御修法のことを仰せ（47―1孔雀経法②）、また同年八月四日に熾盛光法御修法の労によって天台僧遍斅が権律師に任じられたときの宣者を務めていたことを指摘し、これらについて、兼通は比較的天皇私事に関する殿上行事を奉行することが多かったと解釈している。

如上の山本氏の見解は、関白となってからの兼通の動きにも当てはまろう。たとえば季御読経の番論議では、兼通によって、奉仕する僧綱が変更されている。このとき真言宗の寛忠が任じられていたが、それに兼通は不快を示し、先例に則り顕宗の僧綱を任じ直させた（10季御読経⑦）。御前僧に不足が生じた際、南殿の僧侶を代わりに召したが、兼通を介さず対処したとして、親信は蟄居させられている（10季御読経⑮）。御読経の際にも、参入者の不足への対処は兼通に申し上げられている（49御読経④）。これら殿上行事に兼通は指示を出しているのである。

このように『親信卿記』において、兼通が自らの意思を発し行事に介入する姿は、殿上への関与について明示的であるが、こうした傾向において特に注目すべきは、兼通が関白となってから、儀式の場である御前に自らの座を加えていったことである。まず朔旦冬至にともなう女叙位では、官奏の設えと同様に、御前に一人の大臣の座が準備されたが、そこに新たに、太政大臣の座が加えられている。そして左大臣兼明とともに、太政大臣兼通が御前に参上したのである。この設えについて親信は太政大臣座については先例を知らないと記している（29女叙位②）。選子内親王の裳着の饗饌が清涼殿にて催されたときにも、太政大臣の座を加えて設えている（53着裳・

元服①）。

清涼殿という天皇の内的領域への兼通の介入は、御前に自らの座を設えるということにとどまるものではない。清涼殿の西庇で行われる御庚申にも兼通は関与していく。納殿から出される禄の絹を、内大臣兼通が代わりに補っている（57御庚申①）。また大盤所に入り、蔵人を補任し、昇殿人を定めている。これについて親信は先例を問うべしと記した（33補蔵人③・34昇殿人定⑥）。ここには兼通の行為をある種の逸脱と捉える親信のまなざしがある。蔵人としての親信は、朱雀・村上朝の次第を先例として踏襲した。御燈では天慶三年（九四〇）三月三日と天徳三年（九五九）九月三日の事例を引用している（11御燈①）。賀茂祭では天慶五年（九四二）日記や承平七年（九三七）・天暦七年（九五三）の事例も引用している（15賀茂祭⑱）。乞巧奠では天暦三年（九四九）日記・天徳二年（九五八）記・天禄元年記を引いている（20乞巧奠①）。皇太子謁見は天暦十年（九五六）四月二日記に准じて催された（52皇太子謁見①）。納殿に奉仕する預を任じる際にも、村上朝の例を引用していると考えられる（64所々別当補任②）。錫紵を除くときの御冠の扱いについて、先例に不詳であるため先達に尋ねるべきであると親信は記し、後日、応和年間（九六一―九六三）に蔵人であった藤原佐忠の説を引用している（61―2薨奏・錫紵・固関③）。このように先例に則って動く親信からすると、内大臣時代に強引に娘媓子を入内させ（54入内）、清涼殿西庇へ関与し、そして関白となってから御前に座を設えさせていく、こうした兼通の一連の行為は逸脱として捉えざるをえず、したがって先例に知らず、先例を問うべしと日記に書き留めていったのであろう。逆にいえば、輔弼として行動する兼通の独自性は、『親信卿記』の記述から、御前への介入として認められるように思われる。先例からあえて踏み出してまで兼通は、自己の政治的企図を貫徹させようとした。天皇の内的領域への介入、これによって天皇が現前する御前の密度は乱調する。蔵人親信の違和感はここに起因したのではあるまいか。

おわりに

平親信は蔵人としての日常を淡々と記述していた。そこにはほとんど感情なるものを看取することはできない。蔵人式を抜粋し、日記に先例をみ、行事に備える。当日の設えや手順、またその変更を記す。そして実地に従事して初めてわかる不備を反省し、再び先例を尋ねる。蔵人が携わった儀式や政務の断片をそのまま日次に羅列したものが、現存する『親信卿記』であった。

本稿では、このような『親信卿記』の記述をなぞりながら、親信の視線の先にあるものを捉えようとしてきた。円融天皇の執政する姿、それを受ける清涼殿の機能、蔵人の任務、兼通の行為への不信、こうした様態からうかがわれるのは、御前を維持しようとする精神である。村上朝を先例の中心とみ、蔵人の一人として天皇に近侍する。蔵人親信の基準にあったものは天皇執政であった。そして御前とは蔵人が天皇の手足として周到に準備したその場に、天皇が出御することによって現前するものであり、その緊張感を親信は感受していたのである。

（1）『公卿補任』長保三年（一〇〇一）条。
（2）『日本紀略』安和二年八月十三日条。
（3）『公卿補任』長保三年条。
（4）『小右記』寛仁元年（一〇一七）十二月三十日条の御元服の先例を検討した箇所に「天禄親信記」の名前が挙がっている。ここからすると親信は天禄三年正月三日の円融天皇の元服について記事を残していたことが推測され、すでに内雑色の頃から日記を書いていたことがうかがわれる。
（5）目崎徳衛「仁寿殿と清涼殿」（『貴族社会と古典文化』、吉川弘文館、一九九五）。
（6）本稿では『侍中群要』（第九・御物忌）に規定された陰陽道系の御物忌を考察対象とする。忌み籠もりには神事に与える資格を得るために行われるものもあるが、それは一連の行事として神事に組み込まれているので、天皇の出御と対立することはない。なお平安貴族の物忌を詳細に検討し、御物忌における蔵人の役割や政務・儀式と重複する際への対処などにも言及した先行研究に、廣田いずみ「平安貴族社会における物忌について」(『お茶の水史学』第三九号、一九九六)がある。氏は天皇の御物忌と重なった政務・儀式が中止や延期されることなく行われるのは、物忌日が凶日ではないことによると指摘している。

(7)『日本紀略』天徳三年三月二日条。

(8)『日本紀略』安和二年八月十三日条。

(9)『日本紀略』天禄元年五月十八日条。藤原伊尹に摂政の詔が下されたのは、翌々日の二十日である(『日本紀略』、『公卿補任』安和三年条)。

(10)『日本紀略』天禄三年正月三日条。

(11)摂政とは天皇大権を代行し、除目・官奏を行う(山本信吉「平安中期の内覧について」、『摂関政治史論考』、吉川弘文館、二〇〇三、四一頁)。伊尹以前に摂政であった藤原実頼が除目を行った記事も残されている。『日本紀略』安和二年十月九日条では職曹司にて除目を行い、同天禄元年正月二十一日条でも同じく職曹司にて除目を行い、同天禄元年二月十七日条では職曹司にて直物を行っている。

(12)『日本紀略』天禄元年六月八日条・八月五日条。『日本紀略』天禄二年正月二十七日条にも淑景舎にて除目を行っている。

(13)『日本紀略』天禄元年十一月十五日条。『日本紀略』天禄元年十一月二十六日条では、女叙位を行っている。

(14)『日本紀略』天禄二年七月五日条では職曹司を用いて小除目が行われ、同年十二月十五日条では同じく職曹司にて除目が行われている。同天禄三年二月十九日条では職曹司にて直物も行われている。また同年正月六日条では、職曹司にて叙位を行っている。

(15)『日本紀略』天禄二年十二月二十五日条。

(16)**22—2**武蔵国駒牽①と**22—3**信濃国駒牽②は、ともに御物忌中の円融天皇の行為である。**22—2**武蔵国駒牽①が御物忌であったことは、同日条である**27**改御装束①を参照されたい。

(17)『三代実録』貞観八年(八六六)八月十九日条。

(18) 玉井力氏がすでに、幼帝であっても主宰せねばならない神事・儀式を例示し、摂政が代行し、関白・内覧が補佐しえたのは行政面のみであったことを指摘している（「十・十一世紀の日本――摂関政治」、『平安時代の貴族と天皇』、岩波書店、二〇〇〇、一一頁）。

(19) 『侍中群要』第一・上格子事。

(20) ただし、御物忌中にあえて禁中へと「参内」した蔵人も、天皇が現前する清涼殿東庇に「参入」することや「候御簾中」ずることは許されていない。御前に侍ることが可能なのは、天皇とともに籠もっていた担当蔵人に限られるのである。これについては本論第三節(1)を参照されたい。

(21) 御物忌のため女騎馬の点定は、御前から右兵衛陣の前へと場が変更されている（15賀茂祭⑨）。

(22) 『除目部類』・『叙位除目執筆抄』（『大日本史料』第一編之十四、二四七〜八頁、天延元年正月二十八日条所収）。なお除目の設えについての親信の記述が『魚魯愚別録』に引用されている（4除目直物）。また叙位については天延元年の正月に御前にて行われている（『中右記』永久二年正月五日条）。

(23) 山本前掲註(11)論文、三四〜五頁。

(24) 春名宏昭「草創期の内覧について」（『律令国家官制の研究』、吉川弘文館、一九九七、一四〇頁）。

(25) 官奏の宣旨を被り候侍するのは摂政・関白を除く大臣・大納言に限られていた（山本前掲註(11)論文、四九頁）。

(26) 関白の官奏内覧儀については、吉川真司「摂関政治の転成」（『律令官僚制の研究』、塙書房、一九九八、四〇二〜三頁）を参照されたい。

(27) 兼通を先例として内覧となった藤原道長は『小右記』長徳二年（九九六）四月七日条では官奏候侍者に指名されている。また『小右記』寛弘二年（一〇〇五）十月一日条では、御前儀に先立ち、仗座にて官奏を覧じている。いずれの官奏への関与も、兼通にみることはできない。

(28) 『局中宝』（『大日本史料』第一編之十五、一五〇頁、天延二年十月十一日条所収）。

(29) 『叙位除目執筆鈔』（『大日本史料』第一編之十五、三七三頁、貞元元年正月二十八日条所収）。

(30) 『日本紀略』貞元二年正月廿一・二・三・四・五・七・八・九日条、『叙位除目執筆鈔』（『大日本史料』第一編之十六、一二五頁、貞元二年正月二十九日条所収）。

(31) 山本前掲註(11)論文、五四〜五頁。

(32) 山本前掲註(11)論文、三五頁。

(33) 律令太政官政務は十世紀後期以降、衰退している（吉川前掲註(26)論文、四〇五〜八頁）。

(34) なお倉本一宏氏は、伊尹死後、関白就任以前の兼通について、二つの段階に分けて捉えている。氏は、天禄三年十二月二十五日に兼通は著陣し、内覧としての執務を始めたとみる。それ以前は当該公卿社会においてもまた、兼通の内覧が継続しているか否かについて解釈の揺れが存在していたとみなすのである。その上で氏は、春名氏が兼通の内覧が機能していない根拠としてあげた、天禄三年十一月二十五日・二十六日の頼忠の官奏候侍について、これは「兼通の内覧再確認と著陣以前」であったことによると批判した。同じく著陣以前の、「天禄三年十二月十日の官奏も頼忠が奉仕していたのに対し、この日以降は兼通の主導によって政務が運営されている」と指摘するのである（倉本一宏「藤原兼通の政権獲得過程」、『日本律令制の展開』、吉川弘文館、二〇〇三）。しかしながら、官奏についてみれば、著陣以降の、天延元年四月十七日の官奏にも兼通の姿はみえず（**36**官奏⑦）、さらには兼通が関白となってからも官奏に関与する姿はみられないのである。

【補論5】

『親信卿記』に見る馬と貴族社会

高木叙子

はじめに

古代社会において、馬は軍事上・交通運輸上そして国家の営む様々な儀式を行う上で、欠くことのできない要素であった。『律令』や『延喜式』などにおいても、馬の生産・供給や利用に関する多くの規定が認められる。また、国家だけでなく貴族自身も馬の所有に大きな関心を寄せており、特に十一世紀に入ると、藤原道長の『御堂関白記』や同実資の『小右記』を始めとした貴族の日記の中に、馬の利用や贈答・貸借の記事が頻繁に見られるようになる。

ところが、十世紀後半に記された『親信卿記』においては、馬に関する記述は存在しても、その動向に特に関心が示されているわけではない。その原因として、親信個人の関心や日記を記した際の立場なども考えられるが、それ以上に、親信を含めた当時の貴族社会全体の馬利用のあり方や意識が反映されていると思われる。それはちょうど、『延喜式』に規定された、朝廷が馬を管理・利用するための政策（本稿ではこれを馬政と呼ぶ）が、摂関家を中心とするシステムに変化していく直前の姿と位置づけられるのである。

十一世紀以降の馬政や貴族の馬所有のあり方は、近年、加瀬文雄氏や中込律子氏の研究[1]により具体的にされつつあるが、その前提として十世紀後半の馬政の変容を跡づけておくことは、必要な作業であろう。『親信卿記』における馬の記述は、その格好の資料となる。

本稿では、親信の時代における中央馬政の姿と、それを基盤に展開する貴族社会の馬所有や利用の姿を明らかにし、来るべき摂関期社会への変化を考察する手がかりを示す。

一　十世紀の中央馬政の基本構造と展開

(一)『延喜式』のシステムと実態

延長五年（九二七）に完成奏上された『延喜式』の巻四十八・左右馬寮には、これまでの国家の馬政運営の諸機構が集大成されている。十世紀の中央馬政は、このシステムを基本として運用されていた。最初にその具体的な姿を、供給・飼養・運用の三側面からとらえてみよう。ただし、律令制から延喜式制にいたる官牧の変遷やその管理組織等については、山口英男氏により詳細な分析がなされているので[2]、ここでは概略とその後の変遷について述べる。

供給には①諸国牧からの諸国繋飼馬貢上、②国飼馬の京進、③勅旨牧からの貢馬がある。

①の諸国繋飼馬は、兵部省が管轄する諸国牧からの貢馬で、毎年十月以前に所定の牧から一定数の馬牛が貢進される（兵部省式諸国牧条・馬寮式繋飼条——以下『延喜式』の条項によるものはこのように記述する）。馬寮はこれを受け取った後、近都牧へ放ち運用することになるが、諸国牧での飼養と貢上は国司の仕事であり、馬寮が関与することはできない。諸国牧は基本的には令制牧の系譜に連なり、そこからの貢馬は八世紀前半には例貢化していた。しかしこの制度は、八世紀末頃から貢上馬の質的悪化や納期の遅滞が見られると共に、中央の兵部省や太

政官が現地で牧を管理する国司を掌握することが難しくなり、九世紀以降、馬の貢上は史料に現れなくなってしまう。

②の国飼馬は、畿内近国八カ国に一定数の馬を割り当て、必要に応じて牽進・利用する制度である。これは貢上制と異なり、各国で飼養する官馬を特定の目的のため中央で一時利用するもので、馬の飼養は国司に一任されていた。利用の際には馬寮が必要数を申請し、それを受けて太政官が各国に官符を出すという手続きがとられた（馬寮式国飼数条・国飼条）。ここでいう利用とは、国飼条に見られる節（白馬節・五月五日節）と行幸にあたるのだが、実際は次第に、馬寮の馬が用いられるようになっていく。白馬節料馬は史料的制約のためよくわからない[3]が、五月五日節[4]では、天慶七年（九四四）に十七年ぶりに節が再興された際も、国飼馬が駒牽で閲覧を受けている。しかしながらこの節自体はそれ以後内容が変化し、駒牽から始まり諸々の馬芸武芸が行われる一大イベントが、十世紀末には左右近衛府の騎射のみとなり、天皇の出御もなくなる。用いる馬も騎射のための二十疋のみとなり、馬寮の厩馬もしくは近衛府官人の騎馬が用いられたものと思われる。行幸の走馬に関しても、早くも寛平九年（八九七）五月十七日の朱雀院・神泉苑への行幸の競馬に、左右馬寮の細馬十疋を用いたことが見えており、厩馬が国飼馬の代わりに用いられている。

③の勅旨牧貢馬は、信濃・甲斐・上野・武蔵の四カ国に設けられた三十二の勅旨牧から毎年二百四十疋の駒が貢上される制度で、九月十日に国司と牧監が牧に臨んで検印・記帳した後、選んだ馬を一年かけて牧に付属する厩で調習し、明年八月に牧監自ら率いて中央へ貢上する（馬寮式御牧条・牧監条）。牧監は勅旨牧に置かれた現地の専任官であるが、中央から派遣され、馬寮がその考を校定し功過の上日を検ずること、官牧馬帳が牧監から馬寮を通して主計寮に提出されることから、勅旨牧が馬寮の直接管理下に置かれていたことがわかる。貢馬は九世紀初頃から見られるが、①②による供給が既に『延喜式』段階で効力を持たなくなってきている実態から明らか

なように、十世紀にはこの勅旨牧貢馬が、中央への馬供給の主流となっていた。

次に、馬の飼養を見てみよう。貢上された馬は、利用に向けて京中で飼養・調習される必要がある。左右馬寮の厩には、それぞれ細馬十疋・中馬五十疋・下馬二十疋が常に飼われており、それ以外の馬は播磨国家嶋に置かれた寮牧と、畿内近国の六つの近都牧で飼われた（馬寮式飼馬条・寮牧条）。馬寮はこれら飼養牧の放飼馬を「随事繋用」いることができ、京進に対しても、摂津国の鳥養牧・豊嶋牧は寮が直接に、他の牧は寮から所在国司へ移を発して行うことができた（馬寮式国飼条）。京中厩と畿内近国の牧が、互いに補完的に機能していたのである。また山城国美豆厩は、夏期の厩馬放牧にあてられている（馬寮式厩畠条）。

これら厩や牧で飼われている馬を『延喜式』では櫪飼馬・繋飼馬・放飼馬と呼び、役割を使い分けていた。家嶋牧の馬は、馬寮が国司に移を発して牧に付属する厩に繋いだり放牧したりすることができ、近都六牧に放牧される馬牛は[5]、馬寮が「随事繋用」いることができる。この「繋」という行為は、中央での使用を前提として厩で飼う＝集中して調教を行うことを示していると考えられる。時代は下るが、天徳五年（九六一）の祈年祭において、左馬寮が申請した馬が提供できないため「野飼御馬」をあてたことが見られる（『北山抄』）。おそらく左馬寮が近都牧所在国司に祓馬牽進の移を送ったところ、国では進めるべき繋飼馬がなく、放飼馬を代わりに出したのであろう。このような例は他にも見られるが[6]、みな「野飼馬」が「繋飼馬」の対概念として扱われている。ここでいう繋飼馬とは、牧の厩に繋がれて、諸祭その他の用途にあてるための準備が整っている馬と考えられる。野飼馬は、これに対して牧で放飼にしている馬と思われ、式でいうところの「放飼馬」がこれにあたるのであろう。即ち牧での馬の飼養法は放飼と繋飼の二種があり、繋飼馬は放飼馬の中から選ばれて所定の役割のために調習を受けている馬、放飼馬はその予備軍なのである。これに対して「櫪飼馬」の櫪は厩を指すことから、京中の馬寮の厩に繋がれた馬にあたると考える。馬寮の厩は警備や祭料馬としての利用が頻繁で、その経営も運用に最も重点が置かれているはずであるから、馬寮所有馬の中でも、最も優秀かつ利用に堪える馬が集められていたはずである。即ち、馬の調習の度合いは放飼・繋飼・櫪飼の順に高くなり、運用はこれら調習の段階と馬の利用法によって定められていたのであろう。

　最後はその運用のありかたである。その種類は主として三つあげられている。第一に諸祭に用いる祭馬がある。これは馬寮式祭馬条に規定されており広く祭馬と呼ばれているが、厳密には用途により祓馬・走馬・神馬・その他の祭馬に分けられ、祓馬と神馬には近都牧の繋飼馬を、祭馬と走馬には櫪飼馬をあてるよう定められている。[7]第二に儀式提供用の馬がある。諸祭以外に馬寮がその管轄下で馬を用いる行事には行幸と節があり、行幸では走馬に国飼馬二十五疋[8]、一部の騎・駄馬に寮の櫪飼馬があてられる。五月五日節にはそれに先立つ四月二十八日に節料馬の駒牽が行われ、寮の櫪飼馬百六十疋と国飼馬六十二疋が天皇の閲覧を受ける[9]（馬寮式覧駒条）。白馬節では計二十一疋の白馬が引かれるが、この料馬には国飼馬を十一月一日から馬寮の厩で調習・飼養したものがあてられる（馬寮式覧駒条）。第三に京中警備用馬の提供があり、近衛府看督使の内裏および京中巡察に四疋（櫪飼二・放飼二）、兵衛府の夜行に四疋（櫪飼）、検非違使の府生以下の騎馬に八疋が供されている（近衛府式看督条・馬寮式衛府馬牛条・検非違使馬条）。このうち近衛府に供する馬は、「永置本府騎用」とあるように寮馬が近衛府に譲渡されそこで飼養されたが、他は馬寮の厩馬を必要に応じて随時借り請けるかたちをとったようである。[10]

　このような馬の用途は、その調習段階に対応するかたちで定められていたと考えられる。例えば、走馬は諸祭において十列と呼ばれる競馬を神前に奉納する馬であり、競走という用途上、かなり調習が進んだ馬でないと使えない。これに対して祓馬・神馬等[11]は神前で引き回すだけであるから、繋飼の段階の馬でも事足りるのである。また諸司や馬寮の官人に給う馬は放飼馬を用いる。馬寮式騎用条では、馬寮の頭以下史生以上の官人が放飼馬に乗ることが許されており、これは一時的な寮馬の貸借ではなく、放飼馬の寮官人への給与と考えられる。[12]巡察のため近衛府看督使に供される馬も半分は放飼馬と定められており、これらの馬の飼養が最終的に近衛府に移ってしまうためこのような処置がとられていたのであろう。馬寮の飼養機関である厩と牧は、以上のように段階的に馬を調教して「中央の利用に堪え得る馬」を供する役割を担っていたのである。

このように、『延喜式』の馬に関する規定を見ていくと、馬の供給・飼養・運用が馬寮を中心に展開され、その目的も、中央での儀式その他の用途に大きな比重が置かれている。山口氏が既に指摘されているように[13]、律令制では馬政は全国的な軍事・交通と、儀式も含めた中央の要請に対応したかたちをとっており、むしろ前者に比重が置かれ、現地での牧経営も国司が最終責任をとるようになっていた。それが、『延喜式』ではむしろ中央への馬牛貢上とその利用が前提となっており、馬政の中枢は馬寮に置かれた。もちろん、地方は地方での生産と運用が引き続き行われていたであろうが、中央の関心や規制がそちらの方面には既に無くなっていた実情が、十世紀の馬政の姿に反映されたのであろう。

(2)私的所有馬の展開

馬寮は、中央で公的に使用される馬を供給する以外に、もう一つの役割を持っていた。それは、貴族達の私的な馬所有を保証することである。その機能を具体的に見てみよう。

勅旨牧から御馬が貢上されると、国もしくは牧毎に駒牽が行われた。馬寮式御牧条に「其国解者。主當寮付外記進大臣経奏聞分給両寮。閲定其品」と記された分給・閲定を行う儀式が駒牽であり、天皇が紫宸殿に出御して近衛府と馬寮官人の引く貢上馬を御覧し、左右馬寮に分け与えた後にこれを馳せさせる。『九条年中行事』以降の平安期の儀式書によれば、八月七日に甲斐国勅旨諸牧、十三日に武蔵国秩父牧、十五日に信濃国勅旨諸牧、十七日に甲斐国穂坂牧、二十日に武蔵国小野牧、二十三日に信濃国望月牧、二十五日に武蔵国勅旨諸牧と立野牧、二十八日に上野国勅旨諸牧が駒牽を行うように定められており、実際にこれらの式日に合わせて、各国各牧から馬が進められ、駒牽が行われた。

駒牽の式次第を見ると、勅旨牧からの貢馬は、単に馬寮に分割されるだけではないことがわかる。[14] 即ち、左右馬寮が一定数の馬を選び取った後、親王以下が馬を一疋ずつ分け与えられ、残った場合には再び馬寮が分け取る、という侍臣への御馬分与が行われたのである。これは貢上馬数の特に多い信濃および上野の勅旨諸牧駒牽に限られていた。[15] 勅旨牧御馬閲覧の初見は『日本紀略』弘仁十四年（八二三）九月二十四日条の記事であるが、そこに「幸武徳殿。覧信濃国御馬。賜親王已下参議已上各一疋」とあり、既に御馬分与が行われていたことがわかる。

駒牽が平安期の儀式書に記されている日程で行われるようになるのは、貞観七年（八六五）の貢期改訂後であるが、それまで武徳殿で行われていた御覧が以後紫宸殿で行われるようになっており、日程のみならず儀式的な内容も、これを機に整えられたのであろう。[16] 貞観九年八月十五日の改訂後初見の駒牽では、「天皇御紫宸殿閲覧信濃国貢駒令左右馬寮擇取各廿疋。賜親王已下及左右近衛中少将左右馬寮頭助等各一疋。例也」（『日本三代実録』）とあり、侍臣への御馬分与がこの頃既に恒例化していたことがわかる。駒牽で御馬分与にあずかる人々は、ここでは親王以下参議以上と近衛中少将・馬寮頭助等であり、駒牽の儀式に参列した親王・公卿と、儀式において馬を引く役割を勤めた近衛府および馬寮の官人である。その他に「殿上五位已上」や「小舎人」が加えられる例も見られ、[17] 全般に「殿上侍臣」と表記されることが多い。要するに参議以上の者だけでなく、六位までの殿上人や殿上童等、紫宸殿での駒牽の儀式に参列できる人々が、天皇の意志によって御馬を分与され得たのである。

駒牽において、このような御馬分与を行うことの意味を考えてみよう。弾正台式には「凡王臣馬数。依格有限。過此以外不聴蓄馬」という規定がある。ここで示されている「格」にあたるものは現在残されていないが、国家がなんらかのかたちで貴族達の所有馬数を制限していることは、養老五年（七二一）三月九日の蓄馬制限の詔以来見られる。[18] この詔は、初めて官品の序による所有馬数の制限を打ち出したものであるが、その制限数がそのまま『延喜式』に受け継がれたのではないにしても、式の制限規定はこれをある程度反映させたものと考えて良いだろう。また詔中に「一定以後随闕充補」と示されていることから、これらの制限は貴族達の馬の階級的所有を促進する目的で発せられていると考えられ、その意味では制限であるとともに馬の一定数保有の保証をも含むものといわれる。[19] 即ち駒牽における御馬分与は、このような貴族達の馬所有の保証を実際に行っていくための制度なのである。保証に馬寮の管轄する勅旨牧からの貢馬があてられ、分与が太政官の行う駒牽の中で行われること自体、貴族の所有馬の管理が国家的レベルで行われていることを示している。そして御馬分与が駒牽の史料の最も早い時期から見えることは、国家的な私馬所有管理体制の形成が、大同の馬寮再編（八〇六年五月から八〇九年四月一日にかけて行われた官司・官人の統合整理の一貫として実施された）の頃から国家の基本的構想の中に存在していたことを示している。ともかく、六位以上の殿上人と近衛府・馬寮の武官に限定されてはいるものの、これらの官人らは駒牽に参列することで馬を得ることができ、貴族達は馬寮を中心とした国家的私馬所有管理のもとで、階級的に相応数の馬を蓄えることができたのである。その所有数は、制限数を大きく逸脱するものではなかった。[20]

『延喜式』における馬寮の馬の使用を見る限りでは、その範囲は非常に限られていた。諸祭では、儀式に用いられる祓馬・走馬・神馬等は馬寮が提供するものの、祭使の料馬等は公的な要請であるにも関わらず、寮馬が用いられた形跡はない。実際の例を引いてみても、祭使が馬寮や権門から借りるなど独自の方法で料馬を調達し使用している。行幸の場合も、同様に私馬が用いられた。京中警備用の馬も、規定された巡察・夜行という職務を遂行するために馬が提供されるだけで、衛府の武官の一般騎馬については、全く触れられていない。おそらくこれも私馬であろう。

このような諸行事における臣下への出馬要請は、駒牽での御馬分与で中央貴族の馬疋所有が保証されているからこそ可能なのである。九世紀以降、中央の政治の中で儀式が重要な位置を示すようになると、そこで用いられる馬の供給が、馬寮の役割の中でも特にクローズ・アップされてくる。これらの料馬をすべて馬寮でまかなうことは、寮の飼養機関やシステムの関係上無理がある。そのため公的な要請の強い料馬は馬寮が、それ以外の騎用馬は貴族達が提供するという分担ができたのであろう。しかし貴族達の馬の所有格差が大きければ、このような馬の供給と分担をスムーズに行うことができなくなるため、国家的に貴族の私馬所有を管理し、格差を広げないようにすることが必要であったと考えられる。

馬寮は、『延喜式』に見られる、馬の生産から貢上・飼養・運用までを独立して営める体制を作り出すが、それは中央における諸儀式が急速に整備されまた盛んに行われるようになる九・十世紀の貴族社会の要請に対応するために必要なことであった。寮馬確保のために管轄下の牧からの貢上が制度化され、儀式における騎料馬確保のために貴族の私馬所有管理と保障が推進されたのである。そのようなかたちの中央馬政は、勅旨牧からの貢上制度が確立した貞観年間後半に一応の完成を見、基本的には、儀式を中心とした平安貴族社会に対応した料馬供給システムとして、平安時代を通して受け継がれていくのである。

二　『親信卿記』に見られる馬政の変化

『親信卿記』に見られる馬関係記事は、十四件が数えられる（表1参照）。天禄三年（九七二）、天延元年（九七三）上半期、同二年の約二年半の間に記された記事の内訳を見ると、勅旨牧駒牽が五件、賀茂祭等の大きな祭礼関係が五件、その他個別の事例として奉幣・餞・女御退出・御読経での放牧が記されている。これらはほとんどが馬寮の馬に関する記述であり、摂関期の日記に往々にして見られる私馬の贈答や貸借・利用に関するものは、

表1 『親信卿記』の馬関係記事

	年　月　日	事　　柄	特　記　事　項
1	天禄3年4月19日	賀茂祭女騎料御覧	左右馬寮の馬。
2	3年5月7日	十六社奉幣	広瀬使騎馬無き旨を申す。
3	3年8月15・16日	信濃御馬牽進	30疋。上卿不参にて取らず。翌日駒牽。太政大臣に見参に従い牽分を行う。
4	3年8月20日	甲斐真衣・柏前御馬駒牽	院・東宮に牽分。
5	3年10月1・2日	秩父御馬駒牽	1日は右中・少将不参につき延引。2日に駒牽を行う。院・東宮・太政大臣に牽分。
6	天延元年2月14日	馬寮の馬を乳母の餞に	乳母源輔好子丹後罷下。
7	元年4月12・14日	賀茂祭	右兵衛陣前にて女騎料点定。14日に騎馬・飾馬・牛等を御覧。
8	元年6月20日	女御堀河院を退出	左右馬寮に仰せて御馬を牽かせる。
9	2年3月21日	御読経間、放牧	牛馬を大庭に放つ。
10	2年4月16～20日	賀茂祭	御禊にて諸国肥牛・太政大臣家を牛引廻し院に給う。17日女騎料の左右馬寮馬を点定し御覧。19日飾馬の男女、20日祭の陪従・馬・駑牛・牛、馬寮馬・飾馬を御覧。
11	2年8月11日	石清水放生会十列	左馬寮御馬10疋。
12	2年9月13日	武蔵秩父牧駒牽	牽分あり。東宮、太政大臣。
13	2年11月8日	信濃望月牧駒牽	8疋。障の間馬を馬寮で預かる。
14	2年11月21～23日	賀茂臨時祭	21日の左右馬寮御馬御覧延引し22日に。23日賀茂臨時祭使(?)騎馬不調により交替。

全く認められない。賀茂祭や賀茂臨時祭における飾馬や祭使・陪従などの騎馬は私馬の可能性は高いが、これらは儀式の構成要素として客観的に記されているにすぎない。当時の親信は蔵人、次いで検非違使の任についている。年齢も二十代後半で、ある程度の数の馬を所有し贈答・貸借を行う立場に無かったことがその理由となるだろうが、それだけではないだろう。天禄・天延年間の貴族社会での馬をめぐる情勢や認識が、摂関期のそれとは異なっていたことがその原因と考えられる。親信の時代は、前節で見た『延喜式』に則った馬寮を中心とする馬政システムが機能していた時期であった。私的な馬の記載が少ないことも、私馬所

有の国家的管理体制が機能していたためであろう。貴族達が馬の調達にまだ躍起になっていない時代、一部の権門が多くの馬を所有することに関心を抱いていない時代――しかしながら、その矛盾と変質は日記の記事にも現れてきている。本節では、『親信卿記』の馬関係記事に垣間見られる変化の要素から、馬寮の機能縮小とその影響を探り、次の十一世紀への展開を考察する。

第一の変化は、勅旨牧貢馬制の停滞である。承平五年（九三五）に始まった平将門による関東の兵乱は、勅旨牧の存在する四カ国の在地に強い影響を与え、これまで守られてきた貢進期限が延引されるようになった。もちろん原因はそれだけではなく、十世紀後半以降の国家の地方支配の弛緩が馬政にも影響を与えた結果であることは、山口英男氏の指摘された通りである。[21]以後、駒牽は貢進違期と例数減少を繰り返し、結局、寛徳三年（一〇四六）二月二十二日の甲斐勅旨牧駒牽の記録を最後に、八月十六日の信濃駒牽以外の御馬の貢上は行われなくなった。[22]その結果、馬寮は信濃から毎年貢上される三十疋の馬のみをその活動の基盤に置かざるを得なくなるのである。

『親信卿記』に見られる駒牽の記事も、五件のうち5の武蔵国秩父牧駒牽は十月二日、12の同駒牽も九月十三日、同年の信濃国望月牧駒牽（13）は十一月八日と、三件までもが式日を一カ月以上遅れての貢進である。また貢上数も、式日を守っている信濃勅旨牧駒牽が三十疋（式規定は六十疋）、同国望月牧が八疋（式規定は二十疋）であり、両方ともこれまでの最低数となっており、以後旧に復することはなかった。既にこの時点で、勅旨牧貢馬は馬寮の供給源の役割を、十分に果たせなくなっていたのである。

供給の減少とともに問題になるのが、馬の中央での需要形態の変化である。前節第一項で見たように、国飼馬を利用すると定められた行幸・節の料馬が、次第に馬寮の厩馬を用いるようになる。もともと儀式用馬、中でも諸祭の祭馬の提供を義務の一つとして果たしてきた寮馬の利用スケジュールは、かなりハードなものであった

表2　公的諸祭日程表(馬を用いるものに限る)

月	日	祭名	延喜式規定	その後の変化
2	上申	春日祭	神馬4　走馬12	
	上酉	率川祭	神馬2	
	上卯	大原野祭	神馬4　走馬10	
	4	祈年祭	祓馬11(各11ヵ)	
	中丑	園韓神祭	祭馬2	
3	中午	石清水臨時祭		天禄2(971)　左右十列(10)
4	上卯	大神祭	走馬12	
	上申	平野祭	祭馬4	寛和元(985)　平野臨時祭　十列(10)
	〃	松尾祭	走馬2	
	〃	杜本祭	走馬10	延喜9(909)　1人の使が両社へ
	上酉	当宗祭	走馬10	
	〃	梅宮祭		天慶8(945)
	4	広瀬龍田祭	祓馬3	
	中子	吉田祭		永延元(987)
	中申酉	賀茂祭	走馬12　中宮走馬2　女騎4	左右十列
6	11	月次祭	祓馬2	
	晦	大祓	祓馬3	
7	4	広瀬龍田祭	祓馬3	
8	15	石清水放生会		天延2(974)　左右十列(10)
9	11	伊勢大神宮奉幣	祓馬2	
11	上巳	山科祭	走馬10	
	上申	平野祭	祭馬4	
	〃	春日祭	神馬4　走馬12	
	〃	杜本祭	走馬10	
	上酉	当宗祭	走馬10	
	〃	率川祭	神馬2	
	中子	大原野祭	神馬4　走馬10	
	中丑	園韓神祭	祭馬2	
	下酉	賀茂臨時祭		寛平元(889)　左右十列(10)
12	11	月次祭	祓馬2	
	晦	大祓	祓馬3	

（表2参照）。これに加えて、九世紀末以降も賀茂臨時祭・石清水臨時祭・石清水放生会・梅宮祭・平野臨時祭への定期的奉幣が新たに定められており、みな十列を行う走馬が奉ぜられている。以前から行われていた恒例の諸祭にこれを加え、行幸・節への供給を合わせると、馬達の負担は相当なものであったと推測できる。『親信卿記』を見ても、賀茂祭における女騎料供給および御馬御覧（1・7・10）や、賀茂臨時祭における御馬御覧（14）、石清水放生会における左馬寮馬による十列奉納（11）などの祭馬提供の他、8のように女御藤原媓子が堀河院に退出する際に左右馬寮の馬を引かせている記事もあり、京中における公的な馬の主要な需要は、馬寮が一手に担う状態であることがわかる。

最後に、寮馬の消費的利用の増加があげられる。寮馬運用の基本は、厩馬を用途に提供し使用後再び厩へ戻すものであり、この限りにおいては厩馬数の増減はない。消費的利用も、神社への奉納として以前から行われているが、これら丹生川上・貴布禰両社への祈雨・祈晴奉幣[23]も含めた臨時奉幣は公的性格が強く、十一世紀まで目立った変化は見られない。問題は天皇から下賜される馬である。皇親の通過儀礼での引出物馬は、親王及び一世源氏の元服で加冠役を務める者に馬を下賜するもので、九世紀以後、諸儀式が整備される中で元服儀礼として慣例化されていった[24]。これは十一世紀には内親王の着袴・着裳などにも取り入れられていく。

また、赴任に対する餞にも馬が下賜されるようになる。一般に、任国へ赴任する受領に殿上で御衣を賜うことは『新儀式』から見え、実際にも赴任奏上に対する禄は延喜頃から見えるが、その際に餞として寮馬を賜うことは全く見られない。それが、康保二年（九六五）には宇佐使の藤原懐忠が、長和四年（一〇一五）には太宰権帥藤原隆家が、それぞれ御前において餞に寮馬を給わっている。なお、『親信卿記』では表1の6で丹後に罷り下る乳母源輔好娘に左右馬寮の馬各一疋を給う記事が見られるが、これは「是元子例也」と例を割註に引くところから、かえって乳母への餞馬がまだ一般化されていなかった証左と解せよう。しかしこのような餞馬は、その後次第に増加する。引出物や餞の馬は、臣下の間では十世紀前半頃から見られるようになり、貴族間での慣行が公的にも取り入れられたものであろう。

　このように、十世紀における馬寮をめぐる情勢の変化は、供給の減少・需要の増大・消費的利用の増加という問題を内在化させることになった。もちろん、太政官および馬寮はこれを克服するために直接勅旨牧に択馬使を遣わして貢上馬を確保する努力[25]をはらっているが、既に現地の牧ではこのような対応が効を奏することはなく、以後、太政官は地方支配の強化を諦め、中央での馬の確保とその質的向上[26]を目指すようになる。

　馬の確保は、勅旨牧貢上馬の独占というかたちで進められた。駒牽における臣下への御馬分与が、次第に行われなくなるのである。十世紀半頃から、御馬分与を隔年に行う慣行が生まれた。『小野宮年中行事』牽上野勅旨御馬事には「依位階次第取之。殿上侍臣隔年給之。但延喜七八年例頻年給之」とあり、儀式書に公然と記されるまでになっている。『本朝世紀』天慶四年（九四一）九月二十二日の上野国駒牽では、「件上野駒。今年殿上侍臣等可給之年也。而今日内裏御物忌也。仍候殿上人々不可陣外。加之人多馬少。可物煩。今有時儀。皆悉給左右馬寮已了」とあり、今年が御馬分与を行う年か否かが意識されていることがわかる。また、ここで馬を馬寮だけで分ける理由として「人多馬少」きことが挙げられていることも重要である。

　十一世紀に入ると、この状態がさらに進む。長保二年（一〇〇〇）八月二十日に信濃勅旨諸牧駒牽で牽分のことを尋ねられた中納言藤原実資は、「先々件牧馬給公卿。近衛府。馬寮。而年来不給。若随仰将進止」と答えている（『権記』）。上野駒牽でも、寛弘六年（一〇〇九）五月一日には「上野御馬三年一度一給云々、此度當其年乎如何」と問題になっていることがわかる（『権記』）。このように、信濃・上野駒牽における御馬分与は次第に行われなくなり、勅旨牧からの貢馬はみな馬寮に分けられて公の用途に供されることになる。

　興味深いのはその一方で、駒牽に参列しない院・東宮・摂関に対して、馬寮分取よりも先に貢馬各一疋を選び、使に付して届けさせる「牽分」が恒例化することである。中込氏が指摘するように、[27] 表1の3の駒牽において、欠席の太政大臣（摂政）藤原伊尹への牽分の有無が議論された結果、「准見参可給」という結論になっており、摂関牽分の恒例化はこれ以後のこととなるが、早くも二カ月後の5や二年後の12では、牽分を受けていることがわかる。天皇の馬であるから院・東宮という身内への牽分は当然のことながら、摂関が君臣秩序において他の公卿から抜きんでる動きが既に見いだせるのである。しかもこの牽分は、家臣への御馬分与が行われなかった甲斐・武蔵両国の駒牽においても、行われているのである。

馬寮の寮馬確保政策が進むことで切り捨てられたのは、貴族所有馬の管理という側面であった。前節で見たように、中央貴族の私馬所有は馬寮の国家的管理のもとで階級的に釣り合いのとれたものとなっていたのであるが、御馬分与による騎馬収入の保証がなくなると、私的に馬を入手できない人々と、これまでの所有制限を越えて馬を所有できる人々との差が大きくなる結果になる。特にこのような馬の集中は、財力のみならず政治的権力に大きく左右され、その結果十一世紀に入ると、摂関家を中心とした一定の権勢家のもとに馬が独占所有されるようになるのである。[28] 永延元年（九八七）六月二十九日に、先月二十一日の祈雨奉幣の報賽として賀茂参詣が行われた時（『小右記』）、左右馬寮の十列奉納の後に公卿からの献馬が行われたが、その負担数は摂政（藤原兼家）十疋、左右大臣（源雅信・藤原為光）各四疋、大納言二疋、参議一疋である。また長徳三年（九九七）五月十五日、左衛門馬場で臣下走馬が行われた時の上達部出馬は、左大臣藤原道長が十疋、右大臣藤原顕光が二疋、左大臣藤原公季・大納言源時中・左衛門督藤原誠信・修理大夫藤原懐平・勘解由長官源俊賢・宰相中将藤原斉信がそれぞれ一疋ずつとなっている（『小右記』）。これらは実際に所有馬を提供するのであるから、所有数がそのまま分配に反映されているはずである。[29]

これらの例に見られる騎馬の所有格差は、十世紀前半に見られた階級的にバランスの取れたものではない。摂関家という一握りの権門のもとに馬が集中的に集められ、逆にその他の人々の私馬所有は規模が小さく格差の少ないものになっているのである。所有数において見る限り、それが摂関期の貴族達の私馬所有の現実であった。しかしながら十世紀以降、摂関期に入っても、諸儀式は貴族政治の中心に置かれており、それに馬を提供することが馬寮の重要な役割であることは変わらないはずである。馬寮が私馬所有管理の役割を放棄することは、とりもなおさず儀式での貴族達からの騎馬提供を危うくさせることにほかならない。祭使や奉幣使等に任ぜられる官人は、申請すれば騎用の料馬を馬寮から借り請けることができ[30]、実際にもそれらの例は見られるが[31]、多くの走馬を用いる春日祭や賀茂祭等では料馬を提供するのに手一杯で、寮馬を騎用馬として官人に貸すどころではないと推測できる。一般の貴族達は自己の馬所有も容易ではなく、馬寮からの借用もできないとなれば、つてを頼って人から馬を借りるしかない。その貸し手の有力な中枢となったのが摂関家であった。貴族の私馬所有の具体的な展開については別稿で検討する予定だが、十世紀を通して、馬寮の機能縮小にも関わらず、馬寮の厩馬と貴族の所有馬によって儀式用馬を賄うかたちは守られ続ける。それが行われ得た要因は摂関家の私馬所有に負うところが大であった。

おわりに

十世紀後半以降、勅旨牧からの貢馬が停滞するようになると、馬寮は寮の厩に一定数の良馬を確保して諸儀式の馬の要請に応じるようになった。その経営はかえって利用目的とその需要にかなった合理的なものになったが、馬の少数化は時として儀式馬の不足と質的低下につながる。長和五年(一〇一六)六月二日、後一条天皇が即位後、新造一条院へ遷御した際、摂政藤原道長は馬十疋を貢上したが、これを左右馬寮に分けるとき、左馬頭藤原保昌が「左馬寮には今馬が六疋しかいないので今日の貢馬を六疋ほしい」と申し出ている(『小右記』)。また長元四年（一〇三一）三月二十二日の石清水臨時祭では、走馬料として左寮に七疋・右寮に三疋の馬が課せられた。左寮の七疋はよく飼われているが、右寮の三疋は疲瘦がひどく使い物にならず問題になっている。七疋しかいない左寮はそれできちんと役目が果たせているのである（『小右記』）。この他にも馬寮で馬が足りずに問題になっているのは、たいてい馬が十疋以下しかいなかったり、いても使い物にならない場合であるが、ただ、数ある行事の中で馬が利用できず問題となるのはそう多くはない。要は不測の消費をどう乗り切るかということと、馬寮官人――特に頭・助クラスの厩経営の力量だったようである。そして、いざ寮馬が不足して儀式用馬が出せなくなると、貴族間で馬を持ち寄って穴埋めをすることになるのだが、この場合中心になるのが、摂関家や小野宮家のような馬を集中所有する一部の権門であった。馬寮の機能縮小は、結果として馬寮と中央の貴族達が互いに補完して馬を出し合うことにより、中央の馬の需要を満たすシステムを作りあげることになる。それは十世紀初め頃から整ってくる、儀式を中心とした中央の政治形態に対応する馬政システムが、基本形はそのままで、広く貴族層をも含んだ共同体制として順応していく過程であり、十一世紀の摂関期の貴族社会に適合した馬政システムが最終的に形成されたと考えて良いのではないであろうか。

『親信卿記』の馬の記述は、摂関期の馬政体制への過渡期に残された数少ない日記として、貴族社会の姿と内包する矛盾を解く、格好の材料を与えてくれているのである。

（1）加瀬文雄「藤原道長をめぐる馬と牛」（佐伯有清先生古希記念会編『日本古代の社会と政治』、吉川弘文館、一九九五）、中込律子「摂関家と馬」（服藤早苗編『叢書・文化学の越境四　王朝の権力と表象――学芸の文化史――』、森話社、一九九六）。

（2）山口英男「八・九世紀の牧について」（『史学雑誌』第九十五編一号、一九八六）。

（3）平安時代を通して一月七日に白馬節が行われていたことは史料的に確認できるが、料馬に関する記述が全く見られない。ただ、『小右記』万寿元年十一月三十日条に、大和守源政職が実資のもとから、白馬料にあてるための葦毛馬を借りていることが見え、これを大和国からの国飼馬として提供されたとみることはできる。

(4) 五月五日節の変遷については、大日方克己『古代国家と年中行事』(吉川弘文館、一九九三)第二章に詳しい。

(5) 馬寮式寮牧条には、近都牧に「諸国所貢馬牛」を放つことが規定されているが、これは諸国牧からの貢繋飼馬に限られるものではないと思われる。主税式馬皮条の「諸国牧馬」や、馬寮式御馬入京抹条の「諸国牧馬」には勅旨牧貢馬も含まれているからである。逆に諸国牧貢進の馬は「諸国所貢繋飼馬牛」との表現がとられていることからも、ここでは「諸国から貢上されてきた馬牛」全般を指すと考える。

(6) 応和三年(九六三)七月十五日の二十八社奉幣のうち丹生川上・貴布禰両社への奉馬は、繋飼馬を用い尽くしてしまったため「野放馬」をあてることが許されている(『祈雨記』)。また、康保三年(九六六)七月四日の広瀬龍田祭においても、繋飼馬がないため「野飼馬」があてられている(『北山抄』)。

(7) 祓馬は祈年祭・月次祭等の神祇官の行う祭祀に用いられる馬。神馬は春日祭・大原野祭等一部の公祭で奉ぜられる馬で、神前を牽きまわす。祭馬は平野祭・園韓神祭に用いられる馬、走馬は賀茂祭・春日祭等の公祭で十列と呼ばれる競馬を奉納する馬である。走馬はどの馬を用いるかの規定が示されていないが、馬寮式厩畠条に美豆厩の野地に「諸祭料馬」を夏月の間放牧する規定がある。近都牧馬を美豆に移して放牧する必要はないと考えられるので、馬寮の櫪飼馬を指しているのであろう。祭馬四疋のみに対する規定とも思えないので、おそらく「諸祭料馬」は祭馬と走馬を指していると考える。

(8) 近衛府式行幸条では、行幸で近衛府少将以下の官人二十五人が騎隊を組むことが定められている。これらは「皆用官馬」い、近幸では五人減じて二十人にするとある。馬寮式巡幸条では、馬寮が行幸に走馬二十五疋を提供することが定められているが、これも近幸は二十疋であり、近衛府官人用の馬であることが推測できる。使用する馬の種類は明記されていないが、太政官式行幸条に「前余日仰下諸国。令進国飼御馬。左右馬寮定数奏之。左右馬寮儲負印馬。用諸国所貢繋飼御馬放近牧者」とあるにもかかわらず、国飼馬のみ充所がわからないことから察して、走馬に国飼馬があてられた可能性は高いと考えられる。

(9) また、主税式国飼抹条には青馬牽夫を畿内および近江・丹波から出し、その料として十二月二十五日から正月八日まで人別米一升二合・塩一勺二撮を給することが定められており、青馬の供給源として国飼馬がかなりのウェイトを占めていたと思われる。

（10）馬寮式衛府馬牛条に、兵衛府の夜行用馬は毎夜櫪飼馬をあてるとあり、検非違使馬条では衛門府の乾蒭を櫪馬にあてるため馬寮に割いている。実際にも『続日本後紀』承和八年（八四一）一月十四日条の左右兵衛府の言によれば、「旧例は夜行の御馬は馬寮の飼丁が馬を朱雀門下に牽いて来、それに乗って城中を巡検した。ところが弘仁年中にその騎料馬が府に配されると馬が死んでしまってもすぐに請け替えることができず困っている。願わくば旧例に戻して欲しい」ということで、この申請が受け入れられている。

（11）これらに対して臨時奉幣等の馬には、特別の場合を除いて繋飼馬があてられている。これは奉納という儀式が伴うものの、奉納という消費目的である関係上、高度な調習を受けた櫪飼馬を出すことを避けたと考えられる。

（12）時代は下るが、『小右記』寛仁二年（一〇一八）五月十四日条では、馬頭藤原輔公が私恨を果たすため道長の威を頼んで右馬允為政の所有する陸奥交易御馬を取り上げたことが見える。これは前頭藤原能通が為政に給わったものであるが、陸奥交易馬は院・東宮・摂関に牽き分ける他は全て馬寮に分配する原則であり、これは馬寮に分配された交易馬を右馬頭がその権限において馬寮官人に騎用のため給わったものと推測できる。輔公の言い分では、為政が御馬を散用している話が道長の耳に入ったための措置ということであるが、このことから為政に配された交易馬が、実質、為政の所有に帰していることがわかる。

（13）前掲註(2)山口論文。

（14）『小野宮年中行事』牽信濃国勅旨御馬事。

（15）駒牽における御馬分与が記されているのは『九条年中行事』の信濃、『西宮記』の信濃・上野、『小野宮年中行事』の信濃・上野の諸駒牽であり、時代は下るが『江家次第』には「又至信濃上野馬者。可給上卿侍臣事。可候気色」と明記されており、これら両駒牽に限って、天皇に伺った後、御馬分与が行われていたことがわかる。実際に、駒牽の記録を通覧しても、その他の牧での分与形式の貢馬下賜は行われていない。

（16）大日方克己「平安時代の御馬逓送」（『交通史研究』第十九号、一九八八）。

（17）『政事要略』巻二十三・年中行事八月下・牽上野勅旨御馬。

（18）『続日本紀』巻八・養老五年三月九日条。その他、所有制限ではないが、権門らの馬獲得競争の激化から生じる諸問題解決のための出馬禁制は、九世紀に何度か出されている。

(19) 村岡薫「律令国家の官牧馬政策とその意義」（竹内理三先生喜寿記念論文集刊行会編『律令制と古代国家』、東京堂出版、一九八四）。

(20) 延喜兵部省式走馬条では、五月五日節の臣下走馬に提出する馬数が官職および位階順に示されている。この規定は『弘仁式』にさかのぼることができ、節での走馬の催し自体、大宝元年（七〇一）五月五日の「令群臣五位已上出走馬」（『続日本紀』）を初出としていることから、養老の蓄馬制限をベースに諸貴族の実際の所有数をふまえた上でこの規定が設けられ、実際に運用されたと考えられる。また、『西宮記』に引かれた延長五年（九二七）五月三日の駒牽の例でも、臣下走馬の結番は親王四疋・大臣六疋・大納言四疋・中納言三疋・参議二疋となっている。具体的な馬の所有数を示す史料は少ないが、貞観八年（八六六）応天門放火の疑いをかけられた源信が武装解除を行った際、家中の駿馬十二疋を献じようとした記事が『日本三代実録』に見られる。この所有数は、養老の詔による大臣二十疋の制限範囲内である。

(21) 前掲註(2)山口論文。

(22) 駒牽の変化を分析した研究としては、大日方克己「駒牽の基礎的考察」（古代史研究会編『古代史研究』第六号、一九八七）がある。

(23) 神祇式には祈雨奉幣には黒馬、祈晴奉幣には白馬を両社に加奉すると定められている。これらを永奉とするのは、馬寮式返却条で「但臨時奉名神馬非此限」と定められている名神に両社が該当することと、丹生川上社の四至を定めた寛平七年（八九五）六月二十六日官符（『類聚三代格』）に「自昔至今奉幣奉馬。仍四至之内。放牧神馬」と見られることからである。その他、伊勢大神宮を始めとする奉馬も、名神への臨時奉幣であるため永奉と考える。

(24) 醍醐天皇第一皇子克明親王の加冠役を務めた藤原忠平に寮馬二疋が贈られた例があり（『親王御元服部類記』）、醍醐朝に編集された『新儀式』第五・親王加元服事の加冠人の禄の注記に「白褂一重。御衣一襲。大臣加白橡表御衣。或歌遊次。召左右馬寮十列。各一疋加給」とある。しかしそれ以後、十一世紀にいたるまで、加冠での引出物馬の実例は見られない。

(25) 『本朝世紀』天慶四年（九四一）十一月十日条・十二月十五日条・同二十六日条。

(26) 十世紀半頃から制度化される陸奥交易馬貢上は、勅旨牧制度の衰退を受けての対応ではなく十世紀前半の陸奥支配の強化に伴い実現したものであり、そこに期待されたのが貢上馬数の増加よりも、良馬を入手することによる寮馬の質向上であることは、筆者が平成元年度古代史サマーセミナーで発表し、同年十月三十日に日本史研究会古代史部会で「陸奥交易馬制の成立と意義」として報告したところである（『日本史研究』第三四〇号の部会ニュースに報告要旨が掲載されている）。

(27) 前掲註(1)中込論文。

(28) 前掲註(1)加瀬論文・中込論文。

(29) 特に長徳の場合、走馬を出すのにあと一疋足らず、方々に仰せて補充させたことが記されており、これだけのメンバーが揃っていてもあと一疋が出せない状態であることがその傍証となる。

(30) 『西宮記』巻七・臨時奉幣、『江家次第』巻十二・於神祇官被立奉幣使儀・同祈雨奉幣。

(31) 応永三年（九六三）七月十五日、伊勢大神宮以下二十八社奉幣の際、春日使左衛門佐正輔と丹生使神琴師大中臣高枝が、騎馬の無い旨を申して御馬を貸し与えた例（『祈雨記』）を始めとして多く見られる。表1の2も同様の状況が推測できる。原則として臨時奉幣使への貸与と思われるが、十一世紀になると賀茂禊祭料その他諸祭の騎用料や摂関家賀茂詣扈従用馬など私的用途のための貸借も見られるようになる。

【付記】　本稿は、平成三年三月に奈良女子大学大学院文学研究科修士学位論文として提出したものに一部手を加えたものです。以後十年、稿を成すにいたらなかった筆者に対し、絶えず執筆を促し、関係論文が発表されるたびにご教示下さった京都大学総合人間学部教授・西山良平氏に、この場を借りてお礼申し上げます。

なお、本稿再校中、佐藤健太郎「平安前期の左右馬寮に関する一考察」（『ヒストリア』第一八九号、二〇〇四）に接する機会を得た。馬寮の役割について本稿と若干重なる部分も存在しているが、検討・改稿することができなかった。また、佐藤論文中に引用されている加瀬文雄「平安時代における馬寮所管馬の充用」（佐伯有清編『日本古代中世の政治と文化』、吉川弘文館、一九九七）については、筆者の認識不足から存在を知らぬまま論述にいたってしまった。不勉強を恥じると共に、ご容赦を乞う次第である。

【補論6】

『親信卿記』と内侍

中岡泰子

はじめに

天延二年（九七四）四月十九日は賀茂祭日であった。『親信卿記』には四月十四日条から二十日条にわたってその様子が詳細に記されている。その中に「内侍不候」の際にどのように行事すべきかという注記が頻出することに気付く。該当個所を以下に引用する。

十九日、酉、祭日也、（中略）、内蔵寮使紀時文参入、給宣命、昨内記紀斉時依内侍不候、令蔵人奏之、（中略）

廿日、戊、早旦見物、（中略）

賀茂祭雑事

午日、御禊事、（中略）、先於一日、令内侍奏可警固之状、無内侍、上卿於陣座、令蔵人奏（A）、（中略）

酉日事、（中略）、内侍参入、奏男女使参由、無内侍代官奏之（B）、

命婦、蔵人、闈司、中宮命婦、蔵人、近衛府使、内蔵使、馬寮使、中宮使、

近衛府使率舞人等参内侍所、令奏事由給禄、若召御前有儀、

命婦・蔵人・闈司参入御前、即給禄各有差、無内侍代官奏之(C)、(中略)

宣命事、

先於一日、内記付内侍所、当日奏件宣命、内侍奏内蔵寮使参之由、即給禄之比、給件宣命、

内侍不候、上卿当日令蔵人奏之(D)、(中略)

戌日、差垣下、

上卿付内侍令奏解陣由、(中略)、無内侍、付蔵人令奏(E)、(後略)

まず、四月十九日条では、内蔵寮使紀時文が参入し、宣命を給わったが、それは昨日内記が「内侍不候」であったため、蔵人に奏させたものであった。また通常の日記文の後に、「賀茂祭雑事」として午日から戌日までの行事マニュアルが記されているが、「午日」の警固すべき状を内侍に奏させる際(A)、内侍がいない場合は蔵人をして奏させていることが分かる。「酉日事」では、内侍が参入し男女の使が参る由を奏す時(B)、またその使が禄を給わりに参入する際の奏(C)において内侍がいなければ代官を用い、宣命奏(D)においても、「内侍不候」であれば上卿が当日蔵人に奏上させると見られる。さらに戌日に上卿が内侍をして解陣由を奏させる際(E)には、内侍がいなければ蔵人が代わりに奏すことが記されている。このように四カ所にわたって「内侍不候」(もしくは「無内侍」)が見られ、(B)(C)は「代官」と記されるものの、それ以外は蔵人が内侍の代わりに事に当たるとされている様子がうかがえる。本条からは「内侍不候」という状態があたかも恒常的であったかのように見受けられ、実際、天禄三年(九七二)の賀茂祭では「内侍不候」であったためかは記されていないものの、本条と同様、祭前日に内記が宣命を持参し、蔵人に付して奏聞している。[1]その一方で、本条の前年、天延元年(九七三)の賀茂祭日の日記には「内蔵寮使付内侍令奏参由」と見え、[2]内蔵寮使が参った由を内侍に付して奏聞させている。『親信卿記』は平親信が蔵人在任中の日記であり、蔵人と内侍の関係から、この時期の内侍のあり方が垣間見え

る史料である。本稿では、これらの史料に見られる「内侍不候」の背景となる、この時期の内侍の存在形態について考えてみたい。

一　内侍と蔵人——研究史の整理——

内侍と蔵人について考えるにあたり、今までの研究を整理しておきたい。

令の規定では、尚侍二人・典侍四人・掌侍四人・女孺一百人を定員とし、奏請・宣伝を職掌とする内侍司であるが、[3]その「内侍司」は弘仁初頭、蔵人所の創設前後から、新たに「内侍所」と呼ばれるようになった。[4]土田直鎮氏はその職掌のうち宣（内侍宣）について考察され、平安中期以後の内侍宣は、その実、蔵人の宣に変わっていき、内侍宣は内廷に関する事項に限って用いられるようになっていったといわれている。[5]森田悌氏もまた、土田説を受け継ぎ、内侍司と蔵人所との間に交替があったと考えられ、内侍が候していない時（内侍不候の時）は蔵人に付して行うという規定を利用して、内侍の職掌を蔵人が蚕食していったとされている。[6]

これらの説を継承しながら、さらに詳細に論じられたのが吉川真司氏である。内侍は、本来、南庭や陣座からの上奏を取り次いだり召の勅意を示す際、紫宸殿の四面をめぐる簀子敷の東南部で受け取っており（内侍の「臨檻」）、「内侍に付す」奏というのも、この場所で内侍に文書や物品が手渡され、紫宸殿にいる天皇に奏覧するものであったのが、天皇の紫宸殿不出御や儀式途中での還御、また内裏の穢や日没などによって、南庭からの奏が不可能になった場合、温明殿にあった内侍所に付すという方法と、蔵人や殿上弁に付して天皇の居所である清涼殿に直接奏する方法とが使われるようになったと指摘されている。また、この二つの方法は、内裏内郭の外からの奏は内侍所に、内郭内からの奏は蔵人や殿上弁に付されるというように使い分けられていた。内侍所に付す奏は簡便であったため、少なくとも九世紀初めには「内侍に付す」奏の多くが「内侍所（または内侍司）に付す」

奏に変わり始め、さらに九世紀中葉以降の紫宸殿不出御が、清涼殿への蔵人の伝奏を増加させ、また宣下についても同様であって、奏宣官としての蔵人や殿上弁の活躍が、十世紀初頭には内侍を凌駕するにいたったとされている。[7] 春名宏昭氏の見解も、以上の吉川氏の説と基本的に同様であり、「内侍は、国家意志定立とは無関係の事柄もしくは蔵人が扱わないような小事について天皇との取り次ぎを行うにすぎなくなった」と述べられている。[8]

また、九世紀から十世紀にかけての内侍と蔵人の「奏」を検討された柳田千冬氏は、蔵人の奏との比較の中で内侍の関わる奏は「ほとんどが物品または書状の奏上」で、天皇に口頭で申し上げる奏は「奏聞というよりは特に勅答や仰せを受ける必要のない、単なる報告と言っても良いもの」であるといわれている。[9]

これらの研究はすべて、内侍の職掌が蔵人に取って代わられていくという結論であり、それとともに内侍の官僚機構内における位置づけが低下していくというものである。吉川氏は、尚侍は円融朝前後に天皇や東宮のキサキの称号と化し、乳母・典侍―掌侍―命婦―女蔵人という構成をとる「上の女房」（天皇に仕えた女房）と分離するといわれているが、[10] 内侍司は解体しながらも、中世以降も存在し続ける。その解体期ともいうべき円融朝の内侍の様子を親信は記しているのだが、それらの記事を理解すべく、平安中期の内侍所について見ていきたいと思う。

二　「内侍不候」

『親信卿記』の賀茂祭に「内侍不候」という文言が頻出することを冒頭で確認し、その際蔵人が代わりをつとめるという規定を利用して、蔵人が内侍の職掌を蚕食していったと考えられていることを研究史から見てきたが、[11] この「内侍不候」という文言はこの時期の一体どのような状態を示すのであろうか。

そこで、『親信卿記』が書かれた時期を中心に、前後それぞれ数十年にわたる史料のなかから「内侍不候」「不

表1　平安中期の「内侍不候」

年　月　日	行　　事	事　　由	代　官	出　典
昌泰元 (898) 6/28	八十島使	典侍俄有障	五位蔵人	江家次第 日本紀略
延喜13 (913) 2/10	内印	内侍不候	蔵人	西宮記
延長元 (923) 11/15	新嘗祭	掌侍等有障不参	命婦	日本紀略 西宮記
承平4 (934) 11/12	平野祭	内侍有障不参	命婦	北山抄
5 (935) 2/5	内印	内侍不候(→蔵人不候→)	上卿	北山抄
5 (935) 6/28	臨時奉幣	—	命婦	本朝世紀
7 (937) 1/1カ	節会(奏見参)	内侍早帰	頭	西宮記
7 (937) 4/15	賀茂祭(解陣)	—	内侍代	親信卿記
天慶元 (938) 4/1	旬	内侍不候	—	貞信公記抄
元 (938) 4/21	賀茂祭(解陣)	内侍不候	蔵人	九暦
元 (938) 11/9	内親王薨(奏)	内侍不候	蔵人	本朝世紀
元 (938) 11/24	豊明節会	—	—	吏部王記
4 (941) 12/10	御体御卜奏	内侍不候	闈司	本朝世紀
4 (941) 12/29	内印	内侍不候	(停止)	本朝世紀
9 (946) 7/12	止雨奉幣使	内侍不候	(幸八省停止)	貞信公記抄
天暦元 (947) 7/9	臨時奉幣	内侍不候	—	日本紀略
2 (948) 6/10	御体御卜奏	内侍不候	蔵人	日本紀略
4 (950) 10/14カ	内親王薨(奏)	内侍不候	蔵人	西宮記
5 (951) 6/10	御体御卜奏	内侍不候	左大臣	西宮記
7 (953) 9/11	伊勢例幣	内侍命婦等申障	神部裹幣物	西宮記
天徳3 (959) 12/10	御体御卜奏	内侍不候	蔵人	九暦
4 (960) 3/5	内印(奏内案)	—	内侍代	西宮記
4 (960) 10/21	内印(奏内案)	内侍不候	内侍代命婦	西宮記
応和元 (961) 4/17	賀茂祭(奏宣命)	内侍不候	蔵人	西宮記 北山抄
元 (961) 6/29	節折(伝宣)	内侍不候	蔵人	西宮記 江家次第
元 (961) 12/11	月次・神今食	—	蔵人	西宮記
2 (962) 2/13カ	園・韓神祭	内侍不候	女史	西宮記
康保元 (964) 1/10	女叙位(給位記)	内侍不候	代官	西宮記
2 (965) 4/21	賀茂祭(諸衛警護事)	内侍不候	蔵人頭	西宮記
天禄3 (972) 7/10	請印	—	内侍代	親信卿記
3 (972) 9/13	伊勢例幣(裹幣幣帛所)	内侍申障不参	博士・命婦	親信卿記
寛和元 (985) 2/17	祈年穀奉幣(扈従)	内侍一人不候	代官(女史)	小右記・勘例
元 (985) 11/21	大嘗会	内侍不候	蔵人	小右記
長和2 (1013) 2/10	春日祭	掌侍不参(有煩)	女史	小右記 御堂関白記
2 (1013) 11/1	御暦奏	内侍不候	蔵人	樗嚢抄
4 (1015) 8/12	釈奠内論義	内侍不候	—	小右記
万寿元 (1024) 9/19	行幸	内侍不候	関白	小右記

注：「—」は史料中に記載がないもの　　(昌泰年間から万寿年間を対象とした)

参」等と見えるもの、あるいは代官が用いられているものをあげたのが表1である。「内侍不候」の際には代官が立てられることが圧倒的に多く、『親信卿記』では蔵人が代官としてあげられていたが、それ以外にも「命婦」「闈司」「女史」等の代官も見られることが分かる。昇殿の必要が無い場合は蔵人以外でも代官が可能であり、また、女官でしか不可能な代官もあったと考えられよう。『親信卿記』には賀茂祭の宣命について、承平七年（九三七）の例として「件年有内侍代、非命婦不奏」と記されているが、[12]この場合は、この内侍代が昇殿できなかったため奏上できなかったのであろう。

さらに、天徳四年（九六〇）三月五日の内印においては「以蔵人藤親子令内侍代奏内案、依有早給官符也」と見られ、[13]迅速に事務処理を行う必要性から内侍代が用いられている。「内侍不候」と史料には記されていないものの、『西宮記』（臨時一・内印）には「内侍出出南殿艮階上、少納言付内案（中略）、内侍進御所奏之」と、本来ならば内侍が南殿に出て内案を受け取ることになっており、これも「内侍不候」の一例であると見ると、迅速処理のために代官が立てられることがあったと考えられよう。

では、「内侍不候」とは、どういう状態なのであろうか。天慶元年（九三八）十一月九日、同月五日に死去した勤子内親王の薨奏にあたり、「内侍不候」であったため上卿が蔵人をして内侍代に奏させているが、「又天皇遷御綾綺殿以降、諸付内侍奏文、令持史生、廻自北方、参会於南殿西、少納言廻自階下、相会於南殿与仁寿殿間、付奏於内侍」とあり、[14]綾綺殿御所には天皇とともに内侍がいたことがうかがえるのである。とすれば、天暦元年（九四七）七月九日の臨時奉幣に「天皇不御八省院、又内侍不候」と見えるのは、[15]天皇に内侍が近侍したがゆえ、天皇不御とともに内侍も不候であったと解することができるのではないだろうか。延長元年（九二三）十一月十五日の新嘗祭、天慶元年（九三八）十一月二十四日の新嘗祭でも同様に天皇の出御が見られない。[16]既に吉川氏によって、天皇の紫宸殿出御が少なくなるに従って内侍の奏宣が後退し、代わって清涼殿への蔵人や殿上人の奏が前面に現れるようになると指摘されているが、[17]内侍が天皇に近侍したために、天皇の紫宸殿不出御の際は内侍も儀式に現れず、「内侍不候」という状態になったと考えられよう。天皇近侍の内侍であるがゆえに「天皇不出御＝内侍不候」という状態が定着し、その結果、清涼殿への蔵人や殿上人の奏が増加するように見えるのではないだろうか。

それでは「内侍不候」という文言が見られなくなるのはいつからであろうか。森田氏は『西宮記』には内侍に付して奏すると見える勅書復奏が『侍中群要』では蔵人に替わっていることを指摘されているが、[18]さらに『江家次第』においても蔵人が奏聞しており、内侍はその中に見られない。[19]同様の例を御体御卜奏に見ると、『西宮記』では内侍が奏すことになっているが、[20]『江家次第』では蔵人になっており、「先例問内侍候不、近代不必問之、付内侍之儀久不見之故也」との割注も見られる。[21]また、『小右記』には十世紀末から十一世紀前半の政務に関する詳細な記述が残されているにも関わらず、表1の通り「内侍不候」はそれほど記されていない。つまり、十世紀中頃まで多く見られた「内侍不候」の文言は、その後、次第に見られなくなっていく傾向がうかがえよう。それは、内侍の不候が恒常化したためであり、その変化は天皇の紫宸殿出御が少なくなっていく時期に追従すると考えられる。すなわち、天皇の紫宸殿不出御が「内侍不候」という現象を恒常化させたといえよう。

三 「付内侍所」

前節では、「内侍不候」について見、それは天皇に内侍が近侍したがゆえ、儀式への参入が見られないという状態を表すのではないかと考えたが、天皇不出御の儀式に多く見られるものに「付内侍所」という奏聞の方法がある。先に吉川氏が、九世紀初めには「内侍に付す」奏の多くが「内侍所（または内侍司）に付す」奏に変わり始め、天皇の紫宸殿不出御などで南庭からの奏が不可能になった場合、内裏内郭の外からの奏は内侍所に付されたと指摘されていることを見たが、それは「内侍所に付す」奏が「簡便であったため」であると述べられている。[22]また『親信卿記』では、天延二年（九七四）の大神祭使発遣の際に「付内侍所令奏罷向之由」と見えるが、[23]この「付内侍所」という奏法は具体的にはどのように行われていたのであろうか。

そこで、平安中期の「付内侍所」の例を表2にあげた。「付内侍」と「付内侍所」についてはその区別が難しく、ここでは、御物忌・雨儀・日暮等の理由により、儀式中の奏上が不可能で内侍所に預けて奏させたと思われるものについて「付内侍」「付内侍所」両方からあげている。

その中で長徳二年（九九六）の御体御卜奏を見てみたい。この時は御物忌であったため、天禄の例に従い、奏を内侍所に付しているが、その際、次のようなやり取りがなされた。すなわち、内侍所に付すべきかを蔵人が天皇に奏上したところ、「若不可過今日者可付内侍所」との仰せがあり、「近代過十日令奏聞之事、未見聞也」との返答を聴いて、「早可付内侍所」と仰せ下されたのである。御体御卜奏は翌日に延引してはならなかったため、内侍所に付したことが分かる。[24]

また、寛和元年（九八五）の正月節会では天皇が南殿に出御しているにも関わらず、御暦奏を内侍所に付している。これは「中務輔□〔丞カ〕［　　　　］、但宮内輔丞等具候」とあることから、おそらく奏聞すべき中務省の官人が伺候していなかったために、内侍所に付して、儀式を円滑に執り行おうとしたのであろう。そして、この時も「御暦奏可付内侍所」との天皇の意向を受けて内侍所に付したのである。[25]

確かに、柳田氏が述べられるように、内侍の奏は「ほとんどが物品または書状の奏上」で、「政務について奏聞し仰せを受けるものではな」かったかも知れない。[26]ただ、ここに見た事例がいずれも天皇の仰せを受けて、奏を内侍所に付していることにも注目すべきであろう。「付内侍所」を天皇の判断とは関わらない、奏上する側にとって「簡便」な形態とのみ捉えることはできないように思われる。

付内侍所	備考	出典
	御南殿	西宮記
付内侍所	不出御	西宮記
	無御出	西宮記・日本紀略
	不御南殿	西宮記
付内侍所	雨儀	北山抄
付内侍所	依雨	日本紀略・西宮記
付内侍所奏	依雨	西宮記
		西宮記
		貞信公記抄
付内侍所令奏〈西宮記〉	出御、雨儀	西宮記・北山抄
	未御南殿	政事要略
		北山抄
付内侍所(御暦奏)	雨儀	貞信公記抄
付内侍所奏		扶桑略記
付内侍所	依大内穢	北山抄・貞信公記抄
	天皇行幸	北山抄・日本紀略
付内侍所	不御南殿	園太暦
	不御南殿	本朝世紀
	天皇御物忌	日本紀略
	不出御	西宮記
付内侍所	雨降	西宮記
付内侍所		日本紀略
付内侍所奏聞〈西宮記〉	丙穢	日本紀略・西宮記
付内侍所	不出御	九暦・日本紀略
付内侍所		日本紀略
付内侍所令奏	御物忌	西宮記
附内侍所		西宮記
	御物忌	西宮記・江家次第
付内侍所		江家次第
		西宮記

表2　平安中期の「付内侍所」

年　月　日	行　事	付　内　侍
斉衡2　(855) 1/7	御弓奏	付内侍奏
貞観13　(871) 1/1	御暦奏	
昌泰元　(898) 11/1	朔旦冬至	付内侍奏(見参)
延喜7　(907) 1/1	元日節会	付内侍令奏
8　(908) 11/1	旬	
10　(910) 1/12	卯杖	
13　(913) 1/12	卯杖	
13　(913) 6/15	郡司召	付内侍(宣命)
14　(914) 2/19	詔書覆奏	付内侍奏
16　(916) 1/1	節会	付内侍令奏〈北山抄〉
17　(917) 11/1	朔旦冬至	付内侍奏(表文)
17　(917) 11/23	詔書	付内侍奏
20　(920) 1/2	元日宴	
延長5　(927) 1/3	兵部卿薨奏	
5　(927) 12/10	御体御卜奏	
承平2　(932) 10/25	大嘗祭御禊	付内侍(見参)
天慶3　(940) 1/1	卯杖・御暦奏	
4　(941) 11/1	御暦奏	付内侍令奏
天暦元　(947) 11/1	御暦奏	於内侍奏
7　(953) 1/1	節会	付内侍(奏)
10　(956) 4/1	旬、御暦奏	
天徳元　(957) 1/3	卯杖	
2　(958) 4/21	賀茂祭(宣命)	付内侍奏聞〈日本紀略〉
4　(960) 1/1	節会・御暦奏	
4　(960) 1/3	卯杖	
応和元　(961) 11/1	御暦奏	
3　(963) 1/2	卯杖	
3　(963) 12/10	御体御卜奏	付内侍
康保元　(964) 1/7	節会	
元　(964) 5/2	御馬貢進解文奏	付典侍

なお、天元五年（九八二）には、二月十九日に東宮元服が行われたが、三日後の二十二日、「東宮宣旨及乳母等、就内侍所、以内侍令奏慶由」めている。これについて実資は「頗似懈怠、彼日中可奏也」と記している[27]が、このように日を経ての奏が出てくるようになったのは、「内侍所」がいわばメールサーバー的機能を有したことの現れではないだろうか。天皇不出御の際に「付内侍所」され、それをもって天皇への奏上の代わりとされた奏も、いったん内侍所に蓄積されたのち、時を見て天皇に奏聞されたと考えられよう。

付内侍所	（不出御時の例）	北山抄
付内侍所		近衛家文書
		親信卿記
付内侍所（葵桂）		親信卿記
付内侍所令奏		親信卿記
付内侍所	上卿不参	日本紀略・北山抄
付内侍所奏	依御物忌	日本紀略
付内侍所		樗嚢抄
付内侍所	上卿不参	園太暦
付内侍所（御弓奏）	出御、依入夜	小右記
就内侍所以内侍令奏慶由		小右記
付内侍所	国忌、御物忌	近衛家文書
付内侍所令奏	依内裏穢	小右記
付内侍所（御暦奏）		小右記
付内侍所（諸司奏）		小右記
		小右記
付内侍所	依有前例	小右記
付内侍所奏之	依内裏犬死穢	日本紀略
	摂政不参（御物忌）、天皇無出御	小右記
		本朝世紀
付内侍所（付掌侍）	上卿不参、触穢	本朝世紀
付内侍所	御物忌	小右記
	無御出	伏見宮御記録
付内侍所	上卿不参	権記
付内侍所（宣命）		小右記目録
付内侍所奏（御暦・氷様等）	出御	御堂関白記
付内侍所（諸司奏）	無御出	御堂関白記・権記
付内侍所	不出給	権記
付内侍所（御弓奏）	雨儀	権記・御堂関白記
		御堂関白記
付内侍所	依兵部輔不候	小右記
	退出後	御堂関白記

康保4　(967)1/2カ	卯杖	
天禄2　(971) 1/6	卯杖	
天延元　(973) 4/14	賀茂祭	付内侍令奏
元　(973) 4/15	賀茂祭	
2　(974) 4/11	大神祭使発遣	
2　(974) 6/10	御体御卜奏	
貞元元　(976)12/10	御体御卜奏	
2　(977)11/1	御暦奏	
天元元　(978)11/1	御暦奏	
5　(982) 1/7	白馬節会	
5　(982) 2/22	叙位	
永観2　(984) 1/4	卯杖	
2　(984)12/10	御体御卜奏	
寛和元　(985) 1/1	節会	
永延元　(987) 1/1	節会	
元　(987) 1/18	賭弓	付内侍(射手奏)
2　(988)11/23	親王薨奏	
2　(988)12/10	御体御卜奏	
永祚元　(989) 1/16	踏歌節会	付内侍、更不経叡覧直返給
正暦元　(990) 7/15	前関白薨奏	付内侍令奏
4　(993)12/10	御体御卜奏	
長徳2　(996) 6/10	御体御卜奏	
4　(998)11/25	豊明節会	付内侍令奏(見参宣命等)
長保元　(999)12/10	御体御卜奏	
寛弘元(1004) 3/22	石清水臨時祭	
3(1006) 1/1	小朝拝、節会	
4(1007) 1/1	節会	
4(1007)11/1	御暦奏	
5(1008) 1/7	白馬節会	
6(1009)12/29	陣申文	付内侍
8(1011) 1/7	御弓奏	
長和元(1012)閏10/27	大嘗祭御禊	付内侍(見参)

このようにして見ると、内侍所は十世紀後半頃には文書蓄積機能を有し、整備が進められた蔵人所などの官僚機構で担えない部分を補完する存在となっていったのではないだろうか。「内侍所」は文書を蓄積する場として機能し、便に応じて奏聞するという奏上形態の変化に対応するかたちで存続していったといえよう。

付内侍所(御暦・諸司奏)	無御出(依御忌月)	御堂関白記・小右記
付内侍所(大臣宣)	先例不宣付内侍所	小右記
		小右記
付内侍所	無出御(依御忌月)	小右記
付内侍所〈小右記〉		御堂関白記・小右記
	御出、依兵部輔懈怠	御堂関白記
付内侍所(所司奏等)	不出御	小右記
付内侍所(御弓奏)	出御南殿	小右記
		小右記
付内侍所(所司奏)		小右記
付内侍所(御暦奏)	晩景出御南殿、依日暮	小右記
付内侍所奏(御弓奏)	出御南殿、日暮	小右記
付内侍所奏(所司奏)	依日暮	小右記
付内侍所(御弓奏)		小右記
付内侍所(巻数等)		左経記
付内侍所(諸司奏)		小右記
付内侍所奏(御弓奏)	依日暮	小右記
付内侍所		日本紀略

おわりに

儀式における「内侍不候」は天皇不出御に多く見られ、それは内侍が天皇に近侍していたことに由来するものと思われる。そして「内侍不候」が恒常化するにつれて「付内侍所」という奏上形態が儀式を円滑に執り行うために有効な方法として機能し始める。女官は「天皇に近侍してその補助と装飾をつとめる、言わば天皇と不可分の存在なのであった」と吉川氏がいわれているが[28]、「内侍所」もまた天皇権力と一体化したかたちで機能するようになっていったと考えられないだろうか。

万寿三年（一〇二六）四月一日の旬[29]や同四年（一〇二七）の白馬節会[30]などに見られるように、十一世紀に入っても儀式中の内侍奏上は存在し続け、また『御湯殿上日記』からは、室町時代以降に天皇近侍の女房が行事任官叙位等を詳細に記録できる場に存在したことがうかがえる。[31]

長和2(1013)1/1	小朝拝、節会	
2(1013)9/25	季御読経	
4(1015)9/11	伊勢例幣	付内侍
5(1016)1/7	白馬節会	
5(1016)6/13	勅書覆奏	付内侍〈御堂関白記〉
寛仁元(1017)1/7	白馬節会	付内侍(御弓奏)
3(1019)1/1	小朝拝、節会	付内侍奏(宣命・見参)
3(1019)1/7	白馬節会	付内侍(白馬奏)
3(1019)1/18	賭射	付内侍奏(四府奏)
治安元(1021)1/1	御暦奏	
3(1023)1/1	節会	付内侍(宣命見参)
3(1023)1/7	白馬節会	付内侍(宣命・白馬奏・坊家奏)
万寿元(1024)1/1	小朝拝、節会	付内侍(宣命見参)
元(1024)1/7	白馬節会	
3(1026)5/7	季御読経	
4(1027)1/1	小朝拝、節会	
4(1027)1/7	白馬節会	
4(1027)11/1	御暦奏	

それは、平安中期、政務・儀式における本来の内侍の職掌が蔵人に移って行きつつも、「内侍所」は官僚機構を補完する独自の機能をもって存続したがゆえ、律令国家が解体しても天皇とともに存続し、室町時代には「女房」として政治的役割を担ったのではないだろうか。

本稿では内侍の奏上形態について考察したため、奏の内容やそれぞれの儀式ごとの検討には及ばなかった。今後の課題としたい。

（1）『親信卿記』天禄三年四月十九日条。
（2）『親信卿記』天延元年四月十四日条。
（3）後宮職員令3内侍司条。
（4）所京子「平安時代の内侍所」（『皇學館論叢』二―六、一九六九）。
（5）土田直鎮「内侍宣について」（『奈良平安時代史研究』、吉川弘文館、一九九二、初出は一九五九）。
（6）森田悌「蔵人所についての一考察」（『日本古代官司制度史研究序説』、現代創造社、一九六七）。
（7）吉川真司「律令国家の女官」（『律令官僚制の研究』、塙書房、一九九八、初出は一九九〇）。
（8）春名宏昭「内侍考——宣伝機能をめぐって——」（『律令国家官制の研究』、吉川弘文館、一九九七）。
（9）柳田千冬「内侍と蔵人の「奏」——九・十世紀の儀式を中心に——」（学習院大学『人文科学論集』六、一九九九七）。

(10) 吉川真司「平安時代における女房の存在形態」（前掲註7『律令官僚制の研究』、初出は一九九五）。

(11) 前掲註(6)森田論文。

(12) 『親信卿記』天延二年四月二十日条。

(13) 『西宮記』（臨時一・内印）。

(14) 『本朝世紀』天慶元年十一月九日条。

(15) 『日本紀略』天暦元年七月九日条。

(16) 『日本紀略』延長元年十一月十五日条、および『吏部王記』天慶元年十一月二十四日条。

(17) 前掲註(7)吉川論文。

(18) 前掲註(6)森田論文。

(19) 『江家次第』（巻第十八・勅書）。

(20) 『西宮記』（恒例第二・六月・御躰御卜事）。

(21) 『江家次第』（巻第七・六月・御躰御占）。

(22) 前掲註(7)吉川論文。

(23) 『親信卿記』天延二年四月十一日条。

(24) 『小右記』長徳二年六月十日条

(25) 『小右記』寛和元年正月一日条。

(26) 前掲註(9)柳田論文。

(27) 『小右記』天元五年二月十九日条・二十二日条。

(28) 前掲註(7)吉川論文、八一頁。

(29) 『左経記』万寿三年四月一日条。

(30) 『小右記』万寿四年正月七日条。

(31) 『御湯殿上日記』については、脇田晴子「宮廷女房と天皇――『御湯殿の上の日記』をめぐって――」（『日本中世女性史の研究――性別役割分担と母性・家政・性愛――』、東京大学出版会、一九九二）がある。

人名索引

凡例

(1) 本索引は『親信卿記』に見える人名を皇族・諸氏男性・氏不詳男性・諸氏女性・僧侶に分類し、配列している。なお人名等の表記は本書の『親信卿記』本文による。

・皇族の部は天皇・親王・内親王・王・女王の順序で、それぞれ一文字目の音読五十音順に配し、同音の場合は画数順とした。臣籍に降下した者はその氏姓により、『親信卿記』が書かれた時点で親王に復籍していた場合は皇族の部に収めた。なお、后妃については、その出生の氏姓によるものとし、諸氏女性の部に配列した。

・諸氏男性の部は氏の五十音順に配し、同氏の者は名の一文字目の音読五十音順とした。また氏不詳男性の部は名の一文字目の音読五十音順に配列し、いずれも同音の場合は画数順とした。

・僧侶の部は一文字目の音読五十音に配列した。なお、呉音読みはしていない。

(2) 人物の説明は原則として出自、『親信卿記』に登場する時期の位階・官職・年齢等にとどめる。それらは、とくに断らない場合は初出時のものとし、天禄3年～天延2年における変化を付記した。なお右の事項について、『親信卿記』に記されている場合は、適宜、それらを省略した。

・右の内容が不明の場合は、それらを推測するうえで参考になると思われる史料を採りあげた。なお、出自が明らかな人物の『尊卑分脈』に記された極位・極官等は採録していない。

・出自が明らかでない人物にかんしては、天禄3年～天延2年から時代が隔たる史料であっても、適宜、採りあげた。

・『親信卿記』以外に見られない人物、参考となる史料がない人物については「詳細は不明」とした。

・人物そのものを指してはいないが、必要と思われる場合は、＊を付して採録した。

(3) 引用史料中、略称を用いたものは次の通りである。なお使用した刊本等については、本書第一部の凡例による。

『紀略』—『日本紀略』　『外補』—『外記補任』
『系纂』—『系図纂要』　『公補』—『公卿補任』
『紹運録』—『本朝皇胤紹運録』　『職補』—『職事補任』
『世紀』—『本朝世紀』　『政要』—『政事要略』
『僧補』—『僧綱補任』
『僧補』彰—『僧綱補任』彰考館本
『符宣抄』—『類聚符宣抄』
『扶略』—『扶桑略記』　『分脈』—『尊卑分脈』
『弁補』—『弁官補任』　『要記』—『一代要記』

【皇　族】

円融天皇　村上天皇の皇子、母は藤原師輔の女中宮安子（『紹運録』）。安和2年8月に受禅、天禄3年正月に14歳で元服し、永観2年8月に譲位した（『紀略』安和2・8・13、天禄3・正・3、永観2・8・27）。

天延元・6・16　主上
天延2・5・13　当今
天延2・5・28　当今（舅）
天延2・9・27　主上
天延2・10《(ママ)》・7　皇上　主上
天延2・11・11　当今（同産）

村上天皇　醍醐天皇の皇子、母は藤原基経の女皇后穏子（『紹運録』）。天慶9年4月に受禅、康保4年5月に42歳で没した（『紀略』天慶9・4・20、康保4・5・25）。

天延元・正・1　（拝）皇考
天延元・2・20　先帝（女十親王）
天延元・6・20　先帝（十内親王）
天延2・正・10　先帝（御時）
＊天延2・5・22　御国忌
＊天延2・5・2 5　御国忌
天延2・11・11　先帝（女十宮選子）

醍醐天皇　宇多天皇の皇子、母は藤原高藤の女贈皇太后胤子（『紹運録』）。寛平9年7月に受禅、延長8年9月、譲位後間もなく46歳で没した（『紀略』寛平9・7・3、延長8・9・22、同8・9・29）。

天禄3・10・6　後山階天皇（源氏兼子）

冷泉天皇　村上天皇の皇子、母は藤原師輔の女中宮安子（『紹運録』）。23歳（『紀略』天暦4・5・24）。康保4年5月に受禅、安和2年8月、守平親王（円融天皇）に譲位した（『紀略』康保4

年5・25、安和2・8・13)。
天禄3・8・16　院
天禄3・8・20　院
天禄3・10・2　院
天延元・正・1　先皇(冷泉天皇カ)
天延2・9・13　院
天延2(ママ)・10・2　院

師貞親王　のちの花山天皇。冷泉天皇の皇子、母は藤原伊尹の女贈皇太后懐子（『紹運録』）。5歳。安和元年10月に誕生し、翌2年8月に皇太子となる（『紀略』安和元・10・26、同2・8・13)。
天禄3・5・15　東宮
天禄3・8・16　東宮
天禄3・8・20　春宮
天禄3・8・29　東宮
天禄3・10・2　東宮
天延元・4・14　東宮
天延2・9・13　東宮
天延2(ママ)・10・2　東宮
天延2・10(ママ)・7　皇太子
天延2・12・15　東宮(宿所)
天延2・12・22　東宮
天延2・12・29　東宮

章明親王　醍醐天皇の皇子、母は藤原兼輔の女更衣桑子（『紹運録』）。51歳（『紀略』正暦元・9・22)。
天延2・閏10・23　弾正尹章明親王（女）

盛明親王　醍醐天皇の皇子、母は源唱の女更衣周子（『紹運録』）。47歳（『紀略』寛和2・4・28)。康保4年6月に親王に復籍し、翌7月に四品を授けられる（『紀略』康保4・6・22、同4・7・5)。
天延2・11・11　四品盛明親王
天延2・12・22　上野太守親王

致平親王　村上天皇の皇子、母は藤原在衡の女更衣正妃（『紹運録』）。24歳（『扶略』長久2・2・20)。兵部卿には天禄2年12月に任じられた（『法中伝系部類』）。
天延2・12・18　兵部卿親王

保明親王　醍醐天皇の皇子、母は藤原基経の女皇后穏子（『紹運録』）。延喜4年2月に2歳で皇太子となり（『扶略』延喜4・2・10)、延長元年3月に没した（『紀略』延長元・3・21)。
天禄3・11・10　皇太子(薨時)

有明親王　醍醐天皇の皇子、母は光孝天皇の女女御源和子（『紹運録』）。応和元年閏3月に没したときには三品・兵部卿であった（『紀略』応和元・閏3・27、『分脈』は二品とする）。

天禄3・4・13　故兵部卿親王(孫王)

資子内親王　村上天皇の皇女、母は藤原師輔の女中宮安子（『紹運録』）。天禄3年3月に一品に叙される（『紀略』天禄3・3・25）。18歳（『小右記』長和4・4・26）。

天禄3・12・15　一品資子内親王(可准三宮)

天禄3・12・16　彼宮

天延元・5・20　一品内親王

天延元・6・16　一品宮

昌子内親王　朱雀天皇の皇女、母は保明親王の女女御熙子女王（『紹運録』）。29歳（『紀略』長保元・12・1）。康保4年9月に冷泉天皇の皇后となり、天延元年7月に皇太后となる（『紀略』康保4・9・4、天延元・7・1）。

天延元・4・14　中宮

天延元・5・11　中宮(女別当)

天延2・5・20　皇太后宮

選子内親王　村上天皇の皇女、母は藤原師輔の女中宮安子（『紹運録』）。10歳。天延3年6月に賀茂斎院に卜定される（『紀略』康保元・4・24、天延3・6・25）。

天延元・2・20　先帝女十親王

天延元・6・20　先帝十内親王

天延2・11・11　先帝女十宮選子　選子内親王(叙三品)

尊子内親王　冷泉天皇の皇女、母は藤原伊尹の女贈皇太后懐子（『賀茂斎院記』）。7歳（『紀略』寛和元・5・1）。安和元年7月に賀茂斎院に卜定され、天延3年4月に母の喪により退下した（『紀略』安和元・7・1、天延3・4・3）。

＊天禄3・4・15　斎院(垣下)

＊天禄3・4・17　彼院

＊天延元・4・11　斎院(御禊)

＊天延元・4・14　彼院

＊天延2・4・16　斎院

＊天延2・4・19　院

＊天延2・4・20　斎院

輔子内親王　村上天皇の皇女、母は藤原師輔の女中宮安子（『紹運録』）。20歳（『紀略』正暦3・3・3）。

安和元年7月に斎宮に卜定され、翌2年11月に初斎院より退下した（『紀略』安和元・7・1、同2・11・4）。

天禄3・10・3　女七宮

恵子女王　代明親王の王女（『紹運録』）。藤原伊尹の室となり挙賢、義孝等を生む（『分脈』）。48歳。

天禄3・3・30　彼内方

天延2・閏10・3　殿北御方

天延2・12・27　北方(賀五十算)

昭子女王　有明親王の王女、藤原兼通の室となり朝光、媓子を生む（『分脈』、なお同書は名を「能子」とする）。媓子の立后により、天延元年10月に正三位を授けられる（『紀略』天延元・10・14）。

天延2・11・11　昭子女王(叙正二位)　太政大臣妻

隆子女王　章明親王の王女（『紹運録』）。安和2年11月、斎宮に卜定され、天禄2年9月に伊勢へ赴いた（『紀略』安和2・11・16、天禄2・9・23）。

天延2・閏10・23　伊勢斎王(卒去)

天延2・閏10・27　斎王

天延2・11・21　伊勢斎王

先皇

天禄3・6・11　先皇

一宮

天禄3・8・29　一宮

【諸氏男性】

飛鳥部常則　天暦8年12月に村上天皇宸筆法華経の制作に携わり（このとき右衛門少志）、応和4年4月に清涼殿の壁に白沢王の絵を描くなど、10世紀半ばに絵師として活躍する（『村上天皇御記』天暦8・12・19、応和4・4・9）。

天禄3・12・10　(絵所)常則

安倍晴明　安倍益材の男（『分脈』）。寛弘2年3月以降、その活動が史料に見えず、当該年に没したとの説が妥当であるとすれば、天禄3年は52歳（『分脈』）。

天禄3・12・6　天文博士安倍晴明

天禄3・12・11　晴明

天延元・正・9　天文博士晴明

天延元・4・19　天文博士晴明

天延元・6・11　晴明宿祢

天延2・5・14　晴明

天延2・6・12　晴明宿祢
天延2・12・3　晴明

海千尋　詳細は不明。天元4年2月7日付宣旨に見える「（大蔵）少録氏千尋」（『符宣抄』第7）と同一人物か。
天禄3・12・10　（大蔵）千尋
天延元・5・22　（大蔵）録海千尋

宇佐守節　詳細は不明。
天延2・4・10　宇佐守節（為壱岐守）

宇佐貞節　詳細は不明。
天延元・5・20　大宮司宇佐公貞節

宇治安延　詳細は不明。
天延（ママ）2・12・5　史生宇治安延
天延（ママ）2・12・6　史生安延

采女有光　詳細は不明。
天延2・5・23　采女有光（為采女令史）

卜部兼延　卜部好真の男（『分脈』）。応和3年11月10日付太政官符に「中宮宮主正六位上」、安和元年9月3日付神祇官解に「少史兼春宮宮主」と見える（『符宣抄』巻1）。
天禄3・3・3　宮主神祇少祐兼延
天延元・5・20　宮主卜部兼延
天延2・8・7　宮主卜部兼延

多良（好カ）茂　多公用の男（『多氏系図』）。41歳（『御堂関白記』寛弘5・正・2）。正暦3年10月26日の臨時楽に列した「（右衛門）府生多吉義」が左兵衛尉に任じられたことが『紀略』（同日条）に見え、『続古事談』（第5）はその人物を「好茂」としている。
天延2・11・11　右衛門府生多良（好カ）茂

大石富門　天徳4年3月30日の内裏歌合に笛を演奏しており、そのときの官職も左衛門志とある（『類聚歌合巻』所引仮名日記）。
天禄（ママ）3・7・7　左衛門志大石富門

大江斉光　大江維時の男、母は藤原遠忠の女（『分脈』）。安和2年9月に従四位上に叙され、天延元年正月に近江守、翌2年6月に大学頭となる。41歳（『公補』天元4）。
天延2・2・10　近江守斉光朝臣

大江通理　大江朝綱の孫、澄景の男（『分脈』）。
天禄3・4・15　迫（通カ）理（大江カ）
天禄3・11・27　主殿助通理
天禄3・12・25　主殿助大江通理
天延元・6・20　主殿助通理

天延2・2・28　式部丞通理
天延2・4・20　通理
天延2・5・16　蔵人通理
天延2・5・24　式部少丞大江通理
天延2・8・22　式部少丞通理
天延2・9・8　蔵人通理
天延《(ママ)》2・11・9　主殿助通理

大江理堪　詳細は不明。
天禄3・8・11　(掃部)大江理堪

大春日良辰　天禄3年10月27日付太政官牒に「右大史正六位上」、天延元年3月19日付太政官牒に「左大史正六位上」(『東南院文書』第8)と見える。
天禄3・12・9　(史)良辰
天延2・2・13　史大春日良辰

大蔵安正　詳細は不明。
天延2・5・22　大蔵安正

大蔵棟材　寛仁3年の刀伊の来襲に際し、勲功があった一人として「前少監大蔵朝臣種材」の名が見え、「齢過七旬」と記されているが(『小右記』寛仁3・6・29)、同一人物か。
天延2・4・10　大蔵棟材(為兵庫少允)

大蔵弼邦　天禄2年3月に大外記に補され、天延元年正月に主税権助を兼ねる。翌2年正月に従五位上に叙され、同年2月には備前介を兼任する(『外補』)。
天禄3・12・9　外記弼邦
天禄3・12・30　大外記弼邦朝臣
天延元・5・20　大外記弼邦

大中臣則正　詳細は不明。
天延2・5・22　大中臣則正

大原忠亮　天延元年2月に権少外記に補され、翌2年正月には少外記となる(『外補』)。
天延元・5・22　外記大原忠亮
天延2・5・8　外記大原忠亮

小野時遇　天禄3年正月に少外記から大外記に転じる(『外補』)。
天禄3・4・7　外記小野時遇

膳部善景　詳細は不明。
天延2・5・24　膳部善景

風甲《(ママ)》成則　詳細は不明。
天延2・5・22　風甲《(ママ)》成則

摸作正延　詳細は不明。
天延2・5・22　摸作正延

掃守有助　詳細は不明。
天延元・5・22　(掃部)掃守有助
賀茂保憲　賀茂忠行の男、56歳（『分脈』）。天徳4年4月に陰陽頭から天文博士となり（『扶略』天徳4・4・22）、天禄元年11月8日付太政官符には「正五位下行主計頭兼天文博士」と見える（『符宣抄』第9）。
天禄3・3・3　保憲(説)
天延2・2・9　主計頭保憲
天延2・2・13　主計頭保憲
天延2・5・13　保憲朝臣
天延2・5・14　主計頭　保憲朝臣(説)
天延2・5・16　主計頭　保憲
天延2・12・15　保憲朝臣
賀茂保章　賀茂忠行の男（『分脈』）。天禄3年正月に権少外記に補され、天延元年正月に少外記に転じる。翌2年11月には大外記となる（『外補』）。
天禄3・9・13　外記保章
天延2・2・13　外記賀茂保章
天延2・11・8　外記賀茂保章
紀高景　詳細は不明。
天延2・5・23　左看督長紀高景
紀斉時　詳細は不明。あるいは長保元年に没した紀斉名の誤記か。斉名はもと田口氏、没時には従五位上、式部少輔兼大内記、43歳であった（『権記』長保元・12・15）。
天延2・4・19　内記紀斉時
紀時文　紀貫之の男、母は藤原滋望の女（『分脈』）。
天延2・4・19　(内蔵寮使) 紀時文
紀文利　紀淑光の男（『分脈』）。
天禄3・12・25　美作介紀文利
天延2・8・17　文利
清原元輔　『分脈』に清原深養父の男、『系纂』に深養父の孫で春光の男、母は高向利生の女とある。安和2年9月に従五位下、天延2年正月に周防守となり、同年8月に鋳銭長官を兼ねる。67歳（『三十六人歌仙伝』）。
天延2・2・25　周防守元輔
清原滋秀　天延3年10月に典薬頭として藤原兼通の治療にあたり、正五位下に叙される（『紀略』天延3・10・15）。
天延《（ママ）》2・12・6　滋秀宿祢
早部吉丸　詳細は不明。

天延2・5・22　早部吉丸

内蔵連忠　詳細は不明。
天延2・4・10　内蔵連忠(為伊豆守)

蔵人兼平　詳細は不明。
天延2・5・21　案主兼〔平〕、
天延2・5・29　兼平

惟道貞遠　詳細は不明。
天延2・5・22　惟道貞遠

惟宗公方　惟宗直宗の男（『政要』巻61）。『政要』等に安和年間までの記事が散見することから、天禄年間頃に没したとされる。
天延2・2・10　故美濃介公方朝臣

惟宗仲式　応和3年2月に「(春宮) 少属」であったことが知られる（『東宮冠礼部類記』冷泉院）。
天延2・2・13　惟宗仲式

佐伯公行　天延2年正月に蔵人所出納から権少外記に補され、同年5月に少外記に転じる（『外補』）。
天禄3・4・8　出納公行

佐伯典兼　詳細は不明。
天延2・5・22　佐伯典兼

酒部房則　詳細は不明。
天延2・5・22　酒部房則

島田資忠　天禄元年12月に少外記に補され、天延元年正月に大外記に転じる（『外補』）。
天禄3・12・9　（外記）資忠

菅原資忠　菅原雅規の男、母は安部春の女。37歳（『分脈』）。
天禄3・11・10　内記資忠

菅原真松　詳細は不明。
天延2・5・22　菅原真松

菅原文時　菅原高視の男、母は菅原宗岳の女（『分脈』）、74歳（『紀略』天元4・9・8）。天徳元年6月に従五位上、文章博士（『二中歴』2）、天延2年11月に正四位下、式部大輔兼文章博士（『本朝文粋』巻6）であったことが知られる。
天禄3・11・10　文章博士
天延2・閏10・3　文時朝臣

菅原輔正　菅原在躬の男、母は菅原景行の女（『分脈』）。48歳。天禄元年8月に文章博士を兼ね、天禄3年正月に従四位下、天延元年七月に権左中弁兼東宮学士文章博士であった（『公補』正暦3）。
天禄3・11・10　文章博士

平維将　平貞盛の男（『分脈』）。

天延元・4・17　右衛門少尉平維将(改左)

平維叙　平貞盛の男（『分脈』）、母は関口貞信の女（『系纂』）。

天延元・4・17　右衛門少尉平維将之弟維叙(先為彼府尉)

平元平　平偕行の男（『分脈』）。

天延2・閏10・25　(左衛門志)元平

平真材　平時望の男、親信の父（『分脈』は「直材」とする）。安和元年8月に没した（『分脈』）。

天延元・4・17　故守

天延2・6・13　(拝)先閤

天延2・8・27　故守

平親信　平真材の男。六位蔵人、27歳。

天禄3・3・3　余

天禄3・4・12　余

天禄3・8・16　汝

天延元・4・17　親信(改右尉)

天延元・5・20　余

天延元・6・16　僕

天延元・6・20　僕

天延2・正・15　僕

天延2・正・18　汝

天延2・2・8　余

天延2・2・10　余

天延2・2・13　余

天延2・2・28　余

天延2・3・21　余

天延2・4・12　親信

天延2・4・18　余

天延2・4・20　親信

天延2・5・8　余

天延2・5・13　汝

天延2・5・16　余

天延2・5・23　余

天延2・5・24　余

天延2・5・25　余

天延2・5・28　余

天延2・8・1　尉

天延2・8・3　僕

天延2・8・21　弊身

天延2・9・13　余

天延2・10《(ママ)》・7　余

天延2・閏10・25　(右衛門)尉親信

天延2・11・21　余

天延2・12・27　余(随身)
平成忠　詳細は不明。
天延2・5・23　平成忠(為中宮少進)
平祐之　天延3年2月25日付宣旨に「右衛門権少尉平祐之」の名が見える（『政要』巻70）。
天延2・11・25　右衛門尉祐之(為検非違使)
高階成忠　高階良臣の男。49歳（『分脈』）あるいは52歳（『紀略』長徳4・7・25）。
天延2・11・1　別当右少弁成忠
高安時真　詳細は不明。
天延元・5・22　(大膳)高安時真
多治延行　詳細は不明。
天延2・5・22　左看督長多治延行
橘恒平　橘敏行の男（『分脈』）、母は定国王の女和子女王。従五位上、美濃守、53歳（『公補』永観元）。
天延2・11・1　美濃守恒平
橘宗臣　詳細は不明。
天延元・5・20　(天徳二年、宇佐)使
垂水為兼　詳細は不明。
天延2・5・21　垂水為兼
天延2・5・29　為兼

伴保在　天禄2年12月26日付太政官牒に「右大史正六位上」（『東南院文書』第9）、天延元年9月11日付太政官符に「左大史正六位上」（『符宣抄』第1）とある。
天禄3・11・27　史保在
伴満行　詳細は不明。
天延元・6・9　掖陣吉上伴満行
伴友吉　詳細は不明。
天延2・5・22　伴友吉
中原以忠　十市良忠の男。天禄2年9月に中原宿祢と改め、天延2年12月に朝臣の姓をたまわる。55歳（『中原系図』）。
天禄3・12・6　天文博士以忠宿祢
天禄3・12・11　以忠宿祢
天禄3・12・14　以忠宿祢
天延元・6・26　主税頭以忠宿祢
永原重節　寛和元年2月の子日の御遊に「和歌人」の一人として召された中原重節と同一人物か（『小右記』寛和元・2・13、『大鏡』第6裏書は「永原滋節」と記す）。
天禄3《（ママ）》・7・7　伊与掾永原重節
能登公蔭　応和4年（康保元）4月に検非違使に任じら

れる（『西宮記』臨時一・臨時雑宣旨・裏書）。
天延元・2・10　（左衛門）府生能登公蔭
天延元・6・9　左衛門府生能登公蔭
天延2・5・28　（左衛門）府生能登公蔭
天延2・閏10・25　（左衛門）府生公蔭

秦春吉　詳細は不明。
天延2・5・22　秦春吉

秦清理　詳細は不明。
天延元・2・10　（左衛門）志秦清理
天延2・閏10・25　（左衛門）志清理

播磨広光　詳細は不明。
天禄3・4・7　右近将監播磨広光
天禄3・8・11　右近将監広光
天延元・2・10　将監広光

平野茂木　詳細は不明。女は平親信の乳母。
天禄3・10・8　故右京亮平野茂木（女）

藤原安親　藤原中正の男、母は源友貞の女（『分脈』、『公補』は「友時」とする）。従四位下、伊勢守、52歳（『公補』永延元）。
天延元・4・23　安親朝臣

藤原伊尹　藤原師輔の男、母は藤原経邦の女盛子（『分脈』）。正二位、摂政・太政大臣、49歳（『公補』）。
天禄3・3・30　太政大臣
天禄3・4・8　殿
天禄3・4・12　殿下
天禄3・4・16　殿下
天禄3・5・10　大殿
天禄3・5・15　大殿
天禄3・6・11　太相府
天禄3・7・10　太政大臣
天禄3・8・16　太政大臣　殿
天禄3・10・1　太政大臣
天禄3・10・2　太相府　大殿
天禄3・10・4　太政大臣
天禄3・10・21　太政大臣
天禄3・11・1　太政大臣（薨）
天禄3・11・10　故太政大臣
天延2《（ママ）》・10・2　大殿　太政大臣
天延2《（ママ）》・11・1　太政大臣（薨）

藤原為光　藤原師輔の男、母は醍醐天皇の女雅子内親王（『分脈』）。従三位、権中納言、32歳、天延元年7月に中宮大夫を兼任（『公補』）。
天延元・4・12　藤中納言為光

天延2・4・8　中宮大夫藤原朝臣
天延2・4・16　中宮大夫
天延2・5・8　中宮大夫　上卿
天延2・8・14　中宮大夫藤原朝臣
天延2・9・7　中宮大夫藤原朝臣
天延2・9・8　同卿
天延2・9・13　中宮大夫藤原朝臣
天延2・閏10・3　中宮大夫
天延2・12・21　中宮大夫
天延2・12・29　中宮大夫

藤原為時　『分脈』より蔵人であったことが確認される
藤原扶樹の男か。
天延2・正・10　為時

藤原為忠　藤原兼三の男（『分脈』）。
天延2・2・10　為忠朝臣

藤原為輔　藤原朝頼の男、母は藤原言行の女（『分脈』）。
従四位上、右大弁（『公補』天延3）、53歳
（『紀略』寛和2・8・27）。
天禄3・11・27　右大弁為輔朝臣
天延2・2・13　右大弁藤原朝臣為輔
天延2・10《(ママ)》・7　右大弁為輔朝臣
天延2・11・1　侍従為輔朝臣
天延2・11・7　右大弁

藤原惟成　藤原雅材の男、母は藤原中正の女（『分脈』）。
30歳あるいは27歳（いずれも『分脈』、異説
あり）。
天禄3・5・15　近江掾(藤原惟成カ)
天禄3・10・23　蔵人近江権大掾藤原惟成
天延元・5・22　式部丞(藤原惟成カ)
天延元・6・20　蔵人式部丞惟成
天延2・正・28　蔵人式部少丞藤原惟成
天延2・2・13　式部丞惟成
天延2・11・1　惟成

藤原永頼　藤原尹文の男、母は藤原定方の女（『分脈』）。
43歳（『要記』）。
天延2・5・23　前美作介永頼(為尾張守)
天延2・8・23　尾張守永頼

藤原遠基　藤原師輔の男、母は藤原顕忠の女、藤原公葛
の女の二説がある（『分脈』）。
天延2・5・28　左京大夫遠基朝臣(死去)

藤原遠光　藤原兼通の男、母は典侍寛子（『分脈』）。
天延2・11・25　遠光

藤原遠度　藤原師輔の男、母は藤原公葛の女（『分脈』）。
天延元年正月に従四位下に叙され、五位蔵人

を辞すが右馬頭の任は継続する（『職補』）。

天禄3・10・8　蔵人右馬頭遠度

天延元・5・20　右馬頭遠度

天延2・4・12　遠度朝臣

天延2・4・20　遠度朝臣

藤原遠量　藤原師輔の男、母は藤原顕忠の女あるいは常陸介藤原公葛の女（『分脈』）。

天禄3・12・25　備前守遠量朝臣

藤原雅材　藤原経臣の男、母は藤原文令の女（『分脈』）。『分脈』には従五位下とあるが、天禄元年12月21日付宣旨には「従五位上守右少弁」と見える（『符宣抄』第7）。

天禄3・10・23　（惟成父）雅材

藤原懐忠　藤原元方の男、母は藤原道明の女（『分脈』）。従四位下、38歳。天延2年正月に備中守、同年10月に権左中弁となる（『公補』永祚元）。なお『公補』（永祚元）は天禄3年閏2月に左近衛中将となり、天延元年正月に右中将に遷ったとするが、同書九条公爵家所蔵写本や『親信卿記』などによれば、右中将から左中将に転じたと考えられる。

天禄3・12・27　（右）懐忠

天延2・11・1　左近衛中将懐忠朝臣

藤原季平　藤原尚範の男、母は丹後守忠良の女（『分脈』）、あるいは丹後国人海氏（『公補』貞元2）とある。

天禄3・12・9　季平朝臣

天禄3・12・27　季平朝臣

藤原季方　藤原菅根の男（『分脈』）。

天延2・4・20　季方

藤原基経　藤原長良の男、良房の養子、母は藤原継縄の女乙春（『分脈』）。寛平3年正月、従一位、太政大臣、56歳で没した（『公補』）。

天禄3・11・10　昭宣公

藤原義懐　藤原伊尹の男、母は代明天皇の女恵子女王（『分脈』）。従五位下、18歳（『公補』永観2）。

天延2・閏10・3　侍従

藤原義孝　藤原伊尹の男、母は代明天皇の女恵子女王。19歳（『分脈』）。『中古歌仙三十六人伝』に天禄2年7月に左近衛少将に任じられ、同3年正月に正五位下に叙されたとあるが、『分脈』には「右少将　従五下」と記されている。

天禄3・4・15　義孝

天禄3・8・16　義孝

天禄3・10・21　義孝
天延元・2・8　義孝朝臣
天延2・4・10　右少将義孝朝臣(為春宮亮)
天延2・4・12　義孝
天延2・4・20　義孝
天延2・8・17　義孝
天延2・9・13　先少将
天延2・9・15　先少将
天延2・9・16　先少将(入滅)
天延2・9・29　故少将
天延2・閏10・3　故少将
天延2・閏10・5　故少将
天延2・12・27　故少将

藤原挙賢　藤原伊尹の男、母は代明親王の女恵子女王（『分脈』）。従五位上、蔵人頭、右近衛少将（『職補』、『分脈』は「左少将」とし、『蔵補』は『職補』の「右」を「左」の誤りとする）。20歳（『分脈』）。なお、極位は正五位下（『分脈』）。
天禄3・8・29　頭少将挙賢
天禄3・10・4　頭少将
天延2・2・8　蔵人頭挙賢　頭少将

藤原共政　藤原佐衡の男、母は藤原正倫の女（『分脈』）。
天延2・閏10・25　右佐共政
天延2・11・1　右衛門佐共政

藤原景斉　藤原国章の男、母は伊予守能正（氏不詳）の女（『分脈』）。
天禄3・10・3　左近将監景斉
天延2・2・25　紀伊守景斉

藤原景舒　藤原国章の男、母は伊予守能正（氏不詳）の女（『分脈』）。
天延2・11・1　伊賀守景舒

藤原兼家　藤原師輔の男、母は藤原経邦の女盛子（『分脈』）。正三位、大納言、右近衛大将、44歳（『公補』）。
天禄3・4・14　右大将
天禄3・10・23　右大将
天延元・2・4　右大将□〔殿カ〕
天延2・4・8　右大将藤原朝臣
天延2・5・13　右大将
天延2・5・16　右大将殿
天延2・8・9　右大将殿
天延2・11・11　右大将藤原朝臣兼家
天延2・12・15　右大将

天延2・12・18　右大将
天延2・12・20　右大将

藤原兼通　藤原師輔の男、母は藤原経邦の女盛子（『分脈』）。従三位、権中納言、48歳。天禄3年11月に内大臣となる。天延元年正月に正三位。翌2年正月、従二位、同年2月に正二位、太政大臣となる（『公補』）。

天禄3・9・13　中納言藤原朝臣兼通
天禄3・11・25　権中納言藤原朝臣
＊天禄3・11・26　内大臣(召事)
天禄3・11・27　内大臣
＊天禄3・12・19　内大臣(召日)
天禄3・12・25　内大臣
＊天禄3・12・27　内大臣(召日)
＊天禄3・12・30　内大臣(召日)
天延元・2・4　内大殿〔女脱カ〕
天延元・2・20　内大臣
天延元・3・6　内府　内大臣殿
天延元・4・14　内大臣
天延元・4・15　内大臣
天延元・4・25　内大臣
天延元・4・29　内大臣
天延元・5・20　内大臣
天延元・5・22　内大臣
天延2・正・18　内大臣殿
天延2・2・8　内大臣殿
天延2・2・13　内大臣
天延2・2・27　内大臣
天延2・2・28　内大臣藤原朝臣(為太政大臣、授正二位)
天延2・3・5　太政大臣
天延2・4・2　太政大臣
天延2・4・8　大相府
天延2・4・12　太政大臣
天延2・4・16　太政大臣
天延2・4・17　太政大臣
天延2・5・10　太政大臣
天延2・5・27　太政大臣
天延2・5・28　大殿
天延2・7・6　太政大臣
天延2・7・□〔8カ〕　大殿
天延2・7・11　大殿
天延2・8・21　大相府
天延2・8・26　大相府

天延2・9・13　太政大臣　大相府
天延2・10(ママ)・7　太政大臣
天延2・閏10・3　太政大臣
天延2・11・11　大殿　太政大臣
天延2・11・23　太政大臣
天延2・11・25　太政大臣
天延2(ママ)・12・5　内大臣
天延2・12・15　大相府
天延2・12・16　太政大臣
天延2・12・29　大相府

藤原顕光　藤原兼通の男（『分脈』）、母は元平親王の女。従五位上、左衛門佐、30歳。天延元年8月に蔵人に補される。翌2年10月に蔵人頭、同年11月に正五位下に叙される（『公補』天延3）。
天延元・6・9　左衛門佐顕光
天延元・6・20　左衛門佐顕光
天延2・4・10　蔵人左衛門佐顕光
天延2・4・20　顕光
天延2・5・24　蔵人顕光
天延2・8・17　顕光
天延2・11・11　左衛門佐顕光

藤原元尹　藤原遠規の男（『分脈』）。
天延元・6・20　若狭守元尹
天延2・8・9　斎院長官元平〔尹カ〕
天延2・11・1　斎院長官元尹

藤原元輔　右大臣藤原顕忠の男、母は藤原朝見の女（『分脈』）。従四位上、参議、美濃権守。天延2年11月に正四位下となる（『公補』）。『公補』天禄3年条に「延木十七年―生」と、『紀略』（天延3・10・17）には62歳で没したとあるなど、年齢については諸説一致しない。
天延2・閏10・3　治部卿
天延2・11・11　治部卿元輔朝臣

藤原公季　藤原師輔の男、母は醍醐天皇の女康子内親王（『分脈』）。従四位下、侍従、19歳（『公補』天元4）。
天延2・4・20　公季朝臣

藤原公康　藤原高堪（綱）の男（『分脈』）。
天禄3・10・3　（輔子内親王）家司中務丞公康

藤原公方　藤原高堪（綱）の男（『分脈』）
天禄3(ママ)・7・7　前備前掾藤原公方

藤原弘頼　藤原春茂の男（『分脈』）。
天禄3・12・9　弘頼
天禄3・12・27　弘頼朝臣

天延2・2・25　若狭守弘頼

藤原光昭　藤原伊尹の男（『分脈』）。

天禄3・3・2　侍従光昭朝臣

天禄3・4・15　光昭

天延2・4・20　光昭

藤原行成　藤原義孝の男、母は源保光の女。天禄3年に誕生（『分脈』）。

天延2・閏10・3　故少将少郎

藤原恒佐　藤原良世の男、母は紀豊春の女（『分脈』）。承平7年正月に右大臣となり、翌天慶元年5月、59歳で没した（『公補』天慶元）。

天延2・3・21　恒佐大臣

藤原高遠　藤原斉敏の男、母は藤原尹文の女（『分脈』）。従五位上、24歳。天延2年正月に正五位下に叙される（『中古歌仙三十六人伝』、『紀略』長和2・5・16）。

天禄3・4・15　高遠

天禄3・4・19　少将高遠

天禄3・10・23　左近少将高遠

天延2・8・7　左近少将高遠

天延2・閏10・27　高遠少将(内方)

藤原高藤　藤原良門の男、母は高田沙弥麿の女（『分脈』）。昌泰3年正月に正三位、大納言から内大臣となり、同年3月、63歳で没する。贈正一位太政大臣（『公補』昌泰3）。

＊天禄3・11・27　(昌泰三年)内大臣(召)

藤原国光　藤原在衡の男、母は清原高峯の女（『分脈』）。

天禄3・10・8　大宰大弐国光朝臣

藤原国章　藤原元名の男（『分脈』）。母は藤原扶幹の女（『公補』貞元2）。

天延元・5・17　前近江守国章朝臣

天延2・10《ママ》・7　(春)宮権亮国章朝臣

藤原国用　藤原季方の男（『分脈』）。

天禄3・12・9　国用

天禄3・12・27　国用朝臣

藤原佐時　藤原敦忠の男、母は藤原仲平の女明子（『分脈』）。なお、天禄元年12月22日付宣旨に「少丞清原佐時」の名が見える（『符宣抄』第7）。

天禄3・4・13　少納言佐時

天延元・2・7　佐時

天延2・12・29　少納言佐時

藤原佐忠　藤原連茂の男（『分脈』）。安和3年3月23日付太政官符に「大弐従四位下」と見える（『符宣抄』第8）。

天禄3・11・12　佐忠朝臣(説)
天延2・5・14　勘解由長官(藤原佐忠カ)

藤原佐理　藤原敦敏の男、母は藤原元名の女（『分脈』）。従四位下、右中弁、29歳（『公補』天元元）。『公補』（天元元）は天禄3年12月15日に左中弁に転じたとしており、『親信卿記』と一致しない。
天禄3・5・10　右中弁佐理朝臣
天禄3・11・25　左中弁佐理朝臣
天禄3・11・26　左中弁佐理朝臣
天禄3・11・27　佐理朝臣
天禄3・12・9　左中弁佐理朝臣
天延2・2・13　左中弁同(藤原)佐理
天延2・8・17　左中弁閤

藤原済時　藤原師尹の男、母は藤原定方の女（『分脈』）。従三位、参議・左兵衛督、34歳（『公補』）。
天延2・正・15　左兵衛督済時
天延2・11・11　左兵衛督藤原朝臣済時
天延2・11・23　左兵衛督
天延2・12・15　左兵衛督
天延2・12・18　左兵衛督
天延2・12・21　左兵衛督

藤原師尹　藤原忠平の男、母は源能有の女昭子（『分脈』）。安和2年10月に正二位、左大臣、50歳で没した。贈正一位（『公補』安和2）。天徳2年には正三位、中納言・春宮大夫・右大将（『公補』天徳2）。

藤原師輔　藤原忠平の男、母は源能有の女昭子（『分脈』）。天徳4年5月、正二位、右大臣、53歳で没した（『公補』天徳4）。
天延2・2・10　坊城殿

藤原時光　藤原兼通の男（『文脈』）。母は大江維時の女皎子。従五位下、春宮大進、26歳。天延元年8月に少納言を兼ね、翌2年正月に従五位上。同年10月に春宮亮となり、11月に正五位下に叙される（『公補』貞元元）。
天延元・6・20　春宮大進時光
天延2・4・20　時光
天延2・8・17　時光
天延2・10《(ママ)》・7　(春宮)亮時光朝臣
天延2・11・1　春宮亮時光

藤原時明　藤原魚名の子孫、佐忠の男（『分脈』）。
天禄3・4・15　時明(藤原カ)
天禄3・10・21　蔵人刑部少丞藤原時明

天禄3・12・10　時明(丞書)

藤原実資　藤原斉敏の男、祖父実頼の養子となる。母は藤原尹文の女（『分脈』）。従五位下、右兵衛佐、16歳。天延元年7月に右近衛少将となり、翌2年正月に従五位上に叙される（『公補』永祚元）。

天禄3・4・15　実資
天延2・8・17　実資
天延2・11・1　右近少将実資
天延2・11・22　実資

藤原実頼　藤原忠平の男（『分脈』）、母は宇多天皇の女源順子（『公補』承平元）。天禄元年5月に従一位、太政大臣、71歳で没した。贈正一位（『公補』天禄元）。

天禄3・11・10　清慎公
天延2・4・10　故清慎公

藤原守義　藤原公利の男、母は安倍氏主の女（『分脈』）。天禄3年11月に参議に任じられる。従四位上、77歳（『公補』）。

天禄3・11・27　播磨守守義朝臣
天禄3・12・25　参議守義朝臣

藤原守文　藤原有声の男、母は扶相王の女（『分脈』）。天暦5年3月に没した（『分脈』）。

天延2・3・21　守文

藤原修遠　藤原清光の男（『分脈』は「脩道」とする）。

天禄3（ママ）・7・7　主殿助修遠
天延2・2・13　修遠
天延2・4・8　蔵人主殿助修遠
天延2・4・20　修遠
天延2・8・22　主殿助修遠
天延2・9・7　蔵人主殿助藤原修遠

藤原助信　天禄2年6月・天禄3年正月に内蔵頭であったことが確認される（『紀略』天禄2・6・21、天禄3・正・3）。

天禄3・4・15　助信朝臣

藤原親賢　藤原伊尹の男、母は代明親王の女恵子女王（『分脈』）。

天延2・閏10・3　右兵衛佐

藤原正雅　藤原興方の男（『分脈』）。

天延元・4・14　蔵人大蔵大丞正雅
天延元・4・17　蔵人大蔵丞正雅
天延元・5・17　大蔵丞正雅

藤原正光　藤原兼通の男、母は藤原有年の女（『分脈』）。従五位下、侍従、18歳（『公補』寛弘元）。

天延2・2・8　侍従藤原□□〔朝臣〕正光

天延2・4・20　正光
天延2・8・17　正光

藤原正輔　藤原顕忠の男（『分脈』）。康保4年3月に「少将」であったことが確認される（『西宮記』恒例第一・正月・賭弓・勘物）。
天延元・2・7　正輔

藤原清遠　藤原惟岳の男、母は内蔵頭有永（氏不詳）の女（『分脈』）。
天延元・5・22　清遠朝臣
天延2・8・7　左馬頭清遠朝臣
天延2・8・8　清遠朝臣

藤原清雅　『分脈』には、この頃、存命であったと思われる在淵の男と好風の男、二人の清雅が見えるが、いずれも官歴等の詳細は不明。
天禄3・12・9　清雅
天禄3・12・27　清雅朝臣

藤原説孝　藤原為輔の男、母は藤原守義の女（『分脈』）。
天延2・正・10　説孝
天延2・4・12　説孝
天延2・5・11　蔵人説孝
天延2・5・28　蔵人説孝
天延2・11・1　蔵人説孝
天延2・12・21　説孝

藤原相如　藤原助信の男、母は藤原俊連の女（『分脈』）。
天延2・11・25　（蔵人）相如
天延2・12・20　相如

藤原相親　藤原滋望の男（『分脈』）。
天延元・2・10　左衛門佐相親

藤原知章　藤原元名の男、母は源英明の女（『分脈』）。
天延2・11・1　兵庫頭知章
天延2・11・25　蔵人知章
天延2・12・22　蔵人知章

藤原致忠　藤原元方の男、母は藤原賀備の女（『分脈』）。『紀略』安和2年12月26日日条に見える「彼国（陸奥国）守致正」と同一人物か。
天延元・2・7　致忠
天延元・5・17　前奥州府君致忠
天延2・正・14　致忠
天延2・正・18　□〔右カ〕近衛少将藤原致忠
天延2・4・17　右近少将致忠
天延2・4・19　（近衛府使）右近少将致忠
天延2・4・20　使少将
天延2・12・15　少将致忠

藤原仲平　藤原基経の男、母は人康親王の女（『分脈』）。

天慶8年9月に正二位、左大臣、71歳で没した(『公補』天慶8)。

天延2・4・10　故枇杷大臣

藤原忠平　藤原基経の男、母は人康親王の女(『分脈』)。天暦3年8月に従一位、太政大臣、70歳で没した。贈正一位(『公補』天暦3)。

天禄3・11・10　貞信公

藤原朝光　藤原兼通の男、母は有明親王の女(『分脈』)。従五位上、右近衛少将・備中権介、22歳。天延元年正月に蔵人、同年7月、正五位下、翌2年正月に従四位下、同年2月に蔵人頭、4月に参議となる(『公補』天延2)。なお、『公補』(天延2)には天延元年7月に左近衛中将になったとあり、『親信卿記』の記述と相違する。

天禄3・4・15　朝光

天禄3・12・16　右近衛少将朝光

天禄3・12・27　朝光

天延元・6・11　朝光

天延元・6・16　蔵人朝光

天延元・6・20　蔵人少将朝光

天延2・2・8　右近衛中将藤原朝臣朝光(為蔵人頭)頭中将

天延2・4・8　蔵人頭朝光朝臣

天延2・4・10　蔵人頭右近衛中将朝光朝臣(為参議)

天延2・8・18　右近衛中将朝光朝臣

天延2・11・11　右近中将朝光朝臣

天延2・12・21　宰相中将

天延2・12・22　右近中将朝光朝臣

藤原朝成　藤原定方の男、母は藤原山蔭の女(『分脈』)。従三位、中納言・中宮大夫、56歳。天延元年7月に皇太后宮大夫に転じる(『公補』)。

天禄3・4・9　中宮大夫藤原朝臣朝成

天禄3・10・1　中宮大夫藤原朝臣朝成

天禄3・10・2　中宮大夫朝臣

天禄3・10・6　同卿

天延2・2・28　皇太后宮大夫

天延2・4・5　皇太后宮大夫(薨逝)

天延2・閏10・27　□(故カ)中納言朝成(第三女)

藤原陳忠　藤原元方の男(『分脈』)。安和元年8月に左少弁であったことが確認される(『北山抄』巻第3・拾遺雑抄・官奏事)。

天禄3・12・27　陳忠朝臣

藤原典雅　藤原文範の男、実父は僧証覚(『分脈』)。

天延2・2・13　典雅
天延2・4・12　典雅
天延2・5・8　典雅
天延2・5・10　蔵人典雅
天延2・5・13　典雅
天延2・8・8　蔵人蔭子藤原典雅
天延2・8・15　蔵人典雅
天延2・11・1　蔵人典雅
天延2・12・20　蔵人典雅

藤原棟利　藤原保方の男（『分脈』）。『紀略』天禄3年4月27日条の「紀伊守藤原棟和」と同一人物であろう。
天延元・2・4　紀伊守棟利
天延元・3・23　紀伊守棟利
天延2・11・1　大蔵権大輔棟利

藤原道隆　藤原兼家の男、母は藤原中正の女時姫（『分脈』）。従五位上、蔵人、22歳（『公補』永観2）。
天延2・8・17　道隆
天延2・11・1　左近少将道隆

藤原博古　藤原在衡の男（『分脈』）。
天禄3・12・9　博古
天禄3・12・27　博古朝臣

藤原扶光　藤原庶正の男、母は藤原定方の女（『分脈』）。
天禄3・4・15　扶光
天禄3・8・24　式部丞（藤原扶光カ）
天禄3・10・1　式部丞（藤原扶光カ）
天禄3・10・6　式部丞（藤原扶光カ）
天禄3・11・12　蔵人式部少丞扶光

藤原文範　藤原元名の男、母は藤原扶幹の女（『分脈』）。従三位、中納言・民部卿、64歳（『公補』）。
天禄3・4・19　民部卿
天禄3・4・21　民部卿藤原朝臣
天禄3・8・16　民部卿
天禄3・10・1　民部卿藤原朝臣文範
天禄3・10・2　民部卿
天延2・2・17　民部卿
天延2（ママ）・10・2　民部卿藤原朝臣文範
天延2・閏10・3　民部卿
天延2・閏10・27　民部卿
天延2・11・11　民部卿藤原朝臣文範
天延2・12・15　民部卿
天延2・12・22　民部卿藤原朝臣

藤原文頼　詳細は不明

天延2・5・23　散位藤原文頼(為主殿允)
天延2・5・24　預文頼

藤原茂樹　藤原千乗の男（『分脈』）。天暦7年10月に蔵人であったことが確認される（『九条殿記』天暦7・10・28）。
天延2・正・10　茂樹

藤原用光　藤原兼通の男、母は藤原有年の女（『分脈』）。
天延2・11・11　用光（叙従五位上）

藤原頼忠　藤原実頼の男、母は藤原時平の女（『分脈』）。正三位、右大臣、49歳。天延元年正月、従二位に叙される（『公補』）。
天禄3・5・23　右大臣
天禄3・10・27　右大臣
天禄3・11・25　右府
天禄3・11・26　右大臣
天禄3・11・27　右大臣
天禄3・12・9　右大臣
天禄3・12・10　右大臣
天禄3・12・15　右大臣
天禄3・12・27　右府
天禄3・12・30　右府
天延元・4・11　右大臣
天延2・2・10　右大臣殿
天延2・2・14　右府
天延2・11・1　右大臣頼忠
天延2・11・11　右大臣藤原朝臣
天延2・12・20　右大臣

藤原理兼　藤原朝忠の男、母は出羽守忠舒（氏不詳）の女（『分脈』）。
天禄3・3・3　□〔少カ〕将理兼
天禄3・5・15　右近権少将理兼
天禄3・11・27　右近衛権少将兼任〔理兼カ〕
天禄3・12・25　右近権少将理兼
天禄3・12・27　理兼
天延元・6・20　右権少将理兼
天延2・12・15　（少将）理兼
天延2・12・22　蔵人右近衛少将理兼

藤原良房　藤原冬嗣の男、母は藤原真作の女尚侍美都子（『分脈』）。貞観14年に従一位、太政大臣、69歳で没した。贈正一位（『公補』貞観14）。
天禄3・10・4　昭宣〔忠仁〕公
天禄3・11・10　忠仁公

文道光　安和2年6月に陰陽博士であったことが知られる（『紀略』安和2・6・24）。

天禄3・11・10　主計権助道光宿祢
天禄3・12・10　道光宿祢
天延2・2・13　道光

文室氏真　詳細は不明。
天延2・5・22　文室氏真

茨田茂生　詳細は不明。
天延2・5・21　茨田茂生

茨田利枝　詳細は不明。
天延2・5・22　茨田利枝

源伊陟　源兼明の男（『分脈』）、母は源衆望の女。正五位下、左少弁、35歳。天延元年正月に蔵人、同年7月に右中弁となる。翌2年正月に従四位下に叙され、同年4月に蔵人頭となる（『公補』貞元2、『紀略』長徳元・5・22、『職補』）。
天禄3・4・15　伊陟
天延元・2・7　蔵人左少弁伊陟
天延元・2・10　蔵人左少弁伊陟
天延元・2・22　蔵人左少弁伊陟
天延元・3・5　左少弁源伊陟
天延元・4・7　蔵人左少弁伊陟
天延元・4・12　蔵人弁
天延元・4・17　左少弁伊陟
天延元・5・19　蔵人左少弁伊陟
天延元・5・20　蔵人左少弁伊陟
天延元・5・22　左少弁伊陟
天延元・6・9　左少弁伊陟
天延元・6・20　左少弁伊陟
天延2・4・10　右中弁伊陟朝臣(為蔵人頭)
天延2・5・8　右中弁伊陟朝臣
天延2・5・10　蔵人頭伊陟朝臣
天延2・5・11　蔵人頭伊陟朝臣
天延2・5・24　蔵人頭伊陟朝臣
天延2・5・25　伊陟朝臣
天延2・8・7　蔵人頭右中弁伊陟朝臣
天延2・8・13　頭弁
天延2・8・21　頭閤
天延2・閏10・2　頭弁
天延2・11・1　蔵人頭伊陟朝臣
天延2・11・11　蔵人頭伊陟朝臣
天延2・11・23　伊陟
天延2・11・25　伊陟朝臣
天延2・12・13　伊陟
天延2・12・15　頭伊陟朝臣

天延2・12・22　頭伊陟朝臣

源為堯　源蕃平の男（『分脈』）。

天延元・5・20　安芸守蕃平男為堯

源惟章　源惟正の男、母は藤原国章の女（『分脈』）。

天延2・11・1　右兵衛佐惟章

源惟正　源相職の男、母は源当平の女（『公補』、『分脈』は「当年」とする）。従四位上、蔵人頭・右近衛中将、44歳。天延2年2月に参議、同年11月に正四位下となる（『公補』）。

天禄3・3・30　頭中将
天禄3・4・8　中将惟正朝臣
天禄3・4・12　頭中将　惟正
天禄3・8・16　頭中将
天禄3・9・13　頭中将
天禄3・10・2　頭中将
天禄3・10・8　頭中将
天禄3・11・27　蔵人頭惟正朝臣
天禄3・12・25　惟正朝臣
天延元・2・10　蔵人頭右近衛権中将惟正朝臣
天延元・4・29　蔵人頭惟正朝臣
天延元・6・20　頭中将惟正
天延2・正・18　修理大夫
天延2・2・7　修理大夫惟正朝臣(為参議)
天延2・2・8　修理大夫
天延2・3・21　修理大夫
天延2・4・8　修理大夫惟正朝臣
天延2・4・16　修理大夫
天延2・5・8　修理大夫
天延2・8・18　修理大夫惟正朝臣
天延2・閏10・3　修理大夫
天延2・11・11　修理大夫惟正朝臣
天延2・11・22　修理大夫惟正朝臣
天延2・11・23　修理大夫
天延2・12・15　修理大夫
天延2・12・18　修理大夫惟正
天延2・12・21　修理大夫

源延光　代明親王の男（『分脈』）、母は藤原定方の女（『公補』天禄元・源保光尻付）。従三位、中納言・左衛門督・春宮大夫、46歳。天延元年2月に検非違使別当となり、翌2年2月に別当を辞す（『公補』）。

天禄3・5・7　左衛門督源朝臣
天禄3・7・10　左衛門督源朝臣
天禄3・9・13　左衛門督

天延元・2・8　左衛門督源朝臣
天延元・5・11　左衛門督源朝臣延光
天延元・5・19　左衛門督源朝臣延光
天延2・2・13　左衛門督源朝臣延光
天延2・2・14　左衛門督殿
天延2・2・17　左衛門督源朝臣延光(辞退)
天延2・3・21　左衛門督
天延2・8・3　左衛門督
天延2・8・11　左衛門督
天延2・8・13　左衛門督源朝臣
天延2・8・15　左衛門督源朝臣
天延2・閏10・3　左衛門督
天延2・11・11　左衛門督源朝臣延光
天延2・11・21　左衛門督源朝臣延光
天延2・11・23　左衛門督延光
天延2・12・13　左衛門督
天延2・12・15　左衛門督源朝臣
天延2・12・16　左衛門督
天延2・12・20　左衛門督

源雅信　敦実親王の男、母は藤原時平の女（『分脈』）。
　正三位、大納言、53歳（『公補』）。

天禄3・11・2　大納言源朝臣雅信
天禄3・11・10　大納言源朝臣
天禄3・11・14　大納言源朝臣
天延2・2・28　大納言源朝臣
天延2・4・20　源大納言
天延2・5・8　源大納言
天延2・5・11　大納言源朝臣
天延2・8・8　大納言源朝臣
天延2・11・7　源大納言
天延2・11・11　大納言源朝臣雅信
天延2・12・19　大納言源朝臣
天延2・12・22　大納言源朝臣
天延2・12・29　源大納言

源兼明　醍醐天皇の皇子、母は藤原菅根の女更衣淑姫
　（『分脈』）。従二位、左大臣・皇太子傅・蔵人
　所別当、59歳（『公補』）。

天禄3・5・7　左大臣
天禄3・8・11　左大臣
天禄3・11・27　左府
天禄3・12・6　左大臣
天禄3・12・19　左大臣
天延元・2・8　左大臣
天延元・2・10　左府

天延元・4・7　左大臣
天延元・4・17　左大臣
天延元・5・3　左大臣
天延元・5・5　左大臣
天延元・5・22　左大臣
天延元・6・11　左大臣
天延元・6・19　左大臣
天延2・2・17　左大臣
天延2・2・27　左大臣
天延2・2・28　左大臣
天延2・4・10　左大臣
天延2・4・18　左大臣
天延2・5・7　左大臣
天延2・5・8　左大臣
天延2・5・23　左大臣
天延2・5・28　左大臣
天延2・10（ママ）・7　傅
天延2・11・1　左大臣
天延2・11・11　左大臣
天延2・11・13　左大臣
天延2・11・25　左大臣
天延2・12・7　左大臣
天延2・12・22　左大臣

源時中　源雅信の男、母は源公忠の女（『分脈』）。32歳。安和2年4月に右近衛少将、天禄3年正月に正五位下、天延元年正月に従四位下に叙され、同年7月に右近衛中将となる（『公補』寛和2）。

天禄3・8・11　時中少将(説)
天禄3・8・16　時中
天禄3・8・29　源少将時中
天延2・7・6　右近衛中将時中
天延2・10・4　右源中将殿
天延2・11・11　右近中将時中
天延2・12・15　右近衛中将時中朝臣

源守清　有明親王の男（『分脈』）、母は藤原仲平の女（『紹運録』）。

天禄3・4・13　故兵部卿親王孫王守清

源重光　代明親王の男、母は藤原定方の女（『分脈』）。従三位、参議・右衛門督、51歳。天延2年2月に検非違使別当となる（『公補』）。

天延元・4・18　府督殿
天延2・2・17　右衛門督源朝臣重光(為検非違使別当)

天延2・2・28　右衛門督重光朝臣
天延2・5・8　右衛門督
天延2・5・25　別当
天延2・5・27　別当
天延2・5・28　別当殿
天延2・7・11　別当
天延2・8・7　参議右衛門督源朝臣重光
天延2・8・15　右衛門督
天延2・閏10・3　源宰相
天延2・11・23　右衛門督
天延2・12・18　右衛門督
天延2・12・20　右衛門督
天延2・12・27　別当(随身)
天延2・12・28　別当殿

源重信　敦実親王の男、母は藤原時平の女（『分脈』）。従三位、権中納言、皇太后宮大夫、53歳。天延2年11月に正三位となる（『公補』）。
天延2・4・8　中納言源朝臣(重信カ)
天延2・5・8　源中納言(重信カ)
天延2・5・23　権中納言重信(為皇太后宮大夫)
天延2・11・11　皇太后宮大夫源朝臣重信
天延2・11・23　皇太后宮大夫

源俊　源唱の男（『分脈』）。『改元部類記』所引天延元年12月20日条に「中務少輔源―(朝臣)俊」と見える。
天延2・閏10・25　左佐俊
天延2・11・1　左衛門佐俊

源照平　村上天皇の男、母は藤原在衡の女更衣正妃（『紹運録』）。天徳4年12月に賜姓、安和元年11月に従四位上、右兵衛督に補される（『分脈』）。19歳（『紀略』長和2・6・28）。
天禄3・12・25　侍従照平朝臣

源職　『分脈』に見える源斉の男、識と同一人物か。
天延2・正・10　雑色源職
天延2・11・25　(蔵人)職

源是輔　源清平の男、母は藤原道明の女（『分脈』）。『天徳三年八月十六日闘詩行事略記』に「蔵人式部少丞」とある。
天延2・正・10　是輔

源正清　有明親王の男（『分脈』）、母は藤原仲平の女（『紹運録』）。43歳。貞元2年に従四位上、左近衛中将（『要記』）。
天延元・6・11　正清朝臣
天延元・6・20　右近中将正清

天延2・正・14　正清
天延2・2・28　左近衛権中将正清朝臣
天延2・4・7　左近衛権中将正清朝臣
天延2・4・10　左中将正清朝臣(為中宮亮)
天延2・4・20　正清朝臣
天延2・8・15　左近衛中将正清朝臣
天延2・10（ママ）・7　左近権中将正清朝臣
天延2・11・11　左近衛権中将源朝臣正清
天延2・11・22　左近衛権中将正清朝臣

源清延　源宗海の男（『分脈』）。母は大江玉淵の女（『分脈』）、あるいは伴氏とある（『公補』正暦元）。また年齢も48歳（『分脈』）、62歳（『公補』正暦元）と一致しない。
天延元・2・4　上総介清延
天延元・5・11　上総介源清延

源静　源光の男（『分脈』）。
天延元・5・20　（延長元年、宇佐）使

源相職　源当時の男。天慶6年4月に43歳で没した（『分脈』）。天慶5年から6年に没するまで右大弁の任にあった（『弁補』）。
天延2・3・21　故大弁

源泰清　有明親王の男、母は藤原仲平の女（『分脈』）。37歳（『紀略』長保元・4・11）。
天禄3・4・15　泰清朝臣
天延元・6・20　木工頭泰清
天延2・4・20　泰清朝臣
天延2・8・7　木工頭泰清
天延2・11・23　泰清朝臣

源致遠　源国光の男（『分脈』）。
天延2・5・25　省丞源致遠

源致節　源仲舒の男（『分脈』）。
天延元・2・10　同（検非違使左衛門尉）致節
天延2・11・25　（左衛門尉）致節(停検非違使)

源致方　源重信の男、母は藤原朝忠の女。24歳（『分脈』）。
天延2・4・20　致方
天延2・8・17　致方
天延2・11・1　右衛門佐致方
天延2・11・22　致方

源致明　源仲舒の男、母は紀有守の女（『分脈』）。天延元年正月に従五位に叙された（『二中歴』2）。
天延元・2・10　検非違使左衛門尉致明朝臣
天延2・5・23　左尉致明朝臣

天延2・5・28　左衛門尉致明
天延2・11・25　左衛門尉致明(停検非違使)

源忠清　有明親王の男、母は藤原仲平の女（『分脈』）。正四位上、左近衛中将、30歳。天延元年3月に参議となり、同2年正月に従三位、10月に伊予守となる（『公補』）。
天禄3・4・15　忠清朝臣
天禄3・11・27　左近中将忠清朝臣
天禄3・12・27　忠清朝臣
天延元・2・8　左源中将朝臣
天延2・8・18　参議源朝臣忠清
天延2・12・22　伊予守源朝臣

源通理　源信明の男、母は橘秘樹の女（『分脈』）。
天延2・2・8　讃岐権介源朝臣通理
天延2・2・9　讃岐介

源任　源沿の男（『分脈』）。
天延元・2・21　左近将監源任
天延元・6・20　左近将監任

源能正　源兼忠の男（『分脈』）。
天延元・5・22　能正朝臣

源蕃平　貞真親王の男（『分脈』）。
天延元・5・17　(宇佐宮)使
天延元・5・20　使安芸守蕃平

源保光　代明親王の男、母は藤原定方の女（『分脈』）。正四位下、参議・左大弁、50歳（『公補』）。
天延元・5・22　左大弁保光
天延2・正・15　左大弁保光
天延2・5・8　左大弁
天延2・5・11　左大弁保光朝臣
天延2・9・26　大弁殿
天延2・閏10・3　左大弁
天延2・11・11　左大弁保光朝臣
天延2・11・23　左大弁
天延2・12・15　左大弁
天延2・12・20　左大弁
天延2・12・22　左大弁保光朝臣
天延2・12・27　左大丞

源輔成　源由道の男、母は藤原忠文の女（『分脈』）。康保2年8月に蔵人・左衛門少尉であったことが知られる（『延喜天暦御記抄』康保2・8・10）。
天延元・2・7　源輔成
天延2・正・10　輔成

源満季　源経基の男、母は藤原敏有の女（『分脈』）。

安和2年3月に検非違使であったことが知られる（『紀略』安和2・3・25）。また『官職秘抄』（検非違使）に尉官二人の初例として、天禄3年の源致明と満季の名があげられている。

天延元・4・23　右衛門少尉満季朝臣

源満仲

源経基の男、母は橘繁古の女（『分脈』、藤原敦〔敏〕有の女ともある）。61歳、あるいは62歳（いずれも『分脈』）。

天延元・4・23　前越前守橋《（ママ）》守満仲

美努理明

永延2年2月には右衛門府生であったことが確認される（『小右記』永延2・2・5）

天延2・5・21　番長美努理明

天延2・5・29　理明

三善道統

三善文明の男（『三善氏系図』）。天元3年正月20日付「従五位上行勘解由次官三善朝臣道統」の奏文に、安和2年に大学頭となるが、天延2年に讒に遭いその職を免じられたとある（『本朝文粋』巻6）。

天禄3・8・11　頭道統朝臣

物部行忠

詳細は不明。

天延2・4・10　左近将曹物部行忠(為権将監)

天延2・4・11　左近将監物部行忠

物部重長

詳細は不明。

天延2・5・21　物部重長

物部春延

詳細は不明。

天延2・5・22　物部春延

諸師春明

詳細は不明。

天延2・5・23　右看督長諸師春明

安茂兼

寛和元年3月に「右衛門府生安茂兼」と見える（『小右記』寛和元・3・27）。

天延2・閏10・25　(右衛門)府生茂兼

良峯滋松

詳細は不明。

天禄3《（ママ）》・7・7　良峯滋松

若江利連

詳細は不明。

天延元・5・22　(造酒)令史若江利連

咸吉競

詳細は不明。

天禄3・10・7　咸吉競

李純達

詳細は不明。

天禄3・10・7　李純達

菅秀才

詳細は不明。

天延元・6・27　後菅秀才

藤蔵人

詳細は不明。

実忠
天禄3・12・9　史実忠
詳細は不明。

秋郷
天禄3・12・10　(検非違使)秋郷
詳細は不明。

衆与
天延2・11・13　常陸介衆与
詳細は不明。「北山抄裏文書」は、諸司の代官が年労をもって本司の主典に任じられた例として、長保6年2月16日条の「掃部官人代茨田真行」をあげており、同一人物の可能性がある。

真行
天禄3・12・10　(掃部)真行
詳細は不明。「行真」を参照。

真行
天延2(ママ)・12・6　内蔵官人允真行
詳細は不明。

陣平
天延2・5・28　(左衛門)志□□陣平
詳細は不明。

崇信
天延2・11・1　左兵衛佐崇信
藤原正家は国紀の男(『分脈』)。

(藤原カ)正家
天延元・6・11　右近将監正家

正岳
天延2・11・23　正家
詳細は不明。

正岳
天禄3・12・10　(主殿)正岳
詳細は不明。

正生
天延2・11・7　令史正生
詳細は不明。

晴淵
天禄3・5・7　晴淵
詳細は不明。

善頼
天禄3・8・11　(内蔵)善頼
詳細は不明。

相安
天延2・2・10　故相安朝臣
藤原顕忠の男、中輔がこの頃に生存していた可能性はあるが(『分脈』)、詳細は不明。

仲甫
天禄3・3・2　□〔能〕登守仲甫
良峯仲連は『世紀』天慶4年11月4日条に「右近少将良岑朝臣仲連」と見える。

(良峯カ)仲連
天延元・5・20　蔵人仲連
天延3年正月7日に叙爵された太政大臣家令、右大史「忠高(「忠節」とする写本あり)」と同一人物の可能性がある(『政要』巻69頭書)。

忠節
天禄3・4・11　□〔史〕忠節
天禄3・5・10　忠節
天禄3・12・9　(史)忠節

朝俊
藤原安国の男で右京亮をつとめた朝俊が、この頃に生存していた可能性がある（『分脈』）が、詳細は不明。

天延2・9・15　朝俊朝臣

直明　詳細は不明。

天延元・5・22　（内膳）直明

定治　詳細は不明。

天延2・5・21　志定治

天延2・5・22　志定治

定平　『分脈』には橘敏行の男に定平という名の人物が見えるが、詳細は不明。

天延2・9・29　故定平朝臣

董舒　詳細は不明。

天禄3・12・10　（木工）董舒

博通　詳細は不明。

天禄3・9・13　史博通

文実〔紀カ〕　紀文実は紀淑光の男（『分脈』）。

天禄3・4・15　文実朝臣

天禄3・4・29　兵部大輔文実朝臣

奉□〔高カ〕　『分脈』には藤原尚範の男に奉高という名の人物が見える。天元5年6月に伊勢守であったことが確認される（『小右記』天元5・6・1）。

天延元・2・4　奉□〔高カ〕

豊明　詳細は不明。

天禄3・12・10　（作物所）豊明

有茂　詳細は不明。

天延元・5・22　（左兵衛府生）有茂

隆景　詳細は不明。

天延2・11・11　備前権守隆景朝臣

良茂　詳細は不明。

天延元・5・22　（主殿）属良茂

【諸氏女性】

右京　平親信の乳母。平野茂木の女。

天禄3・10・8　乳母右京（死去）

天延2・10・8　乳母

大江皎子　大江維時の女、藤原兼通の妻（『公補』貞元元・藤原時光尻付）。天延2年11月に従四位上に叙される（『紀略』天延2・11・13）。

天延2・7・6　典侍大江皎子

天延2・11・11　典侍皎子朝臣（叙従四位上）

大神定子　宇佐神主大神宮男の女（『宇佐大神氏系譜』）。

天延元・5・20　祢宜大神朝臣定子

加賀命婦　『小右記』寛和元年3月16日条に「御乳母典

侍頼子」、同月29日条に「御乳母加賀」と見えるが、氏は不詳。

天延元・4・7　御乳母賀州

天延2・2・24　加賀命婦

元子

詳細は不明。

天延元・2・14　元子

三条女人

詳細は不明。

天延2・9・28　三条女人

橘恭子

『村上天皇御記』応和3年2月28日条に「権掌侍恭子」、『小右記』天元5年5月8日条に「典侍橘恭子」と見える。

天延元・4・13　内侍恭子

天延2・10（ママ）・7　掌侍恭子

藤典侍

天延3年2月25日付宣旨に「典侍従四位下藤原朝臣貴子」と見える人物か（『政要』巻70）。貴子は安和2年9月23日の円融天皇の即位儀に褰帳をつとめている（『天祚礼祀職掌録』登壇即位事）。

天延元・2・4　藤典侍

藤原安子

藤原師輔の女、母は藤原経邦の女盛子。村上天皇の皇后であり冷泉・円融両天皇の母。康保元年4月に38歳で没した（『分脈』）。

＊天禄3・4・29　御国忌

天禄3・11・26　前宮(遺命)

天延元・正・1　(拝)皇妣

＊天延元・4・29　御国忌

藤原穏子

藤原基経の女、母は人康親王の女。醍醐天皇の皇后であり朱雀・村上両天皇の母（『分脈』）。天暦8年正月に没した（『扶略』天暦8・正・4）。

天禄3・11・10　太皇太后宮(崩時)

藤原懐子

藤原伊尹の女、母は代明親王の女恵子女王。冷泉天皇の女御、花山天皇の母（『分脈』）。天延2年12月に従二位に叙され、翌3年4月に31歳で没したとある（『大鏡』裏書）。

天延2・閏10・3　女御

天延2・10（ママ）・7　女御藤原、〔懐〕子（叙従二位）

天延2・12・15　懐子朝臣

藤原灌子

『要記』に「尚侍従三位藤朝臣灌子」の名が見え、康保元年正月に従三位に叙されたとある。

天延元（ママ）・5・13　先尚侍藤原朝臣灌子

藤原高遠室　藤原朝成の女。

天延2・閏10・27　高遠少将内方

藤原媓子　藤原兼通の女、母は有明親王の女（『分脈』）。天延元年4月に円融天皇の女御となり、同年7月に皇后となる。27歳（『紀略』天延元・7・1、天元2・6・3）。

天延元・2・20　内大臣〔女脱カ〕

天延元・4・7　媓子(為女御)

天延元・4・29　麗景殿女御

天延元・6・19　媓子

天延元・6・20　女御

天延元・6・22　堀河院女御

天延2・5・25　中宮

天延2・12・22　中宮

藤原定高女　平親信の母。

天延2・6・13　(拝)先妣

源兼子　醍醐天皇の皇女、母は源唱の女更衣周子、従四位下（『紹運録』）。延喜21年2月5日付太政官符に「源朝臣兼子、年七」とあり、前年に源姓をたまわったことが知られる。58歳（『符宣抄』第4）。

天禄3・10・6　(後山階天皇)源氏兼子(薨逝)

天禄3・11・10　源兼子(薨奏)

源保光室　藤原義孝室の母であろう。

天延2・閏10・3　同(左大弁)北方

源輔好女　詳細は不明。

天延元・2・14　御乳母源輔好子

【僧侶】

安快　元興寺僧（『僧補』）。左兵衛佐平貞文の男（『分脈』）。天延2年5月に権律師となり、天元2年12月に律師となる（『僧補』）。

天延2・5・11　安快(為権律師)

天延2・5・13　権律師安快

安鏡　薬師寺僧。文屋氏の出身。78歳あるいは88歳（いずれも『僧補』）。安和2年3月に権少僧都、天延2年5月に少僧都となる（『僧補』）。

天延2・5・11　安鏡(為少僧都)

安蔵　詳細は不明。

天延元・5・22　東寺定額僧安蔵大法師

意妙　詳細は不明。

天禄3・4・8　意妙

運源　延暦寺僧。65歳（『僧補』）、あるいは62歳。貞元2年の興福寺維摩会講師をつとめた（『維摩会講師研学竪義次第』）。

天延2・5・10　運源

円照
元興寺僧。紀氏の出身（『僧補』）。康保元年7月に内供奉十禅師に補され、天延2年2月に権律師となる。90歳（『僧補』彰）。
天延2・2・17　円照(為律師)

賀秀
天台宗僧。治安元年5月に元阿闍梨賀秀に大僧都を追贈したことが知られる（『紀略』治安元・5・27）。
天延2・5・10　賀秀(阿闍梨)

寛静
東大寺僧（『僧補』）。東寺長者。源浮の男。72歳（『分脈』）。安和元年3月に権少僧都、天延2年5月に権大僧都に任じられる（『僧補』）。この間、天禄2年11月に東寺長者に補される（『東寺長者補任』1）。
天禄3・5・15　阿闍梨権少僧都寛静
天延元・4・29　権少僧都寛静
天延元・5・22　僧都寛静
天延2・正・14　僧都寛静
天延2・5・11　寛静(為権大僧都)
天延2・5・13　権大僧都寛静
天延2・12・15　寛静

寛忠
大安寺僧（『僧補』）。東寺長者。宇多天皇の孫、敦固親王の男。68歳（『僧補』）、あるいは66歳（『東寺長者補任』1）。安和2年3月に権少僧都、天延2年12月に少僧都に任じられる（『僧補』）。なお安和2年閏5月に東寺長者となっている（『東寺長者補任』1）。
天禄3・8・24　阿闍梨少僧都実恵（寛忠カ）
天延2・5・10　僧都寛忠

勧綜
詳細は不明。
天延2・5・10　勧綜

勧命
延暦寺僧。67歳。永延元年3月に権律師に任じられる（『僧補』）。
天延2・12・16　勧命

観修
延暦寺僧。正暦元年6月に律師となり、長保2年8月に大僧正に至る（『僧補』彰）。30歳（『紀略』寛弘5・7・8、異説あり）。
天延2・8・20　観修

観茂
東大寺僧。65歳。天禄元年12月30日付太政官牒により「威儀師伝燈大法師位」で「勾当」に補任された（『東南院文書』第8）。
天延2・8・20　観茂

兼性
永観2年12月の仏名会にも奉仕したことが知られる（『小右記』永観2・12・16）。
天延2・12・20　兼性

天延2・12・21　兼性
天延2・12・22　兼性

玄明
天元5年3月の季御読経論議などに列したことが知られる（『小右記』天元5・3・27）。
天延2・5・10　玄明

源信
比叡山横川恵心院に住する（『大日本国法華験記』下）。卜部正親の男。母は清原氏（『源信僧都伝』）。33歳（『扶略』寛仁元・6・10）。
天延2・5・10　源信

弘延
天禄3年5月、良源が没後の雑事を定めたなかに、「弘延阿闍梨」の名が見え、西塔本覚坊との関連がうかがわれる（「廬山寺文書」）。
天延2・正・28　阿闍梨弘延
天延2・12・18　弘延

光休
延暦寺僧。長徳4年12月に延暦寺阿闍梨に補されたことが知られる（『権記』長徳4・12・16）。
天延2・5・10　光休

光仙
長保4年6月に崇福寺別当に補されたことが知られる（『権記』長保4・6・20）。
天延2・10・4　光仙

恒叡
詳細は不明。
天延2・12・20　恒叡
天延2・12・21　恒叡
天延2・12・22　恒叡

興良
延暦寺僧。天延2年2月に内供奉十禅師に補される。63歳（『僧補』彰）。
天延2・2・17　興良（為内供）

時算
詳細は不明。
天延2・8・2　山科寺寺主時算

実安
詳細は不明。
天延2・12・20　実安
天延2・12・21　実安

実恵
天禄3年8月の時点で生存していた実恵については不明であり、寛忠を指す可能性がある。
天禄3・8・24　阿闍梨少僧都実恵〔寛忠カ〕

寿玄
詳細は不明。
天延2・12・20　寿玄
天延2・12・21　寿玄
天延2・12・22　寿玄

寿肇
延暦寺僧。いわゆる「応和の宗論」の際、第五日の朝座導師をつとめた（『応和宗論記并恩覚奏状』）。
天延2・5・13　故阿闍梨(寿肇カ)

天延2・5・14　故阿闍梨(寿肇カ)

助幹　詳細は不明。

天延元・5・22　助幹

承興　詳細は不明。

天延2・12・22　承興

松叡　安和元年正月、延暦寺楞厳三昧院におかれた十禅師の一人として見える「伝燈大法師松〔救〕叡」と同一人物か（『山門堂舎記』）。

天延2・閏10・3　松叡

松算　詳細は不明。なお『親信卿記』には「正算」という名の僧侶が見える。

天禄3・10・11　松算上人

昭承　詳細は不明。

天延2・12・16　照承法師

乗慧　延暦寺僧。68歳。安和元年3月に内供奉十禅師、天元4年10月に権律師となる（『僧補』彰）。

天延2・閏10・3　乗慧

信慶　藤原助信の男（『分脈』）。47歳。天禄3年12月に内供奉十禅師となる（『僧補』彰）。法性寺阿闍梨（『小右記』天元5・5・28）。

天延2・8・20　信慶

真喜　興福寺僧。平氏の出身。年齢については44歳、48歳（いずれも『僧補』）、43歳（『東寺長者補任』1）と諸説がある。天延3年10月の興福寺維摩会講師をつとめた（『維摩会講師研学竪義次第』）。

天延2・5・10　真喜

仁斅　詳細は不明。

天延2・5・10　仁斅

尋禅　延暦寺僧。藤原師輔の男、母は雅子内親王（『分脈』）。天延2年12月に権少僧都に任じられる。40歳（『僧補』）、あるいは31歳（『僧補』彰）。

天延2・12・16　阿闍梨尋禅

天延2・12・22　尋禅(為権少僧都)

正算　延暦寺僧。安和2年閏5月に内供奉十禅師に、天元4年2月に法性寺座主に任じられた。56歳（『僧補』彰）。

天延2・閏10・3　正算

性孝　円融上皇の出家に際して剃髪の役をつとめたことが知られる（『小右記』寛和元・8・29）。『園城寺伝法血脈』の「智弁権僧正授十八人」のひとり「性高」と同一人物か。

天延2・閏10・3　性孝

清胤　延暦寺僧。大江朝綱の男。32歳。永祚元年5月に権律師となる（『僧補』彰）。
天延2・5・14　大乗院別当清胤

禅芸　延暦寺僧。安和2年3月に律師、天延2年5月に権少僧都となる。73歳（『僧補』）、あるいは77歳（『僧補』彰）。なお天禄元年に園城寺長吏に補されている（『園城寺長吏次第』）。
天延2・5・10　律師禅芸
天延2・5・11　禅芸(為権少僧都)

禅澄　延暦寺僧。永祚元年5月に41歳で法性寺阿闍梨に補された伝燈大法師禅澄（「平松文書」）と同一人物か。
天延2・5・10　禅澄

増恒　延暦寺僧。康保3年12月に内供奉十禅師（『僧補』彰）、天禄3年12月に権律師、天延2年2月に権少僧都となる（『僧補』）。75歳（『僧補』彰）。
天禄3・4・29　阿闍梨増恒
天延2・2・17　増恒(為権少僧都)
天延2・5・25　権少僧都増恒

蔵祚　薬師寺僧。当麻氏の出身。安和2年3月に権律師、貞元2年に律師となる。70歳（『僧補』）、あるいは71歳（『僧補』彰）。
天延2・正・14　律師蔵祚

湛延　『園城寺伝法血脈』の「智弁権僧正授十八人」にその名が見える。
天延2・閏10・3　湛延

湛照　東大寺僧、67歳（『僧補』）。菅原氏の出身（『東大寺別当次第』）。天元元年9月に権律師湛照を東大寺別当に任じたことが知られる（『東南院文書』第4）。
天延2・5・11　湛照(為権律師)
天延2・5・13　(権律師)湛照

長勇　延暦寺僧。70歳。安和2年6月に律師となり（『僧補』）、貞元2年10月には法性寺の座主に任じられる（『僧補』彰）。
天延2・5・14　律師長勇

奝然　東大寺僧。秦氏の出身。37歳（『義蔵奝然結縁手印状』）。
天延2・正・14　奝然法師
天延2・5・10　奝然

朝増　詳細は不明。
天延2・7・11　朝増

定照　興福寺僧。藤原氏の出身。66歳（『僧補』）。天禄元年に興福寺別当となり（『興福寺別当次第』）、天延元年12月に権少僧都に任じられる（『僧補』）。

天延2・8・2　定照僧都

能覚　詳細は不明。

天延2・8・20　能覚

天延2・8・21　能覚

能慧　『園城寺伝法血脈』の「智弁権僧正授十八人」にその名が見える。

天延2・閏10・3　能慧

平光　詳細は不明。

天延2・7・□〔8カ〕　平光法師

天延2・7・11　平光

芳慶　41歳。延珍僧都の弟子で、正暦元年10月の興福寺維摩会の研学となったことが知られる（『維摩会講師研学竪義次第』）。

天延2・12・21　芳慶

天延2・12・22　芳慶

法賢　長保3年2月の世尊寺供養に衲衆の一人として、その名が見え、「東寺」僧と註記されている（『権記』長保3・2・29）。

天延元・5・22　嘉祥寺法賢法師

法忠　詳細は不明。

天延2・5・10　法忠

余慶　延暦寺僧（『僧補』）。宇佐氏の出身（『寺門伝記補録』第13、『園城寺伝法血脈』）。安和2年3月に権律師、貞元2年に律師となる（『僧補』）。年齢については、『紀略』は正暦2年閏2月18日に73歳で没したとするが、異説もある。

天延2・5・20　余慶律師

天延2・閏10・3　律師余慶

陽生　延暦寺僧。伊豆氏の出身（『華頂要略』）。安和元年3月に権律師に任じられ、天延2年5月、68歳で律師に転じる（『僧補』）。

天延2・5・11　陽生(為律師)

良源　延暦寺僧。木津氏の出身。63歳。康保3年8月に天台座主となる（『天台座主記』）。天延元年12月に少僧都となる（『僧補』彰）。

天延2・12・15　天台座主良源

天延2・12・22　阿闍梨延暦寺座主良源(為大僧都)

年月日順記事索引

天禄3・10・7　**68**高麗船到来①
天禄3・10・8　**59**受領等罷申②　**79**親信乳母死去①
天禄3・10・11　**79**親信乳母死去②
天禄3・10・21　**61-1**藤原伊尹死去②
天禄3・10・23　**61-1**藤原伊尹死去③
天禄3・10・27　**36**官奏①
天禄3・11・1　**61-1**藤原伊尹死去④
天禄3・11・2　**61-1**藤原伊尹死去⑤
天禄3・11・5　**61-1**藤原伊尹死去⑥
天禄3・11・10　**61-2**薨奏・錫紵・固関②
天禄3・11・12　**61-2**薨奏・錫紵・固関③
天禄3・11・14　**61-2**薨奏・錫紵・固関④
天禄3・11・25　**8-1**任内大臣①　**36**官奏②
天禄3・11・26　**8-1**任内大臣②　**36**官奏③
天禄3・11・27　**8-1**任内大臣③　**34**昇殿人定②
　36官奏④
天禄3・11・28　**80**その他①
天禄3・12・6　**38**祭・祓①　**39**天文密奏①
天禄3・12・9　**62**勘究①
天禄3・12・10　**36**官奏⑤　**38**祭・祓②
天禄3・12・11　**39**天文密奏②
天禄3・12・14　**39**天文密奏③

天禄3・12・15　**80**その他②
天禄3・12・16　**80**その他③
天禄3・12・19　**36**官奏⑥　**62**勘究②
天禄3・12・24　**2**供立春水①
天禄3・12・25　**8-1**任内大臣④　**34**昇殿人定③
天禄3・12・27　**62**勘究③
天禄3・12・30　**62**勘究④
天延元・正・1　**1**四方拝①
天延元・正・9　**39**天文密奏④
天延元・2・4　**65**後院別当補任①
天延元・2・7　**7**受領加階定①
天延元・2・8　**7**受領加階定②
天延元・2・10　**4**除目直物①　**45**祭使出立①
　64所々別当補任①　**76**追捕①
天延元・2・11　**80**その他④
天延元・2・14　**56**仰内侍宣①
天延元・2・20　**54**入内①
天延元・2・21　**54**入内②
天延元・2・22　**54**入内③
天延元・2・23　**54**入内④　**66**桜木給所々事①
天延元・2・27　**70**薬師寺造営①

天延2・正・18　64所々別当補任③
天延2・正・28　47-3不動法③
天延2・2・7　4除目直物②
天延2・2・8　4除目直物③　5直物・復任除目・臨時除目⑦　33補蔵人①　34昇殿人定④
59受領等罷申③
天延2・2・9　59受領等罷申④
天延2・2・10　42石清水行幸①　63検非違使補任①
天延2・2・13　38祭・祓④　42石清水行幸②
63検非違使補任②
天延2・2・14　63検非違使補任③
天延2・2・15　63検非違使補任④
天延2・2・17　5直物・復任除目・臨時除目⑧
50僧綱召①　63検非違使補任⑤
天延2・2・24　8-2任太政大臣①
天延2・2・25　59受領等罷申⑤
天延2・2・27　8-2任太政大臣②　10季御読経③
46仁王会②
天延2・2・28　8-2任太政大臣③　55輦車宣旨③
天延2・3・5　8-2任太政大臣④
天延2・3・21　80その他⑤
天延2・4・2　8-2任太政大臣⑤

天延2・4・5　80その他⑥
天延2・4・7　8-2任太政大臣⑥　13擬階奏④
天延2・4・8　14灌仏②
天延2・4・10　5直物・復任除目・臨時除目⑨
33補蔵人②
天延2・4・11　45祭使出立②
天延2・4・12　40勅計①
天延2・4・14　15賀茂祭⑬
天延2・4・16　15賀茂祭⑭
天延2・4・17　15賀茂祭⑮
天延2・4・18　15賀茂祭⑯
天延2・4・19　15賀茂祭⑰
天延2・4・20　15賀茂祭⑱
天延2・5・7　10季御読経④　73検非違使庁政①
天延2・5・8　10季御読経⑤　35禁色宣旨①
天延2・5・9　10季御読経⑥　73検非違使庁政②
天延2・5・10　10季御読経⑦　73検非違使庁政③
天延2・5・11　50僧綱召②
天延2・5・13　50僧綱召③　69大乗院点地①
天延2・5・14　69大乗院点地②
天延2・5・15　69大乗院点地③
天延2・5・16　69大乗院点地④　73検非違使庁政④

天延2・9・9　**80**その他⑫
天延2・9・11　**25**伊勢例幣②
天延2・9・13　**22-2**武蔵国駒牽③
天延2・9・15　**78**藤原義孝死去①
天延2・9・16　**78**藤原義孝死去②
天延2・9・25　**80**その他⑬
天延2・9・26　**78**藤原義孝死去③
天延2・9・27　**49**御読経②
天延2・9・28　**80**その他⑭
天延2・9・29　**78**藤原義孝死去④　**80**その他⑮
天延（ママ）2・10・2　**22-2**武蔵国駒牽④　**26**孟冬旬②
天延2・10・3　**49**御読経③
天延2・10・4　**80**その他⑯
天延2・10・5　**78**藤原義孝死去⑤
天延2・10・6　**80**その他⑰
天延2・10（ママ）・7　**52**皇太子謁見①
天延2・10・8　**78**藤原義孝死去⑥　**79**親信乳母死去③
天延2・10・11　**5**直物・復任除目・臨時除目⑬
天延2・10・12　**80**その他⑱
天延2・10・13　**78**藤原義孝死去⑦
天延2・閏10・2　**80**その他⑲
天延2・閏10・3　**78**藤原義孝死去⑧

天延2・閏10・4　**80**その他⑳
天延2・閏10・5　**78**藤原義孝死去⑨　**80**その他㉑
天延2・閏10・6　**80**その他㉒
天延2・閏10・8　**80**その他㉓
天延2・閏10・23　**60**斎王卒去①　**73**検非違使庁政⑦
天延2・閏10・25　**75**津廻①
天延2・閏10・26　**75**津廻②
天延2・閏10・27　**60**斎王卒去②
天延2・閏10・30　**68**高麗船到来②
天延2・11・1　**28**朔旦冬至①　**61-1**藤原伊尹死去⑦
天延（ママ）2・11・2　**61-1**藤原伊尹死去⑧
天延（ママ）2・11・5　**61-1**藤原伊尹死去⑨
天延2・11・7　**28**朔旦冬至②　**36**官奏⑧
42石清水行幸⑥
天延2・11・8　**22-3**信濃国駒牽③
天延（ママ）2・11・9　**40**勅計②
天延2・11・11　**34**昇殿人定⑤　**53**着裳・元服①
天延2・11・13　**5**直物・復任除目・臨時除目⑭
天延2・11・14　**80**その他㉔
天延2・11・15　**80**その他㉕
天延2・11・16　**80**その他㉖
天延2・11・17　**80**その他㉗

第二部　古代史の諸問題

道昭と黄文連本実――仏跡図を巡る人々――

宮川伴子

はじめに

奈良市西の京にある薬師寺は、三重塔や薬師三尊仏をはじめとする多くの国宝を所蔵することで有名であるが、その中の一つに仏足石がある。仏足石歌と呼ばれる二十三首の歌を刻した碑とともに江戸時代に田中から出土したものという。

仏足石とは釈迦の足跡を印したもので、仏教圏全土に分布する。薬師寺の仏足石は日本で最古のものであり、側面に記された「仏足石記」によってその由来が知られることが貴重である。その銘文によると、この仏足石は文室真人智努が亡妻茨田郡主のために天平勝宝五年（七五三）に造ったもので、原図（以下、仏跡図という）は遣唐使黄文連本実が中国から持ち帰り、平城京の禅院寺が蔵していたものという。禅院寺とは白雉四年（六五三）入唐した留学僧道昭が帰国後、飛鳥寺の中に建てた飛鳥寺東南禅院をもととし、これが和銅四年（七一一）平城京へ移り禅院寺となった。またこの図を日本へもたらした黄文連本実は、天智～文武朝に活躍した技術系官僚で、『日本書紀』『続日本紀』にも何度か名前が登場する。高松塚古墳壁画の作者にも擬せられる人物である。[1] 道昭と黄文連本実になんらかのつながりがあったことは、「仏足石記」によって知られていたが、二人がともに入唐したことで知り合い、これがきっかけで仏跡図が禅院寺に納められたのだろうという一般的な理解にとどまり、その関係について深く掘り下げたものはなかった。事実、『日本書紀』や『続日本紀』などの従来の史料からそれ以上のことを導き出すことはむつかしい。

ところが最近になって、奈良県高市郡明日香村で飛鳥池遺跡が発掘され、この二人の関係に新しい資料が付け加えられることとなった。この遺跡は七世紀代にさかのぼる大量の木簡や炉跡群が出土したことで、マスコミにも大きく取り上げられたが、特に注目されたのは和同開珎以前の鋳造貨幣とされる富本銭が出土したことである。バリ付きの富本銭や鋳棹、さらに大量の富本銭鋳型の出土で、この飛鳥池遺跡で、富本銭が鋳造されていたことが明らかとなった。出土遺構の年代からその鋳造は七世紀代にさかのぼるとされている。従って『日本書紀』に載せる天武十二年（六八三）の銀銭を停止して銅銭をもちいる記事、持統十年（六九四）の鋳銭司任用記事との関連が注目されることになった。同時に飛鳥池遺跡からは道昭創建の飛鳥寺東南禅院の瓦を焼いた飛鳥池瓦窯が発掘された。このことから持統十年に鋳銭司に任じられた黄文連本実と道昭の関係が改めて見直されることになったのである。本稿では、飛鳥池遺跡という新しい成果をふまえて仏跡図が日本にもたらされた経緯を追い、この二人の関係をもう一度検討しなおしてみたい。

一　仏跡図をめぐる人々

薬師寺仏足石は、横幅一メートル、奥行七十五センチ、高さ七十センチほどの大きさで上面を平滑に磨いて仏足図を線刻し、側面四面に銘文が刻まれている。ここでは本論に関連する南面の銘文のみをあげる。[2]

大唐使人王玄策、向中天竺鹿野薗中、転法輪処、因見跡、得転写搭、是第一本、日本使人黄書本実、向大唐国、於普光寺、得転写搭、是第二本、此本在右京四条一坊禅院、向禅院壇、披見神跡、敬転写搭、是第三本、従天平勝宝五年歳次癸巳七月十五日、盡二十七日并一十三箇日作檀、主従三位智努王、以天平勝宝四年歳次壬辰九月七日改王、□成文室真人智努、画師越田安万書写、神石手□□□呂人足、匠仕奉□□□人、

これによると、唐の使人王玄策がインドの転法輪の地である鹿野園にいたり、そこにあった図を写して第一の模本を作成した。転法輪とは釈迦の説法を言い、鹿野園とは釈迦が初めて説法を行った仏教の聖地の一つで、ベナレス市北にあるサールナートのことである。この模本は唐長安の普光寺に置かれた。これを日本の使人黄書本実が写して日本へ持ち帰った。そしてこの第二の模本は平城京右京四条一坊の禅院寺[3]にあった。さらに、智努王改め文室真人智努の命で、天平勝宝五年七月十五日から二十七日までの十三日をかけて造られた第三の模本がこの仏足石であるというのである。

この仏跡図が禅院寺に安置されることになった経緯を探るために、まずこの仏跡図に関わった人々の足跡をたどってみることにする。

天竺の鹿野園から仏跡図を持ち帰ったという王玄策は、前後三回インドへ赴いている。第一回目は貞観十七年(六四三)で、インドへ帰る婆羅門僧を送る送客副使として中インドのマガダ国戒日王のもとへ派遣された。第二回目は貞観二十年(六四六)で、今度は正使として同じくマガダ国に派遣された。ところがこの時、戒日王は既に没しており、王位を簒奪したもと大臣アルジュナは一行を攻撃した。王玄策は吐蕃などの応援を得て反撃しこれを撃破、帰国した。彼はこの功績によって朝散大夫を授けられた。第三回目は顕慶三年(六五八)で、[4]龍朔元年(六六一)帰国、長安へ仏頂骨をもたらした。王玄策はこれらの経験を『中天竺行記』十巻と『中天竺国図』にまとめている。現在は散逸して残っていないが、『中天竺行記』の一部が『法苑珠林』に引用されている。『歴代名画記』巻三は『中天竺国図』の成立を六五八年としているので、この中に仏跡図が含まれていたとすれ

ば、彼が仏跡図を持ち帰ったのは一回目か二回目のインド行きの時になる。

この図が納められた普光寺は、長安の街西第三街第三坊にあった寺で六三一年、太宗の長男で当時の皇太子であった承乾の病気治癒のために建立され、長安の名刹の一つであった。[5] この仏跡図は中国国内では非常に有名だったらしく、円仁の『入唐求法巡礼行記』巻三には五台山経蔵閣にある仏足石について、「貞観年中、太宗皇帝送袈裟使、到天竺見阿育王古寺、石上有仏跡、長一尺八寸、濶六寸、打得仏迹来、今在京城転画来此安置」との記述がある。また東寺観智院所蔵の「釈迦大師脚迹写」という仏足図の右足の図があって、その賛に「朝散大夫王玄策、貞観年中、奉使婆羅門国、於彼礼拝、図写将来」とある。[6] 他にも数多く存在したと思われる仏跡図の中で、王玄策のものがこれほど有名になったのは、彼がインドへ宋法智という工人を伴い、[7] いわばプロの手による正確な模写だったためと思われる。

道昭は河内国丹比郡の出身で俗姓は船連、父は乙巳の変の時、焼け落ちた蘇我氏の邸宅から天皇記・国記を救いだしたという船連恵尺である。白雉四年（六五三）入唐、玄奘に師事し禅定を学んだ。玄奘は道昭の才を愛で、同じ房に住まわせたという。帰国の年は明らかでないが、帰国に際して玄奘から舎利・経論を授かったというから六六四年の玄奘の死以前であろう。とすれば、斉明七年（六六一）かと思われる。天智元年（六六二）、飛鳥寺の東南隅に禅院を建てて住んだ。薬師寺講堂の繍仏開眼講師となり、その功によって文武二年（六九八）大僧都、文武四年（七〇〇）三月死去、栗原で火葬にされたが、これが日本の火葬の始まりである。その伝記は『続日本紀』に詳しい。

ところで道昭創建の東南禅院の所在地は現在、飛鳥寺の中心伽藍から一〇〇メートルほど東の位置に推定されている。一九九二年に住宅新築に伴う事前調査が実施され、七世紀後半の造営とみられる礎石建物が検出された。この場所は飛鳥寺の寺域内と考えられるが、中心伽藍ではほとんど出土しない形式の瓦が出土したためその建物の性格が問題になった。その後、一九九三年に奈良市教育委員会が実施した平城京右京三条十四坪の調査で同じ瓦が出土した。調査地は三条大路を隔てて「仏足石記」に記された禅院寺に接する場所であったため、前年に発掘された飛鳥寺東方の礎石建物が東南禅院である可能性が高くなったのである。(8)

長安の普光寺にあった仏跡図を写して日本に持ち帰ったという黄文連本実が正史に名前が登場するのは次の通りである。

・天智十年（六七一）三月　黄文造本実、献水臬《はかり》
・持統八年（六九四）三月、以直広肆大宅朝臣麻呂・勤大弐台忌寸八嶋・黄文連本実等、拝鋳銭司
・大宝二年（七〇二）十二月、以二品穂積親王、従四位上犬上王、正五位下路真人大人、従五位下佐伯宿祢百足、黄文連本実、為作殯宮司
・慶雲四年（七〇七）六月、以三品志紀親王、正四位下犬上王、正四位下小野朝臣毛野、従五位上佐伯宿祢百足、黄文連本実等、供奉殯宮事
・慶雲四年（七〇七）十月、（前略）正四位下犬上王、従五位上采女朝臣枚夫・多治比真人三宅麻呂、従五位下黄文連本実・米多君北助、為御装司

黄文（書）氏は高句麗系の渡来氏族で初め造、天武十二年（六八三）連姓を賜った。推古十二年（六〇四）に山背画師とともに定められた黄文画師を率いた氏族と推定されている。一族には壬申の乱の功臣大伴や、大宝律令の撰定に関わった備などがいるが、もともとは画を職掌とする伴造系氏族である。正倉院文書に名前の残る黄文氏には、画工が多い。また最近の史料では長屋王家木簡に何人かの名前を見出せる。そのうちの一人は画部であり、もう一人の黄文万呂は朱沙に関わっている。朱沙は当時の赤色の顔料に使用されたから、黄文万呂も画工であったと考えてよい。(9)

黄文連本実が唐へ渡ったことが知られるのは薬師寺の「仏足石記」によってのみである。従来の論考の中には彼が遣唐留学生で、長安で道昭と交友があり、その縁でこの仏跡図が禅院寺に納められたとするものがある。しかし、「仏足石記」には「使人」とあるから留学生ではなく遣唐使の一員である。画師が遣唐使船に乗り組んだことは、後世の史料になるが、『延喜式』大蔵省蕃使条で知られる。ここには大使・副使や留学生・留学僧・通訳・医師・陰陽師・船大工等とならび画師の記載がある。[10] 同条の渤海使や新羅使には画師の記載がないから、画師が乗り組んだのは遣唐使船のみであったことがわかる。唐の先進的な文物を視覚的に写し帰ること、いわばカメラマンとしての役割を期待されたのであろう。本実がいつ遣唐使として派遣されたのかはわからない。しかし水臬献上の天智十年（六七一）以前と考えると、遣唐使が派遣されたのは天智八年（六六九）・同六年（六六七）・同四年（六六五）・斉明五年（六五九）などがある。また水臬（水準器）の献上記事からは、彼が単なる画師にとどまらず、土木技術にも造詣が深かったらしいことがうかがえる。[11]

以上が仏足石記に現れる人物の略歴である。そのほかに名前はでてこないが、この仏跡図の伝来に関わっていたのではないかと思われる人物をあげておく。

まず「西遊記」の三蔵法師として有名な玄奘である。彼は仁寿二年（六〇二）洛陽に生まれ、十三歳で出家、各地を巡って勉学したが、唯識学の研究を志し、貞観三年（六二九）原典を求めてインドへ旅立った。インドではマガダ国のナーランダ寺で戒賢に師事し、唯識論を学んだほか、各地の仏跡を尋ね、貞観十九年（六四五）多くの仏典を携えて帰国した。この間のことは『大唐西域記』に詳しい。同年、太宗の勅命により、弘福寺の禅院においてインドから持ち帰った教典の翻訳事業が開始された。その後、貞観二十二年（六四八）には慈恩寺、顕慶三年（六五八）に西明寺、同四年（六五九）に玉華寺と場所を移動しながら死の直前まで翻経は続けられた。麟徳元年（六六四）没。翻訳した経典は大般若経六百巻をはじめ総計七十四部、一千三百三十八巻に及んだとい

う。(12)

次に遣唐留学僧智通・智達である。この二人は斉明四年（六五八）、勅を奉じて新羅船で入唐、玄奘と窺基に学んだ。智通は帰国後の白鳳二年（六七三）僧正、平城京観世音寺と矢田寺を開いたという。六五八年から六五九年にかけて玄奘は西明寺にいた。この二人が玄奘に弟子入りしたのもおそらく西明寺においてであり、道昭もまた玄奘のもとにいたと思われる。従って道昭の帰国までの数年間、この三人は机を並べて勉強したことになる。二人がいつ帰国したかについては史料がないが、推定する手がかりはある。まず『三国仏法伝通縁起』は道昭を法相宗第一伝、この二人を第二伝とする。従って道昭より遅れての帰国である。またこの二人は玄奘の他に窺基に師事した。慈恩大師・窺基は十六歳で玄奘に見出されて弟子入りし、インド語の特訓を受け、二十五歳で訳経事業に携わるようになった。玄奘の死後は師が訳した経典類の注釈に力をそそぎ、「百本の疏主」と呼ばれた。また慈恩寺にあって玄奘の実質的な後継者として法相学を大成した人物である。玄奘の後継者である窺基に師事したということは、玄奘の没後もしばらく中国に滞在したとみてよい。従ってその帰国は六六四年の玄奘の死以降で、六七三年の智通の僧正任命以前、おそらく六六〇年代後半のことと思われる。

二　仏跡図の伝来

前節で仏跡図に関わった人々のおおまかな経歴をたどってみた。これらの人々が唐でそれぞれどのように関わった結果、この仏跡図が日本にもたらされたのであろうか。

まずインドの鹿野園から原図を長安に持ち帰った王玄策は、その経歴から見て当時の中国国内においては、有数のインド通であり、また熱心な仏教徒であったと思われる。同じくインドの事情に詳しかったのは十五年間インドに滞在した玄奘がいる。この二人の直接の交流を示す史料は残っていない。王玄策が一回目にインド・マガダ国へ到着した時、玄奘はまだ同国内のナーランダ寺に滞在していたが、この直後に唐へ出立しすれ違いになったようである。しかし、以下の史料からこの二人になんらかの交流があったことは十分に推測できる。まず王玄策が遣わされたマガダ国の戒日王は、インド滞在中の玄奘の最大の庇護者であった。玄奘の唐帰国に際し、戒日王は中国へ持ち帰る経典を運ぶ象を用意し、途中までの護衛をつけている。また、王玄策が二度目の派遣の時に携えた国書は、太宗の命で玄奘がインド語に訳したものであった。前述のようにこの時、戒日王はすでに死亡していたが、王玄策は玄奘が五年間滞在したナーランダ寺を訪れ、戒日王死後の混乱で荒廃した寺の様子を書き残している。また六五三年に長安を訪れたインド・マハーボティー寺の法長が帰国する時、玄奘は彼に昔の学友宛の手紙を託し、その中で瑜伽論の師であった戒賢の死をさきごろ帰国した「使者」から聞いたと書いている。この「使者」とはおそらく王玄策のことを指す[13]。さらに玄奘は死の直前、「塑工」宋法智に命じて嘉寿殿に菩提像骨を造立させた。この宋法智は王玄策がインドへ伴った工人で、おそらく仏跡図を模写した本人である。以上のことから考えて、この二人に交流があったことは確実であろう。王玄策は仏跡図以外にも多くの図像や仏舎利などを持ち帰ったが、それらの中には天竺の仏跡に詳しい玄奘から情報を得たものもあったと思われる。鹿野園の仏跡図の情報もあるいはそういったものかもしれない。

そしてこの図は長安の普光寺に納められた。王玄策と普光寺の関係は残念ながらわからないが、前述のようにこの図は唐国内で著名なものとなった。仏跡図が載せられていたと思われる『中天竺国図』の刊行は六五八年であるから、道昭や智通・智達も師の玄奘の『大唐西域記』やこの本を読んでいたであろうし、あるいは玄奘をつうじて王玄策に直接会っている可能性もある。

一方、遣唐使として長安を訪れた黄文連本実の任務は、前述のように唐の先進的な文物の写生にあったと思われる。経典類は留学僧が持ち帰るにしても、寺院の建物や仏像・壁画などの模写は日本国内での需要も大きいものがあったであろう。長安滞在の限られた時間内で多くの文物を書き写すためには、長安の事情に詳しい日本の留学生・留学僧から情報をもとめるのが最も効率的である。おそらくは普光寺の奥に秘蔵されていたであろう仏跡図を黄文連本実が模写できるとすれば、それなりのつてが必要であったはずである。勿論、普光寺に日本の留学僧が滞在していた可能性もある。しかし、当時長安に滞在していたことが判明する留学僧としては道昭・智通・智達があげられるのである。黄文連本実がいつ唐に渡ったのか明らかでないが、六五三年から六六〇年代後半までは三人のいずれかが長安に滞在していた。

　この三人が普光寺と直接関わりがあったという史料は残っていない。しかし、留学僧として唐に滞在する間、長安内の各寺院やその僧たちと交流をもつことは当然である。そういった交流をうかがう手掛かりとなるものに、禅院寺や観世音寺が所蔵していた経典類がある。天平十九年（七四七）十月九日付の写経所解(14)には写経所が禅院寺から借り出した約九十種にのぼる経論のリストがあげられている。道昭は唐から「書楷好にして錯誤あらず」と称された多くの経典を持ち帰った。これはその一部である。この中の「仏跡図一巻」とあるものが黄文連本実が持ち帰った第二の模本で薬師寺仏足石の原図とされている。(15)リストの中には聖徳太子の「勝鬘経疏」なども含まれているから、全ての経論が中国から将来されたものではないが、その多くは道昭本人が持ち帰ったものと思われる。

　そこで木本好信編『奈良朝典籍所載仏書解説索引』と『仏書解説大辞典』によって道昭が唐で関わったと思われる著述者とその著作を抜き出してみると、玄奘訳経＝雑集論・発智論・広百論、玄奘訳経典の注釈書＝集論疏・顕揚論抄・大乗十論経疏・観所縁々論疏、窺基著述＝唯識論疏・無垢称経疏・維摩疏、靖邁＝菩薩蔵経疏、文備＝天請問経疏・五果章、神泰＝倶舎論疏・大乗四善根章・道品章、道宣＝六巻抄、善導＝観経製宗不定善義・往生礼讃・依観経等明般舟三昧往生礼讃などがある。

靖邁・文備・神泰・道宣は玄奘の直接の弟子ではないが、深い関わりを持った人々であった。貞観十九年（六四五）、玄奘が弘福寺でインドから持ち帰った経典の翻訳を開始するにあたり、その手助けをするため太宗の命で長安や中国各地の寺院から二十三人の大徳が呼び集められた[16]。この四人はこの時に各寺から玄奘のもとに集まった僧達である。また善導は当時の長安にあって浄土教を大成した人物である。このことに注目した中井真孝氏は、善導が度々訪れた光明寺と道昭が滞在した西明寺が道一本隔てた場所にあることから、道昭が善導の説教を聴く機会があったのではないかと推定している[17]。

また智通が創立したという観世音寺も禅院寺ほどではないが、一切経目録をはじめとする多くの経典類を蔵していたことが正倉院文書によって確認できる[18]。この中には窺基撰の倶舎論抄・瑜伽論抄、玄奘訳の無垢称経などがあった。玄奘の弟子であり西明寺の維那であった懐素の著作四分律疏の名も見える。

玄奘の翻経事業は弘福寺→慈恩寺→西明寺→玉華寺と寺院を移動しながら十九年にわたって続けられた。道昭・智通・智達はおそらく師とともに各寺院へ移り住んだであろう。玄奘のもとには「三千人」ともいわれる多くの弟子と翻経事業に携わる僧たちがいた。翻経のために集められた大徳たちも全員が最後まで参加していたわけではない。本寺に帰る者、道宣や神泰のように別の寺院に入る者、窺基のように新たに事業に加わる者などさまざまである。このようにみてくると、道昭等と長安各寺院の僧たちとの交流はかなり広範囲にわたっていたと思われる。普光寺の僧で玄奘と関係があった人物には栖（棲）玄がいる。彼は前述の道宣・文備等とともに玄奘の翻経事業に当初から参加していた人物である[19]。当時の玄奘は高宗やその皇后武氏の信頼も厚く大きな名声があったし、その死後も慈恩大師・窺基に率いられた慈恩学派は最も勢いのあった教団であった。そのもとに留学していた三人は情報を得るためには最適な人物であったろう。黄文連本実が仏跡図の模写の希望を持って道昭等を訪れたとすれば、玄奘と王玄策の関係、道昭等の交友関係からして、普光寺との連絡をつけることはそれほどむつかしいことではなかったはずである。あるいは模写するべき文物として仏跡図を推薦したのもこの三人のいずれかであったかもしれない。

三　飛鳥池遺跡と道昭・本実

前節で仏跡図が黄文連本実に模写された経緯を推測したが、次に日本国内でこの図がどのようにして彼の手から飛鳥寺東南禅院へ移されたかを考えてみる。これには近年発掘された飛鳥池遺跡が重要な意味を持つので、まず飛鳥池遺跡の概要を述べる。

飛鳥池遺跡は奈良県高市郡明日香村にある。一九九一年産業廃棄物の埋め立て場の事前調査で発見された(20)。この時の調査では炉跡が検出されるとともに、木製の様《ためし》、るつぼ、鋳型、木簡など工房関係の多くの遺物が出土した。出土木簡には「大伯皇子」「石川宮鉄」と書かれた木簡、木製の様に数を書き入れたものなどがあり、これらのことから天武～持統朝の官営工房跡と考えられた。しかしこの時は発掘面積も狭く遺跡の全体像を把握するにはいたらなかった。その後、この地に奈良県立万葉文化館の建設が計画され、一九九七年から奈良国立文化財研究所による事前調査が行われ、遺跡の全体像が明らかになった(21)。

飛鳥池遺跡は飛鳥寺東南の谷間に位置する。遺跡は中央にある東西塀によって南区と北区に分けられる。南区は工房地区で、南から北に向かって傾斜する「人」字型の谷の両岸をテラス状に削り出し、そこに三百基を超える炉跡群が営まれる。炉跡群は西の谷の奥が金・銀・ガラスなどの宝玉類の工房、谷の西岸が銅製品・鉄製品の工房というふうに生産された製品別に整然と配置されていた。工房から出る廃棄物は谷底へ投棄され、分厚い堆積層をなしている。この層から、ガラス、銅製品、鉄製品、富本銭、木製の様など大量の遺物が出土した。また東の谷筋には廃棄物処理のために「沈殿槽」が造られ、ここである程度濾過された処理水は、北地区にある石組方形池に流され、最終的に遺跡の外に排出された。北地区にはこの他に立派な石敷き井戸二基や掘立柱建物があり、南の工房地区とは様相を異にしている。処理水の一部は遺跡の中央を南北に流れるSD〇一・SD〇五と呼ばれる溝に流れ込む。この溝からは大量の木簡が出土しており、その中には天武朝の年紀を持つものや「里」を「五十戸」と表記したものがある。遺跡の北には飛鳥池遺跡の北を限る東西塀があり、その北には石敷き東西道路をはさんで飛鳥寺の南面大垣がある。大垣には門の施設が開いていたとみられ、この門を入ったところが東南禅院である。南地区からは瓦窯が一基発掘された。出土した瓦は前述の東南禅院推定地、平城京右京三条十四坪出土のものと同型式で、このことから東南禅院使用瓦がこの瓦窯で焼かれたことがわかった。

遺跡全体からは八千点に及ぶ木簡が出土しているが、大半は北地区からの出土である。概報等によると、木簡の内容はおおよそ三つに分けられる[22]。第一に寺院、すなわち飛鳥寺に関するもの、第二に「天皇」木簡をはじめとする天皇関係、第三に工房関係である。しかし内容を検討すると、「経蔵益(鎰)」「法華経」「観世音経」「大徳」「大師」や寺院の名称を列記したもの[23]、「弁徳」「覚道」「浩裕法師」など僧侶の名を書いたものなど寺院関係のものが多数を占めること、北地区には炉跡がないこと、飛鳥寺と接していることなどからみて、この一画は飛鳥寺あるいは東南禅院との関係が指摘されている。

次に道昭・智通・智達・黄文連本実がそれぞれ飛鳥池遺跡とどう関わったかを検討してみよう。道昭については、東南禅院の瓦を焼いた飛鳥池瓦窯の存在からも遺跡との関わりは明白である。北区出土の木簡には「禅院」「飛鳥寺」やさらに道昭の最後をみとったという智調の名を記したものがある[24]。智達についてはSD〇五と呼ばれる溝から出土した「智達四石一斗」と書かれた木簡がある[25]。これは米か何かの支給伝票のようなものと思われる。このことは智達が帰国後、飛鳥寺東南禅院に止住していたか、なんらかの関わりを持っていたことを示している。同じ師に付き、同じ法相学を学んだ学友であるからこれは当然であろう。

一方の黄文連本実はどうであろうか。彼の場合、飛鳥池遺跡で鋳造されていた富本銭が問題になる。富本銭が七世紀の貨幣だとすると、持統八年（六九四）の鋳銭司任命記事が関わってくるからである。前述のように彼は大宅朝臣麻呂らとともに鋳銭司となっているが、画師の一族である本実が鋳銭司に任じられるのは一見畑違いのように思われ、富本銭のデザインで参加したとの見方もある。しかし、古代の画師は物の形を描くだけではなく、寺院・仏像などの荘厳・彩色を重要な仕事としていた。当時の彩色に使用された絵具は全て自然顔料である。その中には鉱物性のものが多く含まれていた。たとえば群青は塩基性炭酸銅、丹は四三酸化銅、弁柄は酸化鉄である。他にも白色には鉛、赤色には硫化水銀などが使われた。(26)七世紀後半、国内では多くの寺院が建立された。建立時の寺院は極彩色の世界である。仏像や仏具の彩色、仏堂内の壁画、部材の装飾など絵具の需要は爆発的に増加したであろう。顔料の中には大陸から輸入されるものもあったろうが、それだけではとうてい賄いきれるものではない。大部分は国内で原料の鉱石から生成しなければならず、おそらくそれは画師の仕事であった。従って、彼等は原料の鉱石の見極めや扱いには長けていたはずであるし、それぞれの原料を混合すればどのように発色・変色するかなど、金属に関する化学的知識も豊富だったと思われる。富本銭は、和同開珎以下の皇朝十二銭と違って、アンチモンが混合された特殊な合金であるという。(27)本実の画師としての化学的知識と銅・アンチモンの特殊合金を使用した富本銭の鋳造はそれほどかけ離れた分野のものではないだろう。青・緑系の絵具は銅山から産出する藍銅鉱や孔雀石を原料としている。銅山は富本銭の原料とともに絵具の原料の産出地でもある。『続日本紀』文武二年（六九八）九月乙酉条には朱沙・雄黄・金青・緑青などの産出地が記されるが、(28)これらは鉱物性の顔料であり、同年条に多く見られる鉱山開発記事と無関係ではあるまい。

また、彼が大宝二年（七〇二）の持統、慶雲四年（七〇七）の文武の二代にわたる葬儀で重要な役目をになっていることも注目される。文武天皇の葬儀では御装司を務めている。御装司は衣服や調度類のほか、装身具も担当していたと思われる。たとえば天平七年（七三五）十一月の左京職符によると、舎人親王の葬装束所が平城京東市で瑠璃玉四個を購入している。[29] 飛鳥池遺跡ではガラス玉をはじめとする大量の宝飾品が生産されていた。花谷浩氏は飛鳥池遺跡で生産された宝飾品の供給先の一つとして、当時建設中であった本薬師寺をあげているが、[30] その他にもおそらく文武天皇、さらにその祖母の持統天皇の葬儀にも供給されたとみてよい。このようにみてくると、黄文連本実の経歴はそのまま飛鳥池工房に重なってくることがわかる。おそらく彼は飛鳥池工房において監督官等の重要な地位にあったと思われる。その実績によって鋳銭司や葬儀の官職についたのであろう。

以上のように、黄文連本実と東南禅院はそれぞれ飛鳥池遺跡＝飛鳥池工房と深く関わっていたことがわかってきた。当然、本実・道昭・智達、またおそらくは智通も含めたこの四人は飛鳥池工房で顔を合わせることになる。かつて長安で遣唐使と遣唐留学僧として知り合い、彼等の協力のもとに仏跡図が模写されていたのなら、当の図が黄文連本実の手から東南禅院に納められることになるのはごく自然である。

結びにかえて

最後に東南禅院と本薬師寺の関係について触れておきたい。平城京薬師寺には東塔心柱の擦管の表面に銘文が残っている。これは、薬師寺の藤原京から平城京への移築ともからめ、従来から議論の対象となってきたものである。平城京薬師寺に掲げられているのに、内容は本薬師寺の建立に関するものであること、寺にとって重要なものにしては天地や行間、一行の文字数が不揃いで、造作も雑なことなど問題も多く、偽作説もあった。しかし宮上茂隆氏は、この銘文は十二字×十二行の正方形に復元できるとし、本薬師寺の東塔または西塔に掲げられていた原銘文をのちに転写追刻したものと推定した。[31] 最近の発掘調査では、本薬師寺の伽藍は平城遷都後も藤原京に存在していたことがほぼ確実になっているので、[32] 宮上氏のこの説は蓋然性の高いものといえる。一方でこの銘文は長安・西明寺の梵鐘銘を引用したものであることが、平子鐸嶺氏によってとなえられ、定説化している。[33] 西明寺梵鐘銘は道宣撰『広弘明集』に載せられているので、これを遣唐使あるいは留学僧が持ち帰り引用したものと推定されてきたが、一方では梵鐘から直接写されたという説もあり、『奈良六大寺大観』はその候補者として智通・智達をあげている。[34] おそらくこの推定は妥当であろう。前述のようにこの二人は入唐直後、それほど長期間ではないにしても西明寺に滞在し、また梵鐘の出来た六六五年当時はまだ長安のおそらくは大慈恩寺で窺基に師事していたとみられる。当時の西明寺の三綱は上座道宣、寺主神泰、維那懐素であるが、懐素は玄奘の弟子、道宣・神泰はともに玄奘の訳経事業に参加しており、特に道宣は窺基とは非常に親しかったという。[35] 道宣・神泰の述作は禅院寺に蔵されている。また懐素の著作も観世音寺にあった。この梵鐘は当時の皇太子李弘が父高宗と母武皇后のために鋳造したものであるから、完成時は大きな話題となり、法要も盛大に行われたであろう。そういった中で、智通・智達がこの梵鐘を直接目にし、道宣の撰ともいわれる[36]その銘文を写しとることは充分に考えられることである。

さらに大橋一章氏のいうように原銘文が文武朝に本薬師寺の塔に掲げられたとするなら、[37] 道昭が本薬師寺講堂の繡仏開眼講師を務め、その功により文武二年（六九八）に大僧都になったことが注目される。これは檫銘の撰文に東南禅院が関わっていたことを示してはいないだろうか。西明寺梵鐘製作の由来は本薬師寺においてはそのまま李弘＝文武、高宗＝天武、武皇后＝持統になぞらえることができ、檫銘の原文としてこれほどふさわしいものはない。

藤原京には本薬師寺と大官大寺の二つの官の大寺があった。大官大寺がいわゆる国家の大寺であるのに対し、本薬師寺は創建の経緯からも天武・持統の私的寺院ともいうべき性格を持つ。東南禅院が飛鳥寺寺域内にありながら中心伽藍と別系統の瓦を使用し、平城遷都後は別の寺院として独立すること、道昭の伝記が異例ともいえる詳しさで正史に記載されていること、さらに本薬師寺との関わりは、道昭すなわち東南禅院と天皇の特別な結びつきを示唆しているといえる。[38]

以上、インド鹿野園にあった仏跡図が唐・長安を経て日本の平城京へもたらされた経緯をおってみた。飛鳥池工房の操業が最盛期を迎えた天武・持統朝、仏跡図はこの飛鳥池工房で黄文連本実の手から道昭あるいは智通・智達へ渡され飛鳥寺東南禅院に蔵されることになったのであろう。『日本書紀』・『続日本紀』・薬師寺仏足石等、従来から知られていた仏跡図とそれを巡る人々に関する文献史料は、飛鳥池遺跡の発掘によって新しい光が当てられることになった。それは、当時のインド・中国・日本を結ぶ人々の国際交流をうかがわせてくれる。

（1） 井上薫「白鳳・奈良朝の黄文画師」（『壁画古墳高松塚』、奈良県教育委員会・奈良県明日香村、一九七二）。

（2） 釈文は『古代の碑——石に刻まれたメッセージ——』（国立歴史民俗博物館、一九九七）によった。

（3） 「禅院」が禅院寺であることについては福山敏男『奈良朝寺院の研究』（高桐書院、一九四八）、藤野道雄「禅院寺考」（『史学雑誌』第六十六編第九号、一九五七）などを参照。

（4） 『中国文物報』総第三七八期（一九九四）。

（5） 小野勝年『中国隋唐長安・寺院史料集成』（法蔵館、一九八九）。

（6） 亀田孜「薬師寺仏足石と仏跡図本の論考」（『日本仏教美術史叙説』、学芸書林、一九七〇）。

（7） 『法苑珠林』巻二十九（『大正新脩大蔵経』第五十三巻、鈴木学術財団、一九七一）。

（8） 花谷浩「飛鳥寺東南禅院とその創建瓦」（『瓦衣千年　森郁夫先生還暦記念論文集』、同刊行会、一九九九）、『飛鳥・藤原宮発掘調査概報』二十三（奈良国立文化財研究所、一九九三）、『奈良市埋蔵文化財調査概要報告書　平成六年度』（奈良市教育委員会、一九九五）。

（9） 『平城京木簡』一（奈良国立文化財研究所、一九九五）一四二・一六三号木簡。

（10） 同条によると画師は、知乗船事・訳語・請益生・主神・医師・陰陽師とともに、絁五疋・綿四十屯・布十六端を受けることになっていた。

(11) 天智八年（六六九）河内直鯨等が派遣された遣唐使は帰国の記事が無いが、他の例からすると遣唐使の出発から帰国までには約二年を要している。従って、六六九年の遣唐使がこの直前に帰国し、本実が唐で得た水臬を献上したというのが従来の説である。筆者はそれ以外にこの一カ月後の四月二十五日の「漏剋を新しき台に置く」という記事との関連もあり得ると考えている。斉明六年（六六〇）中大兄皇子は飛鳥に漏刻を造った。この記事はその漏刻を遷都に際して近江京に移したものである。飛鳥にあった漏刻台の跡は奈良県高市郡明日香村の水落遺跡に比定されている。『飛鳥・藤原宮発掘調査報告』四（奈良国立文化財研究所、一九九五）によると、水落遺跡の漏刻台とされる建物は方二十二メートルの基壇の上に建つ。地下は礎石と礎石の間を石で固定した地中梁工法とも呼ぶべき強固な工法がとられており、その間を木樋が縦横に走る精密なつくりである。木樋はそれぞれ微妙な傾斜角を持つ。近江京の漏刻が据えられた「台」が水落遺跡と同様の構造のものならば、築成に際しては水準器の使用は不可欠である。

(12) 玄奘三蔵の伝記については『大唐大慈恩寺三蔵法師伝』（『大正新脩大蔵経』第五十巻、鈴木学術財団、一九七一）、前嶋信次『玄奘三蔵――史実西遊記』（岩波新書、一九五二）などを参照。

(13) 長沢和俊訳『玄奘三蔵――西域・インド紀行――』（講談社学術文庫、講談社、一九九八）。

(14) 『大日本古文書』二―七〇七頁、経典の分析については堀池春峰「平城右京禅院寺と奈良時代仏教」（『仏教史学』第二巻第四号、一九五二）。

(15) 「仏跡図一巻一条紅袋一条□一条錦袋」。この記述からすると仏跡図は錦と赤ともう一つ何色かの三重の袋に納められていた。また「管一合着漆」とあるから漆塗りの筒に納められていたのであろう。リストの経典は「无軸」と注記されるものが多い中で、三重の袋と漆塗りの筒に納められていたことは、いかにこの「仏跡図」が大切にされていたかがうかがえる。

(16) 『大唐大慈恩寺三蔵法師伝』巻六（前掲注(12)『大正新脩大蔵経』第五十巻）。

(17) 中井真孝『朝鮮と日本の古代仏教』（東方出版、一九九四）。

(18) 『大日本古文書』十五―九八頁、同七―一八〇頁、同九―三八五頁、同十二―一一・一八・二〇頁など。

(19) 前掲注(16)、この栖玄は尚薬奉御・呂才と幼なじみであったという。呂才は漏刻の製作者として知られる人物である。前掲注(11)で黄文連本実が大津京の漏刻に関わっていた可能性を推定したが、本実の入唐時期によっては、考慮に入れておくべきことかもしれない。

(20)『飛鳥・藤原宮発掘調査概報』二十二（奈良国立文化財研究所、一九九二）。

(21)『奈良国立文化財研究所年報　一九九七~二〇〇〇』（一九九七~二〇〇〇）、花谷浩「飛鳥池工房の発掘成果とその意義」（『日本考古学』第八号、日本考古学協会、一九九九）。

(22)寺崎保広「飛鳥池出土の木簡」（『奈良国立文化財研究所年報　一九九八―II』（一九九八）、『飛鳥・藤原宮発掘調査出土木簡概報』十三・十四（奈良国立文化財研究所　一九九八・一九九九）。

(23)東南禅院と出土木簡については、伊藤敬太郎・竹内亮「飛鳥池遺跡出土の寺名木簡について」（『南都仏教』第七十九号、二〇〇〇）を参照。

(24)『日本霊異記』上巻第二十二縁、『日本霊異記』では「知調」となっているが、「知」と「智」は通用することが多いから同一人物とみてよい。

(25)前掲注(22)『飛鳥・藤原宮発掘調査出土木簡概報』十四。

(26)沢田正昭「顔料の調査研究法」（日本の美術四〇〇『美術を科学する』、至文堂、一九九九）、渡邊明義『古代絵画の技術』（日本の美術四〇一、至文堂、一九九九）。

(27)村上隆「飛鳥藤原地域で出土した銅、青銅、金銅製品」（『奈良国立文化財研究所年報　一九九六』（一九九七）、同「飛鳥池遺跡の調査」（『奈良国立文化財研究所年報一九九九―II』、一九九九）。

(28)『続日本紀』文武二年九月乙酉条に「令近江国献金青、伊勢国朱沙・雄黄、常陸国・備前・伊予・日向四国朱沙、安芸・長門二国金青・緑青、豊後国真朱」とある。

(29)『大日本古文書』一―六三二頁。

(30)前掲注(21)花谷論文。

(31)宮上茂隆「薬師寺東塔檫銘考」（『建築史研究』三十八号、一九七二）。

(32)『飛鳥・藤原宮発掘調査概報』二十四・二十五（奈良国立文化財研究所、一九九四・一九九五）、『奈良国立文化財研究所年報一九九七―II』（一九九七）。

(33)平子鐸嶺「薬師寺東塔の檫の銘について」（『史学雑誌』第十六編八号、一九〇五）。

(34)『奈良六大寺大観』第六巻（岩波書店、一九七〇）。

(35)『宋高僧伝』巻十四（前掲注(12)『大正新脩大蔵経』第五十巻）。

(36)藤善真澄「薬師寺東塔の檫銘と西明寺鐘銘」（『アジア遊学』四号、一九九五）。

(37)大橋一章『薬師寺』（日本の古寺美術四、保育社、一九八六）。

(38)花谷浩氏のご教示による。

「藤原宮御井歌」考

石川千恵子

はじめに

『万葉集』巻一―五二の「藤原宮御井歌」は、その独特の歌詞構成と形式美によって、古来多くの人々の関心を引きつけている。[1] この歌のテーマは、その題詞が示すごとく藤原宮の「御井」を讃美するにあるのであるが、「御井」を通して藤原宮そのものを讃美することに究極の目的が設定されている点に最も注目されるのである。歌人斎藤茂吉は、日本古文化研究所による藤原宮大極殿や朝堂院地域の発掘調査に[2]刺激を受けて、昭和十年（一九三五）十月から十一年六月にかけ、たびたび藤原宮を訪れては付近の湧泉、野井戸を探索し、細かい水質検査までも加えて藤原宮の「御井」の所在を探し求めている。[3] 茂吉にみるこうした方法論は、今日からみれば問題ある試みであろうが、執拗に「御井」のありかを探し求めた真摯な姿勢には学ぶべきところが大きい。

これまでの研究によれば、『万葉集』巻一の構成は、五四・五五の「大宝元年辛丑秋九月、太上天皇幸二于紀伊国一時歌」から巻末の八四までは後人の追加であって、編集段階の原本『万葉集』巻一では「御井歌」（五二・五三）が巻末におかれていたという指摘がなされている。[4] すなわち、もともと『万葉集』巻一の構成は、巻頭に雄略天皇の御製歌を、第二首に舒明天皇による香具山の国見歌をおき、その巻末は「藤原宮御井歌」で締められていたと考えられ、ここに原『万葉集』編纂者の意図が込められていたのではないかと推察されるのである（以下、五二と短歌五三をあわせて「御井歌」と総称していくことにしたい）。

藤原宮の永遠の繁栄を讃えた「御井歌」は、柿本朝臣人麿の吉野賛歌にみるようないわゆる宮廷儀礼歌とは著しく異なる趣きを呈する、『万葉集』中類をみない独自色の強い歌である。「作者未ㇾ詳」とされる「御井歌」の作者は、新帝都である藤原宮完成の慶賀の念を歌に込めるにあたり、はじめから都の構造に着眼している点にとりわけ注目される。広大な帝都をめでるにあたって、都大路に開かれた藤原宮の宮城各門の背景に畝火・香具・耳成の三山と吉野山を配して空間的広がりと帝都の壮大さを強調し、さらに短歌に大宮へ仕える「処女《おとめ》」を歌い込むことによって、聖なる「御井」の象徴性を一段と高めることに成功している。こうした「御井歌」の独特な歌詞構成はどのような状況のもとで生まれたのであろうか。本稿では、この歌が誕生した歴史的背景に関して若干思いつくところを述べてみたいと思う。

一　「御井歌」の構造と大藤原京

外村直彦氏は論考「『藤原宮の御井の歌』を考える――万葉長歌の構造分析――」[5]の中で、「御井歌」の作者が意図したであろう歌詞構造を次のように組み立てている。五三番の短歌とともに紹介したい。

　　やすみしし　わご大王
　　高照らす　日の皇子
荒栲の　藤井が原に　大御門　始め給ひて
埴安の　堤の上に　あり立たし　見し給へば

大和の　青香具山は　日の経の　大御門に　春山と　繁さび立てり
畝火の　この瑞山は　日の緯の　大御門に　瑞山と　山さびいます
耳成の　青菅山は　背面の　大御門に　宜しなべ　神さび立てり
名くはし　吉野の山は　影面の　大御門ゆ　雲居にそ　遠くありける
高知るや　天の御陰
天知るや　日の御陰の
水こそは　とこしへにあらめ
御井の清水

短歌

・藤原の大宮仕へ生れづぐや処女がともは羨しきろかも

外村氏によれば、「御井歌」は、右のごとく整然とした歌詞構造を示す点に最も大きな特徴点があり、歌詞構造そのものの内に作品の意味内容が隠されているとして、以下のように述べている。すなわち、この歌の作者は、はじめから新しい都の幾何学的な構造を念頭において作詞している点にとりわけ注目され、東西南北の四面に開かれる宮城門に囲まれた藤原宮の姿が、ちょうど「井」の文字構造の中心と重ねられることは、「御井」は作者の観念の所産ではなく、おそらく実在の井戸が前提となっていたであろうと思われる。また、「御井」の所在地は藤原宮の中枢地域に推定されるものの、大極殿の真正面にあるというのはなんとなくそぐわなく感じられるので、その所在はおそらく内裏の中心的建物か朝堂院の大極殿に近いあたりかと思われ、また井泉の形状は方形であろうと推定しておきたい。以上に要約した外村氏の見解は一九七三年のものなので、その後に展開した発掘調査の成果は加味されていないが、後述していくように今日的意義をもつ示唆に富む視点である。[6]

「御井歌」の成立事情におよんでは、しばしば土橋寛『藤原宮御井歌』の政治的性格[7]」に代表される次のような見解が引かれることが多い。土橋氏は、この歌の作者は中臣氏であろうと推測し、歌の本質は「御井の清水」の意味を明らかにすることによって始めて理解できるであろうと、次のように述べている。すなわち、湿地帯であった藤原宮の地に「藤井」と呼ばれるような名泉は考えられなく、「藤井」の名からすれば、井の傍らに藤が自生していたはずであるが、纒いつくべき樹木もない湿地帯の原野に藤は自生するわけはない。また、飛鳥浄御原宮から遷った新宮を「藤原宮」と命名したのは、不比等の本貫地である飛鳥の藤原の地名、または不比等の姓を採って名づけることによって持統＝不比等体制を天下に宣言する意味を持たせたからで、こうした点に「御井歌」の政治的性格を読みとることができるのである。以上に要約した土橋氏の見解は一九八五年のものである。

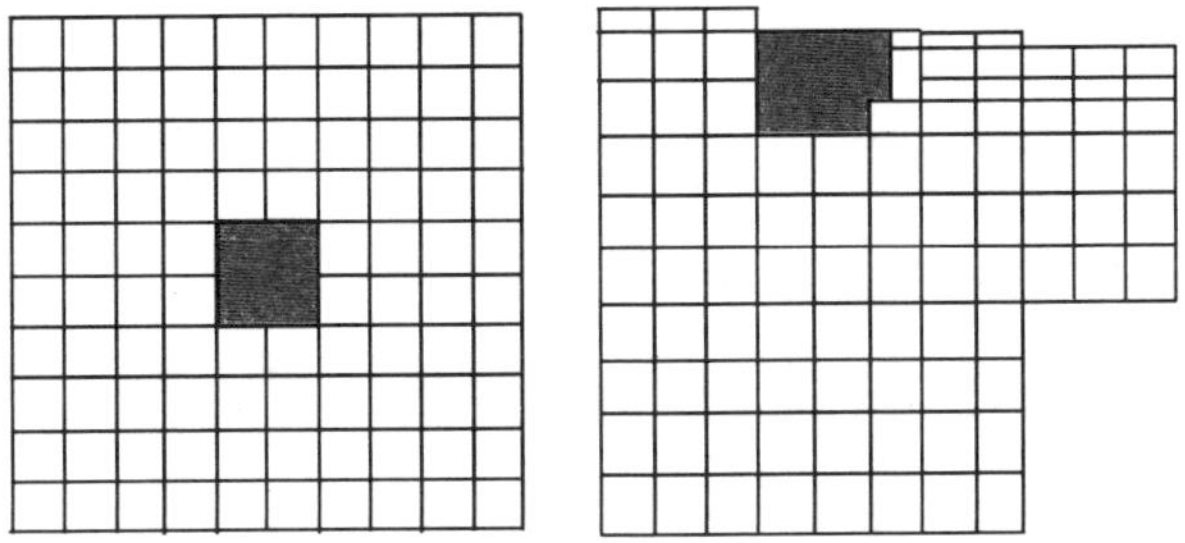

図1　藤原京(左)と平城京(右)の宮室の位置

さて、宮室を京域のほぼ中央に配置させた「大藤原京」は、外村氏が示唆したごとく、まさしく「井」の文字構造と重ねられる点に特に注意を喚起したい（図1）。「御井歌」の作者は、前代未聞の新しい帝都である藤原京の雄姿を眼前にして、その形態を「御井」の構造と重ね合わせて賛歌したものと推量され、作者の脳裡にあった「御井」とは、おそらく井桁を縦横に組み合わせた井籠組型井戸であったにちがいない。[8]「御井歌」の本質は、土橋氏が指摘されたように、「御井の清水」の意味を明らかにする点にこそあるといえようが、小稿では、「御井歌」の歌詞構造を都城の構造との関連性において捉えた外村氏の視点を発展させることによって、「御井の清水」の本質にせまっていきたいと考える。

一般に、宮室を京域中央に配置させた都城の形式は、中国古典である『周礼』冬官考工記に基づく中国都城の理想型であるといわれ、藤原宮都はこれに依拠して設計された可能性が高いと考えられている。[9]また、宮を正しく京の中央に収めた藤原京の構造は実在の中国都城をモデルにしたものではなく、おそらく理念先行型の都城であった可能性が高く、建都を領導した天武の独自な宇宙観が濃厚に投影されていたのではなかったかとも推測される。[10]天武は、『日本書紀』天武即位前紀冒頭で「天文・遁甲に能し」と評されるほどの人物であったが、地上にめざす帝都に自らの理念の実現を志したことは十分考えられうることである。天武紀には「陰陽寮」[11]や「陰陽師」[12]、あるいは占星台の建設記事[13]などがみえるが、「天文」とはすなわち占星であり、天文台は天文図の存在と不可分の関係にある点を看過することはできない。

一九九七年、飛鳥池遺跡から「観勒」と記された木簡が出土して衆目を引いたが、[14]これは『日本書紀』推古十年（六二九）冬十月条に暦本・天文地理書・遁甲方術書を貢じたと伝えられる百済僧「観勒」のこと[15]で、木簡は天武・持統朝における天文占星思想の活発な普及ぶりを伝える貴重な資料である。律令制下の陰陽寮では、天文生が履修すべき経書のひとつに『天官書』をあげている。[16]『天官書』冒頭には、天空の星宿は地上の帝国に対応するという「天人対応」の思想がうたわれており、[17]北天に静止する北極星は陰陽の根本、万物の根源である宇宙の支配者「太一」「天皇大帝」の住みかで、この「太一」神が居する天の紫微宮の地上における実現が、すなわち都城であり、また太極殿であるとも観念されていた。[18]こうした歴代中国の国家統治理念と深く結合しつつ発展した天文占星の思想は、多くの文物文化とともに、朝鮮半島をはじめとする東アジア世界へ広く伝搬していったと考えられる。

一九九八年、明日香村キトラ古墳石室天井石に発見された天文星宿図[19]は、一九七二年の高松塚古墳壁画を再び想起させる画期的なものであった。キトラ古墳では、狭い天井石に太陽の運行基準線である内規、赤道、黄道、外規の曲線とともに雄大な星宿図を描いている点が最も注目され、星図そのものが天文史学上重要な発見といえるものであった。一方、多彩な人物像の描写で著名な高松塚古墳星宿図は、いわば宇宙における政治的観念図とも称すべき星官図を示しており、東西南北の壁面に二十八宿を七宿ずつ配置して、天井石中央には紫微宮を構成する星官のみを描いている。高松塚古墳とキトラ古墳の築造年代は、両者とも七世紀最末期から八世紀初頭頃に想定されるが、キトラ古墳の方がやや先行するといわれている。

専門の研究者によれば、キトラ星図の伝来時期は天武朝初期頃である蓋然性が高く、この星図の原図は、六六〇年代の朝鮮半島をめぐる戦乱のなかで、高句麗滅亡とともに大同江に沈んだ（一説では六七二年という）とされる石刻星図の拓本、ないしはその写しであって、それが我が国飛鳥に渡ってキトラ星図の原図となったのではないかという見解も出されている[20]。橋本敬造氏によれば、戦乱の中で大同江に沈んだとされる星図の原型は、二〜三世紀の西晋頃に陳卓が著した星図に基づく天文図、ないしはその後の隋唐頃までの中国にて作成された写しではなかったかということである。キトラと高松塚古墳の星宿図をめぐっては、ともすれば相違点に関心が集中されがちであるが、筆者は、宇宙の根本神「太一」が宿る紫微宮を古墳石室天井の中央に配させるという両古墳にみる共通点は、京域中央に宮室を配置させる大藤原京の構造に相通じる特質であり、さらに都城制に関する駒井和愛氏による次のような教示と一脈通ずるところとして、特に注意を払っておきたいと考える。

駒井氏によれば、中国占星思想においては、宇宙の「太一」神の住処である天の紫微宮のありかは最初から北極北辰に考えられていたものかどうかは疑わしく、はじめは天の中央に存在したものらしく、宮室の位置も必ずしも北方におくというような関係であったとは思われないが、およそ晋代頃からか、やがてこの「太一」「太極」

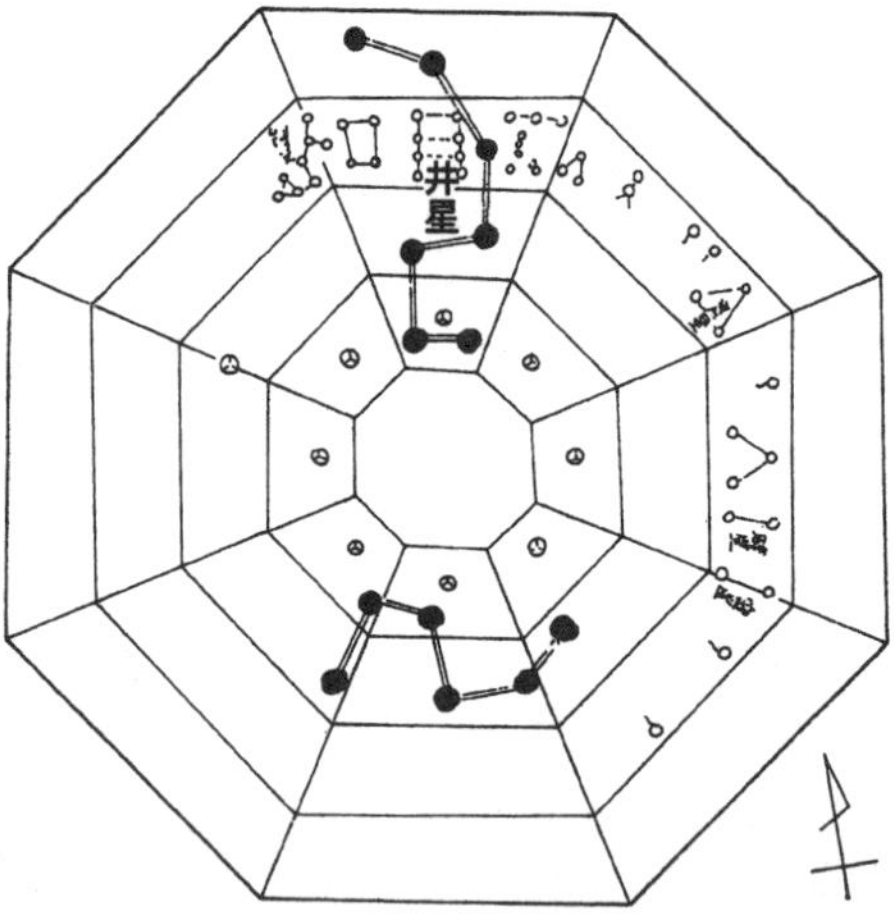

図２　徳花里２号墳天井の星座

が北極・北辰を意味するようになって、「太極」も北極星の内にあると考えられるようになり、地上における太極殿の所在する宮城も都城北辺中央部に営むようになってきたと指摘している。(21) 北辰にまつわる観念は、北極星と連動する北斗七星の信仰へと発展展開していくが、六世紀の高句麗徳花里第2号墳の亀甲文様をベイスとする八角の石室天井に北斗七星によりそって「井星」と墨書された星宿は（図2）、あるいは宇宙における「御井」ではないかと推測され、興味深い。いずれにせよ、駒井氏による宇宙における北辰と大極殿の位置に関する教示は、藤原宮都と平城宮都の構造上の相違、ひいては平城遷都の事情をさぐる上においても示唆に富む視点を提供するものである。

二　平城遷都の詔をめぐって

さて、藤原宮都完成も間もない段階である慶雲四年（七〇七）の二月、早くも遷都の動議が提起されている。(22) しかし、同年六月の文武の突然の崩御のためか、この動議はしばし棚上げされたらしく、七月の元明即位が落着するにいたって、その翌年、次のような著名な遷都詔に結実したものと推察される。(23)

詔曰。朕祗奉二上玄一。君二臨宇内一。以二菲薄之徳一。処二紫宮之尊一。常以為。作レ之者労。居レ之者逸。遷都之事。必未レ遑也。而王公大臣咸言。往古已降。至二于近代一。揆レ日瞻レ星。起二宮室之基一。卜レ世相レ土。建二帝皇之邑一。定鼎之基永固。無窮之業斯在。衆議難レ忍。詞情深切。然則京師者。百官之府。四海所レ帰。唯朕一人。

独逸予。苟利㆓於物㆒。其可㆑遠乎。昔殷王五遷。受㆓中興之号㆒。周后三定。致㆓太平之称㆒。安以遷㆓其久安宅㆒。方今。平城之地。四禽叶㆑図。三山作㆑鎮。亀筮並従。宜㆑建㆓都邑㆒。其営構資。須㆓随㆑事条奏㆒。亦待㆓秋収㆒後。令㆑造㆓路橋㆒。子来之義。勿㆑致㆓労擾㆒。制度之宜。合㆓後不㆑加。

右のうち傍線を施した部分は、隋書高祖紀二年六月丙申条にみえる新都創建の詔を範として作文されたところで、その箇所は詔の大半を占めるほどである。中国古典によってこのように粉飾された詔に、はたして遷都の真意がどれほど盛り込まれていたかは疑わしく、少なくとも文面だけからは、造都は天文占星にかなうべしという趣旨のほかには、これといった決定的な遷都の理由を読みとることは困難である。しかしながら、藤原京と平城京の構造が、都城の中核である宮室の配置において根本的に異なるものであったという事実関係が明白となった今日、こうした平城遷都詔の真意をめぐっても、改めて再考してみる余地が生まれてきたといえるのではないだろうか。

筆者は、造都は天文占星にかなうべきという一点に終始したかのような平城遷都詔の行間からは、都城における紫微宮の配置のあり方に時の衆議が集中していた内情を読みとることができるのではないかと考える。平城京が奈良盆地の最北端に設定され、京域北端中央に紫微宮である宮室を配置させるといった新帝都の画期的な構造は、藤原京を破棄し平城遷都を敢行する主たる理由がどこにあったかを物語るに十分であろう。下つ道の中軸線が平城京の羅城門、朱雀大路、朱雀門、大極殿（中央の大極殿）等と中軸線を共有していたこと、さらに、ヤマト盆地の最重要幹線道と目される下つ道を平城宮によって遮断するといった大胆な平城京の構想には、ヤマト防衛という軍事的計略を推察することも、あながち無稽ではあるまい。

鎌田元一氏は、『続日本紀』慶雲三年（七〇六）二月庚寅条「制七条事」第五の付属法令「安穏条例」こと弘仁格抄同日付の勅「百姓身役」制導入の背後に、慶雲四年（七〇七）に出された遷都の動議以前に新たな遷都に向けての労働力確保への動きを推測している。[24] 平城遷都の契機をめぐっては、筆者はかつて考察したように、国内的諸条件に加えて、当該期における国際的背景を視野にいれて検討することが肝要であると思われる。[25] すなわち、平城遷都の直接的契機は、大宝元年（七〇一）正月に、三十二年の空白をおいて任命された遣唐執節使粟田真人以下の帰国（慶雲元年七月・七〇四）がもたらした新知見とその提言による可能性が高く、この帰国遣唐使の報告の中核には都城における宮室の配置に関する重要な案件があったものと推量できることは、如上したごとく、藤原宮都に対する平城宮都の画期的な構造上の特質がなによりも明白に物語っている。

しかしながら、唐長安城の構造は、八世紀初頭の我が国が初めて認識した都城の形式であったとは思われず、多くの遣使や留学生・僧などの頻繁な往来、また朝鮮半島との交流によって十分に我が国へ伝えられていた事項であったと考えるのが自然である。にもかかわらず、なぜ七世紀の最末期になって藤原宮都のような構造をもつ都城が出現したのであろうか。憶測される理由の一つには、当時、唐では則天武后が実権を握り国名が「周」へ改名されたごとく、[26] 歴代中国王朝が理想とするいわゆる「周制」が天武政権に大きく作用し、『周礼』が理想とする都城の建設が敢えて試みられたというのも一案である。一方、天武が目指す都城とは高天原の実現にあったという指摘も、とりわけ律令天皇制の受け皿である都城の理念を考察していく上において重要な視角を提供する見解である。[27] 宮都は天皇権力の象徴で、「御井」はその表象であり、藤原宮は「天つ水」の湧き出ずる紫微宮であったといえるであろう。

三　聖なる水の由来

原始以来、人々の素朴な崇拝の対象となってきた恵みの水は、稲作を中心とする農業経営の発展と地域共同体の再編成という歴史的展開の中で、地域首長による治水権と司祭権の結合のもとに、多彩な「水」の祭祀を展開させていったと考えられる。弥生の池上曽根遺跡より検出した「大殿」に付属する「大井戸」のあり方は、この時期すでに水支配と結合する権力統治構造の出現を示唆している。[28] 律令体制下においては、従来からの伝統的宮廷祭祀の多くは、新たな装いのもとに国家的儀礼として整備継承されていったと考えられるが、そうした中で聖なる水の淵原を最も的確に語るものは、ほかでもない天皇即位儀礼に際して中臣が読む「天神寿詞」の「天つ水」の段であるといえるだろう。

「中臣寿詞」とも称される「天神寿詞」は、神祇令条「凡践祚之日。中臣奏㆓天神之寿詞㆒。忌部上㆓神璽之鏡剣㆒」の集解注に「謂。以㆓神代之古事㆒。為㆓万寿之宝詞㆒也」とみえるように、寿詞らしい詞章をほとんど含まない神話的内容を呈するものである。今日みる「中臣寿詞」は、平安末期の藤原頼長の日記である『台記』別記の康治元年（一一四二）十一月条の近衛天皇践祚大嘗祭に神祇大副大中臣清親が奏した全文によって知られており、その大綱は持統大嘗会に中臣大嶋が読んだものとほぼ同じであろうと推定されている。[29]「中臣寿詞」の内容は、前文を除けば大きく三段に分けることができる。第一段は天皇の「御饌の水」である「天つ水」の由来を語る条で、第二段では悠紀・主基の国がこの「天つ水」で大嘗会の天皇の御膳、御酒を調製献上し、天神地祇も相嘗にあずかり、ともに天皇の御代の繁栄を祈ると述べる。第三段においては、朝廷に仕える親王等・諸王・諸臣・百官や天下の百姓に対して、天皇の朝廷に「立ち栄え仕へまつるべき寿詞を聞しめせ」と読まれる。このうち「天つ水」を得る法を述べる第一段は、おおよそ次のような内容となっている。

天孫降臨に随従した中臣の遠祖である天児屋根命は、子の天忍雲根命に、「天の二上」に上ってカムロギ・カムロミの命から天皇にさし上げる「御膳つ水」である「天つ水」を得る方法を教えてもらって来るよう命ずる。カムロギ・カムロミの命は、皇御孫の「御膳つ水」には「顕し国の水に天つ水を加へて奉る」よう命ずるとともに、「天の玉櫛」を授け「この玉櫛を刺し立てて、夕日より朝日の照るに至るまで、天つ詔との太詔と言をもちて告れ。かく告らば、まちは弱韮にゆつ五百篁生ひ出でむ。その下より天の八井出でむ。こを持ちて天つ水と聞しめせ」といって「天つ水」を得る方法を教えた。

右に要約した「天つ水」の段は、一世一代の大嘗会の斎場に酒造児達によって掘られる「御井」の起源に関する神話的表現であると考えられている。土橋氏は、この神話は、伊勢地方の国造の家柄である度会神主家に伝えられた伊勢外宮の末社「御井社（忍穂井神社）」の起源神話を借用したもので、「天つ水」の発案者が中臣の祖の天児屋根命となっているように、中臣氏が自らの祖神の功績を語る神話に改造したものであると考察している。[30]その改造時期をめぐっては、伊勢神宮や中臣氏の形成過程と歴史的に密接に関わっていたであろうと推察される。こうした「天神寿詞」の初見は、次に掲げる持統即位を伝える『日本書紀』持統四年（六九〇）正月元日条である。

　春正月戊寅朔、物部麻呂朝臣樹㆓大盾㆒。神祇伯中臣大嶋朝臣読㆓天神寿詞㆒。畢忌部宿禰色夫知奉㆓上神璽剣鏡於皇后㆒。皇后即㆓天皇位㆒。

さらに「天神寿詞」は、持統の大嘗会記事である持統紀五年（六九一）の十一月一日条にも「大嘗。神祇伯中臣朝臣大嶋、読㆓天神寿詞㆒」とみえており、この時の「寿詞」が持統即位とその践祚大嘗祭の両方の儀において読まれたことを示している。持統即位儀式は、前年完成した浄御原令に依拠したもので、これが大宝令に継承されていったであろうと思われるが、その後、「中臣寿詞」は光仁即位の時には即位儀では読まれず大嘗祭の儀に移されていた形跡があり、[31]やがて平安宮における践祚大嘗祭辰日の豊楽院の儀となって定着する。平安時代にいたる過程で、なんらかの理由による変更が加えられた経緯が推察されるところである。また、さかのぼる『日本書紀』天智九年（六七〇）三月九日条「於㆓山御井傍㆒、敷㆓諸神座㆒、而班㆓幣帛㆒。中臣金連宣㆓祝詞㆒」にみえる「中臣金連」が読んだ「祝詞」が、いわゆる「中臣寿詞」と同一である確証はないものの、「御井」のほとりに神座が設けられている点に特に留意しておきたいと考える。

石母田正氏は、古代社会において「水」が持つ独自の問題は、用水の問題が古代社会に持つ特殊な重要性からきており、首長制の権力と生産関係を規定する一要因である土地所有の一部として捉えなければ、首長権力の具体的なあり方と歴史的特質を明らかにすることはできないと指摘し、さらにこの「水」の問題が、地方首長層の範囲をこえて中央政府の国家的事業となったのは律令制国家の成立以後であって、それ以前は首長層の内部の問題として解決されてきたものであると述べている。[32] 皇位継承儀礼に際して読まれる「天神寿詞」の基調は、皇権と「水」支配にまつわる物語であり、『風土記』にも、聖なる井水の由来が「天皇」にかかわる説話として語られている例が少なくない。一方、「御井歌」に讃えられた「御井の清水」の役割は、もはや祭政が混沌とした原初的宗教の段階ではない、高天原を中心とする神統譜の下における「天つ水」として、巨大な律令官僚機構の一翼を担って存在したものであろう。

これまでの平城宮発掘調査報告によれば、「天つ水」に関わる「御井」ではないかと思わせる井戸の検出がいくつか報告されているが、[33] 紙数も尽きたので、論じ残した問題については後日稿を改めて検討してみたいと思う。

（1）中島光風「藤原宮御井歌の和歌史的意義」（『国語と国文学』第十七巻第十号、至文堂、一九四〇）に代表させておきたい。以下『万葉集』の引用は、日本古典文学大系『万葉集』（岩波書店、一九六二）に依拠する。

（2）足立康・岸熊吉『藤原宮址伝説高殿の調査』（日本古文化研究所、一九四一）。

（3）斎藤茂吉は、橿原市高殿町鴨公村大字高殿小字メクロにある野井戸を含めた大きな井戸を藤原宮「御井」ではないかと提唱している（「藤原宮御井考」、『文学』第五巻第八号、岩波書店、一九三七）。これに対して足立康は「藤原宮の御井に就いて」（『史蹟名勝天然記念物』十三―一、史蹟名勝天然記念物保存協力会、一九三八）でその無根拠性を鋭く批判している。

(4) 伊藤博『万葉集釈注一』(集英社、一九九六)。

(5) 外村直彦「『藤原宮の御井の歌』を考える」(『人文論集』静岡大学人文学部人文学科研究報告二十四、一九七三)。

(6) 通称平城宮第一次大極殿の前庭には井戸が二時期にわたって検出されており、大極殿と深くかかわって機能した「御井」であろうと推察される(奈良国立文化財研究所『平城宮発掘調査報告XI』第一次大極殿地域の調査、一九八二)。奈良時代前半の井戸であるSE七一四五は、三・五×三・一メートルの隅丸方形の掘形が検出されたのみで、井戸枠は完全に抜き取られて版築状に丁寧に埋め戻されていた。奈良時代後半には元大極殿の地域は大幅に改作され、極めて内裏的様相を示す掘立柱建物群へ変わるが、その前庭にSE七一四五の後身と目される井戸SE九二一〇が新しく掘られている。このSE九二一〇は現在のところ平城宮内最大級の井籠組型井戸で、内法約二・三メートル、井戸枠が四段分残っていた。こうした平城宮大極殿の「御井」に相当する藤原宮「御井」に関する発掘所見は、現段階では不明である。重要な問題であるが、紙数の都合上、後日改めて論じてみたいと思う。

(7) 土橋寛「『藤原宮御井歌』の政治的性格」(『万葉集の文学と歴史』、塙書房、一九八八、初出は一九八五)。ところで、折口信夫は論考「水の女」の中で、「ふぢはら」の「ふぢ」とは「ふち」、すなわち「淵」と同一の古語であり、「藤原」を称する多くの地名、あるいは家名、また藤原部なども、水を扱う土地・家筋としての意味が込められてあることを指摘している(『折口信夫全集』第二巻、中央公論社、一九六五)。なお国語学的検討を要するところかもしれないが、「藤」には「淵」の観念が込められているという見解は、「藤原」宮の命名を検討する上において大いに示唆的である。「藤原宮」の「藤原」は、単に井の傍らに藤樹が生えていたことからくる名称ではあるまいと思われる。「御井歌」の短歌に詠われた大宮に仕える「処女」とは、さしずめ折口信夫がいう聖なる「水の女」であろうか。

(8) 黒崎直は、井籠型井戸の嚆矢は藤原宮時代に想定できると指摘している(「藤原宮の井戸」、『文化財論叢』、奈良国立文化財研究所、一九九七)。

(9) 小沢毅「古代都市『藤原京』の成立」(『考古学研究』四十四巻二号、一九九七)。なお『周礼』は本田二郎『周礼通釈』下(「冬官考工記」匠人条、汲古書院、一九七九)を参照。福山敏男「『周礼』考工記の「面朝後市」の説」(『橿原考古学研究所論集』第七、吉川弘文館、一九八四)。礪波譲「中国の都城」(上田正昭編『都城』、社会思想社、一九七七)。また、藤原宮下層より検出された宮内先行条坊遺構の存在は、藤原京の条坊施工段階では宮の配置は未決定であったことを示すとする見解がある。この見解は林部均「条坊制導入期の古代宮都」（『古代宮都形成過程の研究』、青木書店、二〇〇一、初出は一九九九、再録にあたり改稿）に代表される。これに対しては小沢毅「書評　林部均『古代宮都形成過程の研究』」（『考古学研究』一八九号、二〇〇一）が批判を加えているが、小稿の立論にも関わる問題であるので私見を次の四点より述べておきたい。

①都城建設に際して、その中核となるべき紫微宮（宮室）をどこに配置するかという問題は、宮都造営プランの第一義的懸案事項として、造都計画初期の段階で決定されていたと考えるのが最も自然である。

②宮内先行条坊の存在、あるいは宮と京の地割が互いに無関係に施工されていたという事実関係を根拠に、条坊施行段階には宮の配置は未確定であったと結論づけることは早計である。

③この見解には、都城造営過程における作業工程上の前後差という視角が欠落している。とりわけ藤原京が立地する地勢条件を考慮するならば、この視点は検討に値する事項であるように思える。

④『日本書紀』天武十三年（六八四）三月辛卯「天皇巡二行於京師一。而定二宮室之地一」は、天皇が京師に巡行して「宮室之地」を定めたというものだが、この条は「天皇巡二行於京師一」に力点が置かれているようにも読まれ、この時点まで「藤原宮」をどこに配置するか未決定であったことを示す記事であるといえるかどうか疑問である。また『続日本紀』慶雲元年（七〇四）十一月壬寅条にも「始定二藤原宮地一。宅入二宮中一百姓一千五百五烟、賜レ布有レ差」とみえるが、持統八年（六九四）の藤原遷都から十年を経た時点ではじめて藤原宮の配置が確定されたとは不審であり、また宮内に入る百姓の戸が一千五百五烟というのも多すぎることから、従来から本条の「宮」は「京」であろうと理解されたりしてきている。いずれにせよ、この条の意は、はじめ藤原宮（京）の地を定めた時、宮（京）内に宅地を持っていた百姓達に、慶雲元年十一月の時点で布が与えられたということであろうと推察される。また、本薬師寺の発掘所見では、すでに天武九年（六八〇）前後に京条坊の造営が開始されているが、叙上したように「藤原宮」の配置が未確定であったかどうかの問題とは別問題であると考える。

(10)　天武の宇宙観は、自らの称号を「天皇」としたところに最も如実に示されている。東野治之「天皇号の成立について」（『正倉院文書と木簡の研究』、塙書房、一九七七）。山尾幸久「飛鳥池遺跡出土木簡の考察」（『東アジアの古代文化』九十七号、一九九八）。また、津田左右吉「天皇考」（『日本上代史の研究』津田左右吉全集第三巻、岩波書店、一九六三）は、古代日本では星が全く閑却されているので、我が国における「天皇」号は道教的思想に由来するが、北極星に象徴せられる「天皇」の観念は顧慮されていなかったであろうと指摘している。しかし、天武の天文占星への深い関与は『日本書紀』の評するところでもあり、さらに、我が国における「天皇」号の成立は、同じく天武の飛鳥浄御原宮に誕生し、ひき続いて藤原宮において確立する「大極殿」の成立と不可分であった点が重要ではないかと考える。我が国「天皇」号と大極殿の成立には、宇宙における紫微宮の観念の投影が推察される。

(11)『日本書紀』天武四年（六七五）正月朔条。以下、本稿においては、日本古典文学大系『日本書紀』（岩波書店、一九六五～六七）に依拠する。

(12)『日本書紀』朱鳥元年（六八六）正月甲寅条。

(13)『日本書紀』天武四年（六七五）正月庚戌条。

(14)『飛鳥・藤原宮発掘調査出土木簡概報』十三（奈良国立文化財研究所、一九九八）。

(15)『日本書紀』推古三十二年（六二四）四月壬戌条には観勒を僧正となすと伝えられる。飛鳥池遺跡から出土した木簡に「観勒」の文字が記されたものがある（『奈良国立文化財研究所年報』一九九八―II）。

(16)『続日本紀』天平宝字元年（七五七）十一月癸未条。以下、本稿においては、新日本古典文学大系『続日本紀』（岩波書店、一九八九～九八）に依拠する。

(17)『史記』上（中国古典文学大系、平凡社、一九八一）。

(18)駒井和愛「中国の都城」（『日本古代と大陸文化』、野村書店、一九四八）。

(19)キトラ古墳天文図は『キトラ古墳学術調査報告書』（明日香村文化財調査報告書第三集、明日香村教育委員会、一九九九）を参照。

(20)宮島一彦「キトラ古墳天文図と東アジアの天文学」、橋本敬造「キトラ古墳星図――飛鳥へのみち――」（ともに『東アジアの古代文化』九十七号、一九九八）。

(21)前掲注(17)に同じ。

(22)鎌田元一氏は、『続日本紀』慶雲四年（七〇七）二月戊子条「議遷都事也」の記事は、同年正月戊子条のものではないかとしている（「平城遷都と慶雲三年格」、『日本の前近代と北陸社会』、思文閣出版、一九八九）。

(23)『続日本紀』和銅元年（七〇八）二月戊寅条。なお、隋書高祖紀からの引用に関しては、新日本古典文学大系

『続日本紀』一（三八九頁、補注四の一五）の教示に従う。

(24) 前掲注(22)鎌田論文。大津透「律令国家と畿内」（『律令国家支配構造の研究』、岩波書店、一九九三、初出は一九八五）参照。

(25) 拙稿「八世紀前半における平城宮都造営と対外的契機」（『東アジアの古代文化』五十七号、一九八八）。

(26) 国名「周」は則天武后の六九〇年から七〇五年まで。のち再度「唐」となる。

(27) 歴代中国に発展展開した宇宙における紫微宮の観念は、我が国では高天原の思想に重ねられ受容されたものと推察される。天武の意図した都城は、地上における高天原の実現にあったという推察は山尾幸久氏の教示による。また、田村圓澄「飛鳥浄御原宮の成立」（『日本歴史』六三六号、二〇〇一）も、天武の「浄御原」と「高天原」の関連性に言及されている。天武が目指そうとした高天原の実現は、実際には藤原宮において追求されたものであろう。

(28) 『弥生の環濠都市と巨大神殿』（池上曽根遺跡史跡指定二十周年記念事業実行委員会編、一九九六）。

(29) 『台記』（別記）「中臣寿詞」は日本古典文学大系『古事記　祝詞』（岩波書店、一九八五）に採録。

(30) 土橋寛「中臣寿詞と持統朝」（『日本古代の呪禱と説話』、塙書房、一九八九、初出は一九八六）、岡田精司「大王と井水の祭儀」（『講座　日本の古代信仰三　呪ないと祭り』、学生社、一九八〇）。

(31) 井上光貞「古代の王権と即位儀礼」（『井上光貞著作集第五巻　古代の日本と東アジア』、岩波書店、一九八六、初出は一九八四）。

(32) 石母田正「日本の古代国家」（『石母田正著作集第三巻　日本の古代国家』三四三・四頁、一九八七、初出は一九七一）。

(33) 黒崎直「平城宮の井戸」（『月刊文化財』一五一号、第一法規出版、一九七六）。

【図版出典】

図1　筆者作図。

図2　リ・ジュンコル著／千田剛道訳「徳花里2号墳天井の星図について」（『古文化談叢』第十二集、九州古文化研究会、一九八三）の挿図に加筆し作成。

長屋王家の少子と帳内

松村淳子

はじめに

三万五千点をこえる長屋王家木簡には、文書形式をなさない削屑が非常に多く含まれている。削屑は木簡を再利用するために材の表面を削り取って棄てられたものである。その削屑に「粳万呂　年二　乙万呂」「虫麻呂　年四」のような幼児の名前が書かれているものがあり、「古奈都女子」「高志麻呂子」のように母または父の名前を付記しているものもある[1]。長屋王邸に年少者が多く存在したことはよく知られるところで、「少（小）子」と称されていた。令制の年齢区分では「少（小）」は十六歳以下の男女のことであり、三歳以下であれば「緑（黄）」と称される[2]。しかしながら長屋王家木簡における「少（小）子」の語はそれと同様の意味で用いられているとはいいきれない部分がある。なぜなら少子として名前のみられる者は年齢不明であり、ウヂ名も明らかでない者が大半であるからである。また長屋王邸内で少子が奉仕するにいたった経緯も明らかではない。

長屋王家木簡にみられる少子について森公章氏は少子＝帳内という見方をされ、少子は年少者だけではなく長屋王家木簡に多数みられる帳内も含むという意味で、「少子クラス」が長屋王邸の実務を担う人々であると考えられた。[3] 一方、寺崎保広氏は少子が年少者であり、帳内は成人であるから両者は別のものであるという見方をされ、長屋王邸の実務担当者は帳内を含む「トネリクラス」の人々であると考えられた。そして少子はいずれトネリとなってゆく階層ではないかと推測されている。[4] 筆者も少子と帳内は別のものであると考えている。以下では長屋王家木簡によって知られる少子と帳内がどのようなものであるかについて述べてみたい。

一　少　子

(1) 少子の役割

長屋王家木簡の多くは米などを支給するために作成された伝票木簡であるが、そのような木簡に少子は受取人として記載されている。ここではまずふたりの少子をとりあげる。

1・少子　石万呂　米半　○
・　二月九日　黒万呂 書吏　○　（二一一―一七五）

2○　御所人米半　受石末呂　十日君末呂　○　（二七―八八）

3・小子　乙万呂　米一升　○
・　正月卅日甥万呂　○　（二一一―一七八）

4・犬四頭米二升受乙万呂九月十六□〔日カ〕
・　□〔道カ〕末呂　（一九七七）

5・侍少子　子老 宇甘 酒達 国嶋 久比 石見 石末呂／弟上 宮足 君末呂 廣国 多比 □□〔宿奈カ〕 豊足　右
・十四口飯二斗八升　受石見　六廿月レ七日　（六二一）

⑥・少子　立万呂　牛甘　梶取　牧夫　首万呂　兄上　乙万呂　子老　○
　　　白手　阿部朝臣　望万呂　田人　国嶋　弟上　縣万呂　諸上　○
・　右十六口米一斗六升　十一月廿八日　（二三一六一）

①③から少子に石万呂と乙万呂がいることがわかる。①と②ではイシマロの表記は違っているものの、⑤によって石末呂もまた少子であるから、①②⑤のイシマロは同一人物と考えられる。このような文字の通用は「万」「末」「麻」などを用いる場合によくみられ、後述するコメマロやマロなど事例は多い。石万呂は②では御所人の米を受け取っており、乙万呂は④で犬の餌用の米を受け取っている。①③はそれぞれ石万呂と乙万呂が宛先であるから、少子は米などの受取人の奉仕をして米を支給されていたものと思われる。支給は個人の場合もあれば、⑤⑥のように多数の少子を連記し、一括支給することもあった。支給量は一定ではなく、石万（末）呂に支給される米の量は①では半升、⑤では二升となっている。⑤では米を受け取るのは少子として連記されているなかの石見であるが、⑥では受取人は記されていない。⑤⑥は宛先に少子と記されていても、具体的に少子が配属されている家政機関名が書かれていないのは気にかかるところである。

少子の配属先として「西宮少子」「若翁少子」「鎰取少子」「鶴司少子」「犬司少子」があり、米の支給にあたっては支給伝票木簡が作られるのが一般的であった（史料⑦）[5]。配属先が書かれていれば、米は配属先で個々の少子に支給されると考えられる。しかしながら⑤⑥の木簡では、少子たちに支給される米（飯）はまとめて受け取り、実際に少子に支給するのはそれぞれの配属先ではなく、べつの場所のようである。同じように少子が配属されている家政機関名を書かず、しかもひとつの木簡で三十六人分の少子の米を支給する例もあるので（史料[61]）、あるいは一時的に少子が集められるような場所があったのかもしれない。さらにつぎのような木簡があることから、少子の活動も支給方法も一定ではなかったものと思われる。

[7]・鶴司少子　虫万呂 田人　国嶋　右三人飯六升受　○
・得万呂　十月廿五日　老　○　（一九〇一）
[8]・狛人給米一升　受田人　○
・　正月六日書吏　○　（一八六八）

[7]は[6]で連記された少子のうち田人と国嶋が鶴司少子として奉仕していたことを示すものである。[8]では田人は少子とは記されていないが、長屋王家木簡にみられる田人の例は限られており、後述するようにおそらくは[6]の田人と同一人物であると思われる。とすれば、田人は鶴司少子のときもあれば狛人給米の受取人となることもあり、要請に応じていろいろな奉仕をしていたと考えられる。そして[7]のように鶴司で飯を支給されることもあれば、[6]のように配属先とはべつの場所で米を支給されることもあった。

表1は長屋王家木簡から宛先に少子と記されているものを集めたものである。受取人が少子であるのは四十八例のうち十四例であるから、少子は配属先から指示されて米の受け取りをすることが多いといえる。また表2は、宛先には少子と記されていないが、受取人は少子であるというものを集めた。鶴や犬など少子が配属された家政機関の性格を表すと考えられる宛先のほか、御所・大許・内など西宮を表すと考えられる宛先も含めれば、ほぼ半数はやはり少子が配属先から指示されて受取人となったといえる。ただ、宛先には水取司廝・土塗廝・仏造帳内など少子の配属の有無が不明な場所や、草運人米・狛人給米のように場所を表さない例もあるので、配属先と少子の関係に制約されるのでなく、もっと臨機応変に少子が活用されていたと考えるほうがよいと思われる。

表一　長屋王家木簡の少子関係史料（宛先に少子と記されているもの）

	宛先	品目	量（升）	量／人	受取人（●は少子）	日付	支給責任者	
1	西宮少子2	米	二	一	即自 ●	一一・二〇	廣嶋	二一-一三七
2	西宮少子2	米	二	一	古末呂	一一・六	廣嶋	一三八
3	西宮少子2	米	二	一	望万呂 ●	一一・一三	稲虫	一四二
4	少子石万呂	米	〇・五	〇・五	―（石万呂カ） ●	二・九	黒万呂、書吏	一七五
5	少子13	米	一三	一	不明	六・二三	綱末呂	一七六
6	少子16	米	一六	一	―	一二・六	廣嶋	一七七
7	小子乙万呂	米	一	一	―（乙万呂カ） ●	一・三〇	甥万呂	一七八
8	少子36	米	三六	一	縄万呂	―・八	萬呂	一七九
9	少子古麻呂2	飯	四		不明	―・九	大父	一八〇
10	小子13	米	六・五	二	黒万呂 ●	八・二〇	大嶋	一八四
11	小子11	米	五・五	〇・五	―	一一・二〇	甥万呂、大書吏	一八五
12	犬司少子2	飯	四	二	益人 ●	一〇・一三	大□	二〇一
13	少子12	米	六	〇・五	瘡男	八・一七	田主	二三-六〇
14	少子16	米	一六	一	―	一一・二八	―	六一
15	西宮少子2	米	二	一	不明	一・八	廣嶋	二五-八五
16	若翁少子望万呂、□〔古カ〕万呂	飯	四カ	二	不明	一一・三	不明	八九
17	鶴司少6？	不明	不明		不明	―・二八	不明	一二三

18	少子10	米	一〇	一	創男	五・八	｜	二七-九三
19	少子14	米	七	〇・五	牛甘 ●	｜	｜	九四
20	少子15？	米	七・五	〇・五	不明	一一・一	川原史	九五
21	少子16？	米	八	〇・五	不明	不明	不明	九六
22	西宮少子1	米	〇・五	〇・五	望麻呂 ●	三・一	□□□〔麻呂カ〕□□□〔書吏カ〕	九七
23	□〔司カ〕少子首末呂、□〔益カ〕人、豊足、国嶋	飯	八	二	不明	一・二〇	不明	九八
24	少〔子脱カ〕23	米	二三	一	｜	二・二四	石嶋	一二一
25	侍少子14	飯	二八	二	石見 ●	六・二七	｜	※六二
26	西宮少子2？	米	二	一	万呂	一二・二三	稲虫	※二七三
27	西宮少子1	米	一	一	万呂	八・二五	大嶋	※二七五
28	西宮少子3	米	不明	不明	｜	九・三	綱末呂	※二七六
29	少子11	米	五・五	〇・五	｜	一一・二〇	甥万呂、大書吏	※二八〇
30	□□〔少子〕13	米	六・五	〇・五	□□〔創男カ〕	三・二三	君万呂	※二八三
31	小子13	米	六・五	〇・五	金 ●	八・九	大嶋	※二八五
32	少子16	米	八	〇・五	尾張□〔物カ〕万呂	｜・二一	□〔田カ〕万呂、書吏	※二八六
33	少子15	米	不明	／	不明	不明	不明	※一八二一
34	若翁少子2	米	二	一	望万呂 ●	七・一六	石角	※一八五〇
35	少子廿□	米	不明	／	不明	不明	不明	※一八八二

36	少子17	米	八・五	〇・五	瘡男	八・七	甥万呂	※一八八三
37	少子16	米	一六カ	一	—	九・九	□万呂	※一八八五
38	□〔少カ〕子15	米	七・五	〇・五	不明	不明	不明	※一八八六
39	少子15	米	七・五	〇・五	□〔道カ〕万呂	—・三〇	田万呂、書吏	※一八八七
40	少子14	米	七	〇・五	乙上 ●	一一・九	稲虫、書吏	※一八八八
41	少子13	米	六	〇・五	□□〔金カ〕	不明・二□	□□□〔甥万呂カ〕	※一八八九
42	西□□〔宮少カ〕3	米	一	〇・三	不明	一一・?	不明	※一八九四
43	西宮少子	米	三		□〔望カ〕	不明	不明	※一八九五
44	西宮小子2	米	二	一	望末呂 ●	一二・二五	稲虫	※一八九六
45	西宮　子2	不明	不明		秦物万呂	不明	□書吏	※一八九八
46	西宮少子1	米	一	一	望万呂 ●	一一・一二	稲虫	※一八九九
47	鶴司少子虫万呂、国嶋、田人	飯	六	二	得万呂	一〇・二五	老	※一九〇一
48	西宮少子1	米	〇・五	〇・五	□〔古カ〕万呂	一・七	□□、友瀬	※一九二八

※は『木簡一』『同二』の木簡番号

表2　長屋王家木簡の少子関係史料(受取人が少子のもの)

	宛先	品目	量(升)	受取人	日付	支給責任者	
1	御所	飯	二	牛甘	—・七	老	二一-九一
2	御所人	飯	一	兄上	一〇・一五	大君	九三

3	太若翁	米	一	秦益人	一二・七	不明	一二七
4	御馬屋犬2	米	一	乙末呂	｜	古万呂	一九〇
5	御犬1	米	〇・五	太	｜・一九	首万呂、家令	一九九
6	水取司廝1	米	〇・五	石万呂	七・二五	甥万呂、家令	二四九
7	土塗廝5	米	五	石万呂?	七・二五	甥万呂、家令	二四九
8	尼□〔等カ〕3	粥米	一・五	少子	｜・一四	不明	二六六
9	御所	米	二	白手	｜・三〇	古末呂	二五-五四
10	御所人	飯	六	黒末呂	｜・三〇	末呂	一〇五
11	草運人	米	一	鯨	一一・一九	廣嶋	一五五
12	御所	米	一	黒万呂	二・四	廣嶋	二七-三八
13	御所	米	一	金	九・二二	大嶋	四〇
14	□〔内カ〕	米	一	君万呂	不明	□□〔廣嶋カ〕	四三
15	小野□□1	飯	一	□□廣国	四・一七	麻呂	六八
16	御所人	米	〇・五	石末呂	｜・一〇	君末呂	八八
17	金集大宅	米	一	黒万呂	｜	｜	九四
18	□□1	米	一	黒万呂	｜	｜	九四
19	秩師2、長〔帳〕内?	不明	不明	黒麻呂	不明	不明	一一七
20	不明	米	一四	田人	一・四	稲虫	一六六
21	｜	飯	二	黒末呂	六・一二	不明	※六四
22	乞者	米	一	牛甘	一一・二九	稲虫	※三四二

23	不明	不明	五	田人	｜・二八	稲虫	※三七八
24	御所	米	｜	文牛甘	九・三	道末呂	※一八〇七
25	御所	(米)	五	□甘	九・一九	道末呂	※一八一〇
26	大許	米	一・五	弟上	一〇・一〇	麻呂	※一八一七
27	太若翁犬1	米	一	小白	九・一四	甥万呂、書吏	※一八四二
28	若翁犬1	米	一	小白	七・二三	綱万呂	※一八四四
29	若翁犬1	｜	一	小白	九・一二	石角	※一八四五
30	狛人	米	一	田人	一・六	書吏	※一八六八
31	鶴2	米	一	子羊	一〇・三〇	万呂	※一九〇二
32	仏造帳内	米	三	古麻呂	一一(日 or 月)	不明	※一九一二
33	犬4	米	二	乙万呂	九・一六	□〔道カ〕末呂	※一九七七
34	不明	不明	不明	金白手	不明	家令	※二〇四七

※は『木簡一』『同二』の木簡番号

(2)奴婢の子供

ところで少子とはどのような人々であろうか。

9 乙末呂 年十二 形小 古奈都女子 ○ （四一五）

3 4 6 と 9 ではオトマロの表記が違っている。乙末呂は米の受取人として奉仕する例はあるが（表2 No.4）、米を支給されたことを示す史料はみあたらない。それでも前述のように「万」と「末」の通用は一般的であるので、二種類のオトマロは同一人物であると考えたい。はじめに述べたように古奈都女は彼の母親の名前であるから、つぎに古奈都女はどういう人であるかということが問題になる。その手がかりとしてつぎの史料をあげる。

[10]　米末呂　年六　飯女子　（四〇八）

[11]・移　山背御薗造雇人卌人食米八斗　塩四升可給　軽部朝臣三狩充　奴布伎　○
・山背使婢飯女子米万呂食米一斗五升充　和銅五年七月廿日大書吏　扶　○　（一七一〇）

[10]は[9]と同様の書式で米末呂の年齢と母親名を記している点が注目される。[10]と[11]でもコメマロの表記は違っているが、どちらにも飯女の子と書かれているので、[10][11]のコメマロは同一人物である。ここで重要なのは米末呂の母の飯女が婢であるということである。長屋王家木簡ではほかに筥入女という婢もみられ、彼女には末呂という五歳の子があることが削屑から知られる。（6）すなわち年少者名に付記されている母親は婢であり、乙末（万）呂の母親の古奈都女も婢であると推測される。はじめにで紹介した高志麻呂のように父親名が記されていればそれは奴であろう。では少子の乙万（末）呂や米末（万）呂が奴婢の子供であるということから、そのほかの少子も奴婢の子供であるといえるであろうか。

[12]・○　鯨　年十一　廣○　背子　形小
・○　「服鳥魚　欲　安安○　欲　欲　欲　欲　服欲欲」　（四〇七）

[13]○草運人米一升　受鯨　十一月十九日廣嶋　（二五一—一五五）

[14]　持麻呂　年十三　子羊　年十
□　（三〇〇三）

[15]・鶴二米一升　受子羊　○
・十月卅日万呂　○　（一九〇二）

[12]の鯨は[9][10]のように、木簡に年齢・親名が記されており、乙万（末）呂、米末（万）呂と同じく奴婢の子供

であると考えられる。⑭は削屑なので子羊はもとは親名もあったが、年齢だけが残ったと推測される。鯨が草運人の米を受け取るのは、狛人給米を受け取る田人と類似する奉仕であり、また子羊は鶴の餌用の米を受け取るので乙万（末）呂と同様の奉仕をしている。すなわち鯨・子羊の邸内での役割は、支給品の受取人である。したがって彼らは奴婢の子供が長屋王邸内で受取人として奉仕する集団に含まれるといえる。そのような集団は少子と呼ばれていたのではないであろうか。乙末（万）呂・鯨・子羊は十歳を過ぎてから木簡に記されたのであり、運ぶ米の量も少ないので、受取人として奉仕したのは記載された年齢のときであると理解することもできよう。しかしながら⑩の木簡に米末（万）呂が記されたのは六歳のときであり、⑪の木簡から知られるような山背御薗の使いをするまでにはいくぶんかの年数の経過を想定しなければならない。したがって長屋王家木簡の年代は『報告書』において、また渡辺晃宏氏による伝票木簡の検討結果からも和銅三年（七一〇）～霊亀三年（七一七）の時期のものであり、伝票木簡は霊亀二年に集中すると結論づけられているが[7]、それとやや異なる時期の木簡も含まれるのではないかと思われる。本項での検討結果からすれば、長屋王家木簡の年代は和銅三年～霊亀三年よりも数年広く想定すべきであろう。

(3)田辺史百足

前項では奴婢の子供から少子となる者について述べたが、彼らは成長するとどうなるのであろうか。その一例として田辺史百足をとりあげる。

⑯　百足　年七　　蝮王女子　　　　　（三〇〇七）

⑰　受百足　　　　　　　　　　　　　（二五九八）

18・謹頓首□前賤□□田辺百足夫□□者 得以□□
・　　　　十三日
（一七一四）

19　□田辺史百足
（二八—九六五）

16のような削屑があるので百足の母蝮王女は婢であると思われる。17は百足がなにかの受取人をしたことを示すものであろう。18で百足は「前賤」と記されている。つまり16の百足と18の田辺百足は同一人物とみてまちがいないといえる。さらに19によって彼のウヂ名が田辺史であったことが知られる。百足は婢の子ではあったが、その後良民となり、その際「田辺史」を与えられたと考えられ、身分の転化が知られる興味深い史料である。ところで奴婢の子供が「前賤」と称され、ウヂ名をもつということがありうるのであろうか。

賤の身分から良へと解放されることについては、戸令放家人奴婢為良家人条に「凡放二家人奴婢一為二良及家人一者。仍経二本属一。申牒除附」という規定があり、『令集解』同条所引の古記は「放為レ良状注記。家長署申二国郡司一。然後附レ貫」とする。これによれば家長の申請によって奴婢を「放為レ良」とすることができるのである。婢蝮王女の子供であった百足は、この手続きによって賤からの解放が実現し、田辺史百足になったものと思われる。百足についてもっとも注目されるのは、つぎの史料で日下に大書吏と並んでその名がみられる点である。

20　辛女米一升　受影女　廿八日　百足 大書吏　○
（二一一—一五九）

ここでは百足は辛女の米を受け取りに来た影女に米を支給する責任者として大書吏とともに記名している。米万（末）呂は山背御薗の使いを勤めたが、百足は物品の受取人にとどまらず、支給責任者を勤めていることが重要である。16の削屑には七歳と記されていても、百足は賤から良へと身分の変化があり、支給責任者として邸内で奉仕するまでになったのであるから、それにはかなりの年数がかかったと想定する必要があろう。後述するように、伝票木簡の支給責任者はある程度限定されていたと思われ、邸内での奉仕の経験や信頼がなければ支給を任されなかったと推測される。⑯が作成され、削り取られ、⑱⑲⑳が作成されるまでの期間は『報告書』が長屋王家木簡の年代とする和銅三年（七一〇）～霊亀三年（七一七）の間では説明できない。前述の米末（万）呂の場合も六歳で⑩が作成されたとして、はたして何歳で山背御薗の使いを勤めたのであろうか。

長屋王家木簡では伝票木簡の受取人と支給責任者はその両方に名前のみられる例が多い。渡辺氏はこれについて作業分担がローテーション化されていたことを示すのではないかと述べておられる。(8) その可能性は充分にあると思われる。しかしながら⑩⑯は直接には伝票木簡とは関係がなく、その期間に含んで考えなくてもよいであろう。むしろ前述のように長屋王家木簡の年代をやや広げて考えることも必要ではないだろうか。さらにいうならば、伝票木簡の受取人と支給責任者については、ローテーション化もあるだろうし、個々の事例によって受取人から支給責任者へとおもな役割が変化していくというとらえかたもできるのではないかと思われる。

二　帳内

(1)物集国嶋の場合

前節では奴婢の子供から少子となった者とさらに支給責任者となった者について述べた。ところが少子の木簡には少子を氏名で表記する例があり、(9) 少子であっても奴婢の子供ではないと考えられるグループがあると思われる。

㉑　文牛甘　家原赤末呂　物集国嶋　志紀黒末呂
・秦兄上　縣船末呂　大石君末呂　尾張持末呂　○
秦弟上　土師梶取　鳥部末呂　坂田大宅
・少子十二人米六升　受瘡男　八月十七日　田主　○
（二三一―六〇）

㉑にみられる物集国嶋はつぎの木簡と関係があるのではなかろうか。

㉒　〼　〼□〔国カ〕嶋年廿〼　〼　〼日〼□〔廿カ〕九
　　河内国〼
（二三―一〇二）

この木簡ではウヂ名の部分が判読できない。『木簡二一　解説』は□嶋を少子の物集国嶋とは別人の某国嶋と読み、これは某国嶋についての勤務評定木簡であると判断されている。[10] しかしながら国嶋は少子として記されている六例と㉒の木簡に名前がみられるだけであるから、[11] 両者を同一人物と想定することも少ない可能性ながら残されていると思われる。すなわち物集国嶋は少子であったが、あるときから勤務評定の対象となったので上日を記す木簡（考課木簡）が作成されたとは考えられないであろうか。長屋王邸で勤務評定の対象となるのは家令職員令に規定のある家令以下の家政機関職員と長屋王・吉備内親王に給付された帳内・資人である。[12] とすれば国嶋の考課木簡が作成されたのは、彼が長屋王邸の帳内・資人であったからであると理解される。

それでは国嶋はどうやって長屋王邸に来たのであろうか。そこで注目されるのが国嶋の本貫地が河内国である点である。河内国は長屋王家とのつながりが深く、『報告書』によれば四か所の所領があったとされる。[13] 所領と長屋王邸の間に物品を届けたり、経営の指示が出されたりするなど人の行き来が想定され、物集国嶋が長屋王邸内に来る契機がそうした人の行き来から生じた可能性は充分あると思われる。またすでに邸内で帳内・資人として勤めていた同郷者との関係を推測することもできよう。つぎの木簡は物集国嶋のように河内国から長屋王邸に来た秦智善について書かれたものである。

㉓　「三」　无位秦智善　年廿三
　　河内国高安郡　上日　日二百六十七　并三百五十三
　　八十六
（二五―一二八）

㉔・○都祁遣雇人二口五升帳内一口一升受
　・○智□〔善カ〕　九月廿六日　石角　書吏
（二三―五七）

㉓から秦智善は河内国に本貫地をもち、邸内で勤務評定の対象となっていたことがわかり、㉔では受取人とし

て奉仕したことが知られる。前述のように考課木簡があることから秦智善は長屋王家の帳内・資人であったと思われる。秦智善のようにすでに邸内で勤めていた者の縁故から物集国嶋が長屋王邸に来るようになったのではなかろうか。

こうしたことは河内国だけでなくたとえば山背国についても推測される。神亀三年（七二六）「山背国愛宕郡計帳」によって北宮帳内と知られる出雲臣安麻呂（四十二歳）は長屋王家木簡にもみられる。(14)

㉕　□〔无カ〕位出雲臣安麻呂　年廿九　日三百廿　「并五百五」　（二〇八五）
　　山背国乙当郡　上日　夕百八十五

これには出雲臣安麻呂の職名が記されていないので、厳密にいえば彼がこのときも帳内であったかどうかは不明である。それでも勤務日数も多く、神亀三年には帳内となったのであるから、少なくともこのとき出雲安麻呂は帳内となるために長屋王邸に来ていたと考えてもよいであろう。さらに「同計帳」には左大臣資人として出雲臣忍人（三十六歳）の名もみえる。(15)このときの左大臣はほかならぬ長屋王である。出雲臣忍人がいつ長屋王邸に来たのかはわからなくても、邸内に同郷者がいたのでその縁故から彼が邸内に来る契機が生じた可能性は充分に考えられ、それによって神亀三年には左大臣家資人となったと想像される。このような関係は物集国嶋以外の少子の場合もありうるのではないだろうか。

㉑に記されている少子のウヂ名をみると、

文、家原、物集、志紀、秦、縣、大石、尾張、土師、鳥部、坂田

の十一氏である。秦は兄上・弟上のウヂ名であるから、あるいはこのふたりは兄弟であるかもしれない。そして志紀・秦・尾張・土師は畿内に多い氏族である。彼らは出身地と長屋王家との関係や、すでに長屋王邸で帳内・資人などとして勤める同郷者とのつながりから邸内に入るようになり、少子として奉仕しながら帳内・資人になれる日がくるのを待っていたのではないかと思われる。

帳内・資人の採用は選叙令任官条では「式部判補」とされ、本主となる貴族や親王から申請された人々を式部省が追認する制度になっている。[16] 本主の位階・品階に合致する人数であり、任用が禁じられた国の出身でなければ、帳内・資人の本貫地に偏りがあっても問題はなかったのであろう。帳内・資人には定員があり、欠員になるか、本主の位階があがった場合に新人が加わる制度であるから、条件が整った場合にそのようなグループから新たに帳内・資人となる者が選ばれたと思われる。

かつて野村忠夫氏は平城宮跡出土の「未選秦人行」と記された木簡から説き起こされ、この「未選」の定義と性格の究明が官人たちの出身段階における実態の一面をさぐる手掛かりになるのではないかと問題提示をされた。[17] 野村氏はまず官人法における「選」の用法を①適材を選んで官職に任ずること、②「考」をつみかさねて成選した官人・職員に叙位すること、③評定の対象にすることに区分され、「未選」はそのいずれの用法に関する状態かを求めようとされた。具体的には天平二十年（七四八）・天平勝宝元年（七四九）・同二年の造東大寺司写経所の「経師（等）上日帳」の分析から、写経生は「未選舎人」などの項目で記載分けされているので、三年間の個人の身分上の変動をたどっていけば「未選」の定義が明らかになるという展開と、その定義は天平勝宝九歳（七五七）「西南角領解」、天平宝字六年（七六二）「造石山院所解」「造石山院所労劇帳」にみられる「未選」に敷衍されているかという検討を経て、つぎのように結論づけられた。

「年少舎人」は叙位年齢（二十五歳）に満たない狭義の「未選」のことである。広義の「未選」は未だ正式の下級職員にならない身分状態であり、臨時職員的な徴集者で、本司の考選の対象外である。狭義の「未選」は正式採用のための手続きや定員その他の制約でまだ正式の下級職員としての身分を与えられない段階である。この三者はいずれも考選の対象外である。

野村氏は採用手続きの過程にあるという状態の下級職員を「未選」という身分状態ととらえている。官人たちの出身段階の実態として「未選」が意味づけられるならば、帳内・資人となる機会を待つ少子も正式の下級職員としては認められないが、邸内で奉仕を続ける「未選」の状態であったと思われる。下級官人の多くが京畿内出身者であり、[18]畿内の有力農民などが貴族の資人になることを強く志向していた時代背景も考え合わせると、[19]やはり国嶋は長屋王邸内の帳内・資人として仕官するために邸内に入ったと考えたい。奴婢の子供から少子となった者と同様の奉仕をしていても、国嶋は帳内待機グループといえるような存在であり、そのようなグループの者の名を連記したのが21ではなかろうか。

21の十二名だけがそうした集団ではなく、たとえば鴨田人もそのうちのひとりであると思われる。田人は6 7 8に少子として記されているもののウヂ名は不明であった。一方、鴨田人は少子の志貴黒万呂・弟上・乙万呂などと並んで記される例もあり、少子である可能性が少なからずある。[20]そこで田人は鴨田人であると考えたい。鴨もまた畿内に多い氏族のひとつである。

ところで田辺史百足も物集国嶋も少子からつぎのステップ、すなわち支給責任者や帳内・資人になっていった。そこで次項では長屋王邸の帳内について考察してみたいと思う。令制によるならば帳内は吉備内親王に、資人は長屋王に給付される。長屋王家木簡の時期には少なくともそれぞれ六十人ずつが給付されていたと思われるのに、長屋王家木簡では「帳内」はみられても「資人」は稀である。このことについては後述するような舎人小治田御立の事例もあるので、「トネリ」という読みにあてる文字は「帳内」「資人」「舎人」のように複数あったという東野治之氏の説にしたがって考えていきたい。[21]以下では、この意味から「帳内・資人」という表現ではなく「帳内」という表現で長屋王邸の下級官人であるトネリを扱っていくことにする。

(2)帳内復元の試み

長屋王邸の帳内にどのような人がいるかは実のところあまり明らかにされてはいない。もし令の規定通りであれば、前述のように少なくとも百二十人の帳内・資人が給付されていたと思われるが、木簡から知られる帳内は管見では二十一名にすぎない。彼らは「馬司（寮）帳内」「若翁帳内」などと記され、米（飯）の支給を受けている。[22] 彼ら以外の帳内を確かめるにはどうすればよいであろうか。

前項でも述べたように、帳内であれば勤務評定の対象となることから、そのためのデータとして上日（勤務日数）を記した木簡が作成される。長屋王家木簡にはこのような考課木簡が含まれ、一部には名前が記されているのでその対象者を知ることができる。

長屋王家木簡の考課木簡は、

①「位階＋氏名＋年齢本貫地＋上日数（日の数夕の数）＋合計数」

②「氏名＋月名＋上日数（日の数夕の数）＋月名＋上日数（日の数夕の数）＋……（繰り返し）」

③「官司名＋何月日数進＋氏名＋上日数（日の数夕の数）＋氏名＋上日数（日の数夕の数）＋……（繰り返し）」

の三種類である。①は個人の一年分の上日数をまとめたもので前掲の㉒㉓㉕が該当する。②は個人の月毎の上日数を記したもの、③は所属する官司が上級官司に構成員の月毎の上日数を報告するものである。

ところで①は個人の職名が書かれておらず、その人が帳内であるかどうかは正確にはわからない。しかしながら无位でなおかつ帳内が考課を受けるために必要な二〇〇日以上の上日数が記されている者は帳内である可能性が高いといえる。[23] とすればつぎの三名は帳内であると考えられる。

㉖　无位井戸臣百嶋　年廿九右京　上日　日三百廿六夕二百六　「并五百卅二」　（二一一—二九三）

㉗　无位二田造美知　年卅四左京　「日二百六十三」　（四〇〇）

㉘ 无位上毛野君大山 年五十 紀伊国一東郡 「日二百卅」 （二一一―二九五）

また①のタイプの木簡の削屑で无位とわかる小長谷古麻呂のような例も帳内であると考えられる。

㉙ 无位小長谷小麻□〔呂カ〕 山背□ （七五三）

㉚ 无位大宅勝道師 摂津 （二六七八）

㉛ 无位□□部真木 年卅三 近江国□□郡 ［ ］（二五―二一七）

㉜ 无位王難波麻呂 年卅二 右京 （四〇二）

㉝ 无位田辺安得 （二八―五八八）

㉞ □□〔无位カ〕吉志名継 （二八―五八九）

㉟ 无位山田史倭 （二六七五）

㊱ 无无位穂積臣石□ （二八―五九一）

㊲ 无位尾張連 （二八―五九二）

㊳ 无位刑部造 （二八―五九三）

㊴ 无位赤染□□ （二八―五九四）

㊵ □〔无カ〕位田辺史□〔史カ〕 （二八―五九五）

㊶ □□〔无位カ〕道守臣 （二八―五九六）

㊷ 无位山背忌□〔寸カ〕 （二六七六）

㊸ 无位高□□ （二六八〇）

㊹ □□□〔无位掃カ〕 （二六八一）

神亀三年「山背国愛宕郡計帳」で北宮帳内と記された出雲臣安麻呂と左大臣資人出雲臣忍人はともに大初位下であった。官位令では大初位下は三位家書吏の官位相当である。[24] すなわちこのふたりの官位は相当していない。もちろん書吏は定員があり、考叙されて位階が上がったからといって誰もが書吏になれるわけはではない。ということは考課木簡の位階を検討するときには官位相当の原則によらない例もありうるということになる。とすればつぎの例は帳内として考えてもよいであろう。

㊺ 少初位上客久□……□年卅九……上日三百廿 （二八―五六九）

㊻ 少初位上曳田朝臣虫□ （二八―五七一）

㊼ 初位中臣部千稲 □ 左京 （二六六九）

つぎに②の例として48をあげる。

48・許知祖麻呂　二月〈日卅／夕三〉　三月〈日廿八／夕二〉　四月〈日廿九／夕三〉　五月〈日廿九／夕一〉　六月〈日廿二〉　七月〈日廿〉　八月〈日廿七／夕廿四〉　九月〈日廿九／夕廿〉

・　　小治田御立　　二月〈日廿四／夕十八〉　三月〈⊔／夕十九〉　四月〈日廿／夕十三〉　五月□□〈日□／夕四〉　八月〈夕三〉

（二〇八四）

49　□連三立　年廿九

（七六六）

50・今急召舎人　田中朝臣人上　┐小治田御立
　　　　　　　┐多比真人□□　┐竹田臣□養

・右四人　和銅七年九月廿五日符小野臣□□馬

（二一一―三二）

51・⊔弓一米二升受御立

・⊔月廿日　豊□／大書吏

（三一〇）

52・要帯師二人奈閇作一人米六升　○

・受　小治田御立　十月廿一日　□万呂　書吏　○

（二一一―二四八）

小治田御立の上日は48では二月が二十四日、四月が二十日である。49は①に該当する木簡の削屑である。50では小治田御立は召集されたトネリのひとりとして記されている。前述したようにトネリは帳内とも考えられるのであるから、考課木簡が作成され、トネリとして召集されるならば彼は帳内であるといえよう。その御立が受取人をしていることを示すのが5152である。また48に御立とともにみられる許知祖麻呂は二月から七月までの上日合計が百六十七日と多く、単純に二倍すると三百日を超える勤務状態である。前述のように帳内が考課を受けるための勤務日数は一年に二百日に満たなければならないので、許知祖麻呂のような勤務状態であれば彼も帳内であろう。許知祖麻呂には支給責任者として記名した木簡がある。

53・□□〔店カ〕雇工三口米六升□
・　四月二日許知祖□
（二七―一三八）

すなわち伝票木簡に支給責任者として記名された者に帳内がいるということになる。そして帳内の役割としては米などの受取人となることもあり、支給責任者にもなるといえよう。

③の例としてはつぎの木簡をあげることができる。

54・木上司等十一月日数進　新田部形見　日廿七　夕廿一　秦廣嶋　日卅　夕廿七
　　　　　　　　　　　　　忍海安万呂　卅　夕廿六
・　十一月卅日
（二一―二九〇）

新田部形見はある年の十一月の上日が日二十七、夕二十一、秦廣嶋は日三十、夕二十七、忍海安万呂は日三十、夕二十六という勤務状態である。この三名は長屋王家木簡には何度となく名前がみられ、伝票木簡に支給責任者として記名することも多く、邸内および邸外の家政機関の構成員として欠かすことができない地位にあるのではないかとさえ思われる。上日は一か月分だけであり判断しにくいが、許知祖麻呂の事例から推しはかって、この三名も帳内の考課に必要な勤務日数を超えるのではないかと推測される。伝票木簡では秦廣嶋は受取人として記されている例があり、支給責任者としては非常に多くみられる。忍海安麻呂・新田部形見は支給責任者として記されるものだけである。このような奉仕をし、そのうえ考課木簡が作成されていることから、秦廣嶋・忍海安麻呂・新田部形見の三名は帳内であるとみてもよいのではないであろうか。

以上、考課木簡から知られる帳内は①から秦智善・出雲臣安麻呂と井戸臣百嶋以下の十九名および少初位の客久□・中臣部千稲・曳田朝臣虫□の三名、②からは許知祖麻呂・小治田御立の二名、③からは秦廣嶋・忍海安麻呂・新田部形見の三名となり、全体では合計二十九名である。

(3) 四人のマロ

長屋王家木簡における伝票木簡の一般的な構成は「被支給者＋支給品目・量目＋受取人＋支給日＋支給責任者」となっている。支給責任者の多くが家政機関の職員（家令・書吏など）以外であることは、日下にたとえば「百足＋大書吏」のように記されることからも明らかである。少子は被支給者や受取人になることはあっても支給責任者になることはない。前述のように、少子は邸内では正式の下級職員としては認められていないからである。それに対して帳内は被支給者・受取人・支給責任者のいずれにもなりうる。そこで伝票木簡の受取人・支給責任者に注目していけば、おのずと帳内である可能性をもつ者が予想されるのではないかと思われる。

まず、帳内として名前のわかっている秦麻呂に注目したい。

55・○文校帳内秦麻呂米一升　受大徳　○
・○　十一月卅日石角　○　（二一一—二六二）

56・御馬司帳内　□□　□足　麻呂　□□　古相　□　□
伊□　得足　□□
・　四月廿八日□人　乙末呂　稲虫　□□　（二七—一〇〇）

秦麻呂は帳内として米を支給されたことが55から知られる。実はハタノマロはもうひとり木簡にみられる。

57・○移　務所　経師分由加六口
・○附秦忌寸万呂　（一五九）

そして伝票木簡の支給責任者としてはウヂ名のないマロが少なくとも四人は存在する。彼らが同一人物かどうかを確認するにはどうしたらよいであろうか。

58・大宮殿守奴二米一升受妋万呂　○
・　十月九日　麻呂　家令　○　（三三七）

59・丹比部廣麻呂飯二升　○　（二一―一五二）
・受蓑万呂　十三日万呂　○

60・○飯六升　右御所人給　受黒末呂
・○　卅日　末呂　（二五―一〇五）

61・少子卅六口米三斗六升受縄麻呂　○
・米一升半受佃万呂　八日萬呂　○　（二一―一七九）

58はウヂ名がなく麻呂と記されていても秦麻呂であるかどうかはわからない。しかしながら仮に伝票木簡の作成者が支給責任者として日下に記名するならば、支給を統括する部署においてはウヂ名がなくてもどのマロであるのかは明らかであったと思われる。それはまた日付の書き方や文字の通用などに作成者の微妙な個性が表れるということになるのではなかろうか。このような視点で伝票木簡を分析していくと、明らかに麻呂の書いた木簡と万呂の書いた木簡には違いがある。[25]

万呂が作成した場合はほとんどの例で月名を書かない。また家令などの職名も記されていないので、万呂が単独で支給したものと思われる。これに対して麻呂が作成した場合はほとんどの例で○月○日と書かれ、家令・書吏などの記名がある。麻呂が支給する場合はその場に家令などがいたか、支給の前後に家令などに承認を求めたために日下の記名が単独ではないと考えられるのである。この違いは万呂と麻呂の個性に起因する部分もあるが、それだけでなく支給責任者としての経験の差が反映されているのではないであろうか。万呂は麻呂より支給の経験が多かったので、家令などの承認を受けていないと思われる。末呂・萬呂も多くは単独で記名しており、支給作業の経験は多いと推測できよう。

マロ以外の事例をみても、麻呂のように家令・書吏と併せて記名する例は珍しく、支給責任者として認められていた帳内はある程度限定され、支給を任されていたのではないかと予想される。[26] これまで述べたように、支給の経験が浅い麻呂が帳内であるのならば、万呂・末呂・萬呂を帳内であると考えてもよいであろう。

　ところで伝票木簡の支給責任者は帳内である可能性が高いとなれば、四人のマロのほかに飛鳥戸甥万呂が注目される。[27] オイマロには「甥万呂」「甥麻呂」「甥」の三様の表記があり、後二者は一例ずつでそれぞれ受取人だけ、支給責任者だけにみられる記載であるから、複数のオイマロの存在を想定するよりも、通用されたと考えたい。[28] 甥万呂の場合、削屑でも日下の記名がそのまま削り取られ、支給責任者として奉仕していたことは明らかである。木上司からの物品進上の木簡に秦廣嶋と並んで記名される例もあり、[29] 長屋王邸の内外で奉仕していた。また甥万呂は米の受取人としても記され、前述の秦廣嶋と同様の役割をしたと考えることができる。事例数からみて、秦廣嶋や飛鳥戸甥万呂は日下に記名される支給責任者として多く奉仕する前に、米などの受け取りの奉仕をする時期があったのではないかと推測され、邸内の奉仕が単なる受取人から支給する側へと変わっていったことを推測させる。支給する側とは、邸内で正式の職員として認められる存在すなわち帳内であったことの傍証となると思われる。

　実は支給責任者の職名を考えるときに考慮に入れなければならない者として椋石角・稲虫がいる。[30] この二名は受取人として木簡に記される例はなく、支給責任者として記されるものばかりで、考課木簡も残されてはいない。本稿では受取人の少子に重点をおいて長屋王家木簡を考察したため、椋石角・稲虫のようなあらわれ方をする者に言及できなかったが、木簡にみられる事例から推測すると、椋石角・稲虫は秦廣嶋・忍海安麻呂・新田部形見の三名が邸内で果たしていた役割と同等もしくはそれ以上の役割を担っていたのではないかと思われる。とすれば椋石角や稲虫もまた帳内のなかに含まれるのではなかろうか。

　以上、伝票木簡の支給責任者から帳内であると推定されるのは、万呂・末呂・萬呂の三名であり、飛鳥戸甥万呂・椋石角・稲虫もその可能性があると思われる。

おわりに

これまで長屋王家木簡にみられる少子と帳内について述べてきた。まず少子にはふたつのタイプがあると考えた。ひとつは長屋王邸内で使役される奴婢の子供が少年期から物品の受取人として奉仕を始める場合であり、その事例には婢飯女の子米万（末）呂や婢古奈都女の子乙末（万）呂などがあげられる。そのなかで百足は婢蝮王女の子でありながら良民となる機会を得て田辺史百足と名のり、やがては物品の支給責任者としての役割を与えられるようになったと考えたが、こうした事例はきわめて稀有であると思われる。このように考えることが妥当であれば、長屋王家木簡の年代を和銅三年（七一〇）～霊亀三年（七一七）に限定するのではなく、数年間の年代幅を想定するべきではないであろうか。

もうひとつは長屋王家と本貫地との関係から、あるいは既に長屋王邸で帳内として奉仕する同郷の人を頼って長屋王邸に来たと思われる者で、帳内待機グループとでもいうべき少子である。彼らは氏名で表記されることもあり、少子としての奉仕から始まって帳内となる機会を得ると、受取人として奉仕するだけでなく支給責任者として日下に記名することもあると予想され、考課木簡も作成される。彼らが帳内となる機会を得るのは、たとえば帳内に欠員が生じて補充されるとか、本主である長屋王・吉備内親王の位階が上がって帳内の定員が増加するなどの場合であろう。そうなるまでは長屋王邸内では正式の下級職員として認められていない「未選」の身分状態であったと推定される。

つぎに長屋王邸の帳内について考課木簡に名前がみられることから帳内であると考えられる者として二十九名、伝票木簡の支給責任者として記名されているなかでは、帳内であることが確実な者として三人のマロ、および飛鳥戸甥万呂・椋石角・稲虫もその可能性があるのではないかと考えた。

ところで史料⑤⑥㉑の少子たちに支給される米（飯）は一括され、配属先とはべつの場所で支給されたようである。本稿で述べたように少子には帳内待機グループが含まれるとするならば、その場所とはあるいは「帳内司」ではなかったかと推測される。帳内司は本主である長屋王・吉備内親王の居所に近い場所に設けられたであろう。それはまた若翁や長屋王のほかの妻子たちの居所であったと想定される西宮の一区画か、そこからさほど離れていない場所であったと思われる。そこでは鶴や犬を飼育する少子も見かけられたと想像される。とすれば、帳内司が便宜的に少子を管理するとしても妥当ではなかろうか。

最後に本稿で言及できなかった点を二点あげて今後の課題としたい。ひとつは奴婢の子供として木簡や削屑に記される女児をどのように考えるかである。木簡や削屑には年齢を記される婢の例があり、それも含めて邸内で奉仕する女性を検討しなければならない。もうひとつは伝票木簡の受取人だけでなく支給責任者について充分な分析を加えることができていない点である。ひろく長屋王邸内で生活する人々に目を向け、家政機関の運営を明らかにしていくことが少子と帳内の実態のさらなる解明につながると思われる。

（1）『平城京木簡一――長屋王家木簡一――』（奈良国立文化財研究所、一九九五）、『平城京木簡二――長屋王家木簡二――』（同、二〇〇一）の木簡番号により、順に三〇〇一（割書の「乙万呂」は父の名前と思われる）・三〇一七・四一五・三〇〇八。他の幼児名、年齢は『同二　解説』二七六～二八一頁を参照されたい。また、以下本稿では『木簡一　解説』などと略記する。なお本稿で木簡を史料とする際は、『木簡一』『同二』に収載されたものはその木簡番号を、以外は『平城京発掘調査出土木簡概報』の号数と各号の冒頭からの通し番号を用い、二一―一七五のように表記する。

（2）戸令三歳以下条「凡男女。三歳以下為㆑黄。十六以下為㆑小。（以下略）」。

正倉院文書として残されている御野国・筑前国などの大宝二年の戸籍では「黄」ではなく「緑」が用いられているので、大宝令では「緑」とされていた。

(3) 『平城京　長屋王邸宅と木簡』（奈良国立文化財研究所編、吉川弘文館、一九九一）、『平城京左京二条二坊・三条二坊発掘調査報告書』（奈良国立文化財研究所、一九九五、本稿では『報告書』と略記する）。なお渡辺晃宏氏は「長屋王家木簡と二つの家政機関――伝票木簡の考察から――」（『奈良古代史論集』第二集、奈良古代史談話会、一九九一）において森氏と同じ見解を述べておられる。

(4) 寺崎保広「長屋王家木簡にみえる少子と帳内」（『国史談話会雑誌』三八、一九九七）。

(5) 同右。

(6) 末呂　年五　筥入女子
□　年五　□
（三〇一四）

(7) 前掲註(3)渡辺論文。

(8) 同右。

(9) 表2 No.3・24・34など。

(10) 『木簡二　解説』八七頁。

(11) 前掲史料5 6 7 21および左記参照。

・□〔司カ〕少子　首末呂 豊足　□〔益カ〕人 国嶋　右四人飯八升□　○
・　正月廿日　□　○
（二七一九八）

・小子国嶋□
・受□
（一八九一）

(12) 官位令少初位条・選叙令叙舎人史生条・同帳内資人条・考課令考帳内条。

(13) 『報告書』三九三～三九四頁。舘野和己「長屋王家木簡の舞台」（『日本古代の交通と社会』、塙書房、一九九八）。

(14) 『大日本古文書』一―三六四。

(15) 同右、一―三六七。

(16) 選叙令任官条。『続日本紀』和銅三年三月戊午条・同四年五月己未条・同五年九月乙未条。

(17) 野村忠夫「『未選』の定義をめぐって——下級官人の実態的な一面——」（坂本太郎博士古稀記念会編『続日本古代史論集』中巻、吉川弘文館、一九七二）。のち『官人制論』第二章の二「下級官人の出身をめぐる一方式——『未選』の定義とその意義——」に改稿（雄山閣出版、一九七五）。

(18) 岸俊男「山背国愛宕郡考」（『日本古代文物の研究』、塙書房、一九八八、初出は一九七八）。

(19) 『続日本紀』養老元年五月丙辰条。

(20) ・鴨田人　□□□□〔志貴黒万呂カ〕
・　□月□五日　甥万呂　（二〇九〇）
鴨田人志貴黒万呂　（二〇九一）
『木簡二　解説』では「あるいは小子田人と同一人か」とされている（一三四頁）。
田人　弟上　乙万呂　廣嶋　（二三—一〇二）

(21) 東野治之「長屋王家木簡の文体と用語」（『長屋王家木簡の研究』、塙書房、一九九六、初出は一九九一）。

(22) ・馬司帳内　甲斐□　□
常石　廣末呂　右四人米　○
・□　受赤人　十一月九日　稲虫　書吏　○　（一九一六）
・□〔若〕翁帳内□〔漆カ〕大□土師粳万呂秦望万呂大伴廣万呂少野稲□右
・口飯斗壱レ朝タ受則廣万呂養老元年十二月廿二日　大瑦　（六一）
帳内の名をあげれば、大伴廣万呂・大伴直古相・尾張物万呂・金集大宅・川瀬造麻呂・珍濃多祁万呂・土師粳万呂・秦麻呂・秦望万呂・上野朝臣・少野稲□□・久米石・□大〔漆カ〕□・得足・常石・床羽・伊□・□足・□知□・□造・□甘である。

(23) 考課令内外初位条。

(24) 官位令少初位条。

(25)　マロの記名（別表1）。

別表1　マロの記名

支給責任者	日付	記名	
麻　呂	4・17	単	27-68
	6・1	単	※65
	7・27	家令	27-177
	8・20	□□	21-130
	8・15？	書吏	※1980
	10・8？	家令カ	※1829
	10・9	家令	※337
	10・9	家令	※307
	10・9	家令	※323
	10・10	単	※1817
	一・4	書吏	※267
	一・16	少書吏	※266
万　呂	2・28	単	27-41
	10・2	単	25-103
	10・30	単	※1902
	一・14	単	23-42（25で訂正）
	一・10	単	25-162
	一・10	単	21-278
	一・13	単	21-152
	一・13	単	27-86
	一・14	単	25-113
	一・14	単	25-121
	一・25	単	25-167
	一・28	単	21-269
	一・□1	単	27-51
	一・□4	単	25-176
末　呂	10・2	単	25-81
	一・3	単	※252
	一・5	単	21-163
	一・1□	家令	21-167
	一・21	書吏	※324
	一・23	単	25-96
	一・30	単	25-105
萬　呂	一・8	単	21-179
	一・9	単	27-155
	一・9	単	21-118
	一・14	単	21-157

※は『木簡一』『同二』の木簡番号

(26)　おもな支給責任者とその記名（別表2）。

(27)　・○符　政人等　秋大御服綿百斤進出

・○　遣□否田　□〔飛カ〕鳥戸甥万
家扶稲栗

（二七―一〇）

この史料は伝票木簡ではないが、甥万呂のウヂ名を知ることができる。

(28)　・画師一口□〔米カ〕□升　三月廿七日

・　受□〔甥カ〕麻呂

（二七―一一一）

別表2　おもな支給責任者とその記名

支給責任者	日付	記名	
石角	2・4	単	※1872
	4・2	単	21-65
	4・2	書吏	25-106
	4・3	〔　〕	25-57
	4・5	単	21-220
	4・6	単	25-101
	4・□4	単	27-84
	7・16	単	※1992
	7・16	単	※1850
	8・13	書吏	27-147
	8・14	書吏	27-116
	8・14	豊国、書吏	27-125
	8・17	単	※1878
	8・28	単	※1854
	8・28	書吏	※1831
	8・29	単	※1943
	8・29	書吏	※334
	9・2	単	※1855
	9・12	単	※1845
	9・21	単	※1934
	9・26	書吏	23-57
	9・27	単	27-54
	11・4	単	※308
	11・30	単	21-262
	12・5	書吏	21-95
	12・17	家令	23-58
	12・17	単	21-170
	—・8	〔　〕	27-139
	?・12	単	23-56
	?・19	単	※2027
	—・27	単	23-54
稲虫	1・4	単	27-166
	2・21	□□万呂、書吏	23-73
	10・29	単	※1920
	11・9	書吏	※1888
	11・9	書吏	※1916
	11・9	単	※1945
	11・12	単	※1899
	11・12	単	※1846
	11・13	書吏	※1998
	11・17	単	25-49
	11・22	書吏	※1991
	11・24	単	※1954
	11・24	単	※1958
	11・28	単	27-73
	11・29	単	※342
	12・10	単	27-110
	12・13	単	※1815
	12・18	書吏	※367
	12・21	書吏	25-156
	12・21	書吏	※312
	12・24	単	21-119
	12・25	単	※1896
	12・26	単	※1897
	12・26	単	※1929
	—・28	単	※378
	?	家令	※229
老	10・20	単	25-79
	10・25	単	※1901
	11・4	単	21-204
	11・12	単	23-74
	—・7	単	21-91
	—・13	単	27-154
	—・15	単	21-203
	—・16	単	25-119
	—・24	単	21-205
	—・27	単	23-45
	—・28	単	21-270
石嶋	2・23	単	25-55
	2・24	単	27-121
	2・25	単	25-120
	10・24	書吏	※1917
	12・20	単	25-138
	—・22	書吏	21-168
	—・25	書吏カ	27-47
	—・27	書吏	25-64
豊国	5・16	書吏	※2010
	6・18	書吏	※1877
	8・10	書吏	27-126
	8・14	石角、書吏	27-125
	9・16	単	21-100
	9・17	単	※1843
	9・18	単	※1857

※は別表1と同じ

・○　内進米六斗受久努朝臣　君万呂　甥　　家令　（一八二五）

・○　石河夫人進米一升受池女　君万呂　甥万呂

この二例のほかは「甥万呂」である（たとえば[3]。削屑は二六五二一～二六五五六など。紙幅により表は省略する）。

(29)　・○　木上進　供養分米六斗

・○　各田部逆　七月十四日秦廣嶋　甥万呂　（一八六）

(30)　別表2参照。

A Night Divine

— A Comparison between Japanese and European New Year Traditions —

Emilia Gadeleva

Foreword

It is customary in Japan to pay the attention to foreigners, that the Japanese are not deeply concerned with religion, on account of which they can celebrate both Christian Christmas and Shinto Shogatsu (the Japanese New Year). Yet does the Japanese way of celebrating the first — with a romantic dinner, presents, small plastic Christmas tree and invarably a cream-and-strawberry cake — reveal the real face of this holiday? Actually, I guess I am not the only European who feels that there is much more Christmas-like atmosphere in the celebration of Shogatsu, than in Christmas in Japan. Where does such a feeling come from? What is the deep, initial meaning of Christmas and in what way is it similar to Shogatsu?

There is vast research in Europe on the basic meaning of Christmas, yet in Japan, although there are a few works analizing the origin and meaning of St. Claus, it is a little difficult to capture from them the symbolics of the whole event. And there has been no attempt so far to compare the meaning and symbolics of Christmas and Shogatsu. This paper looks at the two events in such a copmarative perspective, seeking to show the similarity of conceptions between the two end-of-the-

year events, pointing out at the same time at the different meaning of some seemingly alike elements.

1. The concept of time in the celebration of the annual events in Europe and Japan

The annual festivals, usually connected with the pray for abundant crops, success in fishing or hunt, and similar productivity functions, were celebrated during definite seasons, and often between two seasons. It is beyond words that before calendars appeared, the days of these festivals were judged by reading the movement of the sun, moon, and stars. Thus, according to the movement of the sun, most important appears the period of the shortest day of the year, the winter solstice. This is the time, when the light that seemed to have died reappear again little by little with the growing length of the days — the new yearly circle of the reborn sun. On the other hand, in the cycle of the moon, the most important is again the night of the new moon around January 15, when one yearly cycle ends and another begins. Thus, the seasonal meaning of the festivals during these two periods was so important that they were also continued, with more properly fixed dates, after the calendars came into official use and the annual festivals were incorporated into the state system.

Let us now briefly turn to check how these events fit the frames of correspondingly the solar and the lunar calendars.

The lunar calendar was introduced to Japan from China officially during the reign of Empress Suiko (592-628). Then, from 1873, after the Meiji Restoration, the solar calendar was accepted under the influence of Europe. It was called "the new calendar" in respect of "the old",

lunar, one. Since then, as Yanagida Kunio points out, both Shogatsu and Bon (the midsummer festival for the souls of the deceased) were celebrated sometimes according to the old and sometimes according to the new style, and there were differences in the timing among the regions of the country. Yet it should be noted that according to Saito Kuniji the calendar used in ancient China, and from there in Japan and Korea as well, was actually "luno-solar". With other words, although the months and days were counted according to the lunar cycle, seasonal points called *sekki* (節気) — the "check points" as he calls it, for the different seasons — were judged by the movement of the sun. We should note here that the first Chinese records about Japan mention that the Japanese did not use any calendar but counted the years by the cycle of the crops, i.e. from sowing to harvest. And it could be probably not a mistake to say that thus the end of one and the beginning of a another year coincided with the period between the harvest and the new start of the field-works, i.e. in winter. The time of planting the rice and sowing the crops was determined by the movement of the sun. The Japanese word for "saint" — *hijiri* — means, "to know the sun" and it can be assumed that it was initially applied to the people, most probably priests or shamans, who read the sun and advised other people about the most suitable time for planting and the wrest of the agricultural works. And it should not be forgotten that the Japanese word for "calendar" — *koyomi* — comes from "reading the sun".

It was on the contrary in Europe, as during the early period of the Roman Empire, lunar calendars were in use. One of them, dividing the year into ten lunar months, has been used from the 8c. BC. Another one, known as the Roman Republican Calendar, from the 7c. BC,

divided the year into twelve months and 355 days. Then, under the order of Julius Caesar, the so-called Julius Calendar was made during the 1c. and it was already solar. It was in use up to the 16c., when it was improved by the Gregorian Calendar, which we use today and which determined January 1 as the first day of the year. The Gregorian Calendar is called "new", while the Julius one became the "old" one. As in Japan, the old calendar is not absolutely out of use — most of the events in the Orthodox and the Russian churches are fixed by it. The two have a difference of twelve days, so for those who wish to celebrate Christmas according the old style, it is now on January 6, not right after the night of the winter solstice. For example, in Russia many people celebrate New Year according to both calendars, on the night of December 31 and on January 12.

It is interesting to point here Yanagida Kunio's observation that in Japan as well, actually, New Year is celebrated twice. That is, when the solar calendar was introduced, the first day of the year — *ganjitsu* — was fixed on January 1 and this became O-shogatsu ("Big" New Year). It was thus to be differentiated from the day of the first full moon of January, celebrated till then as the beginning of the year, which now became Ko-shogatsu ("Small" New Year). Yet, as mentioned above, though not developed into a calendar, the movement of the sun played a big role in the conception of time in ancient Japan. As a reminder of this, soon after the war, when Yanagida Kunio carried out his thorough research, the "welcoming of the pine" — *matsu-mukae* — for the New Year decoration was around December 13, or close to the winter solstice. Thus, the New Year festivities were rather considered as a series of events that took place from around the winter solstice

and reaching a peak at the time of the first full moon, continued till the people began to prepare the fields for the new crops.

We notice a similar situation in ancient Europe. Unlike the Romans, the Nordic people carried out their festivals according to the solar cycle. The Celts, for example, divided the year into winter and summer and considered its start from the beginning of November, when they celebrated the festival Samain. "Samain" means "the end of summer", i.e. from that point they saw the beginning of winter, the other half of the year. It was then when they killed the stock, which was unlikely to survive the severe cold and made sacrifices to the spirits of nature, as well as of the dead. It was thought that the door the Other world was open at the point when the seasons change and the dead visit the world of the living.

We can thus see that both in the case of ancient Europe and in Japan, although the dates of the events became fixed by the corresponding calendars, they overflow these narrow frames and to a high extent still follow the seasonal cycles of both the sun and the moon. One can point also that before a fixed "solar" or "lunar" cycle became the base of a calendar, people carried out their seasonal festivals according to both natural elements.

And one more thing to consider, as conception of time is concerned, is the fact that both in Europe and in Japan the most important rituals were carried out during the darkness of the night. Such is the case of Christmas Eve, Easter, Halloween on one hand, and Omisoka (New Year's Eve) and Bon on the other. In The Gaelic War (IV) Julius Caesar mentions that for the Galls night, not the morning, was considered the start of the new day, on account of which they celebrated

birthdays and other events at night. Yet, according to Saito Kuniji, the beginning of the day in Japan was considered at about three o'clock in the morning. One would probably recall here the ritual in front of the Heavenly Cave from the myth of the sun goddess Amaterasu recorded in *Kojiki*, where the deities gathered cocks to lure the goddess with their voices. In most other parts of the world too the break of a new day was associated with the voices of the cocks, i.e. with the early morning.

Now, with the introduction of the luno-solar calendar, Japan also adopted some of the festival elements from the Chinese court, like for example the official New Year greeting *nenga*. The traditional annual festivals acquired more sophisticated and strict form as courtly events. At the same time in Europe, the spread of Christianity led to the abolishment and alteration of many annual festivals. Thus in 350 in Rome, Pope Julius I basically changed the meaning of the New Year festivals held widely around the winter solstice, declaring December 25 as the birthday of Jesus Christ. The festival had thus to be carried out in a quiet, religious way, with a pray and a mass, from where the present name — mass for Christ, or Christmas. All pagan elements — decorations, presents, lavish feasting — were to be forgotten. Yet, they were not. Unconsciously, people bear tradition much deeper in their psychological world than their conscious would accept. And as tradition could not be stopped, the elements of the ancient festivals acquired Christian interpretation and were accepted little by little into this religion.

Thus, we can compare Christmas, based on ancient New Year festivities in Europe, with Japanese Shogatsu. In spite of the distance and lack of any mutual influence, the two events astonishingly share a lot

of common features. On the other hand, some common elements have different meaning in the whole context, which comes from the difference in the way of worships and other cultural specifics.

2. Christmas and Shogatsu

—— events of welcoming the gods and spirits ——

According to Yanagida Kunio, the central meaning of Shogatsu was to hold a feast in welcoming of the gods. On account of this the master of the house was not to get out during the holy night, but had to await and serve offerings to the divine guests. There is a famous legend in *Fudoki* about this event. The Parent God, Mioya no kami, visited the deity of the mountain Fuji one night and asked for shelter. Yet, the deity answered that he could not accept him, as he was holding the sacred Niiname ritual. Judging by some poems in *Man'yoshu,* Niiname, or "tasting of the first rice", was a ritual during which the master (or to be more exact, the mistress) of the house spent a night in absolute seclusion, making offerings to the gods. As was mentioned above that before calendar was officially introduced from China, people in Japan considered the end of the year with the end of the gathering of the crops. Thus, the Niiname ritual can be interpreted as having the same meaning as nowadays *omisoka,* or New Year' Eve. Well, in contrast to the deity of Fuji, the one of mountain Tsukuba, who was also carrying out the same ritual, let the Parent God in spite of that, and served him food and shelter. Here, the god cursed the deity of mountain Fuji, making so that its realms were barren and covered with snow, and people do not go often with offerings and festivals to amuse him. At the same time he bestowed Tsukuba with beautiful nature, so that peo-

ple like to gather there and hold different festivals and thus the deity could always acquire offerings and attention.

We can see in this legend the element of seclusion, as well as the welcoming of gods at the end of the year. The tradition had been changed with the acceptance of the New Year greeting, *nenga.* Nenga spread among the aristocracy during the 7c. and was introduced into the Court from 646, where officials hurried to pay respectful greetings to the king and his family. There is evidence in *Nihonshoki* and *Ruiju-kokushi* that it was practiced from the fourteenth year of the reign of King Tenmu (685). Gradually, with the building of permanent shrines to the gods, people started to hurry paying their respects there, as the Court officials did to the king, and the tradition of seclusion was altered. Yet, even today, though the meaning of welcoming the gods has become more and more obscure to the younger generations, it has remained as an unwritten rule to stay awake during the last night of the year and to refrain from working. And there is the invariable decoration of the house with a pine branch, *kadomatsu,* and rice pitas *kagami-mochi*. These might have become no more than pure decoration now, but they have deep connection with the welcoming of divine guests during the holy night.

Can we see Christmas in a similar way, as an event of welcoming the gods of nature among the people at the end of the year? Christian teaching refers to it exclusively as the birthday of the holy son of God. People put a star on top of the pine-tree, as a symbol of the star that guided the way of the sacred family at Bethlehem and sing carols praising the kindness and love of God. Yet it is very interesting to remember that the unchanging greeting during that time is "Merry

Christmas" and "Season's Greetings". These words contain the quintessence of the event. One has to spend the festival in a "merry" mood, which does not actually get along with the religious idea of a quiet and devoted to God mass. And it is not only the event of one day, as a birthday celebration ought to be, but has the meaning of season's change, the start of a new yearly cycle. As in Japan people gather into the shrines to pay respect to the gods, many people in Europe today hurry out in the depth of the night to hear the holy mass at church, yet many are the cases when food is left on the table. Why is that? There is a tradition in Bulgaria not to clean the table after dinner on Christmas Eve but to leave everything as it is. These elements remain to show that divine guests were expected to share the holy meal with the people. And we should probably remind here the story retold by Andersen about the shoemaker and the elves. The elves secretly sew splendid shoes for the shoemaker, thus helping him gain wealth and good name. In return he and his wife, who had from behind the door one night spotted the divine helpers, prepared clothes and food and left them as presents to the elves. It should not be forgotten that they left the presents exactly on Christmas Eve. This story is quite a good illustration of the fact that initially the festivities among the people in Europe at the end of the year were dedicated to the elves and other spirits of nature.

Let us now stop our attention on the symbolic of the Christmas tree and Kadomatsu. These elements of the two events are astonishingly similar in their meaning, and at the same time have a basically different nuance. To be more explicit, both use evergreen trees, and have concentrated on the pine at a certain time. Their decoration, though

not quite the same, suggests offerings to the divine guests. Both trees are chosen, decorated and placed at an honorable place, to be the center of the holy festival. Yet, while in Europe this element was deeply connected with the notion of the world or cosmic tree, in Japan it serves as a holy object, *yorishiro,* on which the gods are supposed to descend.

In Japan the divine spirits, or gods and deities (*kami*) are considered able to descend onto a tree (often, but not always, evergreen), or a branch of a tree, or to enter into a sacred object such as a sword, a mirror, or some special kind of jewelry. Such an object becomes thus the *yorishiro,* accepting body, of the god. The pine branches of Shogatsu have exactly the same function. Actually, initially different trees like bamboo, camellia, oak, sakaki (evergreen tree often used in holy practices in Japan) were used on that occasion. They were gradually unified and centered on the pine, yet even at the time of Yanagida Kunio's research examples of using the above trees could be seen in some provinces of the country. Not only the kind of trees differed, but also their names were most various depending on the way of decoration, the region, and the period of the festival. To give some examples, there are *matsu-kazari* (decoration of a pine-tree), *mochi-bana* (the branches of a tree are decorated with small rice-balls, *mochi*; this kind of decoration can be still seen today, mainly during Ko-shogatsu), *iwai-bo* (holy stick), or *iku-bo* (rice-stick; used for foretelling). Such trees were placed at the entrance of the house and rooms, at the wells, and in the horse stables. The most gorgeous among them was chosen as the center, onto which the divine spirit was to descend. It was put either at the entrance or attached to the basic supporting pillar (*daikokubashira*) — the center of

the house. The last could be seen even in postwar times, especially in the cold northern regions of the country. And that, according to Yanagida Kunio, was the initial form of nowadays New-Year pine-branch decoration *Kadomatsu*. Yanagida was one of the first to mention that this tree-decoration is similar in idea to the Christmas tree. He also pointed out that although Christmas is considered a festival of Jesus' birthday, it had originated from the European midwinter festivals, celebrating the important natural phenomenon of the gradual increase of sunlight after the shortest day of the year.

People often think that Christmas tree has originated in Germany, and more precisely that the founder of the Protestant church Martin Luther was the one to start the tradition. Actually, it is true that in a picture from 1509 by the German painter Lucas Cranach (father) we first encounter evidence of a decorated Christmas tree. And it is also noted that this kind of Christmas decoration did not spread widely in Germany till the 19th century. On the other hand, according to Samuel Mace, St. Boniface, who completed the Christianizing of Germany in the 8c., proclaimed the pine tree dedicated to Jesus to substitute the oak — "the tree of Odin". Yet, this kind of tree was hardly chosen with no reason by the patriarch of German Christianity, as it was a part of very old European tradition. To put it in other words, the fact that the pine tree had been introduced into the Christian festival at the end of the year is deeply related with the symbolic decoration of trees, especially evergreen ones, in the divine practices among the peoples in early Europe.

It is well known that a central place in North-European mythology occupies the so-called cosmic or world tree. In ancient Scandinavian

literature the cosmos is represented as a circle (the earth) with a tree in it, around which spreads the sea. At the bottom of the tree there is the spring of life; at its roots live many different creatures, and others dwell in its branches. Elis Davidson points that the idea of such a world tree in North-European mythology is deeply connected with the fact that they used to carry out rituals of worship in mountains and forests. This is astonishingly similar to the ways of worship in ancient Japan, where the gods and deities were thought to descend onto the top of a mountain or hill. This lead to the sacralization of mountains and trees and undoubtedly has relation with the usage of tree-branches in religious rituals, in this number the pine-decoration *kadomatsu*. The more, even nowadays the custom to plant a guardian tree by the house is still seen among the German and Scandinavian people. Its purpose is to secure the protection of the forest spirits and thus bring luck. But to see the basic difference between such North-European and Japanese ways of worship, we should point to the fact that in the 19c. a Christian priest called Adam of Bremen wrote of sacrifices (including human ones) hanging from the branches of chosen trees. Such sacrifices were abolished as Christianity spread in Europe, yet we can still find traces of them in the symbolic decoration of the Christmas tree with dolls of animals and people, as well as cookies in the form of boys and girls.

In contrast to the Scandinavian belief that the deities gather under a tree to discuss things, the Celts thought that a cosmic tree connects the world of people with the world of the dead and that of the gods. Green throughout the whole year and with leaves never falling from the branches, this tree was believed to yield apples, walnuts and acorns at the same time.

It should be noted that the trees considered sacred among the people in North Europe were not pine and fir, but ash and other broadleaf ones. Yet it is not that the pine was chosen in the 8th century out of nothing. First, it should not be neglected that the cosmic tree was supposed to be always green. Second, it is not unrelated to the fact that branches of evergreen trees decorated the houses during the midwinter festivals around the sun eclipse. Evergreens, which were in full power when all nature around seemed dead, were the symbol of vitality. During the Saturnalia (held around the winter eclipse) and Calends (around January 1) in ancient Rome, as well as the Scandinavian festival Yule (also around the solar eclipse) and other midwinter European festivals, decoration consisted of branches from laurel, rosemary, bay, box, fir, pine, and yew, holly, ivy, and mistletoe. Some of these trees were not only green even in winter, but also blossomed or bore fruits exactly at that time of the year. And, as was the case with *kadomatsu*, these evergreen decorations eventually centered on the pine and the fir.

Now, I tried to point here to the similarities and differences between the idea of decorating a tree during Christmas and New Year in Europe and Japan. In both cases seen as the temporary abode of gods of nature, these trees are decorated with symbolic offerings. Such are the animal and human-like ornaments in Europe and the tableware in Japan. Also both have originated in the belief that gods live in or descend on a mountain and are connected with ancient worships at such places. The symbolic meaning of vitality could also be taken probably as a common feature. Yet, while in Europe it also came to symbolize the rich and fertile cosmic tree, in Japan it is the *yorishiro* or kind of embodiment of the gods. Next, I would like to mention a few words

about the period of the festivals and particularly the time of putting up and taking away of the decoration.

The period of New Year decoration is quite related with the sense of the seasons. For example, in Japan it is unthinkable to leave *kadomatsu* after the festival has passed, while blossoming holly and plastic pine with garlands can be seen sometimes as exotic decoration even in March. On the contrary — one would hardly leave a Christmas tree, or part of its decoration till spring, yet could without much consideration exhibit a small souvenir *kadomatsu* in one's guest-room during the whole year. We mentioned before that different trees were (and at some places still are) decorated in Japan during the festivals of O-shogatsu ("Big" New Year) and Ko-Shogatsu ("Small" New Year). The decoration of the first is taken away right after the holly night or during the very first days of the New Year and it is considered bad luck to leave it for a longer time. There is no special decoration for New Year in Europe, as the different midwinter festivals had the meaning of end-of-the-year/welcoming-the-New Year events. So, Christmas decoration is sometimes taken away on the next day, or kept till after New Year's Eve, or not put away till the old style Christmas on January 6. Yet branches of mistletoe, considered a tree guarding from illness, was left in the house and stables much longer, till about the end of January.

The coming of spring is considered in Europe at the end of March, so January and February are still winter months and Christmas or the New Year do not mark the beginning of a new season. In Japan, according to the Chinese tradition, "Happy New Spring!" is one of the greetings exchanged on Shogatsu postcards. Yet, although the form is accepted, it is the festivals of preparation for the fieldwork at the end

of February and the beginning of March, which actually look more like marking the beginning of spring than Shogatsu. As for the winter eclipse, there is a famous myth recorded in the documents from the 8 century *Kojiki* and *Nihonshoki* telling how the gods gathered to lure the sun-goddess Amaterasu out of the cave she had secluded herself on account of the mischievous behavior of her brother Susanoo, the god of storms and rain. In order to make the great goddess appear and shine again, they brought cocks, decorated a *sakaki* tree with beads, a mirror, and offerings, performed a ritual dance, and read a sacred prayer *norito*. Nowhere is it said that this represents a spread midwinter festival, yet we can judge from its plot that it was connected with rituals for increasing the strength of the sun around the winter eclipse.

Another myth, from North Europe, again, reveals the idea of the revitalization of the sun and its connection with the winter before the introduction of Christianity. The god of the sun, Balder, saw a dream foretelling that he would soon be killed by an arrow. His mother Freya made big efforts to prevent the situation. She asked each tree to promise it would never hurt her son. Yet she neglected the mistletoe, as its branches seemed too fragile and she did not even think an arrow could be made of it that could wound her strong divine son. The evil god Rocky learned about this miss and made an arrow exactly of mistletoe, which was send right toward Balder. The dream thus came true and the god passed into the world of the dead. Yet his mother did not give up. Thanks to her unceasing love, the god of the sun came to life again to shine brightly above the world. The teardrops of Freya became the small pale fruits of the mistletoe and in expression of her affection she proclaimed that all people should kiss when they stand under a branch

of that tree. This is a myth about the beginning of the custom to kiss under the branch of mistletoe put up for the midwinter festival. I think that this custom could be interpreted also as a kind of foretelling about a future marriage between two young people, if they simultaneously stand at a moment under the mistletoe branch, and from there — a symbol of marriage, fertility and hopes for abundance during the New Year. The Celtic priests, druids, hang branches of mistletoe at the stables, thinking it would protect the cattle from illness, and used such branches for foretelling as well. The deep tradition connected with this kind of tree was not broken even with the spread of Christianity, so the priests of the last wisely accepted it, altering its symbolic to suit their religion. Thus the mistletoe was proclaimed as the symbol of the light of lights and of the birthday of Jesus.

This is one example of how Christianity altered some elements of the early midwinter festivals in Europe, filling them with new meaning and relating them with this religion. There is no such a purposeful change of ancient religious traditions in Japan. Yet, the influence of Buddhism has brought about the visiting of Buddhist temples (not only the connected with ancient Japanese beliefs Shinto shrines) where people seek to hear the strokes of the big bells, and often to strike them themselves for health and good luck.

Having thus considered the role of tree decoration on Christmas and Shogatsu, let us see next what kind of gods and spirits were welcome among the holy branches.

3. Christmas present and toshidama

What is the nature of the divine visitors, accepted in the house dur-

ing the holy night between the two years? What is the purpose of their visit?

In the legend about the mountains Fuji and Tsukuba told above, we saw two main personages as visitors during the holy night of the Niiname ritual — a god of nature without specific description and the parental (or ancestral) god, Mioya no kami. The last brought prosperity to the mountain that accepted him and cursed the one, which refused him shelter.

There are also different folk tales about mysterious visitors during the night of Shogatsu who bring wealth to the house in return to the shelter. Such is, for example, the folk tale of the young bride, who had to light up the fire on the first day of the year, but had no live coals left. She received some incense sticks from an old man passing by the door, and used them to start a new fire. Yet she had to take from him also a coffin with the sticks, but when finally they opened it with her husband, they found gold coins instead of a corpse there. Another example is the story of the blind pilgrim, who brought wealth to the poor family that received him sincerely and bad luck to the rich one that asked him in only with the purpose to get the benefit. All these stories share something in common and this is the idea that "strangers who appeared at harvest time or at the turn of the year were life-givers from the other world in heaven or from the eternal land overseas. The ancient Japanese believed these visitors came to instill new life power in rice seeds and in human beings in order to ensure vigorous germination in the approaching spring".

An example was given also of the European tale about the elves and the shoemaker, describing a Christmas offering to the divine creatures

from the forest that have brought prosperity to the house. And there is the mysterious bearded elf with a bag full of riches, bringing presents to the children and later altered to the Christian personage St. Claus.

It should not be forgotten that the last is not necessarily always kind to the children. He is said to bring presents only to those who have been good and behaved well, while the others, the children who had not done what they were told, were to see his other side. He was supposed not only to deprive them from his present, but also sometimes beat them (for which he carried a stick), or even take them in a big bag in order to eat them later. It is not one of us, Europeans, who has been warned as a child to be good, or St. Claus shall not bring him or her a present. And I personally remember also the saying that if you cry a lot, The Man With The Big Bag will come to take you away, though it was not exactly said of St. Claus. These stories have hardly simply educational, but much deeper meaning.

I would not enter here into details about the Christian personage St. Nicolaus, considered by Christian tradition as the prototype of St. Claus (the name is actually an abbreviation of that of the saint). I prefer to survey what lies under the Christian cover for the initial meaning and purpose of that mysterious being. In this respect we should consider some Celtic clay figures, which, though not necessarily connected with the festivals at the end of the year only, have deep connection with the symbolic meaning of St. Claus. Some of these figures look like young people, or even like children, yet there are some with long beards suggesting old age. They seem short and stocky, representing dwarfs or stoops, and hold baskets full of grapes and eggs - symbols of fertility and riches. The hoods on their heads suggest their belonging to

another world, hidden from the eyes of people. In the folklore these small creatures are revealed as connected with a place or a house. If not disturbed or angered, they can play small tricks and mischief, but are cheerful and merry, and help people in their work, bringing them luck and abundance. The baskets, symbol of abundance, are rather associated with autumn and harvest, yet the idea is not so far from that of St. Claus, because the presents he brings also symbolize luck and abundance. Such was the deep meaning of the meal and presents — main elements of the midwinter festivals in Europe. Libanius, who lived in Greece during the 4th century, describes Calends as a festival where tables bend full of food and people exchange presents. On the other hand, quite far from Greece, in Iceland people believed that the trolls — creatures of the mountains — come down to the village at Christmas.

Thus, we can see that at this period of the year the spirits of nature, who were believed to control it, were welcome to the world of people to receive offerings and be entertained. The purpose is quite clear — in this way they would be benevolent to the people, securing rich crops and prosperity during the New Year. As a promise to do so, they were supposed to bring symbolic presents, which is expressed in the exchange of such during the festival.

Presents had a very deep meaning in ancient society. They were not given just to please one, but had a symbolic importance as magic to cure from illness, to increase vitality. As a proof that Christmas presents have the same purpose we could remind the fact that in ancient times the presents exchanged consisted of apples and walnuts (sometimes even painted to look like "gold" — the symbolic element often met in European folk tales) — symbols of fertility, riches and happi-

ness.

In Japan we also find a New Year present with such a symbolic meaning. This is the *toshidama*. Today, in the same way as the Christmas present, its contents have been altered and it represents a certain amount of money, yet originally it consisted of rice pitas, *mochi,* and was meant as a present from Toshi-no-kami. The role of this god is quite similar to that of St. Claus, only that the tradition has not survived the time and can be seen today very rarely in some rural regions. Yanagida Kunio describes some cases in post-war Japan, where a person called Toshi Don or Toshi Jiisan (literally "Grandfather Year") brought *mochi* to the good children in the village during the night between two years. It is quite interesting to note that it was with this present, not at their birthday, when people put another year to their age. Children were warned to behave, or they would not get the present and thus not be able to grow up that year. In some regions the person in the role of Toshi Jiisan put a basket on his head, which should have the same symbolic meaning of belonging to another world, as the hoods in the Celtic images.

Now let us go back again to the Japanese myth about the two mountains. It was paid attention that there are two visiting personages in it. Namely, apart from the god (which is not described) supposed to take part in the sacred Niiname ritual, there came the ancestral deity, Mioya no kami ("Honorable Deity-Parent"). Yanagida Kunio even sees in the face of the divine visitors exclusively the image of all the ancestors who were supposed to come and help their descendants. He interprets Toshi-no-kami as such an ancestral god.

In Europe as well, the above mentioned creatures of the mountains,

who sometimes played mischief, but usually helped the people, were not unrelated to the ancestral spirits. It was believed in Germany and Scandinavia that the dead visit their descendants on Halloween and Christmas. So, after the Christianity spread and the festivals acquired a different nuance, people still left offerings of food at a certain place before they went to church for the mass. The elves, supposed to visit during the midwinter festivals in Iceland, are as well of nature something between ancestral spirits and deities of the forest. Also, from the *Eyrbyggja Saga*, one of the ancient documents containing North European myths, we understand that for the first inhabitants of Iceland there was a small hill considered sacred and no one could go there without washing one's body in sign of purification. It was guarded from impurity and violence. This was the place where their dead were buried to join the ancestors, and it was considered as the entrance to the Other world too. It was thought that the spirits of the deceased kings have the special power to influence the life of people. For example, in Scandinavia people thought that they could secure rich harvest and prosperity. Thus, the god Frey was considered to have lived in Uppsala and been a king of the Swedes; as the country had prospered under his rule, people had begun to bring offerings to his grave with the pray to be their guardian and thus had started his worship. Here, from the relation among this god, the elves and other land-spirits described in myths, one can conclude that these were deeply connected with the spirits of the dead ancestors. Speaking more generally, In Sweden and Norway the graves of the deceased kings were of great importance since ancient times, as it was supposed that those who had successively reigned and met many years in abundance and luck, could protect and

bring blessing to their people even after death. There is even a high possibility that the name Frey was actually a common noun meaning "Lord" and was respectively applied to every king of the Swedes. Such an ancestral worship probably was the reason for the parental side of St. Claus. In fact, in French he is called Papa Noel ("Father Christmas").

At the end of the question about the presents from the divine visitors during the holy night at the close of the year, I would like to point out the fact that it is to the children such are given both in Christmas and Shogatsu. And this is not by chance. On one hand, children under the age of initiation (or in nowadays terms, coming-of-age), who still do not belong to the society, are like the elves and spirits of nature, who do not belong to the human world. That is why small children often played the role of gods and deities in religious rituals. On the other hand, the presents given by the parents to their children should symbolize the abundance and rich harvest supposed to be bestowed by the ancestral spirits to their descendants.

4. The sacred meal on Christmas Eve and Omisoka

Festivals, being the time of worship and prayer, demand a special kind of meal, the elements of which usually imply symbolic meaning. Thus, in the case of the sacred night between two years, the dinner included meals symbolizing fertility and luck during the new cycle, being as well an offering, a meal shared with the divine spirits.

First of all we should consider the basic elements of rice-pitas *mochi* in Japan and ritual breads like pita and ginger-bread in Europe. On account of space restrictions we shall not enter here into details about

these and their corresponding during the different historical periods. Yet it should be pointed that Shogatsu has been invariably associated with the kneading of rice to prepare rice-pitas — not only a treat, but also for the offering called *kagami-mochi* in which two or more rice-pitas are put on top of each other. Such an offering, by the way, can be seen in the traditional course of offerings at probably all Shinto rituals. Small rice-pitas are also the basic element of the soup *zoni*, one of the traditional meals eaten during the first day of the New Year. As for Europe, the kinds of bread shared at this festival is different for the different regions, yet in many a case this is a round pita shared by the members of the family. As bread is the basic food in Europe and rice such for most of Asia, including Japan, in many folk tales and works of literature we find the idea that one should not remain at least without that during the festival at the end of the year. Even, to be more accurate, it is often stressed that the rice or flouer for the corresponding pitas should be the whitest, i. e. the best.

Yet I would like to point here at the word "ginger-bread man" and at the fact, that some ritual breads in Europe (actually looking like cookies) are made in the form of men and women. Being also a part of the tree-decoration, they actually represent and remind of the sacrifices offered to the deities in ancient times. In Christianity bread is called "the flesh of Jesus" (wine is considered his blood) and I do not think such symbolic comes from nothing. We should consider here the kinds of ritual offerings at this time of the year, in order to understand better the original meaning of the different meals.

For the third time we should remind of the Japanese legend about the deities of the two mountains described in the beginning. It was said

that the ritual event there is the ancient Niiname, during which the first rice-ears were offered to the gods. It was also noted that this is considered the oldest form of a festival marking the end of one and the beginning of a New Year in Japan. Thus, although hunting is mentioned in many ancient myths and can be interpreted as a sacred ritual, and although it was common among the fishing tribes to offer raw fish and other sea-food in religious ceremonies, offering of rice could be considered one of the most typical for Japan. Obayashi Taryo gives plenty of examples and explains that the Japanese, as part of Asian culture, can be defined as "civilization of vegetation". Except for rice, he sees the important role of the taro (*sato imo*) in the Shogatsu meal, as a symbol of life renewal and vitality.

The same two sides — as offering and as symbol of vitality and fertility during the New Year — can be seen in the meals of Christmas. Except the bread, an indispensable element of it is the roasted whole pig or turkey. On one hand they again symbolically represent offerings to the gods of nature, and on the other — as luxurious meals, are symbols of abundance and riches. Before the spread of Christianity in Europe, during the period around the winter eclipse, pigs, which were left at large in the forest near the village till then, were killed and the meat stored for the rest of the winter. Those pigs, risen in the woods, well rounded and delicious, were considered as symbol of the benevolence of nature and bearers of the spirits that secure fertility. For that reason they were offered to Odin (feared as the highest god and connected with winter) and Frey, the god of fertility, so that rich crops could be secured for the year to follow.

One thing very important to have in mind, is the fact that the

sacred meals during the different festivals, which was meant as a luxurious treat in the ancient times, may seem to us today one of the simplest and most modest meals. As Obayashi Taryo puts it, what seemed a luxurious meal even a hundred years ago, does not quite coincide with our ideas for such . This is especially true for Japan, where Western influence has brought the appearance of new elements even in the traditional Omisoka meal.

And it is also true for Europe, where Christian and other influences have considerably altered the original image of that meal. For example, according to the Greek Orthodox Church, one is supposed to restrain from eating meat forty days before Christmas, until one goes to the holly mass and acquires a sacred bite of bread. So, in the countries that worship Orthodox Christianity, the meal on Christmas Eve consists of vegetarian dishes. In Bulgaria it is represented by cabbage-rolls filled with rice and spices, bean-soup, pumpkin pie, juicy walnuts pie, compote from dry fruits, and, of course, pita.

A few words at the end

Tracing the similarities between the festivals Christmas and Shogatsu we could see that the aim of both is to welcome the divine spirits of nature and the ancestors, with the pray for rich crops and good luck during the New Year. The decorated trees in both cases serve as the temporary abode of the divine guests, as well as one of the main places offerings are made, yet in the case of Europe it is also related with the idea of the cosmic tree. As a symbolic expression of the benevolence of the holy visitors, there comes the present, expected from St. Claus or Toshi Jiisan and given to the children.

Now, at the end, I would like to describe briefly the way Christmas is celebrated in Bulgaria, seeking in it again the elements of the times before this midwinter festival was altered by Christianity.

The name of the festival in Bulgarian is Koleda, which obviously comes from the above-mentioned Roman festival Calends. It is also called Bozhik, which is interpreted as "young God" and related with the young Jesus, whose birthday is celebrated on that day according to Christian religion. Yet, it should be pointed here that the one who was supposed to bring the symbolic presents during Christmas Eve, was called Dyado Bozhic, the first word meaning "grandfather". Thus it is difficult to accept that Bozhic was simultaneously a young god and a grandfather. I would rather see this word as meaning "small god" or "deity" and indicating a deity of nature, in contrast to the God (Bog, Bozhe) in Christianity.

Now, Christmas Eve is called Badni Vecher, meaning "Evening of the Future", and actually different fortune-telling took place during that night in former times. For example, a coin, small piece of dogwood, ring, and other things different for the different regions, were put into the ritual pita-bread shared by the members of the family. The coin means abundance and riches for the one, who gets the piece with it, the piece of dogwood will bring health during the New Year, and the ring - successful marriage. Pieces of the pita are first dedicated to God (but probably to the spirits of nature before Christianity was introduced), to the house, to the cattle, and to the members of the household. There was a saying at my home that a guest during that evening is as sacred as God, so we always left a piece of bread in case one calls. This idea looks very similar to me to the motif often met in

folk stories about Christmas and Shogatsu of an unexpected guest who eventually brings luck and fortune to those who have accepted him during the holy night. On the other hand, symbols of abundance and fertility are seen again in the form of apples and walnuts, given as presents. Although modern society has changed tradition as in other places of the world and nowadays presents consist mainly of money, I remember they were put in a bag, with some walnuts, an apple, and some other fruits, and sweets. Traditional presents also included special round rolls with a hole in the middle, the round form being interpreted as a symbol of fertility. Initially those presents were given to young boys called Koledar, who walked in groups from house to house around the village to perform special songs and dances, wishing health and rich crops to each household during the New Year. Their heads, hats, and attributes were decorated with evergreens. One of their basic attributes was a long stick, on which they store the round rolls and hang strings with dry fruits. Another was a specially decorated branch of dogwood called *suruvachka*. Its branches were bent in one or several circles to symbolize fertility, and threads of different colour, as well as dried fruits hang all over with the same meaning. The members of the host-family were struck with it on the back, which was supposed to bring them good health and luck during the year, and to secure abundance to the house. Later all children, both boys and girls, began to visit the houses of relatives and friends as Koledar and today before Christmas the market overflows not only with pine trees, but with colorful suruvachka-sticks as well.

It is very interesting to note that there is a similar thing like suruvachka in Japan. It is called iwai-bo ("ritual stick") and during the

“Small” New Year, Ko-Shogatsu, young girls are struck with it on the behind, so that they can have children. Hence, here as well, this is a part of the incantations for fertility. The custom can be still experienced, for example at Asuka-ni-imasu Shrine at the village of Asuka, Nara prefecture, at the festival dedicated to fertility on the first Sunday of February. In ancient times it was practiced among the aristocracy as well — we find a description of this custom in the literary works from the Heian period, like *Makura no Soshi* and the anthology of poems *Sanbokukikashu*. According to Yanagida Kunio such sticks were used also for fortune telling, as the special New Year soup *zoni* was stirred with them, or they were plunged into the water of the rice-field for fertility. And could we not find something similar between this ritual stick, supposed to secure abundance and long life, and the magic rod in European fairy tales?

Although Europe is a continent with many different cultures, I think they share a lot in common as midwinter festivals and their symbolic is concerned. Thus, I consider possible to compare certain European traditions as a whole with such of Japan, as a representative of Asian culture. And in spite of some different nuances, I think it was quite evident that using quite similar attributes for the festival between two years, people devoted the last night of the old year to the spirits of nature and their ancestors, with the pray for sufficient crops, health, and luck during the new one at both ends of the world.

年末・年始の聖なる夜〔要旨〕

キリスト教行事として催されているクリスマスは、この宗教がヨーロッパに入る以前にみられた自然の神々の信仰と深い関係がある。この点において、クリスマスは日本の正月と比較される。神々への供え物が飾られる常緑樹――クリスマスツリーと門松――、豊穣を象徴する神々からの贈り物――クリスマスプレゼントとお年玉――、占いや富と結びつけられた祝棒などの諸要素は、ヨーロッパと日本、いずれの年末・年始行事にもみられるものである。しかし、ヨーロッパ、特に北欧においては、木飾りは世界を象徴する「宇宙樹」と関係がある。それに対して、日本では、この木は神が乗り移るヨリシロであると考えられており、それぞれに異なるイディアがうかがわれる。また、豊穣や幸運を表すばかりのクリスマスプレゼントに比べ、日本ではお年玉を受けとることにより、人々は年齢を重ねるとも考えられた。

このように、一見して似ていると思われる諸要素も、それらが何を象徴するかは微妙に異なっている。ただ、世界の両端に暮らしている人々の発想には、驚くほどの類似点があるとみることもできよう。社会の発展とともに変容する人間の思考や信仰が、古代の行事に影響を与えたのであろうことはいうまでもない。しかし、世界の各地にみられた自然の神々の信仰やそれにもとづく行事の伝統は、時代を経ても完全にはなくならず、無意識のうちに継承されている。それもまた事実であると認めなければならない。そして、異なる文化が創り出すニュアンスの相違はあるにせよ、そこに相通じる人間の発想や思考を見いだすこともできると思われる。本稿では、ヨーロッパと日本の年末・年始行事にみられる諸要素の比較検討を通じて、このような指摘を試みた。

あとがき

今から十数年前のことになろうか。私たちは佐藤宗諄先生を囲み、緊張した面持ちで座っていた。机の上にはレジュメと陽明叢書記録文書篇（思文閣出版）に収められた『平記』。私たちが『親信卿記』と真正面から向き合ったのは、佐藤先生が大学院生を対象に開講された演習においてであった。『親信卿記』をテキストにと望んだのは私たちであったが、報告の準備は容易なものではなかった。まとまった刊本がなく、索引もない状況においては、親信の言葉遣いや文脈をつかみとることが予想外に難しく、読み下しはしても、何ゆえ、そのようなことをここに述べたのか、彼の真意は理解できない、といったこともしばしばであった。加えて、他の史料をもって補おうにも、同時代の史料はほとんど遺されていない。テキストを選んだ理由、すなわち『親信卿記』の史料的価値ゆえに、私たちは苦しむこととなったのである。

もちろん、そのような言い訳を口にすることはできなかった。ただ、あるとき、佐藤先生は史料を読み込むことの大切さとともに、私たちの研究が、史料をより開かれたもの、誰もが手にし、読みうるものにしようとの、先人の努力のうえに成り立っていることを語り出された。先生のご退官を契機とする論文集が『親信卿記』を考察の対象とし、また本書のような形になった背景には、このときの記憶が作用していたのであろう。

本書の刊行に向けた輪読会の呼びかけには、かつて演習を受講した者のみならず、はじめて『親信卿記』にふれる大学院生らも集まった。そこでは、かつての読み誤りが明らかになる一方で、新たな疑問も噴出し、議論が続いた。その輪読会に参加した人々は、次の通りである。

井上和美・植田有美・内田順子・北村有貴江・京樂真帆子・黒田洋子・柴田博子・
清水みき・高木叙子・谷口美樹・富樫美恵子・内藤広美・中岡泰子・西村さとみ・
萩原美穂子・深尾幸代・増井敦子・松尾史子・松岡愛子・松下夕子・松村淳子・
三熊あき子・森由紀恵・山口舞子・山元章代・渡部純子

検討を加えながら、註や解説に反映させるにいたらなかった問題は少なくない。また、輪読の成果をふまえて、当該期の歴史的位置をめぐる見解を出すこともかなわなかった。本書の作成に携わった私たちに、こうした心残りがあるのみならず、『親信卿記の研究』というタイトルにかんがみて、不十分な点はいくつもあろうかと思う。ただ本書が、史料に乏しい時期に、わずかに遺された貴重なそれ、『親信卿記』の全体像を捉えるうえに、少しでも資するところがあれば幸いである。なお第二部には、諸事情により輪読会への出席がかなわなかった卒業生、石川千恵子・宮川伴子・エミリア＝ガデレワ各氏と、松村淳子氏から寄せられた、それぞれの研究成果も収めている。

幾多の課題を残す本書であるが、刊行にいたるまでには多くの方々のご助力をえた。まず、陽明文庫をはじめ、宮内庁書陵部、国立公文書館、国立国会図書館、静嘉堂文庫、東京大学史料編纂所、東北大学附属図書館、名古屋市立博物館蓬左文庫の諸機関には、写本閲覧の許可をいただいた。また、奈良女子大学内では、佐藤先生が所属しておられた古代文化地域学講座の諸先生に、輪読会の開催にあたって便宜をはかっていただいたほか、舘野和己先生・広瀬和雄先生には本書の刊行に向けてご助言をたまわった。さらに、人名索引の作成には、同講座の大学院生であった井上和美氏の全面的な協力をえた。記して謝意を表するとともに、私たちの力およばず、刊行が遅れたことを深くお詫びする次第である。
そして末筆ながら、私たちの熱意をご理解いただき、本書の刊行を快くお引き受けくださったうえ、編集作業に多大なご尽力をいただくなど、お世話をおかけした思文閣出版の林秀樹氏に心より御礼を申し上げる。

大仏殿に陽光波うつ初夏の日に

京樂真帆子
柴田　博子
谷口　美樹
西村さとみ

『親信《ちかのぶ》卿《きよう》記《き》』の研《けん》究《きゆう》

2005年8月1日発行

定価：本体9,800円(税別)

編　者　佐藤宗諄先生退官記念論文集刊行会

発行者　田中周二

発行所　株式会社思文閣出版
606-8203　京都市左京区田中関田町2-7
電話　075-751-1781(代表)

印　刷
製　本　株式会社 図書印刷 同朋舎

ISBN4-7842-1252-3 C3021